Werte Leserschaft,

zum vierten Mal begrüßen wir Sie zur Neuauflage unseres Bierkellerführers für Franken. Dazwischen stehen auch fünf Jahre Zeit, viele Erfahrungen und so manche Entwicklung sowohl in der Brauerbranche als auch in der Gastronomie. Außerdem haben wir uns in dieser Zeit für Sie bis in die äußersten Winkel Frankens gewagt – für das vorliegende Buch sogar darüber hinaus! Denn mit der Metropolregion Nürnberg gibt es mittlerweile eine neue treibende Kraft, die fast das gesamte Frankenland erfasst, aber eben auch Gebiete jenseits der Grenzen.

Weil die aber mittlerweile „dazu gehören", haben wir auch eine kleine Expedition in die Oberpfalz unternommen, deren erste Ergebnisse wir Ihnen auf den Seiten 652-665 präsentieren. Was ist noch neu in der Neuauflage? Nun, erstens sind es noch einmal 32 Seiten mehr geworden und zweitens konnten wir den Schwerpunkt deutlich auf die Attraktivität für Familien legen. Schließlich gibt es seit dem 24. April 2010 für die reinen Bierfans einen eigenen Brauereiführer „Frankens Brauereien und Brauereigaststätten" (ISBN: 978-3936897807), wodurch wir den Charakter unseres Bierkeller- und Biergartenführers noch ein bisschen mehr in Richtung des Freizeitwertes verändern konnten. Für Sie bedeutet das viele Tipps und Anregungen, vom Freizeitpark über den Tiergarten bis zur Sommerrodelbahn, **einen Familienkompass, der beim gezielten Navigieren hilft (Seite 12-15)**, und ein eigenes Symbol für besondere Kinder- und Familienfreundlichkeit.

Und auch technisch gibt es eine große Innovation, die wir mit Stolz präsentieren können: Gemeinsam mit dem Biergartenfan und Programmierer Thomas Edelmann haben wir eine Applikation (neudeutsch: App) entwickelt, mit der alle iPhone-Besitzer und die Inhaber eines Handys mit dem Betriebssystem Android kostenlos eine praktische Hilfe zum Buch herunter-

laden können. Damit haben Sie immer sämtliche Bierkeller und Biergärten aus unserer Datenbank (insgesamt über 1.000) dabei und können die jeweils nächsten Stationen anzeigen und sich hinführen lassen. Mehr Informationen dazu finden Sie unter www.bier-app.de bzw. hier auf Seite 356.

Natürlich möchten und müssen wir uns bedanken. Zu allererst bei Ihnen, die in den letzten vier Jahren über 35.000 Exemplare unseres Bierkellerführers gekauft, verschenkt, in die Regale gestellt oder ins Handschuhfach gelegt haben. Und dann natürlich bei allen, die zum Gelingen auch dieser Auflage beigetragen haben. Da ist das Verlagsteam um Bernd Müller und Silke Barthel, unsere fleißige Lektorin Jutta Lange, dazu unser GuideMedia-Team (alphabetisch): Jofrey Kollmann, Frank Märzke, Nicole Schramm (mit Matthias, Sarah und Simon), Florian Spindler, Benjamin Strüh und natürlich unsere jeweiligen besseren Hälften. Nicht nur finanziell, sondern auch mit vielen Tipps und Motivation haben auch unsere Sponsoren die Realisation dieses Buches ermöglicht. Herausgreifen wollen wir Hubert Rottmann und Peter Weber von der Deutschen Bahn, Heike Ruf und Gerhard Zuber vom VGN sowie Saskia Reiss und Stefan Feldmann von der Metropolregion Nürnberg. Sie alle stehen stellvertretend für viele Menschen, die uns seit über fünf Jahren und mittlerweile auch mehr als zehn Buchtiteln die Treue gehalten und Ihr Bestes zum jeweiligen Gelingen beigetragen haben – und hoffentlich in Zukunft auch beitragen werden – **DANKE!**

Markus Raupach und Bastian Böttner

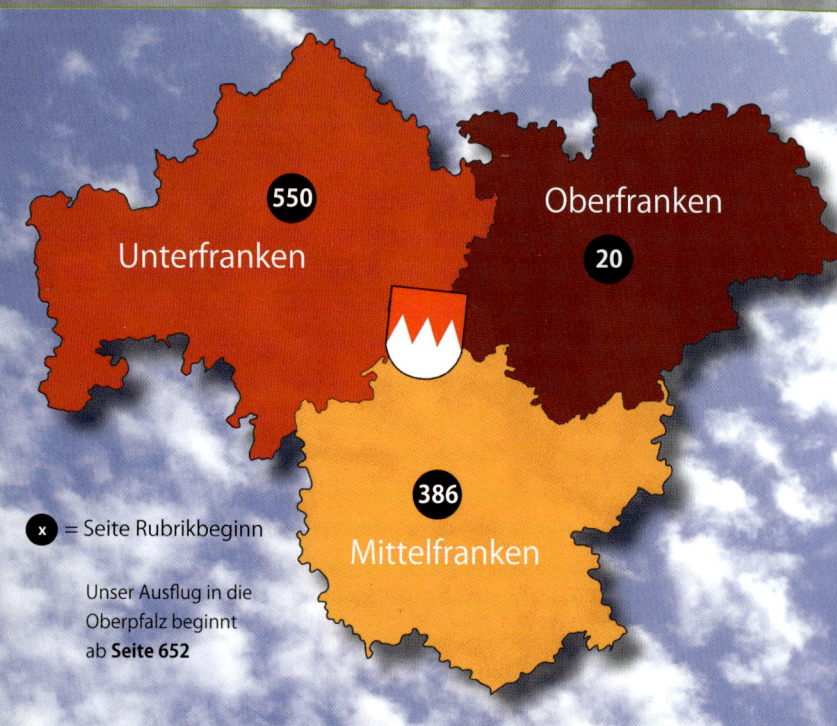

550

Unterfranken

Oberfranken

20

386

Mittelfranken

x = Seite Rubrikbeginn

Unser Ausflug in die Oberpfalz beginnt ab **Seite 652**

Heimat der Bierkeller und Biergärten

Analog zu unserem fränkischen Brauereiführer haben wir auch unseren Bierkeller- und Biergartenführer nach den drei fränkischen Regierungsbezirken gegliedert. Dazu kommt noch unser kleiner Ausflug in die Oberpfalz. Innerhalb der jeweils farblich gekennzeichneten Bereiche sind die jeweiligen Stationen **nach den Namen der Ortschaften alphabetisch** geordnet. Hierbei haben wir uns bemüht, jeweils den historisch bekannten Ort zu nennen, auch wenn dieser mittlerweile in eine größere Stadt oder Gemeinde eingegliedert ist. Weitere Navigationshilfen sind die **beigelegte Faltkarte**, die jeweils vorgeschalteten Übersichtskarten der Kapitel und natürlich die Verzeichnisse nach Seiten (Anfang des Buches) bzw. Orten (Ende des Buches).

Viel Spaß beim Entdecken!

Unsere vier Rubriken kurz erläutert...

Oberfranken

Im Spannungsfeld zwischen Bamberg und Bayreuth findet sich die größte Brauereidichte der Welt und damit natürlich auch die größte Dichte an Bierkellern und Biergärten. Auch wenn wir im Zuge der Erarbeitung unseres Buches hier einige Abstriche machen mussten, um die anderen Bezirke auch ausreichend würdigen zu können, ist Oberfranken der mit Abstand größte Bereich und auch das Herzstück der fränkischen Bierkellerkultur geblieben... **ab Seite 20**

Mittelfranken

Metropolregion, Fränkisches Seenland, Fränkische und Hersbrucker Schweiz, was soll man noch mehr sagen? Hier treffen idyllische Biergärten in der Großstadt auf innovative und kreative Entrepreneurs in den Außenbezirken, dazu echte urige Klassiker auf dem Land und natürlich jede Menge Freizeitwert für Familien. Hier sind Sie eigentlich immer richtig, wenn es um einen schönen Ausflug oder auch mehrere gute Urlaubstage geht... **ab Seite 386**

Unterfranken

Auch wenn hier eigentlich der Wein dominiert, gibt es rund um Würzburg, Aschaffenburg und Schweinfurt jede Menge spannender Bierkultur. Allerdings merkt man spätestens auf der Speisekarte, dass man sich ein Stück von Bratwürsten und Schäuferla verabschiedet und mehr in Richtung Gerupftem und Nudeln gereist ist. Doch natürlich schmeckt (gerade) auch das, wir wünschen viel Vergnügen... **ab Seite 550**

Oberpfalz

Hier sind wir erst am Anfang und können ganz klar sagen: Die Oberpfälzer sind klasse! Entgegen aller Vorurteile wurden wir überall herzlich aufgenommen und begrüßt, selbst wenn unsere erste Expedition in dieses Gebiet im Rahmen eines Frankenführers stattfindet. Genießen Sie die ersten Ergebnisse unserer Recherche, wir werden baldmöglichst nachlegen... **ab Seite 652**

Oberfranken ab Seite 20

...weiter siehe Seite 06 ▶

Inhalt

Alle Daten jetzt auch online:

Bier.BY

BIERKULTUR ERLEBEN

Mittelfranken ab Seite 386

...weiter siehe Seite 08 ▶

Inhalt

Unterfranken ab Seite 550

Oberpfalz ab Seite 652

Alle Daten jetzt auch online:

Bier.BY
BIERKULTUR ERLEBEN

NEU! Fürs Smartphone...
BIERGARTEN QUICKFINDER
Bier-App.de

Handwerkszeug

Redaktionelle Themen siehe Seite 10 ▶

Redaktionelles

NEU! Fürs Smartphone...

Impressum

Copyright © 2010
Mediengruppe Oberfranken
Buch- und Fachverlage
GmbH & Co. KG
E.-C.-Baumann-Str. 5
95326 Kulmbach
Alle Rechte vorbehalten.

Produktion & Gestaltung:
GuideMedia GbR, Bamberg

Druck: creo Druck &
Medienservice, Bamberg

ISBN-13: 9783-936897-82-1

Grüner Markt 15
96047 Bamberg
Tel.: 0951-5194166
www.guidemedia.de

Das exponentielle Vergnügen

Wir wissen: Zu zweit macht's doppelt Spaß. Aber auf unseren Reisen durch das lustige Frankenland haben wir auch gelernt: Gerade für Familien vervielfacht sich oft das Vergnügen.

Denn es gibt mehr als den kleinen Spielplatz um die Ecke! So mancher Biergartenbesitzer hat ein richtiges Freizeitparadies geschaffen, wie beispielsweise die Macher der Pflugsmühle (Seite 489) oder des Fröschbrunna (Seite 210). Andere wiederum haben eine tolle Sehenswürdigkeit nebenan. Hier hat uns beispielsweise der Monte Kaolino in Hirschau beeindruckt (beim Gasthof zur Linde Krickelsdorf, Seite 662). Dort bietet ein künstlicher Berg sogar Sand-Snowboarden. Am anderen – nicht minder positiven Ende einer solchen Auflistung könnte der Playmobil-Biergarten stehen (Seite 544). Hier gab es erst den Freizeitpark und dann ist dem Chef eingefallen, dass der zünftige Biergarten fehlt, der seine besondere Schönheit auch dann entfaltet, wenn der große Trubel im Funpark abgeklungen ist. In Unterfranken findet sich ein Naturbiergarten, der in Sachen naturnahe Spielmöglichkeiten wenige Wünsche offen lässt. Das Waldhaus Einsiedel im Gramschatzer Wald finden Sie auf Seite 572.

Wir haben all diese und weitere für Familien besonders attraktive Stationen, zusätzlich zum schon bekannten Symbol für Kinderfreundlichkeit (siehe vordere Klappe), mit einem eigenen Prädikat hervorgehoben: dem TOP-TIPP für Familien.

Insgesamt sind es **28 Biergärten und Bierkeller**, bei denen Sie einen außergewöhnlich tollen Spielplatz, Kinderspeisekarte oder andere spezielle Familien-Highlights vorfinden. Dazu kommen noch weitere **12 Freizeit-Tipps** von Freizeitparks über Tiergärten bis hin zum spannenden Museum.

Unsere „TOP-TIPP Biergärten"

TOP-TIPP für Familien mehr S. 12

Freizeit-Tipps für Familien siehe nächste Seite ▶

Seite 42

Unsere „Freizeit TOP-TIPPs"

TOP-TIPP für Familien mehr S. 12

Info: **Was ist für meine Kinder wichtig?**

1. Achten Sie auf **Wespen und Bienen** in Limoflaschen – am Besten, Sie füllen das Getränk in ein durchsichtiges Glas oder verwenden dünne Strohhalme.

2. Spielen macht vor allem gemeinsam Spaß. Deswegen sollten Ihre Kinder wissen, dass der **Spielplatz allen gehört**, und man sich auf Schaukel & Co. auch mal abwechseln kann. Mitgebrachtes Spielzeug wird natürlich gerne auch von anderen Kindern verwendet, wichtig ist nur, dass es am Ende wieder funktionstüchtig beim Besitzer landet.

3. **Kinder streicheln gerne Hunde - ABER:** Bitte fragen Sie vorher den Besitzer, denn nicht alle Hunde werden gerne gestreichelt. UND: Erklären Sie Ihren Kindern, dass man sich einem Hund nie von hinten nähert bzw. ihn unvorbereitet streichelt.

4. Wer einem **in Not geratenen Kind** auf dem Spielplatz hilft, steht oft unter dem Schutz der gesetzlichen Unfallversicherung.

5. **Haftpflicht:** Kinder unter sieben Jahren sind nicht schuldfähig, d.h. durch sie verursachte Schäden reguliert die Haftpflichtversicherung nur, wenn die Eltern nachweisen können, dass sie ihre Aufsichtspflicht verletzt haben. Unter Umständen kann bei fehlender Haftpflichtversicherung des Verursachers eine so genannte „Ausfalldeckung" in der eigenen Versicherung greifen.

6. Bei Tages- oder längeren Ausflügen sollten Sie eine **kleine Hausapotheke** dabei haben. Dazu gehören: Pflaster/Pflasterspray (für kleine Wunden, vorher auswaschen/desinfizieren), Wundsalbe, Mittel gegen Sonnenbrand (bzw. natürlich vorbeugende Sonnenmilch) und Insektenstiche.

Auch unser **Terminkalender** ist natürlich mit den Auflagen gewachsen. Wir möchten Ihnen hier – natürlich ohne Anspruch auf Vollständigkeit und rein subjektiv – einen Überblick für die schönsten Feste in Franken bieten. Die genauen Termine erfahren Sie für jedes Jahr auf den angegebenen Internetseiten. **Wir wünschen viel Vergnügen!**

Mai

• **Blütenfest Großweingarten**
www.spalt.de | Erster Mai

• **Walberla-Bergkerwa**
www.forchheim.de | Erstes Wochenende

• **Kreuzberg-Kirchweih Hallerndorf**
www.kreuzbergfest.de | Erstes Wochenende

• **Bergkirchweih Erlangen**
www.der-berg-ruft.de | Zwölf Tage ab Donnerstag vor Pfingsten

• **Weißbierfest Bayreuth**
www.maisel.com | Wochenende vor Christi Himmelfahrt

• **Volksfest Spalt**
www.spalt.de |Ende Mai

• **Selber Bürgerfest**
www.selb.de | Letzter Samstag

Juni

• **Altstadtfest Ansbach**
www.ansbach.de | Anfang Juni

• **Bierfest im Burggraben Nürnberg**
www.huettn-nuernberg.de| Anfang Juni

• **Volksfest Schweinfurt**
www.volksfest-schweinfurt.de | Ab Freitag nach Frohnleichnam

• **Altstadtfest Neumarkt**
www.altstadtfest-neumarkt.de | Mitte Juni

• **Bürgerfest Weiden**
Ende Juni

• **Amberger Maria-Hilf-Bergfest**
www.bergfest-amberg.com | Ende Juni

• **Altstadtfest Sulzbach-Rosenberg**
www.sulzbach-rosenberger-altstadtfest.de| Ende Juni

• **Ritterturnier Pappenheim**
www.grafschaft-pappenheim.de | Ende Juni

• **Altstadtfest Forchheim**
www.forchheim-altstadtfest.de | Ende Juni

Juli

• **Kiliani-Volksfest Würzburg**
www.wuerzburg.de | 17 Tage ab Anfang Juli

• **Kirschkerwa Kalchreuth**
www.kalchreuth.de | Erster Sonntag

• **Kunigundenfest Lauf**
www.lauf.de | Erster Sonntag und Montag

• **Bayreuther Bürgerfest**
www.buergerfest-bayreuth.de | Erstes Wochenende

• **Schützenfest Lichtenfels**
www.lichtenfels-city.de | Zweites Wochenende

• **Kinderzeche Dinkelsbühl**
www.kinderzeche.de | Mitte Juli

• **Altstadtfest Kulmbach**
www.kulmbach.de | Mitte Juli

• **Sambafest Coburg**
www.samba-festival.de | Mitte Juli

• **Bürgerfest Neustadt an der Waldnaab**
Dritter Samstag

• **Bamberg Zauberg**
www.mybamberg.de | Drittes Wochenende

• **Annafest Sulzbach-Rosenberg**
Ende Juli

• **Annafest Forchheim**
www.annafest-forchheim.de | Ende Juli

• **Kulmbacher Bierwoche**
www.kulmbacher.de | Ende Juli

• **Rakoczy-Fest Bad Kissingen**
www.rakoczy-fest-badkissingen.de | Ende Juli

• **Hofer Volksfest**
www.hofer-volksfest.de | Ende Juli

• **Altstadtfest Bad Staffelstein**
www.bad-staffelstein.de | Ende Juli

• **Schwabacher Bürgerfest**
www.buergerfest.com | Letztes Wochenende
vor den Schulferien

• **Coburger Vogelschiessen**
www.coburg-tourist.de | Beginn am Freitag des
letzten Juli-Wochenendes

• **Altstadtfest Hersbruck**
www.altstadtfest-hersbruck.de | Beginn am
Freitag des letzten Juli-Wochenendes

August

• **Seefest Altmühlsee**
www.altmuehlsee.de | Anfang August

• **Ringparkfest Würzburg**
www.wuerzburg.de | Anfang August

• **Blues- & Jazzfestival Bamberg**
www.mybamberg.de | Mitte August

• **Brauereifest Bad Staffelstein**
www.bad-staffelstein.de | Mitte August

• **Altstadtfest Sesslach**
www.sesslach.de | Mitte August

• **Schützenfest Kronach**
www.kronacher-freischiessen.com | Mitte bis
Ende August

• **Volksfest Nürnberg**
www.volksfest-nuernberg.de | 17 Tage ab Ende Aug.

• **Sandkerwa Bamberg**
www.sandkerwa.de | Ende August

• **Stadtfest Aschaffenburg**
www.stadtfest-aschaffenburg.de | Ende August

• **Stadtfest Schweinfurt**
www.stadtfest-schweinfurt.de | Ende August

September

• **Reichsstadtfesttage Rothenburg**
www.rothenburg.de | Anfang September

• **Altstadtfest Nürnberg**
www.altstadtfest-nuernberg.de | Mitte bis Ende
September

• **Korbmarkt Lichtenfels**
www.korbmarkt.lichtenfels-city.de | Drittes WE

• **Drachenfest Heuberg**
www.hilpoltstein.de |Ende September

Oktober

• **Michaelis-Kirchweih Fürth**
www.fuerther-kirchweih.de | Anfang Oktober

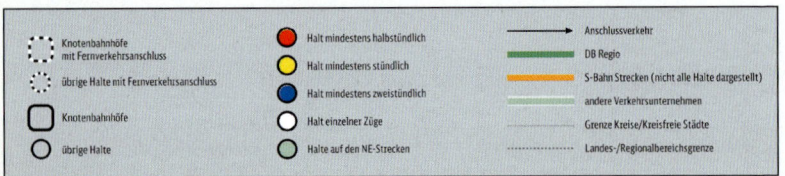

Streckenkarte Bayern (Auszug) | Kooperationspartner der DB Regio

⬡ Knotenbahnhöfe mit Fernverkehrsanschluss	🔴 Halt mindestens halbstündlich	→ Anschlussverkehr
✦ übrige Halte mit Fernverkehrsanschluss	🟡 Halt mindestens stündlich	━ DB Regio
⬜ Knotenbahnhöfe	🔵 Halt mindestens zweistündlich	━ S-Bahn Strecken (nicht alle Halte dargestellt)
⬭ übrige Halte	⚪ Halt einzelner Züge	━ andere Verkehrsunternehmen
	🟢 Halte auf den NE-Strecken	Grenze Kreise/kreisfreie Städte
		Landes-/Regionalbereichsgrenze

Auch in diesem Werk haben wir wieder an den öffentlichen Nahverkehr gedacht und mit der Deutschen Bahn und dem VGN altbewährte Partner an Bord. Um die Informationen über verfügbare Haltestellen übersichtlicher zu gestalten, haben wir die allgemein gültigen Symbole eingeführt, die jetzt jede **Haltestelle bei jeder Gastronomie im Balken unten neben der Seitenzahl** gleich mit dem zugehörigen Verkehrsmittel und der Linie ergänzen. Zusätzlich zeigt Ihnen hier ein Logo den oder die zuständigen Verkehrsdienstleister an.

 = Bus

 = Bahn

 = S-Bahn

 = Tram

 = U-Bahn

B14 — Bundesstraße
A3 — Autobahn
DB — Bahnlinie

Willkommen in Oberfranken

Eine ausführliche Rubrikein-
leitung sowie eine Zuordnung
der Biergartenpunkte zum jeweiligen Ort finden Sie auf der
folgenden Doppelseite.

(Komplettes Ortsverzeichnis: Seite 666)

(x) **Bierkeller oder Biergarten**
Zahl entspricht der Seite im Buch

Oberfranken

Oberfranken als Kunstgebilde besteht hauptsächlich aus den Gebieten des ehemaligen Hochstifts Bamberg und des preußischen Fürstentums Bayreuth.

Damit ergibt sich auch eine Zweiteilung auf der konfessionellen Landkarte, die selbst heute noch gut abzulesen ist. Den Namen Oberfranken erhielt das Gebiet erst 1838, später kamen noch Coburg (1920) und kleinere Randgebiete durch die Gebietsreform 1972 dazu.

Weltrekorde halten die Oberfranken vor allem in kulinarischer Hinsicht - es gibt die meisten Brauereien, Bäckereien, Metzgereien und Brennereien. Erleben lässt sich diese spezielle Kultur nicht nur in den vielen vorgestellten Bierkellern und Biergärten des folgenden Kapitels, sondern auch in den speziellen Museen, wie dem Bayerischen Brauerei- und Bäckereimuseum Kulmbach, dem Fränkischen Brauereimuseum Bamberg oder auch im Bayreuther Brauereimuseum und den dazugehörenden Katakomben.

Dazu kommt eine herrliche Landschaft, die den Landstrich gerade für Familien zu einem echten Geheimtipp werden lässt. Die nördliche Fränkische Schweiz, das Fichtelgebirge und der östliche Steigerwald laden zu vielen Spaziergängen und Erholung ein. Erkunden Sie geheimnisvolle Höhlen oder felsensäumte tiefe Täler, gehen Sie per Boot oder Rad auf Entdeckertour oder schlendern Sie durch eine der vielen historischen Altstädte, die sich in Oberfranken bieten.

Touristischer Mittelpunkt dürfte die Weltkulturerbestadt Bamberg mit ihrem Umland sein, die auch mit großem Abstand das größte Gesamtpaket bieten kann. Zahlreiche Museen, Gärten, Schlösser und Parks, viele attraktive Einzelhändler, Märkte und Messen sowie ein kulturelles Angebot von den Bamberger Symphonikern, zahlreichen Theatern bis zum dreimaligen Deutschen Meister Brose Baskets garantieren tolle Erlebnisse und spannende Tage. Dazu gehören natürlich auch die neun Brauereien und die breite Gastronomielandschaft vom Café bis zum Exotenrestaurant – die ehemalige Hauptstadt des Heiligen Römischen Reiches ist immer eine Reise wert!

Altdrossenfeld

Brauerei-Gasthof Schnupp mit Schnupp's Bierstübla

WWW.BRAUEREIGASTHOF-SCHNUPP.DE   GPS: 50°00'44" N / 11°29'49" E

BIER

Eigene Brauerei: Vollbier, Edelpils, Altfränkisch Dunkel (alles vom Fass), Storchen leicht, Doppelbock (saisonal).

KÜCHE

Fränkische Brotzeiten. Täglich große Karte mit warmen Gerichten. Spezialitäten: Drossenfelder Leckerle, Forelle blau oder gebacken, selbstgebackenes Brot aus dem Steinbackofen.

PLÄTZE (außen/regensicher)

50/125 (Gasthof) und 60/30 (Bierstübla)

ANSCHRIFT

Altdrossenfeld 8
95512 Neudrossenfeld
Tel.: 09203-9920

ÖFFNUNGSZEITEN

Täglich ab 7 Uhr
Freitag Ruhetag
Mitte Juli bis Ende August kein Ruhetag
Bierstübla:
Do und Fr ab 17 Uhr
Sa und So ab 15 Uhr

DA, WO DER STORCH WOHNT

Dass der Storch die Kinder bringt, wissen wir, seine Wohnung aber findet man eher selten. Ein Storchenpaar hat sein Zuhause bei Familie Schnupp aufgeschlagen und auch schon drei Kinder vorbeigebracht. Zum Dank richtet man jährlich ein Storchenfest aus (Anfang/Mitte Juli). Doch außer dem Storch gibt's auch noch andere Attraktionen, zum Beispiel das „Leckerle" (Lendchen in Apfelsoße) mit hausgebranntem Apfelbrand und das im Oktober 2007 wiedereröffnete Bierstübla im historischen Brauhof.

TIPP: Drossenfelder Leckerle

Backstahäusla

WWW.BIER.BY   GPS: 49°48'01" N / 11°00'51" E

Gulasch, Schaschlik, Krautwickel, ungarische Paprika-Salami, ein original ungarischer Chef und Koch mit Namen Janos Cseho-Kovacs – wer will da noch an den Plattensee? Vor allem, wenn die stets freundliche Bedienung dazu noch ein kühles Buttenheimer Löwenbräu serviert… Kein Bierkeller im eigentlichen Sinn, aber für uns unbedingt einen Exoten-Tipp wert. Lassen Sie sich überraschen!

DER UNGAR UNTER DEN BIERGÄRTEN

TIPP: Ungarische Salami

BIER

Löwenbräu/Buttenheim: Lager (vom Fass), Pils, Bock (saisonal), Festbier, Weizen, Alkoholfreies.

KÜCHE

Fränkische Brotzeiten. Täglich mittelgroße Karte mit warmen Gerichten. Spezialitäten: Rindergulasch, Schnitzel, ungarische Paprika-Salami, argentinische Steaks, Rumpsteaks.

PLÄTZE (außen/regensicher)

40/40

ANSCHRIFT

Am Bahnhof 1
96146 Altendorf
Tel.: 09545-1704

ÖFFNUNGSZEITEN

Täglich ab 10 Uhr
Mi und Do ab 16 Uhr
Dienstag Ruhetag
(an Feiertagen geöffnet)

Symbolerklärung s. vordere Klappe

Egloffsteiner Hof

WWW.EGLOFFSTEINER-HOF.DE   GPS: 49°47′48″ N / 11°00′38″ E

GEGRILLTER FISCH MIT FANGEMEINDE

In der sechsten Generation ist die ehemalige Poststation immer noch fest in der Hand der Familie Fleischmann. Inhaber Werner ist besonders stolz auf die große Gartenlaube und die regelmäßigen Fischtage, an denen freitags gegrillte Makrelen, Heringe und Forellen von einer begeisterten Fangemeinde verzehrt werden. Ansonsten klassische fränkische sowie saisonale Küche.

BIER

St. Georgen Bräu/Buttenheim: Keller, Pils, Weizen (alles vom Fass), dunkles Landbier, helles Vollbier, leichtes Weizen, Alkoholfreies.

KÜCHE

Fränkische Brotzeiten. Täglich große Karte mit warmen Gerichten. Spezialitäten: Gegrillter Fisch (Fr), Bräten, Saisonküche.

PLÄTZE (außen/regensicher)

180/140

ANSCHRIFT

Egloffsteiner Ring 2
96146 Altendorf
Tel.: 09545-313
Fax: 09545-950755

ÖFFNUNGSZEITEN

Di bis Fr 11 bis 14.30 Uhr und ab 16.30 Uhr
Sa und So ab 11 Uhr
Montag Ruhetag

TIPP: Gegrillter Fisch (Fr)

Wirtshaus Mühle

WWW.WIRTSHAUS-MUEHLE.DE **GPS: 49°47'47" N / 11°00'37" E**

BIERGARTEN MIT CAIPI UND LATTE

Das Wirtshaus Mühle besticht auf fünf Ebenen mit einer Mischung aus Geschichte und Gegenwart. Überall begegnen den Gästen Zeugen aus der Historie des Hauses als Getreidemühle aus dem 18. Jahrhundert. Das Besondere am Biergarten ist, dass man hier auch Cocktails und italienische Kaffeespezialitäten serviert bekommen kann – zugegeben, nicht gerade Tradition, aber bei dem Ambiente absolut verzeihlich und irgendwie innovativ.

TIPP: Mühlentöpfchen

BIER

Ott/Oberleinleiter: Export (vom Fass). Greif/Forchheim: Weizen (vom Fass). Schlenkerla/Bamberg: Rauchbier (vom Fass). Außerdem jeden Monat ein wechselndes dunkles Fassbier aus der Umgebung. Becks: Alkoholfreies. Erdinger: Alkoholfreies Weizen.

KÜCHE

Täglich große Karte mit warmen Gerichten. Spezialitäten: Mühlentöpfchen, Gemüserösti, Steakletts vom Angusrind.

PLÄTZE (außen/regensicher)

50/60

ANSCHRIFT

Egloffsteiner Ring 52
96146 Altendorf
Tel.: 09545-442244

ÖFFNUNGSZEITEN

Mi bis Sa ab 17.30 Uhr
So ab 16.30 Uhr
Montag und Dienstag Ruhetag

Symbolerklärung s. vordere Klappe

Nepomuk

WWW.NEPOMUK.NET　　　　　　　　**GPS: 50°08'01" N / 11°14'41" E**

DER PARTY-BIERGARTEN

Der Nepomuk wird von den Einheimischen liebevoll „Muk" genannt und liegt direkt an der Mainbrücke zwischen Altenkunstadt und Burgkunstadt. Den Gast erwartet neben einigen urfränkisch gehaltenen Räumlichkeiten, auch ein mittelgroßer Biergarten, der regionaltypisch mit Biergarnituren ausgestattet ist. Alte Bäume und ein Brunnen sorgen für eine naturnahe Atmosphäre. Zu den süffigen Leikeim-Bieren können Sie eine der leckeren Schnitzel- oder Steakvariationen genießen. Der dazugehörige Saal, in dem regelmäßig Livemusik, Tanzveranstaltungen und Sportevents auf Großleinwand stattfinden, kann natürlich auch für Feiern aller Art gebucht werden.

BIER

Leikeim/Altenkunstadt: Pils, Hefeweizen, Dunkles, Steinbier (alles vom Fass), restliches Flaschenbier-Sortiment. Guiness (vom Fass). Becks: Gold, Alkoholfreies. Maisel/Bayreuth: Dunkles Hefeweizen, Maisel Light, Maisel Alkoholfrei. Jede Woche wechselnde Biere aus der Region.

KÜCHE

Verschiedene Salate. Täglich große Karte mit warmen Gerichten. So und Feiertage Mittagstisch. Spezialitäten: Pfefferhaxe, Krenfleisch, Sauerbraten.

PLÄTZE (außen/regensicher)

250/80

ANSCHRIFT

Mainbrücke 7
96264 Altenkunstadt
Tel.: 09572-3551

ÖFFNUNGSZEITEN

Mo bis Fr ab 16 Uhr
Sa ab 12 Uhr
So ab 10 Uhr

TIPP: Riesenschnitzel

Landgasthof Moreth

WWW.BIER.BY   **GPS: 49° 59' 14" N / 11° 30' 39" E**

FÜR GRUPPEN UND MAISEL-FANS

Das über 100 Jahre alte Gasthaus an der Verbindungsstraße zwischen Bayreuth und Kulmbach wird seit über 20 Jahren von der Familie Moreth betrieben. Der Landgasthof selbst ist Eigentum der Brauerei Maisel in Bayreuth. Ein klassischer, mit Blumen dekorierter Biergarten findet sich hinter dem Haus – auch hier steht alles im Zeichen der Maisel-Brauerei. Die Gaststube im Inneren ist eher rustikal eingerichtet, bei Bedarf kann auch ein Saal mit 150 Plätzen und im 1. Stock ein Nebenzimmer mit 30 Plätzen belegt werden. Hochzeiten, Busse und größere Gesellschaften sind also jederzeit willkommen. Im Sommer gibt es durchgehend warme Küche – beileibe keine Selbstverständlichkeit – dabei werden mittags etwa 20 Gerichte angeboten, abends sogar etwa 50.

TIPP: Frische Saisongerichte

BIER

Maisel/Bayreuth: Pils, Export (beides vom Fass), Hefeweizen, Dunkles, Alkoholfreies.

KÜCHE

Fränkische Brotzeiten. Täglich große Karte mit warmen Gerichten. Spezialitäten: Saisonale Gerichte (z. B. Pfifferlinge), Schweineschäuferle, 1/2 Bauernente.

PLÄTZE (außen/regensicher)

100/50

ANSCHRIFT

Hauptstraße 2
95500 Heinersreuth-Altenplos
Tel.: 09203-6472

ÖFFNUNGSZEITEN

1. Mai bis 30. Sep.
Täglich ab 11 Uhr
Dienstag Ruhetag
1. Okt. bis 30. Apr.
Täglich 11 bis 14 Uhr und ab 17 Uhr
Dienstag Ruhetag

Amlingstadt

Ausflugslokal Almrauschhütte

WWW.ALMRAUSCHHUETTE.DE　　　　　**GPS: 49°51'27" N / 10°59'21" E**

WIEDER DA

Sie ist wieder da: Die Almrauschhütte. Manfred Ries übernahm vor einigen Jahren mit seiner Frau Lokal und Tradition: Es bleibt also bei echten Männerportionen, heißem Holzkohlenfeuer und den leckeren selbstgebackenen Kuchen. Letztere rufen jede Menge Kaffeegäste auf den Plan, die aber gegen 18 Uhr von den Bierdurstigen und Steakhungrigen abgelöst werden. Tipp: Mit dem Fahrrad von Bamberg aus besuchen, ist gar nicht weit.

BIER

Ott/Oberleinleiter: Pils, Original Obaladara Dunkel, Export, Weizen (alles vom Fass). Löwenbräu/München: Alkoholfreies.

KÜCHE

Fränkische Brotzeiten. Täglich kleine Karte mit warmen Gerichten. So und Feiertage Mittagstisch. Spezialitäten: Almrauschplatte, Obatzter, Ziebeleskäse.

PLÄTZE (außen/regensicher)

600/100

ANSCHRIFT

Am Hauptsmoorwald 3
96129 Strullendorf-Amlingstadt
Tel.: 09543-441151 oder 0160-97375573

ÖFFNUNGSZEITEN

Täglich ab 15 Uhr
So und Feiertage ab 10 Uhr
Bei schl. Wetter Hüttenbetrieb
Montag und Dienstag Ruhetag

TIPP: Selbstgebackene Kuchen

Herrmann's Keller

SCHATTIGES JUWEL IM SCHATTEN DES MAX

Der fast immer schattige Herrmann's Keller hat Tradition: Seit 1754 in Familienbesitz hat er schon vieles erlebt, von Freilichttheatern bis zum jährlichen Open Air. Dass viele Leute den Namen Ampferbach und Bier eher mit dem direkten Nachbarn Maxkeller verbinden, ist eher unverständlich: Gilt der Herrmann's Keller doch bei Kennern als einer der schönsten Bierkeller überhaupt. Das frisch gebraute Bier lassen Papa Georg und Sohn Herrmann wie zu alten Zeiten im Felsenkeller reifen. Zudem gibt es hausgemachte Brotzeiten aus eigener Schlachtung.

BIER

Eigene Brauerei: Ungespundetes Lager (vom Fass), Hefeweißbier. Kaiserdom/Bamberg: Alkoholfreies.

KÜCHE

Hausmacher Brotzeiten. Täglich warme Kleinigkeiten. Spezialitäten: Kellerplatte, Dosenfleisch, Gerupfter, gegrillte Makrelen und Heringe (So, gelegentlich), Pizza (Fr), Hähnchen (Sa).

PLÄTZE (außen/regensicher)

400/110

ANSCHRIFT

An der Staatsstraße nach Burgebrach
96138 Ampferbach
Tel.: 0151-51482531

ÖFFNUNGSZEITEN

Täglich ab 14 Uhr
Kein Ruhetag
Bei schlechtem Wetter geschlossen

TIPP: Hähnchen (Sa)

Maxkeller Ampferbach

WWW.BIER.BY   GPS: 49°50'29" N / 10°44'00" E

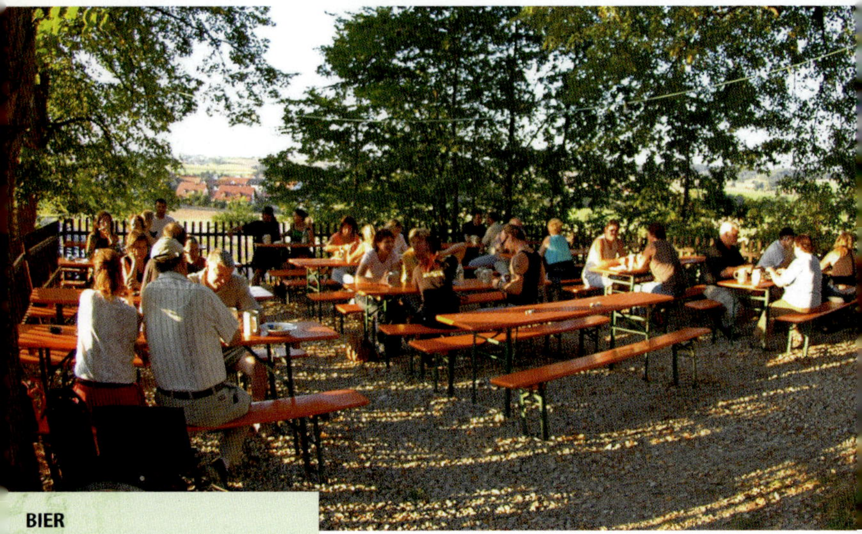

BIER

Eigenes Bier: Maxbier (vom Fass).
Clausthaler: Alkoholfreies.

KÜCHE

Hausmacher Brotzeiten. Täglich klei-
ne Karte mit warmen Gerichten.
Spezialitäten: Maxplatte, selbstge-
machter Gerupfter, hausgemachtes
Dosenfleisch, hausgemachte
Göttinger.

PLÄTZE (außen/regensicher)

200/100

ANSCHRIFT

96138 Burgebrach-Ampferbach
Tel.: 09546-1725 oder 0176-
85284961

ÖFFNUNGSZEITEN

Di ab 17 Uhr
Sa ab 16 Uhr
So und Feiertage ab 15 Uhr

KULTURKELLER MIT BIERLEGENDEN

Ich möcht a Biää vom Max, schenk doch mal
eins ein!– so schallt es spätestens am 1. Mai in
Ampferbach aus allen Kehlen, wenn der Maxkeller seine Saison eröffnet. Über die Zutaten
zu dem Bier mit dem vielsagenden Untertitel
„Das Lebenselexir" rätselt man, seit es gebraut
wird, allerdings konnte der Braumeister das
Geheimnis bisher gut wahren. Noch bewahrt
der Maxkeller seinen Kult und lockt damit jedes Jahr Tausende auf den Anstieg zwischen
Burgebrach und Ampferbach.

TIPP: Max-Bier

Bus 989 Ampferbach Ortsmitte, Burgebrach

Brauerei Mazour-Fössel „Zum Välta"

WWW.BRAUEREI-ZUM-VAELTA.DE GPS: 49°58'07" N / 10°47'59" E

DER MÄNNER-BIERGARTEN

Wovon träumen 90% aller Männer mindestens einmal im Jahr? Von einem Biergarten mit einem gigantischen Grill, den man selbst nach Lust und Laune belegen und wo man miteinander über das Grillen fachsimpeln kann. Und genau das erwartet Heinz, Herbert, Josef und Franz in Appendorf! „Zum Välta" kommt übrigens von einem der Urwirte, der Valentin hieß. Der Volksmund „Gemma zum Välta" hat sich bis heute gehalten und beschreibt die Prozession der Stammgäste in den malerischen Garten am Bach. Unbedingt erwähnt werden muss noch Bayerns größte Musikinstrumentensammlung, die jeden Freitag in Form einer Jam-Session nicht nur optisch, sondern auch akustisch zu bewundern ist.

BIER

Eigene Brauerei: Välta-Bier (vom Fass). Wagner/Kemmern: Pils, Weizen, Alkoholfreies.

KÜCHE

Hausmacher Brotzeiten. Täglich kleine Karte mit warmen Gerichten. Spezialitäten: Gerupfter, Schäuferla.

PLÄTZE (außen/regensicher)

150/200

ANSCHRIFT

Baunacher Straße 28
96196 Appendorf
Tel.: 09544-20390

ÖFFNUNGSZEITEN

Täglich ab 8 Uhr
Mi ab 15 Uhr
Fr 8 bis 13 Uhr und ab 17 Uhr
Dienstag Ruhetag

TIPP: Schäuferla

Symbolerklärung s. vordere Klappe

Gasthof-Pension Frankenhöhe

WWW.GASTHOF-FRANKENHOEHE.DE **GPS: 50°02'33" N / 11°12'11" E**

BIER

Püls/Weismain: Hefeweizen, Landbier, Pils (vom Fass), Kellertrunk. Erdinger: Hefeweizen Alkoholfreies, Löwenbräu/München: Alkoholfreies.

KÜCHE

Hausmacher Brotzeiten. Täglich große Karte mit warmen Gerichten. Spezialitäten: Juralamm, Geflügel aus eigener Aufzucht, Wildgerichte.

PLÄTZE (außen/regensicher)

60/220

ANSCHRIFT

Arnstein 4
96260 Weismain
Tel.: 09575-264

ÖFFNUNGSZEITEN

Täglich ab 10 Uhr
Montag Ruhetag

SCHLEMMERPUNKT FÜR WANDERER

Im Gasthof von Jakob und Monika Zeis schlemmt man schon seit mehr als 400 Jahren. Mit eigener Geflügelzucht und Hausschlachtung treffen die beiden den Geschmack der vielen Wanderer perfekt, die hier im Kleinziegenfelder Tal recht häufig anzutreffen sind. Die Wanderer sind in diesem nördlichen Zipfel der Fränkischen Schweiz mittlerweile viel unterwegs, wenngleich er immer noch als echter Geheimtipp gilt.

TIPP: Juralamm

Brauereigasthof Rothenbach

WWW.BRAUEREIGASTHOF-ROTHENBACH.DE   GPS: 49°53'03" N / 11°13'34" E

BIERGARTEN MIT LIEGEN

Hier kann man den fließenden Übergang praktizieren – erst ein Bierchen im Stehen, dann im Sitzen und schließlich verlegt man sich auf eine der gemütlichen Liegen im Garten und schläft den leichten Rausch aus ... Die Brauanlage stammt ursprünglich aus dem Franziskanerkloster in Gößweinstein und auch noch aus dieser Zeit stammt die Tradition der Bügelverschlussflaschen, in die das kühle Nass noch heute abgefüllt wird. Der Brauereigasthof hat mehrere Namen, so hört er auch auf „Sonnenhof" oder „Sonnenbräu" (stammt aus den Zeiten der Ausflüglerströme in den Wirtschaftswunderjahren).

TIPP: Am Fränkischen Brauerei- und Bierkellerweg

BIER

Eigene Brauerei: Dunkles, Pils, Zwickel (alles vom Fass), Festbier, Weizen, Bock (saisonal). Kaiserdom/Bamberg: Alkoholfreies.

KÜCHE

Hausmacher Brotzeiten. Täglich große Karte mit warmen Gerichten. Spezialitäten: Forelle, Braumeistersteak.

PLÄTZE (außen/regensicher)

80/100

ANSCHRIFT

Im Tal 70
91347 Aufsess
Tel.: 09198-92920

ÖFFNUNGSZEITEN

Apr. bis Okt.
Täglich ab 8 Uhr

Gasthof Stern

WWW.BIER.BY   GPS: 49°53'12" N / 11°13'25" E

BIER

Schinner/Bayreuth: Altbayreuther Braunbier, Pils (beides vom Fass), Weizen. Leikeim/Altenkunstadt: Pils (vom Fass). Maisel/Bayreuth: Helles Weizen, dunkles Weizen, leichtes Weizen, alkoholfreies Weizen. Clausthaler: Alkoholfreies.

KÜCHE

Fränkische Brotzeiten. Täglich große Karte mit warmen Gerichten. Spezialitäten: Forellen, Karpfenfilet, hausgemachte fränkische Klöße, Schweinebraten, Hausmacherplatte.

PLÄTZE (außen/regensicher)

40/120

ANSCHRIFT

Neuhauser Straße 39
91347 Aufseß
Tel.:09198-99919

ÖFFNUNGSZEITEN

Täglich 11.30 bis 14 Uhr und ab 17.30 Uhr. So und Feiertage ab 11.30 Uhr. Montag Ruhetag
Von Anfang Dezember bis Ende März nur So ab 11.30 Uhr geöffnet

OBERFRANKEN-FISCH KRÖNT DEN TISCH

So lautet der Slogan des Hauses, den die Familie Schrenker dank einer Auszeichnung verwenden darf. So sollten Sie dann auch unbedingt die Fischgerichte testen, wenn Sie in dem viele hundert Jahre alten Traditionshaus angelangt sind. Im Biergarten sitzt man unter einer alten Linde und kann sich statt Fisch auch den hausgemachten Pressack oder Schinken schmecken lassen. Wer gut zu Fuß ist, kann von hier aus in jeweils ca. 15 Minuten die Schlösser in Ober- und Unteraufseß besuchen.

TIPP: Karpfenfilet

Hammonds Wirtshaus

WO DIE WELT NOCH IN ORDNUNG IST

Bei Silvia und Douglas Hammond stimmt es einfach. Im offenen Azendorf ist das Wirtshaus noch die Mitte der Gemeinde, vom Kirchen- bis zum Posaunenchor, vom Gartenbauverein bis zur Feuerwehr, alle sind hier regelmäßig zu finden. Das ist auch kein Wunder, bedenkt man den wunderschönen Obstbaumgarten hinter dem Haus und die kreative Inneneinrichtung mit jeder Menge alter Blechschilder und vielen Museumsstücken, wie einer Jukebox aus den 50ern. Mit dabei sind immer die vier Söhne der Familie und die Hunde Carlos und Leopold.

BIER

Kulmbacher: Mönchshof Pils (vom Fass), Helles, Leichtes, Kapuziner Weiße. Hübner/Steinfeld: Vollbier (vom Fass).

KÜCHE

Fränkische Brotzeiten. Täglich kleine Karte mit warmen Gerichten. Spezialitäten: Jeden ersten Sonntag im Monat „american homestyle & klassisch fränkisch": Bräten mit selbstgemachten Klößen, Steaks, Spareribs etc.

PLÄTZE (außen/regensicher)

40/80

ANSCHRIFT

Azendorf 3
95359 Kasendorf
Tel.: 09220-203

ÖFFNUNGSZEITEN

Täglich ab 16 Uhr
Mittwoch Ruhetag

TIPP: Entrecôte

Symbolerklärung s. vordere Klappe

Gasthof Kutscherstuben

WWW.GASTHOFKUTSCHERSTUBEN.DE   GPS: 50° 02' 38" N / 11° 39' 51" E

BIER

Leikeim/Altenkunstadt: Pils, Landbier, Weißbier (alles vom Fass), Hefeweizen, Dunkelbier, Lager Gold. Maisel/Bayreuth: Alkoholfreies Weizen.

KÜCHE

Fränkische Brotzeiten. Täglich große Karte mit warmen Gerichten. Spezialitäten: Fischspezialitäten, internationale Küche, selbstgebackene Brötchen.

PLÄTZE (außen/regensicher)

50/80

ANSCHRIFT

Rimlasgrund 2
95460 Bad Berneck
Tel.: 09273-1757

ÖFFNUNGSZEITEN

Täglich 9 bis 14 Uhr und ab 17 Uhr
Mittwoch Ruhetag

FRÄNKISCHER BIERDSCHUNGEL

Der Gasthof Kutscherstuben mit seinem schönen, unter Denkmalschutz stehenden Wirtshaus empfängt jeden Besucher von Bad Berneck direkt am Ortseingang. Zum 1734 erbauten Hof gehört ein schattiger Biergarten, der wildromantisch, quasi dschungelartig von vielen zusammengewachsenen Bäumen überdacht wird. In den rustikal-gemütlich eingerichteten Gasträumen mit Gewölbe kann ab zehn Personen auch ein Ritteressen veranstaltet werden. Der Chef - Wolfgang Schlochtermeyer – ist für die Küche zuständig, wo er zum Beispiel leckere selbstgebackene Brötchen herstellt. Auf Vorbestellung steht auch einem Abend mit zünftiger Musik nichts im Wege.

TIPP: Fischspezialitäten

Hotel & Gasthof Goldener Hirsch

WWW.GOLDENER-HIRSCH.DE　　　　**GPS: 50° 03' 00" N / 11° 40' 27" E**

HAUS MIT TRADITION

Das stattliche Haus des Hotels Goldener Hirsch liegt direkt in Bad Berneck, in der Nähe der städtischen Freilichtbühne. Das Haus gibt es seit 1787, war damals schon Hotel und hatte Personalzimmer. Später diente es etwa 60 Jahre lang als Rathaus. Im November 1975 übernahmen schließlich Helmut und Heidi Teufel das Haus und renovierten es. Bei all dieser Tradition verwundert es nicht, dass hier manchmal Paare Goldene Hochzeit feiern, die im „Goldenen Hischen" schon ihre Vermählung gefeiert haben. Besonders zu empfehlen ist der urige kleine Biergarten hinter dem Haus. Hier kommt richtig Atmosphäre auf. Da schmecken das Bayreuther Maisel Bier und die stets frischen saisonalen Gerichte gleich doppelt so gut!

BIER

Aktien/Bayreuth: Fassquell, Pils, Zwickl (alles vom Fass), Dunkles. Maisel/Bayreuth: Hefeweizen, Kristallweizen, Hefeweizen Dunkel, leichtes Weizen, alkoholfreies Weizen, Edelhopfen Diät. Kulmbacher: Leichtes, Alkoholfreies.

KÜCHE

Hausmacher Brotzeiten. Täglich große Karte mit warmen Gerichten. Spezialitäten: Schäuferle, Kalbsleber, Fisch aus eigenen Gewässern, saisonale Gerichte (z. B. Pfifferlinge, Spargel).

PLÄTZE (außen/regensicher)

100/80

ANSCHRIFT

Hofer Straße 12
95460 Bad Berneck
Tel.: 09273-7689

ÖFFNUNGSZEITEN

Täglich 11.30 bis 14 Uhr & ab 17 Uhr
Mittwoch Ruhetag

TIPP: Wildromantischer hinterer Biergarten

Bad Staffelstein

Klosterstuben Kloster Banz

WWW.KLOSTERSTUBEN-BANZ.DE **GPS: 50°08'02" N / 11°00'02" E**

BIER

Kulmbacher: Mönchshof Original, Mönchshof naturtrübes Kellerbier, Kapuziner Weizen, Schwarzbier (alles vom Fass), Bockbier (ganzjährig), leichtes Weizen, schwarze Weisse, alkoholfreies Weizen, alkoholfreies Pils.

KÜCHE

Fränkische Brotzeiten. Täglich mittelgroße Karte mit warmen Gerichten. Spezialitäten: Bierhaxen, Pfefferhaxen, Bratwürste vom Staffelsteiner Landmetzger.

PLÄTZE (außen/regensicher)

200/180

ANSCHRIFT

Kloster Banz
96231 Bad Staffelstein
Tel.: 09573-222058

ÖFFNUNGSZEITEN

Täglich ab 10 Uhr
Anfang Apr. bis Ende Okt.
Kein Ruhetag
Anfang Nov. bis Ende März
Montag und Dienstag Ruhetag

IM SCHATTEN DER STAATSREGIERUNG

So manch einer in Bayern glaubt wahrscheinlich, dass die Bezeichnung „Gottesgarten" für die Umgebung von den regelmäßigen Tagungen von Strauß, Stoiber & Co. hier vor Ort abzuleiten ist. Die meisten Besucher jedoch sind eher auf eine Besichtigung der Klosteranlage und der gegenüber liegenden Wallfahrtskirche Vierzehnheiligen aus. Bei Familie Kreier gibt es jedenfalls für Wähler und Nichtwähler nur eine Wahl: Bier der Kulmbacher Brauerei und wirklich gute warme Speisen.

TIPP: Pfefferhaxe

Brotzeitstadl Bad Staffelstein

WWW.PENSION-BUETTNER.DE **GPS: 50°06'13" N / 11°00'04" E**

KLEIN ABER FEIN

Ein kleiner ruhiger Biergarten in Staffelstein, den die Kurgäste noch nicht für sich entdeckt haben. Allein das macht den Brotzeitstadl zu einem Geheimtipp. Dazu kommt noch der Fußballplatz für die Kinder und das leckere Bier der Brauerei Hummel aus Merkendorf. Die Brotzeiten werden von Familie Büttner mit Rohstoffen direkt vom Bauern selbst hergestellt.

BIER

Hummel/Merkendorf: Dunkles, Keller, Pils (alles vom Fass), Hefeweizen. Löwenbräu/München: Alkoholfreies.

KÜCHE

Hausmacher Brotzeiten. Täglich kleine Karte mit warmen Gerichten. Spezialitäten: Selbstgemachte Bratwürste, weißer Käs, selbstgemachter Gerupfer und Kochkäse, Wurst aus eigener Herstellung.

PLÄTZE (außen/regensicher)

150/90

ANSCHRIFT

Bauersgasse 3b
96231 Bad Staffelstein
Tel.: 09573-4778

ÖFFNUNGSZEITEN

Di bis Fr ab 16.30 Uhr
Sa ab 15.30 Uhr
So ab 16 Uhr
Montag Ruhetag

TIPP: Hausgemachte Bratwürste

Waldklettergarten Banz

TOP-TIPP für Familien
mehr S. 12

WWW.WALDKLETTERGARTEN-BANZ.DE

Der Klettersport ist in den letzten Jahren mächtig in Mode gekommen, allerdings ist man im Herzen der Fränkischen Schweiz bereits auf dem Rückzug. Zu groß sind die Schäden an den Felsformationen des Naturparks. Nur wenige Kilometer entfernt gibt es jetzt eine Alternative: Den Waldklettergarten Banz.

Ehemals spielten hier die Mönche unter den altehrwürdigen Buchen gegenüber vom Kloster Banz. Jetzt können Sie hier über den Pfaden der Mönche im Hochseilgarten in den Kronen der Bäume lustwandeln. Das Gelände liegt oberhalb der Festwiese der „Songs an einem Sommerabend", dem renommierten Liedermacherfestival. Freuen Sie sich also auf Adrenalinschübe, Grenzerfahrungen, Riesenspaß und das Picknick danach. Der Besuch lohnt sich, egal ob Sie in luftiger Höhe im Abenteuerpark klettern, auf der historischen Naturkegelbahn eine ruhigere Kugel schieben, sich beim Boccia austoben oder nach dem Wandern von den urigen Eichennaturbänken aus die Bäume und eine herrliche Aussicht auf den Gottesgarten am Obermain genießen wollen. Auf die Jüngsten wartet sogar ein eigener Kinderparcours.

Waldklettergarten Banz GmbH u. Co. KG
Forsthaus Banz
96231 Bad Staffelstein
Tel: 09573-22 25 70

Öffnungszeiten:
Täglich 10.30-18.00 Uhr, außerhalb der Ferien montags Ruhetag (wetter- oder saisonbedingte Änderungen der Öffnungszeiten erfahren Sie auf der Homepage oder per Telefon)

Unseren **Familien-Kompass** finden Sie auf den Seiten **12 bis 15**

Banzer Waldschänke

WWW.WALDKLETTERGARTEN-BANZ.DE GPS: 50°08'06" N / 10°59'54" E

FÜR AUFSTEIGER, EINKEHRER UND KLETTER-FANS

Mitten im Wald findet sich hier ein Klettergarten der besonders grünen und hohen Sorte. Unter den vielen Seilen und Balken haben die Erbauer aber die Gemütlichkeit nicht vergessen: Die urige Waldschänke zieht nicht nur die Kletterer nach vollendetem Auf- und Abstieg in ihren Bann, auch viele Normal-Natur-Genießer kehren hier gerne ein.

TIPP: Klettern, Kuchen, Kloster Banz

BIER

Herzogliches Brauhaus/Tegernsee: Tegernseer Hell, Dunkel, Spezial. Staffelbergbräu/Loffeld: Staffelberger Landbier, Loffelder Dunkel, Hefeweißbier, alkoholfreies Pils, Radler.

KÜCHE

Fränkische Brotzeiten. Spezialitäten: Fränkischer Brotzeitteller, selbstgebackene Kuchen.

PLÄTZE (außen/regensicher)

30/50

ANSCHRIFT

Gegenüber Kloster Banz
96231 Bad Staffelstein
Tel.: 09573-222570 oder -950274

ÖFFNUNGSZEITEN

Fr 12 bis 19 Uhr
Sa und So 9 bis 19 Uhr
Anfang Aug. bis Mitte Sep.
Täglich 9 bis 19 Uhr
Kein Ruhetag
(wetter- oder saisonal bedingte Änderungen der Öffnungszeiten bitte telefonisch oder über die Homepage erfragen)

Symbolerklärung s. vordere Klappe

ONLINE AUF WWW. Bier.BY

Spezialkeller Bamberg

WWW.SPEZIALKELLER.DE   GPS: 49°53'05" N / 10°53'15" E

BIER

Spezial/Bamberg: Rauchbier, Ungespundetes (beides vom Fass), Hefeweißbier. Jever: Alkoholfreies.

KÜCHE

Fränkische Brotzeiten. Täglich mittelgroße Karte mit warmen Gerichten. Spezialitäten: Grobe Bratwürste mit Sauerkraut oder Brot, Haxen, Schäuferla, Knöchla, Ziebeleskäse, Brotzeitteller.

PLÄTZE (außen/regensicher)

700/80

ANSCHRIFT

Sternwartstraße 8
96049 Bamberg
Tel.: 0951-54887

ÖFFNUNGSZEITEN

Täglich ab 15 Uhr
So und Feiertage ab 10 Uhr
Montag Ruhetag
Ganzjährig geöffnet
(Betriebsurlaub Ende Sep./Anfang Okt.)

DIE GUTE AUSSICHT

Der Keller bietet nicht nur die schönste Aussicht auf das Weltkulturerbe Bamberg, er ist auch für viele Bamberger das Ziel der gedanklichen (manchmal auch der realen) Flucht vom Arbeitsplatz - ein Ort der gemütlichen Alkoholisierung. Vor allem das jüngere Publikum schätzt den Keller, wobei gerade viele Einheimische auch mit ihm alt werden. Übrigens: Der gemeisterte Aufstieg rechtfertigt bereits das erste Seidla Bier.

TIPP: Die legendäre Rauchbier-Radler-Maß

Brauereigaststätte Greifenklau

WWW.GREIFENKLAU.DE | **GPS: 49°53'01" N / 10°52'55" E**

EINMALIGER BLICK UND EINMALIGE ATMOSPHÄRE

Im Greifenklau lässt sich vor allem sehr leckeres Bier aus eigener Brauerei genießen. Das Besondere dabei: Man hat einen einmaligen Ausblick auf die Altenburg und den grünen Teil Bambergs. Wegen der Lage am Kaulberg ist der Greifenklau auch eher ein „Einheimischen"-Garten – Touristen verirren sich eher selten (dann aber gezielt!) hierhin. Unübertroffen der Bockbieranstich, bei dem manchmal mehr Besucher anzutreffen sind als bei der Laurenzikerwa am selben Ort.

TIPP: Saures Herz mit Kloß

BIER

Eigene Brauerei: Lager, Weizen (beides vom Fass).

KÜCHE

Fränkische Brotzeiten. Täglich große Karte mit warmen Gerichten. Spezialitäten: Blaue Zipfel, eingeschnittener Käse, Schäuferla mit Kloß und Sauerkraut, Schweinebraten mit Kloß und Wirsing.

PLÄTZE (außen/regensicher)

500/230

ANSCHRIFT

Laurenziplatz 20
96049 Bamberg
Tel.: 0951-53219

ÖFFNUNGSZEITEN

Täglich ab 10.30 Uhr
So 10 bis 14 Uhr
Montag Ruhetag

Symbolerklärung s. vordere Klappe

ONLINE AUF WWW. Bier.BY

Klosterbräu Bamberg

WWW.KLOSTERBRAEU.DE GPS: 49°53'22" N / 10°53'12" E

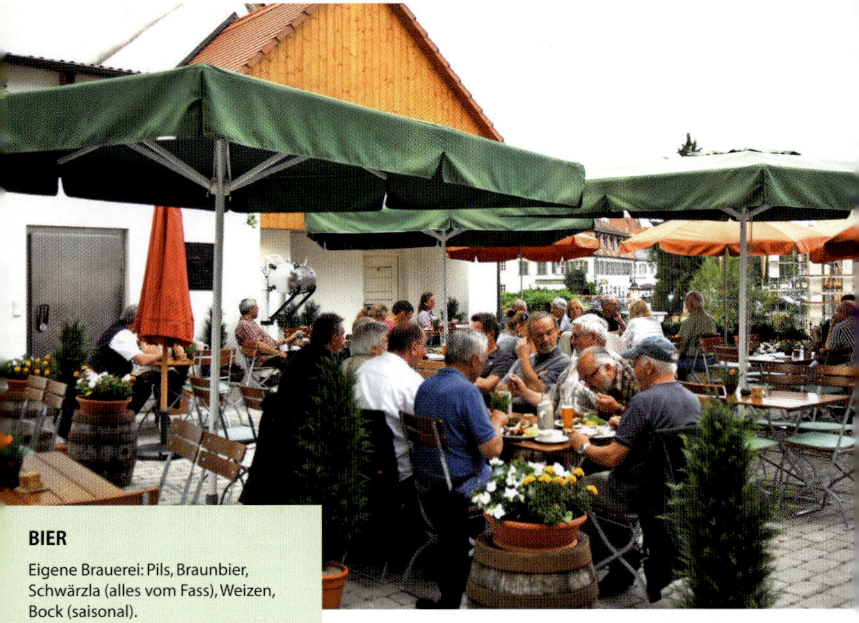

BIER

Eigene Brauerei: Pils, Braunbier, Schwärzla (alles vom Fass), Weizen, Bock (saisonal).

KÜCHE

Fränkische Brotzeiten. Täglich große Karte mit warmen Gerichten. Spezialitäten: Fränkische Gerichte, Bierhaxe mit Sauerkraut und Kloß, Innereien, Kässpatzen.

PLÄTZE (außen/regensicher)

120/310

ANSCHRIFT

Obere Mühlbrücke 3
96049 Bamberg
Tel.: 0951-52265

ÖFFNUNGSZEITEN

Mo bis Fr ab 10.30 Uhr
Sa, So und Feiertage ab 10 Uhr

WO ES EINFACH GUT IST

In Bambergs ältester Brauerei ist man dabei, die Einheimischen wieder zurückzugewinnen. Die Touristenoffensive war zwar erfolgreich, aber das Klosterbräu lebt nunmal von den Urgesteinen, die im Sommer auch die Bierbänke vor der Wirtschaft oder im Hof bevölkern. Wer nicht auf Keesmann, Mahr und Kaiserdom steht, wird das Pils hier lieben. Sehenswert ist die gesamte Lokalität, in der die lange Tradition des Hauses mit vielen Bildern und Urkunden dokumentiert ist.

TIPP: Judenstraßenfest (Ende Mai und Ende August)

Bus 989 Schranne, Bamberg

Bamberger Weißbierhaus

WWW.BAMBERGER-WEISSBIERHAUS.DE   **GPS: 49°53'48" N / 10°53'44" E**

ROMANTIK IM HINTERHOF

Das ehemalige Stammhaus der Bamberger Maisel-Brauerei verfügt über einen kleinen, aber sehr romantischen Biergarten, wo im Sommer richtig verträumte Stunden winken. Etwas weniger verliebt wird es am Donnerstag, wenn zum Spareribs-all-you-can-eat geblasen wird. Auch nach dem unrühmlichen Ende der Brauerei stehen die beiden Inhaberinnen Barbara Rottenfußer und Marietta Seeger für ein echtes Gastlichkeitserlebnis – führen Sie ihr Weißbierhaus doch schon seit über 50 Jahren.

BIER

Maisel/Bayreuth: Weisse, Landbier dunkel (beides vom Fass), Kristallweizen. Mahr's/Bamberg: Ungespundetes (vom Fass). Weismainer: Pils (vom Fass). Schlenkerla/Bamberg: Rauchbier.

KÜCHE

Fränkische Brotzeiten. Täglich mittelgroße Karte mit warmen Gerichten. Spezialitäten: Steaks, fränkisches Schäuferla, hausgemachte Sulze mit Bratkartoffeln.

PLÄTZE (außen/regensicher)

70/100

ANSCHRIFT

Obere Königstraße 38
96052 Bamberg
Tel.: 0951-25503

ÖFFNUNGSZEITEN

Mo und Di ab 16.30 Uhr
Mi bis Sa und Feiertage 11 bis 14 Uhr
und ab 16.30 Uhr
So 11 bis 14 Uhr

TIPP: Spareribs (donnerstags)

Symbolerklärung s. vordere Klappe

ONLINE AUF WWW. Bier.BY

Wilde Rose-Keller

WWW.WILDE-ROSE-KELLER.DE GPS: 49°53'03" N / 10°53'12" E

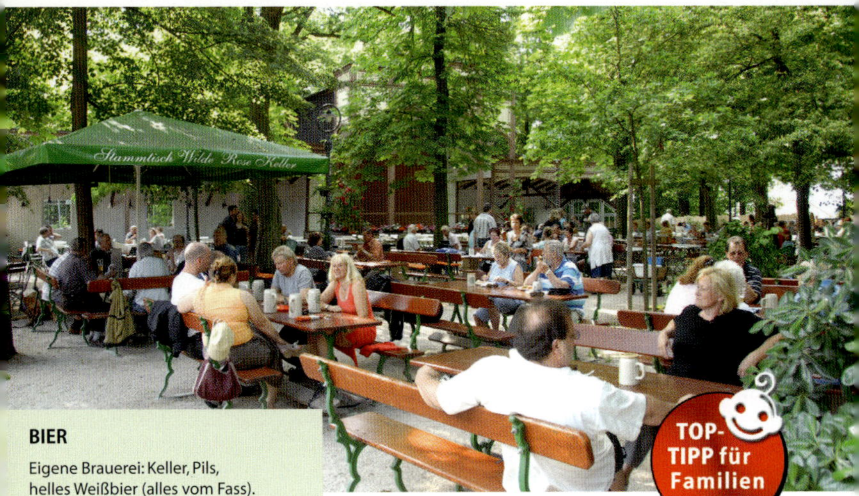

TOP-TIPP für Familien mehr S. 12

BIER

Eigene Brauerei: Keller, Pils, helles Weißbier (alles vom Fass). Keesmann/Bamberg: Bamberger Herren Pils (vom Fass). Schlenkerla/Bamberg: Rauchbier (vom Fass). Maisel/Bayreuth: Dunkles Weißbier. Kritzenthaler: Alkoholfreies.

KÜCHE

Fränkische Brotzeiten. Täglich kleine Karte mit warmen Gerichten. Spezialitäten: Emmentaler vom Rad, Knöchla (Mo, Mi, Fr), Rauchfleisch (Di), Leberkäse (Do).

PLÄTZE (außen/regensicher)

1300/200

ANSCHRIFT

Oberer Stephansberg 49
96049 Bamberg
Tel.: 0951-57691

ÖFFNUNGSZEITEN

Täglich ab 16 Uhr
Sa, So und Feiertage ab 15 Uhr
Bei schlechtem Wetter geschlossen

DAS WOHNZIMMER BAMBERGS

Der absolute Klassiker in Bamberg. Eher ein Familienkeller für Einheimische, weil groß und ruhig ohne Aussicht, dafür so etwas wie das Wohnzimmer für die meisten Domstädter. An der Essensausgabe ist man fränkisch-ruppig, was aber irgendwie schon Kultcharakter hat. Das Bier wird nach einem alten Hausrezept extra für den Bierkeller gebraut.

TIPP: Käse vom Rad

Bus 928 Oberer Stephansberg, Bamberg

VGN DB

Bootshaus im Hain

WWW.BOOTSHAUS-IM-HAIN.DE · GPS: 49°53'04" N / 10°53'40" E

ALLES FLIESST

Besser kann ein Biergarten eigentlich nicht liegen: Am Wasser, in einem Waldgebiet und dazu noch in fünf Minuten vom Stadtzentrum zu erreichen. Ideal auch zum Spazierengehen und Einkehren in beliebiger Reihenfolge. Nebenan ist übrigens mit dem Hainbad ein weiteres Naherholungs-Highlight in Bamberg. Seit 2007 unter der Ägide von Norbert Heckmann ist alles (noch) besser geworden, vor allem auch mit einem großen Bratenangebot am Sonntagmittag.

BIER

Kundmüller/Weiher: Lager, Pils, Weizen (alles vom Fass). Hartmann/Würgau: Felsentrunk. Schlenkerla/Bamberg: Rauchbier. Erdinger: Alkoholfreies Weizen. Clausthaler: Alkoholfreies.

KÜCHE

Fränkische Brotzeiten. Täglich mittelgroße Karte mit warmen Gerichten. So Mittagstisch. Spezialitäten: Salatvariationen, fränkische Bräten (So).

PLÄTZE (außen/regensicher)

350/50

ANSCHRIFT

Mühlwörth 18a
96047 Bamberg
Tel.: 0951-24485

ÖFFNUNGSZEITEN

Anfang Mai bis Ende Sep.
Täglich ab 11 Uhr
Anfang Okt. bis Ende Apr.
Täglich ab 14 Uhr
Montag Ruhetag

TIPP: Gondel fahren (mit Termin)

Zum Bockser - Englischer Garten

WWW.BIER.BY   GPS: 49°53′51″ N / 10°52′31″ E

BIER

Fässla/Bamberg: Zwergla, Pils (beides vom Fass), Weizla. Maisel/Bayreuth: Hefeweißbier. Schlenkerla/Bamberg: Rauchbier. Löwenbräu/München: Alkoholfreies. Erdinger: Alkoholfreies Weizen.

KÜCHE

Hausmacher Brotzeiten. Täglich kleine Karte mit warmen Gerichten. So und Feiertage Mittagstisch. Spezialitäten: Saisonale Gerichte, Pfannenschnitzel mit Bratkartoffeln, Tellersülze mit Bratkartoffeln (Fr), argentinische Rumpsteaks, Salat Pute.

PLÄTZE (außen/regensicher)

180/80

ANSCHRIFT

Schweinfurter Straße 1
96049 Bamberg
Tel.: 0951-61470

ÖFFNUNGSZEITEN

Täglich 11 bis 14 Uhr und ab 16 Uhr
Dienstag Ruhetag

DEN LEBENSABEND GENIESSEN

Für viele Ur-Bamberger der älteren Generation die ideale Alternative zum (Aus-)Ruhestand, aber auch für Familien und Liebhaber der ruhigen Atmosphäre ein wunderschöner Ort mit guter Hausmannskost und ausgesprochen netten Wirtsleuten. Probiert haben sollte man im „Bockser", wie der Garten von den Einheimischen genannt wird, auf jeden Fall mal ein Schnitzel, die werden nämlich noch ohne Friteuse in der Pfanne gebraten.

TIPP: Tellersülze mit Bratkartoffeln (freitags)

Griesgarten

WWW.GRIESGARTEN.DE   GPS: 49°53'37" N / 10°52'53" E

URIGER BIERGARTEN IM AUFBRUCH

Der Griesgarten hat turbulente Zeiten hinter sich – vom Traditionsgarten des Sandgebietes bis zum Sammelbecken der Übriggebliebenen. Seit 2009 jedoch gelingt unter neuer Leitung der Wandel zu einer guten Adresse für Speis und Trank auf fränkisch. Endlich wird man dem schon länger formulierten Anspruch wieder gerecht. Ein großes Lob an dieser Stelle für die gute Küche! Unverändert ist sowieso der Charakter als ruhige Oase inmitten der Stadt, so ist der Griesgarten vielleicht der letzte wirkliche Geheimtipp mitten im Weltkulturerbe.

BIER

Krug/Ebelsbach: Pils, Altfränkisches (beides vom Fass), Weizen hell, Weizen dunkel, alkoholfreies Weizen, Alkoholfreies. Schlenkerla/Bamberg: Rauchbier.

KÜCHE

Fränkische Brotzeiten. Täglich große Karte mit warmen Gerichten. Spezialitäten: Ofenfrisches Schäuferla auf zweierlei Soßen mit Klößen und Wirsing, knusprige Pfefferhaxe mit Klößen und Sauerkraut, Lammhaxe auf Knoblauch-Kräuter-Sahne mit Rösti und Salat, Forelle Müllerin mit Petersilienkartoffeln und Salat, Zanderfilet auf Speck-Kräuter-Sahne mit Kräuterkartoffeln und Salat.

PLÄTZE (außen/regensicher)

250/150

ANSCHRIFT

Untere Sandstraße 19
96049 Bamberg
Tel.: 0951-1855755

ÖFFNUNGSZEITEN

1. Mai bis Ende Sep.
Täglich ab 11 Uhr
Kein Ruhetag
Anfang Okt. bis Ende Apr.
Täglich ab 11 Uhr
Montag Ruhetag

TIPP: Ofenfrisches Schäuferla

Fränkisches Brauereimuseum

WWW.BRAUEREIMUSEUM.DE

In diesem Buch darf natürlich die Heimstatt fast aller hier vertretenen Brauereien nicht fehlen: Das Fränkische Brauereimuseum. Hierbei handelt es sich nämlich nicht um ein Museum im klassischen Sinn, sondern primär um einen museumsbetreibenden Verein, in dem sich alle Bierinteressierten der Region und darüber hinaus zusammengefunden haben.

Showroom ist die ehemalige Brauerei am Bamberger Michaelsberg (letzter Besitzer war die Familie des heutigen Hofbräu-Kochs Hans Peßler), in der auf knapp 1000 Quadratmetern weit mehr als 1300 Exponate zur Biergeschichte ausgestellt werden. Als Liebhaberverein noch vor einem Vierteljahrhundert belächelt, erlebt man heute ein professionelles Museum, in dem die Liebe der Betreiber zum Detail trotzdem nicht zu kurz kommt.

Anschrift & Kontakt

Michelsberg 10f
96049 Bamberg
Telefon: 0951-53016

Öffnungszeiten
April bis Oktober,
mittwochs bis freitags
13:00 bis 17:00 Uhr,
samstags, sonn- und feiertags 11:00 bis 17:00 Uhr.
Gruppenführungen nach
Absprache auch außerhalb
dieser Zeiten möglich.

Kloster Michelsberg

Symbolerklärung s. vordere Klappe

Brauerei Keesmann

WWW.KEESMANN-BRAEU.DE GPS: 49°53'26" N / 10°54'21" E

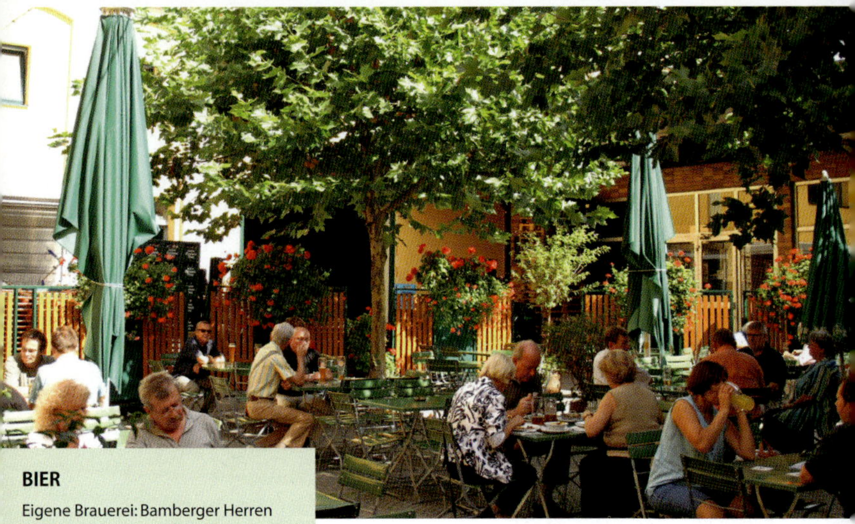

BIER

Eigene Brauerei: Bamberger Herren Pils, Sternla Lager, Hefeweizen, Josephi-Bock (Fastenzeit), Bock (saisonal) (alles vom Fass), Helles.

KÜCHE

Fränkische Brotzeiten. Täglich große Karte mit warmen Gerichten. Spezialitäten: Regionale Gerichte, Knöchla mit Erbsenpüree und Sauerkraut, Saure Nieren mit Bratkartoffeln, Leber Berliner Art.

PLÄTZE (außen/regensicher)

120/110

ANSCHRIFT

Wunderburg 5
96050 Bamberg
Tel.: 0951-9819810

ÖFFNUNGSZEITEN

Täglich ab 9 Uhr
Sa 9 bis 15 Uhr
Sonntag Ruhetag

GUTES ESSEN IM BRAUEREIHOF

Ein weiterer Klassiker unter den Bamberger Brauereigaststätten mit einem relativ großen Brauereihof, in dem im Sommer ein reger Gartenbetrieb stattfindet. Man versucht durchaus erfolgreich, der üblichen fränkischen Speisekarte einen etwas internationalen Touch zu geben (u.a. mit saisonalen Spezialitäten wie Spargel, Wild, Fisch & Co.), wobei die meisten Besucher eher regelmäßig ihren Biertempel frequentieren. Für viele gibt's hier das beste Pils in Bamberg.

TIPP: Brauereisteak

Bus 905 Wunderburg, Bamberg

Landgasthof Heerlein

WWW.HEERLEIN.DE GPS: 49°52'47" N / 10°51'34" E

WILD VERTRÄUMT IN DER STADT

Der etwas verschlafene Bamberger Ortsteil Wildensorg beherbergt ein kulinarisches Kleinod: Den Landgasthof Heerlein. Bei Helmut Heerlein macht es einfach Spaß, unter den alten Bäumen gemütlich zu sitzen und dem Treiben der zahlreichen Besucher, darunter auch viele Kinder, zuzuschauen. Geheimtipp übrigens die regelmäßigen Jazz-Open-Airs im Sommer und auch die selbstgebrannten Schnäpse (Zwetschge, Mirabelle, Quitte).

BIER

Sauer/Rossdorf am Forst: Lager (vom Fass). Keesmann/Bamberg: Pils, Sternla (beides vom Fass). Maisel/ Bayreuth: Weisse. Schlenkerla/Bamberg: Rauchbier. Becks, Kritzenthaler: Alkoholfreies.

KÜCHE

Hausmacher Brotzeiten. Täglich große Karte mit warmen Gerichten. Spezialitäten: Frische Karpfen aus eigener Haltung, Wild aus dem Bamberger Land, hausgebackene Kuchen.

PLÄTZE (außen/regensicher)

200/150

ANSCHRIFT

Wildensorger Hauptstraße 57
96049 Bamberg
Tel.: 0951-53137

ÖFFNUNGSZEITEN

Täglich ab 11 Uhr
Freitag Ruhetag

TIPP: Wildgerichte

Café Abseits

WWW.ABSEITS-BAMBERG.DE

GPS: 49°53'59" N / 10°54'27" E

BIER

Zehendner/Mönchsambach: Lager (vom Fass). Keesmann/Bamberg: Pils (vom Fass). Erdinger: Hefeweizen, Alkoholfreies Weizen. Grasser/Huppendorf: Vollbier, Hefeweizen (vom Fass). Monatlich Fassbier von wechselnder Brauerei aus der Region. Zusätzlich Auswahl zwischen etwa 40 verschiedenen Flaschenbieren.

KÜCHE

Salate. Täglich große Karte mit warmen Gerichten. Spezialitäten: Pizza (abends), Tex Mex-Gerichte, Frühstücke, internationale Gerichte, Partyservice und Catering.

PLÄTZE (außen/regensicher)

90/55

ANSCHRIFT

Pödeldorfer Straße 39
96052 Bamberg
Tel.: 0951-303422

ÖFFNUNGSZEITEN

Täglich ab 9 Uhr
Kein Ruhetag

BAMBERGER BIERKONZENTRAT

Hinter Bambergs ältestem Studentencafé hat sich einiges getan - aus ein paar Tischchen ist ein anständiger Biergarten geworden, was auch den Sprung ins vorliegende Buch begründet. Um´s Bier bemüht hat man sich hier schon immer – über 40 verschiedene Sorten (im monatlichen Wechsel) bietet das Traditionscafé mit 68er-Touch. Genießen kann man das Biergarten-Feeling hier auch am Morgen - das Abseits ist stadtbekannt für seine Frühstücksvariationen. Am 1. Mai ist Bockbieranstich mit dem Mönchsambacher Maibock.

TIPP: Katerfrühstück

Restaurant Altenburg

ON THE TOP

Über dem Weltkulturerbe thront seit bald 1000 Jahren die Altenburg - mit einem grandiosen Ausblick über die gesamte Region und auf die Stadt. Einen Burgbären gibt es zwar nicht mehr, dafür aber ein feines Lokal mit einem separaten Biergarten, in den sich die Gäste allerdings nur flüssige Nahrung holen können. Wer Hunger hat, kann sich ein paar Tische weiter in den Restaurantgarten setzen und wird bedient. Wenn Sie Glück haben, finden Sie den Turmwärter und damit den Schlüssel zum Bergfried...

TIPP: Schlenkerla Rauchbier mit Panoramablick

BIER

Mahr/Bamberg: Pils, Ungespundetes (beides vom Fass), Weizen. Schlenkerla/Bamberg: Rauchbier.

KÜCHE

Salate. Täglich mittelgroße Karte mit warmen Gerichten. Spezialitäten: Lammrücken, Rinderfilet, Entenbrust. Essen gibt es nur im Restaurantgarten, nicht im Biergartenbereich!

PLÄTZE (außen/regensicher)

50/60

ANSCHRIFT

Altenburg 1
96049 Bamberg
Tel.: 0951-56828

ÖFFNUNGSZEITEN

Täglich ab 11.30 Uhr
Montag Ruhetag

Die Sandkerwa

WWW.SANDKERWA.DE

2010 begehen die Bamberger sie bereits zum 60. Mal, die Kirchweih der St. Elisabeth Kirche im Sandgebiet. Aus einer eher kleinen Kirchweih, im Jahre 1951 nach den Kriegswirren wiederbelebt, ist nun das größte Volksfest Oberfrankens mit vielen Hunderttausend Besuchern geworden.

Touristen und Bamberger geben sich die Bierkrüge in die Hand – gerade für alle ehemaligen Bamberger bietet sich gegen Ende August eine gute Gelegenheit für ein Wiedersehen mit alten Bekannten und Verwandten - und das in der XXL-Variante, denn normalerweise dauert das Fest nur fünf Tage. 2010 aber hat man schließlich Geburtstag! Die terminliche Festlegung hat übrigens schon viele Konfusionen hervorgerufen. An dieser Stelle mal eine Erklärung: Der 24. August (St. Bartholomäus) soll mit in die Kirchweih eingebunden werden. Diese aber währt immer von Donnerstag bis Montag. Fällt der 24. also auf einen Dienstag oder Mittwoch, ergibt sich ein Problem. Doch die kreativen Bamberger nehmen die Sperrstunde einfach mit ins Boot, weswegen ein Bartholomäus-Dienstag zumindest eine Stunde in den letzten Sandkerwatag (Montag) integriert werden kann (dann ist vom 19. – 23.8. Kerwa). Sollte der Tag auf einen Mittwoch fallen, muss die Sandkerwa danach beginnen (vom 25.8 – 29.8.).

Ist der Termin also erstmal klar, entwickelt sich in Bamberg ein Ausnahmezustand ohne Gleichen. Am Donnerstag eher noch ein Fest für die Bürger, bildet sich Freitag bis Sonntag ein Multi-Kulti-Bierfeldzug durch die Altstadt (mittlerweile sind sogar die Lange Straße und das Mühlenviertel mit Geyerswörth integriert worden). Jeder auch nur halbwegs verwendbare Freiraum um und hinter den Häusern wird für Stände und Bars genutzt und eine bunte Vielfalt an Kulinarischem feilgeboten. Zumindest für diese Tage ist jeder Sandbürger auch ein Wirt.

Die Highlights sind das traditionelle Fischerstechen am Sonntag und das Hochfeuerwerk am Montag, bei der Jubiläumskerwa sollen aber noch weitere Extras folgen, auf die man schon seit Jahren hinspart. Am Montag klingt die Feierlichkeit wieder eher gemütlich mit den Einheimischen aus, ein Kerwa-Kehraus folgt dem anderen. Wenn Sie also nicht das Glück haben, sowieso in der Domstadt zu leben, sollten Sie nach oben beschriebenem Modus immer fünf Tage im August für einen Besuch einplanen.

Symbolerklärung s. vordere Klappe

Fässla-Keller

WWW.FAESSLAKELLER-BAMBERG.DE **GPS: 49°53'35" N / 10°54'43" E**

ROLANDS NEUESTES KIND

Mit viel Cleverness hat sich Fässla-Besitzer Roland Kalb dieses Sahnestückchen aus der Maisel-Konkursmasse geholt und nun den ehemaligen Maisel-Keller unter neuem Namen – Fässla Keller – eröffnet. Man durfte einiges erwarten, hat der Bamberger Brauer doch schon so manches zünftige Bierkennerparadies geschaffen, denkt man zum Beispiel an die Fässla-Stuben oder den neuen Innenhof der Brauerei in der Königstraße. So wurde der schöne Garten noch einmal richtig aufgemöbelt, in den Grundzügen wurde das Konzept aber belassen. Besonders bei großen Sportereignissen ist hier dank Leinwand meist volles Haus.

BIER

Fässla/Bamberg: Lager, Gold-Pils (vom Fass), Weizla, Zwergla.

KÜCHE

Fränkische Brotzeiten. Täglich große Karte mit warmen Gerichten. Spezialitäten: Jeden Freitag Gutes vom Grill (Makrelen und Heringe), Fässla-Keller-Platte, Currywurst.

PLÄTZE (außen/regensicher)

400/150

ANSCHRIFT

Moosstraße 32
96050 Bamberg
Tel.: 0951-91708182

ÖFFNUNGSZEITEN

Täglich ab 11 Uhr
Kein Ruhetag

TIPP: Fässla-Keller-Platte

Brauerei Spezial

WWW.BRAUEREI-SPEZIAL.DE **GPS: 49°53'48"N / 10°53'33" E**

RAUCHBIER MIT CHARME

Die älteste Rauchbierbrauerei Bambergs hat im Hof einen kleinen, aber sehr empfehlenswerten Biergarten angelegt. So kann man der sonst sehr geschäftigen Atmosphäre in der Königstraße auf ein paar Seidla entfliehen und den Brauern bei ihrer Arbeit zusehen. Übrigens ist man hier auch sehr umweltbewusst und setzt großteils auf Sonnen-, Wind- und Wasserkraft bei der Biererzeugung.

BIER
Eigene Brauerei: Lager (Rauch), Märzen (Rauch), Ungespundetes (alles vom Fass), Weißbier (Rauch).

KÜCHE
Fränkische Brotzeiten. Täglich große Karte mit warmen Gerichten. Spezialitäten: Salzknöchla mit Erbsenpüree, fränkische Bräten.

PLÄTZE (außen/regensicher)
50/145

ANSCHRIFT
Obere Königstraße 10
96052 Bamberg
Tel.: 0951-24304

ÖFFNUNGSZEITEN
Täglich ab 9 Uhr
Sa 9 bis 14 Uhr

TIPP: Rauchbier

  901, 902, 907, 911, 914, 917, 927, 931, 935 Luitpoldstraße

4. TUCHER Blues- & Jazzfestival

Das Stadtmarketing präsentiert gemeinsam mit seinem künstlerischen Leiter Volker Wrede das 4. „Tucher Blues- und Jazzfestival" vom 09. bis 15. August 2010. Über 40 Open Air-Konzerte verwandeln das Weltkulturerbe bei sommerlichen Temperaturen in eine Blues- und Jazzhochburg.

National und international bekannte Musiker und Bands werden im Zeitraum von einer Woche auf zwei Bühnen in der Innenstadt ihr Können unter Beweis stellen. Rund um den Veranstaltungsplatz wird dem Besucher zudem ein abwechslungsreiches kulinarisches Speisenangebot zur Verfügung stehen. Und das Beste: Alle Live-Konzerte sind kostenfrei!

Fakten:

* **Bayerns großes kostenfreies Blues- und Jazzfestival**
* **über 40 Open-Air Konzert an 7 Tagen auf 2 Bühnen**
* **international und national bekannte Musiker und Bands**
* **über 80.000 Besucher**
* **freier Eintritt an allen Veranstaltungstagen**

Bamberg zaubert -
12. Internationales Straßen- und Varietèfestival

WWW.MYBAMBERG.DE

Wenn in Hogwards die Sommerferien beginnen, treffen sich die Zauberer am dritten Juli-Wochenende in Bamberg. Bei einem der größten Zaubererfestivals überhaupt strömen über 100000 Besucher in das Weltkulturerbe Bamberg.

Seit vielen Jahren verwandeln Zauberer, Jongleure und Streetperformer aus der ganzen Welt die Domstadt am dritten Wochenende im Juli in eine große Bühne. An jedem Platz in der Innenstadt werden Tiere weg- und Jungfrauen hergezaubert, Menschenpyramiden stapeln sich, halbleere Bierflaschen werden zu Instrumenten und die Besucher kommen aus dem Staunen nicht heraus.

Lassen Sie sich das Spektakel nicht entgehen, wenn es wieder heißt:„Bamberg zaubert" – und das bei freiem Eintritt.

Info über das Stadtmarketing Bamberg (www.mybamberg.de) oder die Website www.bamberg-zaubert.de.

TOP-TIPP für Familien
mehr S. 12

Symbolerklärung s. vordere Klappe

ONLINE
AUF WWW.
Bier.BY

Mahr's Bräu Biergarten

WWW.MAHRS-BRAEU.DE   GPS: 49°53'24" N / 10°54'24" E

BIER

Eigene Brauerei: Helles, Unge-
spundetes, Weizen (alles vom
Fass), Festtagsweiße (saisonal),
E.T.A.-Hoffmann-Bier. Löwenbräu/
München: Alkoholfreies.

KÜCHE

Fränkische Brotzeiten. Täglich mittelgroße Karte mit warmen Gerichten.
Spezialitäten: Bierhaxe, Schäuferla,
verschiedene Bräten.

PLÄTZE (außen/regensicher)

250/150

ANSCHRIFT

Wunderburg 10
96050 Bamberg
Tel.: 0951-9151719

ÖFFNUNGSZEITEN

Täglich ab 9 Uhr
Kein Ruhetag

„A U" – „I A A U"

Diese kryptischen Worte stehen für die Bestellung des typischen Mahr's Bieres, des un-
gespundeten Kellerbiers, kurz „U", gefolgt vom
Nachbarn, der eben auch ein solches möchte.
Mitten im Stadtteil Wunderburg sitzt man in
dem malerischen Biergarten und lässt den lieben Gott einen guten Mann sein. Hervorragend
auch das Essen und die Hausbrände aus der eigenen Brennerei. Wer dann noch länger in der
Domstadt verweilen will, kann hierfür Mahr's
geschmackvoll eingerichtete Ferienwohnung
buchen.

TIPP: Kutschfahrten auf Anfrage

Schlenkerla

WWW.SCHLENKERLA.DE

GPS: 49°53′31″ N / 10°53′07″ E

DER RAUCH-BIER-GARTEN

Lange haben wir darauf gewartet – seit 2007 hat sich Familie Trum endlich durchgerungen, und das bekannte Schlenkerla hat seinen eigenen Biergarten. Für Bamberg-Kenner kein wirkliches Novum – war doch der Dominikanerhof schon zur Sandkerwa und zu den Bockbieranstichen geöffnet. Nun kann man über den gesamten Sommer die Bierspezialitäten (und nicht minder gute kulinarische Köstlichkeiten rund um die Bamberger Zwiebel) auf dem ehemaligen Bamberger Marktplatz genießen. Die Redaktion wünscht diesem Stern am Bierkellerhimmel alles Gute!

BIER

Eigene Brauerei: Aecht Schlenkerla Rauchbier, Schlenkerla Fastenbier (Aschermittwoch bis Ostern), Schlenkerla Urbock (Okt. bis Dez.), Schlenkerla Eiche Doppelbock (Dez.) (alles vom Holzfass), Schlenkerla Rauchweizen.

KÜCHE

Fränkische Brotzeiten. Täglich mittelgroße Karte mit warmen Gerichten. Spezialitäten: Schlenkerla-Käse, Bierbrauervesper, Bamberger Zwiebel, saisonale Spezialitäten (z. B. Spargel), Fränkische Baggers.

PLÄTZE (außen/regensicher)

90/200

ANSCHRIFT

Dominikanerstraße 6
96049 Bamberg
Tel.: 0951-56060

ÖFFNUNGSZEITEN

Täglich ab 9.30 Uhr
Kein Ruhetag

TIPP: Aecht Schlenkerla Rauchbier vom Holzfass

Symbolerklärung s. vordere Klappe

Zum Sternla

WWW.STERNLA.DE

GPS: 49°53′31″N / 10°53′29″E

BIER

Keesmann/Bamberg: Pils (vom Fass), Sternla. Mahr/Bamberg: Ungespundetes (vom Fass). Grasser/Huppendorf: Hefeweizen. Schlenkerla/Bamberg: Rauchbier. Spezial/Bamberg: Rauchbier (vom Fass). Tucher/Fürth: Hefeweizen (vom Fass), weitere Weizenbiere.

KÜCHE

Fränkische Brotzeiten. Täglich große Karte mit warmen Gerichten. Spezialitäten: Schweinsschniddsl, Rindälebä, Hausmachäbladdn.

PLÄTZE (außen/regensicher)

100/160

ANSCHRIFT

Lange Straße 46
96047 Bamberg
Tel.: 0951-28750

ÖFFNUNGSZEITEN

Täglich ab 10 Uhr
Kein Ruhetag

BAMBERGS ÄLTESTES WIRTSHAUS

1380 – diese Zahl sollte man ruhig nochmals lesen – 1380 eröffnete Albrecht Wagenknecht mit dem Sternla das heute älteste Gasthaus in Bamberg. Viele hundert Jahre lang floss hier das Bier an die Gäste aller Art – vom Kutscher über den Glaser bis zum Geistlichen – alle sind sie hier eingekehrt. Im Biergarten kann man auch Bambergs Hauptstraße vergessen und in Ruhe wieder etwas nach oder zwischen dem Stadtbummel auftanken. Inhaber Uwe Steinmetz bemüht sich übrigens sehr, auf regionale Anbieter und Bio-Landwirte zurückzugreifen.

TIPP: Krustenbraten

Bus 989 Willy-Lessing-Str., Bamberg

Herzogkeller

WWW.HERZOGKELLER.DE   GPS: 49°56′54″ N / 11°33′60″ E

BAYREUTHS BIERGARTEN

Er verweist alle anderen in der Stadt auf die Plätze: Der Herzogkeller. Mit über 1.000 Plätzen und einer ehrwürdigen Historie (seit 1888) steht er für die Bierkultur in der Markgrafenstadt. Das Seidla kostete damals noch zehn Pfennig, mit dem ersten Weltkrieg allerdings endete der erste Teil der Geschichte. Nach der Wiedereröffnung im Juli 1990 sitzen die Bayreuther aber wieder gerne wie einst Kronprinz Ludwig über den alten Felsgewölben und lassen sich das Bier der Bayreuther Brauerei schmecken.

BIER

Eigene Brauerei: Pils, Helles, Landbier, Zwickl, Original (alles vom Fass). Maisel/Bayreuth: Verschiedene Weißbiere, Maisels Weiße leicht, Kritzenthaler Alkoholfreies.

KÜCHE

Fränkische Brotzeiten. Täglich kleine Karte mit warmen Gerichten. Spezialitäten: Zwetschgenbames, Grillhaxen, Landbierleberkäse, Landbierbratwürste.

PLÄTZE (außen/regensicher)

1200/550

ANSCHRIFT

Hindenburgstraße 9
95445 Bayreuth
Tel.: 0921-43419

ÖFFNUNGSZEITEN

Anfang Mai bis Anfang Sep.:
Täglich ab 16 Uhr
Kein Ruhetag

TIPP: Grillhaxen

Katakomben der Bayreuther AKTIEN-Brauerei

WWW.BAYREUTHER-BIER.DE

Die kühlen Felsenkeller werden in Franken seit alters her zum Lagern der einzigartigen Bierspezialitäten verwendet. Während auf dem Lande viele kleinere Gewölbe zu finden sind, können viele Städte kilometerlange Katakomben aufweisen. In Bayreuths beeindruckender Unterwelt liegt der Ursprung der handwerklichen Brautradition begründet.

So bietet sich dem Besucher in den Katakomben der AKTIEN-Brauerei eine ganz besondere Bier-Tour. Hier unten erfährt er viel über die Brauereigeschichte und die Stadtgeschichte. Ab dem 16. Jahrhundert wurden die verwinkelten Gänge in den Sandstein getrieben. Warum, weiß bis heute niemand so genau. Waren es vielleicht Schutz- und Fluchtanlagen? Nur eines steht fest: Es waren die besten und kühlsten Keller im ausgehenden 19. Jahrhundert und damit die ideale Lagerstätte für die AKTIEN-Bierspezialitäten, die nach der einstündigen Führung auch auf die Besucher warten. Im gemütlichen Bräustüberl mit der original Wirtshausatmosphäre aus der guten alten Zeit schmeckt das AKTIEN Original 1857, das Zwick'l Kellerbier oder das AKTIEN Landbier besonders gut.

Feiern lässt es sich im Keller der Feste. Im angrenzenden AKTIEN-Keller ist von der Familienfeier im kleinen Kreis bis zu kompletten Veranstaltungskonzepten alles möglich, was das Herz begehrt.

Anschrift & Kontakt

AKTIEN-Katakomben
Kulmbacher Straße 60
95445 Bayreuth
Tel: 0921/401-234
www.bayreuther-bier.de

Gaststätte Porsch

WWW.BIER.BY   GPS: 49°56'41" N / 11°34'23" E

AUCH MAL ZWISCHENDURCH

Beim Porsch in Bayreuth geben die Frauen ihre Männer ab - die zischen gemütlich das eine oder andere dunkle Landbier, während Frau mit Kreditkarte und Scheckbuch die umliegenden Geschäfte der Innenstadt abklappert. Natürlich ist das nicht die Regel in einem der ältesten Gasthäuser Oberfrankens, wo schon über 300 Jahre lang Gäste bewirtet werden. Eine neue Gästegruppe bilden die Radler, die am Rotmaintal-Radweg entlang hier vorbeikommen.

TIPP: Hausmacher Brotzeiten

BIER

Stöckel/Hintergereuth: Pils, Helles, dunkles Landbier (alles vom Fass), helles Weizen. Kulmbacher: Kapuziner Weizen dunkel.

KÜCHE

Hausmacher Brotzeiten. Täglich große Karte mit warmen Gerichten. Spezialitäten: Saisongerichte, z. B. Spargel, Pfifferlinge, Fisch und Wild.

PLÄTZE (außen/regensicher)

80/70

ANSCHRIFT

Maximilianstraße 63
95444 Bayreuth
Tel.: 0921-64649

ÖFFNUNGSZEITEN

Mo bis Fr ab 9 Uhr
Sa ab 8 Uhr
So und Feiertage ab 11 Uhr

Glenk's Saal mit Biergarten

WWW.GLENK-BRAEU.DE GPS: 49°56'24"N / 11°33'13" E

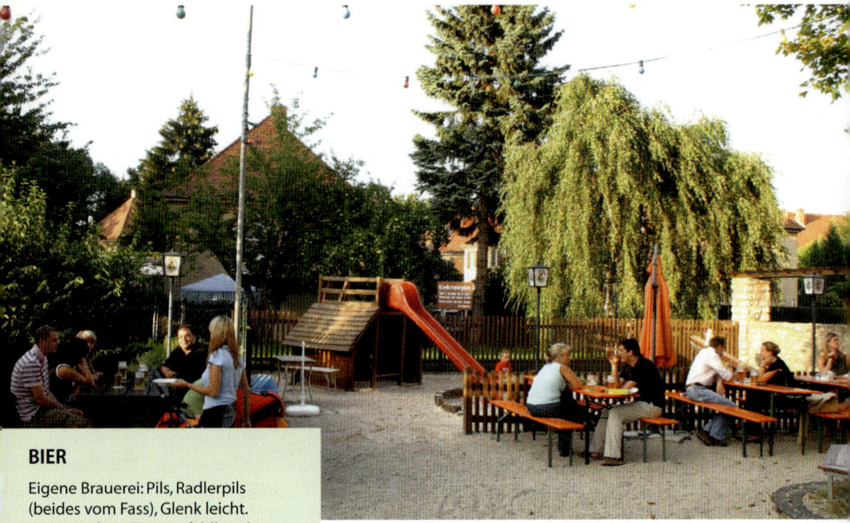

BIER

Eigene Brauerei: Pils, Radlerpils (beides vom Fass), Glenk leicht. König Ludwig/Fürstenfeldbruck: König Ludwig Dunkel. Maisel/Bayreuth: Hefeweißbier. Kritzenthaler: Alkoholfreies.

KÜCHE

Fränkische Brotzeiten. Täglich kleine Karte mit warmen Gerichten. Spezialitäten: Gegrillte Haxen, deftige fränkische Brotzeiten.

PLÄTZE (außen/regensicher)

500/100

ANSCHRIFT

Eichelweg 12
95445 Bayreuth
Tel.: 0921-63060

ÖFFNUNGSZEITEN

Mo bis Fr ab 15 Uhr
Sa, So und Feiertage ab 14 Uhr
Kein Ruhetag
Bei schlechtem Wetter geschlossen

BAYREUTHER RIESE

An die 700 Gäste finden in Glenk´s Biergarten Platz - und die müssen sich auch keine Sorgen über Nachschubprobleme machen - die Brauerei liegt gleich gegenüber. Gebraut wird seit 1852, und Inhaber Heinrich Glenk - regelmäßig im Biergarten anzutreffen - kommt aus der vierten Generation. Glenk Bräu war damals eine der ersten Privatbrauereien, ansonsten gab es fast ausschließlich Kommunbrauereien in der Gegend. Linden, Kastanien und ein großer Kinderspielplatz komplettieren einen der ältesten Biergärten der Stadt.

TIPP: Gegrillte Haxen

Bus 305, 969 Freiheitsplatz, Bayreuth

Symbolerklärung s. vordere Klappe

Biergarten Storchenkeller

WWW.SUDPFANNE.DE **GPS: 49°55′27″ N / 11°36′00″ E**

STRANDPLATZ AM KELLER

Die Außenstation der Sudpfanne wartet mit einem günstigen Tagesgericht, vierzehn uralten Linden und einem Strandplatz für Kinder auf. Zudem gibt's noch das leckere Storchenkellerbier vom Fass. Einmal im Monat wird übrigens gelacht oder gerockt, Inhaber Georg Schmitt lässt sich immer wieder interessante Acts einfallen.

TIPP: Spareribs

BIER

Eigenes Bier: Storchentrunk Zwickel, Storchentrunk Pils, Storchentrunk Dunkles Bier (alles vom Fass). Erdinger: Urweisse, verschiedene Weißbiere.

KÜCHE

Fränkische Brotzeiten. Täglich kleine Karte mit warmen Gerichten. Spezialitäten: Spareribs, Salatteller.

PLÄTZE (außen/regensicher)

600/0

ANSCHRIFT

Oberkonnersreuther Straße 6
95448 Bayreuth
Tel.: 0921-52883

ÖFFNUNGSZEITEN

Täglich von 11 bis 14 Uhr & ab 17 Uhr
So und Feiertage ab 11 Uhr
Bei schlechtem Wetter geschlossen

Maisel's Brauerei- & Büttnerei-Museum

WWW.MAISEL.COM

Das zinnengeschmückte Stammhaus der Brauerei Gebr. Maisel aus dem 19. Jahrhundert beherbergt heute auf über 2400 m² ein weltweit einzigartiges Biermuseum. Bereits 1988 erfolgte der Eintrag in das Guinness-Buch der Rekorde.

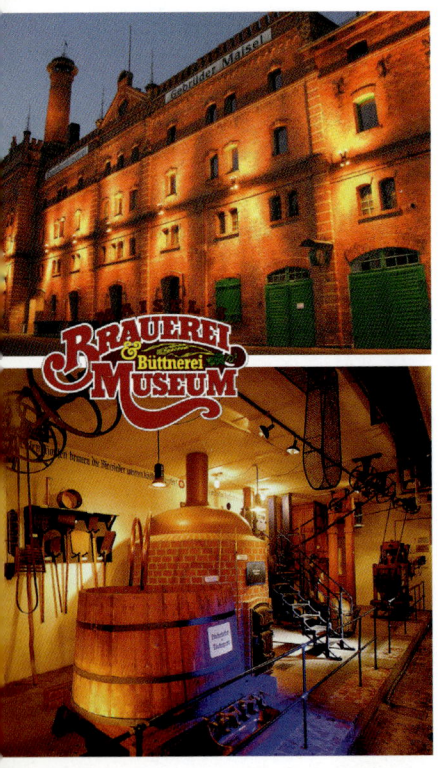

Während der einstündigen Führung durch 20 Räume bestaunen die Besucher die Brauanlagen noch an den originalen Wirkungsstätten. Seit der Eröffnung besuchten bereits über 500.000 Gäste die Bayreuther Bier-Erlebniswelt, die sich besonders bei Vereinen und Betriebsausflügen großer Beliebtheit erfreut. Highlights des Museums sind neben der komplett erhaltenen historischen Brauerei zwei Räume mit 400 seltenen Emailleschildern verschiedener Brauereien und Biermarken. Ebenfalls ein Glanzpunkt: In zwei großen Vitrinengewölben werden über 5400 Biergläser und Krüge sowie eine Bierdeckelsammlung kunstvoll in Szene gesetzt. Nachdem in den tiefen Lagerkellern die letzten Geheimnisse der Braukunst gelüftet wurden, endet die Tour in der „Alten Abfüllerei" bei einer frischen Maisel's Weisse.

**Maisel's Brauerei- &
Büttnerei-Museum**
Kulmbacher Straße 40
D-95445 Bayreuth
Telefon: 0921 / 40 12 34
Telefax: 0921 / 40 12 33
brauereimuseum@maisel.com

Goldener Löwe

WWW.GOLDENER-LOEWE.DE   **GPS: 49° 56' 42" N / 11° 34' 00" E**

MAISEL VERPFLICHTET

För viele Bayreuther ist der Goldene Löwe der legitime Brauereigasthof der Brauerei Maisel, die ihren Hauptsitz direkt nebenan hat. Auch das Brauereimuseum und die Katakomben sind gleich um die Ecke, so dass der Besuch hier sehr schön verbunden werden kann. Auf Voranmeldung werden für Gruppen gerne auch Biermenüs inklusive Führung oder Bierabende mit Musik organisiert. Die Küche lockt mit leckeren Brotzeiten, feinen warmen Gerichten und saisonalen Aktionen. Abends wird die Karte noch einmal um einige warme Gerichte erweitert. Der Biergarten ist recht klein, hier war aber einfach nicht mehr Platz. Wer also sein Essen im Freien genießen will, sollte dementsprechend reservieren.

BIER

Maisel/Bayreuth: Hefeweizen, Aktien Zwickel, Aktien Pils (alle vom Fass), dazu das gesamte Flaschenbiersortiment.

KÜCHE

Hausmacher Brotzeiten. Täglich große Karte mit warmen Gerichten. Spezialitäten: Geräuchertes Schäuferle, gebügelte Schweinebacke, Krenfleisch, verschiedene fränkische Bräten, hausgemachte Klöße.

PLÄTZE (außen/regensicher)

35/75

ANSCHRIFT

Kulmbacher Straße 30
95445 Bayreuth
Tel.: 0921-746060

ÖFFNUNGSZEITEN

Mo bis Do ab 17 Uhr
Fr, Sa, So und Feiertage 11 bis 14.30 Uhr und ab 17 Uhr

TIPP: Gebügelte Schweinebacke

Hotel Restaurant Lohmühle

WWW.HOTEL-LOHMUEHLE.DE GPS: 49° 56′ 39″ N / 11° 34′ 58″ E

EDLER BIERGENUSS AM MÜHLBACH

BIER

Kulmbacher: Edelherb (vom Fass). Aktien/Bayreuth: Pilsener, Dunkles (beides vom Fass), Zwickl. Maisel/Bayreuth: Verschiedene Weizenbiere. Kritzentaler: Alkoholfreies.

KÜCHE

Fränkische Brotzeiten. Täglich große Karte mit warmen Gerichten. Spezialitäten: Frische Fischspezialitäten aus dem Bassin, Waller, wechselnde saisonale Besonderheiten (z. B. Spargel, Wild).

PLÄTZE (außen/regensicher)

50/100

ANSCHRIFT

Badstraße 37
95444 Bayreuth
Tel.: 0921-53060

ÖFFNUNGSZEITEN

Jan. bis Apr., Sep. und Okt.
Täglich ab 18 Uhr, Sa und Feiertage
Mittagstisch
Mai bis Aug., Nov. und Dez.
Täglich 12 bis 14 Uhr und ab 18 Uhr
So 12 bis 14 Uhr

Das einzige Fachwerkhotel Bayreuths hat gleich zwei kleine Biergärten zu bieten. Einer befindet sich direkt vor dem Haus, der zweite besonders idyllisch dahinter unter großen Weiden, direkt am Mühlbach, der hier sehr hübsch anzusehen über eine Staustufe fließt. Das Hotel gehobener Klasse gibt es seit 1979, 1999 hat es Martina Groh-Walter übernommen. Die sehr hochwertige Küche glänzt mit frischen saisonalen Speisen und vor allem herausragenden heimischen Fischspezialitäten. Aber auch die typisch fränkische Brotzeit ist zu empfehlen. Besonders stolz ist man hier auf das breite Angebot regionaler Schnäpse aus Franken und aus Erbendorf in der Oberpfalz. Das alles, kombiniert mit den sehr stilvoll eingerichteten Hotelzimmern, eignet sich hervorragend für Familienfeste aller Art oder als Basis für Festspiel-Aufenthalte.

TIPP: Frischer Waller

Oskar - Das Wirtshaus am Markt

WWW.OSKAR-BAYREUTH.DE   GPS: 49°56'39" N / 11°34'30" E

DAS BAYERISCHE BIER-UNGETÜM

Mitten am Markt in Bayreuth platzt die Zünftigkeit quasi aus allen Mauerfugen des Oskar, früher einmal Rathaus und Polizeiwache. Wie bei einer Gasthausbrauerei ist drinnen alles bierig geschmückt und auch das Biergärtchen vor dem Haus kommt mega-zünftig rüber. Und so vergisst man schnell, dass man mitten in einer Beamten-Metropole gelandet ist. Die Küche produziert lecker typisch Fränkisches auch für verwöhnte Gaumen.

TIPP: In Dunkel-Bier geschmorte Ochsenschulter

BIER

Maisel/Bayreuth: Landbier, Zwickl (beides vom Fass).

KÜCHE

Fränkische Brotzeiten. Täglich große Karte mit warmen Gerichten. Spezialitäten: Schweinebraten, geröstete Klöße, Grillhaxe.

PLÄTZE (außen/regensicher)

120/300

ANSCHRIFT

Maximilianstraße 33
95444 Bayreuth
Tel.: 0921-5160553

ÖFFNUNGSZEITEN

Täglich ab 8 Uhr
So ab 9 Uhr

Freizeit-Tipp

Auf der Theta

WWW.VGN.DE

Die meisten Bayreuth-Touristen besuchen entweder die Wagner-Stadt selbst oder gehen über den Südwesten durch das Eingangstor zur Fränkischen Schweiz. Mit dem VGN ist es nun möglich, auf sehr einfache Weise auch den bisher weniger bekannten Norden zu erkunden, die Hochebene namens „Auf der Theta", auch Bayreuths Sonnenterrasse genannt.

Der Startpunkt liegt in Ramsenthal, das man mit der Regionalbahnlinie R34 von Bayreuth aus erreichen kann. Nach dem Ort überquert man die Trebgast, einen der Mainzuflüsse, um dann am Heinersgrund parallel zu dem Flüsschen weiterzuziehen. In Schnaitz geht es dann schließlich links herum an einer Pferdekoppel vorbei, um dann nach einem kleinen Abhang die Fürstenleite zu erreichen.

Nun sind es nur noch wenige Hundert Meter bis zum Örtchen Theta und dem folgenden Weiler Hochtheta, wo eine liebevoll gestaltete Ausflugsgaststätte liegt (siehe Seite 187). Hier lohnt sich ersteinmal eine ausführliche Rast, bevor uns der Weg zum 17 Meter hohen Siegesturm, von dem aus sich das herrliche Panorama der Festspielstadt erschließt.

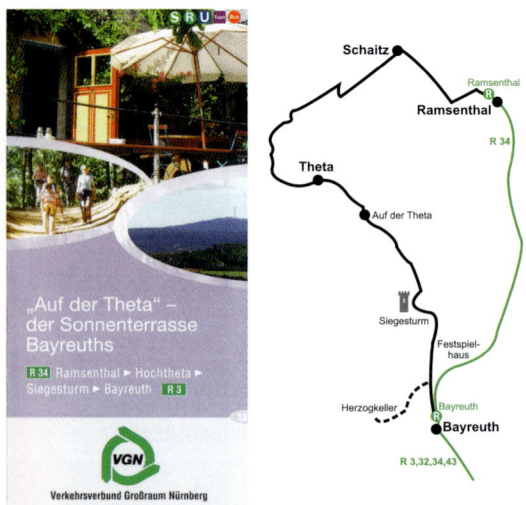

Der anschließende Abstieg über mehr als 100 Höhenmeter zum Bayreuther Hauptbahnhof führt unter anderem an der Kultstätte der Wagnerianer vorbei durch den Festspielgarten bis in die Innenstadt.

Tipp:

Bierfreunde können hier beispielsweise noch den Herzogkeller (siehe Seite 67) besuchen, bevor Sie dann mit der jeweiligen Regionalbahn die Heimreise antreten.

76

Gasthaus Biergarten Schlehenberg

WWW.BIER.BY   GPS: 49°54'28"N / 11°37'18"E

BAYREUTH-KLASSIKER

Schon seit mehr als 40 Jahren ist der Schlehenberg eine traditionelle Ausflugsadresse für die Bayreuther. Bevor oder nachdem sie entlang der vielen Wanderwege flaniert sind, erholen sich die Gäste gerne unter den großen Kastanien und Linden des Biergartens. Gerda Stadler führt ihn immer noch streng in der Tradition ihrer Großeltern mit vielen guten Brotzeiten vom Hausmetzger um die Ecke. Wer es nicht ganz so schattig mag, kann sich übrigens auf die Sonnenterrasse begeben - besser als das Solarium ...

TIPP: Brotzeitteller

BIER

Kulmbacher: EKU Pils (vom Fass). Erdinger: Weizen. Hönicka/Wunsiedel: Wonnesud.

KÜCHE

Fränkische Brotzeiten. Täglich kleine Karte mit warmen Gerichten. So Mittagstisch. Spezialitäten: Schaschlik, Bratwürste, Brotzeitteller.

PLÄTZE (außen/regensicher)

150/70

ANSCHRIFT

Schlehenbergstraße 51
95448 Bayreuth
Tel.: 09209-226

ÖFFNUNGSZEITEN

Täglich ab 9.30 Uhr
Donnerstag Ruhetag

Behringersmühle

Hotel Gasthof Frankengold

WWW.BEHRINGERSMUEHLE.DE   GPS: 49°46'46"N / 11°19'38"E

AUSGEZEICHNET IM VIERTÄLERORT

Das schmucke Hotel mitten in der Fränkischen Schweiz liegt in einem der „Canyons" am dicht-bewaldeten Hang. Schon ein halbes Jahrhundert bietet Familie Luger beste fränkische Küche nach uralten Rezepten, deren Geheimnisse streng gehütet werden. Dafür gab es schon viele Auszeichnungen als beste Bayerische Küche und als umweltbewusster Hotel- und Gaststättenbetrieb. Wer das Besondere liebt, kann hier auch Fliegenfischen und Golfspielen oder einen der vielen (Rad-)Wanderwege einschlagen.

BIER

Tucher/Fürth: Zirndorfer Helles, Zirndorfer Kellerbier (beides vom Fass), Weizen.

KÜCHE

Fränkische Brotzeiten. Täglich mittel-große Karte mit warmen Gerichten. Spezialitäten: Forellen und Saiblinge, Schweineschäuferla, Behringers-mühle-Schnitzel mit Pfiff.

PLÄTZE (außen/regensicher)

70/110

ANSCHRIFT

Behringersmühle 29
91327 Gößweinstein
Tel.: 09242-1505

ÖFFNUNGSZEITEN

Täglich ab 8 Uhr
Donnerstag Ruhetag
(an Feiertagen geöffnet)

TIPP: Forelle Blau

Schuhmann's Keller

WWW.SCHUHMANNSKELLER.DE   GPS: 49°54'28" N / 10°50'03" E

DAS KLEINOD AM STADTRAND

Die kreative Mischung aus Biergarten und Abhang ist ein richtig uriger Bierkeller, wie es nur
noch wenige in der Gegend gibt. Sowohl Bier
als auch Brotzeiten sind von hervorragender
Qualität und die Atmosphäre unübertroffen!
Übrigens ist die Wirtin hier in jeder Hinsicht der
Chef, was immer wieder zu lustigen Konfusionen führt, zumal sowohl sie als auch ihr Gatte
bei jeder sich bietenden Gelegenheit bei den
Gästen am Tisch anzutreffen sind.

BIER

Zur Sonne/Bischberg: Helles (vom
Fass), Hefeweizen. Prostel: Alkoholfreies.

KÜCHE

Fränkische Brotzeiten. Täglich kleine
Karte mit warmen Gerichten. Spezialitäten: Selbstgemachter Gerupfter,
selbstgemachter Ziebeleskäse,
frisches Hausgebäck und Kaffee.

PLÄTZE (außen/regensicher)

250/30

ANSCHRIFT

Rothofweg
96120 Bischberg
Tel.: 0160-92021517

ÖFFNUNGSZEITEN

Täglich ab 14.30 Uhr
So und Feiertage ab 11 Uhr
Bei schlechtem Wetter geschlossen

TIPP: Gerupfter

Landhotel Jägerhof

BIER

Kulmbacher: Pils, Helles, Kapuziner Weizen, Mönchshof Schwarzbier (alles vom Fass), Kellerbier, Kapuziner alkoholfreies Weizen, Kulmbacher Alkoholfreies.

KÜCHE

Fränkische Brotzeiten. Täglich große Karte mit warmen Gerichten. Spezialitäten: Pressack, Bratwürste, angemachter Käse.

PLÄTZE (außen/regensicher)

150/100

ANSCHRIFT

Hauptstraße 12
95493 Bischofsgrün
Tel.: 09276-257

ÖFFNUNGSZEITEN

Täglich ab 10 Uhr
Donnerstag Ruhetag

HIER SPIELT DIE MUSIK

Mitten im fränkischen Luftkurort Bischofsgrün gelegen, bietet das Landhotel Jägerhof die optimale Anlaufstelle für Wanderer und Freunde fränkischer Gastlichkeit. Mitten am Marktplatz des Ortes findet sich der großzügig angelegte Biergarten mit eigener Hütte, wo selbstgebackene Kuchen, Brotzeiten, Eisbecher und frisch gezapftes Bier auf hungrige und durstige Gäste warten. An manchen Sommerabenden wird hier auch Musik gespielt. Im Gasthof selbst ist das regelmäßig jeden Mittwoch der Fall, im familiengeführten Hotel gehört Live-Musik einfach dazu. Dermaßen körperlich und seelisch gestärkt kann nun guten Gewissens auch die Wanderung auf die höchsten Berge des Fichtelgebirges, den Schneeberg oder Ochsenkopf gestartet werden.

TIPP: Brotzeit mit Live-Musik

Landgasthof Benker

WWW.LANDGASTHOF-BENKER.DE   GPS: 50° 03' 09" N / 11° 47' 47" E

EIN ABT ZUM TRINKEN

Den Landgasthof Benker gibt es seit 1984 - seitdem ist er im Besitz der Familie Benker. Nach wie vor kümmert sich hier die Chefin selbst um die Gäste. Für den Bierliebhaber wird frisches Bier der Brauerei Hösl aus Mitterteich ausgeschenkt - immerhin vier Sorten direkt vom Fass, darunter den dunklen „Abt Andreas". In Sachen Essen hat sich der Gasthof auf warme Gerichte spezialisiert, typisch fränkische Brotzeiten gibt es nur wenige. Der kulinarisch interessierte Gast sollte sich auf jeden Fall den Samstag Abend vormerken, hier gibt es leckere ofenfrische Schweinshaxen. Gemütliche Zimmer laden außerdem zum Übernachten ein.

BIER

Hösl/Mitterteich: Export, Pils, Hefeweizen, Dunkles „Abt Andreas" (alles vom Fass). Tucher/Fürth: Alkoholfreies.

KÜCHE

Täglich mittelgroße Karte mit warmen Gerichten. Spezialitäten: Ofenfrische Schweinshaxen (samstags ab 18 Uhr), knusprige Gänsebrust.

PLÄTZE (außen/regensicher)

45/40

ANSCHRIFT

Kirchenring 2
95493 Bischofsgrün
Tel.: 09276-650

ÖFFNUNGSZEITEN

Täglich 10.30 bis 14 Uhr und ab 17.30 Uhr
So 10.30 bis 14.30 Uhr
Di ab 18 Uhr
Montag Ruhetag

TIPP: Ofenfrische Schweinshaxen (Samstag Abend)

Symbolerklärung s. vordere Klappe

Gasthof-Pension Bischofsmühle

WWW.GASTHOF-BISCHOFSMUEHLE.DE **GPS: 50°15'31" N / 11°37'48" E**

IDYLL MITTEN IM WALD

Jedem, der hier nicht heimisch ist, sei empfohlen eine genaue Karte zu Rate zu ziehen, will er die Bischofsmühle nahe Helmbrechts aufsuchen. Mitten im Wald gelegen und nur über Waldwege zu erreichen, ist es hier dementsprechend ruhig und idyllisch. Perfekt für alle, die gerne wandern - nicht nur wegen der Anreise, sondern auch auf Grund diverser Sehenswürdigkeiten abseits der üblichen Touristenziele. Als weitere Stationen unterwegs bieten sich hier zum Beispiel die historische Flößerei oder Burg Radeck an. Die Bischofsmühle an sich ist wunderschön renoviert und wartet in anspruchsvollem Ambiente mit regionalen Köstlichkeiten aller Art auf. Auch für größere Festlichkeiten bestens geeignet.

BIER

Kulmbacher: Mönchshof Kellerbier, Mönchshof Pils, Kapuziner Hefeweissbier (alles vom Fass).

KÜCHE

Hausmacher Brotzeiten. Täglich große Karte mit warmen Gerichten. Spezialitäten: Selbst gezüchtete Forellen, Wild aus heimischer Jagd, Hausgebäck.

PLÄTZE (außen/regensicher)

140/180

ANSCHRIFT

Bischofsmühle 1
95233 Helmbrechts
Tel.: 09289-367

ÖFFNUNGSZEITEN

Täglich ab 8 Uhr
Montag und Dienstag Ruhetag

TIPP: Wanderung zum Biergarten

Gasthof Spitzberg

WWW.GASTHOF-SPITZBERG.DE

GPS: 50°20'41"N / 11°39'01"E

DER CHEF KOCHT SELBST

Der Gasthof Spitzberg ist eine der Top-Adressen im Einzugsgebiet des Bayerischen Staatsbades Bad Steben. Hier sorgt der Chef Helmut Völkel persönlich für das leibliche Wohl der Gäste und steht auch als Experte in Sachen Erlebnisse in der Region gerne Rede und Antwort. Kulinarisch orientiert sich der Spitzberg an der fränkischen Küche, gerne wird hier und da aber auch mal experimentiert - eine umfangreiche Mittagskarte steht jeden Tag zur Verfügung. Der Biergarten ist klein, aber fein und mit viel Liebe dekoriert. Hier lässt sich von der kleinen Fahrradpause bis hin zur Festessen alles verwirklichen.

TIPP: Fränkische Trüffelsuppe

BIER

Wohn/Naila: Weizen, Pils (beides vom Fass). Köstritzer: Schwarzbier. Radeberger: Pils.

KÜCHE

Hausmacher Brotzeiten. Täglich große Karte mit warmen Gerichten. Spezialitäten: Saisonale Gerichte, Brotzeitteller, Angus-Steak.

PLÄTZE (außen/regensicher)

80/100

ANSCHRIFT

Hauptstraße 43
95138 Bad Steben-Bobengrün
Tel.: 09288-313

ÖFFNUNGSZEITEN

Täglich ab 10 Uhr
Dienstag Ruhetag

Gasthof Pension Barthmannsruh

WWW.BIER.BY   GPS: 50°01'21"N / 11°59'14"E

DAS ÜBERRASCHUNGSEI UNTER DEN BIERGÄRTEN

Das 162-jährige Ehepaar Erna und Walter Barthmann führt die Barthmannsruh seit vielen Jahren, mit ungebremster Energie und sehr viel Liebe. Es ist ein bisschen, wie zu seiner Oma nach Hause zu kommen. Der Biergarten erstreckt sich über mehrere Etagen, mit Hecken und Blumen sind immer wieder einzelne Bereiche abgetrennt, es findet sich sogar ein Extra-Plätzchen für Verliebte. So nimmt es nicht Wunder, dass viele Stammgäste die Barthmannsruh quasi zu ihrem Wohnzimmer erklärt haben und auch viele Touristen nach dem ersten Mal immer wieder kommen. Schillerndste Figur neben den Inhabern ist Stammgast Willi, der ein Biergarten-Tagebuch führt, in dem alle Ereignisse minutiös dokumentiert werden. Manchmal packt er sogar die Geige aus und spielt auf. Fazit: Die Barthmannsruh ist ein absoluter Geheimtipp, an dem man einfach nicht vorbeifahren darf!

BIER

Lang/Schönbrunn: Helles, Pils, Weizen (alles vom Fass). Schloßbrauerei/Friedenfels: Pils, Schwarzer Ritter (Zoigl).

KÜCHE

Fränkische Brotzeiten. Täglich kleine Karte mit warmen Gerichten. Spezialitäten: Geräuchertes, Pressack.

PLÄTZE (außen/regensicher)

75/45

ANSCHRIFT

Am Luxbach 49
95632 Wunsiedel
Tel.: 09232-2162

ÖFFNUNGSZEITEN

Täglich ab 8 Uhr
Kein Ruhetag

TIPP: Bratwürste

Bus 7603, 7609 Schönbrunn, Wunsiedel   **DB**

Brauereigasthof Konrad Krug

WWW.KRUG-BRAEU.DE   GPS: 49°51'42"N / 11°17'30"E

EIN BIER ZUM VERLIEBEN

Ganz ohne Werbung hat die Brauerei Krug aus Breitenlesau mittlerweile Liebhaber in ganz Europa. Sogar in der Toskana und in Dänemark trinkt man das dunkle Lagerbier. Kein Wunder, hat man einmal davon gekostet, lässt es einen in der Regel nicht wieder los. Brauereibesitzer Konrad „Conny" Krug sollte dafür geadelt werden (Das Töchterchen hat seine Ausbildung zur Brauerin mit Bravour bestanden - die Kontinuität ist also gewahrt). Nicht minder qualitätvoll übrigens die deftigen Brotzeiten! Noch ein Unikat: Die Brauerei hat ihren eigenen „Tanzsaal": Hier erklingen jedes Wochenende die Gitarren, meist von der härteren Gangart ...

BIER

Eigene Brauerei: Dunkles Lagerbier, Pils, Keller, Bock (saisonal), Weißbier (alles vom Fass). Maisel/Bayreuth: Kritzenthaler Alkoholfreies.

KÜCHE

Hausmacher Brotzeiten. Täglich mittelgroße Karte mit warmen Gerichten. So und Feiertage Mittagstisch. Spezialitäten: Pfannenschnitzel, Bierbraten mit Wirsing, Schäuferla.

PLÄTZE (außen/regensicher)

300/90

ANSCHRIFT

Breitenlesau 1b
91344 Waischenfeld
Tel.: 09202-535

ÖFFNUNGSZEITEN

Täglich ab 9 Uhr
Apr. bis Mitte Nov. Montag Ruhetag
Mitte Nov. bis März Montag und
Dienstag Ruhetag

TIPP: Pfannenschnitzel

Symbolerklärung s. vordere Klappe

Zum Paul

WWW.BIER.BY GPS: 50°04'39" N / 11°19'21" E

LIEBENSWERTER GEHEIMTIPP

Wenige Biergärten zaubern einem schon beim ersten Anblick ein Lächeln auf die Lippen. Beim „Paul" ist dieser Effekt garantiert. Versteckt im Wald, am Ende einer kleinen Seitenstraße gelegen, finden wirklich nur die Kenner zu dem Kleinod. Doch die werden mit dem ersten Besuch schon zum Stammgast. Schattig und auch bei größter Hitze angenehm kühl präsentiert sich der Biergarten und wartet noch mit einem traumhaften Blick auf ein altes Schloß der Grafen von Giech auf. Das Gasthaus selbst hat seinen Namen vom vorletzten Betreiber, der rundum als „Paul" bekannt, geliebt und geschätzt war. Nach seinem plötzlichen Ableben 1990 folgten einige schlechte Jahre, bis Alfons und Birgit Kraus sich 2003 der Sache annahmen. Besonders empfehlenswert sind die Wildgerichte, Alfons ist nämlich nicht nur Koch, sondern auch gelernter Jäger und weiß genau, was wann wie am besten schmeckt!

BIER
Kulmbacher: Pils, Kellerbier, Weizen, Bock (alles vom Fass), restliches Flaschenbiersortiment.

KÜCHE
Fränkische Brotzeiten. Täglich mittelgroße Karte mit warmen Gerichten. Spezialitäten: Fränkische Klassiker der feineren Art, hausgemachter Ingwerlikör, fränkische Hausbrände.

PLÄTZE (außen/regensicher)
100/170

ANSCHRIFT
Buchau 15
95336 Mainleus
Tel.: 09229-8152

ÖFFNUNGSZEITEN
Täglich ab 16 Uhr
So ab 10 Uhr
Montag Ruhetag

TIPP: Alle Wildgerichte und Krenhaxe

Ⓡ Mainleus

DB

Hirschenkeller

WWW.GOLDENER-HIRSCH-BURGEBRACH.DE   GPS: 49°49'24" N / 10°44'11" E

SPARERIBS & „HIRSCHBUA"

Schon vor über 90 Jahren bewirtete Fritz Butterhof seine Gäste am Burgebracher Kellerberg. Auch heutzutage sind noch Führungen durch die Stollen möglich, die im Zweiten Weltkrieg als Luftschutzbunker dienten. Anschließend serviert man einen edlen Kellergeist. Die Genießer können danach noch den „Hirschbua" probieren, einen besonderen Schnaps, den es nur vor Ort zu kosten gibt. Abwechslungsreich zusammengestellte Kellerbrotzeiten und ein wechselndes Angebot an warmen Gerichten stillen den Hunger der Kellerbesucher. Inzwischen bewirtet die Familie Butterhof den Hirschenkeller bereits in der dritten Generation.

BIER

Kundmüller/Weiher: Kellerbier, Weizen (beides vom Fass), Rauchbier. Kaiser/Neuhaus: Alkoholfreies. Erdinger: Alkoholfreies Weizen.

KÜCHE

Fränkische Brotzeiten. Täglich kleine Karte mit warmen Gerichten. Spezialitäten: Spareribs, Zwiebelkuchen, Pfefferhaxen (auf Bestellung).

PLÄTZE (außen/regensicher)

100/25

ANSCHRIFT

Kellerberg 2
96138 Burgebrach
Tel.: 09546-921138

ÖFFNUNGSZEITEN

Mo bis Fr ab 16 Uhr
So und Feiertage ab 15 Uhr
Bei schlechtem Wetter geschlossen

TIPP: Hausgemachte Pizza

Symbolerklärung s. vordere Klappe

Schwanakeller

WWW.SCHWANAWIRT.DE **GPS: 49°49'21" N / 10°44'12" E**

FELSENKELLER AUF ZWEI ETAGEN

Auf dem Schwanakeller ist Tradition angesagt: Klassische Selbstbedienung, eigenes Essen erlaubt, ausgewählte fränkische Spezialitäten und ein richtiger Bierkeller auf Naturboden. Imposante alte Bäume und ein großer Spielplatz komplettieren das Angebot. Wer also den (kellertypischen) kleinen Anstieg erklommen hat, kann sich auf Bierkultur in Reinform und eigenes frisches Bier vom Fass, zumeist vom Wirt höchstselbst gezapft, freuen.

BIER

Eigene Brauerei: Kellerbier (vom Fass), Weizen. Löwenbräu/München: Alkoholfreies.

KÜCHE

Hausmacher Brotzeiten. Täglich kleine Karte mit warmen Gerichten. Ab dem 3. So im Mai So und Feiertage Mittagstisch. Spezialitäten: Knöchla, Fischgerichte, Schäuferla, Bratwürste, Wurst mit Musik.

PLÄTZE (außen/regensicher)

220/100

ANSCHRIFT

Kellerberg 5
96138 Burgebrach
Tel.: 09546-306

ÖFFNUNGSZEITEN

Täglich ab 15 Uhr
Ab 3. So im Mai So und Feiertage
ab 11 Uhr
Bei schönem Wetter geöffnet

TIPP: Geräucherter Fisch

Schloss Burgellern

WWW.BURGELLERN.DE   GPS: 49°59'17" N / 11°02'42" E

DEN FÜRSTBISCHOF MARKIEREN

Die ehemalige Sommerresidenz der Bamberger Domherren (erbaut um 1750) lädt heute zu ganz besonders feinen Streifzügen durch die Genusswelt ein. Schließlich scheuen Joachim Kastner und seine Frau seit der Eröffnung 2005 keine Kosten und Mühen, um aus dem ehemaligen Sanatorium ein Franken-Juwel zu machen. Dass das gelungen ist, sieht man nicht nur an der Auswahl als eines von zwölf Sightsleeping-Hotels (Schlafen für Augenmenschen) durch den bayerischen Tourismus-Verband, sondern auch an den vielen hochkarätigen Veranstaltungen und noblen Hochzeiten, die hier im Hause schon stattfanden. Dabei bleiben die Preise auf der Speisekarte moderat genug, damit auch Lieschen Müller mal einen erlebnis- und genussreichen Ausflug nach Burgellern unternehmen kann.

BIER

Schlossbrauerei/Reckendorf: Keller, Pils (vom Fass), Weizen. Maisel/Bayreuth: Weizen dunkel, Weizen light, Kritzenthaler alkoholfreies.

KÜCHE

Fränkische Brotzeiten. Täglich große Karte mit warmen Gerichten. Spezialitäten: Schlossplatte, Lammkrone, Schäuferla.

PLÄTZE (außen/regensicher)

100/60

ANSCHRIFT

Kirchplatz 1
96110 Schesslitz-Burgellern
Tel.: 09542-774750

ÖFFNUNGSZEITEN

Täglich ab 17 Uhr
So und Feiertage ab 11 Uhr
Kein Ruhetag

TIPP: Wildgerichte

Symbolerklärung s. vordere Klappe

Löwenbräukeller

WWW.BIER.BY   GPS: 49°47′58″ N / 11°02′00″ E

GROSSER KELLER MIT GROSSEM PROGRAMM

An die 700 Plätze hat der Löwenbräukeller in Buttenheim zu bieten, dazu eine breite Palette an fränkischem Allerlei: Schäuferla, Sauerbraten, Haxen, Wildgerichte, zahlreiche Brotzeiten, selbstgebrautes Bier vom Keller bis zum Alkoholfreien. Aus einer umgestürzten alten Eiche machte man einen Riesen-Kletterbaum für den Kinderspielplatz und der Kerwa-Termin liegt praktischerweise genau an dem der Bamberger Sandkerwa. Viele Gründe, warum man bei Inhaber Manfred Modschiedler immer einen Zwischenstopp einplanen sollte. Besonders gern tun das übrigens die Erlanger Siemens-Mitarbeiter zum Mittagessen und die Radler und Motorradfahrer auf dem Weg in die oder aus der Fränkischen Schweiz.

BIER

Eigene Brauerei: Keller (vom Fass), Weizen, Pils, leichtes Weizen, leichtes Keller, Alkoholfreies.

KÜCHE

Hausmacher Brotzeiten. Täglich große Karte mit warmen Gerichten. Spezialitäten: Kellerplatte, Haxen, Wildgerichte, Bohnenkerne mit Dörrfleisch (Do), verschiedene Salate.

PLÄTZE (außen/regensicher)

600/340

ANSCHRIFT

Eremitage 1
96155 Buttenheim
Tel.: 09545-509346

ÖFFNUNGSZEITEN

Täglich ab 11 Uhr
So ab 10 Uhr
Mai bis Aug. Dienstag Ruhetag
Sep. bis Apr. Dienstag und Mittwoch
Ruhetag

TIPP: Kellerplatte

St. GeorgenBräu Keller

WWW.BRAEUSTUEBLA.DE

GPS: 49°47'57" N / 11°02'00" E

OBERFRANKENS SCHÖNSTER SONNENUNTERGANG

Anscheinend ist es in Buttenheim Tradition: Kleine Biergärten baut man nicht. Dennoch kann man auch auf dem St. GeorgenBräu-Bierkeller die Seele gemütlich baumeln lassen. Denn die vielen Plätze sind großzügig verteilt. Einmalig ist der Ausblick von der lindenbewachsenen Anhöhe auf den Sonnenuntergang über Bamberg, Kinder begeistert der neu angelegte Kinderspielplatz. Fischfreunde sollten sich den Besuch hier am klassischen Fischtag Freitag vormerken, dann gibt es Makrelen und Heringe vom Buchenholzgrill.

TIPP: Kartoffelsalat mit Speck

BIER

Eigene Brauerei: Kellerbier (vom Fass), Pils, Weizen, Alkoholfreies.

KÜCHE

Fränkische Brotzeiten. Täglich kleine Karte mit warmen Gerichten. Spezialitäten: Schäuferla, Haxen, selbstgemachter Kartoffelsalat, selbstgebackene Brezen.

PLÄTZE (außen/regensicher)

800/200

ANSCHRIFT

Kellerstraße
96155 Buttenheim
Tel.: 09545-950160

ÖFFNUNGSZEITEN

Täglich ab 15.30 Uhr
Kein Ruhetag
Bei schlechtem Wetter geschlossen

Auf den Kropfeld-, Senftenberger und „Häschaadä"-Keller

Man muss nicht immer in die Fränkische Schweiz wandern, es gibt auch schöne Wege, die direkt an den Grenzen der Tourismusregion entlangführen. Beispielsweise der Weg vom Kirschenort Pretzfeld, den man mit der Regionalbahn R22 gut erreichen kann, bis nach Hirschaid, von wo aus man in die R2 sowohl in Richtung Bamberg als auch Nürnberg einsteigen kann.

Die Strecke misst immerhin 23 Kilometer, führt aber an zahlreichen Brauereien und Biergartenklassikern vorbei. Von Pretzfeld aus geht es über die Wiesent und den Ortsteil Rüssenbach über 200 Höhenmeter hinauf auf den Feuerstein zum dortigen Flugplatz. Danach geht es wieder hinab bis zum Kropfeld-Keller (siehe Seite 114), unserem ersten Einkehrtipp. Von hier kann man auch mit der Buslinie 220 zum Bahnhof Eggolsheim fahren oder unseren vorgeschlagenen Weg weiter nach Gunzendorf und zum Senftenberger Keller gehen.

Dort lockt schon wieder feine Frankenbrotzeit (siehe Seite 164), die aber auch nötig ist. Schließlich steigt der Weg im Anschluss wieder um 150 Höhenmeter an, um dann über Ketschen- und Seigendorf wieder hinunter zum Main-Donau-Kanal zu führen. Dort erreichen wir den „Häschaadä"-Keller, ein weiterer Hort der Fränkischen Genüsse (siehe Seite 184). Das dortige Abendessen haben Sie sich dann auch wirklich verdient.

Entlang des Weges liegen unter anderem auch der Pretzfelder Keller (275) und die Brauerei Kraus (183).

Brauerei-Gasthof Löwenbräu

WWW.LOEWENBRAEU-BUTTENHEIM.DE   **GPS: 49°48'06" N / 11°01'53" E**

DER ÜNTER

Der Buttenheimer Bier-Dualismus zieht sich durch den gesamten Ort. Vor vielen Jahren gründete der Urgroßvater des heutigen Besitzers Johann Modschiedler die Löwenbräu, sein Bruder übernahm die Georgenbräu ein Haus weiter. Durch die Generationen verstand man sich mal besser, mal schlechter, die Buttenheimer freut's - führte die Familienrivalität doch zu stets hochwertiger Qualität bei Bier und Speisen. So ist die Löwenbräu-Gaststätte mit ihrem kleinen Biergarten vor dem Haus (Der „Ünter" genannt) weit über die Landkreisgrenzen hinaus für das hervorragende Essen bekannt und beliebt.

TIPP: Bohnenkerne mit Kloß

BIER

Eigene Brauerei: Lager (vom Fass), Pils, Weizen, Hefe, Leichtes.

KÜCHE

Fränkische Brotzeiten. Täglich mittelgroße Karte mit warmen Gerichten. Spezialitäten: Spargelgerichte, Wildgerichte, Karpfen, Bohnenkerne mit Kloß.

PLÄTZE (außen/regensicher)

60/100

ANSCHRIFT

Marktstraße 8
96155 Buttenheim
Tel.: 09545-332

ÖFFNUNGSZEITEN

Täglich 9 Uhr
So 9 bis 15 Uhr
Montag Ruhetag

Symbolerklärung s. vordere Klappe

St. GeorgenBräu Stübla

WWW.KELLERBIER.DE GPS: 49°48'07" N / 11°01'55" E

BIER

Eigene Brauerei: Keller, Helles, helles Weizen, Pils (alles vom Fass), dunkles Weizen, leichtes Weizen, Bockbier (saisonal), Alkoholfreies.

KÜCHE

Fränkische Brotzeiten, Salatteller. Täglich große Karte mit warmen Gerichten. Spezialitäten: Schäuferla, Sauerbraten mit Biersoße, Saison-gerichte.

PLÄTZE (außen/regensicher)

30/85

ANSCHRIFT

Marktstraße 12
96155 Buttenheim
Tel.: 09545-950160

ÖFFNUNGSZEITEN

Täglich ab 11.30 Uhr
So und Feiertage ab 11 Uhr
1. Mai bis Mitte Sep.:
bei schönem Wetter ab 14 Uhr geschlossen,
dann ab 15.30 Uhr Kellerbetrieb
bei schlechtem Wetter durchgehend geöffnet

DER ÖBER

Älterer und zweiter Teil der Buttenheimer Biergeschichte (Teil 1 siehe Löwenbräu). Hier ist man insbesondere für das süffige Bier bekannt, das ein sehr weites Verbreitungsgebiet gefunden hat. Inhaber Georg Modschiedler zeigt sich äußerst kreativ, sodass man mittlerweile sogar ein Bier mit Comic-Helden im Angebot hat: Das Drachenblut, ein dunkles Ritterbier - sehr süffig. Modschiedler ist immer irgendwo in der Brauerei anzutreffen und gibt auf Anfrage auch gerne die Gelegenheit zu einer Brauereiführung. Das Bier findet sich auch in zahlreichen Rezepten für die Speisen des Hauses wieder (nachzulesen auch auf der Website mit dem edlen Namen www.kellerbier.de).

TIPP: Sauerbraten mit Biersoße

Restaurant Loreley Coburg

WWW.LORELEY-COBURG.DE   **GPS: 50°15'30.19"N / 10°57'59.84"E**

DIE ALTE DAME

Das Coburger Traditionslokal datiert bis ins Jahr 1600, als es erst Bäckerei (Herrenbeck), dann fürstliche Trinkstube war. Mitte des 19. Jahrhunderts avancierte die Gaststätte zum Mittelpunkt der Künstlerszene, darunter auch die Gebrüder Brückner. Vielleicht weil gerade der nötige Groschen fehlte, malten die beiden den Hausflur des Lokals mit einer Darstellung der „Schönen Maid vom Rhein" aus - daher der Name Loreley. Bei der nötigen Kernsanierung in 1995 ging die Malerei allerdings leider verloren. Es folgte ein weiterer Umbau 1999/2000. Der heutige Pächter Achim Stelzner betreibt das Paulaner-Lokal seit 2003 und setzt auf die Fortführung der erfolgreichen Geschichte.

BIER

Paulaner/München: Dunkles, Helles, Kellerbier, helles Hefeweizen (alles vom Fass), dunkles Hefeweizen.

KÜCHE

Fränkische Brotzeiten und Salate. Täglich große Karte mit warmen Gerichten. Spezialitäten: Original Coburger Klöße (selbstgemacht) zu fränkischen Bräten, Coburger Krüstchen.

PLÄTZE (außen/regensicher)

70/110

ANSCHRIFT

Herrngasse 14
96450 Coburg
Tel.: 09561-235599

ÖFFNUNGSZEITEN

Täglich 11 bis 14 Uhr & ab 17.30 Uhr
Kein Ruhetag

TIPP: Edelbrände der Brennerei Wecklein

Symbolerklärung s. vordere Klappe

The Hungry Highlander

WWW.BIER.BY GPS: 50°15'28" N / 10°57'57" E

BIER

Kaiserhof/Kronach: Pils, Schmäus-bräu (beides vom Fass), Lucas Cranach (dunkles Bier), Kellerbier, Echt Kronacher Schwedentrunk, Hefeweizen hell, Hefeweizen dunkel.

KÜCHE

Keine kalten Gerichte. Täglich große Karte mit warmen Gerichten. Spe-zialitäten: Indische Currys, Tortilla-Wraps, amerikanische Burger.

PLÄTZE (außen/regensicher)

65/65

ANSCHRIFT

Steingasse 11
96450 Coburg
Tel.: 09561-871542

ÖFFNUNGSZEITEN

Mo bis Fr 11.30 bis 14.30 Uhr und
ab 18 Uhr
Sa, So und Feiertage ab 18 Uhr

EXOT MIT HINTERHOF

Die Daseinsberechtigung des Highlanders in diesem Buch ergibt sich einerseits aus dem his-torischen Innenhof eines der ältesten Gebäude Coburgs, andererseits aus dem breiten Bieran-gebot und der Liebe des Inhabers John Holmes zum fränkischen Gerstensaft. 2007 wurde zum 10-jährigen Jubiläum der Wirtschaft sogar das Highlander-Jubiläumsbier (Brauerei Kaiserhof) gebraut. Der Glasgower kam übrigens der Lie-be wegen nach Coburg - und ist seitdem nicht mehr wegzudenken. Der Biergarten ist beheizt!

TIPP: Burger

Symbolerklärung s. vordere Klappe

Café Anders

WWW.BIER.BY   GPS: 50°15'19" N / 10°57'54" E

ZWISCHEN DEN JAHREN

Hier befindet sich das Café Anders mit seinem Biergarten. Nachdem die ehemalige Reichshalle (seit 1878) vor über 20 Jahren zum Jugend-Café wurde, sind die guten Jahre ein bisschen vorbei, aber die besten können noch kommen. Für den klaren Bedarf – Bier und Essen – eine gute Location, wenn es aber zum Beispiel um Familien geht, sollte man vorher mal vorbeischauen – Kinderspielplatz und Sauberkeit sind wohl in unterschiedlicher Tagesform anzutreffen. Trotzdem: Das Anders ist ein Coburg-Klassiker und wird es auch bleiben – ein eingeschworenes Stammpublikum ist fast immer dort anzutreffen. Übrigens: Hier darf man seinen Kuchen zum Kaffee mitbringen!

BIER

Paulaner/München: Pils, Kellerbier, Hefe dunkel, Hefe naturtrüb (alles vom Fass), Dunkles, Kristallweizen, Roggenbier, Rosenheimer Weizenbock, Alkoholfreies.

KÜCHE

Brotzeiten und Salate. Täglich große Karte mit warmen Gerichten. Spezialitäten: Käsespätzle, Schinkennudeln, Spareribs.

PLÄTZE (außen/regensicher)

200/150

ANSCHRIFT

Casimirstraße 3
96450 Coburg
Tel.: 09561-76423

ÖFFNUNGSZEITEN

Täglich ab 10.30 Uhr

TIPP: Spareribs

Symbolerklärung s. vordere Klappe

Josiasgarten

WWW.BIER.BY   GPS: 50°15'36"N / 10°57'59"E

BIERZENTRALE MIT WLAN

Der Josiasgarten liegt am Theaterplatz mitten in Coburg, benannt ist er nach Prinz Friedrich Josias von Sachsen-Coburg-Saalfeld, dessen Statue auf dem Platz steht (die Einheimischen nennen ihn deswegen auch Josiasplatz). Der wackere Feldherr bewahrte Coburg in den napoleonischen Kriegen vor der Plünderung. Den Biergarten hob Betreiber Gerd Reichenbecher erst 1992 in Form eines Probebetriebs aus der Taufe, die Coburger waren von Anfang an begeistert und so avancierte der Josiasgarten zum beliebtesten Outdoor-Treff der Stadt.

BIER

Coburger: Pils (vom Fass). Kulmbacher: Kapuziner Hefeweizen, Kapuziner Schwarzbier, Mönchshof Kellerbier (vom Fass), alkoholfreies Pils.

KÜCHE

Fränkische Brotzeiten. Täglich kleine Karte mit warmen Kleinigkeiten. Spezialitäten: Wurstsalat, Obatzter.

PLÄTZE (außen/regensicher)

240/80

ANSCHRIFT

Theaterplatz 6
96450 Coburg
Tel.: 09561-66778

ÖFFNUNGSZEITEN

Täglich ab 11 Uhr
So und Feiertage ab 14 Uhr

TIPP: Wurstsalat

DB

ED's Braustüble

DER LIEBENSWÜRDIGSTE BIERGARTEN DER WELT

Hobbybrauer Ed (Edmund Sauerbrey) ist schon über 70 und sein Bräustüble nebst großem Biergarten (früher Brauerei Flinzberg - „Rizzibräu") sind ein Teil von ihm geworden. Mit viel Liebe und persönlichem Engagement betreibt der Braumeister auch seine Kleinstbrauerei und schenkt auch noch persönlich aus – der Haustrunk hat immer eine eigene Note und ist für einen sehr fairen Preis. Die zwei Variationen, die wir bisher testen durften, waren Spitze! Kein Wunder, dass der überaus sympathische Ed eine richtige Fangemeinde hat, die bei jedem sommerlichen Sonnenstrahl zur Kultstätte, dem Biergarten mit den über 100-jährigen Bäumen, pilgert.

TIPP: Salzfleisch

BIER

Eigene Brauerei: Hausbräu (vom Fass). Löwenbräu/Buttenheim: Kellerbier (vom Fass). Veltins: Pils (vom Fass). Riedenburger: Hefeweißbier (vom Fass). Erdinger: Alkoholfreies Weizen. Becks: Alkoholfreies.

KÜCHE

Hausmacher Brotzeiten. Warme Kleinigkeiten. Spezialitäten: Gulaschsuppe, Salzfleisch.

PLÄTZE (außen/regensicher)

300/60

ANSCHRIFT

Adami-Straße 2
96450 Coburg
Tel.: 09561-34580

ÖFFNUNGSZEITEN

Di bis Fr ab 16.30 Uhr
Montag, Samstag, Sonntag und
Feiertage Ruhetag

Symbolerklärung s. vordere Klappe

Gasthaus Goldenes Kreuz

WWW.GOLDENES-KREUZ-COBURG.DE   GPS: 50°15'31" N / 10°57'55" E

BIER

Hartmann/Würgau: Kreuztrunk, Edelpils (beides vom Fass), leichtes Hefeweizen, alkoholfreies Hefeweizen.
Brauhaus Schweinfurt: Alkoholfreies.

KÜCHE

Fränkische Brotzeiten. Täglich mittel-
große Karte mit warmen Gerichten.
Spezialitäten: Traditionelle, regionale
Küche mit Pfiff, Tafelspitz, Fränkischer
Sauerbraten mit Coburger Klöße.

PLÄTZE (außen/regensicher)

80/110

ANSCHRIFT

Herrngasse 1
96450 Coburg
Tel.: 09561-513407

ÖFFNUNGSZEITEN

Täglich 11.30 bis 14 Uhr und ab
17.30 Uhr
Dienstag Ruhetag

ÄLTER ALS AMERIKA…

…Zumindest für Europäer – das Gebäude datiert aus dem Jahr 1477 und ist damit eines der
ältesten in ganz Coburg. Der Thüringer Herzog
verlieh einst das Schankrecht, als Kaufleute
und Fuhrknechte die Hauptkundschaft des
Hauses stellten. Später war es auch Heimat der
Reichspost und gilt heute als ältestes Gasthaus
der Stadt. Die letzte der vielen Renovierungen
endete 2005 mit der Wiedereröffnung. Seitdem
geht es steil bergauf am Coburger Marktplatz –
und im Biergarten dahinter. Ganz aktuell wurde
das Goldene Kreuz 2010 zu einem der schönsten Gasthäuser Deutschlands ausgezeichnet.

TIPP: Gedöns (Bratwurst, Bratkartoffeln und Spiegelei)

DB

Hotel Festungshof

WWW.HOTEL-FESTUNGSHOF.DE **GPS: 50°15'54"N / 10°59'07"E**

GUT VERSTECKT

Im Gegensatz zur Burgschänke ist der Festungshof-Biergarten für den Normal-Touristen nicht auf den ersten Blick zu erkennen. Wie die Burgschänke ist allerdings auch dieser Biertempel in Bayerischer Hand - es gibt Paulaner. Doch der München-Touch hat auch seine guten Seiten, schließlich sind die ofenfrischen Schmankerl aus der Küche ein Hochgenuss. Wäre es übrigens nach dem Willen der Bayern gegangen, gäbe es den Festungshof seit 1978 gar nicht mehr - doch Coburger Stadtverwaltung und Bevölkerung erreichten 1992 die Wiedereröffnung.

BIER

Paulaner/München: Helles, Dunkles, Hefeweizen (alles vom Fass), Kellerbier, Alkoholfreies Hefeweizen, Alkoholfreies.

KÜCHE

Fränkische Brotzeiten. Täglich kleine Karte mit warmen Gerichten. Spezialitäten: Coburger Bratwürste, Weißer Käse.

PLÄTZE (außen/regensicher)

150/90

ANSCHRIFT

Festungshof 1
96450 Coburg
Tel.: 09561-80290

ÖFFNUNGSZEITEN

Täglich ab 17 Uhr
Kein Ruhetag
Bei schlechtem Wetter geschlossen

TIPP: Coburger Bratwürste

Symbolerklärung s. vordere Klappe

Burgschänke Veste Coburg

WWW.BIER.BY   GPS: 50°15'49"N / 10°58'56"E

BIER HINTER FESTUNGSMAUERN

Dass Franken zu Bayern gehört, merkt man spätestens, wenn man den Weg zur Veste Coburg emporläuft – und dann die blauen Hofbräuhaus-Schirme hinter den Zinnen erspäht. Seit 1982 führt Familie Ubrig die Burgschänke, von deren Terrasse aus man einen atemberaubenden Blick in das südliche Itztal bis nach Kloster Banz hat. Für Hartgesottene gibt's auf Anfrage ein echtes Ritteressen, und auch sonst gilt die strenge Festungsordung, nach der zum Beispiel zu eifrige Trinker auf einer Kuhhaut aus dem Saal geschleift werden sollen. Besonders romantisch ist es hier auf der Terrasse am Abend, wenn die Burg beleuchtet ist.

BIER

Hofbräu/München: Original, Pils, Hefe, Dunkel (alles vom Fass), Alkoholfreies.

KÜCHE

Hausmacher Brotzeiten. Täglich große Karte mit warmen Gerichten. Spezialitäten: Ritteressen (auf Vorbestellung), Salate.

PLÄTZE (außen/regensicher)

300/150

ANSCHRIFT

Veste Coburg 1b
96450 Coburg
Tel.: 09561-2343194

ÖFFNUNGSZEITEN

Täglich ab 10 Uhr

TIPP: Ritteressen (auf Vorbestellung)

Ernstfarm Handwerkerstuben

WWW.ERNSTFARM-COBURG.DE   **GPS: 50°15'46" N / 10°55'54" E**

DIE MUSTERFARM

Was ernst klingt, entpuppt sich als ökonomisches Musterstück aus dem 19. Jahrhundert. Das der englischen Tradition sehr verbundene Coburger Herrscherhaus gestaltete in Person von Herzog Ernst II. mit der Ernstfarm ein Hofgut nach dem Vorbild der Agriculture-Bewegung. Hier züchtete man neue Nutztiersorten oder auch Getreidevarianten, brannte Schnapskreationen und versuchte, die Landwirtschaft zu rationalisieren. Heute ist davon vor allem ein wunderschöner Biergarten erhalten - und jede Menge Pferde und andere Tiere, die sich über einen kurzen Besuch freuen.

BIER

Leikeim/Altenkunstadt: Pils, Kellerbier (beides vom Fass), Steinbier, helles Weizen, dunkles Weizen, Alkoholfreies.

KÜCHE

Fränkische Brotzeiten. Täglich kleine Karte mit warmen Gerichten. So und Feiertage Mittagstisch. Spezialitäten: Gulaschsuppe, Kartoffelsuppe, Strammer Max, Leberkäs, verschiedene Bräten, fränkische Dabbas.

PLÄTZE (außen/regensicher)

100/70

ANSCHRIFT

Kürengrund 80
96450 Coburg
Tel.: 09561-853147

ÖFFNUNGSZEITEN

Täglich ab 15 Uhr
So und Feiertage ab 11 Uhr

TIPP: Strammer Max

Symbolerklärung s. vordere Klappe

Biergarten Rögener Hütte

WWW.ROEGENER-HUETTE.DE   GPS: 50°15'36"N / 11°00'17"E

BIER

Kulmbacher Brauerei: Pils, Kapuziner Hefeweizen, Mönchshof Kellerbier (alles vom Fass), Kapuziner Kristallweizen, dunkles Weizen, alkoholfreies Weizen, Alkoholfreies. Grasser/Huppendorf: Ungespundenes (vom Fass).

KÜCHE

Brotzeiten.
Täglich mittelgroße Karte mit warmen Gerichten. Spezialitäten: Bauernschnitzel, Hüttensteak, verschiedene Steaks, vegetarische Gerichte.

PLÄTZE (außen/regensicher)

120/90

ANSCHRIFT

Löbelsteiner Straße 81
96450 Coburg
Tel.: 09561-6790815

ÖFFNUNGSZEITEN

1. Apr. bis Ende Okt.:
Täglich ab 11 Uhr
Dienstag Ruhetag
Ende Okt. bis Ende März:
Täglich ab 17 Uhr
Dienstag Ruhetag

SCHNITZEL-JAGD IM WALD

Besonders am Donnerstag sieht man eine kleine Karawane in einen kleinen Waldweg einbiegen. Geht man der Sache auf den Grund, stellt sich schnell heraus: Die sind auf Schnitzel-Jagd. Die panierten Schweinefladen stehen nämlich Donnerstags immer zum Sonderpreis auf der Karte und sind weithin bekannt. Da lohnt auch, dass man ab und an etwas warten muss. Die Biergartenbesitzer scharen sich um einen alten offenen Brunnen, der wohl schon so manches Fest im Wald erlebt hat. Mittlerweile ist das Hüttenfest ein echter Geheimtipp und findet nur noch alle zwei Jahre statt.

TIPP: Hüttensteak

Brauerei-Gasthof Müller

WWW.DEBRINGER-BIER.DE   GPS: 49°51'28" N / 10°51'27" E

LAUSCHIG IM HINTERHOF

Der Beginn der Brautradition in der kleinen Brauerei datiert auf's Jahr 1699. Seit nunmehr über fünf Generationen werkelt Familie Müller am Ortsausgang von Debring - und das sehr erfolgreich. Neben Pils und dunklem Vollbier bietet die Brauerei nun auch das „Michala", ein natürtrübes, sehr süffiges Bier. Abgerundet wird das Angebot mit Hausmacherbrotzeiten aus eigener Schlachtung und je nach Jagdglück mit frischem Wild. Das angebotene 5-Liter-Fass zum Mitnehmen ist erfreulicherweise kein Blechdöschen, sondern ein ordentliches Mehrwegfass - vorbildlich!

BIER

Eigene Brauerei: Pils, Dunkles, Michala (naturtrüb), Weissbier, Weihnachtsbock (saisonal) (alles vom Fass). Löwenbräu/München: Alkoholfreies.

KÜCHE

Hausmacher Brotzeiten. Täglich große Karte mit warmen Gerichten. Spezialitäten: Karpfen, Pfannenschnitzel, hausmacher Brotzeiten, Wild aus heimischer Jagd.

PLÄTZE (außen/regensicher)

60/125

ANSCHRIFT

Würzburger Straße 1
96135 Debring
Tel.: 0951-29191

ÖFFNUNGSZEITEN

Täglich ab 11 Uhr
So und Feiertage ab 9.30 Uhr
Montag Ruhetag
(wenn Montag Feiertag, dann Dienstag Ruhetag)

TIPP: Hausmacher Brotzeiten (Hausschlachtung)

Naturfreundehaus

WWW.NATURFREUNDEHAUS-DEMMELSDORF.DE   GPS: 49°58'17" N / 11°03'57" E

BIER

Hartmann/Würgau: Pils, Felsentrunk, Hefeweizen (beides vom Fass), Erbschänk. Maintaler Brauhaus: Alkoholfreies.

KÜCHE

Fränkische Brotzeiten. Täglich kleine Karte mit warmen Gerichten. So und Feiertage Mittagstisch. Spezialitäten: Brotzeiten, Hausgebäck.

PLÄTZE (außen/regensicher)

150/120

ANSCHRIFT

Rabensteinweg 23
96110 Scheßlitz-Demmelsdorf
Tel.: 09542-8776

ÖFFNUNGSZEITEN

Täglich ab 14 Uhr
Sa, So und Feiertage ab 10 Uhr
Mittwoch Ruhetag
(nach Absprache auch am Mittwoch geöffnet)

FÜR SCHNITZEL- UND NATURFREUNDE

Zumindest am Freitag, denn da kosten die plattgeklopften Schweinefladen nur fünf Euro und machen trotzdem satt. Doch auch an anderen Tagen lohnt das Kommen. Schließlich ist man hier programmgemäß mitten in der zauberhaften Natur der Fränkischen Schweiz und kann die Einrichtungen vom Spielplatz bis zum großen Steingrill nutzen. Übernachten kann man dabei entweder direkt im Haus oder auf dem Zeltplatz. Zu Trinken gibt's unter anderem Hartmanns Felsentrunk, dazu solide Bierkellerkost vom Braten bis zur Brotzeitplatte.

TIPP: Appetitsbrot

 970, 972 Zeckendorf Talstraße, Scheßlitz

Privatbrauerei & Gaststätte Alt

WWW.BRAUEREI-ALT.DE **GPS: 49°42'06"N / 11°09'48"E**

BIER WIRD BEIM ALT NICHT ALT

Über 150 Jahre wird in der Brauerei Alt bereits das Vollbier hergestellt. Besonders die dunkle Variante verdient unsere Erwähnung, hat der Gerstensaft doch eine sehr eigene, fast fruchtige Note. Allerdings sollte es immer frisch getrunken werden – die Haltbarkeit ist begrenzt. Mittlerweile haben auch die Erlanger Studenten den Biergarten entdeckt und geben sich mit den Einheimischen und den Ausflüglern aus Nürnberg die Klinke in die Hand.

BIER

Eigene Brauerei: Vollbier hell, Vollbier dunkel (beides vom Fass).

KÜCHE

Fränkische Brotzeiten. Mi, Fr und So kleine Karte mit warmen Gerichten. Spezialitäten: Schäuferla, hausgemachte Sülze, Obatzter.

PLÄTZE (außen/regensicher)

100/57

ANSCHRIFT

Dietzhof 42
91359 Leutenbach
Tel.: 09199-267

ÖFFNUNGSZEITEN

Di bis Fr ab 17 Uhr
Sa ab 16 Uhr
So ab 11.30 Uhr
Montag Ruhetag

TIPP: Sülze und Klöße

Symbolerklärung s. vordere Klappe

Ausflugsgaststätte Dörflas

GPS: 49°59'40"N / 11°34'29"E

BIER

Schnupp/Neudrossenfeld: Vollbier (vom Fass), Dunkles, Leichtes. Maisel/Bayreuth: Weizen, leichtes Weizen.

KÜCHE

Fränkische Brotzeiten. Spezialitäten: Brotzeitplatte, Currywurst, verschiedene Baguettes.

PLÄTZE (außen/regensicher)

40/40

ANSCHRIFT

Dörflas 1
95463 Bindlach
Tel.: 09208-655537

ÖFFNUNGSZEITEN

So ab 10 Uhr
Di und Fr ab 20 Uhr
Montag, Mittwoch, Donnerstag und
Samstag Ruhetag

IM KREISE VON FREUNDEN

Stephan Preßlein führt die über 100-jährige Familientradition der Dörflaser Ausflugsgaststätte eisern weiter, auch wenn es für ihn eher Hobby als Geschäft ist. Bei ihm treffen sich vor allem die Einwohner aus wenigen Kilometern Umkreis, dafür fast vollständig und regelmäßig. Unter dem Schatten der riesigen alten Linde werden sämtliche Vorkommnisse der letzten Zeit durchdiskutiert und echte Männerprobleme gewälzt ... Mit welchem Schraubenschlüssel krieg ich meinen Kühlschrank wieder dicht? ... Ein absoluter Geheimtipp! Schauen Sie vorbei und helfen sie, dass dieses Kleinod nicht verschwindet!

TIPP: Currywurst, Ausgestreifte (So)

Jetzt im Buchhandel!

Das absolute Heimspiel der beiden fränkischen Bestseller-Autoren hat es auf jeden Fall in sich! Über 210 Gastroportraits vom Klassiker bis zum sensationellen Geheimtipp. 264 Seiten voller fränkischer Genusskultur aus dem Weltkulturerbe Bamberg und seinem Umland. Und weil die Universitätsstadt noch mehr als Braten und Bier zu bieten hat, haben sich Raupach und Böttner ein besonderes Schmankerl einfallen lassen: schnell das Buch auf die Rückseite gedreht und schon gibt es Bambergs Café- und Kneipenszene zu entdecken.

Der Genusswegweiser - Bamberg Stadt und Land / Die besten Kneipen
Autoren: Böttner/Raupach
ISBN: 978-3981269314
264 Seiten

Preis: 9,90 Euro

Symbolerklärung s. vordere Klappe

Diller-Keller

WWW.BIER.BY

GPS: 49°56'06" N / 10°51'50" E

WO AUCH DER KUCHEN SCHMECKT

Auf dem Diller-Keller sitzt man in drei Ebenen und kann wahlweise die guten Brotzeiten oder Kaffee und Kuchen genießen – der Blick auf Hallstadt verwöhnt dabei die Augen. Für die Kleinen gibt es eine große Wiese, einen kleinen Spielplatz und natürlich den umliegenden Wald. Der sorgt übrigens dafür, dass es hier immer wohl temperiert ist.

BIER

Hönig/Tiefenellern: Lager (vom Fass). Clausthaler: Alkoholfreies.

KÜCHE

Hausmacher Brotzeiten. Täglich kleine Karte mit warmen Gerichten. Spezialitäten: Gerupfter, Kellerplatte, Dosenfleisch, Kaiserfleisch mit Kartoffelsalat.

PLÄTZE (außen/regensicher)

200/25

ANSCHRIFT

Am Kreuzberg
96103 Hallstadt
Tel.: 0163-4230900

ÖFFNUNGSZEITEN

Täglich ab 14.30 Uhr

TIPP: Überraschungsplatte

 904 Dörfleins Unterer Kapellberg, Hallstadt

Waldschänke Rabenhorst

WWW.BIER.BY GPS: 49°56'20" N / 10°51'53" E

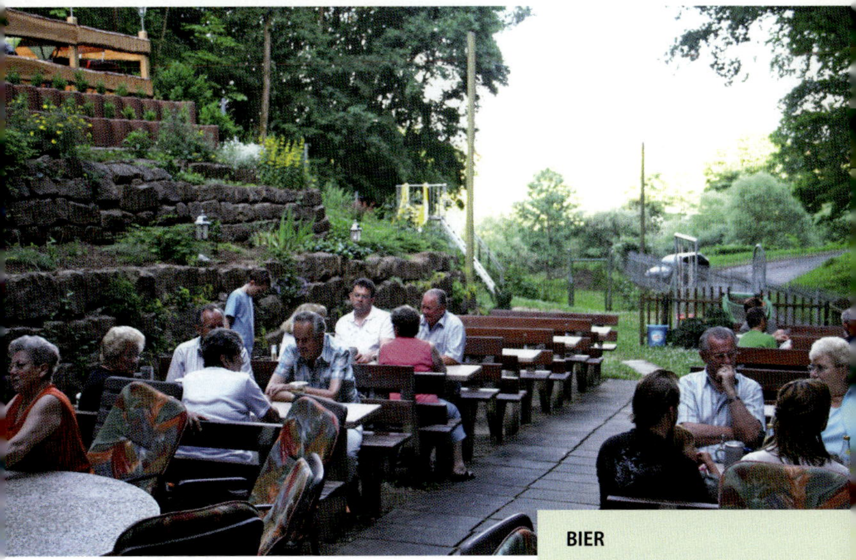

BIER ZU WASSER

Die Waldschänke Rabenhorst liegt nicht nur fernab der Zivilisation mitten im Wald zwischen Kemmern und Dörfleins, sondern auch nur 100 Meter vom Mainufer entfernt und ist deshalb gern besuchtes Ziel von Bootsfahrern aller Art. Und nachdem es ja zu Wasser bekanntlich keine Promillegrenze gibt, probieren die meisten auch alle vier Reckendorfer Biere durch. Zu essen dann eher Allerwelts-Food wie Hähnchen und Currywurst, aber auch Hausmacher Brotzeiten aus eigener Herstellung.

TIPP: Selbstgebackene Kuchen

BIER

Schloßbrauerei/Reckendorf: Kellerbier (vom Fass), Pils, Dunkles, Weizen, Hefeweizen. Löwenbräu/München: Alkoholfreies.

KÜCHE

Hausmacher Brotzeiten. Täglich ein warmes Gericht. Spezialitäten: Hähnchen, Quark, selbstgebackene Kuchen.

PLÄTZE (außen/regensicher)

100/60

ANSCHRIFT

Weißer Graben 1
96103 Hallstadt-Dörfleins
Tel.: 0951-75505

ÖFFNUNGSZEITEN

Täglich ab 14 Uhr
Montag und Dienstag Ruhetag

DB VGN 904 Dörfleins Obere Hut, Hallstadt Bus

Symbolerklärung s. vordere Klappe

Brauerei Eichhorn

WWW.BRAUEREI-EICHHORN.DE   **GPS: 49°55'54" N / 10°51'34" E**

BIER

Eigene Brauerei: Keller, Weizen, Pils, Bock (alles vom Fass). Löwenbräu/München: Alkoholfreies.

KÜCHE

Hausmacher Brotzeiten. Täglich kleine Karte mit warmen Gerichten. Spezialitäten: Zwetschgenbames, Göttinger angebraten mit Ei und Zwiebeln.

PLÄTZE (außen/regensicher)

150/65

ANSCHRIFT

Dörfleinser Straße 43
96103 Hallstadt
Tel.: 0951-75660

ÖFFNUNGSZEITEN

Täglich ab 9 Uhr
Do 9 bis 19 Uhr
Sa 9 bis 20 Uhr
Montag Ruhetag

WO DER HAUSSEGEN NIE SCHIEF HÄNGEN SOLLTE

Eine Ehe, wie sie auf dem fränkischen Land sein sollte: Alfons Eichhorn braut das Bier und seine Gattin Angelika besorgt die Hausschlachtung. Dass dabei nicht nur wirklich gutes Bier, sondern auch hervorragende Hausmacher Brotzeiten wie z. B. Zwetschgenbames oder Pressack herauskommen, versteht sich fast von selbst.

TIPP: Zwetschgenbames

Bus 904, 952 Dörfleins Mitte, Hallstadt

Brauerei-Gasthof Göller

WWW.BIER.BY   GPS: 49°56'28"N / 10°58'18" E

HAUSGEMACHT IST TRUMPF

Ein Bierkeller im Zeichen des Do-it-Yourself: Mit dem „Görgla" gibt's für etwa einen Monat ein absolutes Highlight (ab 23. April), danach ab Mitte Juni den „Urstoff". Damit das Bier sich im Magen nicht so alleine fühlt, kann man die feinen Brotzeiten aus der Hausschlachtung oder einmal im Monat die Schlachtschüssel genießen.

BIER

Eigene Brauerei: Lager, Görgla (Dunkles, ab 23. April), Urstoff (Braunbier, ab Juni), Höpfla (Pils, ab Januar) (alles vom Fass). Göller/Zeil: Weizen.

KÜCHE

Hausmacher Brotzeiten. Täglich kleine Karte mit warmen Gerichten. Spezialitäten: Auswahlreicher Mittags- und Abendtisch.

PLÄTZE (außen/regensicher)

250/360

ANSCHRIFT

Scheßlitzer Straße 7
96117 Memmelsdorf-Drosendorf
Tel.: 09505-1745

ÖFFNUNGSZEITEN

Täglich ab 9 Uhr
Montag Ruhetag
(wenn Montag Feiertag, dann Dienstag Ruhetag)
Biergarten: Anfang Mai bis Ende Sep.:
Täglich ab 14.30 Uhr
Montag Ruhetag
(wenn Montag Feiertag, dann Dienstag Ruhetag)
Bei schlechtem Wetter geschlossen

TIPP: Frisch gebackener Leberkäse (freitags)

Kropfeld Keller

WWW.BIER.BY GPS: 49°47'39"N / 11°06'12"E

WENN ICH NICHT MEHR WEITER WEISS, GRÜND ICH EINEN ARBEITSKREIS

So hat vor über 100 Jahren Georg Kropfeld, genannt „Wirtsgörg", gedacht, als man im Dorf unbedingt auch im Sommer ein frisches kühles Bier trinken wollte. So wurde kurzerhand ein Steilhang zum Kellerberg umfunktioniert und fortan der Drosendorfer „Wirtskeller" betrieben. Anfangs nur Lagerkeller, entwickelte sich bald auch hier die bekannte Kellerkultur und Drosendorf hatte seine Attraktion.

BIER

Löwenbräu/Buttenheim: Ungespundetes Lagerbier (vom Fass), Weizen.

KÜCHE

Fränkische Brotzeiten. Keine warmen Gerichte. Spezialitäten: Kellerplatte, selbstgebackenes Holzofenbrot.

PLÄTZE (außen/regensicher)

150/120

ANSCHRIFT

Feuersteinstraße 1
91330 Eggolsheim-Drosendorf
Tel.: 09545-5992

ÖFFNUNGSZEITEN

Mo bis Fr ab 16 Uhr
Sa, So und Feiertage ab 14 Uhr
Kein Ruhetag
Bei schlechtem Wetter geschlossen

TIPP: Selbstgebackenes Bauernbrot, Schnäpse

Engelhardt's Keller

WWW.ENGELHARDTS-KELLER.DE   **GPS: 50°03'47"N / 10°57'39"E**

BIER

Eigene Brauerei: Kellerliebe (vom Fass), Adam Riese. Kulmbacher: Kapuziner Weizen (vom Fass), EKU-Pils, Alkoholfreies.

KÜCHE

Fränkische Brotzeiten. Täglich kleine Karte mit warmen Gerichten. Spezialitäten: Kellerplatte, Pfannenschnitzel, Steaks, gegrillte Makrelen (So, bei schönem Wetter).

PLÄTZE (außen/regensicher)

250/60

ANSCHRIFT

Kellerstraße 52
96250 Ebensfeld
Tel.: 09573-1543

ÖFFNUNGSZEITEN

Täglich ab 16 Uhr
So und Feiertage ab 10 Uhr
Bei schlechtem Wetter Dienstag
Ruhetag

BIER MIT LIEBE

Hier ist man gerade bei den Biernamen sehr kreativ: Die Kellerliebe, ein eher liebliches Bier – vielleicht mal eine Versuchung für die bierabgeneigten Damen unter der Leserschaft – und das dunkle Adam Riese laden zum genüsslichen Schlucken ein. Für die Gemütlichkeit gibt's dann auch ab und zu Abende mit der Kellerkapelle. Wer alles auf einmal haben will, sollte zum jährlichen Kellerfest kommen.

TIPP: Kellerliebe

Ein Stück Malzgeschichte

WWW.WEYERMANN.DE

Die Geschichte der Familie Weyermann lässt sich bis in das Jahr 1510 zurückverfolgen, zu dieser Zeit gehört die Familie noch zu den Fischern und Schiffern der Stadt und wohnt im malerischen Klein Venedig.

Zu Beginn der 1830er Jahre wird Bamberg der führende Umschlagplatz für fränkischen Hopfen und damit eines der Zentren für die Bierindustrie. Mit der Reichsgründung 1871 wird die bereits 1869 gewährte Gewerbefreiheit vollständig wirksam. Dies bedeutet, dass nun jedermann ein Gewerbe eröffnen kann, ohne dass etwa eine Zunftzugehörigkeit nötig ist. Dies war die entscheidende Rahmenbedingung für Johann Baptist Weyermanns mutigen Schritt in die Malzbranche. So erfolgt dann am 4. Oktober 1879 die Gründung der heutigen Mälzerei unter dem Namen „Mich. Weyermann's Malzkaffee Fabrik".

Die Unternehmung hat von Beginn an großen Erfolg, schon 1888 entsteht das heutige Firmengelände an der Memmelsdorfer Straße (die damals noch ein Feldweg ist). Der Erste Weltkrieg bringt einen ersten harten Einschnitt, weil der Export fast völlig zum Erliegen kommt und auch die Inlandsnachfrage mit zunehmender Lebensmittelknappheit immer geringer wird. In den Jahren nach der Inflationskrise verzeichnet die Mälzerei eine erneute Blütezeit und steigt zum Weltunternehmen auf. Der Zweite Weltkrieg bringt dann allerdings erneut bittere Jahre, 1945 kommt die Malzproduktion völlig zum Erliegen.

Mit den Wirtschaftswunderjahren verzeichnet auch die Mälzerei Weyermann® einen deutlichen Aufschwung und kann seit 1985 unter der Leitung von Sabine Weyermann und ihrem Mann Thomas Kraus-Weyermann zum Weltmarktführer für Spezialmalze aufsteigen. Heute sind Unternehmen wie Unternehmer bedeutende Botschafter für die Weltkulturerbestadt Bamberg und die Fränkische Bierkultur, zu der die Firma in einem nicht unbedeutenden Maße beigetragen hat und auch heute noch beiträgt.

„Johann Baptist Bratenbraun" und die edle Malzsack-Tasche

Im Fanshop der Mälzerei Weyermann® gibt es allerlei Feines für Freunde der Fränkischen Braukultur, zu der neben dem Bier natürlich auch Malz und die Bierküche gehören.

Ein Klassiker aus dem Hause Weyermann® ist der auf 100-prozentig natürliche Weise aus entbittertem Röstmalz hergestellte Malzextrakt namens „Johann Baptist Bratenbraun", der mit Begeisterung von Kunden in der Lebensmittelindustrie im In- und Ausland zur Farbkorrektur verwendet und von Köchen mit Leidenschaft eingesetzt wird – beispielsweise, um Soßen die gewünschte Farbe zu geben oder bei Braten eine schöne, krosse Kruste zu erreichen.

Weyermann® Malz bringt mit seinen über 80 Spezialmalzen Farbe und Geschmack in über 9000 Biere auf der ganzen Welt – und Abwechslung in die Accessoires modebewusster Brauer und Bierliebhaber! Denn den Weyermann® Sack mit der charakteristischen roten Aufschrift und dem traditionellen Weyermann® Logo gibt es auch als trendige Tasche „Malz aficionados". Die Weyermann® Malz-Tasche wird aus den original Weyermann® Malzsäcken aus hochwertigem, extra reißfestem PP-Material hergestellt und ist damit für jeden Trage-Einsatz bestens gerüstet.

INFOS

Weyermann® Fanshop
geöffnet freitags von 13 bis 15 Uhr
Brennerstr. 17
96052 Bamberg
Website: www.weyermann.de
eMail: info@weyermann.de

Symbolerklärung s. vordere Klappe

Nitsche Keller

WWW.BIER.BY   GPS: 49°47'13"N / 11°10'56"E

NICHT NUR FÜR PHILOSOPHEN

Friedrich Nietzsche hat einmal Gottfried Keller brieflich angeredet als „Herzerfreuer" – dieser echte Naturkeller unter uralten Linden, direkt an Wanderweg und Naturlehrpfad mitten im Wald, ist zwar zwei Buchstaben entfernt, die Herzen erfreut er aber doch, insbesondere mit den Hausmacher Brotzeiten aus eigener Schlachtung. Im zweiten Weltkrieg wurde das Gemäuer übrigens als Luftschutzbunker zweckentfremdet.

BIER

Schlossbrauerei/Reckendorf: Kellerbier (vom Fass), Hefeweizen, alkoholfreies Weizen.

KÜCHE

Hausmacher Brotzeiten. Keine warmen Gerichte. Spezialitäten: Wurstsalat, Obatzter, Ziebeleskäse.

PLÄTZE (außen/regensicher)

200/0

ANSCHRIFT

Schottenberg 8
91320 Ebermannstadt
Tel.: 09194-9190

ÖFFNUNGSZEITEN

Täglich ab 16 Uhr
Kein Ruhetag
Bei schlechtem Wetter geschlossen

TIPP: Wurstsalat

Schwanenbräu-Keller

WWW.SCHWANENBRAEU.DE GPS: 49°46'54"N / 11°11'21"E

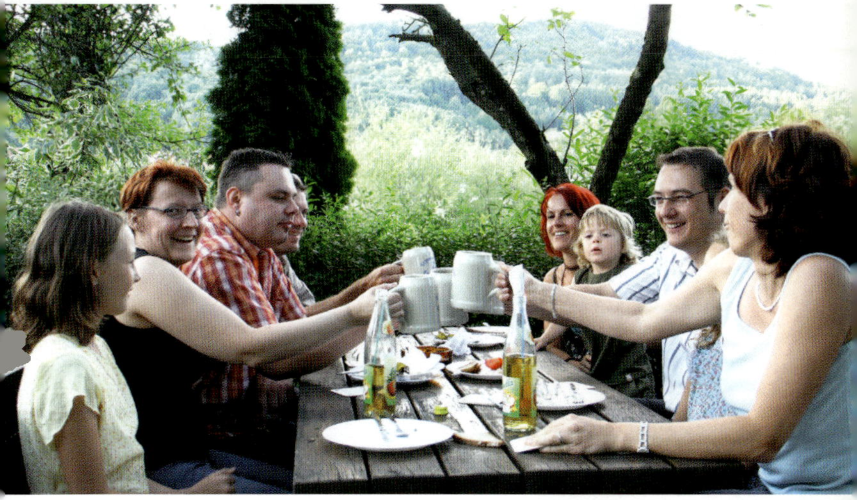

VIELE WEGE FÜHREN ZU SCHNAPS UND BIER

Egal ob man mit dem Fahrrad, dem Kanu, dem Auto, zu Fuß oder gar per Dampflok anreisen möchte, beim Schwanenbräu in Ebermannstadt ist alles möglich. Bei Helga Dotterweich ist auch jeder dieser Gäste gleich gern gesehen, auch wenn manche wegen ihrer Montur „komisch aussehen". Verwöhnt werden die Ankömmlinge mit Hausmacher Brotzeiten und Getränken aus eigener Herstellung – sowohl dunklem Lagerbier vom Fass, als auch selbst gebrannten Obstlern.

TIPP: Brauhausplatte

BIER

Eigene Brauerei: Dunkles Lager (vom Fass), Weizen. Kritzenthaler: Alkoholfreies.

KÜCHE

Hausmacher Brotzeiten. Keine warmen Gerichte. Spezialitäten: Brauhausplatte, hausgebrannte Schnäpse.

PLÄTZE (außen/regensicher)

200/0

ANSCHRIFT

Mühlenstraße 1
91320 Ebermannstadt
Tel.: 09194-209

ÖFFNUNGSZEITEN

Mo bis Fr ab 17 Uhr
Sa und So ab 15 Uhr
Kein Ruhetag

DB VGN 222 Unterweilersbach Annaberg, Weilersbach Bus

Wiesent-Garten

WWW.WIESENT-GARTEN.DE　　　　**GPS: 49°46'45" N / 11°10'58" E**

GANZ NEU UND GANZ TOLL

So könnte man die nun einjährige Geschichte des Wiesent-Biergartens zusammenfassen, der am 20. August 2009 das Licht der Welt erblickte. Passend zum idyllischen Ambiente direkt an dem Frankenflüsschen gehört auch die Palette an klassischen Grillgerichten vom Rippchen bis zum Steak (genauso wie die Brotzeiten von der Metzgerei Sponsel aus Wohlmuthshüll), die einmal pro Woche um Fisch ergänzt wird.

BIER

Krug/Breitenlesau: Helles Kellerbier (vom Fass), Hefeweizen.

KÜCHE

Fränkische Brotzeiten. Täglich ein warmes Gericht. Spezialitäten: Verschiedene Grillspezialitäten, Wiesent-Teller.

PLÄTZE (außen/regensicher)

120/30

ANSCHRIFT

Am Kirchenwehr 10
91320 Ebermannstadt
Tel.: 09194-8861

ÖFFNUNGSZEITEN

Täglich ab 15 Uhr
So und Feiertage ab 14 Uhr
Kein Ruhetag

TIPP: Wiesent-Teller

Ostermaier's Restaurant

WWW.OSTERMAIERS-WALDECK.DE

GPS: 50°15'03" N / 11°45'04" E

FRÄNKISCHER EDELBIERGARTEN

Die Ostermaiers bieten in Edlendorf einen Biergarten der besonderen Art. Im mediterran gehaltenen Garten darf es an Annehmlichkeiten nicht fehlen - von beheizbaren Außenplätzen bis zur gehobenen Küche und kostbaren Weinen ist alles geboten, um auch den verwöhntesten Biergartenbesucher glücklich zu machen. Für Feierlichkeiten aller Art ist man hier also bestens gerüstet, auch die anspruchsvoll eingerichteten Gästezimmer wissen in diesem Zusammenhang zu überzeugen. Bei all dem Luxus werden jedoch die fränkischen Wurzeln nicht vergessen. Dafür sorgen zum Beispiel ein durch die Kulmbacher Brauerei eigens gebrautes Ostermaier's Lager oder die vorhandenen fränkischen Brotzeiten.

BIER

Kulmbacher: Ostermaier's Lager (vom Fass). Erdinger: Weissbier (vom Fass), alkoholfreies Weizen. Radeberger: Pils (vom Fass). Köstritzer: Schwarzbier (vom Fass).

KÜCHE

Fränkische Brotzeiten. Täglich große Karte mit warmen Gerichten. Spezialitäten: Argentinische Steaks vom Grill, Gänsebrust nach Omas Art, frischer Tatar.

PLÄTZE (außen/regensicher)

150/150

ANSCHRIFT

Edlendorf 12
95233 Helmbrechts
Tel.: 09252-7273

ÖFFNUNGSZEITEN

Täglich ab 7 Uhr
Kein Ruhetag

TIPP: Holzfällerschmaus für 2 Personen

Schwarzes Kreuz Keller

WWW.BIER.BY   GPS: 49°45'57"N / 11°03'29"E

FAST 500 JAHRE AUF DEM BUCKEL

Seit 1524 braut man in Eggolsheim das beliebte süffige Vollbier – dazu gibt es schon immer leckere Brotzeiten. Der schöne alte Baumbestand spendet selbst bei der größten Hitze angenehmen Schatten. Der Bierkeller der Brauerei Schwarzes Kreuz ist auf jeden Fall all denjenigen zu empfehlen, die noch ursprüngliche Bierkellerkultur jenseits von Pizza und Currywurst zu schätzen wissen. Die vielen luftig überdachten Plätze geben auch bei unvorhersehbaren Schauern oder praller Hitze genügend Schutz.

BIER

Eigene Brauerei: Vollbier (vom Fass).
Kritzenthaler: Alkoholfreies.

KÜCHE

Fränkische Brotzeiten. Täglich kleine Karte mit warmen Gerichten. So und Feiertage Mittagstisch. Spezialitäten: Hausgemachte Sülze, selbstgemachter Gerupfter, Blut- und Leberwurst, Schnitzel.

PLÄTZE (außen/regensicher)

200/70

ANSCHRIFT

Bammersdorfer Straße 1
91330 Eggolsheim
Tel.: 0176-21315446

ÖFFNUNGSZEITEN

Täglich ab 14 Uhr
So und Feiertage ab 10 Uhr
Kein Ruhetag
Bei schlechtem Wetter geschlossen

TIPP: Kühles Vollbier im Baumschatten

Dorfgasthof Gerstacker

WWW.DORFGASTHOF-GERSTACKER.DE.TL   GPS: 49°38'04" N / 11°26'47" E

EIN TRAUM AM ENDE DER WELT

Zugegeben, die Anfahrt verlangt uach dem versierten Autofahrer ein bisschen Können ab, aber wenn man dann im kleinen Eichenstruth gelandet ist, entschädigt der Besuch beim Kultklassiker Gertsacker für alle Mühen. Fast wie im Urlaub sitzen Sie im liebevoll gestalteten Biergarten oder in der Gaststube, die im Winter durch den Kachelofen wohlig warm ist. Dazu gibt es die feinen Dinge aus der hauseigenen Metzgerei, die in die Gaststube integriert und damit natürlich auch am Wochenende geöffnet ist. Hausschlachtung und eigene Schweinezucht bürgen für Qualität, was man dann auch bei jeder der vielen Spezialitäten schmeckt, die hier auf dem Teller landen.

TIPP: Kalbsschäuferle

BIER

Kitzmann/Erlangen: Helles, Dunkles, Pils, Hefeweizen (alles vom Fass), Keller, dunkles Weizen, leichtes Weizen, alkoholfreies Weizen, Alkoholfreies.

KÜCHE

Hausmacher Brotzeiten. Täglich kleine Karte mit warmen Gerichten. Spezialitäten: Schäuferle, Ripple, Kalbhaxen, Kalbschäuferle, Hausmacher Bratwürste, Tellersülze mit Bratkartoffeln.

PLÄTZE (außen/regensicher)

50/120

ANSCHRIFT

Eichenstruth 6
91282 Betzenstein
Tel.: 09152-396

ÖFFNUNGSZEITEN

Di bis Fr nur nach Anmeldung geöffnet
Sa, So und Feiertage ab 10 Uhr
Montag Ruhetag

Landgasthof Sternbräu

WWW.LANDGASTHOF-STERNBRAEU.DE · GPS: 49°44'30" N / 10°40'05" E

LECKERES BIER IN ALTEN GEMÄUERN

Der erst vor kurzem komplett sanierte Landgasthof kann auf eine lange Tradition zurückblicken. Im Gegensatz zu vielen anderen konnte die eigene Brauerei erhalten werden, so dass man heute immer noch das unfiltrierte trübe Zwickel nebst Vollbier und dunklem Kellerbier genießen kann. Auf der umfangreichen Speisekarte stehen unter anderem ein feiner Hirschbraten und vegetarische Gerichte vom Bratling bis zur Dinkelsuppe. Unbedingt die hausgebrannten Obstschnäpse probieren!

BIER

Eigene Brauerei: Helles Vollbier, Zwickel, dunkles Kellerbier, Bock (Christi Himmelfahrt) (alles vom Fass). Paulaner/München: Alkoholfreies.

KÜCHE

Hausmacher Brotzeiten. Täglich große Karte mit warmen Gerichten. Spezialitäten: Pfannenschnitzel, Lendchen, vegetarische Gerichte, selbstgebackenes Brot.

PLÄTZE (außen/regensicher)

50/120

ANSCHRIFT

Braugasse 2
96132 Schlüsselfeld-Elsendorf
Tel.: 09552-310

ÖFFNUNGSZEITEN

Mo bis Fr ab 17 Uhr
Sa ab 10.30 Uhr
So und Feiertage ab 9 Uhr
Dienstag Ruhetag
(nach Absprache auch außerhalb dieser Zeiten geöffnet)

TIPP: Schweinelendchen in Pfefferrahm

Landgasthof „Schwarzer Adler"

WWW.SCHWARZER-ADLER-LANDGASTHOF.DE   GPS: 50°03'44"N / 11°04'23"E

AUSGEZEICHNET ESSEN AM STAFFELBERG

Der Landgasthof in End sammelt insbesondere Auszeichnungen für die hervorragenden Fischspezialitäten des Hauses. Gerade einheimische Fischsorten werden täglich frisch zubereitet (freitags auch vom Grill). Für die Fischverächter bieten sich Haxen und Schäuferla oder donnerstags die Schlachtschüssel an. In einigen Jahren feiert man übrigens 500-jähriges Jubiläum.

TIPP: Kräuterforelle vom Grill

BIER

Hetzel/Frauendorf: Landbier, das Adlerbräu („Unser Hausbräu", dunkel, spritzig, nach altem Hausrezept) (vom Fass). Leikeim/Altenkunstadt: Pils, Diätbier, Leichtes, Alkoholfreies. Kulmbacher: Kapuziner dunkles Weißbier, Kapuziner leichtes Weißbier, Kapuziner alkoholfreies Weißbier.

KÜCHE

Fränkische Brotzeiten. Täglich große Karte mit warmen Gerichten. Spezialitäten: Fisch (aus heimischen Gewässern), Schlachtschüssel (Do), Hausmacher Schaschlik (Mi), jeden Freitag Fischtag.

PLÄTZE (außen/regensicher)

150/150

ANSCHRIFT

End 13
96231 Bad Staffelstein
Tel.: 09573-22260

ÖFFNUNGSZEITEN

Täglich ab 9 Uhr

Symbolerklärung s. vordere Klappe

Erlauer Biergarten

WWW.KIESSLING-ERLAU.DE   GPS: 49°52'23" N / 10°48'02" E

BIER

Kundmüller/Weiher: Lager, Pils (vom Fass), Rauchbier, Weizen, Keller, Bock. Löwenbräu/München: Alkoholfreies. Franziskaner: Alkoholfreies Weizen.

KÜCHE

Fränkische Brotzeiten. Täglich mittelgroße Karte mit warmen Gerichten. So und Feiertage Mittagstisch. Spezialitäten: Schäuferla, Haxen, Spanferkel, Schaschlik.

PLÄTZE (außen/regensicher)

250/150

ANSCHRIFT

Lange Straße 27
96194 Walsdorf-Erlau
Tel.: 09549-987971

ÖFFNUNGSZEITEN

Mai bis Sep.
Täglich ab 14 Uhr
So und Feiertage ab 9 Uhr
Kein Ruhetag
Okt. bis Apr.
Täglich ab 16 Uhr
So und Feiertage ab 9 Uhr
Dienstag Ruhetag

KIRCHWEIH OHNE KIRCHE

Der Erlauer Biergarten erholt sich gerade von vielen Jahren des Niedergangs. Seit 2004 ist nun Erich Weigant am Steuer und bemüht sich erfolgreich um eine Renaissance des großen Klassikers an der Frankenstraße. Bei den Einheimischen muss er zwar noch Überzeugungsarbeit leisten, dafür haben gerade die Bamberger die Hausmannskost für sich entdeckt. Die ist auch oftmals spektakulär, 2006 gab's zum Beispiel Meter-Bratwurst oder ein ganzes Spanferkel vom Grill. Mangels Kirche hat man hier übrigens kurzerhand den Feuerwehrturm (mit Glocke) zum Kirchturm erklärt und feiert auf dem Erlauer Keller jedes Jahr am zweiten Oktoberwochenende Kerwa.

TIPP: Schäuferla

Braukeller

WWW.BRAUKELLER-FATTIGAU.COM **GPS: 50°14'36"N / 11°56'08"E**

BIERKULTUR IN REINFORM

Der Braukeller der Schlossbrauerei Stelzer aus Fattigau wurde um 1900 erbaut und 1996 erst aufwändig modernisiert und renoviert. Dabei wurde geschickt auf den Erhalt der Kultur geachtet, im Gasthaus finden sich zum Beispiel in regelmäßigen Abständen Ecken mit altem Brauzubehör. Auf der Rückseite des Hotels – direkt an Saale und Saale-Radweg – befindet sich der schöne Biergarten mit eigenem Grillhüttchen. Für die Ausrichtung von Festen wird ein Ritterkeller angeboten. Unbedingt versucht haben sollte man das süffige dunkle Bier und die Bierhaxe. Die noch nach alter Brautradition arbeitende Schlossbrauerei ist bei rechtzeitiger Anmeldung auch für Besichtigungen offen.

BIER

Eigene Brauerei: Helles, Dunkles, Zwickl, Doppelhopfen, Urtyp (vom Fass), Bio-Bier, helles Weizen.

KÜCHE

Hausmacher Brotzeiten. Täglich große Karte mit warmen Gerichten. Spezialitäten: Bierhaxe, Braumeisterschnitzel, Sülze mit Bratkartoffeln.

PLÄTZE (außen/regensicher)

250/120

ANSCHRIFT

Hauptstraße 9
95145 Fattigau
Tel.: 09286-95020

ÖFFNUNGSZEITEN

Täglich ab 10 Uhr
Dienstag Ruhetag

TIPP: Dunkles Bier und Bierhaxe

Symbolerklärung s. vordere Klappe

Fattigsmühle

WWW.FATTIGSMUEHLE.DE　　　　GPS: 50°21'57" N / 11°51'22" E

BIER

Meinel/Hof: Pils, Dunkel, Hefeweizen (vom Fass). Stelzer/Fattigau: Dunkles Hefeweizen (vom Fass). Erdinger: Alkoholfreies Weizen. Löwenbräu/München: Alkoholfreies.

KÜCHE

Hausmacher Brotzeiten. Täglich mittelgroße Karte mit warmen Gerichten. Spezialitäten: Eisbein in Aspik, Bockeier, Krustenbraten, Spanferkel, selbstgebackenes Bauernbrot aus dem Holzbackofen, hausgebackene Kuchen.

PLÄTZE (außen/regensicher)

300/340

ANSCHRIFT

Fattigsmuehle 34
95183 Töpen
Tel.: 09295-91500

ÖFFNUNGSZEITEN

Mai bis Sep.
Mo und Di ab 15 Uhr
Mi bis So ab ab 11 Uhr
Kein Ruhetag
Okt. bis Apr.
Täglich ab 11 Uhr
Montag und Dienstag Ruhetag

DAS BESTE VOM BESTEN

Gar nicht weit von Hof entfernt – direkt am Jean-Paul-Wanderweg – versteckt sich ein Biergartenpaket, wie es eindrucksvoller kaum geschnürt sein könnte. Wildromantisch an Felsen, Mühle und Flüsschen gelegen haben Stefan Langheinrich und Markus Benkert einen Hof geschaffen, auf dem vom glücklichen Schwein (artgerechte Haltung) bis zum glücklichen Gast der natürlichste und kürzeste Weg verwirklicht wird. Beim Direktvermarkter ist die Frische der angebotenen Speisen Ehrensache. An die Fleischwaren wird mit urigem Bauernbrot aus dem Holzbackofen und hausgebackenen Kuchen angeknüpft. Dazu selbstverständlich Fassbiere und Schnäpse aus der Heimat. Wer sich in dieser wunderschönen Umgebung nicht wohlfühlt, der sollte ernsthaft über einen länger angelegten Urlaub nachdenken.

TIPP: Kanutouren auf der Saale

Bus 6372 Saalenstein, Köditz　　DB

Gasthof Fels

WWW.GASTHOFFELS.DE **GPS: 50°15'41" N / 11°32'53" E**

DER FELS IN DER BRANDUNG

Seit über 150 Jahren thront der Gasthof Fels über dem „Dreiländereck". Das Gebäude selbst liegt noch auf Kulmbacher Grund, der Parkplatz gehört allerdings bereits zum Landkreis Hof. Und nur einige Meter weiter nördlich befindet man sich auf Kronacher Gebiet. Von all dem wussten die heutigen Betreiber Pia Engelhardt und Frank Weißmann noch nichts, als sie um die Jahrtausendwende noch das Kurhaus in Bad Wildungen bewirtschafteten. Doch die gebürtige Fränkin konnte ihren Mann schließlich überreden, wieder in die Heimat zu ziehen und zu den Herren des Felsens zu werden. Selbstbewusst nennen sie sich zu Recht „Die Profis", wie die lange Liste von jährlich vorbeikommenden Stammgästen belegt. Geblieben ist bei der Übernahme 2002 übrigens die Zwergenfamilie samt Schneewittchen, die immer noch gehegt und gepflegt wird - wie auch die Tanten der Familie - sie sind nämlich abwechselnd jedes Wochenende für das Kuchen- und Tortenangebot zuständig.

BIER

Kulmbacher: Kulmbacher Pils, Kapuziner Hefeweizen (beides vom Fass), leichtes Weizen , dunkles Weizen, Kristallweizen, alkoholfreies Weizen, Mönchshof Kloster Schwarzbier, Alkoholfreies.

KÜCHE

Fränkische Brotzeiten. Täglich große Karte mit warmen Gerichten. Spezialitäten: Grillhaxe, gekochtes Eisbein, fangfrische Forellen aus eigenem Bassin, Allgäuer Schnitzelpfanne.

PLÄTZE (außen/regensicher)

75/90

ANSCHRIFT

Fels 42
95131 Schwarzenbach am Wald
Tel.: 09289-369

ÖFFNUNGSZEITEN

Täglich ab 9.30 Uhr
Mittwoch Ruhetag

TIPP: Haxen, Allgäuer Schnitzelpfanne

Symbolerklärung s. vordere Klappe

Eichhorn-Keller

WWW.BIER.BY GPS: 49°43'42" N / 11°04'34" E

DIE OASE AM BERG

Wenn man in Forchheim mal mit der Familie oder Freunden ein schönes Picknick im Grünen veranstalten will, ist das „Aachhörnla" die erste Adresse. Früher als Kapuziner-Wirt bekannt und Treffpunkt für alle, die etwas auf sich hielten, nun ein immer gut besuchter, schlichter Keller, der bei jedem Forchheimer ein Synonym für die besten Hähnchen der Stadt ist.

BIER

Eigene Brauerei: Pils (vom Fass), Dunkles. Erdinger: Weißbier. Wechselnde Brauerei: Alkoholfreies.

KÜCHE

Fränkische Brotzeiten. Täglich kleine Karte mit warmen Gerichten. So und Feiertage Mittagstisch. Spezialitäten: Hähnchen, Schäuferla, Schweinebraten.

PLÄTZE (außen/regensicher)

700/0

ANSCHRIFT

Auf den Kellern 17
91301 Forchheim
Tel.: 09191-60626

ÖFFNUNGSZEITEN

Täglich ab 15 Uhr
So und Feiertage ab 9 Uhr
Kein Ruhetag
Bei schlechtem Wetter geschlossen

TIPP: Hähnchen

Glocken-Keller

WWW.BIER.BY   GPS: 49°43'44" N / 11°04'33" E

DIE ANNAFEST-ZENTRALE

Wer gerne im Mittelpunkt steht und das noch bei einem der größten Feste des Landes, der sollte zu Annafest-Zeiten sein Quartier im Glocken-Keller aufschlagen. Gut bedient ist man bei diesem Familienbetrieb von Mutter und Kindern sowieso immer bestens. Sogar auf diverse Sonderwünsche wird immer gerne eingegangen. Sowohl die günstigen Preise, als auch die Freundlichkeit werden von allen Gästen betont.

TIPP: Krenfleisch

BIER

Wolfshöher/Neunkirchen am Sand: Pils (vom Fass), Schwarzbier, Weizen, Keller, Leichtbier, Alkoholfreies.

KÜCHE

Fränkische Brotzeiten. Täglich mittelgroße Karte mit warmen Gerichten. Sa, So und Feiertage Mittagstisch. Spezialitäten: Schäuferla, Krenfleisch, hausgebackene Kuchen.

PLÄTZE (außen/regensicher)

300/152

ANSCHRIFT

Auf den oberen Kellern 36
91301 Forchheim
Tel.: 09191-14035

ÖFFNUNGSZEITEN

Mo bis Fr ab 13.30 Uhr
Sa ab 11 Uhr
So und Feiertage ab 9.30 Uhr
Dienstag Ruhetag

Symbolerklärung s. vordere Klappe

Greif's Keller

GPS: 49°43'47"N / 11°04'31"E

BIER

Eigene Brauerei: Helles (vom Fass), Capitulator, Weizen, Leichtbier, Alkoholfreies.

KÜCHE

Hausmacher Brotzeiten. Täglich mittelgroße Karte mit warmen Gerichten. Spezialitäten: Schaschlik, Hähnchen, Schäuferla, Adlerhaxe, hausgemachte Tellersülze.

PLÄTZE (außen/regensicher)

800/336

ANSCHRIFT

Auf den Kellern 9
91301 Forchheim
Tel.: 09191-14735

ÖFFNUNGSZEITEN

Täglich ab 14 Uhr
So und Feiertage ab 9 Uhr
Kein Ruhetag

OFFIZIELL AUSGEZEICHNET

Braumeister Schuster geht es wie einst Miraculix bei den unbeugsamen Galliern und seinem Zaubertrank: Dem Capitulator werden die ungewöhnlichsten Wirkungen und Ingredienzien nachgesagt. Fest steht jedenfalls: Das Bier ist besonders kräftig und schon des öfteren offiziell von den Stadtoberen prämiert worden. Dazu passend gibt's hier deftige Brotzeiten. Der Bierkeller liegt optimal für alle, die nicht den ganzen Kellerberg erklimmen wollen.

TIPP: Schaschlik

Hebendanz Keller

OBERBAYERN MIT LANGEM ATEM

Cornelia und Harald Schatzeder stellen sich seit 2009 der Aufgabe, den auf drei Ebenen mit schönen Laubbäumen gelegenen Traditionskeller am Fuße des Kellerberges zu bewirtschaften. Außerdem machen sie hier quasi die Lichter aus, denn am Abend geht es hier oft ein bisschen länger als drumrum. Klassiker ist neben geräucherter Forelle und geräuchertem Backsteinkäse der Starke Fritz, das Hebendanz-Bier mit über 5% Alkoholgehalt.

BIER

Eigene Brauerei: Export (vom Fass), Weizen, Starker Fritz.

KÜCHE

Hausmacher Brotzeiten. Täglich kleine Karte mit warmen Gerichten. Spezialitäten: Geräucherte Forelle, geräucherter Backsteinkäse, täglich frische Schaschlik mit Leber.

PLÄTZE (außen/regensicher)

320/0

ANSCHRIFT

Auf den Kellern 22
91301 Forchheim
Tel.: 0176-65234162

ÖFFNUNGSZEITEN

Mo bis Fr ab 15 Uhr
Sa, So und Feiertage ab 14 Uhr
Kein Ruhetag
Bei schlechtem Wetter geschlossen

TIPP: Geräucherter Backsteinkäse

Symbolerklärung s. vordere Klappe

Kaiser Keller

WWW.BIER.BY   GPS: 49°43′44″N / 11°04′25″E

BIER

Wolfshöher/Neunkirchen am Sand: Pils, Dunkles (beides vom Fass), Weizen, leichtes Weizen, Alkoholfreies.

KÜCHE

Fränkische Brotzeiten. Täglich kleine Karte mit warmen Gerichten. Spezialitäten: Schnitzel mit selbstgemachtem Kartoffelsalat, Schäuferla, Schaschlik, Essen was nei geht (Do ab 17 Uhr)..

PLÄTZE (außen/regensicher)

300/170

ANSCHRIFT

Auf den Kellern 12
91301 Forchheim
Tel.: 09191-320582

ÖFFNUNGSZEITEN

Täglich ab 14 Uhr
Dienstag Ruhetag
(nach Reservierung auch außerhalb dieser Zeiten geöffnet)

KELLER AUF DEM VORMARSCH

Der Kaiser Keller ist (gemeinsam mit dem Nürnberger-Tor-Keller) im wahrsten Sinne des Wortes auf dem Vormarsch: Der Druck des Kellerberges schiebt den Kellergrund nach und nach bergab. Aber keine Angst, es wird noch lange dauern, bis man das Annafest auf dem Rathausplatz feiern kann. Sehr interessant sind hier übrigens die Führungen durch die besonders verzweigten Kellergewölbe, die Manfred Mauser anbietet.

TIPP: Riesenschnitzel mit selbstgem. Kartoffelsalat

Neder-Keller

WWW.BIER.BY

GPS: 49°43'39"N / 11°04'36"E

DER GIGANT AM KELLERBERG

Wenn Bierkeller Fußballstadien wären, dann würde das Eröffnungsspiel einer Weltmeisterschaft auf dem Neder-Keller stattfinden. Ganz so eng wie im Frankenstadion sitzt man hier allerdings nicht, zudem gibt es in Nürnberg auch keinen Koch und Metzger, der einem stets mit vielen Köstlichkeiten zu Diensten ist. Schluss jedoch mit dem Fußballvergleich: Die Gemütlichkeit kommt auch bei der Größe des Kellers unter den vielen alten Eichen nicht zu kurz. Außerhalb des Annafestes schrumpft er zudem auf ein überschaubares Maß.

BIER

Eigene Brauerei: Export (vom Fass), Anna Weiße, Schwarze Anna, Pils.

KÜCHE

Fränkische Brotzeiten. Täglich große Karte mit warmen Gerichten. Spezialitäten: Magere Sülze mit Bratkartoffeln, Bierbraten (So), Schäuferle (So).

PLÄTZE (außen/regensicher)

2000/150

ANSCHRIFT

Auf den Kellern 25
91301 Forchheim
Tel.: 09191-2885

ÖFFNUNGSZEITEN

Täglich ab 11 Uhr
Mittwoch Ruhetag

TIPP: Schweizer Wurstsalat

Das Annafest

WWW.ANNAFEST-FORCHHEIM.DE

Ein weiteres hier im Buch erwähntes großes fränkisches Bier- und Volksfest ist das Forchheimer Annafest. Und genauso wie in Bamberg mit der Sandkerwa und in Erlangen mit der Bergkerwa beginnt für alle Einwohner eine fünfte Jahreszeit, immer in der Woche um den 26. Juli.

Die Entstehung geht ursprünglich auf eine Rast der Wallfahrer auf dem Rückweg von der St.- Anna-Kirche in Weilersbach zurück. Der schattige Kellerberg, später auch Schießstätte des ältesten Vereins der Stadt, der Königlich Privilegierten Schützengesellschaft, bot für einen Zwischenstopp ideale Bedingungen. Daraus entstand vor mehr als 160 Jahren ein Volksfest – für die Forchheimer und die mehr als 500.000 Besucher schlicht das Annafest.

In einem Festzug marschieren jeweils am Samstag vor dem 26. Juli Vereine, Politiker und andere mehr oder weniger Wichtige bzw. Beteiligte vom Rathausplatz zum Kellerberg, um dort nach dem offiziellen Anstich durch den Oberbürgermeister von Keller zu Keller zur Bierprobe zu ziehen. Bei den bis zu zehn verschiedenen Brauereien kann das durchaus anstrengend werden.

Gebraut wird Bier in Forchheim übrigens seit dem Jahr 1300, zumindest sind seitdem die ersten Streitigkeiten um den Bierpreis schriftlich fixiert. Bis zum Ersten Weltkrieg baute man hier sogar den Hopfen selbst an, dann allerdings waren Getreidefelder wichtiger. Die Bedeutung als Hopfenhandelsstadt verlor Forchheim dadurch jedoch nicht. Wie vielerorts ging die Brauereivielfalt allerdings von mehr als 20 um 1900 auf heutzutage noch vier zurück.

Rappen-Keller

WWW.RAPPENKELLER.DE GPS: 49°43'44"N / 11°04'27"E

HAUSMANNSKOST VOM FEINSTEN

Der Rappenkeller – geprägt von dem malerischen Häuschen gegenüber dem Schaufel-Keller – gehört zu den unteren Kellern. Interessierte können hier auch an einer Kellerführung teilnehmen. Man hat die Einrichtung aus den guten alten Tagen mit viel Liebe 1:1 erhalten. Kulinarisch gibt´s eine große Palette von Rettich über Obatzten bis hin zur Rappenkellerplatte und Steaks. Auf jeden Fall Hunger mitbringen!

TIPP: Hausgemachter Obatzter

BIER

Löwenbräu/Buttenheim: Ungespundetes Kellerbier (vom Fass), Pils, helles Weizen, dunkles Weizen, Alkoholfreies.

KÜCHE

Fränkische Brotzeiten. Täglich mittelgroße Karte mit warmen Gerichten. Spezialitäten: Hausgemachter Obatzter, Schäuferla, Rappentoast, Spanferkel.

PLÄTZE (außen/regensicher)

200/70

ANSCHRIFT

Auf den Kellern 14
91301 Forchheim
Tel.: 09191-704756

ÖFFNUNGSZEITEN

Täglich ab 15 Uhr
Montag Ruhetag

Schaufel-Keller

WWW.BIER.BY **GPS: 49°43′45″N / 11°04′27″E**

BIER

Löwenbräu/Buttenheim: Ungespundetes Lagerbier (vom Fass), Keller leicht, Weizen, Alkoholfreies Bier.

KÜCHE

Fränkisch Brotzeiten. Täglich kleine Karte mit warmen Gerichten. Spezialitäten: Sülze mit Bratkartoffeln, Bratwürste, Quark mit Bratkartoffeln.

PLÄTZE (außen/regensicher)

250/125

ANSCHRIFT

Auf den unteren Kellern 12
91301 Forchheim
Tel.: 09191-66582

ÖFFNUNGSZEITEN

Do bis So ab 17 Uhr
Montag, Dienstag und Mittwoch
Ruhetag

URGEMÜTLICHER GANZ-JAHRESKELLER

Was in Bamberg der Mahr´s Bräu Keller, das ist in Forchheim der Schaufel Keller. Gerade im Winter ist hier ein Besuch etwas Besonderes: Der kleine Gastraum in dem alten Sandsteinbau fasst gerade einmal 25 Personen (im Sommer ist natürlich Platz für wesentlich mehr) – dafür sind es in den kalten Monaten fast immer die gleichen 25. Wirt Georg Schaufel ist sehr zuvorkommend und bietet seit nun über 25 Jahren feine Speisen und Buttenheimer Bier auf dem eigentlichen Löwenbräu-Keller an.

TIPP: Sülze mit Bratkartoffeln

DLG-**Prämierte**
Spitzenqualität
2010

DIE DLG VERLEIHT:

GOLDENER PREIS

für

Fränkischer Waldhimbeerbrand
durch Einmaischen u. Destillieren
L 1004
40,0 %Vol.

der

Spezialitätenbrennerei
Norbert Winkelmann

in

Hallerndorf

AUF GRUNDLAGE DER DLG-PRÜFBESTIMMUNGEN 2010
DIESES ZERTIFIKAT GILT FÜR DIE VEREIDIGUNG MIT DEN AUSGEFÜHRTEN VERANTWORTLICH

Frankfurt am Main, den 20.05.2010

DLG.-PRÄSIDENT   DLG.-ZERTIFIZIERUNGSSTELLE

Nicht nur am Sudkessel spitze: Norbert Winkelmann vom Brauhaus am Kreuzberg (Seite 167) heimste wieder sieben Goldmedaillen bei der DLG-Edelbrandprämierung ein.

Symbolerklärung s. vordere Klappe

Schlössla Keller

GPS: 49°43'44"N / 11°04'37"E

BEIM STARKEN FRITZ

Gerade der älteste Keller auf dem Forchheimer Kellerberg hat sich zum größten Treffpunkt der Jugend auf dem Annafest entwickelt. Von den zahlreichen Plätzen bleibt in diesen Tagen keiner unbesetzt, egal zu welcher Uhrzeit. Einige sollen sogar auf ihrem Platz wieder aufgewacht sein, um – im wahrsten Sinne des Wortes – dort weiterzumachen, wo sie am Vortag aufgehört hatten.

BIER

Hebendanz/Forchheim: Export (vom Fass), Hefeweizen. Clausthaler: Alkoholfreies.

KÜCHE

Hausmacher Brotzeiten. Täglich große Karte mit warmen Gerichten. Spezialitäten: Pfannenschnitzel, Bratkartoffeln mit Quark, Currywurst, selbstgemachter Obatzter.

PLÄTZE (außen/regensicher)

500/100

ANSCHRIFT

Auf den Kellern 13
91301 Forchheim
Tel.: 0172-8440343

ÖFFNUNGSZEITEN

Täglich ab 17 Uhr
So ab 16 Uhr
Montag Ruhetag
Bei schlechtem Wetter geschlossen

TIPP: Schnitzel aus der Gusseisen-Pfanne

Immer aktuell und spannend

Klar können Sie nicht überall unseren Bierkeller- und Biergartenführer dabei haben, ganz besonders nicht auf der Arbeit. Wir haben eine perfekte Ergänzung für Sie geschaffen, damit beispielsweise auch der Betriebsausflug konkret geplant werden kann: www.bier.by.

Auf dieser Website erhalten Sie einen vollständigen Überblick über alle Brauereien in Franken, aktuelle Themen rund um Brauen, Bier und Biergärten und eben auch alle von uns bisher recherchierten und für eine Aufnahme würdig befundenen Feste, Bierkeller und Biergärten. Zusammen sind das weit über 1.000 Datensätze, die wir auch mindestens einmal jährlich für Sie aktualisieren. **Die Website ist also auch das perfekte Nachschlagewerk, wenn man nochmal Öffnungszeiten oder Adresse abgleichen bzw. gleich eine Anreise mit Bus, Bahn oder Auto planen möchte.** Die nötigen Querverweise bietet ebenfalls gleich das Portal. Wir wünschen viel Freude und freuen uns auch hier über Anregungen und Kritik!

Ein 340 Meter hoher Kühlschrank

WWW.BIER.BY

Nicht nur die Bierbrauer, auch die „normalen" Forchheimer Bürger trieben im Laufe der Jahrhunderte unzählige tiefe Stollen in den Forchheimer Kellerberg, um jeweils Lagerräume für allerlei Waren zu erhalten. So reihen sich teilweise noch heute Stollen mit Marmeladen- und Einweckgläsern zwischen die gastronomisch genutzten Keller.

Allerdings haben die verschiedenen Versuche, einerseits die Stollen abzutrennen, andererseits sie abzudichten oder zu reparieren dazu geführt, dass die Luftzirkulation im gesamten Berg gestört wurde. So ist man heute bemüht, den Zustand möglichst zu erhalten und natürlich den Fortbestand der noch bestehenden und genutzten Keller zu sichern.

Am besten, Sie schauen sich dieses einzigartige Denkmal der Biergeschichte einmal selbst aus der Nähe an. Die Stadt Forchheim bietet in regelmäßigen Abständen Führungen durch den Kellerwald. Sie können selbst einige der Keller begehen - auch die die sonst gar nicht oder nur zum Annafest geöffnet sind. Dazu gibt's interessante Erklärungen zur Entstehung der Felsengänge und über die Bier- und Brautradition in Forchheim - und natürlich im Anschluss eine Bierprobe nebst zünftiger Brotzeit auf einem der Bierkeller.

Buchung und Infos:
Tourist-Information
Rathaus, Hauptstr. 24
91301 Forchheim
Tel. 09191 714-337 oder -338
Fax: 09191 714-206
E-Mail: tourist@forchheim.de

Der Kellerwal

1 Nürnberger-Tor-Keller
2 Schindlerkeller
3 Greifkeller
4 Schäffbräukeller
5 Hebendanzkeller
6 Kronenkeller
7 Schneiderkeller
8 Rappenkeller
9 Winterbauerkeller
10 Löwenbräukeller
11 Fässlakeller
12 Kaiserkeller
13 Kupferkeller
14 Gottlakeller (geschl.)
15 Schlösslakeller
16 Glockenkeller
17 Stäffalakeller
18 Eichhornkeller
19 Weiß-Tauben-Keller
20 Hoffmannskeller
21 Schwanenkeller
22 Nederkeller
23 Schützenkeller
24 Blümleinskeller

Symbolerklärung s. vordere Klappe

Weiss-Tauben-Keller

WWW.WEISS-TAUBEN-KELLER.DE — GPS: 49°43′41″N / 11°04′35″E

CANDLE-LIGHT-FEELING

Der Weiß-Tauben-Keller ist die fränkische Variante für die griechische Taverne am Meer. Allabendlich wird die heimelige Beleuchtung angeschaltet und alle Romantiker kommen auf ihre Kosten. Wer den rechten Lebenspartner trotzdem nicht findet, wird zumindest auf der reichhaltigen Speisekarte sicher fündig. Wir wünschen den einsamen Herzen dabei an dieser Stelle viel Glück!

BIER

Greif/Forchheim: Kellerbier (vom Fass), leichtes Weizen, dunkles Weizen, alkoholfreies Weizen, Alkoholfreies. Grasser/Huppendorf: Dunkles (vom Fass). Püls/Weismain: Verschiedene Weizenbiere, alkoholfreies Weizen.

KÜCHE

Fränkische Brotzeiten. Täglich große Karte mit warmen Gerichten. So und Feiertage Mittagstisch. Spezialitäten: Haxen, Schäuferla, Spanferkel, hausgemachte Rouladen, verschiedene Schnitzelvariationen.

PLÄTZE (außen/regensicher)

650/250

ANSCHRIFT

Auf den Kellern 19
91301 Forchheim
Tel.: 09191-616377

ÖFFNUNGSZEITEN

Täglich ab 11 Uhr
Montag Ruhetag

TIPP: Haxen

Symbolerklärung s. vordere Klappe

Winterbauer-Keller

WWW.WINTERBAUERKELLER.DE   GPS: 49°43'45" N / 11°04'27" E

BIER

St. Georgen Bräu/Buttenheim: Kellerbier, Höhlentrunk, helles Weizen (vom Faß), dunkles Landbier, dunkles Weizen, leichtes Weizen, Kristallweizen, Pils.

KÜCHE

Fränkische Brotzeiten. Täglich große Karte mit warmen Gerichten. Spezialitäten: Holzfällersteak, Pizzaschnitzel, hausgemachter Kräuterquark, Obatzter.

KELLER MIT MUSIK

Der Winterbauer-Keller ist einer von etwa sieben Kellern, die jedes Jahr zum Annafest mit einem eigenen Musikpodium antreten. Das bedeutet dann ab ca. 17 Uhr Vollblutbeschallung durch Kapellen mit eigentümlichen Namen (zum Beispiel Forchheimer Megafoniker, Party Pirates oder Marshall Brainstorm). Wer dem Ohren- lieber einen Gaumenschmaus vorzieht, sollte an einem der anderen Tage im Jahr kommen – das Essen ist vorzüglich.

PLÄTZE (außen/regensicher)

200/255

ANSCHRIFT

Auf den Kellern 7
91301 Forchheim
Tel.: 09191-975001

ÖFFNUNGSZEITEN

Täglich ab 11 Uhr
Sa und So ab 10 Uhr
Montag Ruhetag
(an Feiertagen geöffnet)

TIPP: Holzfällersteak

Schweizer Keller mit Hubertusstube

WWW.SCHWEIZER-KELLER.DE　　　　GPS: 49°43'34" N / 11°07'22" E

ECHTE HANDARBEIT

Die Gewölbe dieses Kellers sind in der Familientradition etwas ganz Besonderes: Die Familienmitglieder haben sie um 1900 selbst aus der Wand gehauen. Unter Kennern gilt der Schweizer Keller als einer der schönsten überhaupt, wohl einer der Gründe, warum er sich trotz der Lage eher abseits vom Kellerberg so gut halten konnte. Meint es Petrus mal nicht so gut, bietet die Hubertusstube guten Schutz.

BIER

St. Georgen Bräu/Buttenheim: Keller, Pils, Weißbier (vom Fass), Helles. Erdinger: Alkoholfreies Weizen.

KÜCHE

Hausmacher Brotzeiten. Täglich mittelgroße Karte mit warmen Gerichten. Sa, So und Feiertage Mittagstisch. Spezialitäten: Fisch vom Grill (Fr, bei schönem Wetter), Fleischgrill (So, bei schönem Wetter), saisonale Gerichte, Kellerplatte.

PLÄTZE (außen/regensicher)

600/160

ANSCHRIFT

Am Schwedengraben 7
91301 Forchheim-Reuth
Tel.: 09191-621821

ÖFFNUNGSZEITEN

Anfang Mai bis Ende Sep.
Täglich ab 11.30 Uhr
Montag Ruhetag
Anfang Okt. bis Ende Apr.
Fr ab 17 Uhr
Sa, So und Feiertage ab 11.30 Uhr
Montag bis Donnerstag Ruhetag

TIPP: Bio-Bauernbrot

Landgasthof Pickel

WWW.LANDGASTHOF-PICKEL.DE   GPS: 49°49'02" N / 10°51'58" E

FEINSCHMECKER-BIERGARTEN MIT STORCH AUF DEM DACH

Der Storch auf dem Dach hat das einzig Richtige getan – sich dauerhaft beim „Pickel" niedergelassen. Seit mehr als 10 Jahren steht der Landgasthof bereits ununterbrochen im Feinschmeckerführer. Inhaber Josef Pickel ist berufenes Mitglied im „Maître de la Table". Man kann sich also entweder als „normaler" Biergartengast auf die vielen unterschiedlichen lokalen Biersorten und Schinken- oder Käseplatte stürzen, oder aber man kostet als eher ambitionierter Gast das Angus-Rind und den umfangreichen Weinkeller.

TIPP: T-Bone-Steak

BIER

Friedel/Zentbechhofen: Vollbier (vom Fass). St. Georgen Bräu/Buttenheim: Kellerbier (vom Fass). König/Duisburg: König Pilsener (vom Fass). Spezial/Bamberg: Rauchbier.

KÜCHE

Fränkische Brotzeiten. Täglich große Karte mit warmen Gerichten. Spezialitäten: Steigerwälder Lammcarré, verschiedene argentinische Steaks, saisonale Gerichte (Spargel, Pfifferlinge, Karpfen).

PLÄTZE (außen/regensicher)

150/170

ANSCHRIFT

Marktplatz 5
96158 Frensdorf
Tel.: 09502-334

ÖFFNUNGSZEITEN

Täglich 11 bis 14.30 Uhr und ab 16.30 Uhr
Dienstag Ruhetag

Symbolerklärung s. vordere Klappe

Museumsgasthof Schmaus

WWW.MUSEUMSGASTHOF-SCHMAUS.DE   **GPS: 49°49'05" N / 10°51'49" E**

BIER

Zehendner/Mönchsambach: Lager, Hefeweizen (beides vom Fass). Keesmann/Bamberg: Bamberger Herren Pils (vom Fass). Mahr/Bamberg: Ungespundetes (vom Fass), Hefeweizen. Kundmüller/Weiher: Rauchbier.

KÜCHE

Fränkische Brotzeiten. Täglich große Karte mit warmen Gerichten. So und Feiertage Mittagstisch. Spezialitäten: Museumsplatte, Museumsschnitzel, Schweinebäckchen in Gelee, hausgemachter Gerupfter, hausgemachter Kochkäse, Grillhähnchen (Fr).

PLÄTZE (außen/regensicher)

120/60

ANSCHRIFT

Hauptstraße 3
96158 Frensdorf
Tel.: 09502-490550

ÖFFNUNGSZEITEN

Täglich ab 16 Uhr
So und Feiertage ab 11 Uhr
Montag Ruhetag

DER AUFSTEIGENDE AST

Die Wandlung vom kleinen Ortsmuseum zum Bauernmuseum Bamberger Land hat dem Gehöft in Frensdorf schon zu allerlei Popularität verholfen. Mit viel Engagement und professioneller Einstellung konnte hier ein echtes Vorzeigemuseum entstehen, das seit kurzem auch in gastronomischer Hinsicht Verstärkung bekommen hat. Ingo Singer machte seine Bamberger Kneipe zu und bewirtet nun vor den Toren der Weltkulturerbestadt die Museumsgäste und alle anderen, die es in den ehemaligen Gasthof der Familie Schmaus zieht. Der Name der Vorbesitzer ist geblieben, und auch in Sachen Speisenangebot setzt der gelernte Koch und Metzger Ingo Singer voll auf Tradition. So gibt es beispielsweise viele Gerichte nach historischen Rezepten mit Kräutern aus dem Museumsgarten zubereitet.

TIPP: Museumsplatte

Gasthof Hammerschmiede

WWW.HAMMERSCHMIEDE-BISCHOFSGRUEN.DE   **GPS: 50° 03' 17" N / 11° 48' 32" E**

FÜNF GENERATIONEN FAMILIENFREUNDLICHKEIT

Im Gasthof Hammerschmiede kann sich niederlassen, wer Bischofsgrün mit der ganzen Familie erkunden und genießen will. Seit über 135 Jahren in Familienbesitz, hat das Haus eine Tradition, die in zwei Worten zusammengefasst werden kann: Qualität und Familie. Das Haus hat schon mehrere Preise, wie die Fischurkunde in Silber 2007 im Wettbewerb Bayerische Küche, gewonnen und nennt zwei Sterne in der Deutschen Klassifizierung für Gästehäuser sein eigen. Der großzügige und grüne Biergarten liegt direkt am Haus, Spielgelegenheiten für Kinder finden sich hier immer. Für ausgedehntere Aktivitäten bieten sich direkt vor der Haustüre liegende Wanderwege an - Seilschwebebahn zum Ochsenkopf und Sommerrodelbahn sind nur etwa 300 Meter entfernt. Dank großzügiger Räumlichkeiten eignet sich der Gasthof auch gut für Familienfeste aller Art. Eine neue Attraktion gibt es seit 2009 - ein eigenes Wallaby-Kängurugehege unmittelbar am Eingang zum Naturpark.

BIER

Maisel/Bayreuth: Aktienbier, Aktienpilsener (beides vom Fass), Hefeweizen, Weisse Original, Kristallweizen, dunkles Weizen, leichtes Weizen, alkoholfreies Weizen, Aktien Dunkel, Aktien Zwickel. Kritzenthaler: Alkoholfreies.

KÜCHE

Hausmacher Brotzeiten. Täglich mittelgroße Karte mit warmen Gerichten. Spezialitäten: Spargelgerichte, Wildgerichte, Zander, Fichtelgebirgssaibling und -forelle, hausgemachte Kesselfleischsülze, saisonale Gerichte.

PLÄTZE (außen/regensicher)

80/100

ANSCHRIFT

Fröbershammer 8
95493 Bischofsgrün
Tel.: 09276-310

ÖFFNUNGSZEITEN

Täglich ab 10 Uhr
Dienstag und Mittwoch Ruhetag
(An Feiertagen geöffnet)

TIPP: DIE Basis für den Urlaub in Franken

Symbolerklärung s. vordere Klappe

Gasthof-Pension Forellenhof

WWW.FORELLENHOF-GEFREES.DE   GPS: 50°05'52"N / 11°46'45"E

DER HAMMER AN DER HANDELSSTRASSE

Die erste Erwähnung des Gutes datiert ins Jahr 1536, als für den Besitzer des Eisenhammers, Hans Knopf, seine Kriegsdienste festgelegt wurden. Seit 1905 im Besitz der Familie Dittmar, schlummern seit etwa 50 Jahren die Pensionsgäste im Herrenhaus. Ein weniger geruhsames Leben haben die Forellen in den umliegenden Teichen und die Lämmer der eigenen Zucht, die um die Teiche herum stehen. Beides sind absolute Spezialitäten des Hauses und werden von den vielen Gästen mit Genuss verzehrt. Inhaber Volker Dittmar steht als Koch noch selbst hinter dem Kochtopf, gemeinsam mit seiner Mutter Inge. Genaueres zur Familiengeschichte kann man auch in einem Winkel in der Gaststube nachlesen - dort sind die Vorfahren und die Geschichte des Hauses zu bewundern.

BIER

Kulmbacher: EKU Pils (vom Fass), Mönchshof Schwarzbier, Mönchshof Kellerbier, diverse Kapuziner Weizenbiere.

KÜCHE

Fränkische Brotzeiten. Täglich große Karte mit warmen Gerichten. Forellen aus eigener Zucht, selbstgebackene Kuchen. Spezialitäten: Lammbraten, hausgemachter Kartoffelsalat, Forellen aus eigener Zucht, selbstgebackene Kuchen, Ameisenkuchen.

PLÄTZE (außen/regensicher)

50/50

ANSCHRIFT

Gut Knopfhammer 1
95482 Gefrees
Tel.: 09254-336

ÖFFNUNGSZEITEN

Täglich ab 11 Uhr
Dienstag Ruhetag

TIPP: Forelle nach Art des Hauses

Landgasthof Entenmühle

WWW.GASTHOF-PENSION-ENTENMUEHLE.DE · GPS: 50°04′32″ N / 11°42′53″ E

ALLES FRISCH
AUF DEN TISCH

Sie ist nicht ganz so einfach zu finden, doch die kleine Reise durch die Bayreuther Landschaft lohnt sich auf jeden Fall. Die Entenmühle zu Gefrees weiß dabei nicht nur mit ihrer - sehr schön zum Wandern geeigneten - Lage mitten in der Natur zu überzeugen. Die auf der schönen großen Terrasse einnehmbaren Speisen werden vom Seniorchef (Metzger und Koch) und vom Junior (Bäcker) ganz frisch zubereitet. Hier stechen vor allem der heißgeräucherte Schinken, Forelle und das Brot heraus. Lämmer und Fische werden sogar selbst gezüchtet und landen ohne große Umwege auf dem Teller.

BIER

Gampert/Weissenbrunn: Pils, Weizen, Dunkles (alles vom Fass). Maisel/Bayreuth: Dunkles Weizen, helles Weizen, leichtes Weizen, alkoholfreies Weizen. Veldensteiner: Landbier.

KÜCHE

Hausmacher Brotzeiten. Täglich mittelgroße Karte mit warmen Gerichten. Spezialitäten: Frische Forellen aus eigener Aufzucht, heißgeräucherter Schinken, Lamm und Wildschwein vom Grill (saisonal).

PLÄTZE (außen/regensicher)

60/120

ANSCHRIFT

Entenmühle 6
95482 Gefrees
Tel.: 09254-260

ÖFFNUNGSZEITEN

Täglich ab 8 Uhr
Freitag Ruhetag

TIPP: Lamm aus eigener Aufzucht

Brauerei Gasthof Griess

WWW.BRAUEREI-GRIESS.DE   **GPS: 49°52'50" N / 11°01'04" E**

CAMPING-BIERGARTEN

Nicht, dass Sie jetzt auf die Idee kommen, man könnte hier im Biergarten zelten – aber man hat sich extra für Wohnmobile ausgerüstet, so dass sich die Brauerei Griess als Insidertipp etabliert hat. Im altfränkischen Biergarten sitzt man unter Kastanienbäumen und lässt es sich bei Kellerbier und hausmacher Brotzeiten gut gehen. Dienstags besteht die Chance auf einen Braukurs.

BIER

Eigene Brauerei: Kellerbier (vom Fass), verschiedene saisonale Biere. Meusel/Dreuschendorf: Alkoholfreies.

KÜCHE

Hausmacher Brotzeiten. Täglich kleine Karte mit warmen Gerichten. Spezialitäten: Knoblauchkäse, Zwetschgenbames, Gerupfter, selbstgemachte Pizza, fränkisches Sushi.

PLÄTZE (außen/regensicher)

200/120

ANSCHRIFT

Magdalenenstraße 6
96129 Strullendorf-Geisfeld
Tel.: 09505-1624

ÖFFNUNGSZEITEN

Mo bis Fr ab 15 Uhr
Sa, So und Feiertage ab 11 Uhr
Mittwoch Ruhetag

TIPP: Knoblauchkäse

Griess-Keller

WWW.GRIESS-KELLER.DE　　　　**GPS: 49°52'50" N / 11°00'43" E**

LIVE-MUSIK UND FISCH VOM GRILL

Ein für einen Bierkeller eher seltenes Motto: Freitags 14-tägig abwechselnd Musik von Country über Griechisch bis zur Samba- Nacht, in den Wochen dazwischen Forellen, Makrelen und Heringe vom Grill. Allein schon der Duft zieht dann die zahlreichen Fans regelmäßig auf die Anhöhe. Doch auch an „normalen" Tagen gilt die Lokalität als eine der schönsten der Region. Das Angebot wird durch ein kräftiges Kellerbier und delikate kalte Platten abgerundet. Dabei setzt Pächterin Gabi Schmidtlein auf eine kleine Laibaröser Landmetzgerei.

BIER

Eigene Brauerei: Kellerbier (vom Fass). Wechselnde Brauereien: Alkoholfreies.

KÜCHE

Fränkische Brotzeiten. Täglich zwei warme Gerichte. Spezialitäten: Gebackener Schafskäse, Gerupfter, frischer Fisch vom Grill.

PLÄTZE (außen/regensicher)

200/0

ANSCHRIFT

Kellerweg 9
96129 Geisfeld
Tel.: 0171-7927315

ÖFFNUNGSZEITEN

Täglich ab 16.30 Uhr
So und Feiertage ab 14 Uhr
Kein Ruhetag
Bei schlechtem Wetter geschlossen

TIPP: Kalter Braten

Regnitztaler Alm

WWW.BIER.BY **GPS: 49°53'17" N / 10°58'52" E**

DER VEREINSBIERGARTEN

Auf der Alm regiert der Verein „Die Regnitztaler e.V.", der sich der Pflege der fränkischen Traditionen verschrieben hat. Dementsprechend gibt es zweimal im Jahr ein rauschendes Waldfest, zu dem immer weit über 1000 Besucher kommen. Ansonsten kümmern sich die Vereinsmitglieder liebevoll um jeden, der einen Zwischenstopp auf der Alm einlegen möchte. Alle Speisen sind selbstgemacht, insbesondere die Kuchen sind immer wieder eine Überraschung.

BIER

Schloßbrauerei/Reckendorf: Pils (vom Fass), Weizen, Weißbier, alkoholfreies Weizen, Alkoholfreies.

KÜCHE

Fränkische Brotzeiten. Kleine Karte mit warmen Gerichten. Spezialitäten: Quark, Dosenfleisch, Hausplatte, selbstgebackene Kuchen.

PLÄTZE (außen/regensicher)

150/100

ANSCHRIFT

Geisfelder Straße
96129 Strullendorf-Geisfeld
Tel.: 0951-16994

ÖFFNUNGSZEITEN

Sa ab 14 Uhr
So und Feiertage ab 9 Uhr
Montag bis Freitag geschlossen

TIPP: Kuchen

Brauerei Gasthof Krug

WWW.BRAUEREI-KRUG.DE

GPS: 49°52'52" N / 11°00'51" E

EIN FASS LERNT FLIEGEN

Die kleine Brauerei Krug ist der wahre Klassiker in Geisfeld. Hier trifft man noch am ehesten die Einheimischen beim täglichen Klatsch und Tratsch. Seit 1820 braut und schlachtet Familie Krug. Der heutige Chef Stefan Krug wuchs bereits als Knabe in die Brauerstiefel hinein und lernte beim Spezial in Bamberg. Kurios ist, dass begeisterte Besucher aus den USA mehrere Monate lang eine Bierpipeline errichteten, bei der Linienflug-Piloten jeweils ein volles bzw. leeres Fass mit Krug-Bier als blindem Passagier mitnahmen.

BIER

Eigene Brauerei: Ungespundetes Lagerbier, saisonal wechselnde Biere (alles vom Fass).

KÜCHE

Hausmacher Brotzeiten. Täglich kleine Karte mit warmen Gerichten. Spezialitäten: Zwetschgenbames, Ziebeleskäse.

PLÄTZE (außen/regensicher)

100/80

ANSCHRIFT

Alte Dorfstraße 11
96129 Geisfeld
Tel.: 09505-484

ÖFFNUNGSZEITEN

Mo bis Fr ab 16 Uhr
Sa ab 14 Uhr
So ab 10.15 Uhr (nach der Messe)
Dienstag Ruhetag

TIPP: Schnitzel (freitags)

Symbolerklärung s. vordere Klappe

Gasthof Büttel

WWW.GASTHOF-BUETTEL.DE   GPS: 49°52'53" N / 11°00'47" E

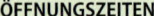

BIER

St. Georgen-Bräu/Buttenheim:
Kellerbier, Helles, Pils (alles vom Fass).
Erdinger: Dunkles Weizen, Alkohol-
freies Weizen. Becks: Alkoholfreies.

KÜCHE

Hausmacher Brotzeiten. Täglich große Karte mit warmen Gerichten.
Spezialitäten: Sauerbraten, Gänsebrust, gebratene Leber mit Bratkartoffeln, hausgemachte Kuchen.

PLÄTZE (außen/regensicher)

90/250

ANSCHRIFT

Litzendorferstraße 3
96129 Geisfeld
Tel.: 09505-8067-0

ÖFFNUNGSZEITEN

Di bis Fr 11 bis 15 Uhr und ab 16 Uhr
Sa, So und Feiertage ab 11 Uhr
Montag Ruhetag

GROSSMUTTERS REZEPTE

Gleich drei Damen-Generationen halten
derzeit die Büttel-Tradition in Geisfeld hoch:
Senior-Chefin Elli bringt die Erfahrung und die
leckeren Rezepte ein, Chefin Heidi managed
das Hotel und zeichnet verantwortlich für die
umfangreichen Renovierungsmaßnahmen in
den letzten Jahren, Junior-Chefin Pia schließlich
bringt frischen Wind in den Laden. So garantieren die drei den optimalen Mix zwischen Tradition und Innovation und eine breite Palette an
Leckereien!

TIPP: Gebratene Leber mit Bratkartoffeln

Wirtshaus Gläßl im Gut

WWW.WIRTSHAUSIMGUT.DE   GPS: 50°03'22"N / 12°03'45"E

ANGELN FÜR DUMMIES

Beim Gläßl in Göpfersgrün ist der Fisch so frisch wie nur irgend möglich. Direkt neben dem Kochtopf endet ein Fischbecken, dessen andere Seite vom Gastraum aus zu sehen ist. So kann man sich sein Mittagessen direkt aussuchen - einmalig in der Region. Das Wirtshaus zählt im Übrigen zu den zehn besten Bayerns, sagt zumindest ein Wettbewerb aus 2007 und aus 2010 der bayerischen Küche mit über 700 Teilnehmern. Und die Goldmedaille hat sich Roland Gläßl auch redlich verdient - testen Sie, und Sie werden es bestätigen!

BIER

Hönicka/Wunsiedel: Landbier (vom Fass), leichtes Weißbier.
Kulmbacher: Kapuziner Weiße, Kloster Schwarzbier (beides vom Fass), Kapuziner dunkles Weißbier, Kapuziner Kristallweizen, Kapuziner alkoholfreies Weißbier.

KÜCHE

Hausmacher Brotzeiten. Täglich große Karte mit warmen Gerichten. Spezialitäten: Forelle und Bachsaibling, Karpfen und Waller mit fränkischer Lebkuchen-Butter-Soße und Knödel (saisonal), Kronfleisch (Mi).

PLÄTZE (außen/regensicher)

60/140

ANSCHRIFT

Göpfersgrün 2
95632 Wunsiedel
Tel.: 09232-917767

ÖFFNUNGSZEITEN

Mo 11 bis 14 Uhr
Mi bis Sa 11 bis 14 Uhr & ab 17 Uhr
So und Feiertage ab 11 Uhr
Dienstag Ruhetag

TIPP: Fische aus eigener Zucht

Hotel Gasthof Stern

WWW.STERNTEAM.DE   GPS: 49°46'10" N / 11°20'10" E

ALLES, WAS MAN BRAUCHT

Schon bei der Anfahrt macht der Gasthof einfach ein schönes Bild: Das Fachwerkhaus, davor viel Grün, dahinter ein ganzes Wäldchen - einfach idyllisch. Vor Ort entdeckt man noch den zweiten Biergarten hinter dem Haus und einen schönen Spielplatz mit Sandkasten und Ritterburg. Dazu noch Steinbier und Wallfahrtsbier, eine gute Fränkische Küche mit feinem Fischeinschlag - wir waren begeistert!

BIER

Leikeim/Altenkunstadt: Pils, Landbier, Kellerbier (alles vom Fass), restliches Flaschenbier-Sortiment. Held/Oberailsfeld: Wallfahrtsbier (vom Fass). Schlenkerla/Bamberg: Rauchbier.

KÜCHE

Hausmacher Brotzeiten. Täglich große Karte mit warmen Gerichten. Spezialitäten: Forellenfilet im Blätterteig, Schäuferla, Rinderroulade, fränkischer Brotzeitteller.

PLÄTZE (außen/regensicher)

200/260

ANSCHRIFT

Pezoldstraße 5
91327 Gößweinstein
Tel.: 09242-98765

ÖFFNUNGSZEITEN

Täglich ab 8 Uhr
Ab Ostern bis Ende Okt.
Kein Ruhetag
Anfang Nov. bis Ostern
Mittwoch Ruhetag

TIPP: Rinderroulade

Scheffel-Gasthof

WWW.SCHEFFEL-GASTHOF.DE

GPS: 49°46'15" N / 11°20'18" E

VIEL ZU ERZÄHLEN

Der Gasthof Scheffel hat viele Geschichten zu erzählen. So zum Beispiel die des Eintrags von Frankendichter Joseph Viktor von Scheffel (1826-1886 „Wohlauf die Luft geht frisch und rein ..."), der vor über 100 Jahren mehrmals zu Gast war. Die Seite mit der Widmung war eines Tages plötzlich verschwunden und kam erst einige Zeit später anonym über kuriose Wege wieder zurück. Heute hängt sie in der Scheffel-Stube des Gasthauses. Auch über die Familie gäbe es noch viel zu sagen. Dieser Teil folgt dann in der nächsten Ausgabe.

BIER

Leikeim/Altenkunstadt: Pils, Landbier (alles vom Fass), Schwarzbier, Kellerbier, Alkoholfreies. Held/Oberailsfeld: Gößweinsteiner Wallfahrtsbier (vom Fass). Maisel/Bayreuth: Leichtes Weizen.

KÜCHE

Fränkische Brotzeiten. Täglich große Karte mit warmen Gerichten. Spezialitäten: Frische Forellen, fränkischer Sauerbraten, Schäuferla, Wildgerichte, Saisongerichte.

PLÄTZE (außen/regensicher)

100/120

ANSCHRIFT

Balthasar-Neumann-Straße 6
91327 Gößweinstein
Tel.: 09242-201

ÖFFNUNGSZEITEN

Täglich ab 8 Uhr
Montag Ruhetag

TIPP: Frische Forellen

Symbolerklärung s. vordere Klappe

Gasthof Maintal

WWW.GASTHOF-MAINTAL.DE   GPS: 50°07'24" N / 11°02'05" E

BIER

St. Georgen Bräu/Buttenheim: Keller, Pils, helles Bier, Hefeweizen (alle vom Fass), Landbier, leichtes Bier, Alkoholfreies.

KÜCHE

Fränkische Brotzeiten. Täglich große Karte mit warmen Gerichten. Spezialitäten: Kümmelbraten, Poulardenbrüstchen, Lammrückenfilet, hausgemachter Gemüsestrudel, Steinbeisser (saisonal).

PLÄTZE (außen/regensicher)

70/190

ANSCHRIFT

Alte Bundesstraße 5
96231 Bad Staffelstein-Grundfeld
Tel.: 09571-3166

ÖFFNUNGSZEITEN

Di bis Sa ab 10.30 Uhr
So 9.30 bis 14 Uhr
Montag Ruhetag

DIE GROSSE FAMILIE

Bei Familie Zipfel zählt vor allem eines: Die Gäste kommen immer wieder. Solche Wiederholungstäter müssen ja ihre Gründe haben, schließlich ist die (auch im vorliegenden Buch dokumentierte) gastronomische Vielfalt in der Region relativ groß. Wir haben also nachgefragt. Für die einen liegt es am Kümmelbraten, für die anderen an der liebenswürdigen Art der Wirtsleute, wieder andere kennen die Tradition, bei Zipfels einzukehren, schon aus den Tagen ihrer Kindheit. Sagen Sie also nicht, wir hätten nicht gewarnt, Sie werden kommen, um zu bleiben ...

TIPP: Gemüsestrudel

Hotel Gasthof Turm

WWW.GASTHOFTURM.DE

GPS: 50°12'34"N / 12°05'45"E

AUS DEM BODEN GESTAMPFT

Vor zehn Jahren noch grüne Wiese, findet der Gast heute ein Hotel inklusive Freizeitpark und kleinem Biergarten vor. Jürgen Reinsch verwirklichte eigenhändig seinen Traum vom eigenen Paradies. Sogar an eine Honeymoon-Suite im Turm hat er gedacht – die ist besonders beliebt bei Hochzeitsjubiläen. Kinder fasziniert vor allem das umfangreiche Angebot des Freizeitparks vom Autoscooter über Wasserrutschen und Karussells bis hin zu Bike-Looping und eigenem Ferienschiff. Hier können Eltern also mal ausführlichst ausspannen. Jürgen Reinsch legt übrigens ebenso beim Essen Hand an, er steht hinter dem Kochtopf und verzichtet auf Geschmacksstoffe aller Art.

BIER

Püls/Weismain: Weizen, Pils (beides vom Fass), Kellertrunk, leichtes Weizen.

KÜCHE

Fränkische Brotzeiten. Täglich große Karte mit warmen Gerichten. Spezialitäten: Schlemmerpfanne, vegetarische Nudelpfanne, fränkischer Brotzeitteller.

PLÄTZE (außen/regensicher)

30/90

ANSCHRIFT

Grünhaid 4
95173 Schönwald
Tel.: 09287-50364

ÖFFNUNGSZEITEN

Täglich ab 11 Uhr
Kein Ruhetag

TOP-TIPP für Familien mehr S. 12

TIPP: Kornbergplatte

Felsenkeller Senftenberg

WWW.BIER.BY · GPS: 49°48'52" N / 11°04'31" E

BIER

Gunzendorfer Bier: Lager (vom Fass), Weizen, Schlückla (Rauchbier).

KÜCHE

Fränkische Brotzeiten. Täglich ein warmes Gericht. Spezialitäten: Selbstgemachter Ziebeleskäse, selbstgebackenes Holzofenbrot, Bratwürste.

PLÄTZE (außen/regensicher)

750/150

ANSCHRIFT

Senftenberg 1
96155 Buttenheim-Gunzendorf
Tel.: 09545-70693

ÖFFNUNGSZEITEN

Anfang Mai bis Ende Sep.
Mo bis Fr ab 16.30 Uhr
bei schlechtem Wetter geschlossen
Sa, So und Feiertage ab 13 Uhr
auch bei schlechtem Wetter geöffnet
Anfang Okt bis Ende Nov. und
Anfang Jan. bis Ende Apr.
Sa ab 15 Uhr
So und Feiertage ab 13.30 Uhr
Montag bis Freitag geschlossen
Anfang bis Ende Dez. komplett
geschlossen

BIER UNTER DEM SEGEN DES HEILIGEN ST. GEORG

Bis ins 19. Jahrhundert war der Senftenberg Ziel für St. Georgs-Wallfahrten. Diese Tradition wurde Anfang der 50er Jahre erfolgreich wiederbelebt, und so findet nun jedes Jahr um den Georgstag Ende April der „Georgiritt" statt. Pferde, Gespanne, Kutschen und ein Wallfahrertross machen sich auf den Weg zur Kapelle auf dem Berg. Danach ist die Einkehr im imposanten Felsenkeller quasi Pflicht. Das legendäre hier gebackene Holzofenbrot und die Brotzeiten aus eigener Hausschlachtung schmecken nicht nur den Pilgern. Wahlfreiheit gibt es dabei übrigens für alle Gäste: Der Inhalt der Hausplatte kann selbst kombiniert werden. Für Liebhaber sei das „Schlückla" – ein Rauchbier der Brauerei Sauer aus Gunzendorf – erwähnt.

TIPP: Holzofenbrot

Dorfkeller Lieberth

WWW.BIER.BY   GPS: 49°45′19″N / 10°58′26″E

ÄLTER ALS DIE BÄUME

Es ist schwer zu sagen, ob die Bäume um den Keller der Brauerei Lieberth oder der Keller selbst den Altersvergleich gewinnen – weit über 200 Jahre schenkt man hier jedenfalls das feine Kellerbier aus. Besonders imposant ist es am Dorfkellerfest (zwei Tage Mitte Juli), wenn man bei Live-Musik den traditionellen Kümmelbraten verkostet. Tipp: Freitags Makrelen und Heringe vom Holzkohlengrill.

TIPP: Kümmelbraten, Gerupfter

BIER

Eigene Brauerei: Naturtrübes Kellerbier (vom Fass).

KÜCHE

Hausmacher Brotzeiten. Täglich kleine Karte mit warmen Gerichten. Sonntag Mittagstisch. Spezialitäten: Kümmelbraten, Brotzeiten, selbstgemachter Obatzter.

PLÄTZE (außen/regensicher)

400/40

ANSCHRIFT

Kreuzbergstraße 17
91352 Hallerndorf
Tel.: 09545-509566

ÖFFNUNGSZEITEN

Mo bis Fr ab 16 Uhr
Sa ab 15 Uhr
So ab 10 Uhr
Kein Ruhetag
Bei schlechtem Wetter geschlossen

Symbolerklärung s. vordere Klappe

Kreuzbergkeller Lieberth

WWW.BIER.BY   GPS: 49°45'35"N / 10°57'17"E

KLEIN UND FEIN IN DER MITTE

Der zweite links – Das ist die Antwort, wenn man Einheimische auf dem Weg zum Lieberth´s Keller nach dem Weg fragt – zumindest, wenn man aus Richtung Hallerndorf kommt. Mit dem Auto ist dann trotzdem bald Schluss, eine kleine Wanderung zum Berg ist angesagt. Die allerdings lohnt sich – das naturtrübe Kellerbier verlangt nach einem tiefen Schluck für jeden gelaufenen Meter.

BIER

Eigene Brauerei: Kellerbier (vom Fass). Püls/Weismain: Weizen. Kaiser/Neuhaus: Alkoholfreies.

KÜCHE

Hausmacher Brotzeiten. Täglich kleine Karte mit warmen Gerichten. So und Feiertage Mittagstisch. Spezialitäten: Schaschlik, Spareribs, Kellerplatte.

PLÄTZE (außen/regensicher)

300/45

ANSCHRIFT

Kreuzberg
91352 Hallerndorf
Tel.: 09545-70746

ÖFFNUNGSZEITEN

Anfang Mai bis Ende Okt.
Täglich ab 15 Uhr
So und Feiertage ab 11.30 Uhr
Kein Ruhetag
Anfang Dez. bis Ende Apr.
Fr und Sa ab 16 Uhr
So und Feiertage ab 11.30 Uhr
Mo bis Do geschlossen
Anfang bis Ende Nov. geschlossen

TIPP: Schaschlik (selbstgemacht)

Rittmayer-Keller

WWW.RITTMAYER-KELLER.DE   GPS: 49°45'35"N / 10°57'17"E

HALLERNDORF PUR

An dieser Stelle muss es einmal vermerkt werden: Hallerndorf ist sogar im fränkischen Vergleich ein Unikat: Auf nicht einmal 4000 Einwohner kommen ein Kellerberg, sechs Brauereien und zahlreiche Wirtschaften und Bierkeller – darauf ist wohl auch der Spitzname als heimliches Mekka der Biertrinker zurückzuführen. Beim Rittmayer ist vor allem das Räucherla hervorzuheben, genauso wie das helle, süffige Landbier.

BIER

Eigene Brauerei: Landbier, Weißbier, Kellerbier, Räucherla (alles vom Fass), Bock (saisonal), leichtes Weizen, Winterhefeweizen (saisonal).

KÜCHE

Fränkische Brotzeiten. Täglich mittelgroße Karte mit warmen Gerichten. Spezialitäten: Schäuferla, Bohnenkerne, saure Lunge (Di), Rifferla (Fr), gegrillte Heringe und Makrelen (Fr und So).

PLÄTZE (außen/regensicher)

350/160

ANSCHRIFT

Kreuzberg 18
91352 Hallerndorf
Tel.: 09545-4554

ÖFFNUNGSZEITEN

Anfang Mai bis Ende Sep.
Täglich ab 11.05 Uhr
Anfang Okt. bis Ende Apr.
So und Feiertage ab 11.05 Uhr
Montag bis Samstag geschlossen
(nach Vereinbarung auch außerhalb
dieser Zeiten geöffnet)
Anfang bis Ende Nov. geschlossen

TIPP: Saure Lunge

Gesegnetes Pilgerbier

WWW.BRAUHAUS-AM-KREUZBERG.DE

„Für so etwas hat man dann doch immer Zeit," meinte Pfarrer Matthias Steffel mit einem Schmunzeln, als er nach getaner Arbeit zum Bierkrug greifen konnte. Schließlich hatte er – nach absolvierter Sternfahrt 2010 von Hallersdorf, Willersdorf und Schnaid auf den Kreuzberg – gerade im Lagerkeller des Brauhauses am Kreuzberg Neuland betreten. Zum ersten Mal segnete der Geistliche das neue Pilgerbier von Norbert Winkelmann.

Der hatte sich eine neue Spezialität überlegt - ein Bier aus Gerste, Weizen, Roggen, Emmer, Einkorn, Hafer und Dinkel. Mit 13,5% Stammwürze hat das kräftige Bier einen hohen Stammwürzegehalt, aber trotzdem nur moderate 4,5% Alkohol. Gedacht ist der Gerstensaft für die vielen Pilger, die sich seit der Einrichtung des Jakobsweges am Kreuzberg hier einfinden. Von jedem verkauften Seidla fließen nämlich 50 Cent je zur Hälfte an die Kirche zum Erhalt der Kreuzbergkapelle und den Träger des Jakobsweges zur Pflege von Strecke und Beschilderung. Und damit das neue Bier gleich unter einem guten Stern steht, fanden sich Bürgermeister Heribert Weber und Pfarrer Steffel am Abend im Brauhaus am Kreuzberg ein, um das Pilgerbier zu weihen.

„Die Gaben der Erde sind den Menschen gegeben, damit er etwas Gutes daraus macht," schloß Matthias Steffel seine kleine Ansprache, die er mit dem bekannten Satz „Der Mensch lebt nicht vom Brot allein" eröffnet hatte. Gemeinsam mit zwei Ministranten war die Weihe innerhalb weniger Minuten vollzogen und das erste Pilgerbier gezwickelt, also frisch aus dem Lagertank gezapft, die anderen Gäste folgten. Gleich mit dem ersten Schluck waren sie alle begeistert: „Ein Segen für die Pilger!" Doch nicht nur die können zugreifen, denn das Pilgerbier wird eines von acht Bieren sein, die im beliebten Brauhaus-Bierkeller am Kreuzberg direkt vom Fass ausgeschenkt werden.

Bürgermeister und Pfarrer machten sich über Pfingsten gemeinsam mit den Ministranten des Unteren Aischgrundes auf nach Rom, zu einer Pilgerreise mit Papstaudienz. Klar, dass dazu nun auch mehrere Flaschen des neuen Pilgerbieres gehörten, die dann in der Ewigen Stadt den Vatikanvertretern und natürlich Seiner Heiligkeit persönlich überreicht wurden. Damit dürfte das Pilgerbier vom Kreuzberg nicht nur das erste hiesige geweihte Pilgerbier sein, sondern wohl auch der erste solche Gerstensaft, der dem Heiligen Vater persönlich überreicht wurde. Unseren Lesern können wir nun nur noch die kleine Wallfahrt auf den Kreuzberg ans Herz legen: Schließlich gibt es das Pilgerbier nur im dortigen Brauhaus – und in Rom, aber dahin dauert es ein bisschen länger...

Brauhaus am Kreuzberg

WWW.BRAUHAUS-AM-KREUZBERG.DE GPS: 49°46′19″N / 10°56′45″E

WALLFAHRT MIT SCHUSS

Als im 16. Jahrhundert der Kreuzberg zum Wallfahrtsort avancierte, kam man bei Familie Friedel, die mindestens seit 1461 die Gaststätte in Schnaid betreibt, auf die Idee, eine „Imbissstation" für die Gläubigen einzurichten. Der Friedel's Keller war geboren. Heute ist die große Anlage im Wald immer noch ein Besuchermagnet. Kein Wunder, denn die feinen Speisen aus der Küche von Koch und Metzger Norbert Winkelmann sowie die genialen Biere, die er im Sudhaus zaubert, überzeugten bisher noch jeden Gast. Spätestens beim Abschluss-Schnaps (hier hat mal aus über 100 selbstgebrannten Edelbränden die Wahl) gibt es nur noch eines: Glückliches Lächeln!

BIER

Eigene Brauerei: Zwickel, Hopfengold (Pils), Hefeweizen, Schlotfegerla (leichte Rauchnote), gesegnetes Kreuzberger Pilgerbier, Roggenbier, Whiskeybier, Kreuzbergator, viele saisonale Biere (alles vom Fass).

KÜCHE

Hausmacher Brotzeiten. Täglich mittelgroße Karte mit warmen Gerichten. Spezialitäten: Schäuferla, Krustenbraten, Bohnenkerne, Biergerichte.

PLÄTZE (außen/regensicher)

500/350

ANSCHRIFT

Schnaid 10
91352 Hallerndorf
Tel.: 09545-4736 oder 09543-850625

ÖFFNUNGSZEITEN

Apr. bis Okt.
Täglich ab 10 Uhr
Kein Ruhetag
Nov. bis März
Fr, Sa, So und Feiertage ab 11 Uhr
Mo bis Do auf Bestellung geöffnet

TOP-TIPP für Familien mehr S. 12

TIPP: Schäuferla

Symbolerklärung s. vordere Klappe

Schäferstuben Häusles

WWW.HAEUSLES.DE **GPS: 50°14'05" N / 11°14'09" E**

BIER

Jahnsbräu/Ludwigstadt: Kellergold, Pils (beides vom Fass), Hefeweizen.

KÜCHE

Hausmacher Brotzeiten. Warmes Essen nur auf Bestellung. Spezialitäten: Schäferplatte, Hausmacher Platte, Lammeintopf auf Bestellung (Schafe aus eigener Zucht).

PLÄTZE (außen/regensicher)

50/80

ANSCHRIFT

Häusles 3
96268 Mitwitz
Tel.: 09266-413

ÖFFNUNGSZEITEN

Täglich ab 17 Uhr
Sa, So und Feiertage ab 13 Uhr
Mittwoch Ruhetag
(Für Gruppen auf Anmeldung auch außerhalb dieser Zeiten geöffnet)

WASSER, BEWEGUNG, ERNÄHRUNG, KRÄUTER UND LEBENSORDNUNG

Das sind die fünf Elemente der Kneippschen Lehre, die hier auf dem Hof von Sigrun Hofmann auch gelebt werden - und gelebt werden können. Schließlich gibt es ein Wassertretbecken, jede Menge Bewegungsraum, feine Lammgerichte aus eigener Zucht und die Möglichkeit, selbst vieles mitzuerleben. Beispielsweise die Schaffütterung, die man auch mitmachen kann, oder die Führung durch das Damwildgehege, bei der man dem mittlerweile legendären Hirsch Anton begegnet, der allen Kindern aus der Hand frisst. Wer dann immer noch nicht ausgelastet ist, kann auch noch Erntehelfer spielen.

TIPP: Schäferplatte, Spanferkel (auf Bestellung)

Kathi Bräu

WWW.BIER.BY

DA, WO DAS BIKE WOHNT

Am ehemaligen Schloss finden sich vor allem die Motorrad fahrenden Fränkische-Schweiz-Touristen. Und die kommen nicht nur wegen des Guinness-Buch-Eintrags von Aufseß (höchste Brauereidichte pro Kopf: 4/1500), sondern weil Kathi Bräu sich seit den Tagen von Brauerin Kathi Meyer zu einem regelrechten Motorrad-Mekka entwickelt hat. Hier trifft man sich und plauscht und kann sich sicher sein, dass immer Gleichgesinnte da sind. Ein Auto hingegen ist quasi ein unbekanntes Objekt auf dem Hof. Man braut für sein Publikum zudem extra ein leichtes Bier, damit die Biker auch heil wieder aus der Fränkischen hinausfinden.

BIER

Eigene Brauerei: Dunkles Lager, Leichtes (beides vom Fass), Bock (März).

KÜCHE

Fränkische Brotzeiten. Täglich kleine Karte mit warmen Gerichten. Spezialitäten: Schaschlik (Fr), selbstgebackene Kuchen.

PLÄTZE (außen/regensicher)

300/190

ANSCHRIFT

Heckenhof 1
91347 Aufseß-Heckenhof
Tel.: 09198-277

ÖFFNUNGSZEITEN

Täglich ab 9 Uhr
Kein Ruhetag

TIPP: Käsekuchen und Kawasaki

Symbolerklärung s. vordere Klappe

Heiligenstadter Hof

WWW.HOTEL-HEILIGENSTADTER-HOF.DE GPS: 49°51'53" N / 11°10'10" E

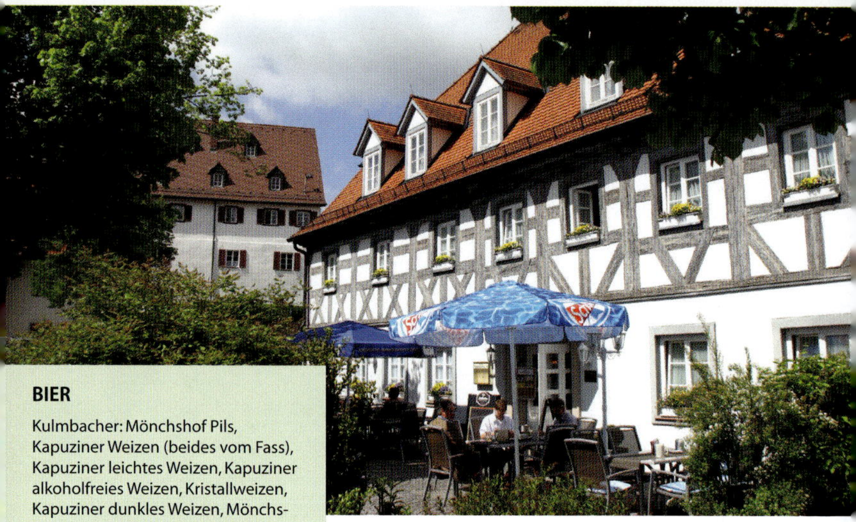

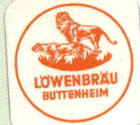

BIER

Kulmbacher: Mönchshof Pils, Kapuziner Weizen (beides vom Fass), Kapuziner leichtes Weizen, Kapuziner alkoholfreies Weizen, Kristallweizen, Kapuziner dunkles Weizen, Mönchshof Schwarzbier. Löwenbräu/Buttenheim: Lager (vom Fass). Leikeim/Altenkunstadt: Premium Pils, alkoholfreies Bier. Schlenkerla/Bamberg: Rauchbier.

KÜCHE

Fränkische Brotzeiten. Täglich mittelgroße Karte mit warmen Gerichten. Spezialität: Rehbraten, Kräuterforelle in Alufolie gebacken, blaue Zipfel, Schäuferla.

PLÄTZE (außen/regensicher)

120/200

ANSCHRIFT

Marktplatz 9
91332 Heiligenstadt
Tel.: 09198-782 oder -781

ÖFFNUNGSZEITEN

Täglich ab 7 Uhr
Kein Ruhetag

PERFEKTER HALT FÜR FRANKENWEG-PILGER

Mitten im Ort liegt der Heiligenstädter Hof, der demnächst seinen 20. Geburtstag begehen kann. Johannes Harrer und seine Familie bieten ihren Gästen eine reichhaltige Bier- und Speisekarte, auf der man eine kleine Frankenreise unternehmen kann. Übrigens hat der Ortsname nichts mit einem Heiligen zu tun, sondern schrieb sich bei der ersten Erwähnung 1365 noch Haldenstat (= Stadt an der Halde, am Hang) und später dann (lutherisches) Hallstadt.

TIPP: Kräuterforelle in Alufolie gebacken

Bus 221 Heiligenstadt Raiffeisenstraße

Restaurant Kastaniengarten

WWW.RESTAURANT-KASTANIENGARTEN.DE   GPS: 49° 57′ 57″ N / 11° 32′ 03″ E

KASTANIENDACH DER WELT

Es gibt in ganz Oberfranken wohl kaum einen schöneren „Kastaniengarten" als hier. So gesehen ist der Name also durchaus gerechtfertigt. Dass unter diesen prachtvollen Bäumen auch noch so gut gegessen werden kann, verdanken die Gäste Jochen Gruber, der das Haus 1998 übernahm. Schnell krempelte dieser das zuvor einfache „Wirtshaus" um und besticht inzwischen mit Küche auf hohem Niveau, kombiniert mit gut bürgerlichen fränkischen Spezialitäten zum Wochenend-Mittagstisch. Zwischendurch gibt es auf der Speisekarte auch mal Kängurukeule oder Straußen- bzw. Krokodilfleisch. Bei schönem Wetter wird jeden Freitag gegrillt, ein ganz besonderer Tipp, denn Fisch wie Fleisch schmecken gleich noch einmal so gut, wenn schon vor dem Verkosten die Düfte in der Luft liegen. Die Räumlichkeiten des Restaurants eignen sich übrigens hervorragend für Feste und Feiern aller Art.

BIER

Bayreuther Bierbrauerei: Pilsener, Zwickel (beides vom Fass), Dunkles, Aktien Original. Maisel/Bayreuth: Verschiedene Weizenbiere.

KÜCHE

Fränkische Brotzeiten. Täglich große Karte mit warmen Gerichten. Sa, So und Feiertage Mittagstisch. Spezialitäten: Saisonale Gerichte, z. B. Spargel- oder Pfifferlingsgerichte.

PLÄTZE (außen/regensicher)

150/200

ANSCHRIFT

Cottenbacher Strasse 1
95500 Heinersreuth
Tel.: 0921- 480886

ÖFFNUNGSZEITEN

Di bis Fr ab 17.30 Uhr
Sa, So und Feiertage 11 bis 14 Uhr
und ab 17.30 Uhr
Montag Ruhetag

TIPP: Gegrilltes am Freitag (bei Sonne ab 17.30 Uhr)

Erlebnispark Schloss Thurn

TOP-TIPP für Familien
mehr S. 12

WWW.SCHLOSS-THURN.DE

Gemeinsam mit der Familie einen Tag in der traumhaften Erlebnis-welt von Schloss Thurn erleben: Die Kinder fiebern mit im wilden Westen bei der Westernshow und dem täglichen Ritterturnier mit echten Rittern, die um die Gunst der schönen Prinzessin hoch zu Ross streiten.

Danach fahren alle zusammen mit der Wildwasser- und Achterbahn. Während die Kinder noch weiter Tiere streicheln oder im Kletterzirkus herumtollen, erholen Sich die Eltern auf der Liegewiese bei klassischer Musik mit Blick auf das barocke Wasserschloss Thurn. In der grünen Oase können sie richtig die Seele baumeln lassen. **Gemeinsam viel erleben und doch einen erholsamen Tag mit der ganzen Familie genießen: Das ist der Erlebnispark Schloss Thurn.**

Info:
Erlebnispark Schloss Thurn
91336 Heroldsbach
Tel. 09190 / 9298-98
Internet: www.schloss-thurn.de

Unser Tipp: Im August präsentieren Ihnen die Ritter eine einmalige Show bei Nacht. Erleben Sie atemberaubende Pferde-stunts und Vorführungen mit dem Element Feuer. *Weitere Infos und Termine siehe Website www.schloss-thurn.de*

Wir verlosen 10 Familienkarten!

Zur Teilnahme einfach eine Email mit dem **Betreff „Schloss Thurn"** und Anschrift/Kontaktdaten an die **info@guidemedia.de** schicken.

Symbolerklärung s. vordere Klappe

Landgasthof Haueis Hermes

WWW.LANDGUT-HERMES.DE　　　　　**GPS: 50°08'49"N / 11°36'21"E**

BIER

EKU: Pils (vom Fass). Kulmbacher: Kapuziner Hefeweizen, Mönchshof Kellerbier (beides vom Fass). Maisel/Bayreuth: Leichtes Weizen. Schlenkerla/Bamberg: Rauchbier. Schierlinger: Roggen. Schneider/Kelheim: Weiße. Weltenburger: Dunkel.

KÜCHE

Fränkische Brotzeiten. Täglich große Karte mit warmen Gerichten. Spezialitäten: Forellen und Karpfen aus eigener Zucht, Forellenleber, Haxen, Angussteaks.

PLÄTZE (außen/regensicher)

80/180

ANSCHRIFT

Hermes 1
95352 Marktleugast
Tel.: 09255-245

ÖFFNUNGSZEITEN

Täglich ab 7 Uhr
Kein Ruhetag
(Anfang bis Ende Feb. und erste
Woche im Nov. geschlossen)

IDYLLISCHER GEHEIMTIPP IM WALD

Lange Zeit besaß der 25-Einwohner-Ort Hermes nicht einmal ein eigenes Ortsschild, schon immer aber steht der Landgasthof Haueis für feinste Küche und erholsame Stunden abseits der großen Verkehrsrouten. Schon vor dem 30jährigen Krieg datiert die Geschichte der Hermeser Familie Haueis, seit 1924 betreibt sie die Gaststätte. Markenzeichen: Die Fische aus eigener Zucht. Um die Teiche herum führen übrigens zahlreiche Wanderwege, die alle am Gasthaus starten. Doch auch das Wild und das Angus-Fleisch stammen aus dem Ort bzw. seiner direkten Umgebung. Die vielen Stammgäste lieben die familiäre Atmosphäre im Haus. Familie heißt hier nicht nur Haueis, sondern auch Mitarbeiter und Gast. Nicht zuletzt deswegen ist der Gasthof ein beliebter Ort für Hochzeiten, Geburtstage und Feierlichkeiten aller Art.

TIPP: Saure Forelle (ähnlich wie Brathering)

Gasthaus Heroldsmühle

WWW.HEROLDSMUEHLE.EU   **GPS: 49°53'31" N / 11°08'04" E**

JEDEN SAMSTAG FRISCH GERÄUCHERT

Frische Forellen sind das A und O in der Heroldsmühle. Neben den geräucherten Klassikern gibt es sie auch als Müllerin, Bäckerin, Pfefferforelle, Forelle blau, Bärlauch- oder Herbstforelle. Ein Paradies also für alle Fischfreunde. Neben dem historischen Gebäude dreht sich übrigens noch eines der größten noch funktionsfähigen Mühlräder der Welt mit über 7 Metern Durchmesser, auch wenn es heute nur noch zur Zierde ist. Neben dem Biergarten vor dem Haus gibt es noch einen alten Bierkeller, der aber nur im Sommer geöffnet ist.

TIPP: Forellengerichte

BIER

Reh/Lohndorf: Dunkles, Pils (beides vom Fass), Zwick'l, Weizen. Maisel/Bayreuth: Leichtes Weizen, alkoholfreies Weizen.

KÜCHE

Fränkische Brotzeiten. Täglich mittelgroße Karte mit warmen Gerichten. Spezialitäten: Fischgerichte (ab 17 Uhr), Schnitzel Heroldsmühle, Schweinebraten, geräucherte Forelle.

PLÄTZE (außen/regensicher)

68/58

ANSCHRIFT

Heroldsmühle 3
91332 Heiligenstadt
Tel.: 09198-641

ÖFFNUNGSZEITEN

Mi bis So & Feiertage 11.30 bis 20 Uhr
Montag und Dienstag Ruhetag
(an Feiertagen geöffnet)

Symbolerklärung s. vordere Klappe

Gasthaus Herrmann

WWW.BIER.BY **GPS: 49°47'28"N / 10°53'11"E**

BIER

Rittmayer/Hallerndorf: Dunkles, Landbier hell, Weizen (alles vom Fass), Kellerbier, dunkles Weizen, leichtes Weizen.

KÜCHE

Hausmacher Brotzeiten. Täglich mittelgroße Karte mit warmen Gerichten. Spezialitäten: Karpfen (saisonal), Karpfenfilet, verschiedene Schnitzelvariationen, Hausplatte.

PLÄTZE (außen/regensicher)

90/120

ANSCHRIFT

Zentbechhofener Straße 14
96158 Frensdorf-Herrnsdorf
Tel.: 09502-396

ÖFFNUNGSZEITEN

Fr und Sa ab 16 Uhr
So und Feiertage ab 11.30 Uhr
Montag bis Donnerstag Ruhetag

DER NEULING

Familie Herrmann betreibt schon über 50 Jahre das kleine Gasthaus in Herrnsdorf. Doch den Entschluss, auch einen Biergarten zu eröffnen, fasste Clanchef Peter Herrmann erst 1997. Seitdem können die Gäste in dem wunderschönen Garten auch im Freien die Spezialitäten Ente und Bratwürste genießen. Zudem sind Sohn Stefan und Frau Annette persönlich immer um ihr Wohl bemüht. Insbesondere Familien schätzen das Gasthaus, weil man weit ab von der Straße sitzt und die Kleinen einen einladenden Spielplatz zur Verfügung haben.

TIPP: Ente

Bus 978, 983 Abzw. Frensdorf, Frensdorf-Herrnsdorf

Brauereigasthof Penning-Zeissler

WWW.BIER.BY — GPS: 49°43'44" N / 11°12'01" E

VIEL BIER, VIEL EHR

Bei Familie Penning hat man den Eindruck, dass in den Adern statt Blut schon seit langer Zeit nur Gerstensaft fließt – haben sie es doch seit 1620 geschafft, die Brauerei immer im Familienbesitz zu halten. Und das mit viel Kreativität – neben den Klassikern wie dem Dunklen (sehr süffig vom Fass), Pils und Lager gibt es Maibock, Weihnachtsbock, Festbier zum Frühling und Festbier zu Weihnachten. Also reichlich Grund, regelmäßig zu testen…

TIPP: Bratwürste

BIER

Eigene Brauerei: Dunkles (vom Fass), Pils, unfiltriertes Lager, Maibock (saisonal), Festbier (saisonal).

KÜCHE

Fränkische Brotzeiten. Täglich kleine Karte mit warmen Gerichten. So Mittagstisch. Spezialitäten: Schnitzel, Bratwürste, verschiedene Bräten (So).

PLÄTZE (außen/regensicher)

80/90

ANSCHRIFT

Hetzelsdorf 9
91362 Pretzfeld
Tel.: 09194-252

ÖFFNUNGSZEITEN

Mi bis Fr ab 17 Uhr
Sa, So und Feiertage ab 9 Uhr
Montag und Dienstag Ruhetag

Symbolerklärung s. vordere Klappe

ONLINE AUF WWW. Bier.BY

Mendelwirt „Schwarzer Adler“

WWW.BIER.BY GPS: 49°38'10" N / 11°07'45" E

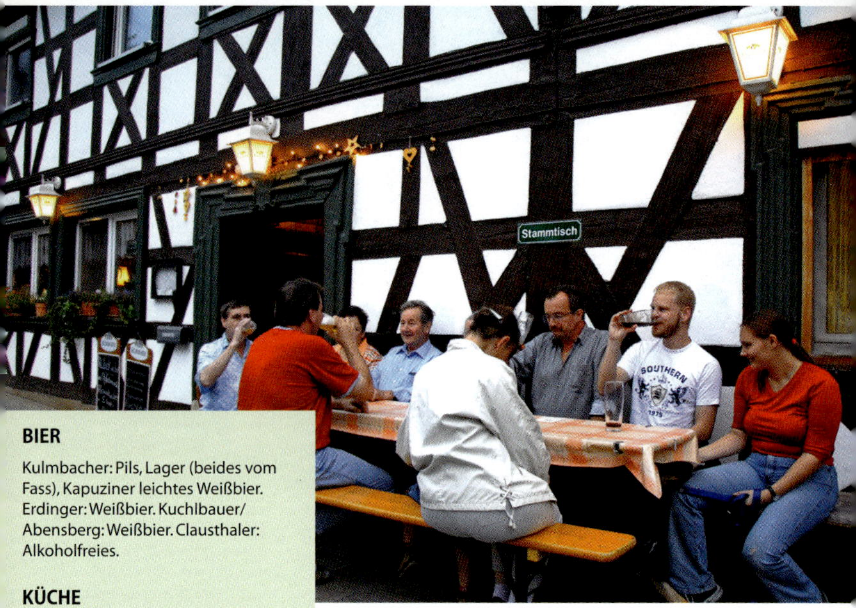

BIER

Kulmbacher: Pils, Lager (beides vom Fass), Kapuziner leichtes Weißbier. Erdinger: Weißbier. Kuchlbauer/ Abensberg: Weißbier. Clausthaler: Alkoholfreies.

KÜCHE

Hausmacher Brotzeiten. Täglich mittelgroße Karte mit warmen Gerichten. Spezialitäten: Fränkische Bratwürste, Pfefferbraten, Sülze mit Bratkartoffeln, Ente, Schäuferla, Wild (auf Anfrage), Baggers, Pfannkuchen.

PLÄTZE (außen/regensicher)

60/70

ANSCHRIFT

Hauptstraße 12
91077 Hetzles
Tel.: 09134-5131

ÖFFNUNGSZEITEN

Fr bis So ab 9 Uhr
Mo bis Mi 9 bis 14 Uhr und ab 16 Uhr
Do ab 18 Uhr
Dienstag Ruhetag

DER MENDELWIRT

Mitten in Hetzles steht seit 1765 der Schwarze Adler, Hausname „Mendelwirt“, mit einer etwa gleichaltrigen Linde im davor gelegenen Biergarten. Josefine Holzmann ist ein bisschen Mama für das ganze Dorf, die Vereine und Stammtische treffen sich alle hier. Ab und an gibt es Wildgerichte und zur Saison Karpfen aus eigener Zucht.

TIPP: Meerrettichfleisch

Bus 224 Gh. Schwarzer Adler, Hetzles

Landgaststätte Herold

EIN ECHTES KLEINOD

Liebenswürdig ohne Ende – so kommt der Landgasthof Herold rüber, insbesondere natürlich Chef Heinz und Ehefrau Gisela. Mit viel Liebe und Engagement wurde 1956 aus einer kleinen Schankwirtschaft erst eine Kneipe mit 19 Sitzplätzen und nach weiteren Um- und Anbauten 1972 und 1993 ein echter Klassiker, der viele Jahrzehnte den Mittelpunkt der Gegend bildete. Auch heute kümmern sich die Inhaber mit Hingabe um Ihre Gäste und schöpfen dabei aus dem Vollen. Zum Beispiel jeden Mittwoch, wenn der original amerikanische Barbecue-Smoker angeschürt wird. Dann gibt's Giant Burger (339 g!) und „Diäthaxen" (1 kg). Je nach Laune des Chefs und den Wünschen der Gäste kommt immer noch eine weitere Grillspezialität hinzu, wie etwa Fisch oder Geflügel - ein echter Genuss! Übrigens: Die nächste Generation steht bereits in den Startlöchern.

BIER

Leikeim/Altenkunstadt: Pils, Kellerbier, Radler. Maisel/Bayreuth: Leichtes Weizen, Bio-Weizen. Veltins: Pils.

KÜCHE

Fränkische Brotzeiten. Täglich mittelgroße Karte mit warmen Gerichten. Spezialitäten: Verschiedene Steaks und Schnitzel, verschiedene Bräten (So), Wild (So).

PLÄTZE (außen/regensicher)

40/130

ANSCHRIFT

Heubsch 21
95359 Kasendorf
Tel.: 09228-499

ÖFFNUNGSZEITEN

Täglich ab 8 Uhr
Donnerstag Ruhetag

TIPP: Mittwochs Giant Burger aus dem Smoker

Symbolerklärung s. vordere Klappe

Fichtelgebirgshof

WWW.FICHTELGEBIRGSHOF.DE   **GPS: 50°03'09" N / 11°37'17" E**

BIER

Kulmbacher: Kulmbacher Pils, Keller-
bier, Mönchshof Original (alles vom
Fass), Kulmbacher Alkoholfreies.
Maisel/Bayreuth: Maisels Weisse
(vom Fass), leichtes Weizen, dunkles
Weizen, Maisels Weisse alkoholfrei.

KÜCHE

Fränkische Brotzeiten. Täglich
große Karte mit warmen Gerichten.
Spezialitäten: Rinderfilet Laventino,
Bayerisches Rostzwiebelsteak,
Fichtelgebirgshof-Platte (für 2 oder
mehr Personen).

PLÄTZE (außen/regensicher)

250/350

ANSCHRIFT

Frankenring 1
95502 Himmelkron
Tel.: 09273-9900

ÖFFNUNGSZEITEN

Täglich ab 9 Uhr
Kein Ruhetag

ZWISCHEN DEN WELTEN

Der Fichtelgebirgshof, das sind eigentlich
sechs im wahrsten Sinne des Wortes ausge-
zeichnete Restaurants in einem ... in einem was?
Man könnte Autobahnrasthof dazu sagen, das
würde dem Ambiente allerdings nicht gerecht
werden. Was Werner und Irene Kauper da an der
A9 geschaffen haben, ist so etwas wie ein kulinarisches Gesamtkunstwerk. Es wird sowohl den
Zwischenstoppern von der Autobahn wie auch
den gezielt anreisenden Gourmets gerecht. Absolutes Highlight ist der eigens angelegte See -
der „kleine Südsee". Hier kann man an fast 5000
qm Wasserfläche im Liegestuhl unter Palmen in
weißem Sand relaxed sitzen. Viel mehr braucht
man eigentlich nicht dazu zu sagen, kommen
Sie selbst und staunen Sie ...

TIPP: Sauerbraten

    8358 Gössenreuth, Himmelkron   **DB**

Brauerei-Gasthof Kraus

WWW.BRAUEREI-KRAUS.DE　　　　　**GPS: 49°48'57"N / 10°59'12" E**

GUTE FAMILIENTRADITION

Über viele Jahre bzw. Jahrhunderte schon ist der Brauerei-Gasthof Kraus Zentrum des Hirschaider Lebens. Im Familienbesitz ist die Brauerei (1664 erstmals erwähnt) seit 1845. Zwischendurch stellte man sogar den Bürgermeister. Heute ist Hilde Kraus allgegenwärtige Chefin und geachtetes Mitglied der Gemeinde. Sie organisiert Benefizaktionen und ist immer Ansprechpartnerin für die Hirschaider. Seit 2006 gibt's das Bier sogar in Bügelflaschen, dem Krausenbügel. Empfohlen sei der Hirschentrunk und für Experimentierfreudige das Lapland Saunabier.

BIER

Eigene Brauerei: Lager, Pils, Weizen, Hefeweißbier, Hirschtrunk (alles vom Fass), Festbier (saisonal), Bockbier (saisonal).

KÜCHE

Hausmacher Brotzeiten. Täglich mittelgroße Karte mit warmen Gerichten. Spezialitäten: Hausplatte, Schäuferla, Knöchla, ofenfrischer Leberkäse, Wildgerichte, verschiedene Steaks.

PLÄTZE (außen/regensicher)

500/430

ANSCHRIFT

Luitpoldstraße 11
96114 Hirschaid
Tel.: 09543-84440

ÖFFNUNGSZEITEN

Täglich ab 8 Uhr
Dienstag Ruhetag im Gasthof
(Bei schönem Wetter Biergarten geöffnet)

TIPP: Hirschentrunk und Hausmacher

Häschaadä Keller

WWW.BIER.BY   GPS: 49°49'12" N / 10°59'46" E

BIER

Mahr/Bamberg: Kellerbier (vom Fass).
Kraus/Hirschaid: Lager (vom Fass).
Warsteiner: Alkoholfreies.

KÜCHE

Hausmacher Brotzeiten. Täglich
kleine Karte mit warmen Gerichten.
Spezialitäten: Hausmacher Sülze mit
Bratkartoffeln, Pressack, Göttinger,
selbstgemachter Gerupfter.

PLÄTZE (außen/regensicher)

400/0

ANSCHRIFT

Maximilianstraße gegenüber der
Autobahnmeisterei
96114 Hirschaid
Tel.: 09543-3758

ÖFFNUNGSZEITEN

Täglich ab 15 Uhr
Kein Ruhetag
Bei schlechtem Wetter geschlossen

KELLER OHNE FRITEUSE

Der Häschaadä Keller ist für die Hirschaider
so etwas wie der Neubert. Hat man gerade Zeit
und will mit der Familie etwas unternehmen,
dann geht man eben dorthin. Zu dem einen
zum Möbelgucken, zu dem anderen auf ein gutes Bier mit Brotzeit. Besonders der Pressack ist
einen Test wert – er wird noch selbst hergestellt
und hat immer wieder eine eigene Note. Offen
ist übrigens eigentlich immer, sogar öfter als
beim großen Bruder mit den Möbeln …

TIPP: Pressack

Landgasthof Reichsadler

WWW.GASTHOF-REICHSADLER.DE

GPS: 50°06'03"N / 12°05'10" E

BIERGARTEN-PERLE

Der Reichsadler in Höchstädt hat sich zum Edel-Biergarten gemausert und ist dabei mit den Preisen am Boden geblieben. Unter der Ägide von Inhaberin Dunja Wendler präsentiert sich das Traditionshaus in komplett neuem Gewand, innen wie außen. Die erste Erwähnung datiert ins Jahr 1500. Die eigene Metzgerei produziert seit einigen Jahren nur noch für den Hausgebrauch und den Partyservice, der ebenfalls zum Geheimtipp geworden ist. Im Biergarten bereitet Thomas Wendler ab 17 Uhr auf Holzkohlen echte Leckereien, darunter auch fangfrische Forellen aus der Fischzucht des Onkels. Besser bekannt ist der Reichsadler übrigens unter dem Hausnamen „Houng" (Hagen, alter Familienname der Besitzer) und wegen des hauseigenen Tanzlokals „Bugatti". Hier gibt's im Winter an jedem Wochenende Live-Musik. Früher beherbergte das Haus auch noch ein Motorradmuseum, das Prominente wie Franz-Josef Strauß anzog. Für Freaks: Jeden ersten Mittwoch ist Musikantenstammtisch (auch der Chef spielt mit der Tuba mit!).

BIER

Kulmbacher: Pils, Hefeweizen (beides vom Fass), Landbier, Kellerbier, Kapuziner leichtes Weizen, Kapuziner dunkles Weizen, Kapuziner Kristallweizen, Kapuziner alkoholfreies Weizen, Mönchshof Schwarzbier.

KÜCHE

Hausmacher Brotzeiten. Täglich große Karte mit warmen Gerichten. Spezialitäten: Schlachtfrische Forellen und Karpfen (saisonal), gebackenes Blut (jeden ersten Mo im Monat), Hausmacher Sülze, Schlachtschüssel (Di).

PLÄTZE (außen/regensicher)

180/130

ANSCHRIFT

Hauptstraße 53
95186 Höchstädt
Tel.: 09235-254

ÖFFNUNGSZEITEN

Täglich 11 bis 14 Uhr und ab 17 Uhr
Donnerstag Ruhetag

TIPP: Süß-saueres Geschlinge

Symbolerklärung s. vordere Klappe

Brauerei-Gasthof Reichold

WWW.REICHOLD.DE   GPS: 49°53′03″ N / 11°16′03″ E

BIER

Eigene Brauerei: Lagerbier, Zwick´l
Bier, Weizen (alles vom Fass).

KÜCHE

Hausmacher Brotzeiten. Täglich
mittelgroße Karte mit warmen
Gerichten. Spezialitäten: Schäuferla,
Wild (aus eigener Jagd).

PLÄTZE (außen/regensicher)

100/150

ANSCHRIFT

Hochstahl 24
91347 Aufsess
Tel.: 09204-271

ÖFFNUNGSZEITEN

Apr. bis Okt.:
Mi bis So ab 8 Uhr
Mo und Di ab 17 Uhr
Kein Ruhetag
Nov. bis März:
Täglich ab 8 Uhr
Montag und Dienstag Ruhetag

DER VIERTE IM BUNDE

Seit 2001 listet das Guiness-Buch der Rekorde
die Gemeinde Aufsess. Grund: Die Brauereidichte. Mit 375 Einwohnern pro Brauerei liegt hier
der Himmel für Bierfans. Die Biertische ranken
sich rund um das Brauereigemäuer und laden
zum Sonnenhopping ein, während man sich
durch die selbstgebrauten Biere trinkt. Wir
waren besonders begeistert vom Zwickel. Das
Fleisch stammt aus eigener Schlachtung bzw.
eigener Jagd und die Rezepte stammen – so
wird behauptet - noch aus den uralten Wälzern
von Großmutter Reichold.

TIPP: Wildgerichte

Gaststätte Auf der Theta

WWW.BIER.BY GPS: 49°59'07"N / 11°33'30"E

DIE ANDERE WELT

Hat man die Gaststätte „Auf der Theta" erstmal gefunden (gar nicht so einfach), dann ist sie der Übergang zu einer anderen Welt, einer Welt der Ruhe und des Friedens. Der mit Blumen umsäumte Innenhof liegt im Schatten zweier Nussbäume, die deutlich gereiften Gebäude sind von Wein und anderen Pflanzen um- und berankt, und auf den Tischen und Bänken sitzen die unterschiedlichsten Menschen: Arbeiter und Bauern aus der Umgebung, ausländische Gäste der vielen umgebenden Firmen und zünftige Stammtische. Gruppen gönnen sich oft das legendäre Spanferkel (gibt's nur auf Bestellung). Eine besondere Attraktion für Kinder: Die hauseigenen Gänse und die Leihschafe, die hier statt eines Rasenmähers das Grün kurz halten.

BIER

Eigenes Bier vom Fass (gebraut in Hochstahl).

KÜCHE

Fränkische Brotzeiten. Täglich mittelgroße Karte mit warmen Gerichten. Spezialitäten: Zwiebelkuchen (Fr), gegrillter Fisch aus der schwarzen Küche (Fr).

PLÄTZE (außen/regensicher)

70/50

ANSCHRIFT

Hochtheta 6
95463 Bindlach
Tel.: 09208-65361

ÖFFNUNGSZEITEN

Mo bis Fr ab 14 Uhr
Sa, So und Feiertage ab 10 Uhr
Dienstag Ruhetag

TIPP: Freitags: Gegrillter Fisch und Zwiebelkuchen

Symbolerklärung s. vordere Klappe

Meinels Bas

WWW.MEINELS-BAS.EU   GPS: 50°19'29"N / 11°55'06"E

BIER

Eigene Brauerei: Pils, Weizen, Zwickl, Dark-Lager (alles vom Fass), Märzen, heller Doppelbock (Okt. bis Jan.), Absolvinator (zur Fastenzeit).

KÜCHE

Fränkische Brotzeiten. Täglich mittelgroße Karte mit warmen Gerichten. Spezialitäten: Obatzter, Sülze mit Bratkartoffeln, Chef-Salat, Bierspeisen.

PLÄTZE (außen/regensicher)

480/160

ANSCHRIFT

Vorstadt 13
95028 Hof
Tel.: 09281-141366

ÖFFNUNGSZEITEN

Anfang Apr. bis Ende Sep.
Täglich ab 11 Uhr
Anfang Okt. bis Ende März
Täglich ab 10 Uhr
Kein Ruhetag

VIELEN DANK FRAU MEINEL

Die Gaststätte ist der traditionelle Ausschank der Brauerei Meinel – benannt nach Kunigunde Barbara Meinel. Sie ließ 1861 das Haus von einer Schankwirtschaft in eine Speisegaststätte umbauen. Wegen ihrer Herzensgüte sehr beliebt, wurde sie im Volksmund die „Meinels Bas" genannt. Heute findet sich hier auch einer der schönsten Biergärten der Region. Neben den Mitarbeitern der Brauerei relaxt ein bunt gemischtes Publikum bei feinen fränkischen Speisen und extrem frisch gezapftem Meinel Bier. Der vorbildliche und sicher gelegene Spielplatz sowie eine Auswahl an Gerichten für die Kleinen unterstreichen überdurchschnittliche Kinderfreundlichkeit.

TIPP: Bockbierparfait und Bierschnaps

Sommergaststätte Untreusee

WWW.UNTREUSEE.NET GPS: 50°17'05"N / 11°54'35"E

WASSERPARADIES IN STADTNÄHE

Der Untreusee in Hof ist einer von Frankens großen Badeseen. Und wo sonst kann - direkt nach dem Stadtbummel – in nur 10 Minuten mit dem Fahrrad ein großer, sport- und erholungstauglicher See erreicht werden. Da soll auch ein schöner Biergarten nicht fehlen, der freilich so angelegt ist, auch an schönen Sommertagen der hungrigen Massen Herr zu werden. Trotz vieler pommes- und Eis essender Kinder hat die Sommergaststätte auch ein paar fränkische Brotzeitschmankerl und leckeres Hofer Bier in Angebot. So können die Energiereserven nach der Partie Minigolf, dem Segeln, Treetboot fahren, Angeln oder Radeln schnell wieder aufgefüllt werden.

TOP-TIPP für Familien mehr S. 12

TIPP: Badeanzug mitnehmen!

BIER
Scherdel/Hof: Weissbier, Pils (vom Fass), Alkoholfreies. Stelzer/Fattigau: Dunkles (vom Fass).

KÜCHE
Fränkische Brotzeiten. Täglich mittelgroße Karte mit warmen Gerichten. Spezialitäten: Bratwurst mit Sauerkraut, selbstgebackene Kuchen.

PLÄTZE (außen/regensicher)
1000/360

ANSCHRIFT
Am Untreusee
95032 Hof
Tel.: 09281-58261

ÖFFNUNGSZEITEN
Anfang März bis Ende Okt.:
Täglich ab 10 Uhr
Kein Ruhetag

Symbolerklärung s. vordere Klappe

Biergarten Theresienstein

WWW.BIERGARTEN-THERESIENSTEIN.DE   GPS: 50°19'39"N / 11°55'13"E

BIER

Meinel: Pils, Radler (vom Fass), Dark-Lager. Scherdel: Weizen, Schwarz (vom Fass), Weizen leicht. Löwenbräu: Alkoholfrei. Erdinger: Alkoholfrei.

KÜCHE

Hausmacher Brotzeiten. Täglich mittelgroße Karte mit warmen Gerichten. Spezialitäten: Hausgemachter Obatzter, hausgemachte Pizza (Mo und Fr ab 18.30 Uhr).

PLÄTZE (außen/regensicher)

900/70

ANSCHRIFT

Theresienstein 1
95028 Hof
Tel.: 09281-839790

ÖFFNUNGSZEITEN

Mi bis Sa ab 14 Uhr
So ab 11 Uhr
Montag und Dienstag Ruhetag

DER VOLLPROFI-BIERGARTEN

Die prachtvolle Jugendstil-Villa im Hofer Stadtpark wird wie der Park drumrum „Theresienstein" genannt. Adlige Häupter gab es in Hof kaum, also haben sich die Bürgerinnen und Bürger der Stadt um die vorletzte Jahrhundertwende hier selbst etwas Prächtiges geschaffen. Dieses eindrucksvolle Ambiente beherbergt nun einen der größten Biergärten Frankens. Hier ist alles bestens organisiert, um auch einmal bis zu 1000 Gäste gleichzeitig bewirten zu können. Aber gerade an weniger „vollen" Tagen können die teilweise hausgemachten Spezialitäten der Familie Schelle wirklich genossen werden. Sehr schön auch der Blick auf die Hofer Altstadt.

TIPP: Sonntag 11 bis 12 Uhr Musik

  7 Heiligengrabstr., Hof (Saale)

Gasthaus Melber

WWW.BIER.BY   GPS: 49°50'47" N / 10°53'45" E

BROTZEIT VOM ERZENGEL

Der Melber in Höfen ist ein echter Bamberger Klassiker. Leicht durch den Bruderwald oder vom Campingplatz Bug zu erreichen, ist der von 13 großen Kastanien und Linden bewachsene Biergarten ein wirkliches Highlight. Schon in der fünften Generation betreibt Matthias Melber das Gasthaus, die Schwester des Inhabers und Kochs, Gabriele nennen die Stammgäste nur „Erzengel". Von der Gründung 1885 bis ins Jahr 1940 braute man hier in Höfen noch selbst, seitdem liefern die Bamberger Brauereien den Stoff zum selig werden. Erwähnt sei noch, dass hier die Schnitzel aus der Pfanne (sehr lecker: Das Höfener Schnitzel!), Wurst und Kuchen selbstgemacht und einfach irgendwie das urige Flair eines Traditionsbiergartens erhalten sind – eine echte grüne Biergartenlunge am Rande der Weltkulturerbestadt. Kleiner Nachtischtipp: Der Melbi.

BIER

Keesmann/Bamberg: Pils, Weiße (beides vom Fass). Hartmann/Würgau: Keller, Felsentrunk, Erbschänk (alles vom Fass). Spezial/Bamberg: Lager, Weiße (beides vom Fass). Erdinger: Hefeweizen (vom Fass).

KÜCHE

Fränkische Brotzeiten. Täglich große Karte mit warmen Gerichten. Spezialitäten: Selbstgespießte Schaschlik, hausgemachte Bratwürste, Fleischküchla mit Bohnengemüse, Höfener Schnitzel, hausgemachte Salate, zu 100% hausgemachte Melbertorte.

PLÄTZE (außen/regensicher)

350/170

ANSCHRIFT

Höfener Hauptstraße 18
96135 Stegaurach-Höfen
Tel.: 0951-29127

ÖFFNUNGSZEITEN

Di bis Fr ab 14 Uhr (bei schönem Wetter ab 12 Uhr)
Sa, So und Feiertage ab 10 Uhr
Montag Ruhetag

TIPP: Schaschlik, Höfener Schnitzel, Melbi.

Symbolerklärung s. vordere Klappe

Gasthof Ritterschänke

WWW.BIER.BY   GPS: 50°05'47"N / 12°13'23"E

BIER

Kulmbacher: Helles, Kapuziner Weiße (beides vom Fass), Schwarzbier, Pils, dunkles Weizen, leichtes Weizen.

KÜCHE

Täglich große Karte mit warmen Gerichten. Spezialitäten: Deutsch-böhmische Küche, Germknödel.

PLÄTZE (außen/regensicher)

40/70

ANSCHRIFT

Schirndinger Straße 1
95691 Hohenberg an der Eger
Tel.: 09233-716545 oder 0172-8619914

ÖFFNUNGSZEITEN

Täglich ab 10 Uhr
Donnerstag Ruhetag

PALATSCHINKEN UND KNOBLAUCHBROT

Einen Vorgeschmack auf die nahegelegene tschechische Küche bekommt man bei Zdenek Cihal, einem typischen Tschechen, der seit 2005 die Ritterschänke betreibt. Das Haus selbst steht seit mehr als 300 Jahren und ist seitdem einer der kulturellen Mittelpunkte des Ortes. Viele Vereine treffen sich regelmäßig, unter anderem auch der offene Stammtisch, zu dem jeder jederzeit dazu stoßen kann. Cihal stolperte übrigens eher zufällig in seiner vorigen Wahlheimat Erlangen über die Anzeige, dass ein neuer Pächter in Hohenberg gesucht wird - und folgte dem Ruf in Richtung Heimat und Liebe ...

TIPP: Hausgemachtes Knoblauchbrot

Brauerei Gasthof Hofmann-Nendwig

WWW.BIER.BY　　　　　　　　　　　**GPS: 49°40'35"N / 11°15'15"E**

STETER TROPFEN HÖHLT DEN GEIST

Das süffige Bier – ein Dunkles vom Fass – wird sinnigerweise Hofmanns Tropfen genannt, aber eher in Halbliterform als tropfenweise genossen. Der Sudkessel wird noch mit Holz und Kohle befeuert. Hergestellt wird das Bier übrigens von Braumeisterin Elfriede Hofmann – in Gräfenberg war Bierbrauen an sich fest in Frauenhand: In allen drei Brauereien schwangen sie bislang das Zepter. Seit neuestem bricht die Elch-Bräu in Thuisbrunn mit dieser Tradition.

BIER

Eigene Brauerei: Hofmanns Tropfen (vom Fass).

KÜCHE

Hausmacher Brotzeiten. Täglich kleine Karte mit warmen Gerichten. Sa und So Mittagstisch. Spezialitäten: Obatzter, Bratwürste.

PLÄTZE (außen/regensicher)

100/100

ANSCHRIFT

Hohenschwärz 16
91322 Gräfenberg
Tel.: 09192-251

ÖFFNUNGSZEITEN

Mo ab 15 Uhr
Mi bis So ab 10 Uhr
Dienstag Ruhetag

TIPP: Hofmanns Tropfen

Made in Bamberg

SCHULZ

Dieses Prädikat tragen nicht nur die Biere aus den vielen Brauereien. Auch die meisten Brauereianlagen in der Stadt und ihrem Umfeld wurden in der Domstadt gebaut. Dort steht der älteste Industriebetrieb Bambergs: die KASPAR SCHULZ Brauereimaschinenfabrik & Apparatebauanstalt KG.

Der traditionsreiche Familienbetrieb hat zweifellos großen Anteil daran, dass die Brauereidichte und die Biervielfalt im Landkreis Bamberg und in Franken weltweit einmalig sind. Wir möchten die Gelegenheit nutzen, um an dieser Stelle (wo sich doch auf all den Seiten drumrum alles ums Bier und dessen Verkostung dreht) ein paar Worte zu der ehemaligen Kupferschmiede und jetzigem Vorzeigebetrieb zu verlieren: SCHULZ ist spezialisiert auf die Produktion sämtlicher Fabrikationsanlagen für die Bierherstellung. Darüber hinaus werden auch maßgeschneiderte Automatisierungen und innovative Konzepte zur Energieeinsparung für die Braubranche geplant und gefertigt.

Die Brauanlagen aus der UNSECO-WELTERBESTADT werden von den fast 100 Mitarbeitern im Norden Bambergs individuell nach Kundenwunsch hergestellt. Neben den fränkischen und bayerischen Brauereien liefert SCHULZ mittlerweile über Deutschland hinaus weltweit in über 50 Länder.

Modernes Sudhaus

SCHULZ Verwaltungsgebäude

Fertige Sudpfanne im Jahr 1929

Brauereimaschinenfabrik Kaspar Schulz

Aus der Fertigung

SCHULZ profitiert dabei vom Trend hin zu qualitativ hochwertigen Spezialbieren, die den Einheitsbieren der großen Konzerne die Stirn bieten. Nach den vielen Brauereistilllegungen der letzten Jahrzehnte entstehen zudem vielerorts wieder neue regionale Kleinbrauereien. Oft geht es dabei um die Wiederbelebung von Braukultur und Biervielfalt. Vor Ort in Franken sind die „Schulz-Männer" insbesondere um die Zukunft der kleinen und mittelständischen Brauereien bemüht.

Ein Teil dieser Kultur ist auch die Brauereimaschinenfabrik KASPAR SCHULZ selbst, und das seit über 330 Jahren. Und genau da liegt das Geheimnis des langfristigen geschäftlichen Erfolges der Bamberger: Ein Brauereibesitzer kann sicher sein, dass auch seine Erben bei SCHULZ eine verlässliche Anlaufstation für Service, Ersatzteile und neue Anlagen haben. Genauso denkt man im eigenen Haus, Firmeninhaber Johannes Schulz-Hess ist bereits die 10. Generation der Schulz-Familie. Das Stammhaus am Unteren Kaulberg 15 in Bamberg beherbergte über 210 Jahre lang die Kupferschmiedewerkstatt, die einst Christian Schulz am 11. Januar 1677 übernommen hatte. In der Tat ein Haus, das eindrucksvoll die Tradition und die Wurzeln des Unternehmens zeigt. Dass die am jetzigen Standort vorbeiführende Straße Kaspar-Schulz-Straße heißt, war übrigens das Geschenk der Stadt Bamberg zum 325. Geburtstag der Firma.

Stammhaus an unteren Kaulberg

Wirtshaus Moritz

WWW.MORITZ-HOLLFELD.DE   GPS: 49°56'13" N / 11°17'34" E

MA(H)LZEIT FÜR DIE SINNE

BIER

Maisel/Bayreuth: Pils, Weißbier, Moritz-Bier (eigenes Rezept!) (vom Fass).

KÜCHE

Hausmacher Brotzeiten. Täglich große Karte mit warmen Gerichten. So Mittagstisch. Spezialitäten: Holzbackofen-Gerichte, Internationale Küche, Räucherfisch.

PLÄTZE (außen/regensicher)

120/50

ANSCHRIFT

Eiergasse 10
96142 Hollfeld
Tel.: 09274-909019

ÖFFNUNGSZEITEN

Mo bis Fr ab 17 Uhr
Sa ab 15 Uhr
So und Feiertage ab 11.30 Uhr
Dienstag Ruhetag
Im Winter Montag und Dienstag Ruhetag

Für alle, die den Biergarten mit Anspruch suchen. Sowohl die Küche, als auch die Umgebung schreien geradezu nach Interpretation - denn Chefkoch wie Künstler sorgen bei jedem Besuch für neue Sinnesgenüsse und Gedankenanstöße. Im liebevoll durchdachten Wirtshaus mit mehreren Außenebenen kann aus einer reichhaltigen Karte gewählt werden. Von fränkischen Brotzeiten bis zu internationalen Köstlichkeiten ist hier alles präsent - dabei bitte unbedingt den Fisch aus der integrierten Räucherei und die Speisen aus dem Holzofen versuchen! Alles in allem also ein Biergarten-Besuch, zu dem gerne ein wenig mehr Zeit und Appetit mitgebracht werden darf. Für Feierlichkeiten bis 32 Personen kann zudem das Moritzhäusla in der ersten Etage gebucht werden.

TIPP: Räucherfisch und Moritz-Bier

Gasthof-Pension „Alte Mühle"

WWW.GASTHOF-ALTE-MUEHLE.DE **GPS: 50°05'08"N / 11°00'43"E**

LIEBLINGSKÜMMELBRATEN ZWISCHEN ZWEI BÄCHEN

Nach der Zeit als Mühle vor weit mehr als 100 Jahren diente das Haus als Heimstatt für die Spielzeugherstellung, brannte dann aber in den 60er Jahren ab und konnte erst 1980 wieder aufgebaut werden. Die neue Besitzerin Kerstin Krause bemüht sich sehr erfolgreich, den Charme des alten Gebälks zu erhalten und trotzdem eine florierende Gaststätte mit einem wunderschönen Garten (und altem Mühlrad) zu führen. Das gelingt ihr unter anderem wegen der qualitativ hochwertigen und garantiert geschmacksstofffreien Küche mehr als gut, weshalb die „Alte Mühle" zu einem unserer Geheimtipps avanciert.

BIER

Hübner/Steinfeld: Keller (vom Fass). Trunk/Vierzehnheiligen: Nothelfertrunk (vom Fass). Hetzel/Frauendorf: Pils (vom Fass).

KÜCHE

Hausmacher Brotzeiten. Täglich große Karte mit warmen Gerichten. So und Feiertage Mittagstisch. Spezialitäten: Pfannengerichte, Kümmelbraten, vegetarische Gerichte, fangfrische Bachforellen.

PLÄTZE (außen/regensicher)

110/78

ANSCHRIFT

Horsdorf 10
96231 Bad Staffelstein
Tel.: 09573-34774

ÖFFNUNGSZEITEN

Täglich ab 17 Uhr
So und Feiertage 11 bis 14 Uhr und ab 17 Uhr
Dienstag und Mittwoch Ruhetag

TIPP: Kümmelbraten

Hühnerloh

Gasthof Bayer

WWW.GASTHOF-BAYER.DE   GPS: 49°46'29" N / 11°22'03" E

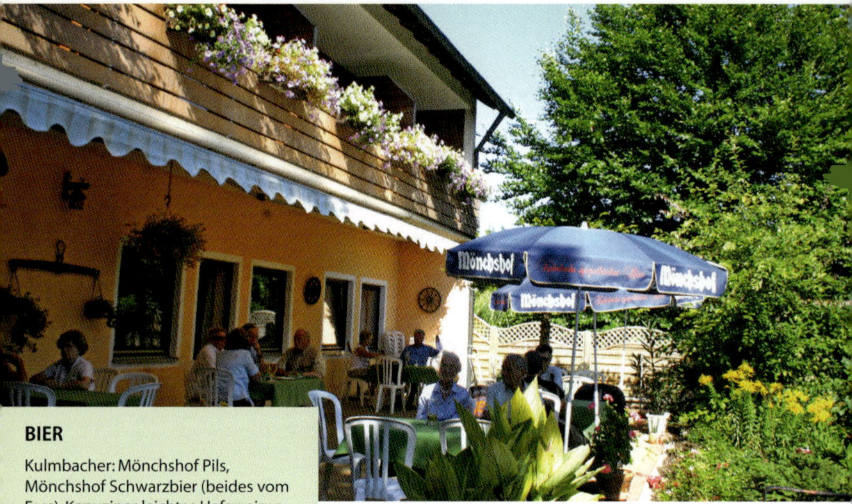

BIER

Kulmbacher: Mönchshof Pils, Mönchshof Schwarzbier (beides vom Fass), Kapuziner leichtes Hefeweizen, Kapuziner dunkles Hefeweizen, Kapuziner helles Hefeweizen, Kapuziner alkoholfreies Hefeweizen. Reichelbräu/Kulmbach: Alkoholfreies. Tucher/Fürth: Dunkles.

KÜCHE

Fränkische Brotzeiten. Täglich mittelgroße Karte mit warmen Gerichten. Spezialitäten: Forellen, Schäuferle (So), Rouladen, grobe Bratwürste, Brotzeitplatte.

PLÄTZE (außen/regensicher)

90/80

ANSCHRIFT

Hühnerloh 21
91327 Gößweinstein
Tel.: 09242-831

ÖFFNUNGSZEITEN

Täglich ab 8 Uhr
Montag Ruhetag

HAUSGEBÄCK IN HÜHNERLOH

Es führt ein Weg nach nirgendwo... und endet dann in Hühnerloh. Zugegeben, kein wirklich guter Reim, aber der Inhalt stimmt. Ist man aber erst einmal bei Petra Hauptmann und ihrer Familie angekommen, will man am liebsten nicht mehr zurück. Idyllisch gelegen, umgeben vom Wald, kann man hier richtig gut essen und ein frisches Bier genießen. Für Übernachtungsgäste bieten sich noch Sauna und Liegewiese und die vielen Wandermöglichkeiten zu den Burgen und Schlössern der fränkischen Schweiz an.

TIPP: Hausgebäck

Brauerei Gaststätte Grasser

WWW.HUPPENDORFER-BIER.DE   **GPS: 49°56'03" N / 11°09'03" E**

WO DAS BIER EINFACH SCHMECKT!

Beim „Grasser" wird das gemütliche Einkehren zum Kult. Chef Johannes Grasser ist
ein Vorzeigebrauer. Gerne führt er durch die
Brauerei, zeigt und erklärt seine neuesten
Bierkreationen und gibt anschließend eine
Runde Bierschnaps aus. Lediglich bei selbst
mitgebrachtem Essen muss man darauf ge-
fasst sein, dass er sich selbst zum Vorkoster
ernennt. Wer diese Prüfung umgehen möchte,
kann die umfangreiche warme und kalte Küche (teils aus Hausschlachtung) kosten.

BIER

Eigene Brauerei: Dunkles Vollbier,
Weizen, Pils (alles vom Fass), Zwickel,
Bockbier (saisonal). Clausthaler:
Alkoholfreies.

KÜCHE

Hausmacher Brotzeiten. Täglich klei-
ne Karte mit warmen Gerichten.
So und Feiertage Mittagstisch.
Spezialitäten: Schweinsbraten (aus
eigener Aufzucht), Wild (aus eigener
Jagd), fränkische Schlachtplatte.

PLÄTZE (außen/regensicher)

100/100

ANSCHRIFT

Huppendorf 25
96167 Königsfeld
Tel.: 09207-270

ÖFFNUNGSZEITEN

Täglich ab 9 Uhr
Dienstag Ruhetag

TIPP: Spezialwurst mit Pommes

Symbolerklärung s. vordere Klappe

Landhotel Juliushammer

WWW.HOTELJULIUSHAMMER.DE   GPS: 50°01'58"N / 12°02'37"E

BIER

Kulmbacher: Mühlentrunk (Hausmarke), EKU Pils (vom Fass), Kapuziner Hefeweizen, Kapuziner dunkles Hefeweizen, Kapuziner leichtes Hefeweizen, Kapuziner alkoholfreies Hefeweizen.

KÜCHE

Fränkische Brotzeiten. Täglich große Karte mit warmen Gerichten. Hausgemachte Sülze mit Bratkartoffeln, deftiges Käsebrett, Mühlenbrett, Ochsenbrust mit Meerrettichsoße, Schweinebraten.

PLÄTZE (außen/regensicher)

140/120

ANSCHRIFT

Juliushammer 1
95632 Wunsiedel
Tel.: 09232-9750

ÖFFNUNGSZEITEN

Täglich ab 10 Uhr
Ostern bis Anf. Nov.
Kein Ruhetag
Nov. bis Ostern
Montag und Dienstag Ruhetag

IDYLLE IM GRÜNEN

Mitten auf dem Land liegt das Landhotel Juliushammer, eine alte Hammerschmiede, deren Einzelteile noch heute überall in den mit viel Liebe gestalteten Goasträumen zu bewundern sind und die teilweise sogar als Einrichtungsgegenstände dienen. Der alte Mühlbach fließt immer noch durchs Haus und treibt ein kleines Kraftwerk mit Mühlrad an. Die beliebte Hochzeitslocation verfügt zudem über einen wunderschönen Biergarten im Innenhof und eine grüne Oase als Terrasse. Tipp: Probieren Sie unbedingt die Fischgerichte aus eigener Zucht!

TIPP: Bachforelle, Hammerschmiedepfännchen

Forsthaus Kamerun

WWW.KAMERUN.DE GPS: 49°53′49″N / 11°37′10″E

KAMERUNER WALDSPEZIALITÄTEN

Ja, Kamerun liegt südlich von Bayreuth mitten im Wald. Im sehr großzügig angelegten Biergarten ist vor allem für Kinder viel Platz zum rumtoben, weit weg von der nächsten Durchgangsstraße. Die Küche schwankt zwischen saisonalen und italienischen Spezialitäten (das Ciabatta wird aus reinem Sauerteig selbstgebacken), letztendlich sollte für jeden etwas dabei sein. Dazu gibt es die leckeren Biere der Bayreuther Maisel Brauerei. Überhaupt identifiziert man sich hier eher mit Bayreuth – und nicht wie die Postanschrift vermuten lässt mit Creußen.

BIER

Maisel/Bayreuth: Helles Weizen, dunkles Weizen, Alkoholfreies. Aktien/Bayreuth: Pils, Dunkel (vom Fass), Zwickl.

KÜCHE

Fränkische Brotzeiten (bei schönem Wetter). Täglich große Karte mit warmen Gerichten. Spezialitäten: Nudelplatte Kamerun, saisonal frische Gerichte.

PLÄTZE (außen/regensicher)

150/90

ANSCHRIFT

Ottmannsreuth 7
95473 Creußen-Kamerun
Tel.: 09209-330

ÖFFNUNGSZEITEN

Täglich 11.30 bis 14 Uhr & ab 17 Uhr
So und Feiertage ab 11.30 Uhr
Mai bis Sep. Kein Ruhetag
Okt. bis Apr. Mo und Di Ruhetag
Nov. und Feb. komplett geschlossen

TIPP: Frischer Fisch

Symbolerklärung s. vordere Klappe

Leicht's Keller

WWW.BIER.BY　　　　　　　　　　　**GPS: 49°57'13" N / 10°51'39" E**

EIN NEUER VERSUCH AM WALDESRAND

Mit Kerstin und Rudi Hofmann steht nun ein neues Team im hinteren der beiden Kemmerner Keller. Grundsätzlich bleiben die Kosmetikerin und der Zimmermann dem klassischen Motto treu und setzen auf die Biergartengerichte rund um Bratwürste und Ziebeleskäse. Hervorheben möchten wir das sehr gute Brot, das von einer kleinen Bäckerei aus der Gegend bezogen wird und für jede Brotzeitplatte eine super Grundlage darstellt.

BIER

Schloßbrauerei/Reckendorf: Keller, Pils, Weizen, Radler (vom Fass), Export, Light, Dunkel. Löwenbräu/ München: Alkoholfreies. Erdinger: Alkoholfreies Weizen.

KÜCHE

Fränkische Brotzeiten. Täglich kleine Karte mit warmen Gerichten. So und Feiertage Mittagstisch. Spezialitäten: Pfannenkotelett, Pfannenschnitzel, Thüringer Bratwürste, hausgemachter Gerupfter, Kochkäse, Ziebeleskäse, Wurstplatte aus privater Kleinmetzgerei, reines Natursauerteigbrot.

PLÄTZE (außen/regensicher)

300/130

ANSCHRIFT

Im Kessel
96164 Kemmern
Tel.: 0152-09895754

ÖFFNUNGSZEITEN

Täglich ab 14 Uhr
So und Feiertage ab 10 Uhr
Donnerstag Ruhetag

TIPP: Hausgemachter Gerupfter

 940 Kemmern Schule

Wagner-Bräu Keller

WWW.BIER.BY **GPS: 49°57'00" N / 10°51'41" E**

KELLER OPEN END

Geöffnet? Naja, bis niemand mehr da is! – Das ist die lapidare Antwort von Walter Will auf die Frage nach den Öffnungszeiten seines Kellers. Und es kann des öfteren auch mal später werden. Schließlich liegt der Keller mitten im Wald, und es muss ein kleiner Berg erklommen werden, um sich dem fränkischen Müßiggang hingeben zu können. Überwiegend handelt es sich hier aber um einen Familienkeller, dank des schönen Spielplatzes und der ruhigen Lage.

TIPP: Platte mit Musik

BIER

Eigene Brauerei: Lager, Pils, Keller, Weizen (alles vom Fass). Wechselnde Brauerei: Alkoholfreies.

KÜCHE

Hausmacher Brotzeiten. Täglich mittelgroße Karte mit warmen Gerichten. So und Feiertage Mittagstisch. Spezialitäten: Kellerplatte, Pfannenschnitzel, selbstgebackene Kuchen.

PLÄTZE (außen/regensicher)

400/140

ANSCHRIFT

Mainstraße 7
96164 Kemmern
Tel.: 0170-9136003

ÖFFNUNGSZEITEN

Täglich ab 15 Uhr
Sa ab 13 Uhr
So ab 9.30 Uhr
Montag Ruhetag

Symbolerklärung s. vordere Klappe

Brauerei Wagner

WWW.BRAUEREI-WAGNER.DE GPS: 49°57'12"N / 10°52'30" E

BIER

Eigene Brauerei: Pils, Hefeweizen, Schwarzbier (alles vom Fass), unge-spundetes Bier, Märzen, Landbier, Festbier (saisonal), Bock (saisonal). Werner/Würzburg: Hopfenthaler Alkoholfreies.

KÜCHE

Fränkische Brotzeiten. Täglich kleine Karte mit warmen Gerichten. Spezialitäten: Hausplatte, Schnitzel mit Bratkartoffeln, Bratwürste mit Sauerkraut.

PLÄTZE (außen/regensicher)

100/100

ANSCHRIFT

Hauptstraße 15
96164 Kemmern
Tel.: 09544-6746

ÖFFNUNGSZEITEN

Täglich ab 15 Uhr
So 10 bis 12 Uhr und ab 15 Uhr
Dienstag Ruhetag
Anfang Mai bis Ende Sep. Mi und Sa ab 12 Uhr

NICHT OHNE DIE PASSENDE FRAU

So beantwortet Hubert Wagner die Frage, wie man es seit 1788 geschafft hat, einen Familien-betrieb von Generation zu Generation weiterzu-geben. Das Wasser für das erfrischende Bier (vor allem das Schwarzbier vom Fass ist eine echte Versuchung für Bierkenner) kommt aus einem Tiefbrunnen viele Meter unterhalb der Brauerei und ist mitverantwortlich für den individuellen Geschmack der Biere.

TIPP: Wurst mit Musik

  953 Hauptstraße 35, Kemmern

Gasthaus Kramer

WWW.GASTHAUS-KRAMER.DE   **GPS: 49°49'42" N / 11°03'23" E**

BIERGARTEN FÜR HIGHLANDER

Am Rande der fränkischen Schweiz führt die Familie Kramer nunmehr in der fünften Generation einen Biergarten unter dem Schatten alter Lindenbäume. Die üblichen Biergarten-Klassiker (komplett aus Eigenproduktion!) können zu Buttenheimer St. Georgen-Bräu an der Theke bestellt werden. Für die Liebhaber des Besonderen stehen echte schottische Hochlandrinder auf der Weide nebenan, deren Fleisch eine absolute Spezialität darstellt. Jeden Mittwoch gibt's übrigens auch warme Küche (online nachzulesen). Geheimtipp: Der Senf, der nach eigener Rezeptur verfeinert wird, für den die Gäste sogar aus Nürnberg anreisen.

BIER

St. Georgen-Bräu/Buttenheim: Keller, Pils, Vollbier, Weizen (alles vom Fass), Leichtes, Alkoholfreies.

KÜCHE

Hausmacher Brotzeiten. Nur mittwochs ein warmes Gericht. Spezialitäten: Kellerplatte, selbstgebackenes Brot, Streuselkuchen.

PLÄTZE (außen/regensicher)

250/120

ANSCHRIFT

Ketschendorf 19
96155 Buttenheim
Tel.: 09545-7432

ÖFFNUNGSZEITEN

Di, Do und Fr ab 16 Uhr
Mi, Sa und So ab 13 Uhr
Montag Ruhetag

TIPP: Schottisches Hochlandrind (eigene Weide)

Symbolerklärung s. vordere Klappe

Lindenkeller

WWW.GASTHAUS-SPONSEL.DE   GPS: 49°44'01"N / 11°08'44"E

BIER

Winkler/Lengenfeld: Dunkles Keller (vom Fass). Leikeim/Altenkunstadt: Pils (vom Fass), Weizen, Alkoholfreies. Wechselnde Brauerei: Rauchbier.

KÜCHE

Hausmacher Brotzeiten. Täglich kleine Karte mit warmen Gerichten. Sa, So und Feiertage Mittagstisch. Spezialitäten: Kellerplatte mit selbstgebackenem Brot, Spanferkel (auf Bestellung).

PLÄTZE (außen/regensicher)

300/30

ANSCHRIFT

Hauptstraße 45
91356 Kirchehrenbach
Tel.: 09191-94448

ÖFFNUNGSZEITEN

Mo bis Fr ab 16 Uhr
Sa, So und Feiertage ab 12 Uhr
Kein Ruhetag
Bei schlechtem Wetter geschlossen

IDYLLE AM WALBERLA

Wie der Name schon vermuten lässt: Man hat es unter anderem mit Bäumen zu tun – der Lindenkeller liegt am Waldrand, am Fuß des Walberla – einem der heiligen Hügel der Franken. Eine Fahne zeigt von weitem an, ob geöffnet ist. Manchmal werden in dem ehemaligen Bierlager sogar ganze Schweine gegrillt. Doch auch wer dieses atavistische Ritual (gibt's auf Bestellung) verpasst, wird von den Hausmacher Brotzeiten aus eigener Schlachtung verwöhnt, das Brot wird selbst gebacken.

TIPP: Kellerplatte

Landgasthof Zöllner

WWW.GASTHOF-ZOELLNER.DE

GPS: 50°01'09" N / 11°12'07" E

VON JURALÄMMERN UND WINDBEUTELN

Der Gasthof Zöllner blieb über die vielen Jahrhunderte seines Bestehens immer in Familienhand und wuchs von der kleinen Wirtsstube bis zum stattlichen Fachwerk-Landgasthof, in dem aber trotzdem der Chef noch selbst hinter dem Herd steht. Vielleicht ist gerade das ein kleines Erfolgsgeheimnis, denn viele Rezepte findet man eben nur hier. Neben den guten fränkischen Klassikern auf der Mittags- und Abendkarte locken vor allem auch die Kuchen, die ebenfalls selbst gebacken werden, wie zum Beispiel die leckeren Windbeutel.

BIER

Püls/Weismain: Kellerbier, Weizen, Pils (alles vom Fass), Alkoholfreies. Erdinger: Dunkles Weizen.

KÜCHE

Hausmacher Brotzeiten. Täglich mittelgroße Karte mit warmen Gerichten. Spezialitäten: Frische Forellen und Saiblinge, Juralamm-Gerichte, Windbeutel mit Sauerkirschen und Eis gefüllt.

PLÄTZE (außen/regensicher)

80/90

ANSCHRIFT

Kleinziegenfeld 41 1/2
96260 Weismain
Tel.: 09504-266

ÖFFNUNGSZEITEN

Täglich ab 10.30 Uhr
Mittwoch Ruhetag

TIPP: Windbeutel

Symbolerklärung s. vordere Klappe

Brauerei Hoh

WWW.BIER.BY   GPS: 49°57'19" N / 11°01'14 E

BIER

Eigene Brauerei: Ungespundetes dunkles Lager (vom Fass).

KÜCHE

Hausmacher Brotzeiten. Täglich mittelgroße Karte mit warmen Gerichten. Spezialitäten: Pfefferhähnchen, Currywurst, Mettwurstbrot mit Zwiebeln.

PLÄTZE (außen/regensicher)

400/180

ANSCHRIFT

Köttensdorf 4
96110 Scheßlitz
Tel.: 09542-627

ÖFFNUNGSZEITEN

Mo bis Fr ab 15.30 Uhr
Sa, So und Feiertage ab 15 Uhr
Mittwoch Ruhetag

DER PURISTEN-KELLER

Hier liegt die Priorität eindeutig auf der Verkostung des Dunklen Lagers vom Fass. Die allerdings findet seit über 230 Jahren in unveränderter Form statt: Man betritt den Biertempel durch einen der beiden Eingänge und besorgt sich schnellstmöglich ein Seidla des begehrten Stoffes. Wenn der Krug leer ist, wird er einfach nur auf die Seite gelegt und ist kurz danach wieder trinkfertig gefüllt. Größter Vorteil neben dem guten Geschmack: der Bierpreis.

TIPP: Pfefferhähnchen

Bus 963, 969 Straßgiech, Scheßlitz

Festungsgaststätte Rosenberg

WWW.FESTUNGSGASTSTAETTE-ROSENBERG.DE   **GPS: 50°14'40"N / 11°19'39"E**

FAMILIENBETRIEB AUF DER FESTUNG

Seit 2006 betreibt die Familie Hölzer die Gaststätte mit der Kronach-Panorama-Garantie (liegt auf dem höchsten Punkt der Festung Rosenberg) und bringt viel Gastro-Erfahrung mit. Chef und Chefkoch Bernd werkelt seit zig Jahren hinter Töpfen und Pfannen und hat schon mehrere bekannte Lokalitäten aufgebaut, seine Frau Ellenore ist ein Multitalent - Bäckerin, Köchin, Kellnerin und Diplom-Ingenieurin. Gemäß ihren Fähigkeiten ist sie eigentlich überall zu finden. Tochter Nicole haben die Eltern und die Liebe nach Franken verschlagen. Gäste sind also immer in guter Hand. Besonders zu empfehlen: Die selbstgebackenen Kuchen.

BIER

Kaiserhof/Kronach: Pils, Schmäusbräu, helles Hefeweizen (alles vom Fass), dunkles Hefeweizen, Schwedentrunk.

KÜCHE

Fränkische Brotzeiten. Täglich große Karte mit warmen Gerichten. Spezialitäten: Grillplatte á la Chef, Festungsteller, Geflügelleber, vegetarisches Bauernfrühstück.

PLÄTZE (außen/regensicher)

100/85

ANSCHRIFT

Festung 1
96317 Kronach
Tel.: 09261-500700

ÖFFNUNGSZEITEN

Täglich ab 10 Uhr
Montag Ruhetag

TIPP: Grillplatte á la Chef

Otti's Brotzeitstube

WWW.BIER.BY   GPS: 50°14'57" N / 11°19'27" E

VOM BAUM IN DEN MUND

Der Biergarten von Ottlilie Blinzler am Kronacher Stadtrand – ideal für die Rast vor oder nach dem Festungs-Besuch – ist mit Obstbäumen und Weinstöcken durchwachsen, die die Gäste regelmäßig plündern. Die übriggebliebenen Früchte finden sich dann auf den beliebten selbstgebackenen Kuchen, die die Dame jeden Sonntag anbietet. Sehenswert auch die schottischen Hochlandrinder auf dem Bauernhof.

BIER

Scherdel/Hof: Pils (vom Fass), Weizen, Dunkles, Bock (saisonal), Alkoholfreies, Diät.

KÜCHE

Fränkische Brotzeiten. Täglich kleine Karte mit warmen Gerichten. Spezialitäten: Hausmacher Teller, Hering mit Kartoffeln.

PLÄTZE (außen/regensicher)

70/95

ANSCHRIFT

Haingasse 18
96317 Kronach
Tel.: 09261-93880

ÖFFNUNGSZEITEN

Täglich ab 14 Uhr
Sa, So und Feiertage ab 9 Uhr
Montag Ruhetag

TIPP: Hausmacher Teller

Gaststätte Kaiserhof

WWW.KAISERHOFBRAEU.DE

GPS: 50°14'28" N / 11°19'41" E

IM HERZEN DER STADT

An stressigen Tagen findet man die Kronacher meist im kleinen „Kaiserhöfer". Der Betrieb liegt nun schon in der vierten Generation in den Händen der Familie Kaiser, und die hat Sinn für Humor. Das zeigt sich schon in den Namen der Biere: Die Weizenbiere heißen Weißer und Schwarzer Kaiser, das Dunkle ist der Schwedentrunk. 2002 pflanzte das Brüderpaar Thomas und Ulrich Kaiser sogar eigens eine Kastanie im Biergarten.

TIPP: Bierhaxe

BIER

Eigene Brauerei: Pilsener, Weißer Kaiser (helles Hefe), Kellerbier, unfiltriertes Pilsener, Schmäusbräu (alles vom Fass), Schwedentrunk (dunkles Spezial), Schwarzer Kaiser (dunkles Hefe).

KÜCHE

Fränkische Brotzeiten. Täglich große Karte mit warmen Gerichten. Spezialitäten: Bierhaxe, stolzer Heinrich, saisonale Gerichte (Spargel, Pfifferlinge).

PLÄTZE (außen/regensicher)

50/120

ANSCHRIFT

Friesener Straße 1
96317 Kronach
Tel.: 09261-1048

ÖFFNUNGSZEITEN

Täglich 11 bis 14 Uhr und ab 17 Uhr
Montag Ruhetag

Symbolerklärung s. vordere Klappe

Wirtshaus zum Fröschbrunna

WWW.FROESCHBRUNNA.DE GPS: 50°13'33" N / 11°19'15" E

BIER

Gampert/Weissenbrunn: Pils, Dunkles (vom Fass), dunkles Hefeweizen. Püls/Weismain: Weizen (vom Fass), leichtes Weizen. Kaiserhof/Kronach: Schmäusbräu (vom Fass). Erdinger: Alkoholfreies Weizen.

KÜCHE

Fränkische Brotzeiten. Täglich mittelgroße Karte mit warmen Gerichten. Spezialitäten: Bauernpfanne, Mufflongerichte (aus dem eigenen Gehege).

PLÄTZE (außen/regensicher)

80/85

ANSCHRIFT

Fröschbrunn 3
96317 Kronach
Tel.: 09261-91203

TOP-TIPP für Familien
mehr S. 12

ÖFFNUNGSZEITEN

Täglich ab 10.30 Uhr
Mittwoch Ruhetag

AN DER ALTEN CRANACH

Wo vor wenigen Jahren die Landesgartenschau endete, steht mit dem Wirtshaus zum Fröschbrunna ein kleiner Erlebnispark für die Freunde guter Freizeitgestaltung bereit. Denn die Rodelbahn namens „Fröschbrunna-Coaster" und ein eigener Reiterhof bieten die nötige Abwechslung zwischen den Mahlzeiten im Biergarten. Der wartet mit großen Bäumen und vielen Spezialitäten aus der Region auf. Dazu gehören beispielsweise die Mufflongerichte. Diese speziellen Wildschafe stehen übrigens in einem eigenen Gehege auf dem Fröschbrunna-Gelände.

TIPP: Mufflon-Gerichte

Der Fröschbrunna

Die Ferien-Wohnanlage

Das Wirtshaus

Der Reiterhof

Die Rodelbahn

Seit 1514
Gampertbräu
...das Bier bei dem die Herze stimmt.

WEISMAINER
Püls-Bräu
...fröhlich, fränkisch, frisch!

Symbolerklärung s. vordere Klappe

ONLINE AUF WWW. Bier.BY

Waldschänke im Stübental

WWW.STUEBENTAL.DE   GPS: 50°13'32" N / 11°20'51" E

BIERGARTEN AM BACH

Malerisch mitten im Wald und am Bächlein Stüben gelegen, ist Marina Klötzer-Deinleins Kleinod vor allem für seine Küche (aus regionalen Erzeugnissen) bekannt. Highlight: Das Bauernschnitzel. Mit Schinken, Käse und Salami gefüllt und mit Pfeffersoße serviert, ist es ein Gaumenschmeichler vor allem für Freunde der deftigen Gangart. Sehr beliebt ist auch der Mittagstisch am Sonntag und an Feiertagen. Beim Verdauungsspaziergang wird frische Luft zwischen Spielplatz, idyllischen Waldwegen und grünen Wiesen geatmet.

BIER

Püls/Weismain: Pils, Weißbier, Edelstoff (alles vom Fass). Wechselnde Brauerei: Alkoholfreies.

KÜCHE

Hausmacher Brotzeiten. Täglich große Karte mit warmen Gerichten. So und Feiertage Mittagstisch. Spezialitäten: Forelle, Bauernschnitzel.

PLÄTZE (außen/regensicher)

120/130

ANSCHRIFT

Stüben 4
96317 Kronach
Tel.: 09261-2104

ÖFFNUNGSZEITEN

Täglich ab 17 Uhr
So und Feiertage ab 11 Uhr
Montag Ruhetag

TIPP: Bauernschnitzel

Brauerei `s Antla

WWW.ANTLA.DE GPS: 50°14'31" N / 11°19'28" E

IN KRONACH GEHT'S BERGAUF

Und das nicht nur, wenn man auf die Veste steigen will und dabei durch die fast komplett renovierte Altstadt schlendern kann, sondern auch in Sachen Bier- und Brauereikultur. Mit der Gasthausbrauerei s'Antla kann man nun auch hier in jeder Hinsicht mit anderen Frankenstädten mithalten. Die Namensgeber landen jeden Abend auf einem speziellen Entengrill und anschließend in den Mägen der stets zufriedenen Gäste. Im Biergarten steht eine weitere Fleischbratfeuerstelle, von der dann Bratwürste und Steaks gereicht werden.

TIPP: Gegrillte Ente

BIER

Eigene Brauerei: Antla E1ns, Flößer, Kellerweizen, monatlich ein wechselndes Spezialbier (alles vom Fass).

KÜCHE

Fränkische Brotzeiten. Täglich große Karte mit warmen Gerichten. Spezialitäten: 1/4 Bauernente mit hausgemachtem Kloß, Braumeisterschnitzel mit Pommes Frites, Biergulasch mit hausgemachten Bandnudeln, Brotzeitplatte.

PLÄTZE (außen/regensicher)

180/90

ANSCHRIFT

Amtsgerichtsstraße 21
96317 Kronach
Tel.: 09261-50459-50

ÖFFNUNGSZEITEN

Täglich ab 11 Uhr
Mo ab 18 Uhr
Kein Ruhetag

Kulmbacher Bierwoche

WWW.KULMBACHER.DE/DE/BIWO/

Kulmbach nimmt für sich den Titel „heimliche Hauptstadt des Bieres" in Anspruch - teils zu Recht. Steht doch sogar im Duden: „Kulmbacher, das;-s (ein Bier)".

Der Ruf fußt auf den alten Tagen vor mehr als 100 Jahren, als Kulmbach noch mit C geschrieben wurde. Bereits damals war das Bier ein Exportschlager: 733000 Hektoliter gingen im Jahr 1900 in alle Welt. In der namibischen Wüste werden heute noch Flaschen aus dieser Zeit gefunden. Diese Tradition muss gefeiert werden: in der Bierwoche!

An jedem letzten Samstag im Juli vollzieht sich in der Bierstadt Kulmbach ein „heiliger Akt": Der Oberbürgermeister der Stadt Kulmbach bringt mit gezielten Hammerschlägen das Festbier zum Fließen – neun Tage lang versetzt die Kulmbacher Bierwoche die Markgrafenstadt am Fuße der Plassenburg in einen fröhlichen Ausnahmezustand. Und mehr als 100 000 Gäste feiern mit. Ziel aller Bierfreunde ist der legendäre Kulmbacher Bierstadl im Herzen der Stadt, wo ein Top-Programm geboten wird. Heimische Musikvereine sorgen bereits ab Mittag für Feierlaune im Stadl, während am Abend bekannte Stimmungskapellen das Zelt zum Beben bringen. Ein besonderer Höhepunkt ist der „Tag der Fanclubs" am ersten Bierfestsonntag: Hier ziehen Freunde des Kulmbacher Biers aus ganz Deutschland in einem Festzug mit originellen Wagen durch die Kulmbacher Innenstadt zum Kulmbacher Bierstadl, wo die schönsten Gefährten und Standarten prämiert werden.

Genuss und Lebensqualität

WWW.KULMBACH.DE

In Kulmbach hat der Oberbürgermeister immer frisches Bier im Haus. Die Stadt gilt unter Kennern als das Herz deutscher Bierkultur. Die drei großen Bs – Bier, Burg und „Brodwärschd" – stehen beispielhaft für eine liebenswürdige Stadt mit hoher Lebensqualität.

Der Genuss spielt dabei eine wesentliche Rolle – aus der ehemaligen Markgrafenstadt ist ein absolutes Zentrum in Sachen Lebensmittel geworden.

Dazu gehören auch die vielen historischen Felsenkeller, die früher der Einlagerung von Lebensmitteln und Waren dienten und nun der Öffentlichkeit zugänglich gemacht wurden. Termine für Führungen können auf Anfrage unter www.kulmbach.de vereinbart werden.

Schweizerhof

WWW.SCHWEIZERHOF-KULMBACH.DE GPS: 50°07'31" N / 11°26'12" E

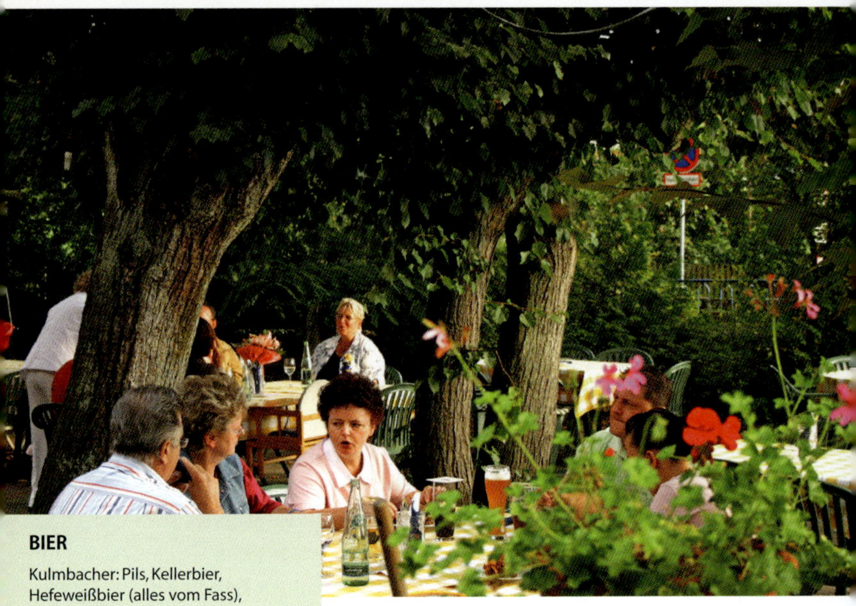

BIER

Kulmbacher: Pils, Kellerbier, Hefeweißbier (alles vom Fass), Alkoholfreies.

KÜCHE

Hausmacher Brotzeiten und Salate. Täglich große Karte mit warmen Gerichten. Spezialitäten: Pfefferhaxe, gegrillte Haxe, Schwammerl-Gerichte.

PLÄTZE (außen/regensicher)

130/110

ANSCHRIFT

Ziegelhüttener Straße 38
95326 Kulmbach
Tel.: 09221-92830

ÖFFNUNGSZEITEN

Täglich ab 9 Uhr
Mittwoch Ruhetag

KULMBACH-KLASSIKER

Seit über 100 Jahren pilgern die Kulmbacher in den Stadtteil Ziegelhütten, wo die Welt noch ein bisschen mehr in Ordnung ist als auf der anderen Seite der B289. Dort steht der Schweizerhof mit seinem weißen Zäunchen und den großen Linden dahinter. Eigentümer Wolfgang Zettner steht selbst noch in der Küche, wo er einer breiten Speisenpalette zu feinem Geschmack verhilft. Zu Trinken gibt's - natürlich - Kulmbacher, frisch vom Fass.

TIPP: Pfefferhaxe

Bus 378 Ziegelhütten, Kulmbach

DB

Symbolerklärung s. vordere Klappe

Kommunbräu

EULEN NACH ATHEN?!

Eine Brauerei in der selbsternannten Bierhauptstadt zu gründen – dazu gehört Mut. Doch die Idee - am Stammtisch geboren – reifte, und vier Jahre nach Gründung der Genossenschaft konnten die Anteilseigner den ersten eigenen Gerstensaft probieren. Das war 1994 und seitdem sind es über 400 Genossenschaftler, die mit ihrem Einsatz die kleine Braustätte im Herzen der Bierwelt am Leben erhalten. An Ideen mangelt es übrigens auch nach mehr als zehn Jahren nicht: Innovativ und kreativ lesen sich in der Hauszeitung „Milchbänkla" aktuelle News und Angebote. Ach ja: Es gibt jeden Monat ein wechselndes Bier: Anstich ist am ersten Mittwoch im Monat, dann gibt´s a Gratis-Versucherla.

BIER

Eigene Brauerei: Helles, Bernstein (beides vom Fass), jeden Monat ein wechselndes Bier. Kulmbacher: Alkoholfreies.

KÜCHE

Fränkische Brotzeiten. Täglich große Karte mit warmen Gerichten. Spezialitäten: Kulmbacher Bierzwiebel, Schwarzfleisch mit Klößen.

PLÄTZE (außen/regensicher)

100/250

ANSCHRIFT

Grünwehr 17
95326 Kulmbach
Tel.: 09221-84490

ÖFFNUNGSZEITEN

Täglich ab 10 Uhr
Kein Ruhetag

TIPP: Schwarzfleisch mit Klößen

Bayerisches Brauerei- und Bäckereimuseum

WWW.BAYERISCHES-BRAUEREIMUSEUM.DE

Kultur und Genuss unter einem Dach! Das ist das Motto des Kulmbacher Mönchshofs, in dem das Bayerische Brauereimuseum, das Bayerische Bäckereimuseum und die Brauereigaststätte „Zum Mönchshof-Bräuhaus" mit großem Biergarten beheimatet sind.

Im **Bayerischen Brauereimuseum** erleben Sie hautnah wie die Ägypter, Römer und Kelten Bier gebraut haben, wie das Bier im Mittelalter zubereitet wurde, und dass es auch heute noch eine hohe, handwerkliche Kunst ist, guten Gerstensaft zu brauen. Höhepunkt des Besuches ist der Gang durch die „Gläserne Brauerei" mit Probierschluck und Bierkennertest.

Das **Bayerische Bäckereimuseum** zeigt Brotgeschichte vom Getreide bis zum Bäckerladen, von ägyptischer Backkultur bis zur heutigen Brotsortenvielfalt. Lebendige Inszenierungen versprechen einen kurzweiligen und spannenden Aufenthalt. Als besonderes Schmankerl gibt es einen Happen Brot frisch aus dem Steinbackofen.

Öffnungszeiten

	Mai – Okt.	Nov. - April
Di - Fr:	10.00 - 17.00 Uhr	10.00 – 17.00 Uhr
Sa - So:	9.00 - 17.00 Uhr	10.00 – 17.00 Uhr

* Führungen nur auf Voranmeldung.
* Gruppenführungen auch abends bzw. montags möglich.

Zum Mönchshof-Bräuhaus mit Terrasse und Biergarten

WWW.BAYERISCHES-BRAUEREIMUSEUM.DE   GPS: 50°06'57" N / 11°28'13" E

KULTUR UND GENUSS UNTER EINEM DACH!

Im Mönchshof-Bräuhaus, dem urigen Wirtshaus mit klösterlichen Gewölben, kann dann nach all der Theorie zur Praxis übergegangen werden. Zu typisch fränkischen Köstlichkeiten gibt es neben einer großen Biersortenvielfalt der Kulmbacher Brauerei im Mönchshof-Bräuhaus außerdem einzigartig das Museumsbier der Gläsernen Brauerei am Zapfhahn. Der schöne Biergarten mit den großen, uralten Kastanien und der weitläufige Abenteuerkinderspielplatz lädt an sonnigen Tagen gerne zum Verweilen und Entspannen ein. Genießen Sie fränkische Lebensart und: „kommen´s amal vorbei"!

BIER

Gläserne Brauerei: Museumsbier, Gartenweizen, weitere saisonale Bierspezialitäten; Kulmbacher Brauerei: Mönchshof-Original, Kapuziner Weißbier, Mönchshof-Pils, Mönchshof-Schwarzbier (alles vom Fass).

KÜCHE

Große Karte mit warmen Gerichten und Fränkischen Brotzeiten. Spezialitäten: Kulmbacher Pfefferhaxe, Mönchshof-Bierfleisch, Fränk. Bratwurstpfännchen, Brauerbrotzeit.

PLÄTZE (außen/regensicher)

2000/500

ANSCHRIFT

Hofer Straße 20
95326 Kulmbach
Telefon: 09221-805-14
Fax: 09221-805-15

ÖFFNUNGSZEITEN

Di bis So ab 10 Uhr durchgehend
Montag Ruhetag

TIPP: Kultur und Kulmbacher Pfefferhaxe

Der Hopfen kommt nach Hause

Norbert Kramer, Braumeister und Inhaber der St. Georgenbräu in Buttenheim, hat ein neues Kind: Hinter dem Sudhaus seiner Brauerei erstreckt sich seit dem Frühjahr 2010 ein echter Hopfengarten und damit ein Exot in Oberfranken. Gepflanzt haben Kramer und seine Mannschaft auf den 1.250 Quadratmetern „Hallertauer Mittelfrüh", eine hochfeine Aromasorte mit mittlerem Bitterwert, sehr gutem Aroma und guter Lagerstabilität. Dieser Hopfen ist der Klassiker in der Hallertau, allerdings momentan auf dem Rückzug, weil der Braugigant InBev (25% des weltweiten Bierausstoßes) ihn nicht mehr verwenden will.

Im Gegensatz zu dem belgisch-brasilianischen Brauriesen bauen Traditionsbrauer wie Norbert Kramer auf den Aromahopfen. Insgesamt 300 Pflanzen setzte Hopfenbauer Willi Schneider im Buttenheimer Brauereigarten, der dank des rekordverdächtigen Wachstums des Hopfens (30 cm pro Tag) schnell zu einer grünen Attraktion werden wird. In seinem Schau-Hopfengarten möchte Kramer Hopfenführungen anbieten und ein jährliches Hopfenzupferfest veranstalten, bei dem natürlich Bier ausgeschenkt werden wird, gebraut mit dem Ertrag aus dem neuen Hopfengarten.

Doch Hopfen kann man nicht nur trinken. Für eine kräftige neue Hopfenpflanze reichen zwei bis sechs Triebe, der Rest wird von den Wurzelstöcken abgebrochen - und landet auf den Tellern von Gourmets. Die Triebe ergeben eine sehr feine und beliebte - aber auch kostspielige - Speise: Die Hopfensprossen. Die Delikatesse muss in die in der kurzen Saison, vier Wochen ab Mitte März, noch von Hand geerntet werden. Eigentlich nur Abfallprodukt, erreicht dieser Hopfenspargel Kilopreise von bis zu 40 Euro.

Für das Bier hingegen benötigt man ca. 100 bis 150 Gramm Hopfen pro Hektoliter, was bedeutet, dass die 200 Kilogramm zu erwartender Ertrag des Buttenheimer Hopfengartens natürlich nicht den ganzen Bedarf der 40.000-Hektoliter-Brauerei decken können.

Norbert Kramer hat Besonderes damit vor. Sie können sich auf ein Spezial-Bier freuen, das dann sowohl in der Gaststätte als auch im Bierkeller der St. Georgenbräu ausgeschenkt wird, übrigens auch das Levi Strauss Bier, ein sehr feines Bier mit dem Untertitel „Buttenheimer Urstoff". Gönnen Sie sich also einen lehrreichen Zwischenstopp in Buttenheim, von der Autobahn sind es nur zwei Minuten bis zu Brauerei, Bierkeller und Hopfengarten.

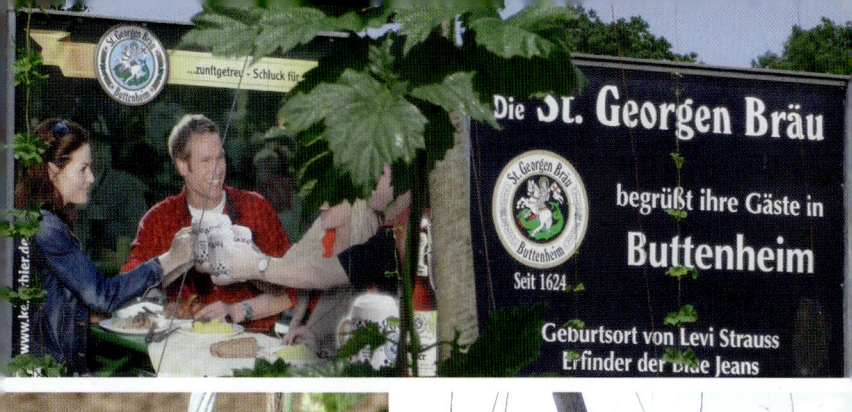

St. Georgen Bräu
Buttenheim
...zunftgetreu - Schluck für
Die St. Georgen Bräu
St. Georgen Bräu
Buttenheim
begrüßt ihre Gäste in
Buttenheim
Seit 1624
Geburtsort von Levi Strauss
Erfinder der Blue Jeans

St. Georgen Bräu
begrüßt ihre Gäste in
Buttenheim

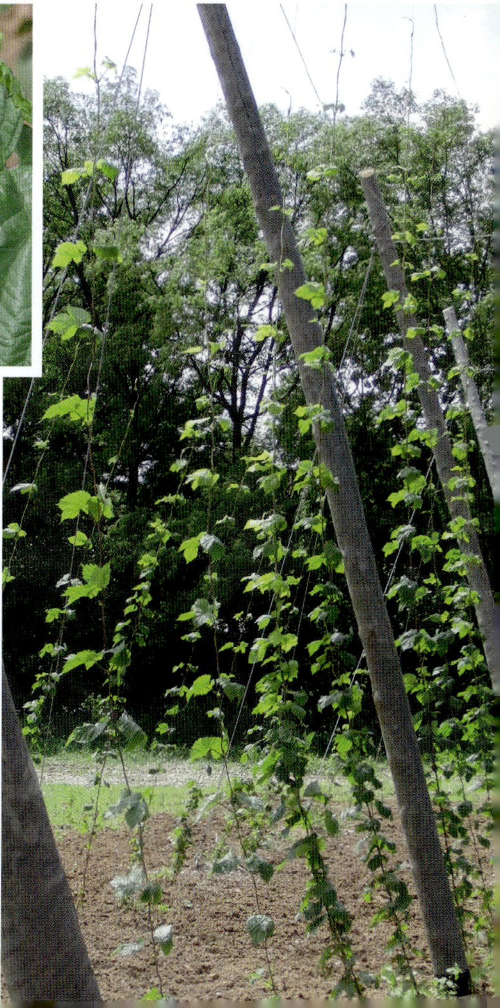

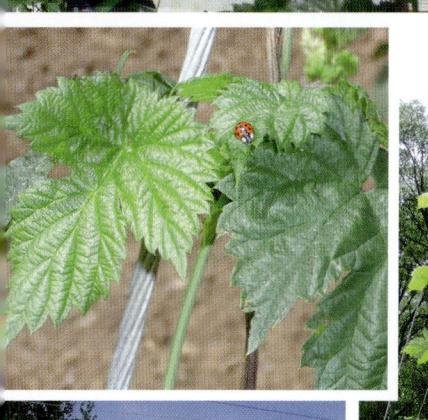

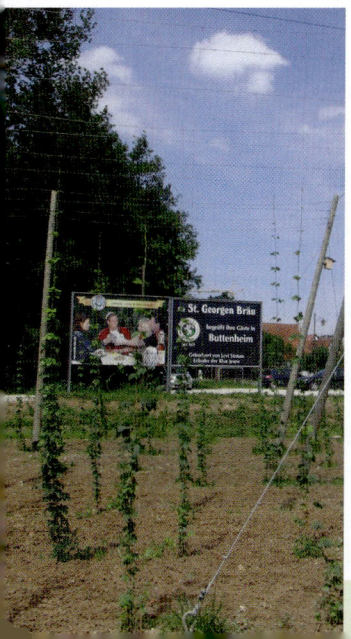

Gasthof zum Roten Ochsen

WWW.ROTER-OCHSE-LANZENDORF.DE GPS: 50°03'02" N / 11°36'01" E

HEIMAT DER RENTNERBAND

BIER

Eigene Brauerei: Heiners Hausbier (vom Fass). Kulmbacher: Mönchshof Original Pils, Mönchshof Original Weizen (beides vom Fass), komplettes Flaschenbiersortiment.

KÜCHE

Hausmacher Brotzeiten. Täglich mittelgroße Karte mit warmen Gerichten. Spezialitäten: Wildgerichte, Rinderbraten, Grillhaxe, Rumpsteak, Fleisch aus eigener Zucht und Schlachtung.

PLÄTZE (außen/regensicher)

110/295

ANSCHRIFT

Laitscher Weg 4
95502 Himmelkron-Lanzendorf
Tel.: 09273-7622

ÖFFNUNGSZEITEN

Mo bis Fr 10 bis 14 Uhr & ab 16 Uhr
Sa, So und Feiertage ab 10 Uhr
Mittwoch Ruhetag

Schon in der dritten Generation bewirtschaftet die Familie Kauper den Gasthof zum Roten Ochsen. Die ehemalige Schlossbrauerei der Herren von Wirsberg bzw. später der Hohenzollern ist auch heute noch der Mittelpunkt des Ortes mit 1000 Einwohnern. Das Nachwuchs-Brüderpaar stellt mit Koch und Metzgermeister bereits die besten Voraussetzungen für eine Fortsetzung der erfolgreichen Geschichte am Weißen Main. Fast alles, was den Gästen geboten wird, erzeugt die Familie selbst - der beste Zeitpunkt für einen Test ist die Kirchweih um den 1. Sonntag im September. Dann stehen Krenfleisch, Schlachtschüssel und weitere Kerwa-Leckereien auf der Speisekarte. Wie es sich für einen Traditionsgasthof gehört, kommen auch regelmäßig Stammtische zusammen, wie zum Beispiel zweimal in der Woche die „Rentnerband".

TIPP: Bierhaxe

DB

Waldstübla

WWW.WALDSTUEBLA.DE GPS: 49°52'22" N / 11°01'21" E

PURE NATUR

Zwischen Leesten und Geisfeld liegt am Waldrand ein kleines Häuschen. Bei genauerem Hinsehen entdeckt man einen urgemütlichen Biergarten mit einem Streichelzoo. Ponys, Ziegen, Meerschweinchen, Tauben, Hasen, Fasane und weitere Vierbeiner warten auf Streicheleinheiten und lassen sich auch gerne füttern. Für die Zweibeiner gibt's neben den Kellerklassikern auch Hamburger.

TOP-TIPP für Familien
mehr S. 12

BIER

Löwenbräu/Buttenheim: Lager (vom Fass), Alkoholfreies. Ott/Oberleinleiter: Weizen, Dunkles (beides vom Fass), Pils.

KÜCHE

Fränkische Brotzeiten. Täglich mittelgroße Karte mit warmen Gerichten. So und Feiertage Mittagstisch. Spezialitäten: Schnitzelsandwich, selbstgebackene Kuchen, geschnittene Hasen.

PLÄTZE (außen/regensicher)

500/120

ANSCHRIFT

zwischen Geisfeld und Leesten
Tel.: 09505-1240

ÖFFNUNGSZEITEN

Täglich ab 15 Uhr
So und Feiertage ab 9.30 Uhr
Kein Ruhetag
Bei schlechtem Wetter Donnerstag Ruhetag

TIPP: Geschnittene Hasen

Helmuts Hofschänke

WWW.HELMUTSHOFSCHAENKE.DE GPS: 49°59'07" N / 10°57'55" E

BIERGARTEN MIT REIT-HALLE UND LAGERFEUER

Einige besuchen die Hofschänke wegen des ständig wechselnden regionalen Bierangebotes, andere kommen wegen des Reitstalles. Man sieht: Jeder kommt auf seine Kosten, insbesondere Familien, denn das Gut Leimershof liegt abseits der Straße und verfügt über einen großen Spielplatz und ein eigenes Kinderangebot. Bierfans sollten den Leimershofer Seelen-Drösdä versuchen, der exklusiv für die Hofschänke gebraut wird.

BIER

„Leimershofer Seelen-Drösdä"-Rauchbier vom Fass. Fässla/Bamberg: Lager, Zwergla (beides vom Fass). Leikeim/Altenkunstadt: Weizen (vom Fass). Bitburger: Pils (vom Fass). Wechselnde Brauereien: Immer ein Fassbier aus der Umgebung.

KÜCHE

Fränkische Brotzeiten. Täglich große Karte mit warmen Gerichten. So und Feiertage Mittagstisch. Spezialitäten: Schäuferla auf der Schaufel, Leimer, Steinofenpizza in verschiedenen Variationen.

PLÄTZE (außen/regensicher)

200/150

ANSCHRIFT

Gut Leimershof
96149 Breitengüßbach
Tel.: 09547-5457

ÖFFNUNGSZEITEN

Di bis Fr ab 17 Uhr
Sa ab 15 Uhr
So und Feiertage ab 12 Uhr
Montag Ruhetag

TIPP: Pizza aus dem Steinofen

Friedrich-Wilhelm-Stollen

WWW.FRIEDRICH-WILHELM-STOLLEN.DE　　　**GPS: 50°23'29"N / 11°41'09"E**

LETZTER STOPP VOR DEM BERGWERK

Der Friedrich-Wilhelm-Stollen nahe Lichtenberg ist ein beliebtes Ausflugsziel im nördlichen Oberfranken. Doch während die Kinder die dunklen Höhlen entdecken, haben viele der mitreisenden Erwachsenen inzwischen ein anderes Ziel - die zugehörige Wirtschaft. Nicht, dass der Stollen uninterressant wäre, aber wer sehnt sich nicht nach leckeren fränkischen Köstlichkeiten und frischem Raubritter-Bier der Brauerei Sonnenbräu. All das darf hier auch noch in einem sonnig gelegenen Biergarten eingenommen werden. So wird der Stollen-Ausflug zum Spaß für die ganze Familie. Aber Vorsicht, nicht die festgelegten Führungszeiten vergessen!

TIPP: Das Bier nach der Stollen-Führung

BIER

Sonnenbräu/Lichtenberg: Pils (vom Fass), Dunkles, helles Weizen, dunkles Weizen. Scherdel/Hof: Pils. Kulmbacher: Pils. Erdinger: Weißbier, Leichtes Weizen, Kristallweizen, alkoholfreies Weizen.

KÜCHE

Hausmacher Brotzeiten. Täglich mittelgroße Karte mit warmen Gerichten. Spezialitäten: Raubritterplatte, Riesen-Currywurst, verschiedene Kaffeevariationen, selbstgebackene Kuchen.

PLÄTZE (außen/regensicher)

50/80

ANSCHRIFT

Friedrich-Wilhelm-Stollen 1
95192 Lichtenberg
Tel.: 09288-216

ÖFFNUNGSZEITEN

Täglich ab 8.30 Uhr
Mittwoch und Donnerstag Ruhetag

Symbolerklärung s. vordere Klappe

Brauerei und Gasthof Kürzdörfer

WWW.LANDGASTHOF-KUERZDOERFER.EU   GPS: 49°49'50" N / 11°32'03" E

BIER

Eigene Brauerei: Vollbier, Landbier dunkel, Bock (Mitte Nov.) (alles vom Fass).

KÜCHE

Hausmacher Brotzeiten. Täglich kleine Karte mit warmen Gerichten. So Mittagstisch. Spezialitäten: Hausbrot Spezial, Knoblauchwürste, eingewecktes Fleisch, Braumeisterplatte, Schnitzel.

PLÄTZE (außen/regensicher)

90/90

ANSCHRIFT

Brauhausgasse 5
95473 Creußen-Lindenhardt
Tel.: 09246-221

ÖFFNUNGSZEITEN

Täglich ab 11 Uhr
So und Feiertage ab 10 Uhr
Montag Ruhetag

GANZE BÄUME FÜR GANZE KERLE

Erst einmal im kleinen Lindenhardt angekommen führt kein Weg an der Brauerei Kürzdörfer vorbei. Deren Bierkeller ist eigentlich eine Blockhütte und liegt buchstäblich in der Brauhausgasse. Nicht nur das ganz frisch gezapfte Bier ist hier aus erster Hand, auch die leckeren Brotzeiten werden frisch von der Familie geliefert (der Sohn ist Metzger). Wenn der Biergarten geöffnet hat, bleibt das Wirtshaus übrigens geschlossen, denn dann sind Gast und Wirt unter dem Schatten der großen Bäume rund um das Holzhaus vereint. Ein echter Bierkeller mit kleiner Brauerei und frischen Brotzeiten – was will der Kulinarfranke mehr?

TIPP: Landbier und eingewecktes Fleisch

Bus 372 Lindenhardt (Wartehaus), Creußen

Brauerei Hölzlein

DIE SIEBTE GENERATION TROTZT DEM ABERGLAUBEN

Eigentlich hätten die Vorfahren auf der Hausnummer 15 bestehen sollen, so Inhaber Heinrich Hölzlein; aber so lebe man nun mit der zweifelhaften Hausnummer 13, die nach der Gebietsreform der Brauerei Hölzlein zugeteilt worden war. Und im Grunde lebt man ganz gut damit. Schließlich befindet sich das Geschäft seit nunmehr 225 Jahren ununterbrochen in Familienbesitz. Etwas puristisch mutet allerdings das Angebot an: Vollbier vom Fass und hausgemachte Brotzeiten aus Hausschlachtung in überschaubarer Auswahl. Die geringe Quantität mindert aber bei weitem nicht die Qualität des Dargebotenen.

BIER

Eigene Brauerei: Helles Vollbier (vom Fass). Mahr/Bamberg: Hefeweizen.

KÜCHE

Hausmacher Brotzeiten. Täglich kleine Karte mit warmen Gerichten. So und Feiertage Mittagstisch. Spezialitäten: Schweinebraten, Cordon Bleu, gemischte Platte, Zwetschgenbames, Pfannenschnitzel.

PLÄTZE (außen/regensicher)

200/145

ANSCHRIFT

Ellertalstraße 13
96123 Litzendorf-Lohndorf
Tel.: 09505-357

ÖFFNUNGSZEITEN

Mo bis Fr ab 15 Uhr
Sa ab 12 Uhr
So und Feiertage ab 10 Uhr
Dienstag Ruhetag

TIPP: Warme Bräten an den Feiertagen

Hotel-Pension Fränkischer Hof

GASTHOF MIT FLÖSSERRECHT

Seit 2000 werkelt Winfried Fritsch im Fränkischen Hof, dem letzten verbliebenen Refugium der fränkischen Lebensart in Mainleus. Damals noch im Westerwald, lasen die Hotelbetreiber die Anzeige der Gemeinde und sind dann kurzentschlossen nach Franken gezogen. 2008 wurde aus der Pacht Eigentum, und seitdem wurde viel umgebaut und renoviert. Der liebevoll gestaltete Biergarten ist ein gutes Zeugnis dafür, was aus der Traditionsgaststätte geworden ist. In kleinen Holzhüttchen sind Ausschank und Grill angebracht, davor genießt man ein kühles Kellerbier. Der Fränkische Hof ist übrigens auch Sitz des heimlichen Dorfparlaments, des Stammtisches „Götz von Berlechingen", bei dem sich jeden Donnerstag seit über 50 Jahren die Dorfhonoratioren treffen ...

BIER

Leikeim/Altenkunstadt: Pils (vom Fass), Weizen, Steinbier, Kellerbier, Alkoholfreies. Kulmbacher: Leichtes Bier. Maisel/Bayreuth: Leichtes Weizen.

KÜCHE

Fränkische Brotzeiten. Täglich mittelgroße Karte mit warmen Gerichten. Spezialitäten: Fränkische Klassiker und Gerichte mit internationalem Touch, viele Steak- und Schnitzelvariationen.

PLÄTZE (außen/regensicher)

50/200

ANSCHRIFT

Hauptstraße 32
95336 Mainleus
Tel.: 09229-979224

ÖFFNUNGSZEITEN

Täglich ab 10 Uhr
Mittwoch Ruhetag

TIPP: Kuddelflecksuppe, Rouladen

Klosterbräu Marienweiher

WWW.KLOSTER-GASTHOF.DE

GPS: 50°09'29"N / 11°38'07"E

GLÜCKLICHE MÖNCHE

Was wäre ein Kloster ohne Brauerei? Lange Zeit mussten die Franziskaner in Marienweiher darben, bis die beiden Brüder Michael und Hans-Jürgen Ittner 2006 das Klosterbräu eröffneten. Und diese ideale Kombination – Hobbykoch, Hobbybrauer und ehrwürdige Location – funktioniert perfekt und schmeckt! Sowohl die feinen Biere als auch die vielen bierigen Gerichte auf der Karte machen einfach Lust auf mehr. Besonders lohnenswert ist der Besuch übrigens, wenn Hans-Jürgen den neuen Gerstensaft einbraut (nach Bedarf). Dabei darf man dann auch zuschauen - Bierkultur zum Erleben!

TIPP: Schäuferla in Biersauce, Pfefferhaxe

BIER

Eigene Brauerei: Zwickel hell, Kloster dunkel, Bernstein (Lager), Weizen, Hefeweizen, saisonal weitere Spezialbiere (alles vom Fass).

KÜCHE

Hausmacher Brotzeiten. Täglich mittelgroße Karte mit warmen Gerichten. Spezialitäten: Schäuferle, Pfefferhaxen, Hausmacher Brotzeiten.

PLÄTZE (außen/regensicher)

80/110

ANSCHRIFT

Marienweiher 6
95352 Marktleugast-Marienweiher
Tel.: 09255-8077350

ÖFFNUNGSZEITEN

Mo bis Fr ab 11 Uhr
Sa, So und Feiertage ab 10 Uhr
Kein Ruhetag

Symbolerklärung s. vordere Klappe

ONLINE AUF WWW. Bier.BY

Wanderhütte Kleinrehmühle

WWW.KLEINREHMUEHLE.DE   GPS: 50°11'15" N / 11°35'47" E

DAS FAMILIENPARADIES

Mitten im Wald liegt die Kleinrehmühle, die von Familie Wagner in ein echtes Kinderparadies verwandelt worden ist. Früher einfach nur Zwischenstation für Wanderer, leben hier nun jede Menge Streicheltiere: Schafe, Ziegen, Hühner, Hasen, Meerschweinchen, Enten usw. laufen alle frei herum und machen den Gästen viel Freude. Ein weiteres Highlight ist der Kinderspielplatz - als Palisadenburg unter anderem mit einem Trampolin ausgestattet. Dazwischen verläuft malerisch der kleine Bach, in dem sich Hunderte Forellen tummeln. Und wenn Inhaber Daniel die Muse packt, stellt er sich auf den Felsen oberhalb der Bierbänke und gibt Schlager aus den 70ern zum Besten.

BIER

Püls/Weismain: Pils, Keller. Krug/Breitenlesau: Lager. Scherdel/Hof: Pils. Tucher/Fürth: Zirndorfer Landbier. Huber/Freising: Weiße.

KÜCHE

Fränkische Brotzeiten. Spezialitäten: Geräucherte Forellen, selbstgebackene Kuchen.

PLÄTZE (außen/regensicher)

150/50

ANSCHRIFT

Kleinrehmühle
95352 Marktleugast
Tel.: 09255-413

ÖFFNUNGSZEITEN

Täglich ab 9 Uhr
Anfang Apr. bis Ende Sep. Dienstag Ruhetag, Anfang Okt. bis Ende März Montag und Dienstag Ruhetag

TOP-TIPP für Familien mehr S. 12

TIPP: Geräucherte Forelle (nach uraltem Rezept)

Bus 8351 Großrehmühle, Marktleugast   DB

Symbolerklärung s. vordere Klappe

Forsthaus

AUF DER ALM

Gefeiert wird am Forsthaus, solange man denken kann. War hier doch früher der legendäre Startpunkt für den Geißauftrieb, der immer noch jedes Jahr am zweiten Wochenende im August mit dem „Goaßalmfest" begangen wird. Direkt am Waldrand in der Nähe der Klinik gelegen, ist das Forsthaus ein echtes Allroundziel für Jung und Alt. Betreiberin Christa Herff hat 2008 hier gestartet und ihr Konzept erfolgreich umgesetzt.

TIPP: Schwäbischer Zwiebelrostbraten

BIER

Nothhaft/Marktredwitz: Weizen, Helles, Pils, Zoigl (alles vom Fass), Dunkles (Aloisius), dunkles Weizen, leichtes Schankbier.

KÜCHE

Fränkische Brotzeiten. Täglich große Karte mit warmen Gerichten. Spezialitäten: Verschiedene Bräten, z. B. Sauerbraten oder Schweinebraten, Sulze mit Bratkartoffeln, Schmankerlaktion (Do).

PLÄTZE (außen/regensicher)

72/75

ANSCHRIFT

Putzenreuthstraße 49
95615 Marktredwitz
Tel.: 09231-82736

ÖFFNUNGSZEITEN

Täglich ab 11 Uhr
So und Feiertage ab 9.30 Uhr
Mittwoch Ruhetag

Symbolerklärung s. vordere Klappe

Oberredwitzer Zoigl-Stubn

WWW.OBERREDWITZER-ZOIGLSTUBEN.DE   GPS: 50°00'20"N / 12°04'30"E

BIER

Stelzer/Fattigau: Helles Zoigl, dunkles Zoigl (beides vom Fass), Pils, Helles, Doppelhopfen, Hefeweizen.
Gerstel: Alkoholfreies..

KÜCHE

Fränkische Brotzeiten. Täglich kleine Karte mit warmen Gerichten. Spezialitäten: Göttinger im Glas, Fleisch im Glas, Hausmacher Wurst im Glas, verschiedene Auflaufkniala.

PLÄTZE (außen/regensicher)

25/60

ANSCHRIFT

Max-Reger-Straße 16
95615 Marktredwitz
Tel.: 09231-4073838

ÖFFNUNGSZEITEN

Täglich ab 9.30 Uhr
Sonntag und Montag Ruhetag

DAS BIER-STARTUP

Viele Berufstätige nutzen die Gelegenheit für ein preiswertes gute Mittagessen oder ein kühles Zoigl zwischendurch, seit November 2009 geht das perfekt in der Oberredwitzer Zoigl-Stubn von Silke und Berthold Grimm. Die beiden sattelten von LKW und Büro um auf Gastronomie und bieten nun hier in Marktredwitz ein kleines aber feines Angebot rund um das Zoigl und ein Tagesgericht. Spätestens nach der Arbeit ist hier eine große Fangemeinde anzutreffen. Ein echter Geheimtipp!

TIPP: Verschiedene Auflaufkniala (süß oder herzhaft)

DB

Symbolerklärung s. vordere Klappe

Turnerstüberl mit Dörflaser Biergarten

WWW.BIER.BY   GPS: 49°59'43"N / 12°05'11"E

Im Geiste des alten Turnvaters Jahn trainie-
ren seit den 1920er Jahren die Mitglieder des
Marktredwitzer Turnvereins. Natürlich mussten
auch die nötigen Räumlichkeiten zum Feiern
geschaffen werden, eine kleine Gaststätte entstand: Das Turnerstüberl. Vor etwa 13 Jahren
kam der gemütliche Biergarten dazu, der bereits von Beginn an eine breite Fangemeinde
sein eigen nennen konnte. Insbesondere seit
Elisabeth Putzer im Jahr 2005 die Grillspezialitäten einführte, ist die Bude regelmäßig voll.

FRISCH, FROMM, FRÖHLICH, FREI!

TIPP: Gegrillter Bauch

BIER

Kulmbacher: Pils, Mönchshof Original, Kapuziner Weiße (alles vom Fass),
Kellerbier.

KÜCHE

Fränkische Brotzeiten. Täglich
kleine Karte mit warmen Gerichten.
Spezialitäten: Bratwürste, Grillbauch,
Garnelenspieße (alles frisch vom
Grill), Wurstsalat, angemachter Käse.

PLÄTZE (außen/regensicher)

40/50

ANSCHRIFT

Dörflaser Hauptstraße 41
95615 Marktredwitz
Tel.: 09231-2292

ÖFFNUNGSZEITEN

Täglich ab 16 Uhr
Sa und So ab 10 Uhr
Montag Ruhetag

Gasthaus Hoh

WWW.GASTHAUS-HOH.DE **GPS: 49°55'51" N / 10°58'51" E**

DER TIERGARTEN UNTER DEN BIERGÄRTEN

Weit ab von der Straße unter dem Schatten vieler alter Bäume findet man einen Familienbiergarten der besonderen Art. Zahlreiches Kleingetier und Geflügel ist Anziehungspunkt für Kinder und Erwachsene jeden Alters - entweder lebendig im Gehege oder in Form von Chicken Wings oder Entenbraten auf dem Teller. Letzterer ist so bekannt, dass es jedes Jahr zur Kirchweih eine lange Vorbestellungsliste für das traditionelle Entenessen gibt. Damit die Ente auch eine Unterlage hat, empfiehlt sich das Rauch- oder Kellerbier der Brauerei Hummel aus Merkendorf, das vom Fass ausgeschenkt wird.

BIER

Hummel/Merkendorf: Rauchbier, Keller, Weißbier, Pils (alles vom Fass), Dunkles, Weizen. Püls/Weismain: Pils, Dunkles, Weizen. Löwenbräu/München: Alkoholfreies.

KÜCHE

Hausmacher Brotzeiten. Täglich mittelgroße Karte mit warmen Gerichten. Spezialitäten: Kellerplatte, kalter Schweinebraten, selbstgemachte Pizza.

PLÄTZE (außen/regensicher)

300/70

ANSCHRIFT

Kapellenplatz 5
96117 Meedensdorf
Tel.: 09505-1443

ÖFFNUNGSZEITEN

Di bis Sa ab 16 Uhr
So ab 14 Uhr
Mai bis Sep. Montag Ruhetag
Okt. bis Apr. Montag und Dienstag
Ruhetag

TIPP: Kalter Schweinebraten

Bus 927 Meedensdorf, Memmelsdorf

Brauerei-Gasthof Drei Kronen

WWW.DREI-KRONEN.DE　　　　　GPS: 49°56'01" N / 10°57'12" E

IM ZEICHEN DER 3

Erstmals an Dreikönig im Jahr 1457 erwähnt, steht der Braugasthof in Memmelsdorf für die perfekte Mischung aus Tradition und Innovation: In der dritten Generation, mit drei Kindern, drei Häusern und drei Geschäftszweigen sieht man die 3 als Symbol. Dementsprechend gibt es drei Sorten Bier, ein feines Einsteiger-Rauchbier namens „Stöffla", ein Kellerpils und ein vollmundiges Lager. Zu Dreikönig wechseln sich im Jahresrhythmus Balthasar (hell), Melchior (schwarz) und Caspar (bernstein) ab. Gebraut wird übrigens auch von Familie Straub - Tochter Isabella setzte sich durch und ist seit 2008 frisch gebackene Braumeisterin. Interessant auch die Küche mit einer Vorzeige-Kinderkarte und jeder Menge Gerichten mit Bier-Touch (z.B. Schnitzel oder Karpfen im Rauchbierbrotbröselmantel).

TIPP: Braumeisterschnitzel mit Bierbrotbröseln

BIER

Eigene Brauerei: Stöffla (Rauchbier), Lager, Kellerpils, Hefeweizen (Sommer), Bockbier (saisonal), weitere Sorten wechselnd (alles vom Fass). Erdinger: Alkoholfreies Weizen. Kulmbacher: Alkoholfreies.

KÜCHE

Fränkische Brotzeiten. Täglich große Karte mit warmen Gerichten. Spezialitäten: Brauherrenspieß, Jungrinderleber, Stöfflabrot, Biergerichte.

PLÄTZE (außen/regensicher)

90/85

ANSCHRIFT

Hauptstraße 19
96117 Memmelsdorf
Tel.: 0951-944330

ÖFFNUNGSZEITEN

Täglich ab 9 Uhr
So 9 bis 15 Uhr
Mo ab 17 Uhr
Kein Ruhetag

Symbolerklärung s. vordere Klappe

Höhnskeller

WWW.BIER.BY GPS: 49°55'57" N / 10°57'33" E

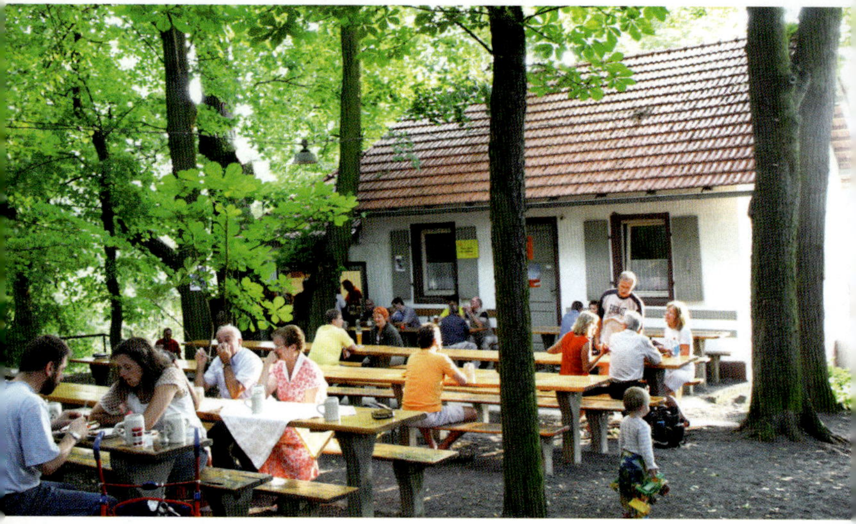

BIER

Hummel/Merkendorf: Kellerbier (vom Fass), Pils, Weizen, Räucherla, dunkles Weizen, Maibock (saisonal).

KÜCHE

Fränkische Brotzeiten. Spezialitäten: Kalter Schweinebraten, Ziebeleskäse, Gerupfter.

PLÄTZE (außen/regensicher)

250/50

ANSCHRIFT

Meedensdorfer Straße
96117 Memmelsdorf
Tel.: 0951-41931

ÖFFNUNGSZEITEN

Mo bis Fr ab 16 Uhr
So und Feiertage ab 15 Uhr
Samstag Ruhetag

WEIN, SPIRITUOSEN UND BENEFIZ

Beim „Höhnskeller" in Memmelsdorf kommen nicht nur die Bier- sondern vor allem auch die Weinkenner auf ihre Kosten. Insbesondere seltene Frankentropfen wie Domina und Rotling laden zum Verkosten unter den alten Bäumen ein. Als „Absacker" sollte man dann nicht den sonst üblichen Schnitt, sondern eher einen der edlen Brände genießen, überhaupt sitzt es sich hier einfach schön. Einmal im Jahr gibt es Jazz zugunsten eines indischen Hilfsprojektes.

TIPP: Ziebeleskäse

Bus 907, 927, 963 Memmelsdorf Markt

Brauerei-Gasthof Höhn

WWW.GASTHOF-HOEHN.DE   GPS: 49°55'57" N / 10°57'09" E

Das „Görchla" begegnet einem beim Höhn sowohl in Form eines unfiltrierten hefetrüben Landbieres als auch als „Görchla"-Brand – ein feiner Bierschnaps. Die gehobene Küche wartet mit Karpfen, Spargel, Wild und Pfifferlingen auf. Doch auch wer es urig mag, kommt auf seine Kosten. So kann man zum Beispiel bei einer Brauereiführung live erleben, wie der alte Sudkessel noch heute mit Holz und Kohlen befeuert wird. Danach gibt's Memmelsdorfer Bierhax'n mit Bierschnaps und Truck.

DIE WIRTSCHAFT IM ZEICHEN DES „GÖRCHLA"

TIPP: „Görchla"-Brand

BIER

Eigene Brauerei: Görchla-Bier, Görchla-Bock (saisonal) (beides vom Fass).

KÜCHE

Fränkische Brotzeiten. Täglich große Karte mit warmen Gerichten. Spezialitäten: Pfannengerichte, Schalander-Brotzeit, Bierbratwürste, Frappas, saisonale Spezialitäten.

PLÄTZE (außen/regensicher)

80/180

ANSCHRIFT

Memmelsdorfer Hauptstraße 11
96117 Memmelsdorf
Tel.: 0951-406140

ÖFFNUNGSZEITEN

Täglich ab 7.30 Uhr
Dienstag Ruhetag

 907, 927, 963 Memmelsdorf Markt 237

Aufseß`scher Gutshof Mengersdorf

WWW.GUTSHOF-MENGERSDORF.DE   GPS: 49°54'20"N / 11°22'31"E

ALLES UNTER EINEM DACH

Der Gutshof Mengersdorf wurde erst 2003 frisch aufgemöbelt eröffnet und bietet nun Übernachtung, fränkische Küche und Biergartenfeeling auf hohem Niveau. Nur etwa 800 Meter von der Therme Obernsees entfernt, ist das Publikum bunt gemischt und überregional. Den durstigen Wanderer erwartet ein süffiges dunkles Bier, das optimalerweise mit einer fränkischen Bratwurstsuppe abgerundet wird. Die dargebotenen Spezialitäten werden nach Angaben des Kochs von Wäldern und Höfen der Region bezogen. Auch für größere Feierlichkeiten wie Hochzeiten oder Seminare der Tipp!

BIER

Krug/Breitenlesau: Lager, Pils (beides vom Fass), Hefeweizen. Maisel/Bayreuth: Weisse, dunkles Weizen, Kristallweizen, leichtes Weizen, alkoholfreies Weizen.

KÜCHE

Fränkische Brotzeiten. Täglich große Karte mit warmen Gerichten. Spezialitäten: Bratwurstsuppe, Schäuferla, Bayrisch Kraut.

PLÄTZE (außen/regensicher)

50/80

ANSCHRIFT

Mengersdorf 26
95490 Mistelgau
Tel.: 09206-993880

ÖFFNUNGSZEITEN

Mi bis Sa ab 17 Uhr
So und Feiertage 11.30 bis 20 Uhr
Montag und Dienstag Ruhetag

TIPP: Die Bratwurstsuppe vor dem Kurbad

Brauerei Wagner

WWW.WAGNER-MERKENDORF.DE

GPS: 49°57'30"N / 10°57'23" E

BIERGARTEN FÜR WILD-FANS

Der „Wagner" in Merkendorf bietet nicht nur traditionelle fränkische Küche, sondern auch frisches Wild aus heimischen Gefilden. Mitten im Brauereihof, also quasi direkt an der Quelle, findet man schon ab neun Uhr morgens ein schönes Plätzchen für den richtigen Start in den Tag. Jährliches Highlight für die Freunde des über 200-jährigen Traditionskellers ist der Bockbieranstich am Freitag vor dem Buß- und Bettag.

TIPP: Wildgerichte

BIER

Eigene Brauerei: Ungespundetes Lager, Weißbier, Märzen, Pils, Richard-Wagner-Dunkel (alles vom Fass). Werner/Poppenhausen: Alkoholfreies.

KÜCHE

Hausmacher Brotzeiten. Täglich kleine Karte mit warmen Gerichten. Spezialitäten: Schweinebraten, Sauerbraten, Wild, Geflügel.

PLÄTZE (außen/regensicher)

150/85

ANSCHRIFT

Pointstraße 1
96117 Memmelsdorf-Merkendorf
Tel.: 09542-620

ÖFFNUNGSZEITEN

Täglich ab 9 Uhr
Montag Ruhetag
Die ersten drei August-Wochen sind wegen Urlaub geschlossen

Symbolerklärung s. vordere Klappe

Hummels Keller

WWW.BIER.BY | GPS: 49°57'36"N / 10°57'22" E

DIE EICHE UNTER DEN BIERKELLERN

Wo hat man schon einen Bierkeller, von dessen Baumbestand es allein zwei Bäume zusammen auf fast 500 Jahre bringen? Einer davon, eine 300-jährige Eiche hat einen Großteil der Familientradition in Merkendorf miterlebt, auf die die heutige Pächterin Maria Hummel auch mächtig stolz ist. Neben der eigenen Hausschlachtung setzt man auch auf Salate (u. a. mit Thunfisch) und weitere eher vegetarische Kellergerichte vom Ziebeleskäs über Limburger bis zum Gerupften. Bei schönem Wetter gibt's freitags marinierte Heringe mit Kartoffeln.

BIER

Hummel/Merkendorf: Keller, Weizen, Rauchbier (alles vom Fass). Clausthaler: Alkoholfreies.

KÜCHE

Hausmacher Brotzeiten. Täglich kleine Karte mit warmen Gerichten. Spezialitäten: Heißer Schinken, marinierte Heringe (Fr), Salate, eingelegter Schafskäse.

PLÄTZE (außen/regensicher)

120/40

ANSCHRIFT

Austraße 12
96117 Memmelsdorf-Merkendorf
Tel.: 09542-7992

ÖFFNUNGSZEITEN

Mo bis Sa ab 17 Uhr
So und Feiertage ab 15 Uhr
Mittwoch Ruhetag
Bei schlechtem Wetter geschlossen

TIPP: Eingelegter Schafskäse

 917, 953 Merkendorf Kirche

Brauerei Hummel

WWW.BRAUEREI-HUMMEL.DE **GPS: 49°57'34" N / 10°57'29" E**

RAUCHBIER MIT FANGEMEINDE

Mindestens vier frische eigene Biere vom Fass, darunter ein vollmundiges Rauchbier, erklären die große Beliebtheit vom „Hummel" in Merkendorf. Besonders empfehlenswert aus der Küche: Die Brotzeiten aus eigener Hausschlachtung - Leberwurst, Dörrfleisch, Rotwurst und besonders die bekannten Fleischspieße haben eine große Fangemeinde. Und für die ist eines der gebrauten Biere immer das Richtige.

BIER

Eigene Brauerei: Pils, Keller, Räucherla, Cowboy Schwarzbier, helles Hefe (alles vom Fass), dunkles Hefe, Märzen, Maibock (saisonal), Weizenbock (saisonal), Festbier (saisonal).

KÜCHE

Hausmacher Brotzeiten. Täglich mittelgroße Karte mit warmen Gerichten. Spezialitäten: Brotzeiten, Schnitzel, hausmacher Bratwürste, selbstgemachte Fleischspieße.

PLÄTZE (außen/regensicher)

150/100

ANSCHRIFT

Lindenstraße 9
96117 Memmelsdorf-Merkendorf
Tel.: 09542-1247

ÖFFNUNGSZEITEN

Täglich ab 9 Uhr
So & Feiertage 9 bis 12 & ab 15 Uhr
So und Feiertage Mittagstisch auf Anfrage
Dienstag Ruhetag

TIPP: Fleischspieß mit Räucherla

Metzdorf

Landhotel-Wirtshaus Schwärzhof

WWW.SCHWAERZHOF.DE **GPS: 50°07'08" N / 11°26'12" E**

BIERCHEN AUF DEM PFERDEHOF

Der Schwärzhof ist ein 200 Jahre alter umgebauter Bauernhof mit einer Pferdezucht (reinrassige ägyptische Araber) und einem Wirtshaus mit Biergarten. Im Grunde steht hier alles im Zeichen der Pferde – sie können im Hotel übernachten, und manchmal nimmt Inhaber Gunter Bayer sogar mal einen Hengst mit zum Bier und den Gästen. Diese sind – vor allem nach Feiern – oft so begeistert, dass sie gleich für's nächste Mal reservieren. Metzdorf ist übrigens ein Stadtteil von Kulmbach, der Schwärzhof sorgt aber für echtes „Dorf-Feeling".

BIER

Kommunbräu Kulmbach: Helles (ungespundetes) (vom Fass). Kulmbacher: Pils (vom Fass). Schlenkerla/Bamberg: Rauchbier.

KÜCHE

Fränkische Brotzeiten. Täglich kleine Karte mit warmen Gerichten. Spezialitäten: Rippla mit Kraut und Klößen, Schlachtschüssel.

PLÄTZE (außen/regensicher)

150/40

ANSCHRIFT

Am Gründlein - a. d. Leithen 1
95326 Kulmbach-Metzdorf
Tel.: 09221-877315

ÖFFNUNGSZEITEN

Täglich ab 17 Uhr
Samstag Ruhetag

TIPP: Rippla mit Kraut und Klößen

DB

Symbolerklärung s. vordere Klappe

Kellerwirtschaft

WWW.KELLERWIRTSCHAFT.COM   GPS: 50°09'52" N / 11°06'32" E

SCHASCHLIK XXL

Mitten in Michelau und trotzdem halb im Wald liegt der über 100 Jahre alte historische Bierkeller, der allerdings nicht mehr als solcher genutzt wird. Die vielen Bäume und der schöne, jenseits jeder Durchgangsstraße gelegene Spielplatz ziehen besonders Familien mit Kindern an. Freitags gibt es die große Portion – Schaschlik XXL, aber auch andere Spezialitäten. Die Damen der Familie dürfen dann die feinen selbstgebackenen Kuchen genießen.

BIER

Leikeim/Altenkunstadt: Landbier, Pils, Hefeweizen (alles vom Fass), Steinbier, Alkoholfreies.

KÜCHE

Fränkische Brotzeiten. Täglich mittelgroße Karte mit warmen Gerichten. So und Feiertage Mittagstisch. Spezialitäten: Grillente, Pfefferhaxe, XXL-Schaschlik (Fr).

PLÄTZE (außen/regensicher)

300/90

ANSCHRIFT

Kellerfuhre 1
96247 Michelau
Tel.: 09571-896886

ÖFFNUNGSZEITEN

Täglich ab 13.30 Uhr
So und Feiertage ab 9.30 Uhr
Montag Ruhetag

TIPP: XXL-Schaschlik

Symbolerklärung s. vordere Klappe

Gasthof Finkenhof

WWW.FINKENHOF-MICHELAU.DE   **GPS: 50°09'20"N / 11°06'57"E**

HAUSGEMACHTER KLOSS NACH THÜRINGER ART IN PERFEKTION

BIER

Püls/Weismain: Hefeweizen, Pils, Kellertrunk (alles vom Fass), restliches Sortiment an Flaschenbieren.

KÜCHE

Hausmacher Brotzeiten. Täglich mittelgroße Karte mit warmen Gerichten. Spezialitäten: Klöße nach Thüringer Art (Fr Abend und So Mittag), Bierkrustenbraten, eigene Metzgerei, Rostbratwürste (So und Feiertage ab 15 Uhr).

PLÄTZE (außen/regensicher)

50/80

ANSCHRIFT

Bahnhofstraße 22
96247 Michelau
Tel.: 09571-8270

ÖFFNUNGSZEITEN

Mo bis Do 10 bis 15 Uhr
Fr, Sa, So und Feiertage ab 10 Uhr
Kein Ruhetag

Es gibt sie zwar „nur" Freitag Abend und Sonntag Mittag, aber alleine wegen der sensationellen Klöße nach Thüringer Art lohnt sich schon ein Besuch des Finkenhofs in Michelau. Der relativ unscheinbar direkt an der Straße gelegene Gasthof von Volker Gagel überzeugt allgemein mit seiner sehr hochwertigen und typischen fränkischen Küche - immerhin kommt das Fleisch direkt von der eigenen Metzgerei. Auch ohne die Highlight-Klöße findet sich also für jeden Freund von Braten und Hausmacher Brotzeiten das richtige Gericht. Der kleine aber feine Biergarten kann trotz Straßennähe mit rustikalen Holzgarnituren und gemütlichem Flair überzeugen. Optimal als Zwischenstopp für eine Radtour. Der nahe gelegene Rudufersee und das Deutsche Korbmuseum in Michelau bieten sich als weitere Stationen an.

TIPP: Pfefferhaxe mit Kloß nach Thüringer Art

Brauerei-Gasthof Zehendner

WWW.MOENCHSAMBACHER.DE — GPS: 49°49'08" N / 10°40'40" E

HEUTE BACK ICH, MORGEN BRAU ICH

Beim „Zehendner" wird diese alte Brauer-Weisheit noch gelebt - dort teilen sich Bier und selbstgebackenes Brot den guten Ruf. Und das zu Recht. Am besten allerdings, so schwören die Kenner und Stammkunden, schmeckt beides zusammen. Zum Beispiel mit der berühmten Hausmacher Bratwurst und Senf oder für die Vegetarier mit Ziebeleskäse vom Biobauern. Kinder können sich auf dem kleinen Kinderspielplatz austoben, für die Väter kann nach telefonischer Anmeldung auch eine Brauereiführung organisiert werden. Weinkenner sollten auch die guten Frankenweine kosten.

BIER

Eigene Brauerei: Ungespundetes Lager, Export (beides vom Fass), Hefeweizen. Kritzenthaler: Alkoholfreies.

KÜCHE

Hausmacher Brotzeiten. Spezialitäten: Selbstgemachte Sülze, Strammer Max, Gerupfter, Ziebeleskäse (vom Bio-Bauern), selbstgebackenes Brot.

PLÄTZE (außen/regensicher)

70/50

ANSCHRIFT

Haus Nr. 18
96138 Mönchsambach
Tel.: 09546-380

ÖFFNUNGSZEITEN

Täglich ab 9 Uhr
Montag Ruhetag
(wenn Montag Feiertag, dann Dienstag Ruhetag)

TIPP: Bratwürste

Symbolerklärung s. vordere Klappe

Kohlmannsgarten

WWW.KOHLMANNSGARTEN.DE   GPS: 49°48′05″N / 11°15′58″E

BIER

Kaiser/Neuhaus: Weizen (vom Fass).
Glossner/Neumarkt: Pils, Dunkles
(beides vom Fass). Kritzenthaler:
Alkoholfreies.

KÜCHE

Fränkische Brotzeiten. Täglich mittel-
große Karte mit warmen Gerichten.
Spezialitäten: Schweinebraten,
Sauerbraten, frisch geschlachtete
Forellen.

PLÄTZE (außen/regensicher)

60/80

ANSCHRIFT

Lindenberg 2
91346 Wiesenttal-Muggendorf
Tel.: 09196-201

ÖFFNUNGSZEITEN

Täglich ab 8 Uhr
Di 8 bis 14 Uhr und ab 18 Uhr
Kein Ruhetag

UNTER DER RICHARD-WAGNER-LINDE

Auf den hohen Besuch aus Bayreuth ist man in
Muggendorf heute noch stolz und zeigt gerne
die Linde, unter der der Komponist an seinem
Ring und anderen Werken arbeitete. Der Kohl-
mannsgarten weiß auch immer noch gut zu
überzeugen, weniger mit einem eigenen Bier, dafür aber mit hervorragenden frisch geschlachteten Forellen, die es dann in üblicher Form – blau
oder gebacken – auf den Teller gibt.

TIPP: Forelle

Bus 389 Muggendorf Gh. Kohlmann, Wiesenttal

Mühlenbräu-Keller

WWW.BIER.BY   GPS: 49°52'07"N / 10°48'44" E

EIN WIEDERERWECKTER KLASSIKER

In langer Familientradition der Familie Merklein war der Mühlenbräu-Keller schon vor Jahrzehnten ein beliebtes Ziel für Wanderer und Radfahrer, dann für einige Zeit geschlossen, und nun ist er seit 1991 wieder geöffnet. Direkt an der Aurach schmecken das Bier aus eigener Brauerei (Mühlenbräu Hell vom Fass) und die Brotzeiten aus Hausschlachtung besonders gut. Mit Liebe selbst gemacht wird auch der Gerupfte.

BIER

Eigene Brauerei: Mühlenbräu Hell (vom Fass).

KÜCHE

Hausmacher Brotzeiten. Täglich ein wechselndes warmes Gericht. Spezialitäten: Hausgemachter Zwetschgenbames, selbstgemachter Gerupfter, Hausplatte.

PLÄTZE (außen/regensicher)

120/0

ANSCHRIFT

Neukreuthstraße 7
96135 Mühlendorf
Tel.: 0951-29119

ÖFFNUNGSZEITEN

Anfang Mai bis Ende Sep.
Täglich ab 16 Uhr
So und Feiertage ab 15 Uhr
Kein Ruhetag
Bei schlechtem Wetter geschlossen

TIPP: Zwetschgenbames

Symbolerklärung s. vordere Klappe

Gastwirtschaft „Goldener Adler"

WWW.GOLDENER-ADLER-MUERSBACH.DE **GPS: 50°03'43" N / 10°51'49" E**

EIN ECHTER KLASSIKER

Die Gastwirtschaft „Goldener Adler" in Mürsbach besticht durch seinen originalen Charme als uraltes Brau- und Wirtshaus, das – liebevoll restauriert – dem Gast das Feeling einer Zeitreise gibt. Der Betreiber Harald Hojer setzt auf feine regionale Spezialitäten und das bewährte Bier aus Wattendorf. Sowohl im Biergarten als auch im ruhigen Innnenhof sitzt es sich wunderschön, Interessierte können nach Voranmeldung auch die ehemalige Brauerei besichtigen. Außerdem werden im Goldenen Adler das ganze Jahr über Theater, Kabaret und Musikveranstaltungen geboten.

BIER

Dremel/Wattendorf: Dunkles Kellerbier, Helles Landbier (beides vom Fass). Grosch/Rödental: Luthertrunk (Biobier). Gutmann/Titting: Helles Weizen. Schleicher/Kaltenbrunn: Dunkles Landbier, Helles.

KÜCHE

Fränkische Brotzeiten. Täglich mittelgroße Karte mit warmen Gerichten. Spezialitäten: Saisonale Gerichte, Regionalvermarktung („Region Bamberg - weil's mich überzeugt").

PLÄTZE (außen/regensicher)

120/145

ANSCHRIFT

Am Marktplatz 12
96179 Mürsbach
Tel.: 09533-982200

ÖFFNUNGSZEITEN

Do und Fr ab 16 Uhr
Sa ab 15 Uhr
So und Feiertage ab 10 Uhr
Montag bis Mittwoch Ruhetag
(auf Anfrage für Gruppen auch außerhalb dieser Zeiten geöffnet)

TIPP: Regionale Spezialitäten

  957 Hilkersdorf, Rattelsdorf (Oberfranken)

Sonnenbräu Mürsbach

WWW.GASTHAUS-SCHMITT.DE   **GPS: 50°03'40" N / 10°51'57" E**

GENUSS FÜR GROSS UND KLEIN

Bereits in der fünften Generation ist der familienfreundliche Biergarten in der Hand der Familie Schmitt. Bier und Brotzeiten (Kochkäse!) aus eigener Produktion (wenn man Glück hat und gerade gebraut wird, darf man zusehen), sowie liebevoll benannte Kindergerichte prägen das Angebot. Allerdings sind auch kernige Gerichte wie Schaschlik und Spareribs dabei. Die sechste Generation steht übrigens bereits in den Startlöchern, damit die Tradition auch weitergeht.

TIPP: Schaschlik

BIER

Eigene Brauerei: Lager, Bock (saisonal), Hefeweizen (alles vom Fass). Würzburger Hofbräu: Alkoholfreies.

KÜCHE

Hausmacher Brotzeiten. Täglich mittelgroße Karte mit warmen Gerichten. Spezialitäten: Hähnchen, Schaschlik, Spareribs (im Wechsel), hausgemachter Kochkäse.

PLÄTZE (außen/regensicher)

150/180

ANSCHRIFT

Zaugendorfer Straße 4
96179 Mürsbach
Tel.: 09533-981017

ÖFFNUNGSZEITEN

Täglich ab 11 Uhr
Montag Ruhetag

Symbolerklärung s. vordere Klappe

Zur Kösseine

WWW.BIER.BY   GPS: 49°58'57"N / 11°56'31"E

BIER

Scherdel/Hof: Lager (vom Fass), Pils, Dunkles, Weizen, Schwarzbier, leichtes Weizen, dunkles Weizen.

KÜCHE

Fränkische Brotzeiten. Täglich mittelgroße Karte mit warmen Gerichten. Spezialitäten: Wirthauspfanne, fränkische Gerichte und Bräten.

PLÄTZE (außen/regensicher)

25/90

ANSCHRIFT

Kösseinestraße 10
95697 Nagel
Tel.: 09236-202

ÖFFNUNGSZEITEN

Täglich ab 9 Uhr
Sa 9 bis 19 Uhr
Dienstag Ruhetag

AM BACHLAUF

Hildegard Medick führt seit vielen Jahren das Gasthaus „Zur Kösseine". Mehr als 100 Jahre hat es schon auf dem Buckel – immer in Familienbesitz. Direkt an dem kleinen Biergarten führt ein kleiner Bachlauf entlang, wichtig vor allem für Eltern von wasserspielfreudigem Nachwuchs. Das Wirtshaus liegt gerade noch in Oberfranken, das Stimmgewirr im Gastraum wirkt eher babylonisch: Viele Touristen und Wanderer kommen auf ihren Wegen gerne bei Medicks vorbei und stärken sich vor oder nach dem Aufstieg. Besonders gut besucht ist das Haus am Mittwoch: Schmankerltag!

TIPP: Hausgemachtes Gelinge

Mitropa-Speisewagen Dampflokomotivmuseum

WWW.DAMPFLOKMUSEUM.DE   GPS: 50°05'40" N / 11°34'52" E

ESSEN IM 75JÄHRIGEN SPEISEWAGEN

1916 als Mitteleuropäische Schlafwagen- und Speisewagen Aktiengesellschaft gegründet, entwickelte sich die MITROPA zum Synomym für rollende Gastlichkeit. 1945 wurde die Gesellschaft geteilt und blieb in der DDR unter altem Namen erhalten. Auf dem Gelände des Deutschen Dampflokomotiv-Museums Neuenmarkt steht ein Relikt aus dem Jahr 1935, in dem 42 Gäste Geschichte spüren können. Darumherum sitzt es sich in einem netten Biergarten, der nicht nur den Museumsgästen offensteht und den Kindern vor allem das Vergnügen einer Spielplatzlokomotive und der Gelegenheit zu einer Fahrt bietet. Verantwortlich zeichnet das Team aus der Gastwirtschaft und Metzgerei Friedrich in Trebgast – echte Garanten für feines Essen!

BIER

Kulmbacher: Kapuziner Hefeweizen, Mönchshof Pils (beides Fass), Schwarzbier, Kapuziner Hefeweizen leicht, Kulmbacher Alkoholfreies.

KÜCHE

Fränkische Brotzeiten. Täglich kleine Karte mit warmen Gerichten. Spezialitäten: Schnitzel, Brotzeit-Teller, Currywurst.

PLÄTZE (außen/regensicher)

50/42

ANSCHRIFT

Birkenstraße 5
95339 Neuenmarkt
Tel.: 09227-5700

ÖFFNUNGSZEITEN

Anfang Mai bis Ende Okt.
Täglich 11 bis 16 Uhr
Montag Ruhetag
Anfang Nov. bis Ende Apr. geschlossen

TIPP: Brotzeit-Teller

Wo die Dampflok wohnt

TOP-TIPP für Familien
mehr S. 12

mehr S. 12

WWW.DAMPFLOKMUSEUM.DE

Da schlagen die Herzen aller Eisenbahnfans höher: Im Deutschen Dampflokmuseum Neuenmarkt (direkt am Bahnhof, Adresse: Birkenstraße 5) stehen mehr als 30 der alten Stahlrösser, die man hautnah bewundern und
einigen sogar unter den Bauch kriechen kann. Zentrum des Museums ist
der alte Lokschuppen mit der charakteristischen Drehscheibe, über die
die Züge aus ihren jeweiligen Häuschen auf die Gleise gezogen wurden.

Zu diversen Jubiläen findet hier auch ein Schaulaufen der unterschiedlichsten Dampfloks statt,
die dann aus ganz Deutschland, Österreich und dem Lokschuppen angereist kommen und
die Schiefe Ebene hinauf und hinter fahren. Ansonsten verkehrt auch noch die Museumsbahn
vom Dampflokmuseum zum Kulmbacher Brauereimuseum und zurück, unter dem Motto „Vom
Eisenbahnerhimmel ins Bierparadies", Haltestelle direkt an der Mönchshof Bräu in Kulmbach.

Öffnungszeiten:
Dienstag bis Sonntag und alle Feiertage von 10 bis 17 Uhr
Infos im Internet: www.dampflokmuseum.de

Gasthof-Pension Neumühle

WWW.GASTHOF-PENSION-NEUMUEHLE.DE　　　**GPS: 49°49'23" N / 11°22'20" E**

IM AILSBACHTAL

Schon vor 175 Jahren zog es die Wandervögel hier in eines der schönsten Täler der Fränkischen Schweiz. Nach einer Besichtigung von Burg Rabenstein oder der Sophienhöhle bietet sich der kulinarische Halt in der Neumühle an. Besonders gern gesehen ist Inhaber Hans Hösch, wenn er mit einem frisch gezapften Bauernbier zum Tisch der Gäste kommt, in der anderen Hand ein feines Stück Lamm aus der eigenen Zucht.

BIER

Held/Oberailsfeld: Dunkles Bauernbier (vom Fass). Kaiser/Neuhaus: Helles Pils (vom Fass), Hefeweizen, Alkoholfreies.

KÜCHE

Fränkische Brotzeiten. Täglich mittelgroße Karte mit warmen Gerichten. Spezialitäten: Diverse Lammgerichte aus eigener Zucht, Forellen, Pfefferrahmsteak.

PLÄTZE (außen/regensicher)

30/120

ANSCHRIFT

Neumühle 31
95491 Ahorntal
Tel.: 09202-228

ÖFFNUNGSZEITEN

Täglich ab 8 Uhr
Dienstag Ruhetag

TIPP: Lammgerichte

Symbolerklärung s. vordere Klappe

Beckenhaus

WWW.BECKENHAUS.DE

GPS: 50°13'16"N / 10°59'15"E

BIER

Frankenbräu/Neundorf: Pils, Dunkles und Helles Weizen (alles vom Fass), Alkoholfreies, Diätbier, Malzbier. Staffelberg-Bräu/Loffeld: Dunkles (vom Fass).

KÜCHE

Hausmacher Brotzeiten. Täglich große Karte mit warmen Gerichten. Spezialitäten: Sauerbraten, Gänsebrust, Schlachtschüssel.

PLÄTZE (außen/regensicher)

60/280

ANSCHRIFT

Uferstraße 1
96489 Niederfüllbach
Tel.: 09565-92250

ÖFFNUNGSZEITEN

Täglich ab 6 Uhr
Montag 6 bis 14 Uhr & ab 16.30 Uhr
Kein Ruhetag

BEI MARIECHEN UND KLAUS

Wunderschön idyllisch am Flüsschen gelegen, lädt das Beckenhaus besonders Biker aller Art zu einer ausgiebigen Rast ein. Sowohl die Radler als auch die Motorradfahrer, zu denen auch Inhaber Klaus Gehde als begeisterter Vertreter gehört, kommen auf ihre Kosten. Unter dem Schatten der großen Kastanienbäume schmeckt so ein frisch gezapftes Bierchen natürlich auch besonders gut. Spätestens gegen Abend finden sich dann auch die Nachwuchsbiergartler des Ortes ein, für die das Beckenhaus ein idealer Platz für die ersten Flirtversuche geworden ist.

TIPP: Spind mit Brot und Sauerkraut

Bus 8306 Fa. Wefa, Niederfüllbach

Symbolerklärung s. vordere Klappe

Brauerei-Gasthaus Held-Bräu

WWW.HELD-BRAEU.DE　　　　　　　　　**GPS: 49°48'42" N / 11°21'09" E**

HELDEN SEIT ZEHN GENERATIONEN

Die Helden kommen aus der Fränkischen Schweiz, vom Fuß einer der klassischen felsgeschmückten Anhöhen - dort liest man schon von weitem den Schriftzug „Held-Bräu". Seit 1680 fließt der Gerstensaft in Oberailsfeld - und erfreute sich immer großer Beliebtheit. Trotzdem hat es bis zum Jahr 2007 gedauert, bis das erste Brauereifest am letzten Aprilwochenende gefeiert wurde. Besonders das dunkle Bauernbier muss der Kenner einfach verkosten. Das kann bei Gefallen dann auch gleich im Partyfässchen mitgenommen werden.

BIER

Eigene Brauerei: Helles, Dunkles, Weizen (im Sommer) (alles vom Fass), Zwickel (saisonal), Bock (saisonal), Weizenbock (Adventszeit).

KÜCHE

Hausmacher Brotzeiten. Sa, So und Feiertage kleine Karte mit warmen Gerichten. Spezialitäten: Sülze mit Bratkartoffeln, heißgeräucherter Schinken.

PLÄTZE (außen/regensicher)

50/120

ANSCHRIFT

Oberailsfeld 19
94591 Ahorntal
Tel.: 09242-295

ÖFFNUNGSZEITEN

Täglich ab 10 Uhr
Mittwoch Ruhetag

TIPP: Heißgeräucherter Schinken

Symbolerklärung s. vordere Klappe

Hannla Keller

WWW.BIER.BY   GPS: 49°55'58" N / 10°50'17" E

BIER

Eigene Brauerei: Helles, Vollbier
(beides vom Fass). Clausthaler:
Alkoholfreies.

KÜCHE

Hausmacher Brotzeiten. Täglich
kleine Karte mit warmen Gerichten.
Spezialitäten: Hannla-Platte,
Käseplatte.

PLÄTZE (außen/regensicher)

200/0

ANSCHRIFT

Bamberger Straße 2
96173 Oberhaid
Tel.: 09503-229

ÖFFNUNGSZEITEN

Mo bis Fr ab 14 Uhr
Sa und So ab 12 Uhr
Kein Ruhetag
Bei schlechtem Wetter geschlossen

DAS MAINTAL IM BLICK

Vom Hannla Keller hat man einen absolut genialen Ausblick auf das Maintal. Gerade an heißen Tagen sitzt es sich unter den großen Bäumen besonders schön. Kulinarisch ein Bierkeller
wie er im Buche steht (tut er ja auch…): Kalte
Gerichte aus Hausschlachtung, Wagner Pils und
ein ordentlicher Kinderspielplatz. Der Hannla
Keller ist auch eine gute Anlaufstation für durstige Radfahrer.

TIPP: Hannla-Platte

Kraft-Keller

WWW.BIER.BY | GPS: 49°55'58" N / 10°50'17" E

DER LEINWAND-KELLER

Sport-Liebhaber kommen beim Kraft-Keller regelmäßig auf ihre Kosten. Fußball und auf Wunsch auch andere Sportarten sind über der Theke oder unter einer kleinen Überdachung zu sehen. An sich ist man dabei in der Natur und kann bei schlechter eigener Versorgungslage auch kulinarisch einen Boxenstopp mit Brotzeiten einlegen. Erwähnt werden muss auch der große Spielplatz und die gute Lage weit ab von der Straße.

BIER

Eichhorn/Dörfleins: Kellerbier (vom Fass), Weizen. St Georgen Bräu/ Buttenheim: Alkoholfreies.

KÜCHE

Fränkische Brotzeiten. Täglich kleine Karte mit warmen Gerichten. Spezialitäten: Knoblauchbrot, Steaks, Makrele vom Grill.

PLÄTZE (außen/regensicher)

350/40

ANSCHRIFT

Richtung Johannishof
96173 Oberhaid
Tel.: 0151-12336153

TIPP: Makrele vom Grill

ÖFFNUNGSZEITEN

Täglich ab 15 Uhr
So und Feiertage ab 13 Uhr
Kein Ruhetag
Bei schlechtem Wetter geschlossen

Symbolerklärung s. vordere Klappe

ONLINE AUF WWW. **Bier.BY**

Vereinsgaststätte Friedrichsruh

WWW.BIER.BY
GPS: 50°16'39"N / 11°55'47"E

DER NATUR VERSCHRIEBEN

BIER

Scherdel/Hof: Pils, Weizen (beides vom Fass), Landbier, Lager, Schwarzes.

KÜCHE

Fränkische Brotzeiten. Täglich kleine Karte mit warmen Gerichten. Spezialitäten: Fleischwurst mit Sauerkraut, gebratene Göttinger mit Bratkartoffeln, Brotzeitplatte, hausgemachter Kochkäse.

PLÄTZE (außen/regensicher)

70/100

ANSCHRIFT

Reuthstrasse 25
95145 Oberkotzau
Tel.: 09286-6212

ÖFFNUNGSZEITEN

Täglich ab 14 Uhr
So ab 10 Uhr
Montag Ruhetag

Wahrscheinlich eine der schönsten „Vereinsgaststätten" Frankens findet sich in Oberkotzau. Der zugehörige, richtig traditionell im Wald und auf Naturboden gelegene Biergarten gehört aber keinem Sportverein, sondern dem ortsansässigen Verschönerungsverein. Dessen Aufgaben finden sich vor allem im gemeinnützigen Bereich, der Kultur und im Erhalt des vereinseigenen Naherholungsgebiets „Veita". Das klassisch-fränkische Waldwirtshaus wurde 1930 erbaut und in den 60er und 80er Jahren jeweils erweitert. In unregelmäßigen Abständen finden inzwischen auch Open Air-Konzerte einheimischer Bands statt. Besonders für Radler und Wanderer bietet sich hier eine optimale Einkehrmöglichkeit, da an verschiedenen Rad- und Wanderwegen gelegen. Unbedingt versuchen sollten Sie den frisch zubereiteten Kochkäse.

TIPP: Hausgemachter Kochkäse

DB

Dorfgasthof Dinkel „Zum Löwen"

WWW.DORFGASTHOF.DE   **GPS: 50°05'50" N / 11°05'39" E**

HEIMAT DES MONSTER-SCHÄUFERLA

Alfred und Sonja Dinkel führen den Gasthof nun schon in der vierten Generation, doch ist hier Gasthof auch Bauernhof und Streichelzoo. Also ein idealer Platz für Urlauber und Familien, die einfach mal ein bisschen ausspannen wollen. Alle Tiere werden selbst gezüchtet und geschlachtet. Fast wäre man hier Kandidat für Wetten dass...? gewesen, denn angeblich kennt Alfred den Geburtstag von jedem Rind – wie wollte man ihm aber das Gegenteil beweisen? Auf jeden Fall lohnt der Besuch in jeder Hinsicht. Vielfraße sollten sich das Riesenschäuferla mit mindestens 600 Gramm bestellen.

BIER

Hetzel/Frauendorf: Frauendorfer Landbier (vom Fass). Frankenbräu/Mitwitz: Helles, Dunkles (beides vom Fass). Kulmbacher: Mönchshof Hefeweizen (vom Fass), Alkoholfreies. Tucher/Fürth: Alkoholfreies Reichsbräu.

KÜCHE

Hausmacher Brotzeiten. Täglich kleine Karte mit warmen Gerichten. Spezialitäten: Frankenwaldschnitzel, Schäuferla (á ca. 600 g), fränkischer Sauerbraten.

PLÄTZE (außen/regensicher)

80/225

ANSCHRIFT

Ützinger Straße 1
96215 Lichtenfels-Oberlangheim
Tel.: 09576-378

ÖFFNUNGSZEITEN

Täglich ab 10 Uhr
Montag Ruhetag

TIPP: Schäuferla

Gasthof Juraschenke

WWW.GASTHOF-JURASCHENKE.DE **GPS: 50°05'50" N / 11°05'39" E**

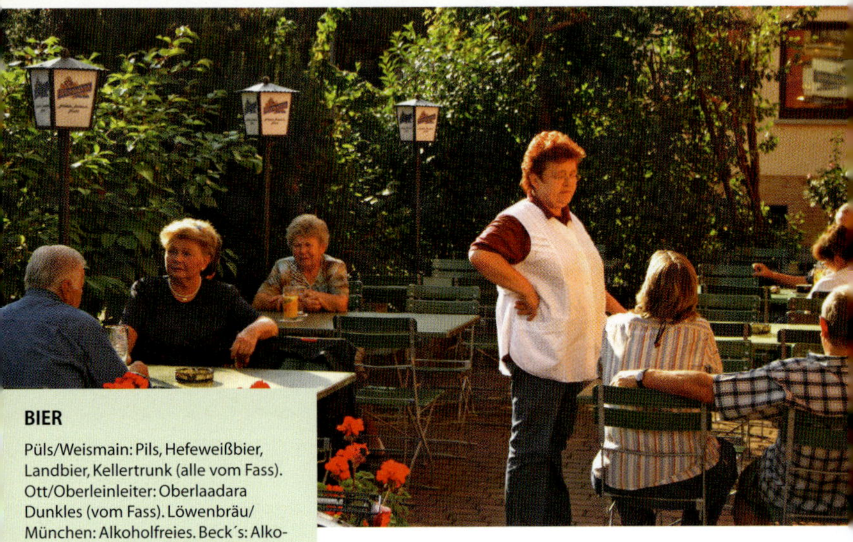

BIER

Püls/Weismain: Pils, Hefeweißbier, Landbier, Kellertrunk (alle vom Fass). Ott/Oberleinleiter: Oberlaadara Dunkles (vom Fass). Löwenbräu/München: Alkoholfreies. Beck´s: Alkoholfreies. Erdinger: Dunkles Weizen. Maisel/Bayreuth: Kristallweizen, alkoholfreies Weizen.

KÜCHE

Hausmacher Brotzeiten. Täglich große Karte mit warmen Gerichten. Spezialitäten: Grillteller, verschiedene Schnitzel und Steaks, kalter Schweinebraten, verschiedene Bräten, Dosenfleisch, weißer Käs.

PLÄTZE (außen/regensicher)

60/160

ANSCHRIFT

Ützinger Straße 2
96215 Lichtenfels-Oberlangheim
Tel.: 09576-920200

ÖFFNUNGSZEITEN

Täglich ab 10 Uhr
Von 1. März bis 31. Okt. kein Ruhetag

SINGEN UND KARTLN

Gleich neben dem ehemaligen Kloster Langheim liegt Oberlangheim und damit die Traditionsgaststätte der Hofmanns. Adelgunde und Ehemann Berthold gehören eindeutig zu den lebenden Attraktionen des Ortes. Besonders lebendig wird das Haus, wenn gemeinsamer Gesang angesagt ist – ein echtes Erlebnis! Wie es sich für ein Haus in der neunten Generation gehört, gibt es hier noch Brotzeiten mit Wurst aus eigener Herstellung, selbstgebackenes Holzofenbrot und selbstgemachten weißen Käs.

TIPP: Fränkisches Buffet (donnerstags)

Freizeitanlage Steinberg

WWW.BIER.BY   GPS: 50°15'53" N / 11°51'10" E

BADEN, GRILLEN, GENIESSEN

TOP-TIPP für Familien
mehr S. 12

Das ist das Programm auf der Freizeitanlage Steinberg, zu der auch ein maximal 1,90 Meter tiefer Badesee gehört - und ein großer Grill, den man mit eigenem Grillgut (und Getränken vom Kiosk) benutzen kann. Für Kinder gibt es einen gut ausgestatteten Spielplatz und den nahe gelegenen Zauberwald, in dem schon über 70 Holzskulpturen des Zimmermanns und Künstlers Heinz Spindler stehen. Verständlich, dass man bei diesem Ambiente auch gemütlich ein Bierchen trinken kann, die Speisepalette hält sich in Grenzen, aber erfüllt bestens ihren Zweck.

BIER

Scherdel/Hof: Dunkles, Weissbier, alkoholfreies Pils. Kulmbacher: Kapuziner Weisse, Kapuziner dunkle Weisse, Kapuziner leichte Weisse, Kapuziner alkoholfreie Weisse. Meinel/Hof: Pils.

KÜCHE

Fränkische Brotzeiten. Täglich kleine Karte mit warmen Gerichten. Spezialitäten: Currywurst, selbstgemachter Freizeitburger, selbstgemachter Obatzter.

PLÄTZE (außen/regensicher)

75/30

ANSCHRIFT

Silberbacher Straße 44
95176 Konradsreuth
Tel.: 09292-977656

ÖFFNUNGSZEITEN

Täglich 9 bis 21 Uhr
Kein Ruhetag
Bei schönem Wetter geöffnet

TIPP: Freizeitburger

Symbolerklärung s. vordere Klappe

ONLINE AUF WWW. Bier.BY

Ratsstube Stegner

WWW.BIER.BY

GPS: 50°15'01"N / 11°23'39"E

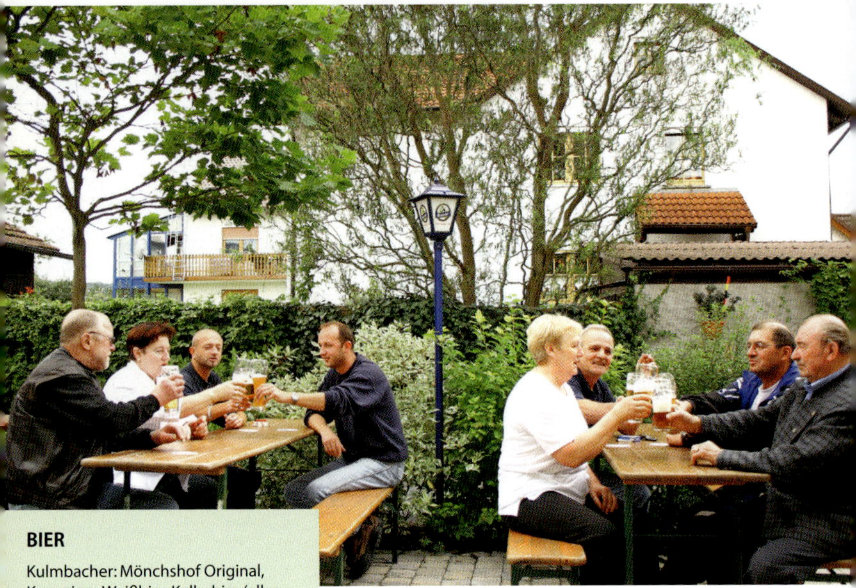

BIER

Kulmbacher: Mönchshof Original, Kapuziner Weißbier, Kellerbier (alles vom Fass).

KÜCHE

Hausmacher Brotzeiten. Täglich kleine Karte mit warmen Gerichten. Spezialitäten: Selbstgemachtes Schaschlik, fränkische und italienische Buffets.

PLÄTZE (außen/regensicher)

120/150

ANSCHRIFT

Kulmbacher Straße 10
96364 Marktrodach-Oberrodach
Tel.: 09261-2640

ÖFFNUNGSZEITEN

Täglich ab 12 Uhr
Samstag Ruhetag

BIERGARTEN MIT BUFFET

Seit 1972 hat Familie Stegner in der Ratsstube wieder das Ruder übernommen und bietet eine feine Auswahl an fränkischen (und italienischen) Köstlichkeiten, unter anderem auch als Buffet. Früher besaß das fast 300 Jahre alte Anwesen auch noch eine Brauerei, die allerdings wegen Baufälligkeit abgerissen werden musste. Besonders schön sitzt es sich im Biergarten bei einem der regelmäßigen Jazz-Konzerte.

TIPP: Schaschlik

Bus 8341 Oberrodach Ortsmitte

DB

Brauerei Gasthof Wichert

FÜR KEGELBRÜDER

Ausgestattet mit einer Doppelkegelbahn und der Betonung auf dem Wort „Behaglichkeit" ist der Biergarten der Brauerei Wichert in Lichtenfels zu finden. Bekannt ist man zwar eher für das „Wichert Pils", im Garten schmeckt das ungespundete Kellerbier den meisten allerdings besser. Im Schatten der alten Kastanien lässt es sich hier auch im heißesten Hochsommer gut aushalten.

BIER

Eigene Brauerei: Pils, Dunkles (beides vom Fass).

KÜCHE

Fränkische Brotzeiten. Täglich große Karte mit warmen Gerichten (in der Gaststätte). Spezialitäten: Kalter Schweinebraten, gemischte Platte, Göttinger, Gerupfter.

PLÄTZE (außen/regensicher)

200/190

ANSCHRIFT

Alte Reichsstraße 50
96215 Lichtenfels-Oberwallenstadt
Tel.: 09571-3317

ÖFFNUNGSZEITEN

Täglich ab 17 Uhr
So und Feiertage ab 14.30 Uhr
Montag Ruhetag
(wenn Montag Feiertag, dann Dienstag Ruhetag)

TIPP: Kalter Schweinebraten

Junges Fest für eine alte Tradition

WWW.KORBMARKT.DE

Der Lichtenfelser Korbmarkt fand zum ersten Mal im Oktober 1980 statt – damals als gezielte Werbeidee für Lichtenfels – hatte die Stadt sich doch Anfang des 20. Jahrhunderts zum Zentrum der Korbmacherei entwickelt. 1906 öffnete eine Korbfachschule ihre Pforten. Heute allerdings ist die Ware der verbliebenen Korbhändler zum überwiegenden Teil importiert.

Nichtsdestotrotz bildet die neu erfundene Korbschau den Höhepunkt des Lichtenfelser Jahreskreises. Zudem hat sich mittlerweile ein Volksfestcharakter entwickelt, weswegen der Korbmarkt eigentlich ein großes Altstadtfest geworden ist. Natürlich können Sie Korbwaren kaufen - vom Einkaufskorb bis zum Designersessel - dazu gibt's dann auch noch Livemusik, Kinderflohmarkt, Flechtvorführungen, Showeinlagen auf den Freilichtbühnen, Jazz-, Pop- und Oldies, Champagner und Fassbier sowie regionale kulinarische Spezialitäten.

Termin:

Wochenende zum dritten Sonntag im September. 2010: 17. bis 19. September

Landgasthof Kammerer KG

WWW.LANDGASTHOF-KAMMERER.DE   GPS: 49°44′35″ N / 11°02′20″ E

SCAMPI AN DER AISCH

Im Biergarten des Landgasthofes kommen eher die Hungrigen als die Durstigen auf neue Wege – man schenkt Buttenheimer St. Georgen Bräu aus. Dafür ist die Palette an Speisen sehr beachtlich. Die Gerichte der eher gehobenen Küche (Scampi-Pfanne) sind absolut empfehlenswert. Interessant auch die Lage in der Nähe des Rhein-Main-Donau-Kanals unter dem Schatten vieler Bäume. Wir wollten es eigentlich verheimlichen, aber einen Tipp wert sind auch die naturreinen Weine des Hauses …

BIER

St. Georgen Bräu/Buttenheim: Keller, dunkles Landbier, Weizen, Pils (alles vom Fass).

KÜCHE

Fränkische Brotzeiten. Täglich mittelgroße Karte mit warmen Gerichten. Spezialitäten: Scampi-Pfanne, Holzfällersteak, Grillteller.

PLÄTZE (außen/regensicher)

90/116

ANSCHRIFT

Pautzfelder Straße 40
91352 Hallerndorf-Pautzfeld
Tel.: 09545-443500

ÖFFNUNGSZEITEN

Mi bis Sa 11.30 bis 14 & ab 17 Uhr
So und Feiertage ab 11.30 Uhr
Montag und Dienstag Ruhetag
(auf Bestellung ab 15 Personen auch
an den Ruhetagen geöffnet)

TIPP: Holzfällersteak

Hotel Gasthof Schneider

WWW.GASTHOFSCHNEIDER.DE   GPS: 49°45'51"N / 11°01'47"E

AUS DEM STALL AN DIE THEKE

Der Gasthof Schneider war etwa 100 Jahre eher ein Nebenprodukt des Hofes der Familie. Früh molk man noch die Kühe, dann fütterte man die Schweine und bestellte die Felder, um dann abends für die 200-Seelengemeinde noch den Wirt zu geben. Daran hat sich mittlerweile einiges geändert, die Hausschlachtung (regelmäßig gibt es Schlachtplatte und Stechbrühe) aber ist geblieben.

BIER

Löwenbräu/Buttenheim: Keller (vom Fass). Först/Drügendorf: Dunkles (vom Fass).

KÜCHE

Hausmacher Brotzeiten. Täglich große Karte mit warmen Gerichten. Fr, Sa und So Mittagstisch. Spezialitäten: Hausmacher Platte, Schäuferla, Rindfleisch mit Meerrettich, Spargel (saisonal), Karpfen (saisonal).

PLÄTZE (außen/regensicher)

60/220

ANSCHRIFT

Pautzfelder Straße 16
91352 Pautzfeld
Tel.: 09545-8768

ÖFFNUNGSZEITEN

Mo bis Do ab 17 Uhr
Fr, Sa und So ab 11 Uhr
Kein Ruhetag

TIPP: Blut- und Leberwürste

Schrauder-Keller

WWW.BIER.BY   GPS: 49°50'13" N / 10°55'40" E

ROMANTIK AUF MEHREREN EBENEN

Der Schrauder-Keller liegt für alle Bamberger ideal an dem idyllischen Waldradweg nach Pettstadt. Man kann kaum vorbeifahren, ohne zumindest auf ein Seidla anzuhalten. Ob gerade geöffnet ist, zeigt schon von weitem die Fahne an. Dann herrscht eigentlich fast immer Hochbetrieb an den Biertischen unter den hohen alten Bäumen. Für die Kinder gibt es einen großen, gut ausgestatteten Spielplatz und für Fisch-Freaks jeden Donnerstag Fanggut vom Grill.

TIPP: Käseplatte

BIER

Löwenbräu/Buttenheim: Lager (vom Fass), Weizen. Löwenbräu/München: Alkoholfreies.

KÜCHE

Fränkische Brotzeiten. Spezialitäten: Backstakäs, Steaks vom Grill (Di), Kuchen (So), Heringe & Makrelen vom Grill (Do).

PLÄTZE (außen/regensicher)

400/200

ANSCHRIFT

96175 Pettstadt
Tel.: 09502-4298

ÖFFNUNGSZEITEN

Täglich ab 14.30 Uhr
So und Feiertage ab 10 Uhr
Kein Ruhetag

Opels Sonnenhof

WWW.OPELS-SONNENHOF.DE   GPS: 49°59'20"N / 11°34'30"E

BIER

Veldensteiner: Landbier, Lager, Pils, Weizen (alles vom Fass), Zwickel, Räucherl, alkoholfreies Hefeweizen. Maisel/Bayreuth: Original, Leichtes Weizen, Kristallweizen, alkoholfreies Weizen.

KÜCHE

Fränkische Brotzeiten. Täglich große Karte mit warmen Gerichten. Spezialitäten: Verschiedene Bräten, Wildgerichte, Pfannenschnitzel mit hausgemachtem Kartoffelsalat.

PLÄTZE (außen/regensicher)

300/300

ANSCHRIFT

Pferch 8
95463 Bindlach
Tel.: 09208-65820

ÖFFNUNGSZEITEN

Täglich ab 10 Uhr
Montag Ruhetag

DAS BIERGARTEN-WUNSCHKONZERT

Hier können Sie wirklich alle möglichen Sitzplatzoptionen eines Biergartens durchprobieren, im Freien, auf der Wiese, Bierbank, Gartentisch, unter der Pergola, unterm Zeltdach, usw ... Gleiches gilt fürs Essen: Durchgehend warme Küche, die wirklich alle Wünsche erfüllt. Gelenkt wird der Sonnenhof von Werner Opel, der nichts mit dem Autokonzern zu tun hat. 2007 konnte der Familienbetrieb schon das 40jährige Betriebsjubiläum feiern, gegründet hatten ihn Opels Eltern eher aus einer Laune heraus. Die vierte Generation steht übrigens auch bereits in den Startlöchern. Besonders auf ihre Kosten kommen alle Fußballfreunde; der betriebseigene Bolzplatz ist eigentlich immer bevölkert. Mal heißt es Schnitzelesser gegen Salatfreunde, mal FC Obatzer gegen Spvgg Sauerbraten.

TIPP: Sonnenhofschnitzel, Sonnenhofbrotzeit

Gasthaus Grüner Baum

WWW.GRUENER-BAUM-PIRK.DE　　　　**GPS: 50°17'13" N / 11°52'05" E**

ERFRISCHUNG AM FLUGHAFEN

Dank einiger politischer Scharmützel ist der Flughafen Hof-Plauen bekannter als jeder andere kleine Flughafen in Bayern. Aber das eigentliche Highlight im etwa 550 Meter hoch liegenden Pirk ist das Gasthaus Grüner Baum. Nur etwa 100 Meter von den ersten Flugmaschinen entfernt findet sich hier ein einwandfreier Biergarten, denn das Wirtspaar Pieper schafft es, die gute fränkische Gasthaustradition trotz grauer Gebäude in der Nachbarschaft zu wahren. Gegen die Hitze werden leckere Saftschorlen angeboten, die gut-bürgerlichen Speisen werden nach einem gut funktionierenden Selbstbedienungskonzept an den Tisch gebracht. Ein Gast war sogar so begeistert, dass er aus einem störenden Baum in mühevoller Arbeit einen lebensgroßen Bären für den Biergarten geschnitzt hat, der nun von den Gästen bewundert werden darf.

BIER

Scherdel/Hof: Pils, Hefeweizen (alles vom Fass), Leichtes, Alkoholfreies. Weltenburger: Alkoholfreies Weizen. Guinness (vom Fass).

KÜCHE

Fränkische Brotzeiten. Täglich mittelgroße Karte mit warmen Gerichten. Spezialitäten: Handkäse mit Musik, Pfannenschnitzel, Matjes mit Bratkartoffeln.

PLÄTZE (außen/regensicher)

180/120

ANSCHRIFT

Pirk 6
95032 Hof
Tel.: 09292-943399

ÖFFNUNGSZEITEN

Täglich ab 10 Uhr
Samstag ab 11 Uhr
Mittwoch Ruhetag

TIPP: Pfannenschnitzel

Wärme, Wasser & Salz...

WWW.OBERMAINTHERME.DE

Meerwasser – wohlig warm und mit einem Mineralgehalt, der es in sich hat: Die Obermain Therme Bad Staffelstein mit Bayerns wärmster und stärkster Thermalsole bietet Ihnen Entspannung, Aktivität und Gesundheit. Das großzügige ThermenMeer, ein SaunaLand der Extraklasse und das kostenfreie Aktivprogramm sind, neben der einzigartigen Mineralsole, die Highlights Frankens beliebtester Therme.

Im ThermenMeer erwartet Sie die riesige Wasserfläche von 1.600 m², verteilt auf 16 Innen- und Außenbecken, in denen es an unzähligen Stellen sprudelt und blubbert. Sieben Whirlpools, Hydro-Düsen und ein Wasserfall bringen das Nass in Bewegung. An Land bietet sich das Türkische Dampfbad oder der WaveDream-Raum für einen Abstecher an.

Neben dem einzigartigen Meerwasser erwartet Sie in der Obermain Therme auch ein Hauch von Luxus: Ayurveda-Öl-Massagen, Aqua-Relaxing zur schwerelosen Entspannung oder romantische Stunden zu zweit in den orientalischen Piscina…

Lassen Sie sich verwöhnen!

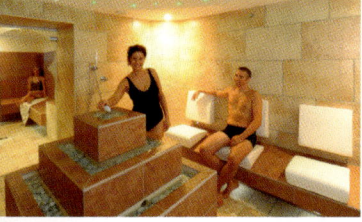

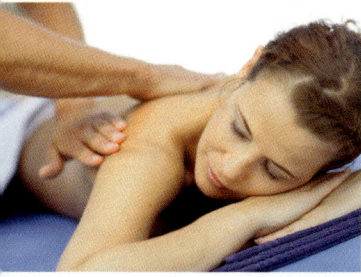

Schwitzen können Sie auch woanders, nur nicht so schön. Dies gilt für das SaunaLand der Extraklasse auf über 5.000 m² mit zahlreichen Attraktionen. Ob Kivi- (Stein) Sauna, die stimmungsvolle Ruusu- (Rosen) Sauna, die holzbefeuerte Maa- (Erd) Sauna oder das Valo- (Licht) Bad: Sie haben die Wahl. In der großzügigen Suuri-Sauna und in der Nurmi- (Kräuter) Sauna werden regelmäßig wechselnde Aufgüsse für Sie zelebriert. Im Anschluss können Sie verschiedene Ruhezonen, eine Kaminecke und die VitaBar nutzen, um Ihre Zeit entspannt zu genießen. Der weitläufige Außenbereich mit Sole-Whirlpool, Sole-Inhalation, Bachlauf und Kräutergarten ergänzt die einzigartigen Anlagen, die vom Deutschen Saunabund mit der höchsten Auszeichnung „SaunaPremium" mit fünf Sternen bewertet wird.

Der 2008 durchgeführte Bädertest von Antenne Bayern belegt: Das SaunaLand der Extraklasse in der Obermain Therme bietet ein Schwitzvergnügen der besonderen Art. „Sauna-Liebhaber werden kaum eine bessere Therme in Bayern finden" – so der Originalkommentar des Senders.

Haben Sie jetzt auch „Lust auf Meer" bekommen? Die Obermain Therme ist zu jeder Jahreszeit ein attraktives Ziel. Tauchen Sie ein und spüren Sie Salz auf Ihrer Haut!

Info & Kontakt

Obermain Therme
Am Kurpark 1
96231 Bad Staffelstein

Telefon 09573/9619-0
service@obermaintherme.de
www.obermaintherme.de

Pottenstein

Bruckmayer's Biergarten

WWW.HOTEL-BRUCKMAYER.DE   **GPS: 49°46'19"N / 11°24'31"E**

BIERGARTEN MIT SCHWIMMBADBLICK

Voyeure können hier direkt ins Juramar-Erlebnisbad schauen oder nach einem Besuch desselben bei einem gemütlichen Bierchen entspannen. Der weitläufige Biergarten am Minigolfplatz mit seinen großen schattenspendenden Bäumen und runden sowie klassischen Biertischen macht allerdings auch Lust auf Bier Nummer zwei, drei, vier,... Der süffige Höhlentrunk wird übrigens nach eigenem, alten bruckmayerschen Rezept in Buttenheim bei der St. Georgen Bräu gebraut.

BIER

St. Georgen Bräu/Buttenheim: Höhlentrunk, Kellerbier, abwechselnd Hefeweizen oder Dunkles (alles vom Fass). Wechselnde Brauereien: Alkoholfreies.

KÜCHE

Fränkische Brotzeiten. Täglich mittelgroße Karte mit warmen Gerichten. Spezialitäten: Grobe Bratwürste, Feierabendvesper, Schäuferle.

PLÄTZE (außen/regensicher)

170/30

ANSCHRIFT

Am Stadtgraben 1-3
91278 Pottenstein
Tel.: 09243-924450

ÖFFNUNGSZEITEN

Täglich ab 12 Uhr
Kein Ruhetag

TIPP: Feierabendvesper

Bus 397 Marienthal, Pottenstein

Gasthausbrauerei Hufeisen

WWW.HUFEISEN-BRAEU.DE　　　　　**GPS: 49°46'16" N / 11°24'32" E**

BIER AUCH
MAL IM KELLER

Das Hufeisen in Pottenstein ist einmalig – zumindest im uns bekannten Franken: Im historischen Gärkeller der Brauerei ist eine Kellerschänke entstanden – und diesmal bedeutet Keller auch Keller. Im Sommer sitzt es sich natürlich lieber draußen, im Biergarten mit Blick auf die Burg Pottenstein. Die Betreiberfamilie Wiegärtner kann auf eine stolze, vier Generationen umfassende Braugeschichte zurückblicken. Für die Gäste besonders schön: Urdunkel, Kellerweizen und Pils werden vor der Nase gebraut - schade, dass Bier so lange reifen muss! Die Küche kann mittlerweile sogar einen Sternekoch und mehrere Auszeichnungen vorweisen - also bitte unbedingt Hunger zum Durst mitbringen!

BIER

Eigene Brauerei: Pottensteiner Urdunkel, Hufeisen Kellerweizen, Pottensteins Premiumpils (alles vom Fass).

KÜCHE

Hausmacher Brotzeiten. Täglich große Karte mit warmen Gerichten. Spezialitäten: Tageshighlights aus der Sterneküche, Teufelsbrot, Brauerschmaus.

PLÄTZE (außen/regensicher)

120/80

ANSCHRIFT

Hauptstraße 36-38
91278 Pottenstein
Tel.: 09243-260

ÖFFNUNGSZEITEN

Täglich ab 11 Uhr
Montag Ruhetag

TIPP: Fränkischer Brotzeitteller

Symbolerklärung s. vordere Klappe

Landgasthof Hummel

WWW.LANDGASTHOF-HUMMEL.DE   **GPS: 50°03'04"N / 10°59'08"E**

PRÄCHTIG IN PRÄCHTING

Schon seit 1988 sind Stefan Hartmann und sein Team für das 380 Seelen-Dorf im Gottesgarten am Obermain der Nabel der Welt. Das urige Landbier des Hauses hat aber auch zahlreiche Fans aus dem weiteren Umland, die besonders im Sommer gerne hierher kommen. Grund ist unter anderem der schöne Biergarten mit seinen großen Kastanien und Linden - und natürlich die guten Brotzeiten. Für Kinder gibt es einen liebevoll gestalteten Spielplatz mit Rutsch, Sandkasten und Schaukel – und nachdem hier kaum Verkehr ist, können die kleinen sich austoben.

BIER

Wagner/Merkendorf: Pils, Lager, Hefeweizen, Dunkles (alles vom Fass). Kulmbacher: Pils (vom Fass), alkoholfreies Hefeweizen, Alkoholfreies.

KÜCHE

Fränkische Brotzeiten. Täglich große Karte mit warmen Gerichten. So und Feiertage Mittagstisch. Spezialitäten: Hummelsalat, Ochsenbrust, Haxentag (Di), Schnitzeltag (Mi), Steaktag (Do), Wildgerichte aus eigener Jagd.

PLÄTZE (außen/regensicher)

300/150

ANSCHRIFT

Prächtinger Hauptstraße 6
96250 Ebensfeld
Tel.: 09573-3033

ÖFFNUNGSZEITEN

Di bis Sa ab 16 Uhr
So und Feiertage ab 10 Uhr
Montag Ruhetag

TIPP: Hummelsalat

Pretzfelder Keller

WWW.PRETZFELDERKELLER.DE **GPS: 49°45'31" N / 11°10'37" E**

DAS WIESENTTAL IM BLICK

Seit 2006 gibt es ihn nun wieder, den Bierkeller-Klassiker auf dem Kirschenfest-Gelände. Unter der Ägide von Pächterfamilie Römer startete man ins neue Keller-Glück an der Wiesent, dabei auch unregelmäßige Musikveranstaltungen und jeden Freitag frisch geräucherte Forelle. Spaß macht auch die Erkundung der vielen alten Kellergewölbe unter den Bierbänken. Um die Ecke befindet sich übrigens der historische Judenfriedhof, einer der größten in Oberfranken.

BIER

Rittmayer/Hallerndorf: Landbier hell, Kellerbier, Hefeweißbier (alles vom Fass).

KÜCHE

Fränkische Brotzeiten. Täglich kleine Karte mit warmen Gerichten. So und Feiertage Mittagstisch. Spezialitäten: Frisch gegrillte Haxen und Hähnchen, Schäuferle (So), Sauerbraten (So).

PLÄTZE (außen/regensicher)

300/80

ANSCHRIFT

Kirschenfestgelände zwischen Pretzfeld und Ebermannstadt
91362 Pretzfeld
Tel.: 09199-216 oder 0172-8184281

ÖFFNUNGSZEITEN

Täglich ab 16 Uhr
So und Feiertage ab 11 Uhr
Kein Ruhetag
Bei schlechtem Wetter geschlossen

TIPP: Frisch geräucherte Forellen (immer freitags)

Burg Rabenstein

TOP-TIPP für Familien
mehr S. 12

Im Herzen der Fränkischen Schweiz werden Träume wahr. Vorn auf dem Felssporn hoch über dem Ailsbachtal steht die trutzige Burg Rabenstein wie früher zu Zeiten der Ritter und Edelleute. Im Innern der Burg präsentiert sich in der Beletage ein Ambiente wie im Schloss, geschaffen für Feiern, Tagungen und Hochzeiten!

Empfang in den barocken Salons, Champagner auf der großen Burgterrasse, Speisen und Tanzen im prunkvollen Renaissance-Saal, Mitternachtsbuffet im prächtigen Waffensaal, Entspannen im Kaminzimmer, Übernachten in romantischen Hotelzimmern im individuellen Burgstil, Frühstücken im Markgrafensaal… Eine ganze Burg – exklusiv für die Gäste, eine Feier wie im Märchen!

Auch für Tagungen bietet die Burg Rabenstein einen einmaligen Rahmen. Nicht weit von Nürnberg, Fürth, Erlangen entfernt, ist die Anfahrt durch die Hügel der Fränkischen Schweiz doch Garant für Distanz zum Alltag. Kleine Workshops in der holzvertäfelten Drachenstube, eine erlesene „Artusrunde" im geschichtsträchtigen Waffensaal oder die große Konferenz im Prunksaal der Burg – für jeden Anlass findet sich das richtige Ambiente.

Für den Ausflug zu zweit oder mit Familie und Freunden gibt es tagsüber ein volles Programm von Dienstag bis Sonntag: Führungen durch die 800 Jahre alte Burg Rabenstein mit ihren Prunk-, Waffen- und Rittersälen, Flugschauen in der Falknerei mit großem Eulen- und Greifvogelpark, dazu die Wunderwelt der tropfsteingeschmückten Sophienhöhle, eine der schönsten Tropfsteinhöhlen Deutschlands. Die urige Gutsschenke bietet gute fränkische Küche mit besonderen Fischgerichten, im idyllischen Biergarten duften die Flammkuchen. Am Abend lädt man ein zu Murder Mystery Dinner, Wildschwein-Grillbuffet, Schlemmerkabarett, Gruseldinner und hochkarätigen Burg- und Höhlenkonzerten. Die anschließende Übernachtung im Burghotel rundet die Erlebnisse ab und lässt aus dem Ausflug in die Fränkische Schweiz einen wunderbaren Kurzurlaub werden.

Und wer es ganz ritterlich und mittelalterlich mag, lässt sich zweimal im Jahr auf dem größten Mittelaltermarkt Nordbayerns mit Aktionskünstlern, Handwerkern, Händlern, buntem Lagerleben, Ritterschaukämpfen, Musik und faszinierender Feuershow unterhalten. **Genaue Informationen zu allen aktuellen Terminen finden sich unter www.burg-rabenstein.de oder Tel. 09202 / 9700440.**

Unseren **Familien-Kompass** finden Sie auf den Seiten **12 bis 15**

Gutsschenke der Burg Rabenstein

WWW.BURG-RABENSTEIN.DE   GPS: 49° 49′ 20″ N / 11° 22 ‚15″ E

NATURPARADIES MIT VOLLEM PROGRAMM

Über 64 Hektar umfasst das Areal der Burg Rabenstein, auf dem nun wirklich alles geboten ist, was zu einem perfekten Urlaubstag gehört: Eine Falknerei mit Eulen- und Greifvogelpark sowie Flugvorführungen, mit der Sophienhöhle eine der schönsten Tropfsteinhöhlen Deutschlands und natürlich die Burg und ihre wunderschöne Natur darumherum. Der Biergarten der Gutsschenke lädt zum Relaxen im Schatten uralter Baumriesen ein, dazu servieren Hans Bächmann und sein Team ein wahres Potpourri fränkischer Köstlichkeiten. Besondere Highlights sind die ganzjährigen Veranstaltungen in der und um die Burg, vom Murder Mystery Dinner über Wildschweingrillen bis zum Mittelaltermarkt.

BIER

Pyraser: Landbier, Kellerbier, Schwarzbier (alles vom Fass), Hefeweizen, Pils.

KÜCHE

Fränkische Brotzeiten. Täglich große Karte mit warmen Gerichten. Spezialitäten: Frische Forellen aus hauseigenem Bassin, Schäuferle, Sauerbraten mit Kloß, Burgzinnen-Teller mit Bandnudeln und Gemüse.

PLÄTZE (außen/regensicher)

600/100

ANSCHRIFT

Rabenstein 33
95491 Ahorntal
Tel.: 09202-9700440

ÖFFNUNGSZEITEN

Täglich 11 bis 18 Uhr
18 - 21 Uhr Burgküche
Montag Ruhetag
(an Feiertagen geöffnet)
Nov. bis Ende März geschlossen

TIPP: Flammkuchen mit Zwiebeln und Speck

Gasthof Raitschin

WWW.RAITSCHIN.DE — GPS: 50°17'16"N / 12°03'57"E

DURCHGEHEND REGIONAL

Nur etwa sieben Kilometer vom Dreiländereck entfernt, inmitten fränkischer Landschaft, findet sich der Gasthof Raitschin. Hier wird dem Besucher neben Hotelzimmern auch durchgehend leckere fränkische Küche angeboten. Egal wann man ankommt, irgend etwas zaubert die Küche immer herbei. Die Auswahl an Bieren reicht von Meinel bis Schlenkerla, besonders am ersten Montag im Monat - zur Schlachtschüssel (Oktober bis Juni) - macht sich das bezahlt. Für die kleine Wanderung nach der Schlemmerei bietet sich ein Besuch der sehr alten St. Ägidien-Kirche in Regnitzlosau an.

BIER

Kulmbacher: Mönchshof Pils, Mönchshof Kellerbier, Mönchshof Schwarzbier, Kapuziner Weissbier (vom Fass). Meinel/Hof: Pilsner (vom Fass). Schlenkerla/Bamberg: Rauchbier.

KÜCHE

Hausmacher Brotzeiten. Täglich große Karte mit warmen Gerichten. Spezialitäten: Gansbrust mit Kraut, Raitschiner Grillpfanne, Raitschiner Platte, hausgemachter Kochkäse.

PLÄTZE (außen/regensicher)

120/140

ANSCHRIFT

Raitschin 4
95194 Regnitzlosau
Tel.: 09294-975000

ÖFFNUNGSZEITEN

Täglich ab 11 Uhr
Kein Ruhetag

TIPP: Schlachtschüssel (1. Mo im Monat, Okt. bis Juni)

Obere Mühle

WWW.BIER.BY

GPS: 50°01'06" N / 10°53'08" E

SCOTLAND YARD MIT DER MÜHLE

Etwas Spürsinn braucht man schon, um den traumhaften Biergarten an der Itz zu finden. Doch es lohnt sich: Direkt am Fluss steht das alte Sandsteinhaus, dekoriert mit einem Naturgarten und riesigen historischen Mühlrädern. In diesem malerischen Ambiente bietet Chef Werner Schmitt eine kleine aber feine Palette von Hausmacher Brotzeiten und Salaten, dazu frisches Mönchsambacher Lager vom Fass.

TIPP: Mühlenplatte

BIER

Zehendner/Mönchsambach: Lager (vom Fass), Weizen.

KÜCHE

Hausmacher Brotzeiten. Keine warmen Gerichte. Spezialitäten: Mühlenplatte, Salate, Zwetschgenbames.

PLÄTZE (außen/regensicher)

100/50

ANSCHRIFT

An der Itz 11
96179 Rattelsdorf
Tel.: 09547-7627

ÖFFNUNGSZEITEN

Fr und Sa ab 16 Uhr
So und Feiertage ab 10 Uhr
Tag vor einem Feiertag ab 16 Uhr
Montag bis Donnerstag Ruhetag
(Saison endet Anfang August)

Symbolerklärung s. vordere Klappe

Reckendorfer Schlossgarten (Schlossbräu)

WWW.GASTHAUS-SCHLOSSBRAEU.DE   GPS: 50°01'18" N / 10°49'43" E

SELBSTGEMACHTES UNTER SCHATTIGEN BÄUMEN

Bei Familie Dirauf ist nun wirklich einiges selbstgemacht, vom Gerupften über den Leberkäse bis hin zum Eis. Jährliches Highlight ist der Frühschoppen an Fronleichnam, bei dem vor allem die Liebhaber guter Grillhähnchen auf ihre Kosten kommen dürften. Das Bier wird seit 1597 vor Ort gebraut und wandert direkt vom Fass in den Krug und von dort in die Kehle. Toll für Kinder: Sie haben jede Menge Platz und Spielgeräte!

BIER

Schlossbrauerei/Reckendorf: Export, Keller (beides vom Fass), Hefeweizen, Light. Erdinger: Alkoholfreies Hefeweizen. Löwenbräu/München: Alkoholfreies.

KÜCHE

Hausmacher Brotzeiten. So und Feiertage Mittagstisch. Spezialitäten: Frischer Leberkäse, Gerupfter, hausgemachtes Eis nach italienischer Art.

PLÄTZE (außen/regensicher)

150/180

ANSCHRIFT

Mühlweg 8
96182 Reckendorf
Tel.: 09544-94950

ÖFFNUNGSZEITEN

Täglich ab 16 Uhr
So und Feiertage ab 14.30 Uhr
Dienstag Ruhetag

TIPP: Eis aus eigener Herstellung

Symbolerklärung s. vordere Klappe

Hotel Krone

WWW.HOTEL-KRONE-REHAU.DE　　　　**GPS: 50°14'50"N / 12°01'58"E**

RUSTIKAL UND GEMÜTLICH

Nicht nur die außergewöhnlich schön gebräunte Haxe ist ein Highlight im Biergarten des Hotels Krone in Rehau. Denn die Küche des Familienbetriebs weiß auch mit Spezialitäten außerhalb der üblichen gut-bürgerlichen Speisen zu überzeugen. Die Köstlichkeiten aus aller Welt können im Biergarten – schön im Innenhof des Hotels untergebracht – oder in einer der rustikal aber hell eingerichteten Wirtsstuben genossen werden. Zusammen eignen sich die Räumlichkeiten gut für Familien- oder Vereinsfeiern.

BIER

Scherdel/Hof: Pils (vom Fass). Maisel/ Bayreuth: Weisse (vom Fass). Aktien/ Bayreuth: Zwickl (vom Fass).

KÜCHE

Fränkische Brotzeiten. Täglich große Karte mit warmen Gerichten. Spezialitäten: Haxen, gratinierter Skrei, Hausgemachte Sülze.

PLÄTZE (außen/regensicher)

70/100

ANSCHRIFT

Friedrich-Ebert-Straße 13
95111 Rehau
Tel.: 09283-1001

ÖFFNUNGSZEITEN

Täglich ab 10 Uhr
Kein Ruhetag

TIPP: Haxen

Symbolerklärung s. vordere Klappe

ONLINE AUF WWW. Bier.BY

Wirtshaus zum Seifert

WWW.BIER.BY GPS: 50°14'51"N / 12°01'57"E

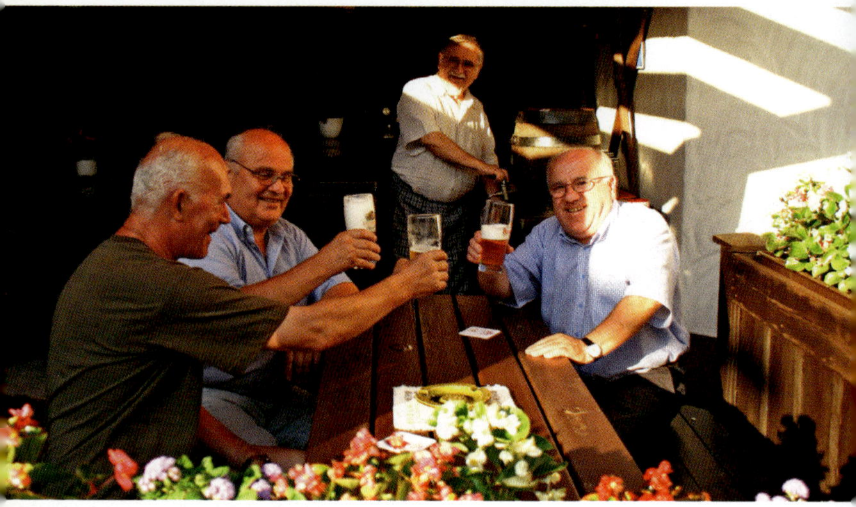

BIER

Zelt/Hof: Pils (vom Fass), Weizen, Dunkles.

KÜCHE

Hausmacher Brotzeiten. Täglich mittelgroße Karte mit warmen Gerichten. So und Feiertage Mittagstisch. Spezialitäten: Gebackene Blutwurst, Hausmacher Aufschnitt.

PLÄTZE (außen/regensicher)

70/60

ANSCHRIFT

Friedrich-Ebert-Straße 14
95111 Rehau
Tel.: 09283-1334

ÖFFNUNGSZEITEN

Täglich ab 16 Uhr
So und Feiertage ab 11 Uhr
Samstag Ruhetag

FRISCHE GESCHICHTE

Der „Seifert" hat eine lange und bewegte Geschichte. Das Gebäude wurde fast 600 Jahre lang als Kommunbrauschänke genutzt, bevor die Familie Seifert im Jahre 1826 das Anwesen erwarb. Seit 1981 ist schließlich das aktuelle Wirtspaar am Zug - die Chefin kocht, der Chef zapft und der Sohn hilft auch schon fleißig mit. Eigene Schlachtung sowie im Keller gelagertes Bier vermitteln die richtige fränkische Spezialitätenkultur. Die zugehörige Felsengrotte sollte man sich beim Besuch einmal anschauen. Mit etwas Glück vernimmt man ein paar Klänge von Flöte, Klarinette oder Saxophon, denn der Chef ist auch aktiver Kärwa-Musikant.

TIPP: Hausmacher Brotzeiten

Reifenberger Keller

WWW.REIFENBERGER-KELLER.DE

GPS: 49°45'27" N / 11°08'19" E

SEIN BIER VERDIENEN

Ohne Fleiß kein Preis – und auch kein Bier, zumindest hier ... Schluss mit der Kalauerei, der Weg zum Reifenberger Keller ist nicht ohne (mitten auf dem Berg im Wald) und somit schon mal eine kleine Herausforderung an den Kellerfreund an und für sich. Ist man allerdings angekommen, hat man unter dem Schatten alter Laubbäume einen tollen Blick ins Wiesenttal, auf die Vexierkapelle und das Walberla gegenüber.

TIPP: Fisch vom Grill

BIER

Greif/Forchheim: Pils (vom Fass), Hefeweizen.

KÜCHE

Hausmacher Brotzeiten. Keine warmen Gerichte. Spezialitäten: Hausmacher Brotzeiten, frisch gegrillte Heringe und Forellen (Fr).

PLÄTZE (außen/regensicher)

200/45

ANSCHRIFT

Reifenberg 20
91365 Weilersbach
Tel.: 09194-1408 oder 0171-7219876

ÖFFNUNGSZEITEN

Mo bis Fr ab 16 Uhr
Sa ab 14 Uhr
So und Feiertage ab 13 Uhr
Kein Ruhetag

Symbolerklärung s. vordere Klappe

Gasthaus Dotterweich

WWW.BIER.BY GPS: 49°49'26" N / 10°53'21" E

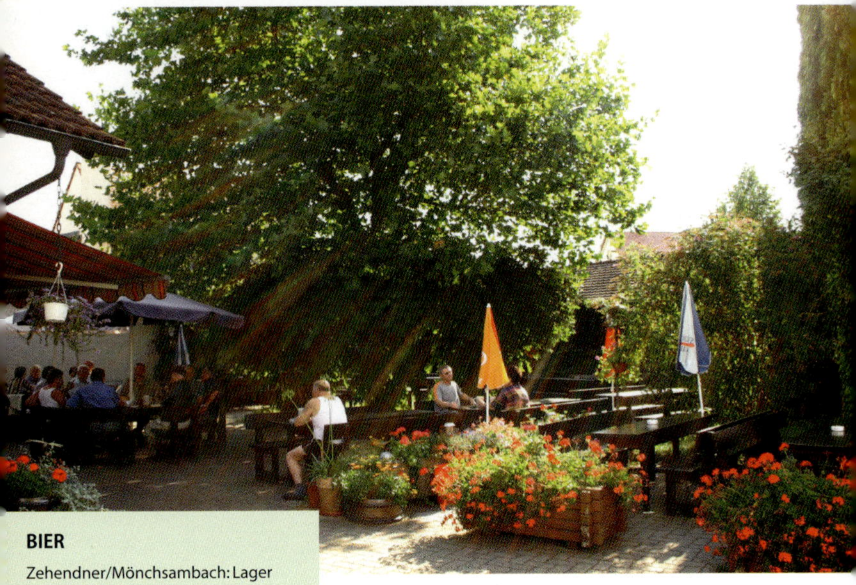

BIER

Zehendner/Mönchsambach: Lager (vom Fass), Weizen. Kulmbacher: Alkoholfreies.

KÜCHE

Hausmacher Brotzeiten. Täglich ein warmes Gericht. Spezialitäten: Brotzeitplatte, selbstgemachter Ziebeleskäse.

PLÄTZE (außen/regensicher)

200/120

ANSCHRIFT

Distelbergstraße 2
96158 Reundorf
Tel.: 09502-8460

ÖFFNUNGSZEITEN

Täglich ab 14 Uhr
So und Feiertage ab 10 Uhr
Dienstag Ruhetag

DER BIERGARTEN MIT LEHNE

Seit 1974 betreiben Manfred und Irene Dotterweich ihr Gasthaus in Reundorf. Die eigentliche Geschichte des Hauses datiert allerdings etwa 100 Jahre früher. Man sitzt windgeschützt und schattig und kann sich zurücklehnen. Allein das ist einen zusätzlichen Pluspunkt wert. Einen weiteren bringt die große Lego-Kiste am Spielplatz ein – damit sind die Kleinen mal nicht nur körperlich, sondern auch kreativ gefordert.

TIPP: Selbstgemachter Ziebeleskäse

Bus 978 Reundorf Kirche, Frensdorf

Schmausenkeller

EVOLUTION EINES KELLERS

Vor Jahren noch der unscheinbare Geheimtipp und nur von Leuten aus maximal zehn Kilometer Entfernung besucht, hat sich der Schmausenkeller in Rekordzeit gemausert. Mittlerweile ist an der wunderschön gelegenen Lichtung hinter Reundorf sogar ein großes Gasthaus entstanden – ein Geheimtipp ist die Ausflugslichtung nun allerdings nicht mehr. Man hat wirklich alles, was das Besucherherz begehrt: Gutes Bier, warme und kalte Küche (und Kuchen), einen großen Spielplatz und keinen Autoverkehr. Übrigens: Sogar ein Pferdeparkplatz ist vorhanden.

BIER

Eigene Brauerei: Keller (vom Fass).
Kritzenthaler: Alkoholfreies.

KÜCHE

Hausmacher Brotzeiten. Täglich mittelgroße Karte mit warmen Gerichten. So und Feiertage Mittagstisch. Spezialitäten: Hähnchen, Ziebeleskäse mit Salzkartoffeln, selbstgebackene Kuchen.

PLÄTZE (außen/regensicher)

650/120

ANSCHRIFT

Am Bahnhof 13
96158 Reundorf
Tel.: 09502-608

ÖFFNUNGSZEITEN

Ende März bis Anfang Okt.
Mo bis Fr ab 16 Uhr
Sa ab 15 Uhr
So und Feiertage ab 11 Uhr
Kein Ruhetag
Bei schlechtem Wetter Donnerstag Ruhetag

TOP-TIPP für Familien
mehr S. 12

TIPP: Ziebeleskäse

Gasthof Müller

WWW.GASTHOFMUELLER.DE   **GPS: 50° 08' 02" N / 11° 01' 29" E**

FISCHSPEZIALIST ZWISCHEN BANZ UND BASILIKA

Der Müller ist aus der Gastronomie rund um Bad Staffelstein nicht wegzudenken. Seinen Ruf als ausgezeichneter Fisch- und Kuchenstandort verdankt er nicht zuletzt der Tatsache, dass die Brüder Georg Müller als Koch und Hubert Müller als Konditor selbst für Frische und Qualität ihrer Produkte verantwortlich sind. Wurstwaren werden selbst hergestellt, Kuchen und Brot selbst gebacken - den berüchtigten Hausbrand lassen die beiden aus eigenen Früchten brennen. Schon seit über 200 Jahren ist der Gasthof in Familienbesitz. Der Biergarten ist klein, aber fein an einem Ortssträßchen gelegen, auf der hauptsächlich Autos fahren, die denselben als Ziel haben. Für Gäste, die sich länger im wunderschönen Fränkischen Jura zwischen Kloster Banz und Vierzehnheiligen aufhalten wollen, hält der Gasthof eine Pension mit stolzen 50 Betten bereit.

BIER

Leikeim/Altenkunstadt: Pils, Schwarzbier, Hefeweizen (alles vom Fass), Dunkles Hefe, Kristallweizen, Alkoholfreies. Schlenkerla/Bamberg: Rauchbier (vom Fass). Grasser/Huppendorf: Landbier (vom Fass).

KÜCHE

Hausmacher Brotzeiten. Täglich große Karte mit warmen Gerichten. Spezialitäten: Frische Karpfen und Forellen aus dem Bassin, täglich frisches Hausgebäck.

PLÄTZE (außen/regensicher)

50/150

ANSCHRIFT

Kloster-Banz-Straße 4
96215 Lichtenfels-Reundorf
Tel.: 09571-95780

ÖFFNUNGSZEITEN

Täglich ab 9 Uhr
Mittwoch und Donnerstag Ruhetag

TIPP: Forelle blau

Waldgasthof Reuthof

WWW.REUTHOF.DE

GPS: 49°39'18" N / 11°25'05" E

STEIN REUTHOF

Wunderschön malerisch liegt das Fachwerkge-
bäude des Reuthof in der Fränkischen Schweiz,
drumrum Natur, Tiergehege und ein klasse
Spielplatz. Die kulinarische Überraschung bleibt
40 Minuten heiß und macht auch fast genauso
lange Spaß: Der heiße Stein vom Reuthof. Hier
erhält man sein eigenes Sortiment aus Schwein,
Pute und Rind und kann es sich selbst zubereiten und Schnitt für Schnitt genießen. Wir sagen:
Eine tolle Idee, die schmeckt und ein bisschen
Grillromantik an den Tisch bringt.

BIER

Veldensteiner: Pils, Helles, Weißbier,
Veldensteiner Landbier (alles vom
Fass), Weizen, Alkoholfreies, Velden-
steiner Lager, Erstes Laufer Weißbier.

KÜCHE

Fränkische Brotzeiten. Täglich große
Karte mit warmen Gerichten. Spezi-
alitäten: Diverse Steaks vom heißen
Stein, verschiedene Bräten (So).

PLÄTZE (außen/regensicher)

130/150

ANSCHRIFT

Reuthof 11
91282 Betzenstein
Tel.: 09244-310

ÖFFNUNGSZEITEN

Täglich ab 10 Uhr
Freitag Ruhetag

TIPP: Heißer Stein

Symbolerklärung s. vordere Klappe

ONLINE AUF WWW. Bier.BY

Brauerei Weber

WWW.BIER.BY GPS: 49°48'03" N / 10°55'26" E

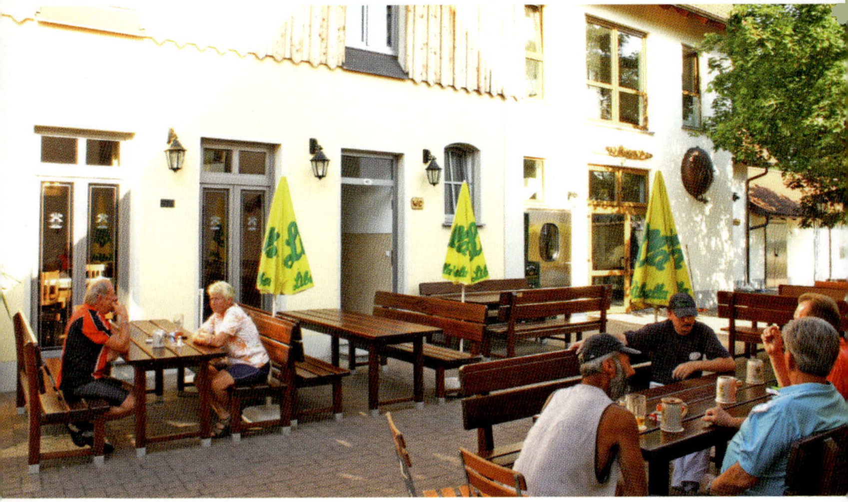

BIER

Eigene Brauerei: Helles Lager (vom Fass), dunkles Lager, Rauchbier. Püls/ Weismain: Hefeweizen.

KÜCHE

Hausmacher Brotzeiten. Täglich mittelgroße Karte mit warmen Gerichten. Sonntag Mittagstisch. Spezialitäten: Hausmacher Leberkäse, Schweinebraten.

PLÄTZE (außen/regensicher)

50/170

ANSCHRIFT

Ringstraße 46
96114 Hirschaid-Röbersdorf
Tel.: 09543-7882

ÖFFNUNGSZEITEN

Täglich ab 9 Uhr
Mittwoch Ruhetag

DA WO DER FISCH NACH KNOBLAUCH DUFTET

Bei Webers dreht sich (fast) alles um das Thema Fisch: Knoblauch- und Pfefferkarpfen, Forelle blau und gebacken, diverse Filets und ab Mitte Mai bei schönem Wetter jeden Dienstag Hering, Makrele und Forelle frisch vom Holzkohlengrill. Wem der Sinn dann trotzdem (oder nach einigen Besuchen doch mal) nach etwas anderem steht, der sollte den Hausmacher Leberkäse oder eine der Hausmacher Brotzeiten probieren. Dazu empfehlen wir das Rauchbier.

TIPP: Knoblauch-Karpfen (saisonal)

Bus 981 Röbersdorf Kirche, Hirschaid

Gasthaus Hotel Wurm

WWW.GASTHAUS-WURM.DE   GPS: 49°48'02" N / 10°55'28" E

PRÄMIERTER KULTFAMILIENBETRIEB

Den Wurm in Röbersdorf kennt nahezu jeder Oberfranke. Stand der Gasthof früher hauptsächlich für die besten Hähnchen der Region, so ist hier mittlerweile ein hochdekoriertes Restaurant entstanden. Nicht umsonst ist man bereits vier Mal beim Wettbewerb Bayerische Küche ausgezeichnet worden, 2007 und 2010 sogar mit Gold! Fest steht: Wenn man Hunger hat und in der Nähe ist, ist der Wurm immer die richtige Adresse.

BIER

Löwenbräu/Buttenheim: Dunkles, Pils, Lager (alles vom Fass), Hefeweizen, Keller leicht. Erdinger: Alkoholfreies Weizen, leichtes Weizen, Kristallweizen.

KÜCHE

Fränkische Brotzeiten. Täglich große Karte mit warmen Gerichten. Spezialitäten: Salate, Karpfen (saisonal), verschiedene Bräten mit Bamberger Spitzkopfwirsing (So/Feiertage), selbstgebackenes Brot, selbstgebackene Kuchen und Torten.

PLÄTZE (außen/regensicher)

150/150

ANSCHRIFT

Ringstraße 40
96114 Hirschaid-Röbersdorf
Tel.: 09543-84330

ÖFFNUNGSZEITEN

Täglich ab 10 Uhr
Montag Ruhetag

TIPP: Röbersdorfer Pfännla

Symbolerklärung s. vordere Klappe

Biergarten Domäne

WWW.BIERGARTEN-DOMAENE.DE   **GPS: 50°17'15"N / 11°01'48"E**

FEIERABENDBIER GARANTIERT!

Das gibt's auch nur einmal in Franken: Im städtischen Bauhof (Arbeitszeitende 16 Uhr) existiert seit 2003 ein Biergarten (Öffnungszeit ab 16 Uhr). Entstanden ist das aus der Idee von Uwe Schneider, der - damals arbeitslos - im Rekordsommer 2003 einen Probelauf mit dem Biergarten in der Domäne starten durfte. Und der Erfolg hält an - zurecht, schließlich stammen alle Angebote aus der Region.

BIER

Grosch/Rödental: Pils, Fuhrmanns-trunk (beides vom Fass), Hefeweizen, Luthertrunk (Biobier), Malztrunk.
Kritzenthaler: Alkoholfreies.
Erdinger: Alkoholfreies Hefeweizen.

KÜCHE

Hausmacher Brotzeiten. Täglich kleine Karte mit warmen Gerichte. Spezialitäten: Fränkische Weißwurst, Vesperplatte, Holzofenbrot.

PLÄTZE (außen/regensicher)

250/80

ANSCHRIFT

Kronacher Straße 2
96472 Rödental
Tel.: 09563-208186

ÖFFNUNGSZEITEN

Mo bis Fr ab 16 Uhr
Sa, So und Feiertage ab 14 Uhr
Kein Ruhetag
Bei schlechtem Wetter geschlossen

TIPP: Hausmacher Brotzeiten vom Bauernhof

DB

Die Alm

WWW.DER-GROSCH.DE   GPS: 50°17'29" N / 11°01'41" E

HÜTTENZAUBER IN DER ROSENAU

Christof Pilarzyk verdanken wir nicht nur die vielen Bierspezialitäten des Gasthofes Grosch und das Samba-Fest, sondern mittlerweile auch eine echte Almhütte mitten in der Rosenau. Zünftig geht's hier zu, an klassischen Bierbänken unter großen Kastanienbäumen. Die Brotzeiten stammen allesamt von Direktvermarktern aus Rödental, nach den Worten des Chefs: „Von jedem etwas und zwar das Beste!"

TIPP: Currywurst in vier verschiedenen Schärfen

BIER

Brauerei Grosch/Rödental: Pilsner, Fuhrmannstrunk, Hefeweizen, Fuhrmannsradler (alles vom Fass), Luthertrunk (Biobier), Zwickl, Hochzeitsbier (saisonal).

KÜCHE

Hausmacher Brotzeiten. Täglich kleine Karte mit warmen Gerichten. Spezialitäten: Almvesper, Obatzter, Kochkäse, Currywurst in vier verschiedenen Schärfen.

PLÄTZE (außen/regensicher)

140/60

ANSCHRIFT

Rosenauer Weg (Bei den SG-Tennisplätzen)
96472 Rödental
Tel.: 09563-548848

ÖFFNUNGSZEITEN

Mo bis Fr ab 16 Uhr
Sa und So ab 14 Uhr
Dienstag Ruhetag

Symbolerklärung s. vordere Klappe

Roßdorfer Felsenkeller

WWW.ROSSDORFER-FELSENKELLER.DE   **GPS: 49°51'56" N / 10°59'51" E**

BRATEN UNTER BÄUMEN

Idyllisch unter Bäumen liegt seit mehr als 100 Jahren der Bierkeller der Brauerei Sauer. In den tief in den Berg reichenden Stollen lagerte noch bis vor kurzem der edle Gerstensaft in Eichenfässern. Seit 2006 ist das Pächterpaar Philipp Metzner und Sabine Berge am Ruder. Sie erfreuen ihre Gäste vor allem an Sonn- und Feiertagen mit ihren feinen Bräten.

BIER

Eigene Brauerei: Lager (vom Fass), Pils, Weizen.

KÜCHE

Fränkische Brotzeiten. Täglich kleine Karte mit warmen Gerichten. So Mittagstisch. Spezialitäten: Knöchla, Haxen, Kellerplatte.

PLÄTZE (außen/regensicher)

250/80

ANSCHRIFT

Zum Felsenkeller
96129 Roßdorf am Forst
Tel.: 0171-3102920 oder 0170-1202906

ÖFFNUNGSZEITEN

Täglich ab 15 Uhr
So und Feiertage ab 11 Uhr
Kein Ruhetag
Bei schlechtem Wetter geschlossen

TIPP: Knöchla

Brauerei Sauer

WWW.BRAUEREI-SAUER.DE   **GPS: 49°52'02" N / 10°59'41" E**

FLAMMKUCHEN AUF FRÄNKISCH

Das Familiengespann Richard und Christian Sauer steht für die über 200-jährige Tradition der Brauerei. Somit ist für Kontinuität gesorgt. Die Gäste freuen sich vor allem über das hausgebraute Bier. Für die Hungrigen unter ihnen seien insbesondere Steaks und die freitäglichen Fischvariationen erwähnt. Wer's deftig mag, ist mit dem Brauer-Flammkuchen oder mit der achtwöchig angebotenen Schlachtschüssel bestens bedient.

TIPP: Sülze mit Bratkartoffeln

BIER

Eigene Brauerei: Roßdorfer Lager, Roßdorfer Braunbier (beides vom Fass), Pils, Weißbier, Urbräu. Verschiedene Brauereien: Alkoholfreies.

KÜCHE

Hausmacher Brotzeiten. Täglich mittelgroße Karte mit warmen Gerichten. Spezialitäten: Hausgemachte grobe Bratwürste, Brauer-Flammkuchen, Kotelett, Pfannenschnitzel.

PLÄTZE (außen/regensicher)

200/140

ANSCHRIFT

Sutte 5
96129 Roßdorf am Forst
Tel.: 09543-1578

ÖFFNUNGSZEITEN

Täglich ab 11 Uhr
Montag Ruhetag

Symbolerklärung s. vordere Klappe

Sachsenmühle

WWW.BIER.BY **GPS: 49°46'32" N / 11°18'30" E**

BIER

Ott/Oberleinleiter: Pils, Dunkles (beides vom Fass), Weizen, Export. Veldensteiner: Dunkles Landbier, Zwickl.

KÜCHE

Fränkische Brotzeiten. Keine warmen Gerichte. Spezialitäten: Wurstsalat, hausgemachter Obatzter, hausgemachter Ziebeleskäse.

PLÄTZE (außen/regensicher)

150/0

ANSCHRIFT

Sachsenmühle 1
91327 Gößweinstein
Tel.: 09242-740660

ÖFFNUNGSZEITEN

Im Sommer täglich
ab ca. 11 Uhr
Im Winter geschlossen

WAS FÜR EINE LAGE

Fährt man von Westen Richtung Pottenstein oder Gößweinstein stößt man quasi automatisch auf sie – die Sachsenmühle. Aber nicht nur deswegen liegt sie perfekt. Denn hier führen auch mehrere Wanderwege vorbei und für alle Kanu-Fans bietet sich die perfekte Einstiegsgelegenheit. An der Mühle gibt es dann bei herrlichstem Fränkische-Schweiz-Panorama zur Stärkung fränkische Brotzeiten und Bier der Brauerei Ott aus Oberleinleiter.

TIPP: Kanufahrt vor dem Bier

Brauerei Knoblach

WWW.BIER.BY — GPS: 49°55'34" N / 11°00'21" E

WO DAS RÄUSCHLA WOHNT

Die Brauerei Knoblach ist bekannt für ihr dunkles Landbier. Allein vom Namen her interessiert natürlich das „Räuschla", ein bernsteinfarbener Gerstensaft, wenig Schaum, leicht bitter und etwas fruchtig – sollte unbedingt probiert werden und erfüllt zielsicher seinen Zweck. Erwähnenswert auch die eigene Schnapsbrennerei, damit aus dem Räuschla auch ein ausgewachsener Rausch werden kann (feine fränkische Obstbrände).

BIER

Eigene Brauerei: Ungespundetes Lager, Räuschla, Hefeweizen, dunkles Landbier (alles vom Fass), Bock (saisonal).

KÜCHE

Hausmacher Brotzeiten. Täglich große Karte mit warmen Gerichten. Sa, So und Feiertage Mittagstisch. Spezialitäten: Hähnla, Kotelett, hausmacher Brotzeiten (Fleisch aus eigener Aufzucht), Zwetschgenbames, Gerupfter.

PLÄTZE (außen/regensicher)

300/280

ANSCHRIFT

Kremmeldorfer Straße 1
96123 Litzendorf-Schammelsdorf
Tel.: 09505-267

ÖFFNUNGSZEITEN

Di bis Fr ab 15 Uhr
Sa, So und Feiertage ab 9 Uhr
Montag Ruhetag
(wenn Montag Feiertag, dann Dienstag Ruhetag)

TIPP: Schammelsdorfer Biertage an Pfingsten

Brauerei Will

WWW.SCHEDERNDORFER.DE   GPS: 50°00'18" N / 11°09'21" E

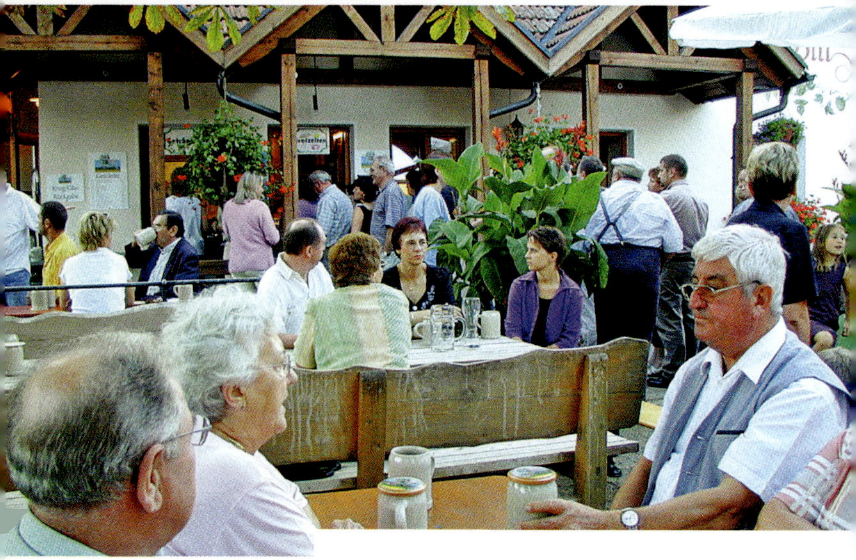

BIER

Eigene Brauerei: Dunkles, Hefeweizen, Bock (saisonal) (alles vom Fass).

KÜCHE

Hausmacher Brotzeiten. Spezialitäten: Ziebeleskäs, Hausmacherplatte.

PLÄTZE (außen/regensicher)

300/140

ANSCHRIFT

Haus Nr. 19
96187 Stadelhofen-Schederndorf
Tel.: 09504-262

ÖFFNUNGSZEITEN

Täglich ab 11 Uhr
So und Feiertage ab 10 Uhr
Dienstag Ruhetag

FORMEL 1-THEATER

Die Brauerei Will steht für vollmundige Biere vom Land- bis zum Weißbier, feine fränkische Brotzeiten und jede Menge Events. Egal ob Großleinwand-Übertragung der Formel 1-Rennen (am Ferrariday wird Schederndorf zu Klein-Maranello), Kirchweih (zweiter Sonntag im September), Wald- und Wiesenfest oder Theatersommer - es ist immer was geboten. Kein Wunder also, dass der „Will-Fanclub" einer der wenigen Vereine ist, um dessen Zukunft man sich keine Gedanken machen muss.

TIPP: Ziebeleskäse

Die Weidenmühle - Restaurant Mühlenstuben

WWW.BIER.BY   GPS: 50°11'56"N / 10°57'28"E

MITTEN IN DER MÜHLE

Geht man in die Weidenmühle, betritt man eine andere Welt. Kunst- und geschmackvoll entstand in der ehemaligen Mühle aus dem Jahr 1220 (oder früher) ein Restaurant auf zwei Etagen und im Gärtchen dahinter ein heimeliger Garten, in dem man dem Rauschen des Baches lauschen kann. Mit dabei eine kleine Bäckerei mit altdeutschem Gewölbebackofen. Das Holzofenbrot ist das beste der Region. Der dafür verwendete Natursauerteig dürfte eines der ältesten Haustiere Deutschlands sein - er ist mehrere hundert Jahre alt. Für Mystikfans: Hier sind die Totenlachen, nähere Infos bei der Redaktion ...

BIER

St. Georgen Bräu/Buttenheim: Kellerbier (vom Fass). Sturms/Coburg: Premium Pils (vom Fass). Erdinger: Helles Hefeweizen, dunkles Hefeweizen, Kristallweizen, alkoholfreies Weizen. Clausthaler: Alkoholfreies.

KÜCHE

Fränkische Brotzeiten. Täglich große Karte mit warmen Gerichten. Spezialitäten: Internationale Küche mit fränkischem Touch, Gulaschsuppe und Kartoffelsuppe im Brotlaib.

PLÄTZE (außen/regensicher)

80/85

ANSCHRIFT

Hirtengasse 24
96253 Untersiemau-Scherneck
Tel.: 09565-1002

ÖFFNUNGSZEITEN

Di bis Fr 11 bis 14 Uhr und ab 17 Uhr
Sa, So und Feiertage ab 11 Uhr
Montag Ruhetag

TIPP: Kartoffelsuppe im Brotlaib

Ambräusianum - Bierkultur pur

WWW.AMBRAEUSIANUM.DE

Mit dem Eintritt ins Bamberger Ambräusianum kommt man in eine neue Welt: Zwei große Braukessel und eine wuchtige Kupfer-Schanktheke begrüßen den Gast, davor stehen Ballons mit Bierschnaps und der Brau-Geruch hängt in der Luft. Zudem verfügt das Gasthaus über den wohl kleinsten Biergarten unserer Recherche.

Aus einem Tisch und einer Bank wurden inzwischen zwar schon einige mehr – direkt an einer der schönsten Stellen im Welterbe mit Blick in Richtung Dom vermitteln sie jedoch den Flair einer kleinen, sonnigen, fränkischen Bierinsel. In Verbindung mit dem feinen selbstgebrauten Gerstensaft und dem bierigen Ambiente eines der Highlights in Bierfranken. Der Gast kann hier zwischen Hellem, Dunklen oder Weizenbier wählen, allesamt natürlich frisch vom Fass gezapft. Zu den Spezialitäten aus der Küche zählen Brotzeitplatten, das Braumeister-Schnitzel oder die Gutsherrenpfanne. Wir wünschen „An Gudn"!

Öffnungszeiten:
Täglich ab 11 Uhr
So und Feiertage 11 bis 21 Uhr
Montag Ruhetag

Anschrift:
Dominikanerstraße 10
96049 Bamberg
Tel.: 0951-5090262

Ehrenbürg

WWW.EHRENBUERG.COM

GPS: 49°42'25" N / 11°09'02" E

HOME OF BIG FISH

Mit einem Zwischenstopp bei Familie Nagengast hat man wirklich den großen Fisch geangelt – in jeder Hinsicht. Schon mal rein kulinarisch, denn hier brät man alles, was nicht in die Pfanne passt – vom Riesenbarsch bis zum Schwertfisch. Doch auch die Ausflugsfreunde können hier viel Spaß haben. So steht mit dem hauseigenen Mountainbike-Guide Toni auch ein echter Erlebnisfaktor auf dem Plan. Seine Touren variieren von leicht bis schwer und vom Power-Ride bis zum Romantik-Sunset.

BIER

Kitzmann/Erlangen: Helles, helles Weizen, Zwickel, Pils (alles vom Fass), Alkoholfreies, Alkoholfreies Weizen.

KÜCHE

Fränkische Brotzeiten. Täglich große Karte mit warmen Gerichten. Spezialitäten: Verschiedene saisonale Gerichte.

PLÄTZE (außen/regensicher)

100/190

ANSCHRIFT

Schlaifhausen 68
91369 Wiesenthau
Tel.: 09199-696930

ÖFFNUNGSZEITEN

Täglich ab 11.30 Uhr
Dienstag Ruhetag

TIPP: Bodenständige Küche auf hohem Niveau

Symbolerklärung s. vordere Klappe

Witzgall-Keller

WWW.BIER.BY   GPS: 49°46'12"N / 11°00'41"E

DER EICHSTRICH IST DER KRUGRAND

Beim Witzgall-Keller geht es seit über hundert Jahren so zu wie vor über hundert Jahren. Hinter dem Zapfhahn am frisch angestochenen Fass steht der Brauereichef Helmut Witzgall oder meist sein Bruder Erich und füllt die Krüge der Durstigen bis zum Rand. Die Stammgäste bringen ihre Deckel zum Striche-Machen selber mit, setzen sich dann unter die mächtigen Eichen, Linden und Buchen und genießen ihr Bierchen. Die historischen Kellergewölbe unter den Bierbänken sind übrigens über ein Vierteljahrhundert alt und teilweise bereits verfallen.

BIER

Eigene Brauerei: Unfiltriertes Kellerbier (vom Fass). Meusel/Dreuschendorf: Alkoholfreies.

KÜCHE

Hausmacher Brotzeiten. 2 bis 3 warme Gerichte. Spezialitäten: Schaschlik, roher Schinken, Obatzter.

PLÄTZE (außen/regensicher)

200/80

ANSCHRIFT

Karl-Kreul-Straße
91352 Schlammersdorf
Tel.: 09545-7452

ÖFFNUNGSZEITEN

1. Mai bis 30. Sep.
So und Feiertage ab 14 Uhr
Montag bis Samstag geschlossen

TIPP: Roher Schinken

  265 Schlammersdorf Gewerbegebiet, Hallerndorf

Gasthof Bittel

WWW.BIER.BY GPS: 49°47'28" N / 10°54'33" E

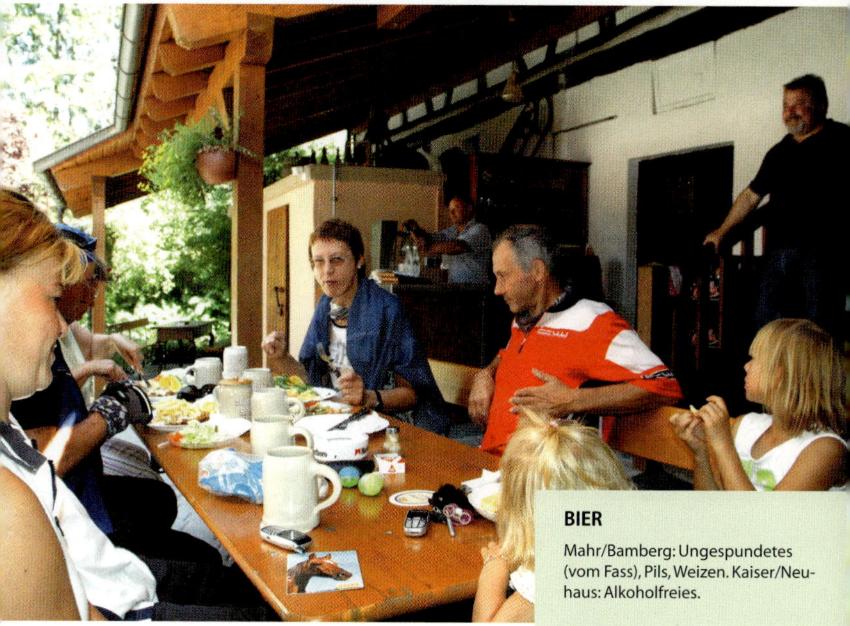

WALLFAHRT ZUM BIER

Nicht nur die Pilger strömen seit Jahrzehnten nach Schlüsselau, auch die Bierfreunde lieben das etwa 500 Jahre alte Fachwerkhaus. Der Biergarten liegt malerisch und abgelegen, der Spielplatz ist eingezäunt und beinhaltet eine große Wiese zum Herumtollen und -toben. Besonders geliebt werden die teils exotischen Schnitzelvariationen und das nicht minder exotische Salzwasserfleisch.

TIPP: Schnitzelkarte

BIER

Mahr/Bamberg: Ungespundetes (vom Fass), Pils, Weizen. Kaiser/Neuhaus: Alkoholfreies.

KÜCHE

Hausmacher Brotzeiten. Täglich große Karte mit warmen Gerichten. Spezialitäten: Schnitzelvariationen, Salzwasserfleisch, Karpfen (saisonal), fränkische Gerichte.

PLÄTZE (außen/regensicher)

75/145

ANSCHRIFT

Schlüsselau 15
96158 Frensdorf
Tel.: 09502-1339

ÖFFNUNGSZEITEN

Fr, So und Feiertage ab 16 Uhr
Sa ab 14 Uhr
Montag bis Donnerstag Ruhetag

DB VGN 978, 983 Schlüsselau Ortsmitte, Frensdorf Bus

Symbolerklärung s. vordere Klappe

Scheubel-Keller

WWW.BRAUEREI-SCHEUBEL.DE | GPS: 49°45'25" N / 10°37'16" E

BIER

Eigene Brauerei: Helles Lager (vom Fass). Löwenbräu/München: Alkoholfreies.

KÜCHE

Hausmacher Brotzeiten. Keine warmen Gerichte. Spezialitäten: Kellerplatte, eingeschnittene Stadtwurst, Limburger mit Musik.

PLÄTZE (außen/regensicher)

200/0

ANSCHRIFT

Am Weinberg
96132 Schlüsselfeld
Tel.: 09552-6673

ÖFFNUNGSZEITEN

Fr und Sa ab 17 Uhr
So und Feiertage ab 14 Uhr
Montag bis Donnerstag Ruhetag

DER SEIFENKISTEN-KELLER

Hier kommen unter anderem die Kinder auf ihre Kosten – mehrere Bobby-Cars stehen bereit, um damit den kleinen Hausberg hinunterzudüsen. Auch ansonsten improvisiert man hier gerne – auf die Frage nach der eingeschnittenen Wurst zum Mitnehmen wurde kurzerhand ein Bierkrug als Behältnis umfunktioniert und mitverkauft. Auf jeden Fall sitzt es sich wunderbar auf dem ehemaligen Weinberg unter den uralten Kastanien – die Kellergerichte stammen aus Hausschlachtung.

TIPP: Selbstgebackene Kuchen

Bus 991 Volksschule, Schlüsselfeld

Bähr-Keller

WWW.BAEHR-KELLER.DE   GPS: 49°51′26″ N / 10°41′28″ E

SUNSET IN FRANKEN

Den Preis für den schönsten Sonnenuntergang hat der Bähr-Keller für uns auf jeden Fall
gewonnen – mitten in Schönbrunn richten sich
im Spätsommer gegen 20 Uhr allabends alle
Augen nach Westen, wenn ein glutroter Ball
hinter der Silhouette des Ortes versinkt. Auch
sonst ein sehr ambitionierter Keller im Steigerwald mit einem Kinderspielplatz, der den Namen auch verdient.

TIPP: Pizza

BIER

Eigenes Bier: Bähr-Pils (vom Fass).

KÜCHE

Fränkische Brotzeiten. Täglich kleine
Karte mit warmen Gerichten.
Spezialitäten: Selbstgemachte Pizza,
Currywurst, Dosenfleisch.

PLÄTZE (außen/regensicher)

150/80

ANSCHRIFT

Steinsdorfer Straße,
Ecke Friedhofsweg
96185 Schönbrunn
Tel.: 09546-379 oder 0160-93110142

ÖFFNUNGSZEITEN

Di bis Do ab 16 Uhr
Fr bis So ab 15 Uhr
Montag Ruhetag
Bei schlechtem Wetter geschlossen

Symbolerklärung s. vordere Klappe

Bräustüberl Schönbrunn

WWW.LANG-BRAEU.DE　　　　　　　　**GPS: 50°01'43"N / 11°58'09"E**

IM ALTEN GEMÄUER

Über 200 Jahre ist das Haus des Bräustüberls schon alt. Ursprünglich war es noch ein Bauernhof, heute hingegen ist es das urige Stammlokal der Lang-Bräu in Schönbrunn. Die Innenräume präsentieren sich wie ein Museum: Echtes Kreuzgewölbe, die historischen Brauwappen der Schönbrunner an den Säulen, Kleiderbügel aus den alten Eisgabeln sowie Unmengen an Bildern und Kleinodien aus der Dorfgeschichte. Mittendrin Wolfgang Kodisch, der ebenfalls zur Bräustüberl-Einrichtung gehört, und sein Vater. Auch der große Garten vor dem Haus, weitab von der Straße lädt immer zum Verweilen ein. Fleisch- und Wurstwaren werden noch selbst hergestellt, in Kombination mit dem süffigen Lang-Bier ein echter Hit!

BIER

Lang/Schönbrunn: Pils, Helles, Weizen (alles vom Fass), Dunkles, heller Bock, dunkles Bock, Papstbier, Erotikbier, Jean Paul-Bier.

KÜCHE

Hausmacher Brotzeiten. Täglich kleine Karte mit warmen Gerichten. Spezialitäten: Hausgemachtes Geräuchertes, Pressack, Schlachtschüssel (1 x im Monat).

PLÄTZE (außen/regensicher)

80/75

ANSCHRIFT

Brunnenstraße 10
95632 Wunsiedel
Tel.: 09232-2813

ÖFFNUNGSZEITEN

Täglich ab 9 Uhr
Donnerstag Ruhetag

TIPP: Schlachtschüssel (jeden ersten Di im Monat)

Gut Schönhof

WWW.GUT-SCHOENHOF.DE | GPS: 49°50'41" N / 11°20'40" E

DIE PREUSSIN
AUF DEM HÜGEL

So bezeichnet sich Renate Steinhagen, die seit 1989 hier auf dem kleinen Bergchen thront. Mit ihr ein echtes Vorzeigeobjekt: das Gut Schönhof. Dazu gehören – neben dem idyllischen Biergarten – auch eine komplette ökologische Landwirtschaft mit Bäckerei und Metzgerei, deren Erzeugnisse man im Hofladen kaufen und zum Bierchen verzehren kann. Familien begeistert der kleine Tiergarten mit allerlei Geschnatter und Gemähe, worüber Kinder hier unter dem Motto „Natürlich Lernen" auch regelmäßig viel erfahren können. Wer noch nicht soweit ist, kann es ja erstmal in der Hochzeitsscheune und im Heuhotel versuchen...

BIER

Michael/Weissenstadt: Kellerbier (Biobier vom Fass). Kulmbacher: Mönchshof Original (vom Fass), Kapuziner Hefeweizen. Maisel/Bayreuth: Bio-Weisse.

KÜCHE

Hausmacher Brotzeiten. Täglich mittelgroße Karte mit warmen Gerichten. Spezialitäten: Ochsenkotelett (aus eigener Zucht), 1/2 Meter Rippchen vom Schönhofschwein, Brotzeitbrettl.

PLÄTZE (außen/regensicher)

200/200

ANSCHRIFT

Schönhof 11a
91344 Waischenfeld
Tel.: 09202-1228

ÖFFNUNGSZEITEN

Täglich ab 9 Uhr bis Einbruch der Dunkelheit
Bei schlechtem Wetter und wenn keiner reserviert hat geschlossen
Ab Mitte Jan. bis 14 Tage vor Ostern geschlossen
(für Reservierungen geöffnet)

TIPP: Der halbe Rippchen-Meter

Restaurant am Froschgrundsee

WWW.RESTAURANT-FROSCHGRUNDSEE.DE   GPS: 50°20'57" N / 11°01'53" E

BIER

Püls/Weismain: Hefeweißbier, Kellertrunk, Krone Pils (alles vom Fass), leichtes Hefeweizen. Maisel/Bayreuth: Alkoholfreies Hefeweizen. Erdinger: Dunkles Hefeweizen. Grosch/Rödental: Fuhrmannstrunk. Weltenburger: Barock Dunkel.

KÜCHE

Fränkische Brotzeiten. Täglich große Karte mit warmen Gerichten. Spezialitäten: Lebend frischer Fisch (Forelle, Waller, Zander, Saiblinge, Karpfen), Stallhase, frisches Wild, angebackene Klöße.

PLÄTZE (außen/regensicher)

120/755

ANSCHRIFT

Schönstädt 14
96472 Rödental
Tel.: 09563-8013

ÖFFNUNGSZEITEN

Täglich ab 11 Uhr
Montag Ruhetag

EUROPAS NUMMER EINS

Vor kurzem erst konnte die Talbrücke Froschgrundsee fertig gestellt werden. Lange Zeit beherrschte der Blick auf die beiden aufeinander zuwachsenden Pfeiler dieser größten Eisenbahnbrücke Europas auch die Aussicht auf den Schönstättspeicher, einer Kuriosität des kalten Krieges. Schließlich ragte das Gewässer zu einem Drittel in die DDR hinein. Für das Restaurant allerdings ist der See ein Glücksfall, die Gäste haben auf der Terrasse einen sensationellen Blick auf das See-Brücken-Ensemble, zudem lädt der Wasserspeicher zu allerlei stressfreien Spaziergängen ein.

TIPP: Stallhase

Schrepfersmühle

WWW.SCHREPFERSMUEHLE.DE **GPS: 50°02'20"N / 11°12'31"E**

VIEL SCHÖNER GEHT NIMMER

Einer der Vorzeige-Biergärten der nördlichen Fränkischen Schweiz ist die Schrepfersmühle. Wunderschön in der Natur gelegen, mit eigenem Hof und Tieren. Besonders für Wanderer eine wunderschöne Umgebung. In der Schrepfersmühle gibt es einen Hausbrand aus Unterfranken, der von Frau Labordes Cousin selbst gebrannt wird. Italienisches Ciabatta mit Walnüssen wird direkt vor Ort frisch gebacken, Essen mitbringen ist hier aber auch erlaubt. Die Schrepfersmühle als Gaststätte gibt es seit 2004. Frau Laborde hat die ehemalige Papiermühle mit Wasserkraftwerk gekauft und umgebaut. Der Biergarten befindet sich vor der Mühle direkt am Bachlauf. Familienfeste kann man hier übrigens auch sehr schön feiern.

BIER

Grasser/Huppendorf: Vollbier (vom Fass). Trunk/Vierzehnheiligen: Nothelfertrunk (vom Fass). Püls/Weismain: Weizen (vom Fass), Alkoholfreies.

KÜCHE

Hausmacher Brotzeiten. Täglich mittelgroße Karte mit warmen Gerichten. Spezialitäten: Italienische Nudelgerichte, italienische Vorspeisen mit selbstgebackenem Ciabatta, argentinische Steaks.

PLÄTZE (außen/regensicher)

200/40

ANSCHRIFT

Kleinziegenfelder Tal
96260 Weismain
Tel.: 09575-921212

ÖFFNUNGSZEITEN

Täglich ab 15 Uhr
Dienstag Ruhetag

TIPP: Hingehen und genießen

Selb

ONLINE
AUF WWW.
Bier.BY

Zur grünen Au

WWW.ZUR-AU.DE   GPS: 50°11'32"N / 12°08'44"E

MIT GRILL-HAPPY-HOUR

Hinter dem Gasthaus betritt man einen wunderschönen Biergarten mit Weinranken, einem kleinen Brunnen und schöner Laubenatmosphäre. Kenner entdecken auf den ersten Blick den großen Grill, mit dem Wirtin Rosi Winterling regelmäßig echte Spezialitäten zaubert. Sonntags übrigens ist „Happy Hour", das heißt, es gibt Bier zum Drei-Krüge-Preis, besagtes Grillgut und manchmal Live-Musik. Hier sollte man rechtzeitig da sein, der Termin steht in den meisten Kalendern der Umgebung. Wenn man übrigens zuvor anruft, ist Rosi Winterling flexibel und kocht auch unter der Woche gerne mal ein Mittagessen für hungrige Gäste. Ein Geheimtipp!

BIER

Kulmbacher: Edelherb, Kapuziner Weisse (beides vom Fass), Mönchshof Lager, Mönchshof Landbier, Mönchshof Schwarzbier.

KÜCHE

Fränkische Brotzeiten. Täglich große Karte mit warmen Gerichten. Spezialitäten: Sau vom Spieß, Schnitzel Wiener Art, Pressack, Grillspezialitäten, Schweinshaxen, Riesenhamburger.

PLÄTZE (außen/regensicher)

150/150

ANSCHRIFT

Hauptstraße 45 (Erkersreuth)
95100 Selb
Tel.: 09287-2841

ÖFFNUNGSZEITEN

Täglich ab 16 Uhr
Sa und So ab 10 Uhr
Mittwoch Ruhetag

TIPP: Allgäuer Specktoast

(R) Erkersreuth   DB

Zum Graf'n Klemens

WWW.BIER.BY — GPS: 50°10'12" N / 12°07'40" E

DER FALSCHE GRAF

Wo allerorten in Selb die Gastronomen jammern, hört man hier endlich auch mal zufriedene Worte. Das ist aber auch kein Wunder, der schöne Biergarten hinter dem Traditionshaus lässt einen kaum wieder los, und so verbrachten wir hier auch viel mehr Zeit als geplant. Der Name der Gaststätte von Maria Niedermeier stammt übrigens nicht von einem Blaublütler, ein früherer Besitzer hieß lediglich Klemens Graf; im Volksmun#d ging man eben „zum Graf'n Klemens"...

TIPP: Original bayerische Küche

BIER

Scherdel/Hof: Pils, Weizen (beides vom Fass).

KÜCHE

Bayerische Brotzeiten. Täglich große Karte mit warmen Gerichten. Spezialitäten: Original bayerische Küche, verschiedene Steaks, Wildgerichte.

PLÄTZE (außen/regensicher)

35/35

ANSCHRIFT

Marienstraße 2
95100 Selb
Tel.: 09287-2425

ÖFFNUNGSZEITEN

Do ab 16.30 Uhr
Fr bis So 11.30 bis 13.30 Uhr & 16.30 Uhr
Montag bis Mittwoch Ruhetag

Untreusee Hof

Gaststätte Jahnstube

WWW.JAHNSTUBE-SELB.DE   GPS: 50°09'57"N / 12°07'57"E

EINFACH LIEBENSWERT

Die Erfolgsgeschichte der heutigen Jahnstuben beginnt vor 34 Jahren, als die junge Maria aus Portugal als Spinnereiarbeiterin nach Deutschland kam. Vier Jahre später lernte sie ihren heutigen Mann Michael kennen, dessen Vater die Jahnstuben führte. Elf Jahre später übernahmen die beiden das Lokal und bauten den Biergarten dazu. Seitdem erfreuen sich die Jahnstuben und das liebenswerte Ehepaar stetigen Zuspruchs, es gibt sogar eine Schar regelmäßiger Abo-Gäste, die quasi Vollpension auf Lebenszeit gebucht haben. Maria ist ein Tausendsassa hinter dem Herd, viele Gerichte bereitet sie auch gerne auf Wunsch (wenn die Zutaten vorhanden sind), und natürlich auch ihre portugiesische Küche kommt nicht zu kurz. Mit den beiden Säle stellen die Jahnstuben zudem einen wichtigen Veranstaltungsort für Vereine aus der ganzen Region, so trifft sich zum Beispiel auch der Tanzclub „Heiße Sohle" regelmäßig hier.

BIER

Kulmbacher: Kapuziner Weiße, Mönchshof original (beides vom Fass), Schwarzbier, Kellerbier.

KÜCHE

Fränkische Brotzeiten. Täglich mittelgroße Karte mit warmen Gerichten (Fränkische Hausmannskost mit portugiesischem Einschlag). Spezialitäten: Hausmacher Sülze, Ananas-Schnitzel, Steaks.

PLÄTZE (außen/regensicher)

70/70

ANSCHRIFT

Jahnstraße 35
95100 Selb
Tel.: 09287-2458

ÖFFNUNGSZEITEN

Mo bis Fr 11 bis 13 Uhr & ab 17 Uhr
Sa ab 16 Uhr
So ab 10 Uhr
Kein Ruhetag

TIPP: Hausgemachte Sülze

Symbolerklärung s. vordere Klappe

Bio-Landgasthof Sellanger

WWW.SELLANGER.COM GPS: 50°19'26" N / 11°46'46" E

BIO TOTAL

Der 60jährige Wilfried Benker betreibt seit 1980 den Landgasthof Sellanger und bezeichnet sich gerne als „Mädchen für alles". Damit stapelt er etwas tief, schließlich hat er ein bisher ununterbrochenes Abonnement auf Goldmedaillen beim Wettbewerb Bayerische Küche vorzuweisen und kann sich mittlerweile als einziger voll-zertifizierter Bio-Betrieb in Oberfranken bezeichnen. Diese Genüsse gibt es natürlich auch im liebenswert gestalteten Biergarten, von dem man sowohl das denkmalgeschützte Anwesen als auch einen kleinen Park bestens im Blick hat.

BIER

Scherdel/Hof: Pils, Weissbier, Dunkles (alles vom Fass), Alkoholfreies. Kulmbacher: Kapuziner alkoholfreies Hefeweizen.

KÜCHE

Hausmacher Brotzeiten. Täglich große Karte mit warmen Gerichten. Spezialitäten: Kalbsleber vom Bio-Milchkalb in einer Pfeffer-Balsamico-Sauce, Saiblinge aus eigenen Gewässern, Sellanger Krenfleisch, Fränkisches Scheiterhaufenpfännchen, hausgemachte Pfannensülze, gehobene mediterrane Küche.

PLÄTZE (außen/regensicher)

100/220

ANSCHRIFT

Stauden 1
95152 Selbitz-Sellanger
Tel.: 09280-1003

ÖFFNUNGSZEITEN

Täglich ab 11 Uhr
Kein Ruhetag

TIPP: Cremesüppchen vom Schiefertrüffel

Gasthof Reinwand

WWW.GASTHOF-REINWAND.DE   **GPS: 50°11'15"N / 10°50'33"E**

AN DER BIERPIPELINE

Im schönen altfränkischen Seßlach gibt es eine besondere Biertradition: Im Kommunbrauhaus entsteht das Bier für die Gasthäuser und Hausbrauer, die jeden Fasstag ihre Ration abholen können. Für den Großabnehmer Reinwand wurde eine Pipeline verlegt, durch die der Saft den Weg in die durstigen Kehlen findet. Seit der Gründung 1640 befindet sich das Gasthaus im Familienbesitz. Vor dem Haus auf dem malerischen Maximiliansplatz bilden Biergarnituren einen kleinen gemütlichen Biergarten.

TIPP: Seßlacher Pfannenschnitzel

BIER

Eigene Brauerei: Hausbräu, Bockbier (saisonal) (beides vom Fass). Jever, Sturm´s, Warsteiner: Pils. Spaten: Helles Weizen, Hefeweizen, Kristallweizen. Franziskaner, Erdinger: Hefeweizen.

KÜCHE

Hausmacher Brotzeiten. Täglich mittelgroße Karte mit warmen Gerichten. Spezialitäten: Sülze, Kümmelbraten, Seßlacher Pfannenschnitzel.

PLÄTZE (außen/regensicher)

60/80

ANSCHRIFT

Maximiliansplatz 99
96145 Seßlach
Tel.: 09569-304

ÖFFNUNGSZEITEN

Täglich ab 9 Uhr
Mittwoch Ruhetag

Landgasthof „Roter Ochse"

WWW.ROTER-OCHSE-SESSLACH.DE   GPS: 50°11'14"N / 10°50'33"E

DIE SCHENKSTATT

So nannte man um 1620 den heutigen Roten Ochsen – der Name hat sich geändert, die Nutzung ist geblieben: Das süffige Seßlacher Hausbräu (Kommunbrauerei) lockt Biergenießer aus einem weiten Umfeld an. Highlight im Ochsen: Der Biergarten im Innenhof. Historisches Fachwerk, jede Menge Blumen und Blüten und ein kleiner Spielplatz machen ein Ensemble, das allen Bedürfnissen gerecht wird.

BIER

Seßlacher Kommunbrauhaus: Original Seßlacher Hausbrauerbier (vom Fass). Würzburger Hofbräu: Dunkles (vom Fass). Wernerbräu/Poppenhausen: Pils (vom Fass).

KÜCHE

Hausmacher Brotzeiten und Salatteller. Täglich mittelgroße Karte mit warmen Gerichten. Spezialitäten: Schäuferle, Ente, Rindfleisch mit Meerrettich, saisonale Gerichte.

PLÄTZE (außen/regensicher)

150/75

ANSCHRIFT

Flenderstraße 95
96145 Seßlach
Tel.: 09569-1220

ÖFFNUNGSZEITEN

Täglich 11 bis 14 Uhr & ab 16.30 Uhr
Montag und Donnerstag Ruhetag

TIPP: Ente mit Blaukraut und Coburger Klößen

Restaurant & Café Altstadthof

WWW.ALTSTADT-HOF.DE

GPS: 50°11'13"N / 10°50'30"E

BROTZEIT VOM BAUERNMARKT

Der Altstadthof im Seßlacher Südwesten ist so, wie ein fränkischer Biergarten sein sollte: Rustikal und bunt bepflanzt, nicht zu groß, einfach ein Ort des geselligen Beisammenseins. Inhaber Heinrich Pornschlegel kauft die Brotzeit-Zutaten noch selbst auf dem Bauernmarkt. Vor 15 Jahren hatte er die Wahl – Aussiedlerhof oder Gastronomie. Glücklicherweise wurde der Altstadthof draus. Und Sohn Raphael sorgt als Koch bereits für Kontinuität.

TIPP: Verschiedene fränkische Bräten

BIER
Eller/Birkach am Forst: Helles (vom Fass). Püls/Weismain: Altfränkischer Kellertrunk, Hefeweizen (beides vom Fass). Löwenbräu/München: Alkoholfreies.

KÜCHE
Fränkische Brotzeiten und Salatteller. Täglich große Karte mit warmen Gerichten. Spezialitäten: Fränkische Küche.

PLÄTZE (außen/regensicher)
70/80

ANSCHRIFT
Flenderstraße 39
96145 Seßlach
Tel.: 09569-1432

ÖFFNUNGSZEITEN
Täglich ab 9 Uhr
Dienstag Ruhetag

Symbolerklärung s. vordere Klappe

ONLINE AUF WWW. Bier.BY

Gasthof Pension Reinl

WWW.GASTHOFREINL.DE GPS: 50°01'13"N / 12°01'37"E

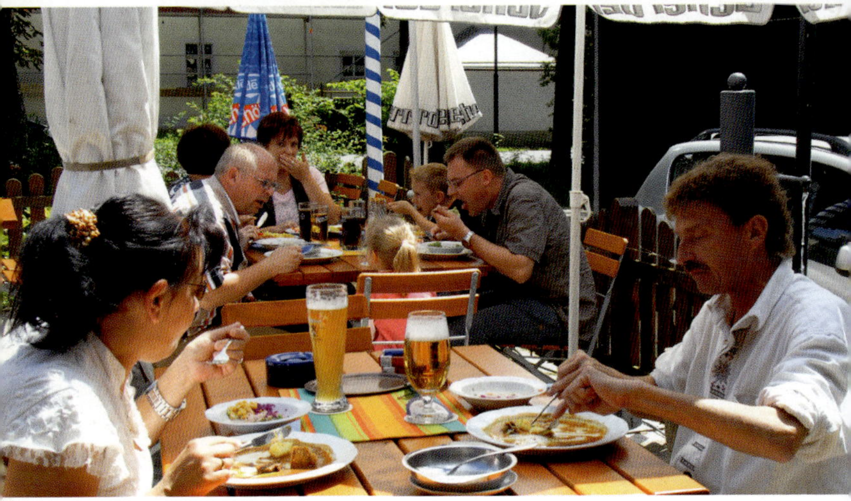

BIER

Scherdel/Hof: Pils (vom Fass). Hönicka/Wunsiedel: Landbier, Weizen (beides vom Fass).

KÜCHE

Hausmacher Brotzeiten. Täglich große Karte mit warmen Gerichten. Spezialitäten: Sauerbraten, frische Forellen, Wildgerichte, Hausmacher Brotzeiten aus eigener Schlachtung.

PLÄTZE (außen/regensicher)

48/150

ANSCHRIFT

Sichersreuth 1
95680 Bad Alexandersbad
Tel.: 09232-2425

ÖFFNUNGSZEITEN

Täglich ab 8 Uhr
Freitag Ruhetag

WANDERN OHNE GEPÄCK

Besonders in Zusammenhang mit dieser Aktion des Tourismusverbandes ist der Reinl gut bekannt. Viele Wanderer übernachten hier und laufen los. Am Zielort wartet dann bereits das Gepäck auf sie. Das Ganze funktioniert natürlich auch andersrum mit der Pension als Endpunkt der Etappen. Der Reinl hat schon gut 100 Jahre auf dem Buckel, seit 1972 konzentriert man sich komplett auf Gastronomie und Übernachtungsgäste. Entgegen dem ersten Augenschein gibt es einen schönen Biergarten im Innenhof.

TIPP: Schweinebraten, Sauerbraten

Bus 7610 Abzw. Sichersreuth, Bad Alexandersbad

DB

Gasthof Schönblick

WWW.GASTHAUS-SCHOENBLICK.DE **GPS: 50°07'51"N / 12°09'55"E**

DER NAME IST PROGRAMM

Vom Gasthof Schönblick aus lässt es sich tatsächlich trefflich in die Ferne schweifen. Der Biergarten lädt richtig dazu ein, unter den Obstbäumen sitzen zu bleiben und einfach nur die entfernten Wälder und Täler bis hinüber zur tschechischen Republik zu betrachten. Die Kenner bezeichnen die Gegend als das „schönste Stück vom Egertal", insbesondere für Wanderer. Das Ehepaar Hans und Helga Meier ist seit einiger Zeit wieder selbst am Ruder.

BIER

Leikeim/Altenkunstadt: Pils (vom Fass), helles Weizen, dunkles Weizen.

KÜCHE

Fränkische Brotzeiten. Täglich kleine Karte mit warmen Gerichten. So und Feiertage Mittagstisch. Spezialitäten: Schnitzel, Schweinerückensteaks, verschiedene Sonntagsbräten.

PLÄTZE (außen/regensicher)

60/70

ANSCHRIFT

Egertalweg 1
95100 Selb-Silberbach
Tel.: 09287-6337

ÖFFNUNGSZEITEN

Täglich ab 11.30 Uhr
So ab 10 Uhr
Dienstag Ruhetag

TIPP: Hausgemachter Pressack

Biergarten „Zum Bräuhof"

DER LICHTBLICK

Biergartentechnisch (und leider nicht nur biergartentechnisch) ist die Gegend um Sonnefeld nicht wirklich gut aufgestellt. Und doch haben wir ein echtes Highlight gefunden: Den goldenen Löwen. Es wird zwar leider kein eigenes Bier mehr gebraut (auch hier hat der große Nachbar schon zugeschlagen), aber dafür kümmert sich das Team von Hans Bauersachs liebevoll um seine Gäste. Der wunderschöne Biergarten lässt einen förmlich nicht mehr los, und auch die alten Steingewölbe im Inneren des Hauses sollte man gesehen haben.

BIER

Kulmbacher: Mönchshof Pils, Mönchshof Kellerbier, Kapuziner Hefeweizen (alles vom Fass), Leichtes, Kloster Schwarzbier, Leichtes Weizen, Alkoholfreies.

KÜCHE

Hausmacher Brotzeiten. Täglich mittelgroße Karte mit warmen Gerichten. Spezialitäten: Hausgemachte Sülze, Bräuerbrotzeit, Sauerbraten, grillte Schweinshaxe.

PLÄTZE (außen/regensicher)

120/180

ANSCHRIFT

Thüringer Straße 2
96242 Sonnefeld
Tel.: 09562-8921

ÖFFNUNGSZEITEN

Täglich ab 8 Uhr
Biergarten bei schönem Wetter ab 16 Uhr geöffnet
Donnerstag Ruhetag

TIPP: Bräuerbrotzeit

Staffelberg Klause

WWW.BIER.BY   GPS: 50°06'15" N / 11°03'12" E

VOM EINSIEDLERHOF ZUR WANDERERKLAUSE

Früher ein abgeschiedener Einsiedlerhof, hat sich mit der Staffelberg Klause ein echter Geheimtipp für Wanderer und Ausflügler entwickelt, gerade auch Familien mit Kindern kommen gerne hierher. Und das nicht zuletzt wegen des Spielplatzes, der angrenzenden großen Wiese und der Ruhe drumherum. Zudem hat man einen herrlichen Ausblick über den Staffelberg.

BIER

St. Georgen Bräu/Buttenheim: Pils, Kellerbier (vom Fass). Staffelbergbräu/Loffeld: Hefeweizen. Löwenbräu/München: Alkoholfreies. Maisel/Bayreuth: Alkoholfreies Weizen.

KÜCHE

Fränkische Brotzeiten. Täglich kleine Karte mit warmen Gerichten. Spezialitäten: Kasslerrippchen, Bratwürste, Ziebeleskäs.

PLÄTZE (außen/regensicher)

500/300

ANSCHRIFT

Auf dem Staffelberg
96231 Bad Staffelstein
Tel.: 09573-5437

ÖFFNUNGSZEITEN

Apr. bis Ende Okt.
Täglich ab 10 Uhr
Dienstag Ruhetag

TIPP: Selbstgebackene Kuchen

Stegaurach

Landgasthof Windfelder am See

WWW.WINDFELDERAMSEE.DE   **GPS: 49°51'44"N / 10°50'36"E**

BIER

Hausbräu/Stegaurach: Lager, dunkles Weizen (beides vom Fass). Schloßbrauerei/Reckendorf: Pils, Weizen (beides vom Fass).

KÜCHE

Fränkische Brotzeiten. Täglich große Karte mit warmen Gerichten. Spezialitäten: Windfelder Cordon Bleu, gebratener Waller, Karpfen aus eigener Zucht (saisonal).

PLÄTZE (außen/regensicher)

250/140

ANSCHRIFT

Hartlandener Straße 13
96135 Stegaurach
Tel.: 0951-9922750

ÖFFNUNGSZEITEN

Mo, Di und Fr 11 bis 14 Uhr und ab 17 Uhr
Do ab 17 Uhr
Sa und So ab 11 Uhr
Mittwoch Ruhetag

DIE KIRCHE IST WIEDER IM DORF

Seit Anfang der 1990er versuchte man sich beim Windfelder eher auf die Haute Cuisine, allerdings nur mit bedingtem Erfolg. Deswegen haben nun die Inhaber in Person von Tochter Stefanie mit Ehemann Christopher Meinecke wieder selbst das Ruder in die Hand genommen. Mit viel Engagement und Mut zu großen baulichen Veränderungen haben sie ein echtes Biergarten-Juwel erschaffen. Dort, wo früher die Karpfen ihre Runden drehten, befindet sich ein wunderschöner lauschiger Garten im Schatten von großen Kastanien und Trauerweiden (und um einen geweihten Brunnen, der aus den Steinen der ehemaligen Dorfkirche entstanden ist). Die Fische sind natürlich auch noch da, allerdings ein paar Meter weiter vom Gasthof weg, der Blick auf den See ist einmalig. Besonders gut ist natürlich gerade der fangfrische Fisch, für den die Gäste bis aus Heidelberg und München anreisen. Donnerstags gibt's Forelle, Makrele und Hering sogar vom Holzkohlengrill. Der Windfelder ist übrigens auch ein echter Tipp für Festlichkeiten aller Art: In dem Saal der über 500jährigen Traditionsgaststätte und ehemaligen Brauerei können sogar die Cheerleader ihre Pyramiden bauen.

TIPP: Karpfen aus eigener Zucht

Bus 912, 989 Stegaurach Kirche

Bauernhannla

WWW.BAUERNHANNLA.DE

GPS: 50°16'37"N / 11°22'24" E

BIER

Kulmbacher Brauerei: Kapuziner Weizen, Mönchshof Pils, Mönchshof Kellerbier, Kloster Schwarzbier (alles vom Fass), Mönchshof Alkohol- freies, Bockbier (saisonal), Festbier (saisonal). Kaiserhof/Kronach: Schmäusbräu, Kaiserpils (beides vom Fass), Bockbier (saisonal), Festbier (saisonal).

KÜCHE

Fränkische Brotzeiten. Täglich große Karte mit warmen Gerichten. Spezia- litäten: Fränkische Küche und deftige Brotzeiten.

DEN FRANKENWALD IM BLICK

Über 40 km Weitsicht bieten den Bierkeller- Besuchern einen einmaligen Ausblick in den Frankenwald. Doch muss der auch verdient werden - so mancher kommt beim Aufstieg ganz schön ins Schwitzen. Allerdings sind ja ge- nug Durstlöscher vorhanden... Unmittelbar an dem urigen Gasthof beginnen übrigens mehre- re Wanderwege - so kann man den Gehalt der üppigen deftigen Brotzeiten gleich wieder in zu Fuß erlebten Frankenwald umsetzen.

PLÄTZE (außen/regensicher)

200/160

ANSCHRIFT

Eichenbühl 82
96352 Wilhelmsthal-Steinberg
Tel.: 09260-9639399

ÖFFNUNGSZEITEN

Täglich ab 11.30 Uhr
So und Feiertage ab 9.30 Uhr
Dienstag Ruhetag

TIPP: Bauerngeräuchertes

Symbolerklärung s. vordere Klappe

Hübner Bräu

WWW.HUEBNER-BRAEU.DE   GPS: 49°58'41"N / 11°09'16" E

AM ANFANG WAR DAS BIER...

...drum trinken wir es hier. So oder so ähnlich werden wohl schon viele gedacht haben. Liegt der Hübner-Keller doch nicht nur knappe 100 Meter von der Wiesent-Quelle entfernt – er ist auch schon Ursprung so manchen ordentlichen Rausches gewesen. Hier wird man einfach sitzen bleiben – einerseits, weil man sich erst einige Stufen bergan kämpfen muss, andererseits, weil es sich auf dem Rasen unter den Bäumen einfach wunderschön verweilen lässt. Besonders sitzfest ist man nach dem Genuss einer der üppigen Brotzeiten. Die meisten kommen allerdings nach wie vor wegen des kühlen Nass, wie ein Zitat eines Besuchers unzweifelhaft dokumentiert: „Ich weiß net. Aber immer, wenn i amol ofang, konni nümmer aufhörn. Dann werd i immer ganz BLÖD."

BIER

Eigene Brauerei: Dunkles Vollbier (vom Fass).

KÜCHE

Hausmacher Brotzeiten. Täglich kleine Karte mit warmen Gerichten. Spezialitäten: Hausmacher Platte, Sülze, Bratwürste, Stadtwurst mit Kraut, Hähnchen (Mi), Pizza (Fr).

PLÄTZE (außen/regensicher)

160/110

ANSCHRIFT

Steinfeld 69
96187 Stadelhofen-Steinfeld
Tel.: 09207-259

ÖFFNUNGSZEITEN

Täglich ab 9 Uhr
Donnerstag Ruhetag

TIPP: Hausmacher Platte

 969 Untersteinfeld, Stadelhofen

Lindners Brauereigasthof

WWW.GASTHOF-LINDNER.DE   GPS: 49°58'41" N / 11°09'27" E

DAS BIER FLIESST WEITER

Obwohl die Brauerei des Hauses 1955 nach 200-jähriger Brautradition abgerissen wurde, lässt man weiterhin das Bier nach den alten Rezepten brauen. Selbst Alteingesessene haben den Bruch geschmacklich kaum bemerkt. Sehr viel mehr wahrgenommen wird die gute Küche von Chef Herbert Lindner, gelernter Metzger und Koch, der sich mittlerweile einen wirklich guten Ruf erworben hat (bis hin zu Kuchen und Eisbechern).

BIER

Eigenes Bier: Lager, Pils, Weizen (alles vom Fass).

KÜCHE

Hausmacher Brotzeiten. Täglich große Karte mit warmen Gerichten. Spezialitäten: Cordon Bleu, Schäuferla, Pizza, Haxen.

PLÄTZE (außen/regensicher)

150/300

ANSCHRIFT

Steinfeld 56
96187 Stadelhofen
Tel.: 09207-275

ÖFFNUNGSZEITEN

Täglich ab 11.30 Uhr
Montag Ruhetag

TIPP: Cordon Bleu

969 Untersteinfeld, Stadelhofen   Bus

Symbolerklärung s. vordere Klappe

Einkehr zur Maut

VON BAR UND KIOSK ZUM BIERGARTEN

Nach eigenen Worten kam Karoline Gnauck zum Biergarten wie die oft bemühte Jungfrau zum Kind. Ursprünglich nämlich betrieb sie eine Bar im weit entfernten Reit im Winkl. Doch als ihr Freund ins elterliche Steinwiesen ziehen musste, kam sie einfach mit. Der gute Ruf eilte der jungen Dame voraus, weswegen Gampertbräu anfragte, ob Karoline den örtlichen leerstehenden Biergarten übernehmen würde. Die Antwort war klar, nun hat der kleine Ort an der Ködeltalsperre eine Attraktion mehr. Schließlich verfügt das Mauthaus auch über eine eigene Hüpfburg und einen kleinen Streichelzoo mit Ziegen und Hasen.

BIER

Gampertbräu/Weissenbrunn: Pils (vom Fass), Weizen, dunkles Weizen, dunkles Bier. Maisel/Bayreuth: Leichtes Weizen.

KÜCHE

Fränkische Brotzeiten. Täglich mittelgroße Karte mit warmen Gerichten. Spezialitäten: Schwabenpfännla, Bergschnitzel, Pressack.

PLÄTZE (außen/regensicher)

250/70

ANSCHRIFT

Mauthaus 1
96349 Steinwiesen
Tel.: 09267-1555

ÖFFNUNGSZEITEN

Täglich ab 10 Uhr
Kein Ruhetag

TIPP: Weißer Käse

Roppelt's Keller

WWW.BRAUEREI-ROPPELT.DE

GPS: 49°45'20"N / 10°56'50"E

TOP-TIPP für Familien mehr S. 12

FAMILIENIDYLL AM WALDRAND

Idyllisch am Waldrand gelegen, bietet der Roppelts Keller ein Rundumsorglospaket für Familien mit Bieraffinität. Schließlich gibt es hier - und nur hier - das urige Kellerbier und einen traumhaften Abenteuerspielplatz mit Kinderstammtisch. Und weil man auch nicht den Kreuzberg erklimmen muss, kommen auch die kurzatmigeren Wanderer zu einem Leckerschluck nebst guter Brotzeit.

BIER

Eigene Brauerei: Keller, Weizen (beides vom Fass).

KÜCHE

Hausmacher Brotzeiten. Täglich kleine Karte mit warmen Gerichten. Spezialitäten: Haxen, Salzknöchla, Bohnenkerne, Hackepeter.

PLÄTZE (außen/regensicher)

600/150

ANSCHRIFT

Stiebarlimbach 9
91352 Hallerndorf
Tel.: 09195-7263

ÖFFNUNGSZEITEN

Fr bis Di ab 11 Uhr
Mi und Do ab 15.30 Uhr
Kein Ruhetag
Bei schlechtem Wetter geschlossen

TIPP: Rauchfleisch mit Bohnenkernen

Symbolerklärung s. vordere Klappe

Gastwirtschaft Hopf

WWW.GASTWIRTSCHAFT-HOPF.DE　　　　**GPS: 49°45'49"N / 10°47'44"E**

BIER

Kaiserdom/Bamberg: Pils, Altbier, Hefeweizen (alles vom Fass). Schneider/Kelheim: Weiße. Schlenkerla/Bamberg: Rauchbier. Spezial/Bamberg: Rauchbier. Warsteiner: Pils.

KÜCHE

Hausmacher Brotzeiten. Täglich große Karte mit warmen Gerichten. Spezialitäten: Schäuferla, Rippla, Kesselfleisch, Wildgerichte, Karpfen (saisonal), Hausmacher Pressack.

PLÄTZE (außen/regensicher)

200/200

ANSCHRIFT

Stolzenroth 20
96178 Pommersfelden
Tel.: 09548-286

ÖFFNUNGSZEITEN

Mi und Fr ab 17 Uhr
Sa, So und Feiertage ab 11 Uhr
Montag, Dienstag und Donnerstag
Ruhetag

DAS UNIKAT

Die Traditionsgastwirtschaft Hopf war bei unseren jahrelangen Recherchen die einzige, die sich das Bamberger Kaiserdom-Bier auf die Fahnen geschrieben hat. Doch auch in kulinarischer Hinsicht hat Herbert Hopf, der die fünfte Generation vertritt, einiges zu bieten: Eigene Karpfen-, Enten- und Gänsezucht, Wild aus eigener Jagd und alle zwei Wochen Kesselfleisch, Schälrippla und Knöchla (mittwochs). Unter den früheren Besitzern (Familie Marr) stellte das Haus sogar ab 1787 eine eigene Brauerei und Brennerei, die aber Ende des 19. Jahrhunderts eingestellt wurden.

TIPP: Gänsebrust

Das Europa-Bier kommt aus Trabelsdorf

Vorzeige-Brauer Andreas Gänstaller hat sich ja nun schon seit längerem einen Namen in der Brauerszene gemacht, nicht zuletzt wegen seiner vielen Starkbier-Kreationen, aber auch wegen des süffigen Kellerbieres und vor allem des Zoigl, das man am besten am Dienstag Abend in der hauseigenen Zoigl-Stube in Trabelsdorf verkosten kann.

Nach vielen internationalen Top-Rankings sind Kollegen aus der ganzen Welt auf das kleine Brauhaus in Trabelsdorf aufmerksam geworden, darunter auch der Schwede Håge Wiktorsson von der Närke Brauerei aus Örebro (www.kulturbryggeri.se) und Menno Olivier von der belgischen Brauerei De Molen (www.brouwerijdemolen.nl). Die beiden hatten bereits schon einmal einen gemeinsamen Sud gebraut und beschlossen nun, mit Hopfen und Getreide im Gepäck nach Oberfranken zu kommen, um hier gemeinsam mit Andreas Gänstaller ein ganz besonderes Bierchen mit dem Namen Elevator einzubrauen.

Dieser spezielle Doppelbock zeichnet sich vor allem durch seinen besonderen Geschmack aus, weil die drei für den exklusiven Gerstensaft jede Menge Hopfen, darunter vor allem verschiedene amerikanische Aromahopfensorten, verwendet haben. Am Ende des Brauvorgangs gaben sie sogar nochmal eine Extra-Ladung der Bierwürze aus dem Nonnengarten zu, was dem Bier ein in Deutschland nahezu unbekanntes Aroma verleiht. Insgesamt 1.700 Liter des Elevators waren das Ergebnis dieses gemeinsamen Brauprojektes, allerdings hatten die Bierfans im Internet bereits die dreifache Menge geordert. Sie sehen: Ein Besuch in Trabelsdorf lohnt immer - tragen Sie sich den Dienstag Abend dick im Kalender ein!

Symbolerklärung s. vordere Klappe

Hotel Gasthof Schwarzer Adler

WWW.HOTEL-SCHWARZER-ADLER.EU GPS: 49°48'26"N / 11°13'19"E

BIER

Leikeim/Altenkunstadt: Pils, Keller, Weizen (alles vom Fass), Alkoholfreies. Krug/Breitenlesau: Dunkles (vom Fass). Maisel/Bayreuth: Leichtes Weizen, alkoholfreies Weizen.

KÜCHE

Fränkische Brotzeiten. Täglich mittelgroße Karte mit warmen Gerichten. Spezialitäten: Schäuferla, Fischgerichte, vegetarische Gerichte, feurige Nudeln, Käsespätzle.

PLÄTZE (außen/regensicher)

120/100

ANSCHRIFT

Dorfplatz 7
91346 Wiesenttal-Streitberg
Tel.: 09196-929490

ÖFFNUNGSZEITEN

Täglich ab 11.30 Uhr
Bei schönem Wetter immer geöffnet

DAS URGESTEIN

Der Schwarze Adler in Streitberg ist mit über 500 Jahren einer der ältesten Gasthöfe der Fränkischen Schweiz – er ist zurückdatiert bis 1507. Der Biergarten des Gasthofs ist zudem angeblich der älteste der Fränkischen Schweiz und liegt direkt am Aufgang zur Binghöhle. Seit einigen Jahren erstrahlt das gesamte Anwesen dank kompletter Renovierung in neuem alten Glanz.

TIPP: Hausgebackene Kuchen

Bus 389 Streitberg B470, Wiesenttal

Schwanenbräu-Keller

WWW.BIER.BY   GPS: 49°51'04" N / 10°58'29" E

VATERTAG IM WALD

Der Schwanenbräu-Keller ist insbesondere ein Highlight für Naturfreaks, am Waldrand gelegen und Ausgangspunkt für zahlreiche Spaziermöglichkeiten durch die grüne Lunge. Sehr lohnenswert für alle Väter und solche, die es werden wollen (oder ohne Wollen wurden): Am Herrentag gibt's exzellentes Schäuferla und knusprige Haxen. Aber auch an den anderen Tagen kann man es sich schmecken lassen, freitags zum Beispiel sind immer marinierte Heringe angesagt.

TIPP: Knoblauchbaguette

BIER

Löwenbräu/Buttenheim: Lager (vom Fass), Pils, Weizen, Leichtes. Löwenbräu/München: Alkoholfreies.

KÜCHE

Fränkische Brotzeiten. Täglich kleine Karte mit warmen Gerichten. Am Herrentag Haxen und Schäuferla. Spezialitäten: Currywurst, Pizzabaguette, marinierte Heringe (Fr).

PLÄTZE (außen/regensicher)

300/80

ANSCHRIFT

Kellerberg 9
96129 Strullendorf
Tel.: 09543-41278

ÖFFNUNGSZEITEN

Täglich ab 11 Uhr
So und Feiertage ab 10 Uhr
1. Mai und Herrentag ab 9 Uhr

Brauerei-Gasthof Dinkel

WWW.DINKEL-STUBLANG.DE　　　　　**GPS: 50°04'40"N / 11°02'52"E**

BEI DINKEL IS GUT DUNKELN

Hier im Landkreis Lichtenfels ballt sich die fränkische Genusswelt. Bei Küchenchef Jürgen und Braumeister Hubert Dinkel wird nichts dem Zufall überlassen. Das leckere dunkle Lager aus der eigenen Brauerei wäre alleine schon eine Anreise wert, doch auch die hausmacher Brotzeiten aus eigener Schlachtung lassen keine Wünsche offen. Trotzdem ist der Brauereigasthof mit lediglich 40 Jahren eher ein Neuling in der Branche - wir sagen Prost!

BIER

Eigene Brauerei: Dunkles Lager (vom Fass). Restliche angebotene Biersorten variieren.

KÜCHE

Hausmacher Brotzeiten. Täglich große Karte mit warmen Gerichten. Spezialitäten: Haxen, Schäuferla, Chilisteak, hausmacher Platte, frische Schlachteplatte (jeden Do).

PLÄTZE (außen/regensicher)

30/230

ANSCHRIFT

Frauendorfer Straße 18
96231 Bad Staffelstein-Stublang
Tel.: 09573-6424

ÖFFNUNGSZEITEN

Täglich ab 9 Uhr
Mittwoch Ruhetag

TIPP: Dunkles Lager

Brauerei Gasthof Hennemann

WWW.GASTHOF-HENNEMANN.DE　　　　GPS: 50°04'40" N / 11°02'38" E

BIER-SCHLOSS IM GRÜNEN

Willkommen im Mekka für traditionsbewusste Franken! Dies dürfte eine der letzten Brauereien sein, die noch komplett von Hand betrieben und mit Holz befeuert wird. Noch dazu wird selbst geschlachtet, gejagt und Holzofenbrot gebacken - Frankenherz, was willst Du mehr? Wer das alles nicht nur erleben, sondern vor Ort auch noch nachvollziehen will, kann sich entweder auf der im Restaurant hängenden Ahnentafel oder bei Peter Hennemann persönlich informieren.

TIPP: Pökelzunge

BIER

Eigene Bauerei: Schwarzbier, Bernstein, Hefeweißbier (alles vom Fass). Verschiedene Brauereien: Alkoholfreies.

KÜCHE

Hausmacher Brotzeiten. Täglich große Karte mit warmen Gerichten. Spezialitäten: Grillteller, Bauernschnitzel, Pfefferhaxe, Pökelzunge.

PLÄTZE (außen/regensicher)

70/120

ANSCHRIFT

Am Dorfbrunnen 13
96231 Bad Staffelstein-Stublang
Tel.: 09573-96100

ÖFFNUNGSZEITEN

Täglich ab 10.30 Uhr
Montag Ruhetag

40 Jahre Wildpark Schloss Tambach

TOP-TIPP für Familien
mehr S. 12

WWW.WILDPARK-TAMBACH.DE

Der Wildpark Schloss Tambach ist in Franken für die ganze Familie eines der begehrtesten Ausflugsziele. 1970 wurde der Wildpark feierlich eröffnet. Damals umfasste der Park 5 ha mit 30 – 40 Tieren, bestehend aus Rot- Dam- und Schwarzwild (Wildschweinen). 1992 wurde der Bay. Jagdfalkenhof integriert.

Heute zählt der Park mit 50 ha und jährlich bis zu 100.000 Besuchern zu den wichtigsten Freizeit- und Tourismusmagneten in der Region. In Tambach haben über 250 heimische Wildtiere und Greifvögel, wie Hirsche, Elche, Wildschweine, Wisente, Muffelwild, Adler, Schneeeule, Falke und Geier ihre Heimat gefunden. Wolf, Luchs und Wildkatze sind die jüngsten Bewohner der weitläufigen englischen, ehemaligen Schlossparkanlage.

Für Spannung eines jeden Besuchers sorgen die in der Hauptsaison täglich stattfindenden Flugvorführungen.

Als Lernort Natur leistet der Wildpark einen wichtigen pädagogischen Beitrag zum Verständnis von Wald und Wild und wird daher von zahlreichen Schulklassen aus Bayern und Thüringen in den Unterricht als Ausflugsziel integriert. Die kostenlose Exkursion mit unseren Tierpflegern gibt zudem jedem Besucher einen spannenden Einblick in die Welt der Wildtiere. Der Wildpark ist immer ein Erlebnis!

Unseren **Familien-Kompass** finden Sie auf den Seiten **12 bis 15**

Flugshow des Bayerischen Jagdfalkenhofes und Exkursion mit dem Tierpfleger sind im Eintrittspreis enthalten.

Im Jubiläumsjahr 2010 begrüßt der Wildpark eine weitere Tierart, den Fischotter. Derzeit wird das aufwendige Gehege mit Bachlauf errichtet. Der Fischotter ist ein an das Wasserleben angepasster Marder und zählt zu den besten Schwimmern unter den Landraubtieren.

Neu eingeführt wird zudem im Jubiläumsjahr die Patenschaft für ein Tier, so dass der Besucher z.B. seinen eigenen Elch oder Luchs besuchen kann.

Info rund um den Park

Öffnungszeiten 8 bis 18 Uhr ganzjährig, Lage: direkt an der B 303, 7 km westlich von Coburg Kontakt: Tel. 09567 9229 15   www.wildpark-tambach.de

Flugvorführungen:
März - Oktober tägl.11 u.15 Uhr,
ab 1.5. sonn- u. feiertags zusätzl. 17 Uhr,
August - Mitte September (Bayer. Sommerferien) täglich 11, 15 und 17 Uhr;

Fütterungstour mit dem Tierpfleger:
tägl. 10.00 und 13.30 Uhr

Weitere Attraktionen:
Riesen-Trampolin, großer Spielplatz, Ponyreiten, gemütlicher Biergarten mit hausgemachten Wildspezialitäten und Grillplatz;

WILD

40 Jahre
WILDPARK
SCHLOSS TAMBACH
www.wildpark-tambach.de

Symbolerklärung s. vordere Klappe

Rangabauer

WWW.RANGABAUER.DE   **GPS: 50°05'14" N / 11°29'33" E**

DER BIO-BAUER-BIERGARTEN

Zugegeben, er ist nicht leicht aufzuspüren, der Rangabauer. Ist der Gast jedoch erst einmal östlich von Kulmbach im winzigen Tennach angekommen, findet er sich in einer quasi perfekten Bio-Welt wieder. Von den aus eigener Landwirtschaft produzierten Speisen bis hin zu den vielen verschiedenen Bio-Biersorten ist wirklich alles geboten. Auch der Chef – Dietrich Eschenbacher - taucht hin und wieder am Tisch auf und scheut nicht davor zurück, interessierten Gästen mehr Auskünfte über seinen Betrieb zu liefern. Wer gar nicht genug bekommen kann, der darf sich gerne im hauseigenen Bio-Laden einige der Spezialitäten für zu Hause einkaufen.

BIER

Maisel/Bayreuth: Bio Weisse, Weissbier, Leichtes, Alkoholfreies. Haberstumpf/Trebgast: Öko-Zwickl, Öko-Pils, Öko-Dunkel.

KÜCHE

Hausmacher Brotzeiten. Täglich kleine Karte mit warmen Gerichten. Spezialitäten: Bratkartoffelkarte, Siedwürste, Bauernblechkuchen.

PLÄTZE (außen/regensicher)

100/90

ANSCHRIFT

Tennach 3
95361 Ködnitz
Tel.: 09221-5245

ÖFFNUNGSZEITEN

Mo bis Fr ab 16 Uhr
Sa ab 14 Uhr
So und Feiertage ab 12 Uhr
(nach Absprache auch außerhalb dieser Zeiten geöffnet)

TIPP: Bio-Hausmacher und Maisel Bio Weisse

Waldgaststätte Steinhaus

WWW.STEINHAUS-GASTHAUS.DE GPS: 50°05'26"N / 12°10'23"E

BIO BIO

Das Steinhaus ist ein Vorzeigebetrieb und zwar in jeder Hinsicht. Mit viel Liebe führt Beate Wolf die Gaststätte, die 1991 komplett auf biologische Landwirtschaft umgestellt wurde. Mit im Haus die Tierarztpraxis ihres Mannes, um die Ecke eine Fatima-Gebetskapelle und drumrum ein wunderschöner Blick auf die Umgebung. Nicht nur Bio-Fans pilgern regelmäßig zu Beate Wolf, aber insbesondere die kommen auf ihre Kosten: Neben dem guten Lammsbräu-Bier ist auch die feste Nahrung komplett Bio. Die hausgemachte Wurst gibt's außerdem auch zum Mitnehmen. Ein Genuss auch das selbstgebackene Roggenholzofenbrot. Sonntags kocht Beate Wolf zudem feine Bräten, unter anderem Damwild aus eigener Zucht. Ein Liebhaber-Biergarten der ganz biosonderen Art!

TIPP: Steinhausteller (Pressack, Geräuchertes, Käse)

BIER

Lammsbräu/Neumarkt: Pils, Urstoff, Dunkel, Hefeweizen, Radler, leichtes Schankbier.

KÜCHE

Hausmacher Bio-Brotzeiten. Täglich kleine Karte mit warmen Gerichten. Spezialitäten: Sonntag mittag Bio-Bräten (Schweine-, Sauer- oder Damwildbraten) auf Vorbestellung, Geräuchertes vom Damhirsch oder vom Schwein.

PLÄTZE (außen/regensicher)

80/60

ANSCHRIFT

Steinhaus 1
95707 Thiersheim
Tel.: 09233-1633

ÖFFNUNGSZEITEN

Täglich ab 14 Uhr
Dienstag Ruhetag

Symbolerklärung s. vordere Klappe

Gasthof Seitz - Elch Bräu

WWW.GASTHOF-SEITZ.DE　　　　**GPS: 49°41'14" N / 11°14'58" E**

BIER

Eigene Brauerei: Dunkles, Pils (beides vom Fass). Lindenbräu/Gräfenberg: Weizen.

KÜCHE

Fränkische Brotzeiten. Täglich große Karte mit warmen Gerichten. Spezialitäten: Baggers mit Apfelmus, Rehbraten, Schweinsbraten, lebend-frische Forellen und Karpfen.

PLÄTZE (außen/regensicher)

200/90

ANSCHRIFT

Thuisbrunn 11
91322 Gräfenberg
Tel.: 09197-221

ÖFFNUNGSZEITEN

Fr bis Di ab 9 Uhr
Mo 9 bis 14 Uhr
Mittwoch und Donnerstag Ruhetag

SCHLANK WERDEN MIT ELCH BRÄU

Eine nicht ganz ernst zu nehmende Diätidee bietet Georg Kugler seinen Besuchern. Seiner Meinung nach muss der Körper nämlich die zugeführte Nahrung erst einmal auf Körperwärme bringen, um nicht abzukühlen. Die Erwärmung von einem halben Liter Bier von 0 Grad auf Körpertemperatur kostet 17.500 Kalorien (!), das sind fast zwei Kilogramm reines Fett. Die einfachste Methode also zum Abnehmen: Kaltes Bier! Übrigens: Das ist für Kugler auch der Grund, warum man zum Schweinebraten (der in der Regel wärmer ist als der Körper) einfach nur ein kühles Bier trinken muss, um nicht zuzunehmen ...

TIPP: Ein Foto mit dem Elch (Gaststube) machen

Brauerei Hönig (Zur Post)

WWW.BRAUEREI-HOENIG.DE   GPS: 49°55'05" N / 11°04'32" E

LETZTE CHANCE AUF BIER VOR DER ULTIMATIVEN BERGETAPPE

Bei solcher War, des is ka Wunner, a jeder geht zum Hönigs Kunner!". Diese Volksweisheit haben viele Franken bereits mit der Muttermilch aufgesogen – fast unverändert gibt es das markante Bier vom Fass seit mehr als einem Viertel Jahrtausend. Bis 1911 Übernachtungsstation für die Postkutscher aus Bamberg, war der Keller auch in den 60er Jahren am Brennpunkt der überregional bekannten Auto- und Motorradrennen am Tiefenellerner Berg. Damals kostete der Ochse selbst zur Kirchweih noch 3,50 DM. Heutzutage ist der Anstieg zumindest eine Herausforderung für Radfahrer, sowohl vor als auch nach dem Genuss des Bieres.

BIER

Eigene Brauerei: Pils, Lager, Weizen (alles vom Fass), Rauchbier. Werner/Poppenhausen: Alkoholfreies.

KÜCHE

Hausmacher Brotzeiten. So und Feiertage Mittagstisch. Spezialitäten: Roher Schinken, Dosenfleisch, Rindfleisch (So).

PLÄTZE (außen/regensicher)

370/150

ANSCHRIFT

Ellerbergstraße 15
96123 Litzendorf-Tiefenellern
Tel.: 09505-391

ÖFFNUNGSZEITEN

Täglich ab 10 Uhr
Donnerstag Ruhetag

TIPP: Rindfleisch (So)

Brauerei Haberstumpf

WWW.BIER-ERLEBEN.DE

GPS: 50°04'21" N / 11°32'43" E

BRAUEREI MIT GRILL

Echt zünftig geht's zu beim Haberstumpf in Trebgast. Wer hier etwas essen will darf es sich selbst mitbringen oder bei Bäcker und Metzger vor Ort holen. Mit Voranmeldung wird auch mal ein großer Grill aufgestellt. Im Mittelpunkt steht hier ganz klar die flüssige Nahrungsaufnahme. Mit ihrem Zwickl und Bio-Bier ist die Brauerei weit über die Grenzen Kulmbachs bekannt und überzeugt vor Ort auch durch ihren Bräugeist (Doppelbockbrand) und den leckeren Bierlikör. Etwas ganz Besonderes ist der Bockbieranstich am zweiten Samstag im November. Im wunderschönen Bräustadl findet dann ein unvergessliches Ereignis fränkischer Bierkultur statt, bei dem neben dem klassischen Anstich ironisch und hübsch derb über regionale und nationale Politik hergezogen wird („Böckschieß'n"). Wer hier dabei sein will, sollte jedoch schon einige Monate vorher einen Platz reservieren!

BIER

Eigene Brauerei: Bio-Bier, Zwickl (vom Fass).

KÜCHE

Brotzeiten müssen mitgebracht werden. (Bäcker und Metzger im Ort) Grill wird auf Anfrage zur Verfügung gestellt.

PLÄTZE (außen/regensicher)

50/25

ANSCHRIFT

Bergstraße 31
95367 Trebgast
Tel.: 09227-351

ÖFFNUNGSZEITEN

Mo bis Fr ab 17 Uhr
Sa 9 bis 13 Uhr
Ende Apr. bis Ende Aug.
So ab 16 Uhr Biergartenbetrieb
Anf. Sep. bis Ende Apr. Sonntag
Ruhetag

TIPP: Frisches Bio-Zwickl

DB

Symbolerklärung s. vordere Klappe

Landgasthof Friedrich

WWW.LANDGASTHOF-FRIEDRICH.DE   **GPS: 50°04'07"N / 11°33'05"E**

MEHR HAUSMACHER GEHT NICHT

Der Landgasthof Friedrich in Trebgast bietet eine sehr geschmackvolle Kombination – zugleich Metzgerei, Gasthof und Biergarten. Sogar geschlachtet wird hier noch selbst. Frischer kommt die Mahlzeit also nur selten auf den Tisch – und das schmeckt man auch. Hinter dem denkmalgeschützten Gasthaus befindet sich ein schnuckeliger kleiner Biergarten, der schön schattig auch an heißen Sommertagen zum Verweilen einlädt. Eine kleines Wasserrad sorgt hier für entspannendes Plätschern im Hintergrund. Durch den kleinen feinen Spielplatz können die Kinder immer im Auge behalten werden. Für Sonnenanbeter bieten sich eher die Tische vor der Wirtschaft an. Zur Brotzeit sollte natürlich der Genuss eines Haberstumpf-Bieres nicht ausgelassen werden, das nur wenige hundert Meter entfernt gebraut wird.

BIER

Haberstumpf/Trebgast: Helles (vom Fass), Pils. Kulmbacher: Mönchshof Pils, Kapuziner Weißbier (beides vom Fass), Mönchshof Kellerbier, Mönchshof Schwarzbier, Kulmbacher Alkoholfreies.

KÜCHE

Hausmacher Brotzeiten. Täglich große Karte mit warmen Gerichten. Spezialitäten: Kalte Bratenplatte, Bauernschmaus, Wildererpfännchen.

PLÄTZE (außen/regensicher)

90/150

ANSCHRIFT

Kulmbacher Straße 2
95367 Trebgast
Tel.: 09227-94150

ÖFFNUNGSZEITEN

Täglich ab 10 Uhr
Montag Ruhetag

TIPP: Bauernschmaus

Symbolerklärung s. vordere Klappe

Landgasthof Schnitzelstube Triebsdorf

WWW.SCHNITZELSTUBE-COBURG.DE GPS: 50°13'34" N / 10°58'21" E

SCHNITZEL, MEHR SOG I NED

In der Schnitzelstube dreht sich alles um das Schweinestück. Paniert, gefüllt, roh, Pizza, Pepperoni, Knoblauch, Löwensenf usw. Es nimmt kein Ende und schmeckt (leider) immer verdammt gut. Dementsprechend finden sich hier auch die klassischen Schnitzelfreunde ein, meist mit Familie, denn Spielplatz und Streichelzoo sind ebenfalls eine kleine Attraktion.

BIER

Leikeim/Altenkunstadt: Hefeweizen, Kellerbier, Pils, Radler, Steinbier (alles vom Fass), Kristallweizen, Alkoholfreies. Schlenkerla/Bamberg: Rauchbier. Erdinger: Alkoholfreies Weizen.

KÜCHE

Fränkische Brotzeiten. Täglich große Karte mit warmen Gerichten. Spezialitäten: Cordon Bleu, Walliser Schnitzel, gefülltes Triebsdorfer Schnitzel.

PLÄTZE (außen/regensicher)

200/60

ANSCHRIFT

Hohensteiner Strasse 6
96483 Ahorn-Triebsdorf
Tel.: 09561-25555

ÖFFNUNGSZEITEN

Täglich ab 10 Uhr
Dienstag Ruhetag

TIPP: Gefülltes Triebsdorfer Schnitzel

Gasthaus Drei Linden

WWW.DANIS-DREI-LINDEN.DE GPS: 49°55'46" N / 11°27'47" E

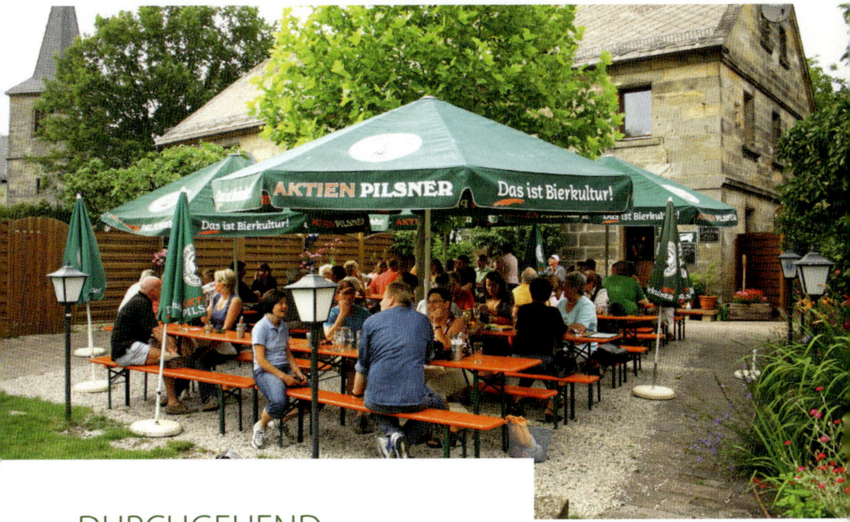

DURCHGEHEND FRÄNKISCH

Das Mini-Dörfchen Tröbersdorf – nahe der Therme Obernsees und am Radweg von Bayreuth nach Obernsees gelegen – bietet neben der kleinen feinen Kirche noch ein weiteres Highlight. Im Gasthaus drei Linden wird mit fränkischer Küche ohne viel Geschnörksel aufgewartet – dazu gibt´s Bier der Bayreuther Aktien-Brauerei. Der liebevoll und schön grün bepflanzte Biergarten leistet perfekt die gemütliche Atmosphäre drumrum. Für Kinder ist ein mittelgroßer Spielplatz unweit der Tische vorhanden, da bleibt immer alles im Blick. Zum Ausklang bietet sich – natürlich nur für die „Großen" – ein Schnäpschen an.

TIPP: Schnitzel mit Bratkartoffeln

BIER

Aktien/Bayreuth: Pils, Fränkisches Landbier, Zwickl (vom Fass).

KÜCHE

Hausmacher Brotzeiten. Täglich mittelgroße Karte mit warmen Gerichten. Spezialitäten: Salate, Schnitzel, Bratkartoffeln.

PLÄTZE (außen/regensicher)

130/50

ANSCHRIFT

Tröbersdorf 10
95488 Eckersdorf
Tel.: 09279-8512

ÖFFNUNGSZEITEN

Täglich ab 11.30 Uhr
So und Feiertage ab 10 Uhr
Dienstag Ruhetag

DB VGN 375, 376, 396 Tröbersdorf, Eckersdorf Bus

Symbolerklärung s. vordere Klappe

Bavaria Stuben

WWW.BIER.BY   GPS: 50°00′50″N / 11°57′14″E

HAUS ZAUS

Mehr als 100 Jahre bereits betreibt die Familie Zaus das kleine Häuschen am Ende der Grötschenreuther Straße. Herbert Zaus hing die Landwirtschaft an den Nagel und startete das Projekt Bavaria Stuben. Mittlerweile betreibt es hauptsächlich der Sohn des Metzgermeisters, weswegen sich die Öffnungszeiten drastisch reduziert haben. Deswegen ballen sich auch die Gäste an den beiden verbliebenen Tagen, über 90% sind Stammpublikum. Wenn Sie hierher kommen, bringen Sie Zeit mit, es wird mit zunehmend später Stunde immer zünftiger, bis am Ende der Wirt das Schifferklavier herausholt und die Stimmung ihren Siedepunkt erreicht.

BIER

Nothhaft/Marktredwitz: Zoigl (vom Fass). Leikeim/Altenkunstadt: Helles (vom Fass). Kulmbacher: Pils, Hefe (beides vom Fass).

KÜCHE

Hausmacher Brotzeiten. Mittelgroße Karte mit warmen Gerichten. Spezialitäten: Hausmacher Brotzeiten, Schnitzel mit Bratkartoffeln, Kassler mit Röstzwiebeln und Sauerkraut, Göttinger, Sülze.

PLÄTZE (außen/regensicher)

40/40

ANSCHRIFT

Grötschenreuther Straße 18
95709 Tröstau
Tel.: 09232-2027

ÖFFNUNGSZEITEN

Fr und So ab 16.30 Uhr
Montag bis Donnerstag und Samstag geschlossen

TIPP: Gans

Schlossgasthof

WWW.BIER.BY

GPS: 50°01'37"N / 11°56'00"E

IM SCHATTEN DES SCHLOSSES

Vor 110 Jahren zogen die Urgroßeltern von Besitzerin Eveline König in das Schloss Tröstau ein. Bis heute steht Mutter Erika selbst hinter dem Kochtopf und schmeißt mit ihren beiden Töchtern Eveline und Ursula den Laden. Besonders ihr Sauerbraten hat Fans, die mehr als 50 km dafür zurücklegen, doch auch die Wildfreunde kommen auf ihre Kosten: Die örtliche Jägerschaft beliefert den Gutsbetrieb. Im Biergarten sitzt man zwischen Palmen und Bananen oder unter Pavillons – das herrschaftliche Flair ist also durchaus erhalten.

TIPP: Sauerbraten

BIER

Lang/Schönbrunn: Pils, Dunkles, Weizen (alles vom Fass), Erotik-Bier, Uhu-Bier.

KÜCHE

Fränkische Brotzeiten. Täglich mittelgroße Karte mit warmen Gerichten. Spezialitäten: Wildgerichte, fränkischer Sauerbraten, Schäuferle, Wurst mit Musik.

PLÄTZE (außen/regensicher)

56/78

ANSCHRIFT

Schlossweg 14
95709 Tröstau
Tel.: 09232-2325

ÖFFNUNGSZEITEN

Täglich ab 17.30 Uhr
So 10 bis 14 Uhr und ab 17.30 Uhr
Donnerstag Ruhetag

Tröstau

Wanderertreffpunkt Seehaus

WWW.SEEHAUS-FICHTELGEBIRGE.INFO　　　　**GPS: 50°01'57"N / 11°52'20"E**

AUF DEM HÜGEL

Manchmal muss man sich über die Fichtelge-birgler doch wundern: Das Seehaus steht auf ei-nem Hügel (922m), das Kösseinehaus dagegen auf einem Berg (939m). Für den Wanderer ma-chen diese 17 Meter weniger keinen wirklichen Unterschied, auch zum Seehaus ist der Aufstieg eine Angelegenheit von einer knappen halben Stunde (Zufahrt mit Pkw/Bus nur mit Ausnah-megenehmigung). Das hat aber den Deutschen Dichterfürsten Goethe nicht davon abgehalten, vor 222 Jahren hier Station zu machen. Doch auch heute noch macht das Unterkunftshaus des Fichtelgebirgsvereins von sich reden: Man ist kompletter Selbstversorger. Vom Wasser bis zum Rapsölstrom - alles wird vor Ort gewonnen. In unregelmäßigen Abständen finden auf dem Seehaus Hüttenabende auch unter den neuen Pächtern Monika Steiner und Berthold Hübner statt (siehe Website).

BIER

Scherdel/Hof: Pils (vom Fass), Dunkles, Alkoholfreies. Kulmba-cher: Kapuziner Weizen (vom Fass), Kapuziner leichtes Weizen, Kapuziner alkoholfreies Weizen, Mönchshof Dunkles, Mönchshof Kellerbier, Mönchshof Lager.

KÜCHE

Verschiedene Jausen. Täglich große Karte mit warmen Gerichten. Spezialitäten: Saisonale Gerichte (Spargel, Pfifferlinge), Schnitzel, Rumpsteak, Käsejause, Speckjause.

PLÄTZE (außen/regensicher)

300/81

ANSCHRIFT

Seehaus 1
95709 Tröstau
Tel.: 09272-222

ÖFFNUNGSZEITEN

Täglich ab 9.30 Uhr
Montag Ruhetag

TIPP: Verschiedene Jausen

Berggasthof Banzer Wald

WWW.BANZER-WALD.DE   GPS: 50°07'40" N / 10°59'03" E

DER NAME IST PROGRAMM

Wenn man es auf den Berg geschafft hat, kann man einen herrlichen Blick auf die Klosteranlage, den Staffelberg und das Obermaintal werfen. Kulinarisch hat der Gasthof unter den Inhabern Marion Sommer und Frank Klarmann viel zu bieten, vor allem die selbstgebackenen Kuchen (Uralt-Hausfrauenrezepte!) lassen so manches Herz höher schlagen. Liebevoll auch der Spielplatz mit umgebautem Motorboot und die Tatsache, dass Windhundmischling Zorro immer herumwuselt und gerne mit den Kindern spielt. Eine Bedienung gibt's auf der Restaurant-Terrasse, eigene Brotzeit darf nur in den seperaten Biergarten mitgebracht werden.

TIPP: Grillteller

BIER

Leikeim/Altenkunstadt: Landbier, Pils (beides vom Fass), Schwarzbier, helles Weizen, dunkles Weizen, Alkoholfreies. Hübner/Steinfeld: Vollbier (vom Fass). Erdinger: Alkoholfreies Weizen.

KÜCHE

Fränkische Brotzeiten. Täglich große Karte mit warmen Gerichten. Spezialitäten: Bräten, Schnitzelvariationen, Pfännchen Banzer Wald.

PLÄTZE (außen/regensicher)

350/120

ANSCHRIFT

Am Banzer Wald 1
96231 Bad Staffelstein-Unnersdorf
Tel.: 09573-5963

ÖFFNUNGSZEITEN

März bis Ende Okt.:
Täglich ab 11 Uhr
Montag Ruhetag
Nov. bis Ende Feb.:
Täglich ab 16 Uhr
So und Feiertage ab 11 Uhr
Montag Ruhetag

Gastwirtschaft Hümmer

WWW.GASTHAUS-HUEMMER.DE GPS: 49°51'22" N / 10°51'55" E

BIER

Schloßbrauerei/Reckendorf: Weißbier, Keller, Pils (alles vom Fass). Zehendner/Mönchsambach: Lager (vom Fass). Löwenbräu/München: Alkoholfreies. Erdinger: Alkoholfreies Weizen.

KÜCHE

Hausmacher Brotzeiten. Täglich mittelgroße Karte mit warmen Gerichten. So und Feiertage Mittagstisch. Spezialitäten: Hausmacher Platte, Schnitzel, Steaks, Karpfen (saisonal), Lendchen, vegetarische Gerichte (z. B. hausgemachte Käsespätzle).

PLÄTZE (außen/regensicher)

75/60

ANSCHRIFT

Dorfstraße 12
96135 Unteraurach
Tel.: 0951-20853388

ÖFFNUNGSZEITEN

Täglich 11 bis 14 Uhr und ab 17 Uhr Montag Ruhetag
(wenn Montag Feiertag, dann Dienstag Ruhetag)

MIT LIEBE UND LEUCHTTURM

Der Biergarten in Unteraurach ist der optimale Zwischenstopp für alle, die mit dem Fahrrad im Aurachtal unterwegs sind. Leckere regionale Spezialitäten und Brotzeiten von der Hausmetzgerei Edmund Harrer lassen das fränkische Genießerherz höher schlagen. Besonders empfehlen können wir das Karpfenfilet (in Monaten mit -r-), voller Geschmack, leicht zu genießen. Mit viel Liebe wurde auch ein neuer, überdachter Spielplatz gestaltet - mit Leuchtturm und Schiff. Alles in allem eine wunderbare Kombination aus traditionellen Ansätzen und Mut zur Innovation.

TIPP: Verschiedene Bräten (So), z. B. Krustenbraten

Wirtshaus zum Wölf

DER FAMILIENGARTEN

Seit 70 Jahren schenkt man im Haus „Zum Wölf" Reckendorfer Bier aus, früher wurde hier sogar selbst gebraut. Um den Übergang auf die heutige Besitzerfamilie Hornung rankt sich eine seltsame Geschichte. Der vorherige Inhaber hatte 12 Kinder, doch alle möglichen Nachfolger verstarben früh im Leben. Aber das war etwa 1850, also über 150 Jahre in der Vergangenheit. Heute, viele Generationen später, lässt man sich im wunderschönen Garten Recken schmecken - und die vom Chef selbst geschlachteten Hausmacher Brotzeiten dazu. Geheimtipp!

BIER

Schlossbrauerei/Reckendorf: Weizen, Keller, Export (alles vom Fass), Pils (im Winter vom Fass, im Sommer aus der Flasche), Radler (im Sommer vom Fass, im Winter aus der Flasche), Festbier, Dunkles. Löwenbräu/München: Alkoholfreies.

KÜCHE

Hausmacher Brotzeiten. Täglich große Karte mit warmen Gerichten. So und Feiertage Mittagstisch. Spezialitäten: Schaschlik, Hähnla, Hausmacher Platte, Dosenfleisch.

PLÄTZE (außen/regensicher)

120/70

ANSCHRIFT

Dorfstraße 21
96250 Ebensfeld-Unterbrunn
Tel.: 09547-446

ÖFFNUNGSZEITEN

Täglich ab 10 Uhr
Montag und Dienstag Ruhetag

TIPP: Hausgemachte Bratwürste

Brauerei Büttner

WWW.BRAUEREI-BUETTNER.DE

GPS: 49°50'03" N / 10°51'42" E

BIER

Eigene Brauerei: Helles (vom Fass).
Clausthaler: Alkoholfreies.

KÜCHE

Hausmacher Brotzeiten. Täglich kleine Karte mit warmen Gerichten.
Spezialitäten: Hausplatte, Dosenfleisch, Currywurst, selbstgemachte
Pizza.

PLÄTZE (außen/regensicher)

150/135

ANSCHRIFT

Hauptstraße 8
96158 Frensdorf-Untergreuth
Tel.: 09502-342

ÖFFNUNGSZEITEN

Fr ab 17 Uhr
Sa, So und Feiertage ab 14 Uhr
Montag bis Donnerstag Ruhetag

MIT KABARETT UND HAUSSCHLACHTUNG

Viermal im Jahr ist bei Büttners Wirtshauska-
barett angesagt – jedes Mal vor ausverkauftem
Haus (also rechtzeitig reservieren). Sicher liegt
das auch etwas an der Tradition des Hauses –
bereits in der siebten Generation widmet man
sich mit Liebe dem Gerstensaft. Und nicht nur
dem Gerstensaft – die Brotzeiten kommen aus
eigener Hausschlachtung.

TIPP: Hausplatte

Bus 983 Untergreuth, Frensdorf

Brauerei-Gasthaus Martin

WWW.BIER.BY

GPS: 50°04'53" N / 10°58'27" E

BIERKELLER-FEELING ZU WEIHNACHTEN

Eine weitere Ikone der fränkischen Gastronomie! Das bernsteinfarbene Vollbier aus der eigenen Brauerei hat zahlreiche Fans gefunden, gepaart mit der Liebenswürdigkeit von Inhaber Hans-Georg Martin, der alles für seine Gäste selbst herstellt, von der eigenen Schlachtung bis zur Mastgans an St. Martin. Diese Vielfalt hat der Brauerei auch schon 1999 das begehrte Sympathieseidla des Braukulturellen Wandervereins eingebracht. Ein neues Highlight gibt's ab 2010: Dann kann man nämlich im Heustadlstroh übernachten. Am 23.12. findet übrigens immer „Kalta Füß und kalta Nasn" statt, Outdoor-Feeling mit Punsch am Feuer und Grill.

BIER

Eigene Brauerei: Bernsteinfarbenes Vollbier (vom Fass). Kulmbacher: Pils (vom Fass), Hefeweißbier, Alkoholfreies.

KÜCHE

Hausmacher Brotzeiten. Täglich mittelgroße Karte mit warmen Gerichten. Spezialitäten: Gemischter Pressack im Säusack, Kotelett, Leber, Salattheke.

PLÄTZE (außen/regensicher)

90/100

ANSCHRIFT

Viehtriebweg 3
96250 Ebensfeld-Unterneuses
Tel.: 09573-4382
Fax: 09573-235652

ÖFFNUNGSZEITEN

Täglich ab 16 Uhr
So und Feiertage ab 10 Uhr
Mittwoch Ruhetag

TIPP: Pressack

Schade's Schmankerl Stub'n

WWW.SCHADES-SCHMANKERL-STUBN.DE   GPS: 50°11'03"N / 12°06'29"E

JEDEN TAG KIRCHWEIH

Als Horst Schade in den 1980ern das über 200 Jahre alte Haus in Vielitz erbte, konnte er sich und seiner Frau einen lang gehegten Traum erfüllen. Schon immer nämlich hatte er von einem eigenen Wirtshaus geträumt. Nach über vier Jahren Umbau - inklusive eines neu gegrabenen Kellers - und einer Umschulung zum Koch öffneten 1991 die Schmankerl-Stub`n ihre Pforten. Hatte das alte Gasthaus früher nur zur Kirchweihzeiten geöffnet, fragten die Alteingesessenen nun, ob jeden Tag ein Kirchenfest sei. Das mit viel Liebe und persönlichem Einsatz der Familie geführte Haus hat sich zu einem echten Geheimtipp gemausert. Legendär die Haxenessen (auf Vorbestellung).

TIPP: Wilderer Topf

BIER

Leikeim/Altenkunstadt: Dunkel, Weizen, Pils, Landbier (alles vom Fass), Gutmann: Leichtes Weizen, Kristallweizen.

KÜCHE

Fränkische Brotzeiten. Täglich große Karte mit warmen Gerichten. Spezialitäten: Regionale fränkische Küche und bayerische Küche, Fische aus eigener Zucht.

PLÄTZE (außen/regensicher)

70/60

ANSCHRIFT

Vielitz 7
95100 Selb
Tel.: 09287-3922

ÖFFNUNGSZEITEN

Mi bis Fr ab 17 Uhr
Sa ab 15 Uhr
So ab 11 Uhr
Montag und Dienstag Ruhetag

Symbolerklärung s. vordere Klappe

Brauerei-Gaststätte Mainlust

WWW.MAINLUST.COM GPS: 49°55'24" N / 10°46'44" E

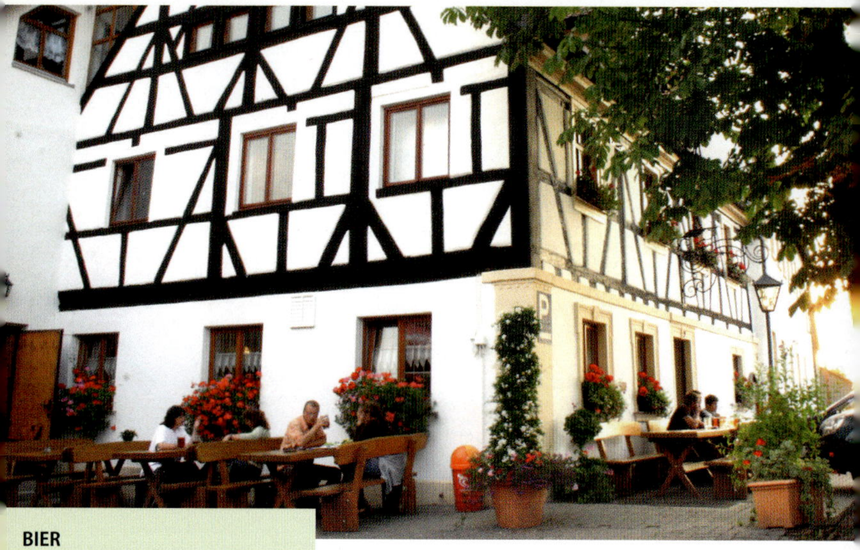

BIER

Eigene Brauerei: Vollbier (vom Fass), Helles, Zwickel. Löwenbräu/München: Alkoholfreies.

KÜCHE

Hausmacher Brotzeiten. Täglich kleine Karte mit warmen Gerichten. Spezialitäten: Bayer-Platte, Bräten, saisonale Gerichte, Zanderfilet.

PLÄTZE (außen/regensicher)

250/310

ANSCHRIFT

Hauptstraße 9
96191 Viereth
Tel.: 09503-7444

ÖFFNUNGSZEITEN

Di bis Do ab 6 Uhr
Sa bis Mo ab 8 Uhr
Freitag Ruhetag

ALLES SELBSTGEMACHT

Hier ist mal wirklich alles aus eigenem Hause bzw. eigener Landwirtschaft: Jeden Samstag bäckt man Brot, danach wird Bier gebraut und schließlich geschlachtet. Die breite Palette an Wurst, Schinken und Pressack nimmt kaum ein Ende, und nach jeder Platte möchte man am liebsten die nächste probieren. Sonntags übrigens geht's dann eine Etage höher und man kann Gansbrust, Rehbraten, Wildente & Co. genießen. Im Grunde ist in „der Mainlust" immer was los und jeder wird in die große Familie integriert.

TIPP: Bayer-Platte

Bus 952, 995 Viereth Ortsmitte, Viereth-Trunstadt

Brauerei Trunk OHG

WWW.BIER.BY | GPS: 50°06'54" N / 11°03'19" E

EIN STARKES BIER

Was einem sicherlich am längsten nach einem Besuch in Vierzehnheiligen in Erinnerung bleiben wird, ist der Geschmack des Nothelfer Trunks. Ein wirklich guter Tropfen! Die Brauerei liegt unmittelbar hinter der Basilika und ist dabei oft die erste Station der Besucher des Wallfahrtsortes. Dahinter beginnt übrigens der Höhenweg zum Staffelberg, wenn man vor oder nach dem Bier noch eine Stunde Auslauf braucht. Gut zum Bier passen die Brotzeiten aus Hausschlachtung.

BIER

Eigene Brauerei: Nothelfer Trunk Dunkles, Nothelfer Pils, Nothelfer Lager (alles vom Fass). Tucher/Fürth: Reifbräu alkoholfreies.

KÜCHE

Fränkische Brotzeiten. Täglich kleine Karte mit warmen Gerichten. Spezialitäten: Hausmacher Pressack, weißer Käs, Rettich.

PLÄTZE (außen/regensicher)

200/100

ANSCHRIFT

Vierzehnheiligen Nr. 3
96231 Bad Staffelstein
Tel.: 09571-3488

ÖFFNUNGSZEITEN

Täglich ab 10 Uhr
Kein Ruhetag

TIPP: Weißwürste

Symbolerklärung s. vordere Klappe

Gasthof Goldener Stern

WWW.VIERZEHNHEILIGEN.DE　　　　　GPS: 50°07'05" N / 11°03'12" E

BIER

Püls/Weismain: Pils, Kellerbier, Weissbier (alles vom Fass), Alkoholfreies.

KÜCHE

Fränkische Brotzeiten. Täglich kleine Karte mit warmen Gerichten. Spezialitäten: Fränkische Bratwürste mit Sauerkraut und Bauernbrot, Vierzehnheiligen-Torte.

PLÄTZE (außen/regensicher)

200/180

ANSCHRIFT

Vierzehnheiligen 6
96231 Bad Staffelstein
Tel.: 09571-71040

ÖFFNUNGSZEITEN

Ende März bis Ende Okt.
Täglich ab 11 Uhr
Sa, So und Feiertage ab 10 Uhr
Kein Ruhetag
Anfang Nov. bis Ende Ende März
geschlossen

WALLFAHRT MIT TORTE

Auch der Goldene Stern ist seit Jahrzehnten den Wallfahrern verpflichtet. Neben den üblichen Franken-Leckereien aus der Küche hat man sich hier vor allem auf die Kuchen- und Torten-Fetischisten unter den Wallfahrern spezialisiert. Dementsprechend bietet sich der Test der Vierzehnheiligen-Torte an, einer Art Sachertorte gefüllt mit Aprikosenmarmelade und mit einem hellen Schokoladenüberzug.

TIPP: Vierzehnheiligen-Torte

Gasthof „Goldener Hirsch"

WWW.GOLDENER-HIRSCH-14HEILIGEN.DE   GPS: 50°07'05" N / 11°03'12" E

FEST IN KIRCHENHAND

An dieser Stelle einmal kurz die Geschichte des Vierzehnheiligen-Mythos: 1445 erschien das Jesuskind gleich dreimal dem Schäfer Hermann Leicht aus Langheim, später pilgerte eine schwerkranke Magd an die Stelle und wurde geheilt. Damit war der Wallfahrtsort begründet und man errichtete eine Kapelle zu Ehren der vierzehn Nothelfer. Der Goldene Hirsch erfüllte seit 1458 die Aufgabe der Bewirtung der Pilger und ist heute in der Hand der Erzdiözese Bamberg. Unter den Linden des Gartens schmeckt der berühmte Nothelfer-Trunk hier natürlich besonders gut!

BIER

Klosterbrauerei/Vierzehnheiligen: Nothelfer-Trunk, Bio Nothelfer-Weizen (vom Fass). Kulmbacher: Kapuziner Weissbier, Alkoholfreies.

KÜCHE

Fränkische Brotzeiten. Täglich große Karte mit warmen Gerichten. Spezialitäten: Hirschbraten, Rindfleisch mit Kren, Schweinekernbraten, Schnitzel, fränkischer Brotzeitteller.

PLÄTZE (außen/regensicher)

200/168

ANSCHRIFT

Vierzehnheiligen 7
96231 Bad Staffelstein
Tel.: 09571-9268

ÖFFNUNGSZEITEN

Täglich 10 bis 18 Uhr
Auf Anfrage für Gruppen auch länger geöffnet

TIPP: Schweinekernbraten

Immer dabei, immer informiert

2010 starten wir ein ganz neues und innovative Projekt: Die Umsetzung unserer Datenbanken für die so genannten Smartphones. Bekanntester Vertreter dürfte das iPhone sein, aber auch die anderen Geräte mit dem Android-Betriebssystem wie beispielsweise das Google-Handy können mit unserer neuen Bier-Applikation zur perfekten Ergänzung des vorliegenden Buches werden.

Folgen Sie einfach den Anweisungen auf der Website **www.bier-app.de** und installieren Sie unsere kostenlose App. Anschließend haben Sie alle Stationen unserer Bierkeller- und Biergartendatenbank auf dem Handy und können sich beispielsweise die jeweils nächsten anzeigen oder sich hinführen lassen. Dazu gehören natürlich auch wichtige Informationen und der Verweis auf die jeweilige Seite im Buch. Nachdem es sich hier um ein Pilotprojekt handelt, möchten wir einerseits auch hier noch einmal unserem Partner Thomas Edelmann für sein Engagement danken, und andererseits betonen, dass wir uns auf Ihre Anregungen, Wünsche und Ergänzungen freuen, um auch in diesem für uns relativ neuen Medium ein perfektes Angebot präsentieren zu können.

NEU! Fürs Smartphone...

BIERGARTEN QUICKFINDER
Bier-App.de

Zur alten Eisenbahn

WWW.ZUR-ALTEN-EISENBAHN.DE   **GPS: 49°53'59"N / 11°19'51"E**

GROSSER BAHNHOF FÜR'S BIER

Hinter der „Alten Eisenbahn" versteckt sich der ehemalige Wadendorfer Bahnhof, der 2003 komplett renoviert wurde. Gäste, Angestellte und Chefin wirken wie eine große Familie, die immer mal wieder vorbeischauenden Wanderer und Zufallsgäste sind gern gesehen und werden vorzüglich bewirtet. Mit Hübner und Krug hat man bereits den Volltreffer für Bierfans gelandet, und auch für den Magen gibt's Leckereien – wohl dem, der einen Metzger in der Familie hat!

BIER

Hübner/Steinfeld: Vollbier (vom Fass). Krug/Breitenlesau: Vollbier, Pils (beides vom Fass).

KÜCHE

Hausmacher Brotzeiten. Täglich große Karte mit warmen Gerichten. So und Feiertage Mittagstisch. Spezialitäten: Eisenbahnerpfännla, Rindersteak, fränkischer Schweinebraten.

PLÄTZE (außen/regensicher)

80/60

ANSCHRIFT

Wadendorf 47
95515 Plankenfels
Tel.: 09204-918899

ÖFFNUNGSZEITEN

Di bis Fr ab 17 Uhr
Sa ab 15 Uhr
So und Feiertage ab 9.30 Uhr
Montag Ruhetag

TIPP: Eisenbahnerpfännla

Symbolerklärung s. vordere Klappe

Burgschänke Waischenfeld

WWW.BURG-WAISCHENFELD.DE   **GPS: 49°50'43" N / 11°20'33" E**

BIER

Maisel/Bayreuth: Pils, Weizen, Dunkel, Zwickel (alles vom Fass), alkoholfreies Weizen, Alkoholfreies.

KÜCHE

Brotzeiten. Täglich kleine Karte mit warmen Gerichten. Spezialitäten: Spanferkel, Meerrettichfleisch, Grillteller.

PLÄTZE (außen/regensicher)

140/128

ANSCHRIFT

Schlossberg 20
91344 Waischenfeld
Tel.: 09202-970447

ÖFFNUNGSZEITEN

Täglich ab 11 Uhr
Montag und Dienstag Ruhetag

ZEITREISE INS MITTELALTER

Eigentlich war die Burgschänke einmal ein kleiner Bauernhof innerhalb der Burgmauern, 1980 erfolgte die Umwandlung in eine Gastronomie mit Biergarten. Mit dabei ein komplettes Mittelalterprogramm, das man auf Anfrage buchen kann, von der mittelalterlichen Hochzeit über Ritteressen, mittelalterliche Olympiade, mittelalterlichen Biathlon, Bogenschiessen, Axtwerfen bis zum Schnupperklettern in der Fränkischen Schweiz. Dank des hauseigenen Standesamtes geben sich hier auch jede Menge Pärchen das JA-Wort, um anschließend gemeinsam im Burghof Hochzeitsküchle zu backen.

TIPP: Mittelalter zum Anfassen (auf Anfrage)

Waizendorfer Keller

WWW.BIER.BY | **GPS: 49°51'24" N / 10°52'45" E**

MAHR'S IM WALD

Eigentlich würde man das gar nicht erwarten – auf den ersten Blick kommt einem der Waizendorfer Keller eher wie eine Bierinsel am Straßenrand vor. Wenn man dann aber in den Schatten der vielen alten Bäume getreten ist, wird man schnell von der heimeligen Atmosphäre gefangen und vergisst die sowieso nicht so zahlreich vorbeifahrenden Automobile und die Zivilisation. Man wird mit einer breiten Palette an Hausmacher Brotzeiten aus eigener Schlachtung verwöhnt und bleibt fast immer länger als geplant.

BIER

Mahr/Bamberg: Pils, Kellerbier, Hefeweizen (alles vom Fass). Löwenbräu/München: Alkoholfreies.

KÜCHE

Hausmacher Brotzeiten. Keine warmen Gerichte. Spezialität: Kellerplatte, selbstgemachter Gerupfter.

PLÄTZE (außen/regensicher)

300/50

ANSCHRIFT

Kellerberg
96135 Waizendorf
Tel.: 0951-9921075

ÖFFNUNGSZEITEN

Täglich ab 16 Uhr
Dienstag Ruhetag

TIPP: Hausmacher Brotzeiten

Symbolerklärung s. vordere Klappe

Gasthaus zur Linde

WWW.BIER.BY   GPS: 50°00'00"N / 11°46'54"E

BIER

Schinner/Bayreuth: Pils, Dunkles (beides vom Fass), Weizen, dunkles Weizen, Kristallweizen, alkoholfreies Weizen, Alkoholfreies.

KÜCHE

Fränkische Brotzeiten. Täglich große Karte mit warmen Gerichten. Spezialitäten: Gutbürgerliche Küche, verschiedene Bräten, Rouladen, verschiedene Omelettes.

PLÄTZE (außen/regensicher)

50/50

ANSCHRIFT

Oberwarmensteinacher Straße 91
95485 Warmensteinach
Tel.: 09277-975056

ÖFFNUNGSZEITEN

Anfang Mai bis Mitte Sep.
Täglich ab 11 Uhr
Kein Ruhetag
Mitte Sep. bis Ende Apr.
Täglich ab 11 Uhr
Do ab 18 Uhr
Kein Ruhetag

DIE LANDMARKE

Das Gasthaus zur Linde steht genau auf dem 50. Breitengrad, wer's nicht glaubt, kann im Biergarten die Fahne bewundern, die ihn markiert. Seit dem Sommer 2009 betreibt Inhaberin Oxana Malzer die Gaststätte zusammen mit ihrem Mann. Die beiden sind übrigens Verfechter des guten Geschmacks. In die Küche kommt kein Verstärker desselben. Das Fazit der Gäste, ebenso einfach wie klar: „Es schmeckt halt einfach!".

TIPP: Rouladen

Brauereigasthof Hübner

WWW.BRAUEREI-HUEBNER.DE   GPS: 50°01'57" N / 11°07'30" E

GUT UND GÜNSTIG

Beim Hübner können auch Besucher mit kleinerem Geldbeutel ihren Hunger und Durst gut stillen, was aber nichts zur Qualität zu sagen hat. Die reichhaltigen Brotzeiten aus eigener Schlachtung werden aus allen (nicht nur den satten) Kehlen gelobt. Besonders gern getrunken wird das bernsteinfarbene Lager. Interessant auch das leicht getrübte Zwicklpils, naturbelassen gebraut.

TIPP: Schinken mit Ei und Butterbrot

BIER

Eigene Brauerei: Dunkles Lager, Zwickl (beides vom Fass). Löwenbräu/München: Alkoholfreies.

KÜCHE

Hausmacher Brotzeiten. Täglich mittelgroße Karte mit warmen Gerichten. Sa, So und Feiertage Mittagstisch. Spezialitäten: Steaks, Hausmacherplatte, fränkische Bräten (an So- und Feiertagen).

PLÄTZE (außen/regensicher)

100/110

ANSCHRIFT

Hauptstraße 28
96196 Wattendorf
Tel.: 09504-207

ÖFFNUNGSZEITEN

Täglich ab 11.30 Uhr
Montag ab 16 Uhr
Mittwoch Ruhetag

Symbolerklärung s. vordere Klappe

Brauerei Gasthof Pfister

WWW.GASTHOF-PFISTER.DE   **GPS: 49°47'16" N / 11°05'31" E**

PURE NATUR

Ein absoluter Geheimtipp ist sowohl für Bio-Freunde als auch für Bier-Fetischisten die Brauerei Pfister aus Weigelshofen. Das Bier wird aus ökologisch erzeugten Rohstoffen von Bio-Bauern hergestellt und schmeckt hervorragend. Auf gleich hohem Niveau sind die fränkischen Brotzeiten. Samstags und sonntags lohnt sich auch der Weg zum Schwarzen Keller (Sa und So geöffnet), einer Waldschänke mit herrlichem Blick auf die Täler, die zur Brauerei gehört (siehe nächste Seite).

BIER

Eigene Brauerei: Schwarz Keller-Bier, Landbier, Hefeweizen (alles vom Fass und Bio-Biere).

KÜCHE

Fränkische Brotzeiten. Täglich mittelgroße Karte mit warmen Gerichten. Spezialitäten: Schnitzel aus der Pfanne, Karpfen (saisonal), Spargelgerichte (saisonal).

PLÄTZE (außen/regensicher)

60/88

ANSCHRIFT

Eggerbachstraße 22
91330 Eggolsheim-Weigelshofen
Tel.: 09545-94260

ÖFFNUNGSZEITEN

Täglich ab 11 Uhr
Mi ab 17 Uhr
Dienstag Ruhetag

TIPP: Bio-Bier

Schwarzer Keller

WWW.BIER.BY   GPS: 49°47'16" N / 11°05'30" E

GRÜSS GOTT BEI FRAU ZIEBELESKÄS

Wer hat's erfunden? Bei vielen Dingen kennt man die Antwort genau, beim Ziebelskäs allerdings scheiden sich die Geister. Das alte Originalrezept aus Claudia Wackers Familie jedenfalls muss dem Ursprung ziemlich nahe sein, geschmacklich jedenfalls gehört es zu den besten, die wir kennen gelernt haben. So geht und ging auch kaum einer der Gäste in der 150jährigen Geschichte des Schwarzen Kellers, ohne davon genascht zu haben. Außer vielleicht sonntags: hier locken bei schönem Wetter die Makrelen vom Grill.

TIPP: Ziebeleskäs

BIER

Pfister/Weigelshofen: Schwarz-Keller-Bier (Biobier, vom Fass), Hefeweizen. Tucher/Fürth: Reif-Bräu Alkoholfreies.

KÜCHE

Fränkische Brotzeiten. Keine warmen Gerichte. Spezialitäten: Ziebeleskäse, Dosenfleisch, Schwarz-Keller-Platte.

PLÄTZE (außen/regensicher)

250/0

ANSCHRIFT

Auf der langen Meile
91330 Weigelshofen
Tel.: 09545-4196

ÖFFNUNGSZEITEN

Sa ab 14 Uhr
So und Feiertage ab 13 Uhr
1. Mai & Christi Himmelfahrt ab 11 Uhr
Montag bis Freitag geschlossen

Symbolerklärung s. vordere Klappe

Ausflugsgaststätte Hofmann Brauerei Übelhack

WWW.BIER.BY   GPS: 49°50'41"N / 11°30'33"E

BIER

Eigenes dunkles Bier vom Fass.

KÜCHE

Fränkische Brotzeiten. Täglich warme Kleinigkeiten wie Bratwürste und saure Zipfel. Spezialitäten: Obatzter, Quark.

PLÄTZE (außen/regensicher)

150/80

ANSCHRIFT

Weiglathal 1
95503 Hummeltal
Tel.: 09246-491

ÖFFNUNGSZEITEN

Täglich ab 10 Uhr
Donnerstag Ruhetag

BIER UND BROTZEIT IN REINFORM

In der Ausflugsgaststätte der Brauerei Übelhack geht´s ziemlich zünftig zu. Dunkles Bier ist Pflicht, und auch bei der Wahl der Speisen wird sich hier streng an die fränkische Biergartenordnung gehalten. Pizza oder Gyros sucht der Gast vergebens – gleiches gilt auch für eine Bedienung. So kann in den Rush-Hour-Zeiten schon einmal ein kleiner Kampf rund um Ausschank und Essensausgabe ausbrechen. Letztendlich ein Biergarten für Puristen - aber gerade in dieser Atmosphäre befindet sich noch ein gutes Stück fränkischer Biergartenkultur.

TIPP: Spaziergang zur Rotmainquelle (ca. 3 km)

Brauerei-Gastwirtschaft Kundmüller

WWW.KUNDMUELLER.DE

GPS: 49°54'46" N / 10°45'09" E

EIN ECHTER BIER-KELLER

Die zahlreichen Siege, unter anderem beim European Beer Star Award oder im Bamberg-Guide Bier-Guide, hat die Weiherer Brauerei bei weitem nicht zu Unrecht eingefahren. Fünf hervorragende Biersorten, allen voran das neue Weiherer Keller, lassen den Besuch für Bierfanatiker aller Couleur zum absoluten Highlight werden. Auch das Ambiente um das ehemalige Jagdschlösschen und die Wälder und Wiesen laden immer wieder zu längeren Aufenthalten ein. Kulinarisch gibt's Klassiker aus eigener Schlachtung und ein bis zwei warme Gerichte pro Tag.

TIPP: Weiherer Keller

BIER

Eigene Brauerei: Lager, Pils, Weiße, Rauchbier (alles vom Fass), Bockbier, Keller, Weiherer Lager Select.

KÜCHE

Hausmacher Brotzeiten. Täglich kleine Karte mit warmen Gerichten. Spezialitäten: Hausmacherplatte, Leberkäse (Fr).

PLÄTZE (außen/regensicher)

400/190

ANSCHRIFT

Weiher 13
96191 Viereth-Trunstadt
Tel.: 09503-4338

ÖFFNUNGSZEITEN

Täglich ab 9 Uhr
Mittwoch Ruhetag

Gemma zum Välta

Bayerns größte Musikinstrumentensammlung wohnt in einem Biergarten (siehe Seite 33), nämlich im Brauerei-Gasthaus „Zum Välta". Was liegt näher, als es zum Ziel einer schönen Wanderung zu machen, die sich zudem leicht mit der Regionalbahn des VGN erreichen lässt?

Los geht's in Oberhaid, das man mit der Linie R15, aus Bamberg kommend erreichen kann. Durch den Ort geht man in Richtung Johannishof immer an der Beschilderung des Rennweges entlang. Kurz vor dem Mönchsee zweigt dieser ab, unser Weg geht aber weiter bis zum See und darum herum entlang des Burgen- und Schlösserpfades zu dem kleinen Weiler Sandhof, von wo aus es dann über einen Aussichtspunkt nach Appendorf geht.

„Gemma zum Välta" –
der urigen fränkischen
Dorfwirtschaft

R 15 Oberhaid ▸ Mönchsee ▸
Appendorf ▸ Stiefenberg ▸ Baunach R 26

Verkehrsverbund Großraum Nürnberg

Hier ist man am Ziel der Träume, unserem Musikantenwirtshaus, angelangt und kann ersteinmal kräftig Bier- und Brotzeit machen. Frisch gestärkt folgt ein Anstieg um gut 100 Höhenmeter auf den Stiefenberg, wo man unter anderem die wenigen verbliebenen Ruinen besichtigen kann. Anschließend geht es bergab nach Baunach, wieder mit einem wunderschönen Blick ins Lauter- und Baunachtal.

In der fränkischen Dreiflüssestadt, die über 1.200 Jahre alt ist, lockt dann wieder die bierige Versuchung, diesmal bei der Brauerei Sippel. Anschließend kann man am Bahnhof mit der Linie R26 die Heimreise antreten.

Weihersmühle, Gasthof-Pension Forelle

WWW.GASTHOF-FORELLE-WEIHERSMUEHLE.DE **GPS: 50° 02' 32" N / 11° 13' 02" E**

FRÄNKISCHES FISCHPARADIES

Einmal die Landstraße zwischen Weismain und A70 erreicht, führt kein Weg mehr an der Weihersmühle vorbei. Genau gesagt führt die Straße mitten durch sie hindurch - und jeder sollte die Gelegenheit für einen kleinen (oder großen) Zwischenstopp nutzen. Alleine schon die wildromantischen Bachläufe, Felsen und Mühlräder vermitteln sofort das typische Fränkische-Schweiz-Feeling. In den Gewässern tummeln sich jede Menge Forellen, sie scheinen sich hier sichtlich wohl zu fühlen. Zumindest so lange, bis sie sich köstlich zubereitet auf einem der Teller wiederfinden. Vor oder nach der Mahlzeit sollte auf jeden Fall eine kleine Wanderung in der Gegend eingeplant werden, hier zeigt sich Franken von seiner schönsten Seite!

BIER

Püls/Weismain: Pils, Hefeweizen (beides vom Fass), Altfränkischer Kellertrunk. Löwenbräu/München: Alkoholfreies.

KÜCHE

Hausmacher Brotzeiten. Täglich mittelgroße Karte mit warmen Gerichten. Spezialitäten: Forellen und Karpfen aus eigenem Gewässer, verschiedene Meeresfischgerichte.

PLÄTZE (außen/regensicher)

70/220

ANSCHRIFT

Weihersmühle 2
96260 Weismain
Tel.: 09575-92230

ÖFFNUNGSZEITEN

Täglich ab 11 Uhr
Montag Ruhetag

TIPP: Frische Forelle

Wirtshaus Obendorfer

WWW.BIER.BY　　　　　　　　　　　　**GPS: 50°05'10" N / 11°14'28" E**

BIERGARTEN MIT SCHUSS

Neben dem nach eigenem Rezept (allerdings in Weismain von Püls) gebrauten Obendorfer Pils ist vor allem der selbstgebrannte Schnaps (Bier, Apfel, Obstler) ein absolutes Highlight. Die eigene Brauerei schloss 1997. Stolz ist das Wirtsehepaar auf den „Goldenen Ammoniten", einen Preis für die Altbausanierung des Hauses. Wichtig für Fußballfans: Neben WM und EM läuft auch jedes Bundesligaspiel live auf der großen Leinwand!

BIER

Eigenes Bier: Obendorfer Pils (vom Fass). Pülsbräu/Weismain: Hefeweizen (vom Fass), Kellertrunk.

KÜCHE

Hausmacher Brotzeiten. Do ein warmes Gericht, Fr warme Gerichte, sonst nur auf Bestellung warmes Essen. Spezialitäten: Brotzeitteller, kalter Braten mit Meerrettich.

PLÄTZE (außen/regensicher)

60/90

ANSCHRIFT

Festungsweg 2
96260 Weismain
Tel.: 09575-207

ÖFFNUNGSZEITEN

Täglich ab 9 Uhr
So 9 bis 12 Uhr und ab 17 Uhr
Dienstag Ruhetag

TIPP: Kalter Braten mit Meerrettich

Klosterbrauerei Weißenohe

WWW.WIRTSHAUS-KLOSTERBRAUEREI-WEISSENOHE.DE   GPS: 49°37'46" N / 11°15'11" E

WIEDERBELEBTE TRADITION

Eine der ältesten Klosterbrauereien Deutschlands (seit 1050) überdauerte viele Jahrhunderte, bis im zweiten Weltkrieg der Betrieb eingestellt werden musste. Erst im Frühjahr 2000 war es endlich soweit: Franz Winkler wagte einen Neuanfang in den Klostermauern. Die Redaktion sagt DANKE! Entstanden ist unter anderem ein kleiner heimeliger Biergarten im Mauerwinkel, in dem neben hervorragendem Essen vor allem Spitzenbiere serviert werden. Am besten mundeten das altfränkische Klosterbier und der Klostersud. Doch auch der Rest wusste zu überzeugen. Noch nicht getestet haben wir das Barrique Klosterbier (aus dem Eichenfass!) und das Cannabis Club. Hier nicht Station zu machen, ist eine Sünde.

BIER

Eigene Brauerei: Export Dunkel, Altfränkisch, Pils (alles vom Fass), Hefeweizen, Classic Export (BIO), Märzen, Kloster-Sud.

KÜCHE

Fränkische Brotzeiten. Täglich mittelgroße Karte mit warmen Gerichten. Spezialitäten: Haxen (Mi), Schäuferle (Fr, Sa, So), hausgemachte Sülze mit Bratkartoffeln.

PLÄTZE (außen/regensicher)

140/140

ANSCHRIFT

Klosterstraße 20
91367 Weißenohe
Tel.: 09192-6357

ÖFFNUNGSZEITEN

15. Apr bis 1. Nov:
Täglich ab 11 Uhr
Montag und Dienstag Ruhetag
(an Feiertagen geöffnet)

TIPP: Schweinebraten in Dunkelbiersoße

Symbolerklärung s. vordere Klappe

Restaurant Seestern

WWW.RESTAURANT-SEESTERN.COM GPS: 50°06'08"N / 11°52'51"E

BIER

Maisel/Bayreuth: Helles, Pils (beides vom Fass), Zwickel, Landbier, Hefeweizen, Kristallweizen, leichtes Hefeweizen.

KÜCHE

Fränkische Brotzeiten. Täglich mittelgroße Karte mit warmen Gerichten. Spezialitäten: Saisonale Gerichte (Spargel, Pfifferlinge, Fisch), Schneebergschnitzel, Tagliatelle mit gebratenen Garnelen, hausgebackene Torten.

PLÄTZE (außen/regensicher)

100/150

ANSCHRIFT

Stadtweiherweg 1
95163 Weissenstadt
Tel.: 09253-1011

ÖFFNUNGSZEITEN

Täglich ab 11 Uhr
Mittwoch Ruhetag

ALLES NEU DANK SANDRA DONNER

Das beliebte Ausflugslokal am Weißenstädter See kommt seit Mai 2009 mit neuem Anstrich und neuem Namen daher. Geblieben sind die sensationelle Lage und das unschlagbare Ambiente dieses kompletten Naherholungsgebietes mit Schwimmbad, Wassersport und Beachvolleyball. So kann Sandra Donner auf den Zuspruch der Gäste wie der Einheimischen bauen, die ihr neues Konzept auch sofort angenommen haben. Insbesondere zu den regelmäßigen Grillabenden ist die Terrasse bis zum letzten Platz gefüllt.

TIPP: Weißenstädter Seeforelle

 BUS 6351, 7607, 7624 Kirche, Weißenstadt

DB

Sauers Felsenkeller

WWW.GASTHOF-SAUER.DE

GPS: 49°51'55" N / 10°59'54" E

EIN ECHTER BIERKELLER

In den altehrwürdigen Gewölben des Felsenkellers des Gasthofes Sauer in Wernsdorf wird heute noch wie vor mehr als 300 Jahren das Bier eingelagert. Heute allerdings ist es kein eigenes Bier mehr, sondern Helles und Kellerbier aus Weismain und das von vielen hochgelobte Keesmann-Pils aus Bamberg. Sehr beliebt sind hier übrigens die selbstgemachte Pizza und die üppige Hausmacher Platte.

TIPP: Hausmacher Platte

BIER

Püls/Weismain: Helles, Kellerbier (vom Fass). Keesmann/Bamberg: Bamberger Herren Pils (vom Fass). Löwenbräu/München: Alkoholfreies.

KÜCHE

Fränkische Brotzeiten. Täglich kleine Karte mit warmen Gerichten. Spezialitäten: Selbstgemachte Pizza, Haxen, Schäuferla.

PLÄTZE (außen/regensicher)

270/120

ANSCHRIFT

Zum Sportplatz 1
96129 Wernsdorf
Tel.: 09543-3042

ÖFFNUNGSZEITEN

Täglich ab 16 Uhr
Kein Ruhetag
Bei schlechtem Wetter geschlossen

Symbolerklärung s. vordere Klappe

Gasthof Schiller

WWW.SCHILLER-WERNSDORF.DE   **GPS: 49°51'31" N / 11°00'25" E**

AM ANFANG WAR DER BIERGARTEN

So oder so ähnlich lautet die Geschichte von Wernsdorf. Die ersten Gebäude, die man errichtete, waren das Schloss und der Gasthof Schiller. Heute verfügt der Gasthof über einen weitläufigen, schönen Biergarten mit drei Pavillons. Die mächtigen Kastanienbäume können fast 400 Jahre Geschichte erzählen. Nicht nur die Ortsansässigen geniessen fränkische Klassiker von Schäuferla über Schweinshaxe bis zur eingeschnittenen Wurst mit Musik. Währenddessen können sich die kleinen Gäste auf dem Spielplatz (ab 2010 mit großem Wikinger-Schiff) austoben oder im Kleintiergehege Hasen, Fasane und andere Vögel beobachten.

BIER

St. Georgen Bräu/Buttenheim: Keller, Pils, Hefeweizen (alles vom Fass), Alkoholfreies. Schneider/Kelheim: Weisse. Erdinger: Alkoholfreies Weizen. Schlenkerla/Bamberg: Rauchbier.

KÜCHE

Hausmacher Brotzeiten. Täglich kleine Karte mit warmen Gerichten. Spezialitäten: Zwetschgenbammes, Schäuferla, wechselndes Tagesgericht, wie z. B. Bohnakern, heißer selbstgeräucherter Schinken, verschiedene Bräten (So), Schlachtschüssel (Termin bitte erfragen).

PLÄTZE (außen/regensicher)

450/240

ANSCHRIFT

Amlingstadter Straße 14
96129 Wernsdorf
Tel.: 09543-44020

ÖFFNUNGSZEITEN

Täglich ab 11.30 Uhr
Montag Ruhetag
Biergarten bei schönem Wetter auch montags geöffnet

TIPP: Apfelküchla mit Vanilleeis

 975, 980 Wernsdorf, Strullendorf

Brauerei-Gasthof Hellmuth

WWW.GASTHAUS-HELLMUTH.DE GPS: 50°05'46" N / 10°57'17" E

EIN VIERTEL JAHRTAUSEND BIER ...

Das gibt es in der sympathischen kleinen Brauerei in Wiesen. Besonders beliebt (und berüchtigt): Der Eierberg Urstoff. Dieses Bier wurde schon erfolgreich bis in die Oberpfalz exportiert – der Exportversuch nach England scheiterte am fehlenden Platz im Gäste-Auto. Die Brotzeiten sind dank eigener Hausschlachtung hervorragend, vor allem aber eine optische Augenweide: Simone Hellmuth aus der aktuellen Nachwuchsgeneration lernte beim chinesischen Weltmeister Xiang Wang das Früchte- und Gemüseschnitzen. Gut, dass man Bier nicht schneiden kann ...

BIER

Eigene Brauerei: Eierberg Urstoff (unfiltriert), Wiesner Weiße (Weißbier, Apr. bis Nov.) (beides vom Fass).

KÜCHE

Hausmacher Brotzeiten. Täglich große Karte mit warmen Gerichten. Spezialitäten: Hausmacher Brotzeiten, Grillspezialitäten, Bauernschnitzel.

PLÄTZE (außen/regensicher)

30/150

ANSCHRIFT

Wiesen 14
96231 Bad Staffelstein
Tel.: 09573-4395

ÖFFNUNGSZEITEN

Anfang März bis Ende Okt.:
Täglich ab 11 Uhr
Montag Ruhetag
(Wenn Montag Feiertag, dann Donnerstag Ruhetag)
Anfang Nov. bis Ende Feb.:
Täglich ab 16 Uhr
Sa, So und Feiertage ab 11 Uhr
Montag Ruhetag
(Wenn Montag Feiertag, dann Donnerstag Ruhetag)

TIPP: Spezialitäten vom Grill

Symbolerklärung s. vordere Klappe

Brauerei-Gasthof Thomann

WWW.GASTHAUS-THOMANN.DE **GPS: 50°05'46" N / 10°57'17" E**

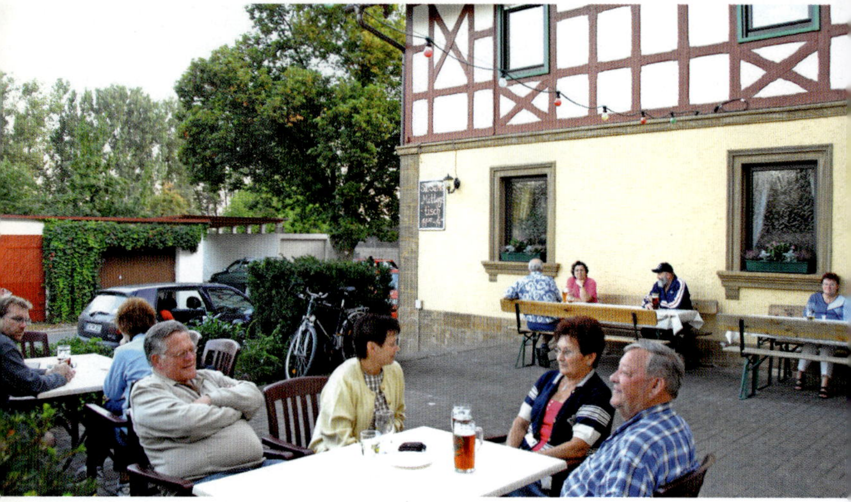

BIER

Eigene Brauerei: Dunkles Lager, Hefeweizen (beides vom Fass).

KÜCHE

Hausmacher Brotzeiten. Täglich mittelgroße Karte mit warmen Gerichten. Spezialitäten: Gemischte Bauernplatte, Schweinebraten, Sauerbraten, Rouladen.

PLÄTZE (außen/regensicher)

40/120

ANSCHRIFT

Altmainstraße 5
96231 Bad Staffelstein-Wiesen
Tel.: 09573-5296

ÖFFNUNGSZEITEN

Sa bis Mo und Feiertage ab 11 Uhr
Do und Fr ab 16 Uhr
Dienstag und Mittwoch Ruhetag

WO DIE WURST NOCH EINE WURST IST

Bei Familie Thomann wird Handarbeit noch groß geschrieben - vom süffigen, dunklen Lagerbier bis zu den Brotzeiten stammt alles aus dem Hause selbst. Braumeister Alfons Thomann und sein Bier sind beide gleichermaßen berühmt und berüchtigt, im Sommer zaubert er zudem sein „Chef"-Weizen. Übrigens: Wäre Wiesen eigenständig, würde es sogar Aufseß aus dem Guiness-Buch verdrängen: Eine Brauerei kommt hier auf ca. 150 Einwohner!

TIPP: Dunkles Lagerbier

Gasthaus Gerner & Stöcklein

WWW.GERNER-STOECKLEIN.DE   GPS: 49°57′45″ N / 10°59′50″ E

GUT AUSGEKLÜGELT

Einer der am liebevollsten angelegten Biergärten, die wir gesehen haben. Überall hängen kleine Windspiele herum, sichtbar mit Plan wachsen hier und da die unterschiedlichsten Pflanzen aus Ritzen und Kübeln, im hinteren Teil ein Holzbrunnen. Dazu ein wirklich schöner Spielplatz und ein Kuhstall, der immer für Unterhaltung sorgt. Zur Kirchweih drängen sich die Stammgäste bei gegrilltem Fisch und hausgemachten Bratwürsten im Biergarten und lassen das Bamberger Mahr's Pils durch die Kehlen rinnen.

TOP-TIPP für Familien
mehr S. 12

BIER

Mahr/Bamberg: Lager, Pils, Hefeweizen (alles vom Fass). Paulaner/München: Alkoholfreies.

KÜCHE

Hausmacher Brotzeiten. Täglich kleine Karte mit warmen Gerichten. Spezialitäten: Selbstgemachte Pizza, Backofenhähnchen, Wiener Schnitzel mit Pommes Frites, Räucherbauch, Kellerplatte.

PLÄTZE (außen/regensicher)

400/280

ANSCHRIFT

Lindenallee 9
96110 Wiesengiech
Tel.: 09542-8234

ÖFFNUNGSZEITEN

Täglich ab 17 Uhr
So und Feiertage ab 15 Uhr
Kein Ruhetag
Bei schlechtem Wetter Dienstag Ruhetag

TIPP: Räucherbauch

Symbolerklärung s. vordere Klappe

Kuchenmühle

GPS: 49°49'23" N / 11°17'01" E

SO SIEHT FRÄNKISCHE SCHWEIZ AUS

Idyllisch direkt am Flüsschen Aufsess liegt die alte Kuchenmühle. Hier - inmitten der ältesten Luftkurecke der Region - fühlt man sich auf Anhieb pudelwohl. Romantik und Idylle geben sich die Hand. Dadurch, dass es hier schon eine so lange touristische Tradition gibt, trifft man auch nicht mehr den üblichen verträumten Landgasthof an. Es geht schon etwas professioneller zu, auch im Preis und der Flexibilität der Küche. Die Kuchenmühle liegt übrigens optimal für einen erholsamen Spaziergang vor oder nach dem Essen.

BIER

Leikeim/Altenkunstadt: Pils, Hefeweizen (beides vom Fass). Kulmbacher: Mönchshof Kellerbier (vom Fass). Maisel/Bayreuth: Hefeweizen, Alkoholfreies Weizen, Zwickel.

KÜCHE

Fränkische Brotzeiten. Täglich mittelgroße Karte mit warmen Gerichten. Spezialitäten: Sauerbraten, Schäuferle, Forellen.

PLÄTZE (außen/regensicher)

120/100

ANSCHRIFT

Kuchenmühle 21
91346 Wiesenttal
Tel.: 09196-377

ÖFFNUNGSZEITEN

Täglich ab 10 Uhr
Kein Ruhetag

TIPP: Sauerbraten

Kellerwaldschänke

WWW.BIER.BY

TOP-TIPP für Familien
mehr S. 12

GPS: 49°44'34" N / 10°57'45" E

FELSENKELLER FÜR KINDER

Seit Januar 2007 wieder fest in der Hand der Inhaberfamilie Lunz. Der über 100-jährige Felsenkeller hat eine Auszeichnung für die Kinderfreundlichkeit erhalten. Der große und gut ausgestattete Spielplatz, die ruhige Lage am Waldrand und der schöne Ausblick machen die Kellerwaldschänke immer zu einem attraktiven Ziel oder Zwischenstopp bei einer Wanderung in der Gegend.

BIER

Greif/Forchheim: Kellerbier, Weizen, Radler (beides vom Fass). Paulaner/München: Alkoholfreies.

KÜCHE

Fränkische Brotzeiten. Täglich kleine Karte mit warmen Gerichten. Spezialitäten: Schäuferla, Schnitzel, Currywurst, Putensteak mit Kräuterbutter, Heringe (Fr), Makrelen (Fr), Forellen (Fr).

PLÄTZE (außen/regensicher)

1000/350

ANSCHRIFT

Willersdorf 273
91352 Hallerndorf
Tel.: 09195-3271 oder 0160-97993634

ÖFFNUNGSZEITEN

Mo bis Fr ab 16 Uhr
Sa ab 14 Uhr
So ab 11 Uhr
Kein Ruhetag
Bei schlechtem Wetter geschlossen

TIPP: Schäuferla

Symbolerklärung s. vordere Klappe

Gaststätte Wiesental

WWW.BIER.BY   **GPS: 50°02'10"N / 12°02'40"E**

DER KLASSIKER

Eigentlich nur als „Bei Schelters" bekannt, kann die Gaststätte auf eine breite Zahl an Stammkunden aus dem ganzen Landkreis zurückgreifen, die in steter Regelmäßigkeit in den kleinen Biergarten und die Gaststube strömen. Die ganze Familie des Metzgermeisters hilft mit, und das seit gut 50 Jahren. Bierpreis und Ausschank aus dem urigen Holzfass tun ihr Übriges – Schelters ist einfach Kult!

BIER

Lang/Schönbrunn: Pils (vom Holzfass). Nothhaft/Marktredwitz: Weizen. Hönicka/Wunsiedel: Weizen.

KÜCHE

Hausmacher Brotzeiten. Täglich kleine Karte mit warmen Gerichten. Spezialitäten: Ochs vom Grill, frischer hausgemachter Leberkäse, Schweinshaxen, angebratene Göttinger.

PLÄTZE (außen/regensicher)

50/60

ANSCHRIFT

Wintersreuth 11
95632 Wunsiedel
Tel.: 09232-3926

ÖFFNUNGSZEITEN

Täglich ab 15 Uhr
So und Feiertage ab 9 Uhr
Montag Ruhetag

TIPP: Büchsenfleisch, Sülze.

Bus 7602 Holenbrunn Sparkasse   **DB**

Ocker-Mühle

WWW.OCKERMUEHLE.DE

GPS: 50°06'31" N / 11°36'25" E

SIE FANGEN, FRED BRÄT

Nicht nur, dass ein Österreicher im oberfränkischen Oberland etwas Besonderes ist, nein, (Al) Fred Haslinger bietet einen ganz besonderen Service für genervte Angler und deren gestresste Ehefrauen. Nach dem Angelerfolg kann man die Beute direkt zur Ocker-Mühle bringen und Fred bereitet sie dann fachgerecht für den Angler und seine Gäste zu. Doch auch ohne frische Beute kann man hier immer einen guten Fang machen: Haslingers Forellen, Karpfen und Waller sind eine Leibspeise in der Region. Schön auch, dass man hier keine Speisekarte braucht, Fred kommt zu jedem Gast an den Tisch und berät bei der Essenswahl - das bedeutet natürlich auch, dass er nahezu alles, was man sich dann eben wünscht, bestens zubereiten kann. Besonderes Lob verdient die liebevoll garnierte Terrasse!

BIER

Kulmbacher: Pils (vom Fass), restliches Kulmbacher-Angebot aus der Flasche.

KÜCHE

Fränkische Brotzeiten. Täglich große Karte mit warmen Gerichten. Spezialitäten: Frische Fischgerichte, original Wiener Schnitzel.

PLÄTZE (außen/regensicher)

30/70

ANSCHRIFT

Am Lindenberg 6
95339 Wirsberg
Tel.: 09227-4891

ÖFFNUNGSZEITEN

Mi bis So ab 10 Uhr
Di ab 17 Uhr
Montag Ruhetag

TIPP: Geräuchterte gekochte Schweinshaxe

Kösseinehaus

WWW.BIER.BY   GPS: 49°59'16"N / 11°58'49"E

BIER

Hönicka/Wunsiedel: Pils, Landbier, Wonnesud, Hefeweizen (alles vom Fass), dunkles Weizen, leichtes Weizen, Zwickel.

KÜCHE

Fränkische Brotzeiten. Täglich mittelgroße Karte mit warmen Gerichten. Spezialitäten: Hausgemachte Sülze mit Bratkartoffeln, Erbseneintopf, Linseneintopf.

PLÄTZE (außen/regensicher)

80/120

ANSCHRIFT

Kösseinehaus 1
95632 Wunsiedel
Tel.: 09232-2061

ÖFFNUNGSZEITEN

Täglich ab 9 Uhr
Montag Ruhetag

DER GIPFEL

939 Meter über dem Meeresspiegel liegt der Gipfel der Kösseine, genau zwischen Franken und der Oberpfalz. Fast ganz oben steht das Kösseinehaus, erbaut 1903, und wartet auf Wanderer, die den kleinen Aufstieg hinter sich gebracht haben. Zufahrt mit Bus oder Pkw nur mit Ausnahmegenehmigung, die aber zum Beispiel für Hochzeiten oder Firmenfeste auch erteilt wird. Zurück am Tresen sind übrigens Christine und Peter Mulzer, die das Haus bereits von 1998 bis 2007 gepachtet hatten.

TIPP: Selbstgemachter Eintopf

Brauerei-Gasthof Hartmann

WWW.BRAUEREI-HARTMANN.DE | **GPS: 49°58'45" N / 11°05'26" E**

PURE TRADITION AM WÜRGAUER BERG

Welche Brauerei kann heutzutage schon noch mit einer eigenen Felsenquelle aufwarten? Hier entstehen daraus sehr wohlschmeckende Biere wie der berüchtigte „Felsentrunk" oder das tiefschwarze „Erbschänk". Letzteres hat seinen Namen von der über 450-jährigen Tradition der Brauerei am Berg. Ein weiteres Lob verdient auch die „Felsenweisse", die sich unter den großen Kastanien des Kellers vortrefflich genießen lässt. Für Fans gibt es Wildgerichte aus eigener Jagd, ansonsten ist auch das Braumeistersteak immer eine gute Wahl.

BIER

Eigene Brauerei: Felsentrunk, Edelpils, Erbschänk 1550 Schwarzbier, Felsenkeller naturtrüb, Vollbier hell, Felsenweisse, Bockbier dunkel (saisonal), Bockbier hell (saisonal) (alles vom Fass).

KÜCHE

Fränkische Brotzeiten. Täglich große Karte mit warmen Gerichten. Spezialitäten: Wildgerichte (aus eigener Jagd), Gerichte mit Bier, vegetarische Gerichte, lebend frische Fische, täglich frisches Hausgebäck, Bierbrand-Pralinen.

PLÄTZE (außen/regensicher)

150/280

ANSCHRIFT

Fränkische-Schweiz-Straße 26
96110 Würgau
Tel.: 09542-920300

ÖFFNUNGSZEITEN

Täglich ab 9 Uhr
Dienstag Ruhetag

TIPP: Hartmann's Bierbrand

Symbolerklärung s. vordere Klappe

Gasthof Drei Kronen

WWW.BIER.BY | **GPS: 50°01'15" N / 10°55'60"E**

BIER

Leikeim/Altenkunstadt: Landbier, Schwarzbier (beides vom Fass),Hefeweizen hell, Hefeweizen dunkel, Premiumpils, Landbier. Keesmann/Bamberg: Bamberger Herren-Pils. Fässla/Bamberg: Pils, Lager, Zwergla. Schlenkerla/Bamberg: Rauchbier.

KÜCHE

Hausmacher Brotzeiten. Täglich große Karte mit warmen Gerichten. Spezialitäten: Lebend frische Forellen und Saiblinge (im Sommer) in verschiedenen Variationen, Karpfen (im Winter), Schnitzel, Steaks, verschiedene Bräten.

PLÄTZE (außen/regensicher)

200/100

ANSCHRIFT

Hauptstraße 26
96199 Zapfendorf
Tel.: 09547-6239

ÖFFNUNGSZEITEN

Täglich 8 bis 14 Uhr und ab 17 Uhr (bei schönem Wetter Biergarten durchgehend geöffnet)
Sa, So und Feiertage ab 8 Uhr
Montag Ruhetag

SCHLACHTSCHÜSSEL UND RÄUBERTOPF

Schade, dass nach über 400 Jahren Brautradition die Brauerei Anfang des Jahrtausends geschlossen werden musste. Leider erging es ihr wie vielen anderen in Franken: Der Reformstau hätte große Investitionen mit sich gebracht, die die Inhaber nicht mehr schultern wollten und konnten. Beibehalten hat man aber die Schlachtschüsseltradition, die an jedem ersten Mittwoch im Monat hochgehalten wird. Im Biergarten steht übrigens ein Teil des Bamberger Röhrenbrunnens, der nicht einmal ein Jahr in der damals (1977) neuen Bamberger Fußgängerzone gestanden hatte. Eine schöne Erinnerung an einen der vielen Bamberger Schildbürgerstreiche.

TIPP: Räubertopf nach einem Geheimrezept

Waldsteinhaus

WWW.WALDSTEINHAUS.DE **GPS: 50°07'46"N / 11°51'06"E**

WO DER TEUFEL KARTEN SPIELT

Unterhalb der ehemaligen Raubritterburg „Rotes Schloss" steht das Waldsteinhaus. Hier kehren die Fans seit vielen Jahren regelmäßig ein, um nicht nur die gute Küche zu kosten, sondern auch die selbstgebackenen Kuchen von Frau Chefin. Im Biergarten hat man überwältigende Felsformationen im Blick, unter anderem auch den „Teufelstisch", auf dem der Sage nach die Teufel mit eisernen Karten spielen. Um die Ecke sind zudem das älteste erhaltene Jagddenkmal der Republik, der „Bärenfang" und die Quelle der fränkischen Saale. Tipp am Rande: Besuchen Sie die Waldstein-Festspiele (Rhythmus: zwei Jahre Festspiele, ein Jahr Pause). Es werden auf der Bühne des Waldsteinhauses historische Stücke rund um's Raubrittertum aufgeführt.

BIER

Kulmbacher: Mönchshof Kellerbier, Kapuziner Hefeweizen, Mönchshof Original (alles vom Fass), Kapuziner dunkles Weizen, Kapuziner Kristallweizen, Kapuziner leichtes Weizen, Kapuziner alkoholfreies Weizen.

KÜCHE

Fränkische Brotzeiten. Täglich große Karte mit warmen Gerichten. Spezialitäten: Schäuferle mit Klößen und Kraut, Hirschbraten, Hirschmedaillons, Bärenfängersteak.

PLÄTZE (außen/regensicher)

200/160

ANSCHRIFT

Waldstein 1
95239 Zell
Tel.: 09257-264

ÖFFNUNGSZEITEN

Täglich ab 9 Uhr
Apr. bis Dez. Dienstag Ruhetag
Jan. bis März Montag und Dienstag Ruhetag

TIPP: Schäuferle, Waldsteinteller

Gasthof zum Waldstein

WWW.GASTHOF-ZUM-WALDSTEIN.DE **GPS: 50°08'01" N / 11°49'15" E**

BIER

Kulmbacher: Pils, Helles, Hefeweizen (vom Fass), Mönchshof Schwarzbier, Mönchshof Kellerbier, Kapuziner Hefeweizen leicht, Kapuziner Hefeweizen schwarz, Kapuziner Hefeweizen alkoholfrei.

KÜCHE

Hausmacher Brotzeiten. Täglich große Karte mit warmen Gerichten. Spezialitäten: Wolken-Stierer-Pfännchen, Pilzgerichte, saisonale Gerichte.

PLÄTZE (außen/regensicher)

24/80

ANSCHRIFT

Marktplatz 16
95239 Zell im Fichtelgebirge
Tel.: 09257-501

ÖFFNUNGSZEITEN

Täglich ab 7 Uhr
Mittwoch Ruhetag

KAUM ZU ÜBERSEHEN

In knalligem Gelb mit rosa Beblumung steht er inmitten des Dörfchens Zell im Fichtelgebirge. Der Gasthof zum Waldstein ist gleichzeitig Anlaufpunkt für Einheimische wie Durchreisende. Seit Generationen hat man es sich hier zur Aufgabe gemacht, Gäste mit gutbürgerlichen, fränkischen Schmankerln und einheimischen Bieren zu verwöhnen. Die Speisekarte macht auf jeden Fall durch Gerichte mit außergewöhnlichen Namen neugierig. Zum Ausspannen bieten die nahegelegenen Wiesen und Wälder die beste Gelegenheit. Auch ein Fußmarsch zur Saale-Quelle oder auf den Waldstein ist nur zu empfehlen. Übrigens, Biker sind hier herzlich willkommen.

TIPP: Irmgards Appetitbrot

Gasthof Rieneck

WWW.GASTHOF-RIENECK.DE **GPS: 49°58'01" N / 10°55'38" E**

DER FISCH-BIERGARTEN

Bei Familie Reitz stehen die Zeichen auf Fisch: Karpfen, Forelle, Lachs, Zander, Rotbarsch & Co. landen abwechselnd in Ofen, Pfanne und Friteuse, um den Gästen den Appetit erst anzuregen und dann für Sättigung zu sorgen. Karpfen und Forelle stammen dabei aus eigenem Bassin. Ein großer, liebevoll gestalteter Spielplatz macht den Biergarten auch für Familien attraktiv, also ein Muss, wenn man in der Nähe auf Wandertour ist.

BIER

Mahr/Bamberg: Pils, Ungespundetes (beides vom Fass), Hefeweizen. Löwenbräu/München: Alkoholfreies.

KÜCHE

Hausmacher Brotzeiten. Täglich große Karte mit warmen Gerichten. Sa, So und Feiertage Mittagstisch. Spezialitäten: Rumpsteak, Wild (aus der Umgebung), Lendchenspieß, Karpfen und Forellen (saisonal) aus eigenem Bassin.

PLÄTZE (außen/regensicher)

200/150

ANSCHRIFT

Hauptstraße 36
96149 Breitengüßbach-Zückshut
Tel.: 09544-2446

ÖFFNUNGSZEITEN

Mo bis Fr ab 14.30 Uhr
Sa, So und Feiertage ab 10 Uhr
Mittwoch Ruhetag

TIPP: Zückshuter Zwiebelsteak

A3

Kitzingen

A3

523

NEU! Fürs Smartphone...
BIERGARTEN QUICKFINDER
Bier-App.de

462

Neustadt 496

Mittelfra

497-509

A7

Rothenburg o. d. T.

VGN

398

402

455

Ansbach

Altmühl

458

Willkommen in Mittelfranken

Eine ausführliche Rubrikein-
leitung sowie eine Zuordnung
der Punkte zum jeweiligen Ort
finden Sie auf der folgenden
Doppelseite.

(Komplettes Ortsverzeichnis: Seite 666)

526

519

524

Gunzenhausen

536
539

400

DB

ⓧ Bierkeller oder Biergarten

Zahl entspricht der Seite im Buch

Pegnitz

451
541 442
533
454 540
öchstadt 441
518
525 460
486 393
456 395
Erlangen
485 396
431 407-413 452
487 449 461
437 444-447
Herzogen-
aurach 397
418-421
401
Fürth
399 463-484
545-549
459
538
Schwabach 513-515
434 510
448
Roth

Forchheim

488
511
537 528
438
416 435-436
394
Hersbruck 432-433 **B14**
405

→ **A3**

B8

A6

B14	Bundesstraße
A3	Autobahn
DB	Bahnlinie

527
489 457
520 516-517
443 430 423-425
390-392
426-429 453 490-491 494-495 492
403-404
B13
B2
A9

Weißenburg
493 529-530
534-535
522 542 521

→

Alle Daten jetzt auch online:
Bier.BY
BIERKULTUR ERLEBEN

Ortsverzeichnis zur Karte auf der vorangehenden Doppelseite

Ein komplettes Ortsverzeichnis mit allen Biergartennamen finden Sie ab Seite 666

Das Herz der Metropolregion

Hauptstadt des bevölkerungsreichsten fränkischen Regierungsbezirkes ist zwar offiziell die 40.000-Einwohner-Stadt Ansbach, aber der Ballungsraum Nürnberg/ Fürth/Erlangen/Schwabach bildet in vielerlei Hinsicht den wahren Mittelpunkt der Region. Allerdings hat der Südwesten durch den Bau des Fränkischen Seenlandes erheblich an Bedeutung und Attraktivität gewonnen. So pendelt das Leben hier zwischen der hektischen Arbeitswelt in der Großstadt und dem touristischen Treiben im Seenland und der Fränkischen und der Hersbrucker Schweiz. Bei der Gebietsreform 1972 ging Eichstätt an Oberbayern verloren, womit auch die eigentlich fränkische Traditionsbrauerei Gutmann nach Bayern gekommen ist.

Neben dem Bier schlägt das Herz der Mittelfranken meist entweder für den „Club", den 1. FC Nürnberg, oder für das „Kleeblatt", die SpVgg Greuther Fürth. Der eine pendelt unermüdlich zwischen Liga eins und zwei, die anderen scheinen unaufsteigbar. Klar, dass es hier immer wieder hitzige Diskussionen um diese Glaubensfrage gibt. Mit einem guten Beispiel voran geht hier die Tucher Bräu mit ihrem Zweistädtesudhaus, das genau auf der Grenze zwischen Nürnberg und Fürth steht. In Nürnberg selbst kann man beispielsweise im Altstadthof ein vorbildliches Ensemble aus Gasthausbrauerei (Bio), Brennerei und Veranstaltungs-Location erkunden. Am besten, Sie nehmen sich die Zeit und steigen auch einmal in die Katakomben hinunter, in denen auch heute noch Bier gelagert wird.

In Sachen Bierkeller und Biergärten kann Mittelfranken noch mit so manchem Klassiker aufwarten. Da ist beispielsweise der Hans-Gruber-Keller in Spalt, der wie eine kulinarische Aussichtsplattform über der 1.200 Jahre alten Stadt und ihren Hopfengärten thront. Oder der Araunerskeller in Weißenburg, wohl das letzte fränkische Bieridyll vor der Grenze zu Oberbayern. Besonders erwähnt sei noch Hersbruck und seine Gegend, denn durch die Philosophie als Cittàslow dreht sich hier auch das gastronomische Rad deutlich langsamer und statt Döner und Cola gibt's eben Radler und Brotzeit in Kratzers Biergarten.

Symbolerklärung s. vordere Klappe

ONLINE AUF WWW. Bier.BY

Landgasthaus Jägerhof

WWW.JAEGERHOF-ABSBERG.DE **GPS: 49°08'43" N / 10°53'00" E**

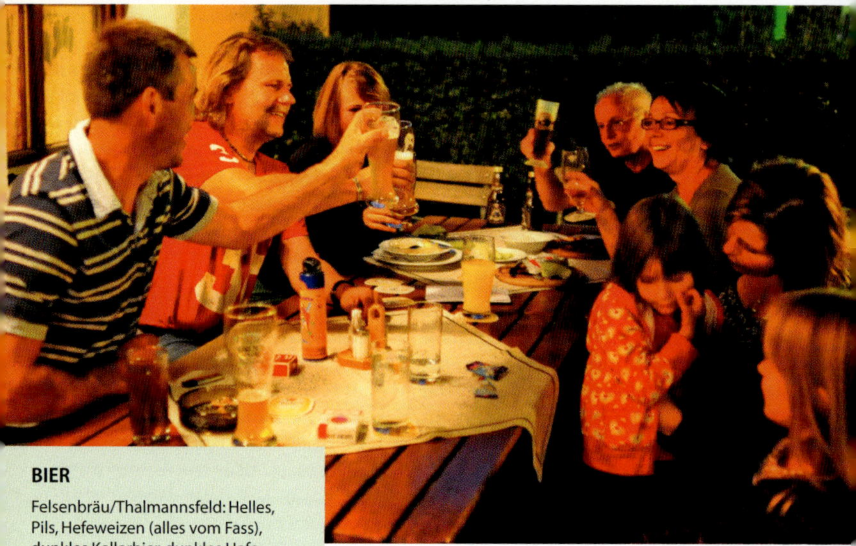

BIER

Felsenbräu/Thalmannsfeld: Helles, Pils, Hefeweizen (alles vom Fass), dunkles Kellerbier, dunkles Hefe, leichtes Weizen, alkoholfreies Weizen, Alkoholfreies.

KÜCHE

Fränkische Brotzeiten. Täglich große Karte mit warmen Gerichten. Spezialitäten: Gekochte Rinderbrust mit Meerrettich, Schäuferle, Brotzeitteller, grobe Bratwürste mit Sauerkraut.

PLÄTZE (außen/regensicher)

35/120

ANSCHRIFT

Deutschordenstraße 4
91720 Absberg am Brombachsee
Tel.: 09175-865

ÖFFNUNGSZEITEN

Täglich ab 11 Uhr
Mittwoch Ruhetag

JÄGERHOF OHNE JÄGER

Hier ist ausnahmsweise mal nicht der Beruf eines Vorbesitzers, sondern der Name der Familie Grund für den urigen Hausnamen. Chefin Berta Jäger steht hinter dem Herd und verblüfft die Gäste mit ihren feinen Kreationen (die ihr schon zum zweiten Mal eine Silbermedaille beim Wettbewerb Bayerische Küche eingebracht haben). Besondere Erwähnung muss auch die hauseigene Schnapsbrennerei finden, deren Liköre und Brände ein wahrer Hochgenuss sind. Prost!

TIPP: Hausbrände und -liköre

Bus 621 Absberg Marktplatz

Landgasthaus „Zur Linde"

WWW.PENSION-IGELSBACH.DE   **GPS: 49°09'34" N / 10°51'07" E**

IDYLLISCHER GEHEIMTIPP

Der große Tourismus ist bisher glücklicherweise am Landgasthaus Linde ein bisschen vorbeigefahren, was ihm aber den Charme und die Liebenswürdigkeit bewahrt hat, die an anderen Orten deutlich abhanden gekommen sind. Hier stimmt einfach alles noch. Selbstgebackenes Brot, Familienrezepte, ein naturbewusster Biergarten. Wir sind sicher: Sie werden wieder kommen!

BIER

Spalter: Helles (vom Fass), Pils. Gutmann/Titting: Weizen. Löwenbräu/München: Alkoholfreies.

KÜCHE

Hausmacher Brotzeiten. Täglich mittelgroße Karte mit warmen Gerichten. Spezialitäten: Bauernbrotzeiten, deftige, fränkische Küche, selbstgebackenes Bauernbrot.

PLÄTZE (außen/regensicher)

32/80

ANSCHRIFT

Igelsbach 26
91720 Absberg am Brombachsee
Tel.: 09837-274

ÖFFNUNGSZEITEN

Mo bis Mi 9 bis 14 Uhr und ab 17 Uhr
Fr bis So ab 9 Uhr
Ostern bis Ende Okt. Do Ruhetag
Anfang Nov. bis Ostern Mittwoch
und Donnerstag Ruhetag

TIPP: Bauernbrotzeiten

 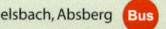

Gaststätte Seeblick-Stüberl

WWW.SEEBLICK-STÜBERL.DE 　　　　**GPS: 49°08'31" N / 10°52'29" E**

BIER

Tucher/Fürth: Pils, Zirndorfer, Weizen (alles vom Fass), dunkles Weizen, Kristallweizen, leichtes Weizen, alkoholfreies Weizen, Alkoholfreies. Spalter: Helles. Gutmann/Titting: Weizen. Erdinger: Weizen, alkoholfreies Weizen.

KÜCHE

Fränkische Brotzeiten. Täglich mittelgroße Karte mit warmen Gerichten. Spezialitäten: Schäuferle mit Kloß und Salat, fränkische Bratwürste, gesulzte Bratwürste, Wurstsalat, Grillbuffet (im Sommer mittwochs ab 18 Uhr).

PLÄTZE (außen/regensicher)

100/140

ANSCHRIFT

Grausenbuck 23
91720 Absberg am kl. Brombachsee
Tel.: 09175-1832

ÖFFNUNGSZEITEN

Ostern bis Ende Okt.
Täglich ab 9 Uhr
Anfang Nov. bis Ostern geschlossen
(Bei schönem Wetter in dieser Zeit
Sonntag nachmittags für Kaffee und
Kuchen geöffnet)

VON SEEBLICK UND LICHTBLICK

Wie vielerorts am neuen Seenland versuchten auch hier so manche ihr Glück mit mäßigem Erfolg, doch als vor einigen Jahren Gudrun Eiden das Ruder übernahm, wandelte sich der Seeblick zum Lichtblick und auch die Gäste sind wieder zahlreich anzutreffen. Wie es sich für die alteingesessene Metzgers- und Gastwirtsfamilie (ehedem Betreiber der Schlachthofkantine Ansbach!) gehört, ist das meiste aus dem Angebot hausgemacht, lecker auch die Hauspizza, die hier ausnahmsweise einmal Erwähnung finden soll.

TIPP: Hausgemachte Pizza

Zur Ludwigshöhe - Adlitzer Biergarten

WWW.ADLITZER-BIERGARTEN.DE   GPS: 49°37'46"N / 11°03'51"E

DER NUSSBAUMKELLER

Man hat den Eindruck, die gesamte Fränkische Schweiz wäre im Blickfeld. Auf zwei Etagen unter alten, schattigen Walnussbäumen sitzt es sich so schön - mitten im Schoß der Natur. Speisen und Getränke gibt's über die Straße im Gasthaus „Zur Ludwigshöhe". Inhaber Kunzmann kommt erst etwas ruppig, taut dann aber schnell auf und hat viel zu erzählen. Übrigens einer der wenigen Biergärten, in dem wir das Spitzenbier der Brauerei Meister aus Unterzaunsbach gefunden haben.

BIER

Tucher/Fürth: Helles, Pils, Weizen (alles vom Fass). Meister/Unterzaunsbach: Zaunsbacher Meisterbräu (vom Fass).

KÜCHE

Hausmacher Brotzeiten. Täglich große Karte mit warmen Gerichten. Spezialitäten: Frisches Adlitzer Wild, Karpfen und Forellen aus eigenen Gewässern, Lamm aus eigener Zucht.

PLÄTZE (außen/regensicher)

250/120

ANSCHRIFT

Adlitz 12
91080 Marloffstein
Tel.: 09131-52929

ÖFFNUNGSZEITEN

Täglich ab 11 Uhr
Donnerstag Ruhetag
(an Feiertagen geöffnet)

TIPP: Dienstags Bohnenkerne mit Kloß und Bauch

Symbolerklärung s. vordere Klappe

Gasthaus Scharrer in Altensittenbach

WWW.BIER.BY
GPS: 49°30'30" N / 11°24'39" E

DIE RANCH

BIER

Hausmacher Brotzeiten. Täglich mittelgroße Karte mit warmen Gerichten. Spezialitäten: Schlachtschüssel (Do), verschiedene Bräten (So), Schaschlik, Brotzeitteller, geräucherter Schinken, Pressack.

KÜCHE

Hausmacher Brotzeiten. Täglich mittelgroße Karte mit warmen Gerichten. Spezialitäten: Schlachtschüssel (Do), verschiedene Bräten (So), Schaschlik, Brotzeitteller, geräucherter Schinken, Pressack.

PLÄTZE (außen/regensicher)

200/280

ANSCHRIFT

Nürnberger Straße 114
91217 Hersbruck-Altensittenbach
Tel.: 09151-6134

ÖFFNUNGSZEITEN

Täglich ab 9 Uhr
Mittwoch Ruhetag

Das ist der dritte Name des Gasthauses Scharrer, das nämlich auch einmal „Zum Hirschen" genannt wurde. Geblieben ist die Eigenschaft als Mittelpunkt Hersbrucks, in dem sich traditionell alle Vereine und Verbände treffen. Als Ranch bezeichnen die Scharrers und ihre Gäste den Biergarten, weil er im Blockhausstil mit unendlich viel Wild-West-Deko erbaut ist. Dazu gehören regelmäßige Live-Veranstaltungen und natürlich die große Kirchweih am dritten Augustwochenende.

TIPP: Geräucherter Schinken

Atzelsberger Restaurant Biergarten Erlebnis

WWW.ATZELSBERGER.DE GPS: 49°37'35" N / 11°02'25" E

DAS TIPI UNTER DEN BIERKELLERN

Hier vereinen sich Kinderphantasie und Männertraum – ein Bierkeller mit Wild-West-Feeling. Spätestens beim alljährlichen Atzelsberger Indianerfest verwandelt sich der große Biergarten nebst Wiese in ein großes Indianerlager - mitten in Franken. Doch auch sonst sind die idyllisch gelegenen Sechsertische unter vielen alten Nussbäumen einen Ausflug wert. Ein indianisches Gericht finden Sie immer auf der Karte! Wer kein Navigatiossystem hat, sollte aber zumindest Fährten lesen können - leicht zu finden ist der Atzelsberger nämlich nicht.

TOP-TIPP für Familien mehr S. 12

BIER

Kitzmann/Erlangen: Urhell, Kellerbier, Pils, Weizen (alles vom Fass). Clausthaler: Alkoholfreies. Schneider/Kelheim: Alkoholfreie Weiße.

KÜCHE

Fränkische Brotzeiten. Täglich große Karte mit warmen Gerichten. Spezialitäten: Sauerbraten (WE), Schäuferle (WE), Schnitzel, frische Haxen (ab 17 Uhr).

PLÄTZE (außen/regensicher)

240/120

ANSCHRIFT

Atzelsberg 4
91080 Marloffstein
Tel.: 09131-27361

ÖFFNUNGSZEITEN

Täglich ab 10 Uhr
Montag Ruhetag

TIPP: Schöne Wandermöglichkeiten

Symbolerklärung s. vordere Klappe

Gasthof zur Einkehr

WWW.GASTHOF-GUETHLEIN.DE   GPS: 49°35′25″N / 10°57′50″E

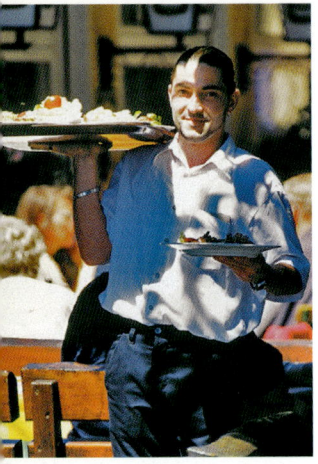

EINKEHR AM HAFEN

Büchenbach – einst auf Geheiß des Bamberger Dompropstes Heimat einer jüdischen Gemeinde und später des Erlanger Hafens, ist seit über 80 Jahren eingemeindet. Der Gasthof Güthlein bzw. Zur Einkehr ist einer der Mittelpunkte der Gemeinde, insbesondere zur Kirchweih, wenn der Innenhof geöffnet ist. Den Biergarten beschatten fünf mächtige Kastanienbäume, zwischen denen im Sommer auch immer der kinderliebe „Max" (der Hund der Familie) herumwuselt. Die Gerichte stammen aus eigener Metzgerei.

BIER

Kitzmann/Erlangen: Pils, Urhell, Zwickel, Hefeweizen (alles vom Fass), Leichtes. Clausthaler: Alkoholfreies.

KÜCHE

Hausmacher Brotzeiten. Täglich große Karte mit warmen Gerichten. Spezialitäten: Fränkische Schäuferle, Omas Schweinebraten, Güthleins Bratwürste.

PLÄTZE (außen/regensicher)

150/250

ANSCHRIFT

Dorfstraße 14
91056 Erlangen-Büchenbach
Tel.: 09131-7920

ÖFFNUNGSZEITEN

Täglich 9 bis 14 Uhr und ab 17 Uhr
So und Feiertage 11 bis 14 Uhr und
ab 17 Uhr
Kein Ruhetag

TIPP: Omas Schweinebraten

  286 Büchenbach Schule, Erlangen

Obstgärtla

WWW.OBSTGAERTLA.DE **GPS: 49°29'31" N / 10°55'01" E**

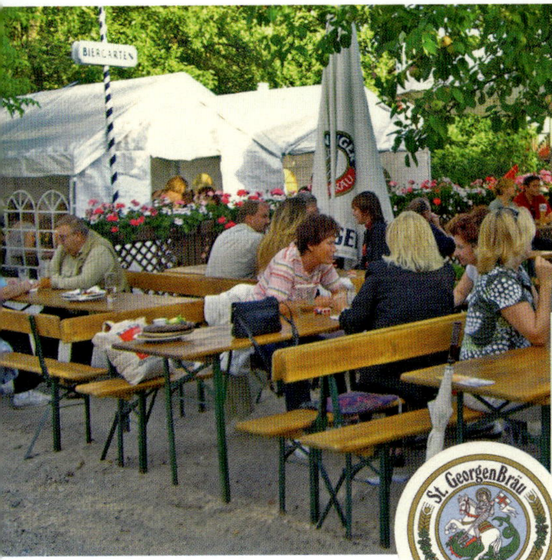

POWER-BIERGARTEN

Hier hat man wohl die größte Biervielfalt in ganz Bayern. Mehr als zehn verschiedene Biersorten freuen sich darauf, Ihren Durst zu stillen. Auch als Biergarten an sich ist das Obstgärtla eine echte Schau. Wie der Name schon sagt: Große Bäume überall, dazu ein schöner Spielplatz und viele kleine Hüttchen für die unterschiedlichsten Bedürfnisse der Gäste. Übrigens kann man hier auch perfekt seine Familienfeier abhalten - zwei „Hopfenhäusle" garantieren das Vergnügen auch bei schlechtem Wetter.

TIPP: Biervielfalt

BIER

Erdinger: Weizen (vom Fass), alkoholfreies Weizen. Rittmayer/Hallerndorf: Landbier hell (vom Fass). St. Georgen Bräu/Buttenheim: Kellerbier (vom Fass). Tucher/Fürth: Zirndorfer Landbier, Tucher Weizen (beides vom Fass). Krug/Breitenlesau: Lager Dunkel (vom Fass). Ammerndorfer: Dunkel (vom Fass). Wolfshöher: Radler (vom Fass). Gutmann/Titting: Helles Weizen, dunkles Weizen, leichtes Weizen.

KÜCHE

Hausmacher Brotzeiten. Täglich mittelgroße Karte mit warmen Gerichten. Spezialitäten: Ofenfrischer Schweinebraten, Schäuferle, Pfannenschnitzel mit hausgem. Kartoffelsalat.

PLÄTZE (außen/regensicher)

800/80

ANSCHRIFT

Breiter Steig 6
90768 Burgfarrnbach
Tel.: 0911-7568592

ÖFFNUNGSZEITEN

Täglich ab 11 Uhr, So und Feiertage ab 10 Uhr, Mo ab 17 Uhr
Bei schlechtem Wetter geschlossen

125, 172 Libellenweg, Fürth (Bayern) Burgfarrnbach Bus

Symbolerklärung s. vordere Klappe

ONLINE AUF WWW. Bier.BY

Burg Colmberg

WWW.BURG.COLMBERG.DE GPS: 49°21'38" N / 10°24'30" E

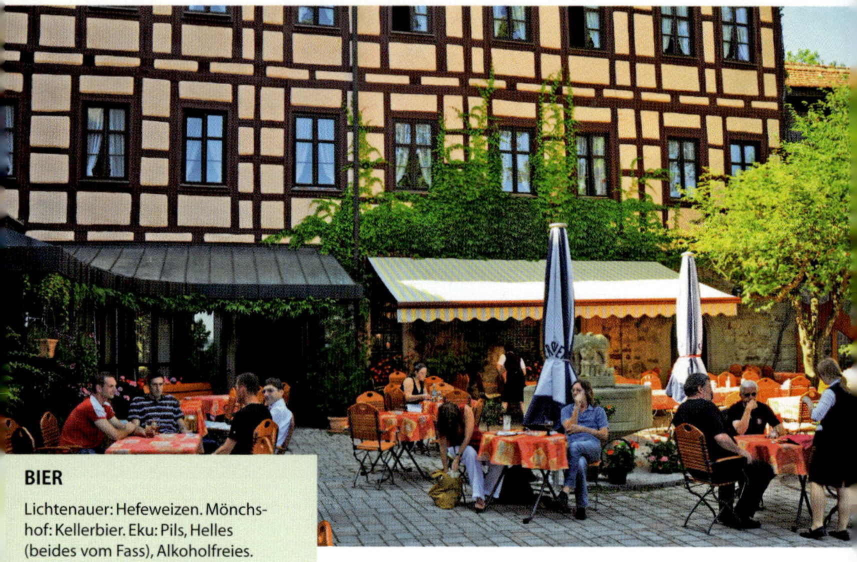

BIER

Lichtenauer: Hefeweizen. Mönchshof: Kellerbier. Eku: Pils, Helles (beides vom Fass), Alkoholfreies. Erdinger: Leichtes, Alkoholfreies. Mönchshof: Kapuziner Weizen.

KÜCHE

Fränkische Brotzeiten. Täglich große Karte mit warmen Gerichten. Spezialitäten: Burgherrenspieß, Wildspezialitäten aus eigenem Gatter, z. B. Wildschweinbraten, Hirschbraten.

PLÄTZE (außen/regensicher)

100/195

ANSCHRIFT

An der Burgstrasse
91598 Colmberg
Tel.: 09803- 91920

ÖFFNUNGSZEITEN

Täglich ab 7.30 Uhr
In den Wintermonaten Dienstag Ruhetag

AUF DER HOHENZOLLERNBURG

Der Biergarten inmitten der historischen Mauern der alten Burg Colmberg verlangt einen ca. fünfminütigen Fußweg. Der aber lohnt sich: Ein frisches Bier und die leckeren Wildspezialitäten aus der Küche von Familie Unbehauen entschädigen für jegliche Strapazen. Besonders beliebt ist das Schloß auch als Heiratslocation und für sein Ritteressen, das zum Beispiel für Geburtstagsfeierlichkeiten angeboten wird. Für Puristen empfiehlt sich allein schon der schöne Blick von den Burgmauern herunter.

TIPP: Burgherrenspieß

 Bus 731 Colmberg Rathaus

Schloss-Gaststätte Deberndorf

WWW.SCHLOSSGASTSTAETTE-DEBERNDORF.DE GPS: 49°26'22" N / 10°47'59" E

HEUTE OHNE SCHLOSS

Nachdem das Deberndorfer Schloss, ein Lustschlösschen aus dem Jahre 1761, schon 1870 wieder abgerissen wurde, steht die Schloss-Gaststätte nun ohne ihr Wahrzeichen da. Dafür hat sie ihren Inhaber und Küchenchef Michael Rögner, der aus seiner langen Zeit im Bauhof Cadolzburg weithin für seine Kochkünste bekannt ist. In seiner Küche spiegelt sich ein guter Kompromiss aus modern und traditionell, es schmeckt in jedem Fall vorzüglich.

TIPP: Steigerwälder Rehgulasch

BIER

Tucher/Fürth: Helles, Lederer Pils, Urfränkisch Dunkel, Tucher Weizen (alles vom Fass), Kellerbier, Zirndorfer Landweizen, leichtes Weizen, alko-holfreies Weizen. Jever: Alkoholfreies.

KÜCHE

Fränkische Brotzeiten. Täglich große Karte mit warmen Gerichten. Spezialitäten: Saisonale Gerichte, Zanderfilet in Rieslingsoße, Steigerwälder Rehgulasch, frische Steinpilze, Tafelspitz mit Meer-rettichsoße, gebratene Kalbsle-berscheiben mit Röstzwiebeln, Bratapfel und Stopfer.

PLÄTZE (außen/regensicher)

80/130

ANSCHRIFT

Freiherr-von-Diemar-Straße 3
90556 Cadolzburg
Tel.: 09103-8751

ÖFFNUNGSZEITEN

Täglich 11 bis 14.30 Uhr und ab
17.30 Uhr
So ab 11.30 Uhr
Montag und Dienstag Ruhetag

Brauereigaststätte Zum wilden Mann

WWW.WILDER-MANN-DINKELSBUEHL.DE   GPS: 49°04'11" N / 10°19'19" E

BIER

Hauff/Dinkelsbühl: Edelhell, Hefewei-
zen, Pils, Märzen (saisonal), Festbier
(saisonal), Weihnachtsbier (saisonal),
Dinkelator (saisonal) (alles vom
Fass), dunkles Hauff (Bier wie vor 100
Jahren), dunkles Weizen. Gutmann/
Titting: Leichtes Weizen, alkoholfreies
Weizen. Clausthaler: Alkoholfreies.

KÜCHE

Fränkische Brotzeiten. Täglich mittel-
große Karte mit warmen Gerichten.
Spezialitäten: Hausmacherplatte mit
Musik, Backsteinessen mit Rettich,
Schäuferle, Haxen, verfeinerte
Regionalküche, saure Nierle, saure
Lunge, selbstgemachter Käse (im
Glas).

PLÄTZE (außen/regensicher)

45/180

ANSCHRIFT

Wörnitzstraße 1
91550 Dinkelsbühl
Tel.: 09851-552525

ÖFFNUNGSZEITEN

Täglich 10 bis 14 Uhr und ab 18 Uhr
Sa, So und Feiertage ab 10 Uhr

ERST FREMD, DANN WILDFREMD UND NUN WILD

So lautet die Namensgeschichte der liebenswürdigen Brauereigaststätte direkt an der Wörnitz.
Vor dem Haupttor gelegen empfing die frühere
Herberge die fremden bzw. wildfremden Gäste,
die Dinkelsbühl besuchten. In barocken Zeiten
hieß das Haus dann nur noch „Zum wilden Mann".
1901 kaufte Friedrich Hauf, Gründer der gleichnamigen Brauerei, die Wirtschaft und machte sie zur
Brauereigaststätte. Ganz besonders schön ist der
kleine Biergartenableger vor dem Haus, direkt am
Fluss-Ufer. Eigentlich ein Pflichtbesuch, wenn Sie
nach Dinkelsbühl kommen.

Vor, während und nach dem Baden…

WWW.BIER.BY

…sollte man die Stärkung nicht vergessen. Das geht an den großen Seen **im Fränkischen Seenland** am besten und direktesten bei den jeweiligen Strand-Gastronomien mit klangvollen Namen wie Seestern, Arche oder Zweiseenplatz. Das Angebot ist mehr oder weniger identisch und auf die Bedürfnisse des klassischen Badegastes ausgerichtet. Meist gibt es wunderschöne Sonnenterrassen und liebevoll ausgestattete Kinderspielplätze.

Altmühlsee:

- Seezentrum Gunzenhausen-Schlungenhof
- Surfzentrum Gunzenhausen-Schlungenhof
- Seezentrum Muhr am See
- Seezentrum Gunzenhausen-Wald

Brombachsee:

- Badehalbinsel Absberg
- See-Camping Langlau u. Fremdenverkehrszentrum
- Freizeitanlage Seemeisterstelle Absberg
- Freizeitanlage Igelsbach
- Freizeitanlage Allmannsdorf
- Freizeitanlage Pleinfeld
- Freizeitanlage Ramsberger Strand

Rothsee:

- Erholungszentrum Birkach
- Erholungszentrum Grashof
- Seezentrum Heuberg

TOP-TIPP für Familien
mehr S. 12

Mehr infos siehe www.bier.by

Erlebniswegweiser Fränkisches Seenland jetzt im Buchhandel erhältlich! (mehr siehe Seite 672)

Unseren **Familien-Kompass** finden Sie auf den Seiten **12 bis 15**

401

Erlebnis Grüner Pfad

WWW.GRUENER-PFAD.DE   GPS: 49°19'55"N / 10°34'18"E

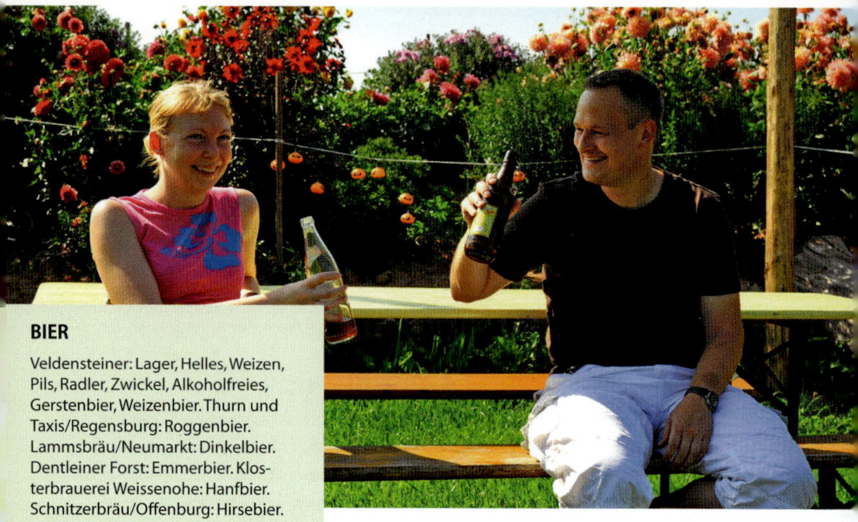

BIER

Veldensteiner: Lager, Helles, Weizen, Pils, Radler, Zwickel, Alkoholfreies, Gerstenbier, Weizenbier. Thurn und Taxis/Regensburg: Roggenbier. Lammsbräu/Neumarkt: Dinkelbier. Dentleiner Forst: Emmerbier. Klosterbrauerei Weissenohe: Hanfbier. Schnitzerbräu/Offenburg: Hirsebier.

KÜCHE

Fränkische Brotzeiten. Warmes Essen nur auf Vorbestellung für Gruppen. Spezialitäten: Geräucherte Ansbacher Bratwürste, Kopffleischsülze, selbstgebackene Kuchen und Schneeballen.

PLÄTZE (außen/regensicher)

30/130

ANSCHRIFT

Egloffswinden 23
(direkt an der Ortseinfahrt)
91522 Ansbach
Tel.: 0981-85783

ÖFFNUNGSZEITEN

2. Juli-WE bis Erntedank:
Sa und So ab 14 Uhr
Montag bis Freitag geschlossen
(für Gruppen nach Vereinbarung
auch unter der Woche geöffnet)
Rest des Jahres geschlossen

BIERPROBEN IM GETREIDEFELD

Mit Wilhelm Heubeck wird die Bierprobe zum Erlebnis. Bewaffnet mit einem kleinen Klapptisch und zahlreichen Weizen-, Gersten-, Roggen-, Dinkel-, Emmer-, Hanf- und Hirsebieren geht es dann mit den Besuchern ins Kornfeld. Davor oder danach kann man noch die Pflanzenschau „Grüner Pfad" besichtigen, die Namensgeber und Grund für den Biergarten ist. Über 100 verschiedene Pflanzensorten zeigen die Macher des mit dem Innovationspreis der bayerischen Land- und Forstwirtschaft dekorierten Naturpfades.

TIPP: Verschiedenste Getreidebiere

Ellinger Sommerkeller

WWW.ELLINGER-SOMMERKELLER.DE **GPS: 49°04'25" N / 10°58'31" E**

KELLER MIT AUSFAHRT

Zum Sommerkeller führt eine extra Abfahrt von der Bundesstraße, welcher Bierkeller kann das schon von sich behaupten? Doch die Verantwortlichen hatten recht: Hier sollte man auch mal gewesen sein. Wunderschön im Wald gelegen, mit einem großen Spielplatz und einem Streichelzoo ist der alte Sommer-Bierlagerkeller von 1870 auch bestens für Familien geeignet und einer der schönsten Plätze in der Region.

BIER

Schloßbräu Ellingen: Kellerbier, Dunkles Bier, Pils (alles vom Fass). Gutmann/Titting: Dunkles Hefeweizen, leichtes Hefeweizen, alkoholfreies Weizen.

KÜCHE

Fränkische Brotzeiten. Täglich große Karte mit warmen Gerichten. Spezialitäten: Schwabenschmaus, Schäuferle, Wiener Zwiebelrostbraten.

PLÄTZE (außen/regensicher)

300/275

ANSCHRIFT

Sommerkellerweg 1
91792 Ellingen
Tel.: 09141-874262

ÖFFNUNGSZEITEN

Täglich ab 10 Uhr
Von Mai bis Sep. Mittwoch Ruhetag
Von Okt. bis Apr. Montag und Dienstag Ruhetag

TIPP: Fränkisches Vesperbrett

Brauereigaststätte Schloßbräustübl

WWW.SCHLOSSBRAEUSTUEBL-ELLINGEN.DE GPS: 49°03′38″ N / 10°57′58″E

BIER

Eigene Brauerei: Schlossgold hell, Kellerbier, Schlossgold dunkel, Pils (alles vom Fass), Weizen hell, Weizen dunkel, leichtes Weizen, alkoholfreies Weizen, Fürst Carl Edelsud.

KÜCHE

Fränkische Brotzeiten. Täglich mittelgroße Karte mit warmen Gerichten. Spezialitäten: Fränkisches Schäuferle mit Knödel und Salat, Schweinebraten, Sauerbraten, Fränkische Bratwürste.

PLÄTZE (außen/regensicher)

150/160

ANSCHRIFT

Schlossstraße 6
91792 Ellingen
Tel.: 09141-70340

ÖFFNUNGSZEITEN

Täglich ab 10 Uhr
Montag Ruhetag

AUS EIMERN WURDEN KRÜGE

Gleich mit zwei schönen Biergärten kann das Schlossbräustübl aufwarten, in dem zu alten Zeiten das Bier noch in Eimern ausgeschenkt wurde, was heute selbstverständlich in Krügen passiert. Der eine liegt unter großen Kastanienbäumen auf der Ostseite des Hauses und verspricht auch viel Ruhe, der andere liegt auf der anderen Seite quasi im Schloss-Innenhof und ermöglicht einen schönen Blick auf die Fassade der Residenz und das geschäftige Treiben rund um das fürstliche Brauhaus, immerhin Bayerns einzig verbliebenes.

TIPP: Biergerichte aller Art

Ⓡ Ellingen (Bay.)

Landgasthof Weißes Lamm

WWW.HOTEL-WEISSESLAMM.DE **GPS: 49°28'19" N / 11°23'54" E**

AMBIENTE MIT HOCHZEITSMESSE

Im Hotel weißes Lamm setzt man auf Emotion. Alles ist mit viel Liebe zum Detail gestaltet und Familie Schwab grundsätzlich mit dem Herzen bei der Sache. Verständlich, dass sich das Hotel deswegen in den letzten Jahren zu einer beliebten Hochzeitslocation gewandelt hat und mittlerweile auch darauf spezialisiert ist. Das sieht man beispielsweise daran, dass hier jährlich sogar eine eigene Hochzeitsmesse stattfindet. Aus der Küche kommen auch urige Klassiker, wie das Engelthaler Gwerch oder die typischen Wildgerichte, aber auch Biergartengerichte wie hausgemachtes Dosenfleisch und andere Leckereien aus der eigenen Metzgerei.

BIER

Tucher/Fürth: Hefeweizen, Übersee, Pils (alles vom Fass), Altfranken Dunkel, Kellerbier, Hefeweizen Dunkel, Kristallweizen, alkoholfreies Weizen, Reiffbräu alkoholfreies.

KÜCHE

Hausmacher Brotzeiten. Täglich große Karte mit warmen Gerichten. Spezialitäten: Schäuferle, Wildgerichte, saisonale Gerichte (z. B. Spargel), Stadtwurst, Engelthaler Gwerch.

PLÄTZE (außen/regensicher)

90/300

ANSCHRIFT

Hauptstraße 24
91238 Engelthal
Tel.: 09158-929990

ÖFFNUNGSZEITEN

Täglich ab 8.30 Uhr
Di ab 17 Uhr
Montag Ruhetag

TIPP: Engelthaler Gwerch

Die Erlanger Biergeschichte

WWW.STEINBACH-BRAEU.DE

Oberhalb des Sudhauses der Steinbachbräu finden Bierfans seit 2010 ein ganz besonderes Highlight: Ein waschechtes Brauerei-museum. Hier werden nicht nur die Geschichte der Braukunst und der Werdegang des Bieres erklärt, sondern auch viele interessante Einzelheiten über die Erlanger Biergeschichte erzählt.

Über 20 Braustätten befanden sich der-einst in der Hugenottenstadt, darunter so klangvolle Namen wie Erich Bräu und Hofbräu. Deren Standorte kann man an-hand einer übersichtlichen interaktiven Karte genau nachvollziehen und dann auch die zugehörigen Bierdeckel und -krüge entdecken.

Absolut sehenswert ist auch das Berg-kirchweihpanorama das 1918 geborenen Hermann Seißler. Der Feinmechaniker und Siemens-Ingenieur schuf mit 88 Jahren ein mechanisches Ebenbild der Bergkerwa von 1925. Mit Karussell, Schiff-schaukel, Süßigkeitenbude und - natür-lich - dem Steinbachbräu-Keller. Der ist übrigens - dank der Umsicht der Vorfah-ren - noch immer in der Hand der Gewalts und damit seit Beginn der wiederaktivier-ten Braugeschichte einer der Garanten des Erfolges. Momentan müssen Sie sich für einen Museumsbesuch noch zuvor anmelden, in der Regel ist das aber dann alles schnell ermöglicht.

INFO

Vierzigmannstraße 4
91054 Erlangen
Telefon: 09131 - 8959-12
Fax: 09131 - 8959-22
eMail: gewalt@steinbach-braeu.de
Website: www.steinbach-braeu.de

Hausbrauerei Steinbach-Bräu

WWW.STEINBACH-BRAEU.DE GPS: 49°36'10" N / 11°00'18" E

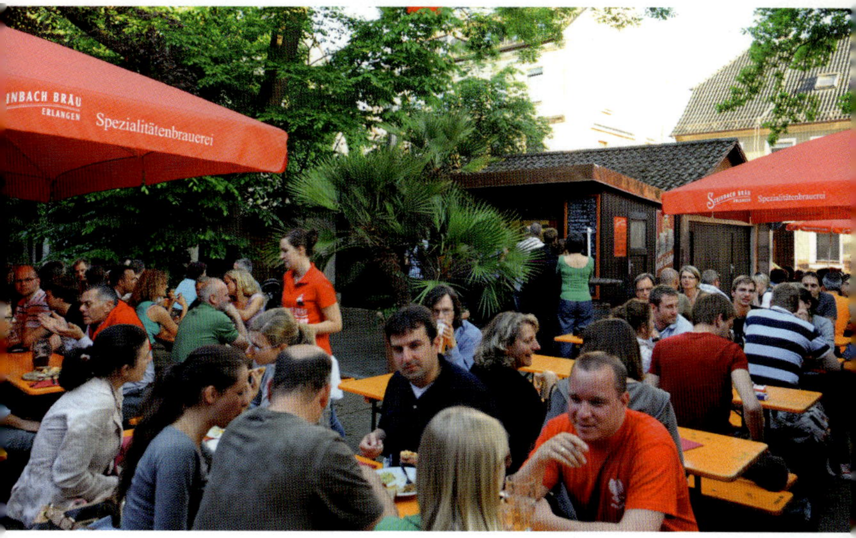

BESUCH AUF DEM DACH

Schon von weitem erkennt man das Anwesen der Gasthaus-Brauerei mit ihrem tollen Biergarten. Zumindest, wenn die jährlichen Gäste auf dem Dach eingetroffen sind. Dann nämlich nisten Störche in Erlangen, und zur Feier der Ankunft schenkt der Braumeister sein Storchenbier aus. Im Gastraum lässt sich Meister Adebar über eine Live-Kamera beim Schnäbeln zuschauen, während der Gast einen fränkischen Braten, Bratwürste oder eine Brotzeit auf dem Teller hat. Logisch, dass es auch bierige Gerichte gibt. Am besten hat uns das Bierkutschersteak geschmeckt.

TIPP: Fränkische Bratwürste mit Kraut

BIER

Eigene Brauerei: Storchenbier, ein wechselndes Bier (beides vom Fass).

KÜCHE

Fränkische Brotzeiten. Täglich mittelgroße Karte mit warmen Gerichten Spezialitäten: Fränkische Bratwürste mit Kraut, selbstgemachter Obatzter.

PLÄTZE (außen/regensicher)

200/150

ANSCHRIFT

Vierzigmannstraße 4
91054 Erlangen
Tel.: 09131-895915

ÖFFNUNGSZEITEN

Täglich ab 17 Uhr
Kein Ruhetag

DB VGN 203, 205, 287, 293 Erlangen Martin-Luther-Platz Bus

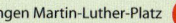

Symbolerklärung s. vordere Klappe

ONLINE AUF WWW. Bier.BY

Unicum

WWW.UNICUM-ERLANGEN.DE GPS: 49°35'44"N / 11°01'35"E

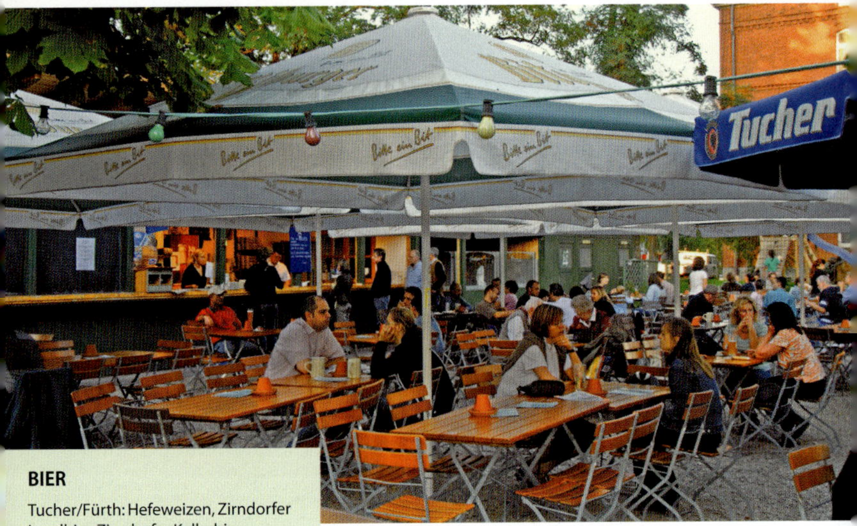

BIER

Tucher/Fürth: Hefeweizen, Zirndorfer Landbier, Zirndorfer Kellerbier (beides vom Fass). Bitburger: Pils (vom Fass). Köstritzer: Schwarzbier (vom Fass).

KÜCHE

Fränkische Brotzeiten. Täglich große Karte mit warmen Gerichten. Spezialitäten: Hausgemachte Pizza, Bratwürste.

PLÄTZE (außen/regensicher)

350/80

ANSCHRIFT

Carl-Thiersch-Straße 9
91052 Erlangen
Tel.: 09131-503480

ÖFFNUNGSZEITEN

Täglich ab 10.30 Uhr
Sa, So und Feiertage ab 12 Uhr
Kein Ruhetag
Bei schlechtem Wetter geschlossen

UNI-BIERGARTEN

Vor zehn Jahren verpachtete die Universität Erlangen das Gelände des Unicum an Erkki Böncke, Thomas Fischer und Norbert Dotzauer. Jahrzehnte zuvor diente es als US-Unteroffiziers-kasino und beherbergte unter anderem den legendären NCO-Club, in dem auch King Elvis auftrat. Davon ist heute nichts mehr zu spüren - das Unicum ist ein großer, baumbewachsener Biergarten, in dem die Erlanger gerne Curry-wurst, Schnitzel & Co. genießen. In einer Ecke ist ein Tucher-Weizenbiergarten eingerichtet.

TIPP: Currywurst

Bus 209, 284 Hartmannstr., Erlangen

VGN DB

Tiergarten Nürnberg

TOP-TIPP für Familien
mehr S. 12

WWW.TIERGARTEN.NUERNBERG.DE

Der weitläufige Tierpark präsentiert sich überraschend vielfältig mit zerklüftetem Sandstein, jahrhundertealten Bäumen und idyllischen Auen- und Weidelandschaften – jeder Schritt eine neue Perspektive!

Experten, allen voran Heinz Sielmann, zählen den Tiergarten Nürnberg zu den schönsten zoologischen Gärten Europas. Rund 2.000 Tiere mit 300 Arten aus aller Welt sind hier zu jeder Jahreszeit tierisch gut drauf. Wie auch die Großen Tümmler und Kalifornischen Seelöwen, die mit Spielfreude, Virtuosität und Gelehrigkeit Erlebnis pur im einzigen Delfinarium Süddeutschlands garantieren. Abwechslungsreiche und informative Vorstellungen geben faszinierende Einblicke in die Welt dieser vitalen Meeressäuger. Auch außerhalb der Vorführungen bieten große Unterwasser fenster Blickkontakt zu den beliebten Tümmlern.

Der Aquapark ist der beeindruckende Beweis, dass Wasser als natürlicher Lebensraum im Tiergarten eine große Rolle spielt. Die fünf weitläufigen Freigehege zählen zu den größten in Europa und beherbergen neben Kalifornischen Seelöwen, Pinguinen, Ottern und Bibern seit einigen Jahren auch wieder Eisbären. Tolle Eindrücke vermittelt der Unterwassergang mit einer Glaswand, durch die Sie die Tauchkünste der Pinguine oder die Eleganz der Seelöwen und Eisbären aus nächster Nähe beobachten können.

Tiergarten Nürnberg
Am Tiergarten 30, 90480 Nürnberg
Tel.: 0911 5454-6, Fax: 5454-802
eMail: tg@stadt.nuernberg.de
Internet: www.tiergarten.nuernberg.de

Öffnungszeiten:
Mitte März bis Anfang Oktober
8 bis 19.30 Uhr
Anfang Oktober bis Mitte März
9 bis 17 Uhr

Gasthaus Drei Linden

WWW.BIER.BY   GPS: 49°36'06" N / 10°59'16" E

BIER

Püls/Weismain: Pils, Keller, Weizen
(alles vom Fass). Kitzmann/Erlangen:
Leichtes Weizen, Zwickelbier, Bergkerwabier (saisonal).

KÜCHE

Hausmacher Brotzeiten. Täglich große Karte mit warmen Gerichten.
Spezialitäten: Verschiedene Schnitzel, Brotzeitplatte, Schlachtschüssel
(1. Mi im Monat), Spanferkel (1. Fr im
Monat), hausgemachte Pizza (Do).

PLÄTZE (außen/regensicher)

200/170

ANSCHRIFT

Alterlangerstraße 6
91056 Erlangen
Tel.: 09131-43885

ÖFFNUNGSZEITEN

Täglich ab 10 Uhr
Dienstag Ruhetag

ALTERLANGER TRADITION MIT METERSCHNITZEL

Etwas puristisch kommt er schon daher, der
Biergarten der Drei Linden in Alterlangen. Doch
sitzt man erst im Schatten der riesigen Linde,
vergisst man den Stadtrummel darumherum.
Chef Robert Krapp (daher der Zweitname „Gaststätte Krapp") ist Metzger, was den Gästen einmal im Monat Schlachtschüssel und jeden ersten Freitag im Monat feines Spanferkel bringt.
Das Schnitzel übrigens bringt es auf einen
Meter, weswegen es gerne als halbe Portion
gegessen wird.

TIPP: Riesenschnitzel

Forsthaus Dechsendorf

WWW.FORSTHAUS-DECHSENDORF.DE **GPS: 49°37'42" N / 10°57'24" E**

DEN SEE IM BLICK

Lange Zeit war es geschlossen, seit Mai 2006 können die Erlanger wieder ihren Kult-Biergarten am Dechsendorfer Weiher (mit Bademöglichkeit) besuchen. Das Erlanger Junggastronomentrio Gruber, Hubmann und Stürmer (u.a. Havanna Bar) wollen die Tradition mit der Moderne vereinen. So gibt es einerseits die fränkischen Klassiker von Tellersülze bis zu saurem Lüngerl oder schwarzem Fleisch, andererseits rollt am Samstagabend die mobile Cocktailbar des Havanna oder Galileo an - inkl. Rahmenprogramm (Zauberer/Feuerspucker etc.). Ein großer Abenteuerspielplatz rundet das Angebot ab.

BIER

Kulmbacher: Pils, Helles, Keller, Weißbier (alles vom Fass), dunkles Weißbier, leichtes Weizen, alkoholfreies Pils, alkoholfreies Weizen.

KÜCHE

Fränkische Brotzeiten. Täglich mittelgroße Karte mit warmen Gerichten. Spezialitäten: Verschiedene mediterrane Gerichte, frischer Fisch, hausgemachter Obatzter, hausgebackene Kuchen.

PLÄTZE (außen/regensicher)

350/90

ANSCHRIFT

Naturbadstraße 99
91056 Erlangen
Tel.: 09135-722060

ÖFFNUNGSZEITEN

Täglich ab 11.30 Uhr
Montag Ruhetag

TIPP: Barbecue-Abende (Do)

Symbolerklärung s. vordere Klappe

Gasthaus Biergarten „Am Röthelheim"

WWW.BIERGARTEN-AM-ROETHELHEIM.DE   GPS: 49°35'07" N / 11°00'52" E

BIER

Kitzmann/Erlangen: Zwickel, Weizen, Helles, Pils, Jubiläumsbier (saisonal), Kerwabier (saisonal) (alles vom Fass), Kitzmann Light. Schneider/Kelheim: Alkoholfreies Weißbier. Clausthaler: Edelherb.

KÜCHE

Fränkische Brotzeiten. Täglich große Karte mit warmen Gerichten. Spezialitäten: Frische Salate, Schweinelendchen, vegetarische Gerichte.

PLÄTZE (außen/regensicher)

250/110

ANSCHRIFT

Am Röthelheim 40
91052 Erlangen
Tel.: 09131-302060

ÖFFNUNGSZEITEN

Täglich ab 11 Uhr
Kein Ruhetag

DER WERKS-BIERGARTEN

Für die Siemensianer stellt der Biergarten am Röthelheim seit mehr als zehn Jahren eine willkommene Alternative zur Werkskantine dar (Der Renner: Currywurst oder blaue Zipfel), mittlerweile ist er sogar der sommerliche After-Work- bzw. Warm-Up-Biergarten für die abendliche Unternehmung. Doch auch für Familien und Senioren ist er eine beliebte Anlaufstelle. Letztere holen sich das Essen gerne für zuhause und bekommen einen Gratis-Wartekaffee. Das Erfolgsgastronomen-Duo Holger Nein und Thomas Lorz trifft nach wie vor den Nerv der Kunden, man ist hier also prinzipiell an der richtigen Adresse.

TIPP: Currywurst

Bus 287 Berliner Platz, Erlangen

Symbolerklärung s. vordere Klappe

Entla's Keller

WWW.ENTLAS-KELLER.DE　　　　　　　　**GPS: 49°36'30"N / 11°00'11"E**

DER KELLER MIT PHILOSOPHISCHEM ANSATZ

Allein die Entstehungsgeschichte ist eher ungewöhnlich, ENTLA, kommt nämlich von „endlich allein" – auf fränkisch: „entla alaa", so zumindest Inhaber Fritz Engelhardt. Der wiederum betreibt den 1686 entstandenen Bierkeller (damals Tauberkeller) nun in der dritten Generation und hat viel zu sagen. Der Keller des Vegetariers und Metzgers (!!!) soll ein Ort der Begegnung und des Miteinanders sein. Am wichtigsten ist ihm, dass sich eine möglichst bunte Mischung von Besuchern wohlfühlt. In den weitverzweigten Kellergewölben lagert übrigens nicht nur Bier, sondern auch hervorragender Emmentaler – Engelhardt holt als Mitglied des Alpsennvereins jedes Jahr einige große runde Köstlichkeiten nach Mittelfranken. Begossen wird insbesondere das erste und das letzte Bier des Jahres – Termine, die man nicht ungenutzt lassen sollte.

BIER

Kitzmann/Erlangen: Zwickel, Pils, Bergkerwabier (saisonal), Weizen (alles vom Fass). Jever: Alkoholfreies.

KÜCHE

Fränkische Brotzeiten. Täglich kleine Karte mit warmen Gerichten. Spezialitäten: Fränkische Ente, selbstgebackene Brezen, Holzofenbrot, Allgäuer Emmentaler, Ochs am Spieß (zur Bergkerwa).

PLÄTZE (außen/regensicher)

2400/600

ANSCHRIFT

An den Kellern 5-7
91054 Erlangen
Tel.: 09131-22100

ÖFFNUNGSZEITEN

Täglich ab 11 Uhr
Kein Ruhetag

TIPP: Fränkische Ente, Emmentaler

Die Bergkerwa

WWW.DER-BERG-RUFT.DE

Zur Bergkerwa macht die gesamte Erlanger Universität zwölf Tage blau (seit kurzem nicht mehr offiziell, was aber nichts geändert hat) – das sagt eigentlich schon alles. Was für die Kölner der Karneval, ist für die Erlanger der „Berch".

Start ist traditionell am Donnerstag vor Pfingsten mit dem Marsch von der Innenstadt zum Entla's Keller, wo pünktlich um 17 Uhr das erste Fass Kitzmann angestochen wird (natürlich vom Oberbürgermeister persönlich). Anschließend leeren alle Anwesenden gemeinsam das erste Fass – schließlich ist es Freibier (allerdings bekommt die Prominenz zuerst, weswegen bei Weitem nicht jeder durstige Bergbesucher eine Gratismaß erhält). Damit ist die Marschroute vorgegeben – die nächsten zehn Tage verlegen die meisten Erlanger ihren Wohnsitz auf den „Berch" (gemeint ist der Burgberg, auf dem bzw. in dem die Bierkeller liegen).

Nicht-Einheimische sollten unbedingt vorher die Straßenkarten und Busfahrpläne sondieren, denn auch auf das Verkehrswesen hat das ehemalige Schützenfest (2005 war es das 250.) einen nicht unbedeutenden Einfluss. Fast schon mit Tränen in den Augen begraben die Erlanger dann am letzten Abend das letzte Fass unter herzzerreißendem Getöse der anwesenden Blaskapellen (Lilly Marleen) und winken zum Abschied mit ihren Taschentüchern. Dieser Termin ist Pflichtprogramm für jeden ernsthaften Leser dieses Buches. Seien Sie also dabei, wenn es das nächste Mal heißt: „Der Berg ruft!"

Symbolerklärung s. vordere Klappe

Fuchsau - das Gasthaus

WWW.BIER.BY GPS: 49°31'16"N / 11°24'37" E

BIER

Bürgerbräu/Hersbruck: Hefeweizen, Pils, Kellerbier (im Sommer), Dampfsudbier (im Winter), Lager (alles vom Fass), leichtes Weizen, dunkles Weizen.

KÜCHE

Fränkische Brotzeiten. Täglich mittelgroße Karte mit warmen Gerichten. Spezialitäten: Krautwickel mit Röstkartoffeln, Sauerbraten, Karpfen (saisonal), Matjesfilet nach Hausfrauenart.

PLÄTZE (außen/regensicher)

120/110

ANSCHRIFT

Fuchsau 1
91217 Hersbruck
Tel.: 09151-6130

ÖFFNUNGSZEITEN

Täglich ab 11 Uhr
Montag und Dienstag Ruhetag

SYMPATHISCHE FAMILIENIDYLLE

Von einem Bach durchlaufen und von Hopfen umgeben liegt die Fuchsau am Ende einer kleinen Zubringerstraße ins Nirgendwo. Wegen dieser Lage können sich gerade die Kleinen hier nach Lust und Laune austoben, genügend Spielmaterial haben sie auch noch mit Seilbahn, Schaukel, Sandkasten & Co. Die Erwachsenen können sich derweil mit ausreichendem Abstand dem gemütlichen Biergartenleben hingeben und von der feinen Küche von Sybille und Georg Rauh verwöhnen lassen.

TOP-TIPP für Familien mehr S. 12

Bus 338, 361 Eichenstr., Hersbruck-Altensittenbach

Landgasthof Fuchsmühle

WWW.FUCHSMUEHLE.DE

GPS: 49°10′14″ N / 11° 9′34″ E

SOMMERNACHTSTRAUM

Am Ende einer kleinen Straße, mitten im Wald, mit Wildgehege und Karpfenteich - liegt die Fuchsmühle. 1742 erbaute Abraham Wurm das Anwesen mit Getreide- und Sägemühle und einer kleinen Kapelle. Später wurde ein Ausflugslokal mit Badeweiher daraus, bis - nach eineinhalb Jahrzehnten Leerstand - 1997 Familie Fleischmann wieder das Ruder übernahm. Wild und Karpfen stammen nach wie vor aus eigener Zucht, einmal im Monat gibt's Schlachtschüssel. Musikfreunde kommen auch auf ihre Kosten: Ein Akkordeon für Hobbymusikanten steht immer bereit, das auch gerne genutzt wird.

BIER

Hauf/Lichtenau: Pils, Helles, Schwarzbier, Weizen (alles vom Fass), dunkles Weizen, leichtes Weizen, alkoholfreies Weizen, Alkoholfreies.

KÜCHE

Hausmacher Brotzeiten. Täglich mittelgroße Karte mit warmen Gerichten. Spezialitäten: Krustenbraten, fränkisches Schäuferle, grobe fränkische Bratwürste, saisonal Gerichte (Spargel, Pfifferlinge, Karpfen).

PLÄTZE (außen/regensicher)

100/110

ANSCHRIFT

Fuchsmühle 1
91161 Hilpoltstein
Tel.: 09174-9385

ÖFFNUNGSZEITEN

Täglich ab 10 Uhr
Montag und Dienstag Ruhetag
(an Feiertagen geöffnet)

TIPP: Verschiedene Karpfenfilets

Symbolerklärung s. vordere Klappe

Landbierparadies Fürth

WWW.LANDBIERPARADIES.COM   GPS: 49°29'16" N / 10°58'27" E

BIER

Wechselndes Landbier (vom Holzfass). Zahlreiche verschiedene Flaschenbiere aus dem Umland.

KÜCHE

Fränkische Brotzeiten. Täglich große Karte mit warmen Speisen. Spezialitäten: Fränkischer Sauerbraten, Schäuferle.

PLÄTZE (außen/regensicher)

600/195

ANSCHRIFT

Friedrich-Ebert-Straße 100
90766 Fürth
Tel.: 0911-7873091

ÖFFNUNGSZEITEN

Anfang Juni bis Ende Aug.
Täglich ab 16.60
Anfang Sep. bis Ende Mai
Täglich ab 17.30 Uhr
So und Feiertage ab 11 Uhr

MIT BIER-PHILOSOPHIE

Die Landbierparadies-Idee verkörpert die Philosophie unseres Buches in der Gastronomie. Schließlich werden hier in steter Abwechslung die feinsten und seltensten Gerstensäfte der Region kredenzt. Immer frisch vom Fass, bis es eben leer ist und eine andere Sorte dran kommt. Die Umsetzung verdanken wir Getränkehändler und Diplom-Betriebswirt Joachim Glawe, der 1994 sein erstes Landbierparadies in Nürnberg (Wodanstraße) eröffnete. Die weiteren stehen in der Rothenburger Straße (1996), Galvanistraße (2001), der Sterzinger Straße (2002) und eben hier in Fürth (2002). Wir sagen stellvertretend für alle Bier-Fans: DANKE!

TIPP: Bauernseufzer

Grüner Baum

WIEDER ZURÜCK

Um 1990 führte Michael Barth das Tradition-
haus in Fürth, in dem bereits der Schwedenkö-
nig Gustav Adolf wohnte. Doch nach kurzer Zeit
zog es ihn weg und der Grüne Baum erlebte
eher durchwachsene Tage. Seit Dezember 2007
ist der gelernte Konditor- und Bäckermeister
wieder zurück und das Haus erlebt eine echte Renaissance. Als Familienunternehmen mit
Ehefrau Monika und Tochter Juliane hat der
400-jährige Grüne Baum wieder einen echten
Namen in Fürth.

BIER

Tucher/Fürth: Urfränkisch Dunkel,
Premium Pils, Zirndorfer Landbier
Hell, Hefeweizen Hell (alles vom
Fass), Kellerbier, Weizen leicht, Wei-
zen alkoholfrei. Jever: Jever Fun.

KÜCHE

Kalte Gerichte und Salate. Täglich
große Karte mit warmen Gerichten.
Spezialitäten: Schäuferle, hausgemachte Bratensülze, Zwiebelrostbraten, Bratwürste.

PLÄTZE (außen/regensicher)

120/550

ANSCHRIFT

Gustavstraße 34
90762 Fürth
Tel.: 0911-770554

ÖFFNUNGSZEITEN

Mo bis Do 11.30 bis 14 & ab 17 Uhr
Fr bis So ab 11.30 Uhr
Kein Ruhetag

TIPP: Zwiebelrostbraten

Symbolerklärung s. vordere Klappe

Barhaus Dillinger

WWW.BARHAUS-DILLINGER.DE
GPS: 49°26'58" N / 10°59'22" E

BIER

Tucher/Fürth: Hefeweizen, Zirndorfer Hell (beides vom Fass), Zirndorfer Kellerbier. Jever: Pils, Alkoholfreies. Corona.

KÜCHE

Fränkische Brotzeiten. Täglich große Karte mit warmen Gerichten. Spezialitäten: Pfannenschnitzel, Cordon Bleu, verschiedene Burger, diverse Salate.

PLÄTZE (außen/regensicher)

360/250

ANSCHRIFT

Schwabacher Straße 312
90763 Fürth
Tel.: 0911-719651

ÖFFNUNGSZEITEN

Anfang Mai bis Mitte Sep.
Mo bis Fr 11.30 bis 14.30 & ab 17 Uhr
Sa und So ab ab 17 Uhr
Kein Ruhetag
Mitte Sep. bis Ende April
Mo bis Fr 11.30 bis 14.30 & ab 18.30 Uhr
Sa und So ab 18.30 Uhr
Montag Ruhetag

MITTERNACHTS-BIERGARTEN

Das Barhaus Dillinger ist natürlich kein klassischer Biergarten, aber dennoch ein wunderschöner Ort für laue Sommerabende. Zwischen den großen Bäumen stehen Palmen und weitere exotische Pflanzen, und neben Bier können auch Cocktails geordert werden. Mehrmals im Jahr gibt es Feste und Livemusik. Auf jeden Fall geht es hier sehr liebevoll zu zwischen Personal und Gästen, wir haben uns wirklich gut aufgehoben gefühlt.

TIPP: Cordon Bleu

Gasthaus Wilhelmshöhe

WWW.GASTHAUSWILHELMSHOEHE.DE   GPS: 49°29'03" N / 10°58'09" E

LICHT AM ENDE DER STRASSE

Hat man den nicht ganz unsteinigen Weg zur Wilhelmshöhe hinter sich gebracht, wird man mit einem lauschigen Biergarten belohnt, der jeden Fan wirklich begeistert. Besonderes Glück hat man im Sommer, wenn gerade der Hütten-grill angeschürt wird, auf dem dann alles vom ganzen Spanferkel über klassische Haxen bis zum Hähnchen zubereitet wird. Sehr roman-tisch ist übrigens auch die kleine Gartenlaube.

BIER

Tucher/Fürth: Hefeweizen Hell, Altfränkisch Dunkel, Zirndorfer Landbier, Lederer Premium Pils (alles vom Fass), Hefeweizen Leicht, Kristallweizen, Zirndorfer Kellerbier, Hefeweizen alkoholfrei.

KÜCHE

Fränkische Brotzeiten. Täglich große Karte mit warmen Gerichten. Spezi-alitäten: Krustenbraten, Schäuferle, Schweinsbraten, im Sommer große Salatkarte.

PLÄTZE (außen/regensicher)

200/280

ANSCHRIFT

Wilhelmstraße 21
90766 Fürth
Tel.: 0911-732962

ÖFFNUNGSZEITEN

Täglich ab 10 Uhr
Kein Ruhetag

TIPP: Krustenbraten

Bayerns größte Stadtkirchweih

Der Beginn dieses typisch fränkischen Bierfestes ist immer am Samstag, der dem Namenstag des Erzengels Michael (29. September) folgt. Höhepunkt ist der am zweiten Kirchweihsonntag stattfindende Erntedankfestzug mit mehr als 3.000 Mitwirkenden und über 100.000 Zuschauern. Die erste Michaelis-Kirchweih könnte vor über 900 Jahren nach der Errichtung der Michaeliskirche um 1100 stattgefunden haben.

Die Fürther Kirchweih dürfte zudem die einzige sein, die eine eigene Währung besitzt. Für nur 90 Cent kann man den so genannten Kärwa-Taler erstehen, der auf dem gesamten Festgelände den Wert von einer Euro-Münze hat. Der Besucher hat also quasi 10% Kirchweih-Rabatt. Wer bei all dem Trubel eine Auszeit braucht, ist am Helmplatz bei der Feuerwache richtig. Die Schausteller richten neben dem eigens dafür schön dekorierten Brunnen erstmals eine Ruhezone mit Sitzgelegenheiten zum Verweilen ein. Hier können Besucher das Kärwa-Geschehen von einem etwas ruhigeren Platz aus beobachten und sind dennoch mittendrin.

Öffnungszeiten

Werktags von 10 bis 23 Uhr,
sonn- und feiertags von 11 bis 23 Uhr

Gasthof Adler

DIE HÄUSER-HOCHZEIT

1789 haben nicht nur Adam Bichler und Walburga Hoffmann geheiratet, sondern in der Folge auch ihre beiden Elternhäuser, damals Nummer 53 und 54 im Dorf. Seitdem führt das Doppelhaus nur noch eine Nummer, gut für die Gäste, denn der Biergarten des Adler ist wirklich stattlich. Die Inhaber sind jeweils eine Seele von Mensch und bei all ihren Stammgäste ins Herz geschlossen. Große Kastanien und eine Hecke geben den Besuchern das Gefühl, in einem Meer aus Grün zu sitzen. Schön übrigens gerade für Kinder ist das eigene Wildgehege mit täglicher Fütterung im Garten.

BIER

Sigwart/Weißenburg: Hell, Pils, Hefeweizen (alles vom Fass), dunkles Weizen, leichtes Weizen. Dorn/Ammerndorf: Ammerndorfer dunkel. Eichbaum/Mannheim: Gerstel alkoholfreies.

KÜCHE

Fränkische Brotzeiten. Täglich mittelgroße Karte mit warmen Gerichten. Spezialitäten: Bauernsteak, Hähnchen, Karpfen, verschiedene Bräten (So).

PLÄTZE (außen/regensicher)

80/90

ANSCHRIFT

Dorfstraße 32
91174 Spalt-Großweingarten
Tel.: 09175-880

ÖFFNUNGSZEITEN

Täglich ab 10 Uhr
Mittwoch Ruhetag

TIPP: Bauernsteak

Symbolerklärung s. vordere Klappe

Hotel zum Lindenwirt

WWW.ZUM-LINDENWIRT.DE   **GPS: 49°09'52" N / 10°56'17" E**

DAS SCHNITZEL LOCKT...

Hier stehen vorbildlich auf der Speisekarte auch die entsprechenden Werte der Gerichte in Broteinheiten, damit auch die Diabetiker gut kalkulieren können, was sie sich Leckeres bestellen sollen. Besonders verlockend sind vor allem die Schnitzelvariationen, wie zum Beispiel Hubertus-, Balkan- oder Rahmschnitzel, sowie das Rumpsteak, das mit Pfeffersauce und Champignons eine wirkliche Verführung darstellt.

BIER

Spalter: Dunkles Weizen, Exportbier, Helles Pils, Spalter Weisse (alles vom Fass).

KÜCHE

Fränkische Brotzeiten. Täglich mittelgroße Karte mit warmen Gerichten. Spezialitäten: Saisonale Gerichte (Spargel, Pfifferlinge, Karpfen), Schnitzelvariationen, Golddorfteller „Lindenwirt".

PLÄTZE (außen/regensicher)

80/50

ANSCHRIFT

Stirner Straße 2
91174 Großweingarten
Tel.: 09175-306

ÖFFNUNGSZEITEN

Täglich ab 9 Uhr
Montag Ruhetag

TIPP: Golddorfteller „Lindenwirt"

  607 Großweingarten Linde, Spalt

Landgasthof Zum Schnapsbrenner

WWW.SCHNAPSBRENNEREI.COM

GPS: 49°10'09" N / 10°56'35" E

WENN AUS HOPFEN SCHNAPS WIRD...

Dann ist man beim Schnapsbrenner gelandet. Und damit im Paradies - zumindest, wenn man auf die kleinen hochprozentigen Genüsse steht. Womit wir der Küche des Hauses natürlich nicht unrecht tun wollen, die hat uns nicht minder geschmeckt, das Highlight bleibt aber logischerweise die Schnapspalette von Familie Walther, die in einem speziellen Verkostungs- und Verkaufsraum auch ganz professionell ausprobiert und mit nach Hause genommen werden kann.

BIER

Felsenbräu/Thalmannsfeld: Plls, Bier (beides vom Fass), komplettes Flaschenbier-Sortiment. Spalter: Nr. 1 (Pils). Riedenburger: Emmer-Bier (Bio), alkoholfreies Dinkelbier (Bio).

KÜCHE

Fränkische Brotzeiten. Täglich große Karte mit warmen Gerichten. Spezialitäten: Steaks vom fränkischen Weiderind, Sauerbraten vom Weiderind, Hitzplootz.

PLÄTZE (außen/regensicher)

40/120

ANSCHRIFT

Dorfstraße 67
91174 Spalt-Großweingarten
Tel.: 09175-79780

ÖFFNUNGSZEITEN

Mo bis Sa ab 17 Uhr
So ab 11 Uhr
Mitte Apr. bis Ende Okt.
Kein Ruhetag
Ende Okt. bis Mitte Apr.
Montag Ruhetag

TIPP: Schnäpse aller Art

Symbolerklärung s. vordere Klappe

Gasthof-Hotel Adlerbräu

WWW.HOTEL-ADLERBRAEU.DE GPS: 49°06'54" N / 10°45'13" E

BIER

Engel/Crailsheim: Naturtrüb hell, Naturtrüb dunkel, Pils (alles vom Fass). Gutmann/Titting: Dunkles Hefeweizen, helles Hefeweizen, leichtes Hefeweizen, alkoholfreies Hefeweizen, Weizenbock. Beck's: Alkoholfreies.

KÜCHE

Fränkische Brotzeiten. Täglich große Karte mit warmen Gerichten. Spezialitäten: Bratwurstgröstl, Winzersteak, Bierkutscherpfanne, verschiedene Gerichte vom heißen Stein.

PLÄTZE (außen/regensicher)

100/195

ANSCHRIFT

Marktplatz 10/12
91710 Gunzenhausen
Tel.: 09831-8867-0

ÖFFNUNGSZEITEN

Täglich ab 8 Uhr
Kein Ruhetag

DAS VORZEIGEHAUS

In den Grund- und Steuerbüchern der Stadt Gunzenhausen ist der „Goldene Adler" schon im Jahre 1564 als Gasthaus mit Braurecht erwähnt. Seitdem sind bekanntlich viele Jahre vergangen bis nun Gerhard und Edeltraud Müller das Haus nach umfangreichen Renovierungsmaßnahmen ins 21. Jahrhundert geführt haben. Der Biergarten liegt direkt vor dem Haus, also ein idealer Ort, um in Gunzenhausen das Sehen- und-Gesehen-werden zu zelebrieren. Hinter dem Haus befindet sich ein weiterer Biergarten in Form einer Sonnenterrasse. Unser Tipp: Schauen Sie sich auch die verschiedenen Innenräume an, der Blick lohnt sich!

TIPP: Bratwurstgröstl

Gasthausbrauerei Leuchtturm Gunzenhausen

WWW.LEUCHTTURM-GUNZENHAUSEN.DE   GPS: 49°07'14" N / 10°45'12" E

ES DARF WIEDER ANGELANDET WERDEN...

...Im Leuchtturm. Die perfekt gelegene und passend gestaltete Gasthausbrauerei musste 2009 nach 12 Jahren ihre Pforten schließen. Nun ist man unter neuer Leitung und unter Mithilfe der Tittinger Brauerei Gutmann aber wieder für die Gäste da – und wie! Schließlich sind mit Sascha Müller, der als Restaurantfachmann schon in den edelsten Häusern der Welt arbeitete, Koch Thomas Scyrba, der als Kochmeister bei Schubeck arbeitete, und dem innovativen kalifornischen Braumeister Lance Snow echte Spitzenleute ihres jeweiligen Faches am Werk. Wir drücken den drei mutigen Männern die Daumen und raten Ihnen, auf jeden Fall mal zu einem Test vorbeizuschauen.

BIER

Eigene Brauerei: Helles, Dunkles, sowie ein monatlich wechselndes Biergetränk (z. B. Kirschblütenbier, ...) (alles direkt vom Tank). Gutmann/Titting: Weizen, leichtes Weizen, dunkles Weizen, alkoholfreies Weizen. Clausthaler: Alkoholfreies.

KÜCHE

Fränkische Brotzeiten. Täglich mittelgroße Karte mit warmen Gerichten. Spezialitäten: Leuchtturm-Schnitzel mit hausgemachtem Kartoffel-Gurken-Salat, geeiste Gaspacho mit gebratenen Riesengarnelen, gebratene Hähnchenbrust mit kleinem Salatbouquet und Mango-Chutney.

PLÄTZE (außen/regensicher)

400/250

ANSCHRIFT

Ansbacher Strasse 3
91710 Gunzenhausen
Tel.: 09831-8809696

ÖFFNUNGSZEITEN

Täglich ab 11 Uhr
Kein Ruhetag

TIPP: Leuchtturm-Schnitzel

 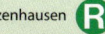

Gasthaus Lehner - Zum Storchennest

WWW.LEHNER-ZUMSTORCHENNEST.DE   **GPS: 49°06'43" N / 10°45'20" E**

PALMEN-BIERGARTEN MIT STORCH

Noch ein wirklicher Wohlfühl-Platz in Gunzenhausen. Der traumhafte Biergarten steht voller Palmen und liebevoller Dekoration - endlich mal nicht die üblich - spröde Plastiktisch-Romantik! Über dieser Wellness-Oase thront ein Storchennest, das per Webcam wie seinerzeit Big Brother verfolgt werden kann. Das Haus an sich war seit seiner Eröffnung 1867 schon Brauerei, Mälzerei und schließlich Gasthaus, bis die Besitzerfamilie 2006 altersbedingt an die neue Pächterin Manuela Schwestak übergeben musste. Unser Tipp: Nicht vorbeifahren!

BIER

Tucher/Fürth: Helles, Pils, Dunkles, Kellerbier, Weizen (alles vom Fass), alkoholfreies Weizen. Gutmann/Titting: Weizen. Jever: Alkoholfreies.

KÜCHE

Fränkische Brotzeiten. Täglich mittelgroße Karte mit warmen Gerichten. Spezialitäten: Haxen, Schäuferle, sauere Zipfel, Scheiterhaufen (Schweinerückensteak auf Bratkartoffeln).

PLÄTZE (außen/regensicher)

120/110

ANSCHRIFT

Weißenburger Straße 24
91710 Gunzenhausen
Tel.: 09831-89303

ÖFFNUNGSZEITEN

Ostern bis Ende Sep.
Di bis Sa ab 17 Uhr
So und Feiertage ab 11 Uhr
Montag Ruhetag
Anfang Okt. bis Ostern
Di bis Sa ab 17 Uhr
Sonntag und Montag Ruhetag

TIPP: Scheiterhaufen

  Bus 639, 641 Weißenburger Str., Gunzenhausen

Hotel Gasthof Krone

WWW.HOTEL-KRONE.INFO　　　　**GPS: 49°07'04" N / 10°45'21" E**

EIN TRAUM MIT PALMEN

Auf der mediterranen Terrasse des Hotels Krone fühlt man sich wie in einer anderen Welt. Der große Kastanienbaum in der Mitte, darum eine Vielzahl von Palmen, die ziegelrote Hauswand, die überaus freundliche Bedienung und das wirklich sensationelle Essen lassen den Besucher die Zeit vergessen und einfach sitzen und genießen. Besonders interessant ist der Freitag, wenn es Grillbuffet auf der Terrasse gibt.

TIPP: Fischgerichte

BIER

Fürst Carl/Ellingen: Naturtrübes Bier (vom Fass). Spalter: Helles, Pils (beides vom Fass), Nr. 1. Gutmann/Titting: Helles Hefeweizen, dunkles Hefeweizen, leichtes Hefeweizen.

KÜCHE

Fränkische Brotzeiten. Täglich große Karte mit warmen Gerichten. Spezialitäten: Saisonale Gerichte, Wild- und Geflügelgerichte, Spargelgerichte, frische Forellen aus dem Bassin, Vesperbrett mit Stamperl.

PLÄTZE (außen/regensicher)

80/160

ANSCHRIFT

Nürnbergerstraße 7
91710 Gunzenhausen
Tel.: 09831-883395

ÖFFNUNGSZEITEN

Mo und Di ab 17.30 Uhr
Do 11.30 bis 14 Uhr & ab 17.30 Uhr
Fr, Sa, So und Feiertage ab 11.30 Uhr
Anfang Mai Bis Ende Okt, Mi Ruhetag
Anfang Nov. bis Ende Apr. Mo bis Mi
Ruhetag
(an Feiertagen geöffnet)

Hagsbronn

Gasthaus „Zur frischen Quelle"

WWW.GASTHAUS-ZUR-FRISCHEN-QUELLE.DE   **GPS: 49°09'50" N / 10°54'42" E**

BIER

Spalter: Helles, Dunkles, Pils (alles vom Fass), Hefeweizen, helles Hefe, dunkles Hefe, leichtes Hefe, leichtes Pils. Gutmann/Titting: Hefeweizen. Clausthaler: Alkoholfreies.

KÜCHE

Fränkische Brotzeiten. Täglich mittelgroße Karte mit warmen Gerichten. Spezialitäten: Schäuferle, Schweinebraten, Holzfällersteak, Schweizer Schnitzel, fränkische grobe Bratwürste.

PLÄTZE (außen/regensicher)

45/65

ANSCHRIFT

Unteres Dorf 6
91174 Spalt-Hagsbronn
Tel.: 09175-591

ÖFFNUNGSZEITEN

Täglich ab 9 Uhr
Dienstag Ruhetag

DIE SEITEN GEWECHSELT

Das hat man auch nicht oft. Da stand das Gasthaus über 100 Jahre, um dann pünktlich zur deutschen Einheit 1990 auf der anderen Straßenseite neu aufgebaut zu werden. Zu dieser Zeit wechselte auch der Inhaber: Erich Gruber sitzt nun in der Quelle an der Quelle. Merken Sie sich zwei Zeiten für den Besuch vor: Entweder Ende März, wenn die Hopfensprossenzeit beginnt, oder das zweite Novemberwochenende zur Ganskirchweih.

TIPP: Schweizer Schnitzel

Bus 605 Altes Rathaus, Spalt

Lindenhof

WWW.LINDENHOF-ERLEBNISHOF.DE　　　　**GPS: 49°35′31″ N / 10°50′52″ E**

DER VERWIRKLICHTE TRAUM

Ute und Roland Breun hatten einen Traum: Ein innovativer Bauernhof mit eigener Landwirtschaft und einem kleinen Zoo (Heimat für ausrangierte Tiere aller Art, vom Meerschwein bis zum Lama). Im Januar 2000 konnte der Startschuss gegeben werden; der Lindenhof am Rande von Hammerbach entstand. Seitdem bauen die Breuns jedes Jahr ein bisschen dazu. Neben der außerordentlich schönen Anlage und den vielen verschiedenen Tieren (auch Ponyreiten ist immer möglich), kommen auch die Biergarten-Freunde absolut auf ihre Kosten. Highlight ist die jährliche Walpurgisnacht mit Bieranstich (30. 4.), in der die Hexen mit den Kindern ums Lagerfeuer tanzen. Ganz neu seit 2010: Bumber-Cars und eine Kindereisenbahn und ab 2011 wird es außerdem eine Kettcar-Bahn für Große geben.

BIER

Kulmbacher: Mönchshof Landbier, Mönchshof Kellerbier, Mönchshof Weizen (alles vom Fass), Alkoholfreies.

KÜCHE

Hausmacher Brotzeiten. Täglich kleine Karte mit warmen Gerichten. Spezialitäten: Frischer Salatteller, Schäuferle mit Kloß und Kraut (So).

PLÄTZE (außen/regensicher)

200/60

ANSCHRIFT

Dahlienstraße 5
91074 Herzogenaurach-Hammerbach
Tel.: 09132-737728

ÖFFNUNGSZEITEN

Täglich ab 15 Uhr
So und Feiertage ab 11 Uhr
Montag Ruhetag

TOP-TIPP für Familien mehr S. 12

TIPP: Bumber-Car- und Eisenbahnfahren

Edelweißhütte

WWW.DIE-EDELWEISSHUETTE.DE **GPS: 49°28'15" N / 11°26'27" E**

TRAUMTERRASSE MIT SPASSGARANTIE

Der einzige Jugendgruppenzeltplatz im Nürnberger Land verfügt mit der Edelweißhütte über eine wunderschöne Gaststätte, die von Christine de Vries und ihrem Team mit viel Liebe und Engagement geführt wird. Das Haus liegt am Ende eines langen Weges von Deckersberg aus Richtung Westen (vom Ort aus kann man der Beschilderung zur Edelweißhütte gut folgen). Dort gibt es natürlich auch einen Abenteuerspielplatz und weitere Freizeitmöglichkeiten, und zudem den Schlüssel zum Arzbergturm, von dem aus man die ganze Gegend überblicken kann.

BIER

Veldensteiner: Helles, Dunkles, Weizen (alles vom Fass), Pils, Leichtes, Alkoholfreies.

KÜCHE

Fränkische Brotzeiten. Täglich mittelgroße Karte mit warmen Gerichten. Spezialitäten: Käsespätzle, Leberknödel, Matjes, selbstgebackene Kuchen.

PLÄTZE (außen/regensicher)

100/50

ANSCHRIFT

Deckersberg 34
91230 Happpurg
Tel.: 09151-4592

ÖFFNUNGSZEITEN

Täglich ab 10 Uhr
Dienstag Ruhetag

TOP-TIPP für Familien mehr S. 12

TIPP: Kuchen aller Art

Café Restaurant Seeterrassen

WWW.SEETERRASSEN.COM   GPS: 49°28'56" N / 11°28'34" E

GOLDENES SCHÄUFERLA

Seit 1955 gewinnt man mit dem Happurger Stausee aus dem Wasser von Rohr- und Kainsbach Strom – und Touristen. Denn der See hat sich schnell zu einem echten Naherholungsgebiet gemausert, zu dem natürlich auch eine echte Vorzeigegastronomie gehört: Die Seeterrassen. Hier gibt es eine sehr gute fränkische Küche mit ofenfrischen Bräten (sonn- und feiertags) und natürlich die Grundzutaten für einen Sommernachmittag auf der Seeterrasse: Eisbecher, Eiskaffee und Kuchen. Übrigens: Baden sollte man wegen der Strömungen im Stausee nicht, dafür empfehlen sich aber Angeln, Surfen, Segeln und Tretbootfahren. Badefreunde pilgern zum etwas nördlich gelegenen Badesee.

BIER

Bürgerbräu/Hersbruck: Hersbrucker Lager, Hersbrucker Dampfsud (beides vom Fass). Erdinger: Urweisse (vom Fass), verschiedene Weizenbiere, alkoholfreies Weizen. Glossner/Neumarkt: (Pils vom Fass), Alkoholfreies. Schlossbrauerei/Holnstein: Ahnentrunk.

KÜCHE

Fränkische Brotzeiten. Täglich große Karte mit warmen Gerichten. Spezialitäten: Schäuferla, deftige Bratwürste, verschiedene Salate, fränkischer Spargel (saisonal), Pfiffer (saisonal), Karpfen (saisonal), hausgemachte Torten (große Portionen), verschiedene Eisbecher.

PLÄTZE (außen/regensicher)

200/75

ANSCHRIFT

Seepromenade 1
91230 Happurg
Tel.: 09151-817441

ÖFFNUNGSZEITEN

Täglich ab 10 Uhr
Kein Ruhetag

TIPP: Schäuferla

Hotel-Restaurant „Klosterhof"

WWW.RESTAURANT-KLOSTERHOF.DE　　　　**GPS: 49°20'21" N / 10°47'23" E**

BIER

Tucher/Fürth: Pils, Zirndorfer Landbier, Kloster Scheyern (Dunkles), Hefeweizen (alles vom Fass), dunkles Weizen, leichtes Weizen, alkoholfreies Weizen, Alkoholfreies.

KÜCHE

Fränkische Brotzeiten. Täglich große Karte mit warmen Gerichten. Spezialitäten: Klostergerichte (z. B. Schlägler Chorherrenschnitzel), Schäuferle (So), Schinkenplatte, hausgemachte Fleischsülze.

PLÄTZE (außen/regensicher)

80/114

ANSCHRIFT

Marktplatz 17
91560 Heilsbronn
Tel.: 09872-1226

ÖFFNUNGSZEITEN

Täglich 11 bis 14 Uhr und ab 17 Uhr
So ab 11 Uhr
Montag Ruhetag

AN DER KLOSTERMAUER

Wahrzeichen des kleinen Städtchens Heilsbronn sind der historische Marktplatz und das Münster des ehemaligen Zisterzienserklosters. Der Klosterhof liegt genau dazwischen und komplettiert mit seinem schönen Biergarten an der Klostermauer das Ensemble. Die Küche von Pächter Norbert Müller orientiert sich dabei an der reichen Vergangenheit des etwa 1300 Jahre alten Ortes und bietet viele historische Klostergerichte.

TIPP: Chorherrenschnitzel

Gasthaus und Metzgerei Michelmühle

WWW.MICHELMUEHLE.DE   GPS: 49°30'36" N / 11°26'07" E

FEINER BIERGARTEN-SCHLAUCH AM WASSER

Von außen kommend vermutet man nicht, dass sich hinter der eher unschuldigen Fassade der Michelmühle so ein sympathischer Biergarten versteckt. Der liegt dann – zumindest am Ende – direkt am Pegnitzufer. Hier finden sich vor allem viele Einheimische und Stammgäste ein, die beherzt zu den Leckereien aus der hauseigenen Metzgerei greifen. Dazu gehören auch richtig gute Wurstvarianten wie beispielsweise die Saure Stadtwurst oder die guten Bratwürste. Für Steakfreunde bietet sich die Vorbestellung eines Rinderfilets an – ein Traummmmhmmm.

BIER

Bürgerbräu/Hersbruck: Lager, Hersbrucker Albweizen (vom Fass), Dampfsud, alkoholfreies Weizen. Franziskaner: Alkoholfreies.

KÜCHE

Hausmacher Brotzeiten. Täglich mittelgroße Karte mit warmen Gerichten. Spezialitäten: Schlachtplatte, Kesselfleisch, Schnitzel, Salzknöchla, Bratwürste, sauere Stadtwurst, Rinderfilet (auf Bestellung).

PLÄTZE (außen/regensicher)

65/35

ANSCHRIFT

Obermühlweg 30
91217 Hersbruck
Tel.: 09151-1500

ÖFFNUNGSZEITEN

Mo, Di, Do und Fr ab 9 Uhr
Sa 10 bis 15 Uhr
So und Feiertage ab 17 Uhr
Mittwoch Ruhetag

TIPP: Filetsteaks

Kratzers Biergarten

WWW.KRATZERS-BIERGARTEN.DE   GPS: 49°30'30" N / 11°25'45" E

BIER

Bürgerbräu/Hersbruck: Dampfsud, Kellerbier, Lager (alles vom Fass), Little Lager. Kaiser/Veldenstein: Weizen (vom Fass). Warsteiner: Pils (vom Fass).

KÜCHE

Hausmacher Brotzeiten. Täglich große Karte mit warmen Gerichten. Spezialitäten: Schlossbein, Hersbrucker Schäuferla, Hersbrucker Bratwürste.

PLÄTZE (außen/regensicher)

350/80

ANSCHRIFT

Unterer Markt 9 und 11
91217 Hersbruck
Tel.: 09151-2723

ÖFFNUNGSZEITEN

Täglich ab 8.30 Uhr
Kein Ruhetag

SLOW-FOOD-BIERGARTEN MIT EIGENER METZGEREI

Mitten in Hersbruck lädt ein wunderschöner Biergarten zum Entspannen in der Cittàslow ein. Statt Hamburger & Co. setzt man in der drittgrößten Stadt des Landkreises Nürnberger Land auf Schäuferla, Bratwürste und das Schlossbein. Letzteres ist das Geheimnis der Metzgermeister Gerhard und Reinhard Kratzer - sie wollen nicht verraten, um welchen Knochen es sich handelt. Jeden zweiten Mittwoch im Monat findet der Biergarten-Musikantenstammtisch statt, bei dem jeder Musikant umsonst essen und trinken kann.

TIPP: Schlossbein

Lindengarten

WWW.LINDENGARTEN.COM   GPS: 49°33′59″ N / 10°52′44″ E

HERZO-OASE

Mitten in Herzogenaurach liegt der Lindengarten, um 1900 noch das Kurhotel Monopol. 90 Jahre später folgte die Generalsanierung zu einem modernen Restaurant mit großem Biergarten unter den alten Linden. Inhaberin Ulrike Brosch ist gebürtige Kulmbacherin und schafft es, die Tradition gut mit der Moderne zu verbinden. Ideal für Familien: der große, eingezäunte Kinderspielplatz mit vielen Abenteuerelementen.

TIPP: Hausmacher Brotzeiten

BIER

Kaiser/Lauf: Helles, Weizen, Pils (alles vom Fass), helles Weizen, dunkles Weizen.

KÜCHE

Hausmacher Brotzeiten. Täglich große Karte mit warmen Gerichten. Spezialitäten: Texmex-Teller, Pfiffer (saisonal), Ente.

PLÄTZE (außen/regensicher)

150/40

ANSCHRIFT

Burgstaller Weg 2
91074 Herzogenaurach
Tel.: 09132-796411

ÖFFNUNGSZEITEN

Täglich ab 11 Uhr
Kein Ruhetag

Gasthof „Herzog"

WWW.BIER.BY GPS: 49°31'08" N / 11°17'33" E

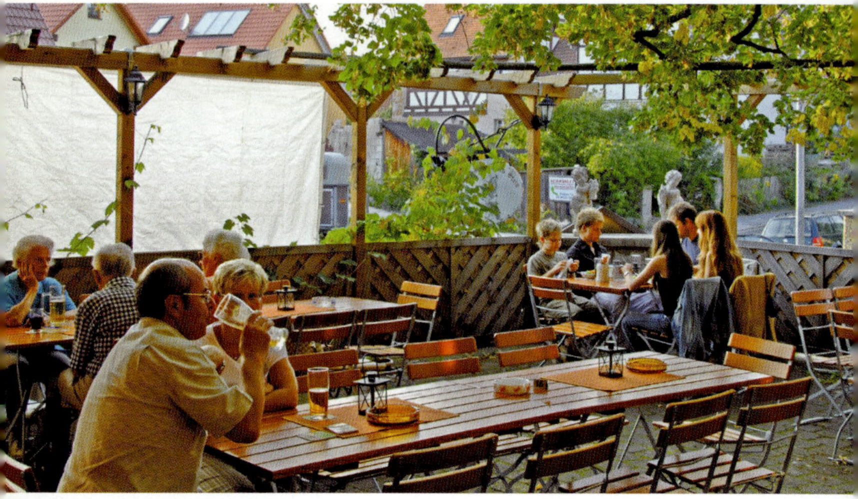

BIER

Pyraser: Landbier, Keller, Weizen, Pils (alles vom Fass), leichtes Weizen, alkoholfreies Weizen.

KÜCHE

Fränkische Brotzeiten. Täglich mittelgroße Karte mit warmen Gerichten. Spezialitäten: Stadtwurst, Essen vom heißen Stein.

PLÄTZE (außen/regensicher)

80/156

ANSCHRIFT

Schulstraße 4
91207 Lauf-Heuchling
Tel.: 09123-2509

ÖFFNUNGSZEITEN

Täglich ab 16.30 Uhr
So 9.30 bis 14 Uhr und ab 17 Uhr
Mittwoch Ruhetag

HEISSER STEIN UND VOGELSUPPE

Das über 100-jährige Anwesen punktet mit seiner Uralt-Linde und dem schön angelegten Biergarten. Familie Söhnlein übernahm den Gasthof vor knapp 21 Jahren und ließ sich einiges einfallen. Zum Beispiel den heißen Stein. Wer brutzelt nicht gerne selbst sein Abendessen direkt am Tisch? Aber man pflegt auch noch rare Traditionen, wie zum Beispiel die Vogelsuppe zur Kerwa. Achtung Vogelschützer: Es handelt sich um ein altes Laufer/Hersbrucker Rezept für eine Rindfleischsuppe mit Herz, Zunge, Rindfleisch und Leberknödel ...

TIPP: Essen vom heißen Stein

Bus 353 Heuchling Schulstr., Lauf a.d. Pegnitz

Gasthof-Hotel „Zur Post"

WWW.HOTEL-POST-HIP.COM   GPS: 49°11'21" N / 11°11'28" E

RIPPCHEN KILOWEISE

Unter dem Schatten der zwei großen Linden merkt man von dem geschäftigen Treiben auf der Vorderseite des Gasthofes gar nichts mehr. In so gemütlicher Atmosphäre schmeckt das kühle Pyraser Kellerbier richtig lecker, und man freut sich auf die deftige Hausmannskost der Küche. Dazu gehören vor allem die Rippchen, die auf einem großen Holzbrett serviert werden. Davon gibts dann gleich ein ganzes Kilo, die absolute Sattmach-Garantie!

BIER

Pyraser: Kellerbier, Landbier, Weizen (alles vom Fass), komplettes Flaschenbiersortiment.

KÜCHE

Fränkische Brotzeiten. Täglich große Karte mit warmen Gerichten. Spezialitäten: Hausgemachte Sülze mit Bratkartoffeln, Schnitzel in verschiedenen Variationen.

PLÄTZE (außen/regensicher)

150/100

ANSCHRIFT

Marktstraße 8
91161 Hilpoltstein
Tel.: 09174-976980

ÖFFNUNGSZEITEN

Täglich ab 11 Uhr
Mo ab 17 Uhr
Kein Ruhetag

TIPP: Rippchen

ONLINE AUF WWW. Bier.BY

Brauereigasthof „Zum schwarzen Ross"

WWW.HOTELSCHWARZESROSS.DE **GPS: 49°11'21" N / 11°11'28" E**

DANK WALTER MEHL

Den heutigen Zustand des Museums-Gasthofs verdanken wir weitestgehend dem Maurermeister Walter Mehl, der das Haus der alten Brauerei aus dem 15. Jahrhundert in liebevoller Handarbeit Ende der 90er Jahre restaurierte. Für den Gast ein wahres Geschenk, der Hinterhof des Hauses darf weitum als einer der schönsten gelten, Interessierte sollten sich auch die alten Felsenkeller und das Museum ansehen, das heute von der Stadt Hilpoltstein geführt wird.

BIER

Fürst Carl/Ellingen: Helles, Pils, Weizen (alles vom Fass), Schwarzbier (nach altem, eigenem Rezept). Gutmann/Titting: Hefeweizen. Bischofshof/Regensburg: Alkoholfreies.

KÜCHE

Fränkische Brotzeiten. Täglich große Karte mit warmen Gerichten. Spezialitäten: Hilpoltsteiner Ratsherrenpfanne, Wildgerichte, Karpfen, Brotzeitplatte, saisonale Gerichte.

PLÄTZE (außen/regensicher)

100/70

ANSCHRIFT

Marktstraße 10
91161 Hilpoltstein
Tel.: 09174-47950

ÖFFNUNGSZEITEN

Täglich ab 11 Uhr
Mittwoch Ruhetag

Weber's Keller

WWW.WEBERSKELLER.DE GPS: 49°42'46" N / 10°48'24" E

KARPFEN-MANNI-FEST

Bei Manfred „Manni" Linsner in Höchstadt dreht sich (fast) alles um den Karpfen. In seinem Bassin finden sich das ganze Jahr über Prachtexemplare - nicht nur in den Monaten mit „r". Der Keller an sich ist schon über 400 Jahre alt, kurz vor 1800 ist der Besitzer Weber erstmals dokumentiert. Vom Vornamen Balthasar (einer der Vorfahren) leitet sich der zweite, eher den Einheimischen bekannte Name Balthä´s Keller ab. Nachdem Mannis Frau noch eine gebürtige Weber war, dürfte mit deren zwei Söhnen die Dynastie weitergeführt werden. Sensationell auch die Aussicht: An guten Tagen bis nach Neustadt!

TIPP: Karpfen aller Art

BIER

Brauhaus/Höchstadt: Vollbier, Pils, Keller, Weizen (alles vom Fass), Leichtbier, Schwarzbier, Bockbier (saisonal). Spezial/Bamberg: Rauchbier (vom Fass). Kritzenthaler: Alkoholfreies. Maisel/Bayreuth: Kristallweizen. Erdinger: Alkoholfreies Weizen, dunkles Weizen, leichtes Weizen.

KÜCHE

Hausmacher Brotzeiten. Täglich große Karte mit warmen Gerichten. Spezialitäten: Bratwürste, Karpfenspezereien, Kellerschmaus.

PLÄTZE (außen/regensicher)

90/260

ANSCHRIFT

Kellerberg 22
91315 Höchstadt an der Aisch
Tel.: 09193-8395

ÖFFNUNGSZEITEN

Täglich 11 bis 14 Uhr und ab 17 Uhr
Donnerstag Ruhetag

Symbolerklärung s. vordere Klappe

Jungahöfer Dorfkeller

WWW.BIER.BY   GPS: 49°46′31″ N / 10°54′45″ E

BIER

Hartmann/Würgau: Hefeweizen, Pils (beides vom Fass), Alkoholfreies. Hummel/Merkendorf: Kellerbier, Schwarzbier (beides von Fass), Räucherla. Maisel/Bayreuth: Kristallweizen, alkoholfreies Weizen.

KÜCHE

Hausmacher Brotzeiten. Täglich große Karte mit warmen Gerichten. Spezialitäten: Steaks von eigenen Limousin-Rindern, Käseschnitzel, Schweinesteaks, Sülze, selbstgemachter Ziebeleskäse. In den R-Monaten: Legendäre Jungenhöfer Karpfen.

PLÄTZE (außen/regensicher)

150/180

ANSCHRIFT

Jungenhofen 6
91315 Höchstadt an der Aisch
Tel.: 09502-307

ÖFFNUNGSZEITEN

Di bis Do ab 16 Uhr
Fr, Sa, So und Feiertage ab 11.30 Uhr
Montag Ruhetag
(wenn Montag Feiertag, dann Dienstag Ruhetag)

WO FLEISCHFRESSER KONVERTIEREN

Eigentlich ist das Gasthaus Dürrbeck vor allem für die Jungenhöfer Karpfen bekannt, für die die Leute teilweise an die 100 Kilometer zurücklegen, und die schon so manchen überzeugten Fleischfreak zum Umdenken bekehrten. Allerdings gibt es die Frankenfische traditionell nur in den Monaten mit R, weswegen der Dorfkeller im Sommer fast ein bisschen ein Schattendasein führt. Völlig zu Unrecht, denn Robert und Astrid Dürrbeck bewirten die Gäste vorbildlich – in jeder Hinsicht.

TIPP: Je nach Verfügbarkeit Karpfen oder Rinderfilets

 Bus 979 Zentbechhofen

Gasthof zur Post

WWW.GASTHOF-ZUR-POST-KALBENSTEINBERG.DE　　　**GPS: 49°10'29" N / 10°50'47" E**

ÜBER 100 JAHRE JÄGERTRADITION

Erst eine Heirat brachte 1869 die Familie Jäger in das Anwesen in Kalbensteinberg. Drei Jahre später eröffnete das damals frisch verheiratete Ehepaar die Gastwirtschaft, zu der noch vor dem ersten Weltkrieg die Poststelle hinzukam. Der heutige Besitzer, Rudolf Jäger, bildet die vierte Generation und verwirklichte in den letzten Jahren zahlreiche Umbauten an und um das Haus, unter anderem auch den schönen neuen Biergarten.

BIER

Spalter: Helles, Dunkles (beides vom Fass), Pils, restliches Flaschenbiersortiment. Gutmann/Titting: Helles Weizen, dunkles Weizen, Kristallweizen. Löwenbräu/München: Pils, helles Weizen, dunkles Weizen, Kristallweizen, alkoholfreies Weizen, Alkoholfreies.

KÜCHE

Hausmacher Brotzeiten. Täglich große Karte mit warmen Gerichten. Spezialitäten: Sauerbraten, Schäuferle, Zander, fränkischer Brotzeitteller, Obatzter, Salatteller mit fränkischem Bioziegenkäse, halbfertiger Schokoladenkuchen.

PLÄTZE (außen/regensicher)

40/108

ANSCHRIFT

Kalbensteinberg 1
91720 Absberg am Brombachsee
Tel.: 09837-283

ÖFFNUNGSZEITEN

Täglich ab 8 Uhr
Dienstag Ruhetag
Nov. bis Ostern:
Montag und Dienstag Ruhetag

TIPP: Bioziegenkäse

Felsenkeller Kalchreuth

WWW.BIER.BY   **GPS: 49°32'57"N / 11°07'03"E**

BIER

Kitzmann/Erlangen: Pils, Dunkles, Helles, Weizen (alles vom Fass), leichtes Weizen. Gutmann/Titting: Dunkles Weizen. Clausthaler: Alkoholfreies.

KÜCHE

Hausmacher Brotzeiten. Kein warmes Essen außer Wienerle. Spezialitäten: Stadtwurst, Pressack, hausgebackene Kuchen, verschiedene Kaffeespezialitäten.

PLÄTZE (außen/regensicher)

500/70

ANSCHRIFT

Einfahrt Feldweg gegenüber Sportheim
90562 Kalchreuth
Tel.: 0911-5180868

ÖFFNUNGSZEITEN

Ostern bis Okt:
Do und Fr ab 13 Uhr
Sa, So und Feiertage ab 10 Uhr
Montag bis Mittwoch Ruhetag
Bei schlechtem Wetter Do und Fr geschlossen
(Außerhalb der Biergartenzeit ist der Felsenkeller sonntags ab 13 Uhr geöffnet)

DIE BIERSCHLUCHT

Man stelle sich eine ca. 20 Meter tiefe felsige Schlucht in einem Wald vor und denke sich auf halber Tiefe ein kleines Häuschen, drunter und drüber Terrassen mit Bierbänken und am oberen Ende eine große Wiese mit noch mehr Bierbänken und einem Parkplatz - fertig ist der Felsenkeller Kalchreuth. Als Bierlagerstätte datiert er bis ins Jahr 1850, seit den 1960er Jahren wird bewirtschaftet. Geöffnet ist immer, wenn die Kitzmann-Fahne weht. Für Naturfreunde ein absolutes Muss! Übrigens sollten Sie auf helle Hosen verzichten - man sitzt auf echten Naturholzbänken. Das Essen stammt aus der hauseigenen Metzgerei und wird nach Gewicht bezahlt.

TIPP: Pressack

 210 Hallerstraße, Kalchreuth

Dorfwirtshaus Zum Roten Ochsen

WWW.ROTER-OCHSE-KALCHREUTH.DE GPS: 49°33'31" N / 11°08'07" E

GUT VERSTECKT

Den Roten Ochsen in Kalchreuth muss man erstmal suchen - nicht zuletzt, weil der Ort voll von Wirtshäusern (fünf davon in diesem Buch) ist. Doch die Suche geht weiter, auch wenn man vor dem Anwesen angelangt ist. Es besteht nämlich aus vielen Häusern und Häuschen, und erst, wenn man durch einige hindurchgegangen ist, gelangt man in den kleinen Biergarten mit seinen großen Obstbäumen. Die mächtigen Bänke sehen aus wie Sitz-Einbäume, sind aber äußerst gemütlich – sogar ein Zweierbänkchen für Verliebte versteckt sich hinter einem der Bäume. Für Familie Meisel ist die Gastronomie Passion - weswegen man über die Qualität von Angebot und Ambiente eigentlich kein Wort verlieren braucht.

TIPP: Kümmelkrustenbraten

BIER

Kulmbacher: Keller, Pils, edelherbes Pils, Dunkles, Weizen, Mönchshof Schwarzbier (alles vom Fass). Gutmann/Neuburg an der Donau: Hefeweißbier.

KÜCHE

Hausmacher Brotzeiten. Täglich große Karte mit warmen Gerichten. Spezialitäten: Grillhaxe, Steaks, Kümmelkrustenbraten, internationale leichte Küche.

PLÄTZE (außen/regensicher)

300/260

ANSCHRIFT

Weißgasse 10-12
90562 Kalchreuth
Tel.: 0911-5180917

ÖFFNUNGSZEITEN

Täglich ab 10 Uhr
Montag Ruhetag

Symbolerklärung s. vordere Klappe

Schlossgaststätte Kalchreuth

WWW.SCHLOSS-GASTSTAETTE-KALCHREUTH.DE | GPS: 49°33'26" N / 11°07'55" E

BIERGRABEN

Mitten in Kalchreuth steht das knapp 700 Jahre alte Schloss, das ehedem der Kaiser den Nürnberger Burggrafen zum Lehen gegeben hatte. Hier entstanden Albrecht Dürers berühmte „Aquarelle von Kalkreut". Heute sitzt man (im Biergarten zumindest) eher auf der unteren Etage der Geschichte - im Burggraben - und kann sich von den alten Mauern beeindrucken lassen. Familie Scheer führt die Gastronomie seit knapp 40 Jahren, man kredenzt gutbürgerlich fränkische Küche. Unter der Führung von Wolfgang Scheer heißt es hier „alles ist möglich" - man geht sehr gerne auf Wünsche der Gäste ein.

BIER

Tucher/Fürth: Weizen, Lederer Pilsener, Zirndorfer Helles, Zirndorfer Kellerbier (alles vom Fass), Export Dunkel, dunkles Weizen, leichtes Weizen, alkoholfreies Weizen, Reiffbräu alkoholfreies.

KÜCHE

Hausmacher Brotzeiten. Täglich große Karte mit warmen Gerichten. Spezialitäten: Karpfen, Spargelgerichte (saisonal), Schäuferle, grobe fränkische Bratwürste, Brauhausschnitzel (mit Camembert überbacken), Steaks.

PLÄTZE (außen/regensicher)

66/130

ANSCHRIFT

Schlossplatz 4
90562 Kalchreuth
Tel.: 0911-5180944

ÖFFNUNGSZEITEN

Täglich ab 11 Uhr
Dienstag und Mittwoch Ruhetag
(an Feiertagen geöffnet)

TIPP: Spargelgerichte (saisonal)

  210 Hallerstraße, Kalchreuth

Drei Linden

WWW.GASTHAUSDREILINDEN.DE GPS: 49°33'22" N / 11°07'39" E

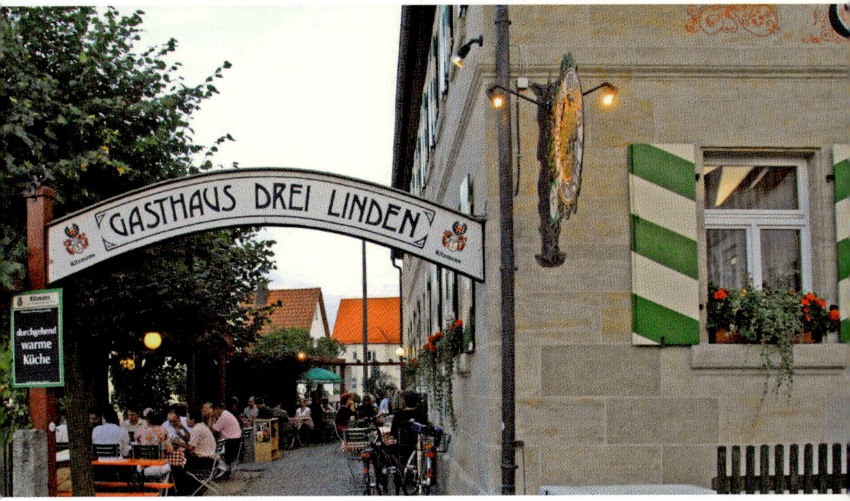

STILVOLLES ECKHAUS ZWISCHEN JUNGFERN-SESSEL UND SKLAVENSEE

Viele schmucke grün-weiß-gestreifte Fensterläden, altes Fachwerk und ein heimeliger kleiner Biergarten-Schlauch - so könnte man die Drei Linden in Kalchreuth beschreiben. Dann würde man aber die viele Liebe und Energie, die seit über 100 Jahren Familienbesitz in das Haus geflossen sind, ganz vergessen. So engagiert man sich als Kleinkunstbühne und Hochzeitsvermittler (zumindest, was die St. Andreas-Kirche des Ortes angeht) und fabriziert geniales fränkisches Essen (jeden Dienstag Schlachtschüssel).

TIPP: Schlachtplatte zum Selbst-Zusammenstellen

BIER

Kitzmann/Erlangen: Helles, Pils, Zwickl (alles vom Fass). Sonnenbräu Aufseß: Dunkles. Kulmbacher: Alkoholfreies.

KÜCHE

Fränkische Brotzeiten. Täglich große Karte mit warmen Gerichten. Spezialitäten: Spargelgerichte (saisonal), Schäuferle, Salatvarianten.

PLÄTZE (außen/regensicher)

70/170

ANSCHRIFT

Buchenbühler Straße 2
90562 Kalchreuth
Tel.: 0911-5188479

ÖFFNUNGSZEITEN

Täglich ab 10 Uhr
Montag und Dienstag Ruhetag

210 Hallerstraße, Kalchreuth Bus

Gasthaus Ossmann

WWW.BIER.BY   **GPS: 49°17'32" N / 10°58'31" E**

ROTES SANDSTEIN-JUWEL

Das Gasthaus Ossmann lacht einem förmlich entgegen. Der Bau aus roten Sandsteinen birgt nicht nur ein sehr feines Gasthaus, sondern auch eine hauseigene Metzgerei, deren Wurstwaren man mitnehmen kann. Ansonsten gibt's die Leckereien natürlich vor allem im nebenan gelegenen Biergarten, der im Schatten eines wahren Baumriesen steht. Viele Stammgäste finden hier täglich das Ende ihres Weges und bleiben dann, bis die Müdigkeit sie in die Federn zwingt. Wir konnten es Ihnen nachfühlen!

BIER

Spalter: Helles, Pils, Weizen (alles vom Fass). Gutmann/Titting: Hefeweizen.

KÜCHE

Hausmacher Brotzeiten. Täglich mittelgroße Karte mit warmen Gerichten. Spezialitäten: Fränkische Küche, Karpfen (saisonal), Wildgerichte, Brotzeit aus eigener Herstellung.

PLÄTZE (außen/regensicher)

100/100

ANSCHRIFT

Heidenbergstraße 2
91126 Kammerstein
Tel.: 09122-2912

ÖFFNUNGSZEITEN

Täglich ab 11 Uhr
Dienstag Ruhetag

TIPP: Schlachtplatte (mittwochs)

  607 Ramungusweg, Kammerstein

Gasthaus Reif

WWW.GASTHAUS-REIF.DE | **GPS: 49°33'30" N / 11°09'00" E**

STREICHELZOO IM ERLANGER LAND

Das Gasthaus Reif – vor über 500 Jahren das erste Haus im Weiler Käswasser – geht auf ein ursprüngliches Forsthaus zurück, erst 1869 wurde das Schankrecht erteilt. Der heutige Besitzer Hermann Reif gestaltete bei der Übernahme von seinen Eltern ein ganz neues Flair mit Fokus auf den Biergarten und erweiterte um eine kleine Zucht mit Ziegen und Schafen. Die und der durchdacht angelegte Spielplatz machen das Gasthaus gerade für anspruchsvolle Familien zum idealen Ausflugsziel.

TIPP: Frische Salate aus dem Knoblauchsland

BIER

Wolfshöher/Neunkirchen am Sand: Urhell, Pils, Hefe, Alt (alles vom Fass), Keller, dunkles Weizen, leichtes Weizen.

KÜCHE

Fränkische Brotzeiten. Täglich mittelgroße Karte mit warmen Gerichten. Spezialitäten: Hausgemachte Sulze, Nestla (rohes Bratwurstgehäck vom Schwein mit Zwiebeln und Ei).

PLÄTZE (außen/regensicher)

200/160

ANSCHRIFT

Käswasserstraße 51
90562 Kalchreuth
Tel.: 0911-5180895

ÖFFNUNGSZEITEN

Täglich ab 10 Uhr
Donnerstag Ruhetag

Kult-Hefeweizen für Frankens Biergärten

WWW.BRAUEREI-GUTMANN.DE

Im kleinen Ort Titting im Anlautertal blickt man auf eine 300-jährige Brautradition zurück: 1707 errichtete der Fürstbischof von Eichstätt, Johann Anton Knebel I. von Katzenellenbogen, in seinem Tittinger Wasserschloss eine Brauerei. Bis zur Säkularisation im Jahre 1806 brauten die Fürstbischöfe dort Bier, bevor die Braustätte an das Königreich Bayern fiel.

Danach wechselten Brauerei und Wasserschloss mehrmals den Besitzer. Im Jahr 1855 erstand Michael Gutmann das Anwesen. Seither wird die Brauerei von den Gutmanns geführt; man hat sich auf die Herstellung von Hefeweizen spezialisiert. Bereits seit 1913 braut man dieses. Noch heute wird Gutmann-Hefeweizen nach überliefertem, traditionellem Brauverfahren hergestellt.

Die Obergärung findet nach wie vor in offenen Bottichen in den historischen Bierkellern statt. Dabei kommt der brauereieigene Hefestamm zum Einsatz. Dies garantiert eine starke Ausprägung des Aromas und verleiht dem Bier seine Eigenständigkeit. Die Nachgärung und Reifung von Gutmann-Hefeweizen erfolgt ausschließlich in der Flasche. Damit bekommt das Hefeweizen seinen unverwechselbaren Geschmack. Eingeschenkt wird die klassische Weizenbier-Spezialität mit viel frischer Hefe.

Wer den Weizenbierbrauern einmal über die Schultern schauen möchte, ist von Anfang Mai bis Mitte September immer donnerstags (außer an Feiertagen) um 15.00 Uhr zu einer Brauereiführung eingeladen. Treffpunkt ist im Schlossinnenhof. Um eine telefonische Voranmeldung (08423-99660) wird gebeten.

Ein kleiner Tipp noch: Am vorletzten Wochenende im August findet traditionell das Tittinger Kellerfest statt. Über den alten Brauereikellern, unter Kastanienbäumen und rund ums Wasserschloss warten dann zünftige Blasmusik, kulinarische Schmankerln der Region und die Gutmann-Hefeweizen-Spezialitäten auf die Besucher.

Kleinwachenrother Mühle

WWW.KLEINWACHENROTHER-MUEHLE.DE   GPS: 49°44'57" N / 10°43'25" E

MIT FLÜSSIGEM STROM

Aus der 1552 erstmals erwähnten und 1741 im heutigen Zustand gebauten Getreidemühle mit Sägewerk ließ Irmgard Lange nach der Übernahme von ihren Eltern ein echtes Kleinod entstehen. Die Turbine erzeugt nun aus der Wasserkraft der Ebrach echten Öko-Strom und auf dem alten Holzplatz des Sägewerkes steht ein toller Biergarten. Das Inhaberehepaar serviert die fränkischen Brotzeitklassiker, aber auch einige warme Gerichte. Der gemischte Käseteller ist einer der besten, die wir auf unseren Reisen kosten durften. Für die Kleinen gibt es einen einfachen Spielplatz, der dafür wunderbar im Blickfeld der Eltern liegt.

TIPP: Mühlenplatte

BIER

Zehendner/Mönchsambach: Lager (vom Fass), Hefeweizen.

KÜCHE

Fränkische Brotzeiten. Warme Kleinigkeiten. Spezialitäten: Zwetschgenbames, hausgemachte Bratwürste, Käseteller, Mühlenplatte.

PLÄTZE (außen/regensicher)

150/60

ANSCHRIFT

Kleinwachenroth 7
96193 Wachenroth
Tel.: 09548-981101

ÖFFNUNGSZEITEN

1. Mai bis 15. Aug.
Fr und Sa ab 16 Uhr
So und Feiertage ab 14 Uhr
Montag bis Donnerstag geschlossen

Gaststätte Kreuzweiher

WWW.BIER.BY   **GPS: 49°34′31″ N / 11°08′01″ E**

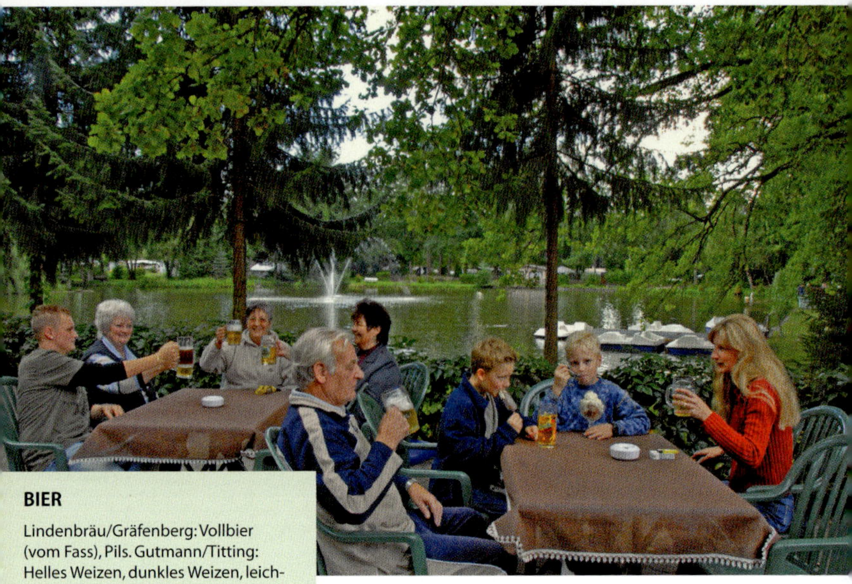

BIER

Lindenbräu/Gräfenberg: Vollbier (vom Fass), Pils. Gutmann/Titting: Helles Weizen, dunkles Weizen, leichtes Weizen, alkoholfreies Weizen. Beck's: Alkoholfreies.

KÜCHE

Fränkische Brotzeiten. Täglich große Karte mit warmen Gerichten. Spezialitäten: Schäuferle (So), Karpfen und Forellen aus eigenem Gewässer, Brotzeitteller.

PLÄTZE (außen/regensicher)

160/120

ANSCHRIFT

Kreuzweiher 1
90562 Kalchreuth
Tel.: 0911-5187765

ÖFFNUNGSZEITEN

Täglich ab 11 Uhr
Mittwoch Ruhetag

CAMPING-BIERGARTEN

1930 als Freibad eröffnet, ermöglicht die Gaststätte Kreuzweiher heute vor allem Campern und Wanderern die schöne Rast am See. So kann man zwischen den Bieren auch mal zum Tretboot greifen oder die fünf Strahlen der Wasserfontäne bewundern. Besitzer Simon Reuß betreibt noch selbst die Forellenzucht in den umliegenden kleineren Weihern. Deswegen ist die Forelle - wenn verfügbar - prinzipiell immer ein Highlight.

TIPP: Brotzeitteller, Forelle

Strandhotel Seehof

WWW.STRANDHOTEL-SEEHOF.DE   GPS: 49°07'40" N / 10°51'46" E

PFEIFEN AUF DAS MEER

So das einmütige Fazit des Strandhotel-Teams, wenn man es nach seinen Urlaubsplänen fragt. Das wird verständlich, wenn man einmal den Ausblick von den Seeterrassen und dem Biergarten direkt am Ufer genossen hat - besonders schön natürlich abends, wenn die Sonne untergeht. Lassen Sie sich von dem durchaus mondänen Stil des Hotels nicht abschrecken, hinter der noblen Fassade stecken auch viele lauschige Plätzchen für den klassischen Biergartenfreund!

BIER

Spalter: Helles, Hefeweizen, Radler (alles vom Fass). Bitburger: Pils, Passion, Drive. Löwenbräu/München: Helles, Radler, Kristallweizen.

KÜCHE

Fränkische Brotzeiten. Täglich große Karte mit warmen Gerichten. Spezialitäten: Schweinebraten, Schweinshaxen, Schäuferle, fränkische Bratwürste, saure Zipfel, Wurstsalat.

PLÄTZE (außen/regensicher)

700/300

ANSCHRIFT

Seestraße 33
91738 Pfofeld-Langlau
Tel.: 09834-9880

ÖFFNUNGSZEITEN

Anfang Mai bis Ende Sep.
Täglich ab 11 Uhr
Kein Ruhetag
Anfang Okt. bis Ende Apr. geschlossen

TIPP: Jede Woche eine andere Spezialität

Symbolerklärung s. vordere Klappe

Laufer Keller

GPS: 49°43'52"N / 10°54'49"E

SO MUSS BIERKELLER SEIN

Helmut Fischer und seine Familie betreiben bereits seit über 30 Jahren den großen Keller am Waldrand. Hier erlebt man die Bierkellerkultur noch in ihrer reinsten Form. Ein kleiner, spartanischer Ausschank mit Nebenraum für Brotzeitzubereitung (gerne auch nach Wunsch), urige Bierbänke zwischen meterhohen Bäumen und süffiges Bier zum Mehr-Trink-Preis. Sensationell auch der Ausblick auf die Aisch. Geheimtipp!

BIER

Brauhaus Höchstadt: Keller, Pils (beides vom Fass), Weizen, Alkoholfreies.

KÜCHE

Hausmacher Brotzeiten. Keine warmen Gerichte. Spezialitäten: Kellerplatte (reicht für 2 Personen), Dosenfleisch.

PLÄTZE (außen/regensicher)

500/100

ANSCHRIFT

Waldrand Lauf Richtung Aisch
91325 Adelsdorf
Tel.: 09195-1558

ÖFFNUNGSZEITEN

Mi bis Sa ab 16 Uhr
So und Feiertage ab 13 Uhr
Montag und Dienstag Ruhetag

TIPP: Kellerplatte

Gasthaus Sonne

WWW.BIER.BY | GPS: 49°18'00" N / 10°24'28" E

BIER

Reindler/Jochsberg: Helles, Pils (beides vom Fass), Weizen, Dunkles, Export. Huber/Freising: Kristallweizen, leichtes Weizen.

KÜCHE

Hausmacher Brotzeiten. Täglich mittelgroße Karte mit warmen Gerichten. Spezialitäten: Speareribs vom Grill, Sonnenspieß vom Grill, XL-Schnitzel in verschiedenen Variationen, Sonnensalat, Brotzeitplatte, verschiedene Eisbecher.

SONNENSPIESS UND SONNENSCHNITZEL

Silke und Eduard Wegner waren beide Anfang 30, als sich Ihnen im Jahr 2000 die Gelegenheit bot, das Gasthaus Sonne in Leutershausen zu übernehmen. Nun geht es hier mitunter ziemlich deftig zu, die Gäste finden's aber klasse. Im Garten zum Beispiel steht der wohl einzige Jägermeister-Brunnen der Welt. Seit vier Jahren sammeln Wirte und Gäste die leeren Flaschen und Fläschchen. Die haben mittlerweile den Brunnen gefüllt, stehen am Rand Spalier und hängen von dem kleinen Bäumchen in der Mitte herab. Eine echte Attraktion.

PLÄTZE (außen/regensicher)

300/160

ANSCHRIFT

Am Markt 10
91578 Leutershausen
Tel.: 09823-926192

ÖFFNUNGSZEITEN

1. Mai bis Ende Aug.
Täglich ab 10 Uhr
Dienstag Ruhetag
Anfang Sep. bis Ende Apr.
Täglich ab 14.30 Uhr
Dienstag Ruhetag

TIPP: Stuhlreiten am Kirchweih-Montag

Symbolerklärung s. vordere Klappe

Rosenkeller Linden

WWW.BIER.BY GPS: 49°37'45" N / 10°44'08" E

TOP-TIPP für Familien
mehr S. 12

BIER

Windsheimer/Gutenstetten: Aischgründer Bier (Lagerbier vom Fass). Hofmann/Pahres: Pils. Gutmann/Titting: Weizen, leichtes Weizen, alkoholfreies Weizen. Jever: Alkoholfreies.

KÜCHE

Hausmacher Brotzeiten. Täglich kleine Karte mit warmen Gerichten. So und Feiertage Mittagstisch. Spezialitäten: Grobe Bratwürste mit selbstgemachtem Sauerkraut, Obatzter, Kellerplatte.

PLÄTZE (außen/regensicher)

200/100

ANSCHRIFT

Linden 51
91466 Gerhardshofen
Tel.: 09163-8317

ÖFFNUNGSZEITEN

Mo und Mi bis Fr ab 17 Uhr
Di Seniorennachmittag ab 15 Uhr
Sa ab 15 Uhr
So und Feiertage ab 11 Uhr
Kein Ruhetag
Bei schlechtem Wetter geschlossen

DER GEHEIMTIPP

Nicht, dass die geneigten Leser denken, der Gebrauch dieses Wortes wäre inflationär: Wir haben einfach einige wirkliche Top-Biergärten/Bierkeller gefunden, die bisher kaum entdeckt wurden. Der Rosenkeller gehört absolut dazu. Auch die Geschichte ist einzigartig: Inhaber Gerhard Böhmer genoss die Aussicht auf seiner schönen Streuobstwiese und begann, erst für Freunde, später als kleinen Nebenerwerb, einen Bierausschank einzurichten. Der Erfolg war so groß, das 1997 der Rosenkeller entstand. 2003 wurde sogar die örtliche Kerwa dorthin verlegt. 2006 brannte ein Großteil des Gebäudes ab, doch in einem Gemeinschaftsakt baute man wieder auf und der Keller erstrahlt in neuem Glanz. Sensationell: Die Bratwürste der „Männerwirtschaft mit lauter Damen".

TIPP: Grobe Bratwürste (eigene Schlachtung)

Bus 127 Birnbaum Schloss, Gerhardshofen

 DB

Landgasthof Stache

WWW.LANDGASTHOFSTACHE.DE　　　　**GPS: 49°11′17″ N / 10°58′08″ E**

UNTER DER GROSSEN KASTANIE

Auf dem Weg von Spalt nach Georgensgmünd gelegen, lädt vor allem der schöne Biergarten des Gasthofs Stache zum Verweilen ein. Wie es sich für einen guten Gasthof in Franken gehört, machen Anna Stache und ihr Team fast die gesamte Angebotspalette noch selbst. Nur die Brauerei wurde im Laufe der Jahrhunderte leider aufgegeben. Dafür gibt's nun die Spezialitäten aus Spalt, die zu der guten Küche aber auch bestens munden.

BIER

Spalter: Helles, Pils (beides vom Fass), Weizen, Dunkles, leichtes Weizen, leichtes Bier. Gutmann/Titting: Hefeweizen. Löwenbräu/München: Alkoholfreies.

KÜCHE

Hausmacher Brotzeiten. Täglich große Karte mit warmen Gerichten. Spezialitäten: Krensuppe, Hochzeitssuppe, Spanferkelschäuferle, Dorfwirtspfanne, Fränkischer Wurstsalat, Sülze, hausgeräucherter Schinken.

PLÄTZE (außen/regensicher)

60/50

ANSCHRIFT

Mosbach 10
91174 Spalt
Tel.: 09172-8151

ÖFFNUNGSZEITEN

Di bis Fr 11 bis 14 Uhr und ab 17 Uhr
Sa, So und Feiertage ab 11 Uhr
Montag Ruhetag

TIPP: Hausgeräucherter Schinken

Pension Goldener Adler - Gartenschänke

WWW.PENSION-GOLDENER-ADLER.DE   GPS: 49°09'13" N / 10°42'28" E

ROMANTIK PUR

Zweisamkeit in der Gartenlaube, drumherum ein Blütenmeer, dazwischen Kastanien, Eichen und Nussbäme. So schön kann die Biergartenwelt sein, zumindest wenn man hier in der Gartenschänke gelandet ist. Sogar an ein Gartenschachspiel hat Christian Schnell gedacht. Wer eher passiv dem Schauspiel fröhnen will, sollte zu einem Gastspiel auf der Gartenbühne kommen, die verspricht nämlich unvergessliche Abende. Kulinarisch wollen wir insbesondere die hausgemachten Flammkuchen erwähnen, ein echter XXL-Leckerbissen!

BIER

Hofmühl/Eichstätt: Helles, Radler, Dunkles, dunkles Weizen, Weizen, leichtes Weizen, Kellergold, Pils, Alkoholfreies. Spalter: Helles, Weizen, Hopfenzwerg.

KÜCHE

Fränkische Brotzeiten. Täglich kleine Karte mit warmen Gerichten. Spezialitäten: Frisch gegrillte Fische mit Kartoffeln und Gemüse (Fr abends, Sa und So), fränkische Bratwürste, verschiedene hausgemachte Flammkuchen.

PLÄTZE (außen/regensicher)

70/55

ANSCHRIFT

Kirchenstraße 21
91735 Muhr am See
Tel.: 09831-3169

ÖFFNUNGSZEITEN

Anfang Mai bis Ende Sep.
Mo bis Fr ab 16.30 Uhr
Sa, So und Feiertage ab 11.30 Uhr
Anfang Okt. bis Ende Apr. geschlossen
(für Gruppen nach vorheriger Reservierung geöffnet)

TIPP: Fischgerichte

ONLINE AUF WWW.
Bier.BY

Gastwirtschaft „Zur Klosterkapelle"

WWW.BIER.BY GPS: 49°23'25" N / 10°45'18" E

WAHRER GLÜCKSFALL

An diesem Biergarten kann man einfach nicht vorbeifahren. Zu schön und malerisch schmiegt er sich in den Straßenverlauf ein, mit seinen zwei großen Bäumen und dem historischen Gebäude, das hier ganz alleine steht, nur begleitet von einer Bushaltestelle. Die Brotzeiten stammen aus eigener Schlachtung und schmecken äußerst lecker. Die Kapelle, nach der der kleine Hof benannt ist, wurde leider im Dreißigjährigen Krieg zerstört.

BIER

Dorn/Bruckberg: Helles, Dunkles, Hefeweizen (alles vom Fass). Schneider/Kelheim: Weißbier.

KÜCHE

Hausmacher Brotzeiten. Keine warmen Gerichte. Spezialitäten: Hausteller, Stadtwurst mit Musik, Käseplatte, roher Schinken.

PLÄTZE (außen/regensicher)

80/50

ANSCHRIFT

Münchzell 1
90599 Dietenhofen
Tel.: 09105-990622

ÖFFNUNGSZEITEN

Täglich ab 11.30 Uhr
So und Feiertage ab 9.30 Uhr
Dienstag Ruhetag

TIPP: Hausteller

Symbolerklärung s. vordere Klappe

Löwenbräu Felsenkeller

WWW.ZUM-LOEWENBRAEU.DE　　　**GPS: 49°40'59" N / 10°54'11" E**

BIER

Eigene Brauerei: Kellerbier, Aischgründer Karpfenweisse (beides
vom Fass), Leichtes. Kritzenthaler:
Alkoholfreies.

KÜCHE

Hausmacher Brotzeiten. Täglich
zwei warme Gerichte. Spezialitäten:
Hausgemachte Bierbratensülze, Brat-
wurstschaschlik, Bratwurstsalat.

PLÄTZE (außen/regensicher)

500/100

ANSCHRIFT

Neuhauser Hauptstraße 3
(Keller etwa 1 km entfernt im Wald)
91325 Adelsdorf-Neuhaus
Tel.: 09195-7221

ÖFFNUNGSZEITEN

Täglich ab 17 Uhr
Sa ab 16 Uhr
So und Feiertage ab 11 Uhr
Kein Ruhetag
Bei schlechtem Wetter (bis 20°)
geschlossen

BIER MIT BARON

Der Löwenbräu-Felsenkeller ist ein weiterer Geheimtipp in diesem Buch. Heute noch im Besitz
von Stammgast Baron von Crailsheim und mitten
im Wald gelegen, bietet er den Kellerfans 150%
Bierkellerkultur. Das süffige Kellerbier (mehrfach
ausgezeichnet) läuft und läuft und läuft. Brauer Benno Wirth gab 2005 dem Drängen seiner
Frau Monika nach und versuchte sich an einem
Weißbier - die Aischgründer Karpfenweiße war
geboren und wurde mittlerweile bereits zum
dritten Mal mit dem Gold-Award beim European
Beer Star ausgezeichnet. Sogar der Bier-Härtetest
wurde mit Bravour bestanden, als der Sohn zur
Feier seines Braumeister-Examens gleich die gesamte Abschlussklasse der Doemens-Akademie
mitbrachte. Übrigens: Auch Schnaps und Brot
werden hier hausgemacht!

TIPP: Bratwurstsalat

Brauerei Gasthof Wiethaler

WWW.BIER.BY   GPS: 49°33'17" N / 11°13'47" E

BIER

Eigene Brauerei: Dunkles Landbier, Helles, Goldstoff, Weizen, Pils (alles vom Fass).

KÜCHE

Fränkische Brotzeiten. Täglich große Karte mit warmen Gerichten. Spezialitäten: Schäuferle, Rehbraten (Wild aus heimischer Jagd), saisonale Gerichte, Brotzeitplatte, Variationen von Gnocchi, Waldpilz- und Spinatknödeln mit Salbeibutter und Tomatensoße mit Parmesanspänen.

PLÄTZE (außen/regensicher)

120/160

ANSCHRIFT

Welserplatz 6
91207 Lauf-Neunhof
Tel.: 09126-5460

ÖFFNUNGSZEITEN

Täglich ab 9 Uhr
Di ab 17 Uhr
Montag Ruhetag

BIEREIS UND BRAUERTELLER

Das sind nur einige der bierigen Gerichte, die Gunda Heid seit bald 20 Jahren im Brauerei-Gasthof anbietet. Die schmecken im Sommer besonders gut im Biergarten, der mit Kastanien, einem Brunnen und dem wunderschönen Blick auf das denkmalgeschützte Fachwerkhaus aufwarten kann. Den darf man übrigens nicht mit dem Wiethalers Bräustüberl verwechseln. Dort wird seit 15 Jahren griechische Küche zum Wiethaler Bier serviert. Spezialität ist die Lammhaxe.

TIPP: Rehbraten aus heimischer Jagd

Symbolerklärung s. vordere Klappe

Kohlenmühle

WWW.KOHLENMUEHLE.DE   **GPS: 49°35'02" N / 10°36'52" E**

BIER

Eigene Brauerei: Helles Landbier, dunkles Landbier, Kohlenstoff (Weizen) (alles vom Fass), Bock und andere Biere (saisonal). Maisel/Bayreuth: Alkoholfreie Weisse.

KÜCHE

Fränkische Brotzeiten. Täglich mittelgroße Karte mit warmen Gerichten. Spezialitäten: Stadtwurst aus dem Wurstkessel, Bändel-Bratwürste, Turbinensteak vom Lavastein-Grill.

PLÄTZE (außen/regensicher)

100/235

ANSCHRIFT

Bamberger Straße 53
91413 Neustadt an der Aisch
Tel.: 09161-662270

ÖFFNUNGSZEITEN

Täglich ab 11 Uhr
Montag Ruhetag

SENSATION IN NEUSTADT

Was früher noch eine trostlos-baufällige alte Getreidemühle war, erstrahlt seit 10. Januar 2005 in neuem Glanz als Gasthausbrauerei allererster Güte. Inhaber und gelernter Braumeister Lothar Hufnagel und seine langjährige Partnerin Inge Eberlein haben ein wirkliches Kleinod geschaffen. Das leckere Landbier oder sein Weizen-Pendant Kohlenstoff genießt man entweder im Innenhof der hufeisenförmigen Mühle oder dem verpachteten Biergarten auf der Aischinsel hinter dem Haus. Allerdings sitzt es sich auch zwischen den Braukesseln in der Scheune äußerst originell.

TIPP: Kohlenmühle-Teller

Bus 127, 201 Amtsgericht, Neustadt a.d. Aisch

Bratwursthäusle

WWW.BRATWURSTHAEUSLE.DE **GPS: 49°27'17"N / 11°04'38"E**

BRATWURST-EMPIRE

Im Schatten der Sebalduskirche steht hier seit 1313 die Heimat der Original Nürnberger Rostbratwürste. Auf Buchenholzfeuer grillt man die aus der eigenen Metzgerei stammenden Fingerlinge, die täglich frisch hergestellt werden. Zu Werner Behringers Bratwurst-Imperium gehören auch noch das Bratwurstglöcklein, das Goldene Posthorn und das Bratwursterzl. Wer übrigens glaubt, die Nürnberger hätten schon immer die kleinen Würstchen gegrillt, der sei eines besseren belehrt. 1658 zeigten die stolzen Metzger (auch schon damals gab es den XXL-Wahn) ein 427 Meter langes Ungetüm, das über fünf Zentner auf die Waage brachte. Vielleicht sind wir dann doch froh, dass Nürnberg heutzutage nur noch die Heimat der zierlichsten Bratwurst der Welt ist...

BIER

Lederer/Nürnberg: Pils. Tucher/Fürth: Altfranken dunkel, Hefeweizen, Bajuvator dunkler Doppelbock, Hefeweizen Alkoholfrei (vom Fass). Jever: Jever Fun.

KÜCHE

Diverse Würste, der Klassiker direkt vom Grill. Spezialitäten: Ofenfrisches Schäuferle mit Kloß (Mo, Mi und Fr).

PLÄTZE (außen/regensicher)

200/130

ANSCHRIFT

Rathausplatz 1
90403 Nürnberg
Tel.: 0911-227695

ÖFFNUNGSZEITEN

Täglich ab 10 Uhr
Sonntag und Feiertage Ruhetag
Letzter Freitag im Nov. bis einschl.
Weihnachten kein Ruhetag

TIPP: Nürnberger Stadtwurst mit Schwarzbrot

's Baggers

TOP-TIPP für Familien mehr S. 12

WWW.SBAGGERS.DE

GPS: 49°30'42" N / 11°00'35" E

BIER

Lammsbräu/Neumarkt: Öko Dunkel, Öko Blond, Öko Edelpils, Öko Weisse, Öko Dinkel, Öko Glutenfrei, Öko Radler, Öko leichte Weisse, Öko alkoholfreie Weisse und Öko Alkoholfreies. Meister/Unterzaunsbach: Vollbier. Neder/Forchheim: Schwarze Anna.

KÜCHE

Fränkische Brotzeiten und reichhaltige fränkische Tapas. Täglich große Karte mit warmen Gerichten. Spezialitäten: 's Bagger Weldkuldurerbe, 's Baggers Schwangerschaftstest, Frankendöner.

PLÄTZE (außen/regensicher)

100/150

ANSCHRIFT

Am Steinacher Kreuz 28
90427 Nürnberg
Tel.: 0911-4779090

ÖFFNUNGSZEITEN

Anfang Mai bis Ende Aug.
Mi bis Sa ab 17 Uhr
So und Feiertage ab 11.30 Uhr
Montag und Dienstag Ruhetag
Anfang Sep. bis Ende Apr.
Di bis Fr ab 17 Uhr
Sa, So und Feiertage ab 11.30 Uhr
Montag Ruhetag

CLUBFANS MIT GLOBALEN AMBITIONEN

Michael Mack kann mit Fug und Recht behaupten, das Restaurant neu erfunden zu haben. Denn was wir bisher nur in Science-Fiction-Filmen sahen, hier ist es Wirklichkeit. Man sucht sich über einen Touch-Screen die verschiedenen Speisen und Getränke heraus, bestätigt, und wenige Minuten später fliegt das Gewünschte wie von Zauberhand auf den Tisch. Möglich macht es das innovative Restaurant-System, bei dem die Küche die Gäste direkt über Schienen versorgt. Noch besser finden wir, dass fettarm und kalorienreduziert gekocht wird und dass dazu auch noch eine breite Bio- und Öko-Palette gehört, vom Frankendöner bis zu Halleluja und Gödderschbeis. Das ganze funktioniert natürlich auch im Biergarten. Wer's nicht glaubt: Vorbeikommen!

TIPP: Verschiedene Baggers

Gutmann am Dutzendteich

WWW.GUTMANN-AM-DUTZENDTEICH.DE GPS: 49°26'08" N / 11°06'60" E

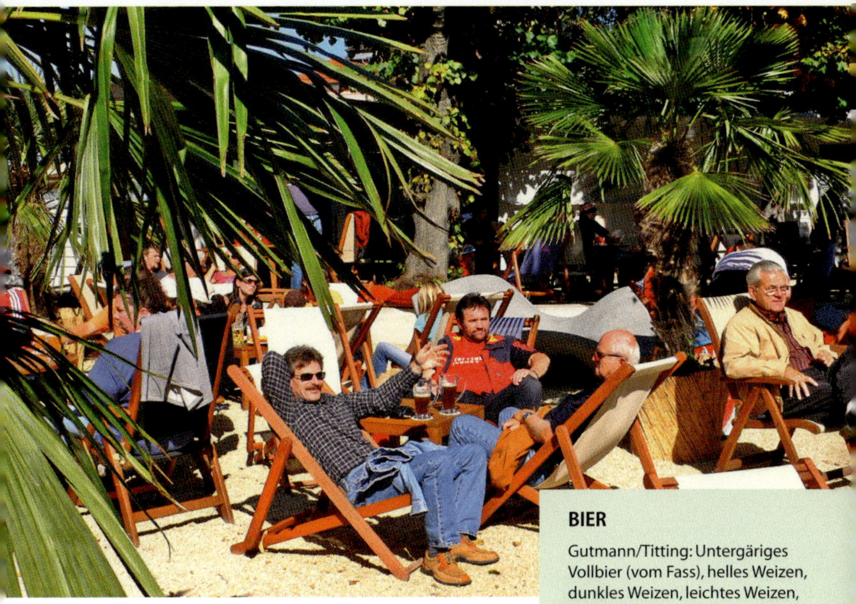

BEACH-GLUBB

Der Clubfan an sich hat es schwer, das war schon immer so und wird wohl auch so bleiben, wenn man die Entwicklung der letzten Jahre bedenkt. Doch damit das Leben für den Clubberer leichter wird, serviert man hier zu regelmäßigen Live-Übertragung der Spiele die Weizenspezialitäten von Gutmann aus Titting, das früher einmal fränkisch und seit 1972 oberbayerisch ist. Das nur am Rande. Sehr lecker auch die Weizencocktails, die am besten auf dem Liegestuhl im Beach-Bereich schmecken.

TIPP: Krautwickel mit Bier-Specksoße

BIER

Gutmann/Titting: Untergäriges Vollbier (vom Fass), helles Weizen, dunkles Weizen, leichtes Weizen, alkoholfreies Weizen.

KÜCHE

Fränkische Brotzeiten. Täglich große Karte mit warmen Gerichten. Spezialitäten: Braumeister Salat, Nürnberger Rostbratwürste, Krautwickel mit Bier-Specksoße, Krustenschäuferle.

PLÄTZE (außen/regensicher)

1030/260

ANSCHRIFT

Bayernstraße 150
90478 Nürnberg
Tel.: 0911-988187710

ÖFFNUNGSZEITEN

Täglich ab 10 Uhr
Kein Ruhetag

65 Dutzendteich, Nürnberg Bus

Symbolerklärung s. vordere Klappe

Bratwurst Röslein

WWW.BRATWURST-ROESLEIN.DE   GPS: 49°27'17"N / 11°04'40"E

BIER

Tucher/Fürth: Helles, Dunkles, Hefeweizen, Pils, Radler (alles vom Fass), Kristallweizen, dunkles Weizen, leichtes Hefe, alkoholfreies Weizen, Tucher light, Reifbräu alkoholfrei.

KÜCHE

Fränkische Brotzeiten. Täglich mittelgroße Karte mit warmen Gerichten. Spezialitäten: Nürnberger Bratwürste, Nürnberger Schäuferle, Bratwurstgulasch, Obatzda.

PLÄTZE (außen/regensicher)

200/600

ANSCHRIFT

Rathausplatz 6
90403 Nürnberg
Tel.: 0911-21486-0

ÖFFNUNGSZEITEN

Täglich ab 10 Uhr
Kein Ruhetag

CITY-BIERGARTEN MIT TRADITION

Das Bratwurst Röslein hat schon mehr als 500 Jahre Nürnberger Geschichte erlebt. Und seitdem ist hier auch immer etwas los. Gregor Lemke lässt sich jeden Monat etwas anderes einfallen, um seinen Gästen neue Schmankerl anzubieten. Das aber immer in Verbindung mit den heimischen Genüssen: Karpfen, Meerrettich, Pilze, Wild, Gans etc. ... und natürlich der Bratwurst! Die kleine Nürnberger misst gerade einmal sieben bis neun Zentimeter und wiegt ca. 25 Gramm. Damit der Hunger trotzdem vertrieben werden kann, gibt's die Kleinen immer im halben oder ganzen Dutzend. Kleiner Tipp für Leseratten: Jan Beinßen, „Sieben Zentimeter".

TIPP: Nürnberger Bratwürste

Lorenzkirche, Nürnberg

Burgwächter

WWW.RESTAURANT-BURGWAECHTER.DE GPS: 49°27′27″ N / 11°04′39″ E

SCHLEMMEN WIE DIE GALLIER

Der höchstgelegene Nürnberger Biergarten erwartet seine Besucher am Fuß des Burgfelsens. Der ist übrigens Geotop und Kletterfelsen für Kinder. Im Garten sitzt man an rustikalen Eichentischen inmitten vieler Blumen und wilden Weines. Da schmeckt das umfangreiche kulinarische Angebot, zu dem auch ein Ritteressen „Ritter Eppelein" (ab 12 Personen) gehört. Sensationell: Das Steak zum Selberbraten auf dem heißen Stein!

BIER

Schlenkerla/Bamberg: Rauchbier (vom Fass), Rauchweizen. Tucher/Fürth: Hefeweizen hell, Zirndorfer Landbier hell, Zirndorfer Kellerbier naturtrüb (alles vom Fass), Hefeweizen dunkel, alkoholfreies Hefeweizen, Hefeweizen light.

KÜCHE

Fränkische Brotzeiten. Täglich mittelgroße Karte mit warmen Gerichten. Spezialitäten: Steaks vom heissen Stein, Salzknöchle, diverse Bratwurstgerichte.

PLÄTZE (außen/regensicher)

120/180

ANSCHRIFT

Am Oelberg 10
90403 Nürnberg
Tel.: 0911-222126

ÖFFNUNGSZEITEN

Täglich ab 11 Uhr
Kein Ruhetag

TIPP: Steaks vom heissen Stein

Durchs Schwarzachtal

WWW.VGN.DE

Eine gemütliche, abwechslungsreiche und familienfreundliche Radtour, fern vom üblichen Verkehrsstrom. Auf gut ausgebauten Radwegen, überwiegend asphaltiert, führt die Strecke durchs erst liebliche, dann schroffer werdende Schwarzachtal zurück nach Nürnberg.

Ihr Fahrrad können Sie grundsätzlich in allen VGN-Verkehrsmitteln mitnehmen, sofern geeignete Stellflächen vorhanden sind. Während stärkerer verkehrlicher Belastung (z.B. Berufs- und Schülerverkehr, Ladenschluss und Großveranstaltungen) kann nicht mit der Mitnahme gerechnet werden. Die Ausschlusszeit an Werktagen montags bis freitags 6-8 Uhr sowie 15-18.30 Uhr gilt nur noch in Zügen und S-Bahnen der DB; ausgenommen davon sind Züge mit Gepäckabteilen und Fahrradsymbolen (aus dem Fahrplan ersichtlich).

(Altdorf – Prethalmühle – Burgthann – Ochenbruck – Brück-kanal – Wendelstein – Nürnberg-Langwasser).

Goldenes Posthorn

WWW.GOLDENES-POSTHORN.DE **GPS: 49°27′18″ N / 11°04′37″ E**

UR-WIRTSCHAFT

Um die Zeit der Entdeckung Amerikas entstand in Nürnberg Deutschlands älteste Weinstube, das Goldene Posthorn. Viele Berühmtheiten waren seitdem hier, unter anderem auch Richard Wagner, der einen Teil der „Meistersinger von Nürnberg" hier zu Papier brachte. Leider fiel das Haus, wie so viele in Nürnberg, 1945 einem Bombenvolltreffer zum Opfer. Trotzdem konnten Teile der Schätze des Hauses gerettet werden, wie zum Beispiel die original Spielkarten von Hans Sachs 1560 oder das Trinkglas von Albrecht Dürer. Dies ist eindeutig einer der Orte, an denen man im Laufe seines Lebens einmal gewesen sein sollte!

TIPP: Essigbrätlein vom Ochsenbäckchen

BIER

Lederer/Nürnberg: Pils (vom Fass). Tucher/Fürth: Altfranken dunkel, Hefeweizen, dunkler Doppelbock (vom Fass). Jever: Alkoholfreies.

KÜCHE

Hausmacher Brotzeiten. Täglich mittelgroße Karte mit warmen Gerichten. Spezialitäten: Essigbrätlein vom Ochsenbäckchen, Schäuferle, Bio-Lachs, Schlupfkuchen.

PLÄTZE (außen/regensicher)

80/100

ANSCHRIFT

Glöckleinsgasse 2
90403 Nürnberg
Tel.: 0911-225153

ÖFFNUNGSZEITEN

Täglich ab 11 Uhr
Kein Ruhetag

Bräustüberl Schwarzer Bauer

WWW.HAUSBRAUEREI-ALTSTADTHOF.DE   **GPS: 49°27'25" N / 11°04'29" E**

EIN KULT(UR)IGES ENSEMBLE

Neben dem Bräustüberl, in dem man üblicherweise die guten Biere des Altstadthofes verkostet, findet man (im Sommer) auch einen wunderschönen Biergarten vor, dazu noch den Musikkeller Schmelztiegel und die Bühne Altstadthof. In der Küche zeigt das Team von Reinhard Engel, dass man Bier nicht nur trinken kann - kaum eine Speise, die man mit gutem Bier nicht noch verbessern kann. Ein weiteres Highlight sind die Schnäpse aus der hauseigenen Brennerei, die den Bio-Bieren das Beste entlockt. Heraus kommt unter anderem ein unglaublicher SchwarzBierBrand, der zum Bierbrand des Jahres 2008 gewählt wurde. Im Folgejahr schafften es auch der MaiBock-, Rot-Bier- und WeissBierbrand aufs Treppchen.

BIER

Eigene Brauerei: Hell, Schwarzbier, Rotbier, Weissbier, Bock (saisonal) (alles vom Fass). Lammsbräu/Neumarkt: Alkoholfreies Weizen, Alkoholfreies.

KÜCHE

Fränkische Brotzeiten. Täglich mittelgroße Karte mit warmen Gerichten. Spezialitäten: Roastbeef in der Malzkruste, Bieramisu mit Weissbier- und Schwarzbierbrand, Brauergulasch, saure Bratwürste in Bieressigsud.

PLÄTZE (außen/regensicher)

50/65

ANSCHRIFT

Bergstraße 19
90403 Nürnberg
Tel.: 0911-2449859

ÖFFNUNGSZEITEN

Täglich ab 11 Uhr
Kein Ruhetag

TIPP: Bieramisu

  36 Burgstr., Nürnberg

Hexenhäusle Gaststätte und historischer Biergarten

WWW.SUDHAUSNUERNBERG.DE   GPS: 49°27′31″ N / 11°04′33″ E

BIER

Tucher/Fürth: Tucher Hefeweizen, Tucher altfränkisch dunkel, Zirndorfer Kellerbier (alles vom Fass), Tucher Weizen alkoholfrei, Tucher Weizen light. König/Duisburg: König Pilsener (vom Fass). Jever: Alkoholfreies.

KÜCHE

Fränkische Brotzeiten. Täglich mittelgroße Karte mit warmen Gerichten. Spezialitäten: Original Nürnberger Bratwurstturm (gibt es nur hier!), ofenfrisches Schweineschäufele, knusprig gebraten mit rohen Kartoffelklößen, Hexenschmaus (in der Pfanne serviert), Knoblauchsländer Kasnocken.

AM BRATWURSTTURM

Zum Hexenhäusle gelangt man meistens durch die Nürnberger Kaiserburg, um dann von den vielen verschiedenen Ecken des wunderbaren Biergartens einen tollen Blick auf das Nürnberger Wahrzeichen zu haben. Passend zur liebevollen Deko bietet auch die Speisekarte Ausgefallenes vom Frankenherd, beispielsweise den Bratwurstturm, den es nur hier im alten Torwärterhäuschen des Vestnertores (und im Kettensteg, gleicher Besitzer) zu verkosten gibt (Bratwürste auf drei Etagen). Wer als Gruppe kommt, sollte eines der gigantischen Vesperbretter vorbestellen, auf denen sich dann nun wirklich die komplette Biergartenfood-Palette befindet.

PLÄTZE (außen/regensicher)

400/70

ANSCHRIFT

Vestnertorgraben 4
90408 Nürnberg
Tel.: 0911-367324

ÖFFNUNGSZEITEN

Täglich ab 11 Uhr
Kein Ruhetag

TIPP: Original Nürnberger Bratwurstturm

Hummelsteiner Park

WWW.HUMMELSTEINER-PARK.DE   GPS: 49°26′04″ N / 11°05′26″ E

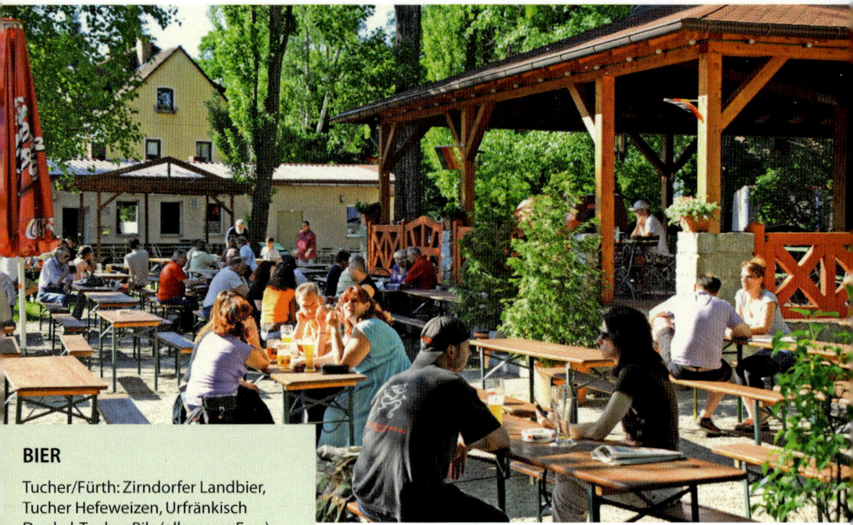

BIER

Tucher/Fürth: Zirndorfer Landbier, Tucher Hefeweizen, Urfränkisch Dunkel, Tucher Pils (alles vom Fass), leichtes Weizen, dunkles Weizen, alkoholfreies Weizen. Jever: Pils, Alkoholfreies.

KÜCHE

Fränkische Brotzeiten. Täglich große Karte mit warmen Gerichten. Spezialitäten: Ofenfrisches Schäuferle, Krustenbraten, Gemüse und Salate aus dem Knoblauchsland.

PLÄTZE (außen/regensicher)

1650/130

ANSCHRIFT

Kleestraße 28
90461 Nürnberg
Tel.: 0911-440638

TOP-TIPP für Familien mehr S. 12

ÖFFNUNGSZEITEN

Täglich ab 11 Uhr
Sa ab 17 Uhr
Kein Ruhetag

VOM SCHLOSSPARK ZUM FAMILIENAUSFLUGSZIEL

Schon 1721 erteilten die alten Herren das Schankrecht für das Wirtshaus im Hummelsteiner Schloss. 6.000 Quadratmeter boten damals wie heute jede Menge Platz, um Spaß für alle zu garantieren. So ist „Die Hummel", wie der Biergarten von den Einheimischen genannt wird, heute vor allem ein Ausflugsziel für Familien, die hier eine günstige Gelegenheit für Bier und Brotzeit sowie einen XXL-Kinderspielplatz mit Spielkameradengarantie suchen. Auf der Sonnenterrasse wird übrigens bedient (ca. 150 Plätze), für den Rest ist traditionell Selbstbedienung angesagt.

TIPP: Hummelsteiner Salat

Wirtshaus Kettensteg

WWW.SUDHAUSNUERNBERG.DE   **GPS: 49°27'17" N / 11°04'16" E**

PEGNITZTERRASSE AN HISTORISCHER STELLE

1824 konnte hier die erste freischwebende Brücke Deutschlands und erste eiserne Hängebrücke auf dem europäischen Festland eingeweiht werden. Wegen der zahlreichen, jeweils drei Meter langen Kettenglieder erhielt das Pionierwerk seinen Namen im Volksmund: „Kettensteg". Dorthin gelangen Sie, wenn Sie den Maxplatz stadtauswärts in Richtung Burgmauer gehen. Dann eröffnet sich Ihnen ein kleines Paradies an der Pegnitz mit wunderschönem Ambiente, gar nicht mehr großstadtlike, sondern urig mit Jägerzaun, großen Bäumen und Flussblick.

BIER

Lederer/Nürnberg: Premium Pils (vom Fass). Tucher/Fürth: Tucher Urfränkisch Dunkel, Tucher Hefeweizen, Zirndorfer Landbier hell, Zirndorfer Kellerbier (alles vom Fass), Tucher Weizen light, Tucher Weizen alkoholfrei. Jever: Jever fun.

KÜCHE

Fränkische Brotzeiten. Täglich mittelgroße Karte mit warmen Gerichten. Spezialitäten: Original Nürnberger Bratwurstturm (gibt es nur hier!), ofenfrisches Schweineschäuferle, knusprig gebraten mit rohen Kartoffelklößen, altfränkischer Krautbraten mit Dunkelbiersoße, Wildpreiselbeeren, frisch geriebenem Meerrettich und rohen Kartoffelklößen.

PLÄTZE (außen/regensicher)

350/125

ANSCHRIFT

Maxplatz 35
90403 Nürnberg
Tel.: 0911-221081

ÖFFNUNGSZEITEN

Täglich ab 11 Uhr
Kein Ruhetag

TIPP: Altfränkischer Krautbraten

Landgasthaus Zum Hirschen

WWW.BIER.BY   GPS: 49°22'55" N / 11°00'43" E

BIER

Kulmbacher: Kapuziner Hefeweizen, Lager Hell, Pils (alles vom Fass), Kristallweizen, alkoholfreies Weizen, leichtes Weizen, Alkoholfreies. Fürst Carl/Ellingen: Kellerbier, Dunkles (beides vom Fass). Gutmann/Titting: Weizen, leichtes Weizen.

KÜCHE

Fränkische Brotzeiten. Täglich mittelgroße Karte mit warmen Gerichten. Spezialitäten: Schäuferle, Rinderroulade Großmutter Art, Aischgründer Karpfen (saisonal).

PLÄTZE (außen/regensicher)

80/155

ANSCHRIFT

Deutenbacher Straße 11
90453 Nürnberg-Krottenbach
Tel.: 0911-9626256

ÖFFNUNGSZEITEN

Täglich ab 11 Uhr
Dienstag Ruhetag

DER LANGE ARM DER REICHSSTADT

Hier im Ballungsraum der Metropolregion wird man immer wieder vom Verlauf der Stadtgrenzen überrascht. Genauso wie das Baggers im Norden quasi eine Exklave der Großstadt darstellt, liegt der Landgasthof zum Hirschen im Süden gerade noch im Nürnberger Stadtgebiet. Und auch vom Ambiente her liegt das Haus eher idyllisch wie auf dem Land. Schaut man doch direkt auf einen schönen Seerosenteich und kann sich von Hannelore Neußner und ihrer Tochter kulinarisch verwöhnen lassen. Über den Gästen thront eine uralte Riesenpappel, die an heißen Sommertagen für den nötigen Schatten sorgt.

TIPP: Rinderroulade Großmutter Art

 82 Krottenbach Mitte, Nürnberg

Lederer Kulturbrauerei

WWW.L-KB.DE　　　　　　**GPS: 49°27'14" N / 11°03'04" E**

DAS KROKODIL ÜBER DEM TANK

Wo bis 1995 noch das Lederer Bier das Licht der Welt erblickte, der einst ältesten Brauerei der Stadt, die schon vor der Entdeckung Amerikas leckeren Gerstensaft köchelte, liegt heute die Kulturbrauerei. Mit vielen Exponaten aus der langen Lederer-Geschichte, bieten die Innenräume auch eine gute Gelegenheit, sich über Braukunst und Braukultur der freien Reichsstadt zu informieren. Heute schenken Bettina Köse und ihr Team Tucher Bier aus, und als kleine Remineszenz ein Kroko-Hausbier, das nach einem großen Krokodil benannt ist, das über der Theke hängt. Der riesige Biergarten mit quasi eigener U-Bahn-Station erfreut sich jedenfalls zurecht ungebrochener Beliebtheit bei den Einheimischen.

BIER

Tucher/Fürth: Lederer Kroko-Hausbier, Tucher Pils, Tucher Weizen (beides vom Fass), Reiffbräu alkoholfreies.

KÜCHE

Fränkische Brotzeiten. Täglich kleine Auswahl an warmen Gerichten. Spezialitäten: Selbstgemachter Obatzter, Nackensteak, Drei im Weckla, Schaschlik, Currywurst.

PLÄTZE (außen/regensicher)

1000/500

ANSCHRIFT

Sielstraße 12
90429 Nürnberg
Tel.: 0911-80100

ÖFFNUNGSZEITEN

Bedienungsbereich:
Täglich ab 10 Uhr
Selbstbedienungsbereich:
Mo bis Fr ab 15 Uhr
Sa, So und Feiertage ab 13 Uhr

TIPP: Selbstgemachter Obatzter

Symbolerklärung s. vordere Klappe

Lucas

WWW.CAFE-LUCAS.DE

GPS: 49°27'08" N / 11°04'32" E

BIER

Lederer/Nürnberg: Pils (vom Fass). Tucher/Fürth: Helles, Dunkles, Hefeweizen, dunkles Hefeweizen, leichtes (alles vom Fass). Beck's: Beck's Gold, Beck's Green Lemon.

KÜCHE

Täglich große Karte mit warmen Gerichten. Spezialitäten: Schweinemedaillons, paniertes Schweineschnitzel, große Salatauswahl, Nudelgerichte.

PLÄTZE (außen/regensicher)

450/200

ANSCHRIFT

Kaiserstraße 22
90403 Nürnberg
Tel.: 0911-227845

ÖFFNUNGSZEITEN

Täglich ab 8 Uhr
Kein Ruhetag

NÜRNBERGER ERHOLUNGSZONE

Hier kann jeder, wie er will. Die einen wollen gesehen werden, also setzen sie sich an die Fußgängerzone. Die anderen wollen sich eher zurückziehen und sitzen an der Pegnitz. Für beide gilt: Hier kann man wirklich gut relaxen vom Nürnberger Shopping-Stress. Wer möchte, kann das Lucas auch zum Startpunkt machen - das große Frühstücksangebot lädt auch zum idealen Morgenimbiss ein.

TIPP: Paniertes Schweineschnitzel

Lorenzkirche, Nürnberg

Marientorzwinger

WWW.MARIENTORZWINGER.DE   GPS: 49°27'00" N / 11°04'58" E

BLAUES BLUT IM NAMEN

Waren die Zwinger einst militärisches Gebiet zwischen Stadtmauer und Graben, entwickelten sie sich nach dem Mittelalter zu wahren Gastronomiehochburgen, die im Sommer auch viele Gäste in ihre Biergärten lockten. Seinen heutigen Namen hat der Marientorzwinger, der einst einfach nach seinen jeweiligen Besitzern benannt worden war, von der Mutter des Märchenkönigs, der bayerischen Königin Marie Friederike Franziska Hedwig, geb. Prinzessin von Preußen. Zum Biergarten muss man einige Stufen erklimmen, dann jedoch eröffnet sich ein wahres Paradies der Gastlichkeit.

BIER

Tucher/Fürth: Helles, Weizen, Zirndorfer Kellerbier (alles vom Fass), Pils, dunkles Weizen, alkoholfreies Weizen, leichtes Weizen.

KÜCHE

Fränkische Brotzeiten. Täglich große Karte mit warmen Gerichten. Spezialitäten: Schäuferle, Schnitzel, Sauerbraten.

PLÄTZE (außen/regensicher)

400/120

ANSCHRIFT

Lorenzer Straße 33
90402 Nürnberg
Tel.: 0911-2742784

ÖFFNUNGSZEITEN

Tägllich ab 11 Uhr
Kein Ruhetag

TIPP: Fränkischer Brotzeitteller

Symbolerklärung s. vordere Klappe

Kopernikus Biergarten im Krakauer Haus

WWW.RESTAURATION-KOPERNIKUS.DE   **GPS: 49°27'11" N / 11°05'09" E**

BIER

Meister/Unterzaunsbach: Landbier (vom Fass). Krug/Breitenlesau: Landbier (vom Fass). Penning/Hetzelsdorf: Landbier (vom Fass). Spalter: Dunkles, Helles (beides vom Fass). Lindenbräu/Gräfenberg: Landbier. Gutmann/Titting: Helles Weizen, dunkles Weizen, leichtes Weizen, alkoholfreies Weizen.

KÜCHE

Fränkische Brotzeiten. Täglich große Karte mit warmen Gerichten. Spezialitäten: Saisonale Gerichte (Spargel, Pfifferlinge), Piroggen, polnische Gerichte.

PLÄTZE (außen/regensicher)

150/35

ANSCHRIFT

Hintere Insel Schütt 34
90403 Nürnberg
Tel.: 0911-2427740

ÖFFNUNGSZEITEN

Biergarten:
Täglich ab 12 Uhr
Bei schlechtem Wetter geschlossen
Restaurant:
Täglich ab 17 Uhr
So und Feiertage ab 12 Uhr
(Wenn Biergarten geöffnet, dann
Restaurant geschlossen und
umgekehrt)

DIE POLNISCHE ENKLAVE

Der mittelalterliche Kopernikus Biergarten ist gar nicht so einfach zu finden. Man muss nämlich erst die Stufen im Krakauer Haus emporsteigen, bevor es dann direkt an die Burgmauer geht. Das Gebäude an sich schenkte die Stadt Nürnberg ihrer Partnerstadt Krakau, weswegen neben einer guten Auswahl fränkischer Landbiere vor allem polnische Gerichte auf der Speisekarte stehen. Besonders spannend fanden wir die Piroggen, eine Art polnische Maultasche mit unterschiedlichen Füllungen, die als Vor-, Haupt- und Nachspeise genossen werden kann.

TIPP: Piroggen

Schanzenbräu Schankwirtschaft

WWW.SCHANZENBRAEU.DE · GPS: 49°27'03" N / 11°03'03" E

OHNE SCHNICKSCHNACK, ABER MIT SCHUSS

Für den fränkischen Gaumen gibt's Bratwürste und Brotzeiten als Grundlage für den Biergenuss. Der besteht hier nicht nur aus den beiden Hausbräusorten, sondern auch aus einer breiten Palette internationaler Biere, beispielsweise aus Belgien. Die sind dann natürlich nicht nach dem Reinheitsgebot gebraut, aber warum nicht mal ein Kirschbier zwischen Schanzenbräu Rot und Hell einschieben? Ein guter Zeitpunkt dafür ist der Sonntag Morgen, wenn die Inhaber traditionell ab 11 Uhr Weißwurstfrühstück servieren. Dazu kann dann auch eine echte Berliner Weiße genossen werden - ideal bei sommerlichem Wetter im Biergarten.

TIPP: Fränkische Bratwürste

BIER

Eigene Brauerei: Schanzenbräu Rot, Schanzenbräu Hell, Schwarzbier, saisonal wechselnde Biere (alles vom Fass). Ritter St. Georgen/Nennslingen: Weizen. Geuze: Belgisches Bier. Kriek: Belgisches Kirschbier. Berliner Weisse.

KÜCHE

Fränkische Brotzeiten. Täglich mittelgroße Karte mit warmen Gerichten. So Mittagstisch. Bratwürste, sauere Zipfel, Sauerbraten oder Rouladen oder Schäuferle (So).

PLÄTZE (außen/regensicher)

100/80

ANSCHRIFT

Adam-Klein-Straße 27
90429 Nürnberg-Gostenhof
Tel.: 0911-93776790

ÖFFNUNGSZEITEN

Täglich ab 17 Uhr
So ab 11 Uhr
Kein Ruhetag

Tucherhof

WWW.TUCHERHOF.DE   GPS: 49°29'08" N / 11°05'26" E

BIER

Eigene Brauerei: Urhell, Pils, Weizen, Zirndorfer Kellerbier (alles vom Fass), komplettes Flaschenbier-Sortiment.

KÜCHE

Fränkische Brotzeiten. Täglich große Karte mit warmen Gerichten. Spezialitäten: Schnitzel, Schäuferle, Fränkische Bratwürste.

PLÄTZE (außen/regensicher)

1300/110

ANSCHRIFT

Marienbergstraße 110
90411 Nürnberg-Ziegelstein
Tel.: 0911-5209777

ÖFFNUNGSZEITEN

Täglich ab 11 Uhr
Kein Ruhetag

DER MARIENBERG

So heißt das Areal des Tucherhofes im Volksmund, benannt nach der Tochter eines Fabrikbesitzers, der den Gutshof 1845 errichtete. Später kaufte die Brauerfamilie Tucher das Gelände, um Weiher zur Eisproduktion anzulegen. So lieferte man viele Jahre von hier die großen Eisstücke, mit denen das Bier in den Felsenkeller auf konstanter Temperatur gehalten wurde. Heute hat sich der Tucherhof als Ausflugsziel etabliert und bietet mit seinem riesigen Platzangebot und dem rustikalen Ambiente eine wahre Oase im Grünen.

TIPP: Schnitzel

Wanderer Bieramt

WWW.CAFE-WANDERER.DE   GPS: 49°27'27" N / 11°04'28" E

GEMEINSAME SACHE AM FUSSE DER BURG

Pilgern die Touristen zur Burg, machen die Bierfans meistens vor dem Eingang Station. Denn hier lockt das Bieramt mit einem ungemein süffigen Angebot an fränkischen Gerstensäften (der Ausrutscher mit dem Pilsner Urquell ist wohl den Touristen geschuldet und sei ausnahmsweise verziehen). Dazu gibt es urige Wurstklassiker und doppelt gebackenes Bauernbrot. Dieses Angebot sorgt dafür, dass der kleine Eingang meist umlagert ist von Männern mit dem Krug in der Hand, ein echtes Bier-Happening, das richtig Laune macht! Gleich nebenan lockt das Café Wanderer alle, die statt auf Bier sträflicherweise auf Latte Macchiato stehen.

TIPP: Griebenschmalzbrot mit fränkischem Bier

BIER

Pilsner Urquell: Pils (vom Fass). Schanzenbräu/Nürnberg: Helles (vom Fass). Ein wechselndes Aktionsbier von kleinen Brauereien aus der Region (vom Fass). Aufsesser: Zwickel. Krug/Breitenlesau: Dunkles Landbier. Meister/Unterzaunsbach: Dunkles Landbier. Penning/Hetzelsdorf: Dunkles Landbier. Gutmann/Titting: Helles Weizen, leichtes Weizen. Grasser/Huppendorf: Zwickel. Spalter: Helles. Spezial/Bamberg: Rauchbier. Kritzentaler: Alkoholfreies.

KÜCHE

Fränkische Brotzeiten. Keine warmen Gerichte. Spezialitäten: Frankenbrot (von „Hildes Backwut") bestrichen mit Aufstrichen von der Gourmet-Metzgerei Wolf/Nürnberg (Schmalz, Leberwurst, Obatzter), Weißwurstfrühstück (jeden 1. Sa im Monat).

PLÄTZE (außen/regensicher)

80/50

ANSCHRIFT

Beim Tiergärtnertor 2 - 6
90403 Nürnberg
Tel.: 0178-3666334

ÖFFNUNGSZEITEN

2. März bis 15. Apr. & 17. Okt. bis 23. Dez.
Täglich ab 17.30 Uhr
Montag Ruhetag
16. Apr. bis 16. Okt.
Mo ab 17.30 Uhr
Di bis So ab 14 Uhr
Kein Ruhetag
24. Dez. bis Ende Feb. geschlossen

„In Fürth, giebts nichts, als Juden und Wirth"

Dieses Zitat aus dem Jahr 1786 weißt auf lange Wirtshaustradition in der Kleeblattstadt. Auch heute ist noch viel davon zu spüren. Fürth bietet hierzu eine kurzweilige inszenierte Theaterführung mit Schauspielern in historischen Kostümen an.

Sie erleben bei dieser Tour durch die Altstadt Geschichten rund um die Wirtshäuser und ihre Wirte. Sie starten mit einer Stadtführerin auf eine Zeitreise und hören Geschichten der Menschen aus längst vergangenen Zeiten. Sie erfahren Interessantes und Wissenswertes rund um das Bier und den Wein in dieser Zeit und welche Rolle die Wirtshäuser im Fürther Leben spielten. Vom Fuhrknecht und der Magd bis zum GI und seinem Mädchen – hier wird Geschichte lebendig. Dazu gibt es das eine oder andere mehr oder weniger historische Getränk.

Infos:
www.fuerth.de/tourismus
Tourist-Information Fürth
Bahnhofsplatz 2
90762 Fürth
0911-23 95 87-0
tourist-info@fuerth.de
Mo-Fr 10-18 Uhr, Sa 10-13 Uhr

Führungstermine 2010:
23. Juli,
6. und 20. August,
3. und 24. September
oder für Gruppen auf Anfrage

Fürth
www.fuerth.de

Wies'n Biergarten

WWW.WIESN-BIERGARTEN.DE   GPS: 49°27'04" N / 11°05'28" E

TÄGLICH PUBLIC VIEWING

Zugegeben, es ist nicht alle Tage Welt- oder Europameisterschaft, aber die Wöhrder Wiese ist der Mittelpunkt des öffentlichen Sehens und Gesehen Werdens in Nürnberg. Dabei dreht es sich nicht um die High Society, sondern eher um die jungen Studentinnen, die sich hier ab gefühlten 10 Grad Außentemperatur die Sonne auf den Körper scheinen lassen. Beste Aussicht – und Verpflegung bietet dabei der toll angelegte Biergarten, der aber auch noch mit vielfältigen Spielgelegenheiten für die Kinder und dem separaten „Erfahrungsfeld der Sinne" aufwarten kann. Fazit: Hier kann man jeden Tag Urlaub machen.

TIPP: 1/2 Meter Wies'n Brotzeit (für Zwei)

BIER

St. Georgen Bräu/Buttenheim: Kellerbier (vom Fass).Löwenbräu/ Buttenheim: Helles Bier (vom Fass), Weizen. Dreykorn/Lauf: Dunkles (vom Fass), Pils.

KÜCHE

Fränkische Brotzeiten.Täglich mittelgroße Karte mit warmen Gerichten. Spezialitäten: Bratwürste, Grillfleisch.

PLÄTZE (außen/regensicher)

800/45

ANSCHRIFT

Johann Sörgel Weg/ Wöhrder Wiese 90482 Nürnberg Tel.: 0911-2406688

ÖFFNUNGSZEITEN

Anfang Mai bis Mitte Sep. Mo bis Fr und So ab 10 Uhr Sa ab 13 Uhr, Kein Ruhetag

Biergarten Zollhaus Erlebnispark

WWW.BIERGARTEN-ZOLLHAUS.DE **GPS: 49°23'27" N / 11°07'44" E**

TOP-TIPP für Familien mehr S. 12

BIER

Veldensteiner: Weizen, Dunkles, Helles, Radler (alles vom Fass), komplettes Flaschenbier-Sortiment.

KÜCHE

Fränkische Brotzeiten. Täglich große Karte mit warmen Gerichten. Spezialitäten: Zollhaus-Grillteller, Steinofen-Pizza.

PLÄTZE (außen/regensicher)

1200/100

ANSCHRIFT

Am Zollhaus 150
90471 Nürnberg
Tel.: 0911-9808089

ÖFFNUNGSZEITEN

Täglich ab 11 Uhr (Okt-Mrz ab 17)
Kein Ruhetag

EIN KNAPPER HEKTAR BIERGARTEN

Auf über 9.000 Quadratmetern erstreckt sich das Erlebniszentrum Zollhaus. Hier ist man eigentlich immer richtig, wenn es um ein gute Freizeiterlebnis geht. Mit Streichelzoo, Spielplatz, Fahrzeugen und Bungee kommen vor allem die Kinder immer auf ihre Kosten. Für echte Helden stehen aber auch viele Grillspezialitäten und das komplette Veldensteiner-Sortiment auf dem Programm. Abgerundet wird das ganze durch regelmäßige Livekonzerte und DJ-Abende, sodass auch die Generation iPhone und iPad genügend Spielraum für Tanz- und Balzvergnügen hat.

TIPP: Steckerlfisch

Gasthaus Gumbrecht

WWW.BIER.BY   **GPS: 49°37'38"N / 10°54'36"E**

GEMÜTLICHKEIT AUF DER WIESE

Am Gasthaus Gumbrecht kommt man nicht zufällig vorbei – und genausowenig bleibt man zufällig. Seit 135 Jahren zaubert die Familie Gumbrecht schmackhafte Hausmacher Brotzeiten auf die Teller der Gäste. Die sitzen in einem improvisierten (und scheinbar beliebig erweiterbaren) Biergarten auf der Wiese – mit Blick auf den Teich. Das Gasthaus war früher so beliebt, dass es den Beinamen „Waldkrankenhaus" bekam: Auf der Suche nach den vermeintlich Kranken fanden die Detektive der Betriebe die Leute beim Bier - beim Gumbrecht.

TIPP: Schlachtschüssel (Mi und Do)

BIER

Tucher/Fürth: Pils, Weizen (beides vom Fass), leichtes Weizen, Alkoholfreies. St. Georgen Bräu/Buttenheim: Kellerbier.

KÜCHE

Hausmacher Brotzeiten. Spezialitäten: Schlachtschüssel (Mi und Do), Karpfen (saisonal), Hausplatte.

PLÄTZE (außen/regensicher)

250/80

ANSCHRIFT

Obermembach 2
91093 Hessdorf
Tel.: 09135-3140

ÖFFNUNGSZEITEN

Täglich ab 9 Uhr
Dienstag Ruhetag

Symbolerklärung s. vordere Klappe

Gasthaus Fischküche Reck

WWW.FISCHKUECHE-RECK.DE GPS: 49°37'52"N / 11°00'15"E

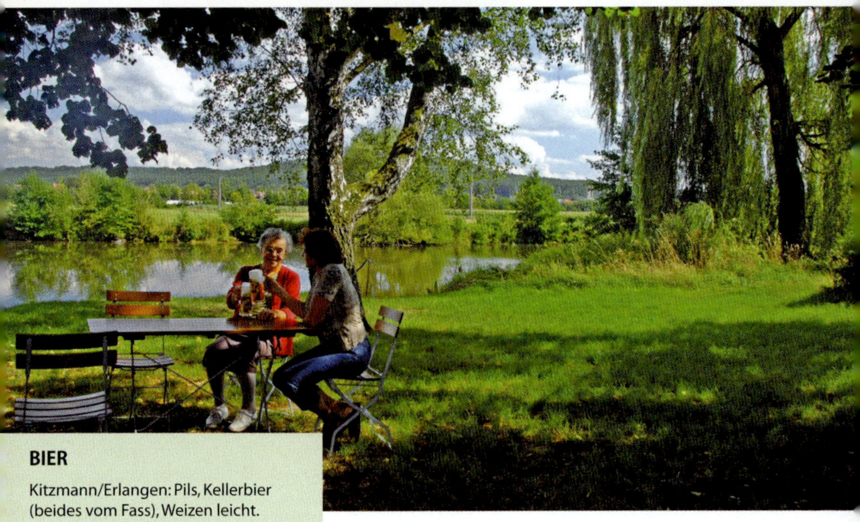

BIER

Kitzmann/Erlangen: Pils, Kellerbier (beides vom Fass), Weizen leicht. Tucher/Fürth: Helles Weizen, Dunkles (beides vom Fass). Schneider/Kelheim: Alkoholfreies Weizen. Schlenkerla/Bamberg: Rauchbier. Jever: Jever Fun (alkoholfrei).

KÜCHE

Hausmacher Brotzeiten. Täglich große Karte mit warmen Gerichten. Spezialitäten: Karpfenfilet, Karpfenpastete, geräucherte Karpfen, Spargelgerichte, Matjes.

PLÄTZE (außen/regensicher)

150/160

ANSCHRIFT

Oberndorf 7
91096 Möhrendorf
Tel.: 09131-47176

ÖFFNUNGSZEITEN

Täglich 11 bis 14 Uhr ab 17 Uhr
Montag und Dienstag Ruhetag

DER BADE-BIERGARTEN

Die Fischküche Reck muss erstmal erfahren werden - Navi nicht vergessen. Doch fährt man in den kleinen Innenhof ein bzw. parkt davor, betritt man ein kleines Reich. Der zweistufige Garten reicht bis zu einem kleinen See (Oberndorfer Weiher), in dem man sich auch abkühlen kann (gerne genutzt von den auf dem Regnitztal-Radwanderweg vorbeifahrenden Radlern). Herrlich, bei Sonnenuntergang mit Bier und einer der guten Brotzeiten aus der eigenen Metzgerei zu sitzen.

TIPP: Hausmacher Brotzeiten

Bus 254 Möhrendorf Mitte, Möhrendorf

Geyer's Felsenkeller

WWW.BRAUEREIGASTHOF-GEYER.DE **GPS: 49°35'26" N / 10°45'39" E**

KELLER MIT PFIFF

Der historische Felsenkeller – bis 1965 noch Lagerstätte für das süffige Bier der Brauerei Geyer – ist erst seit einigen Jahren wieder in der Hand der Familie. Traumhaft mitten in einem Wäldchen gelegen, bietet er noch ein pikantes Geheimnis: Nur wenig entfernt liegt der Tanzenhaider Weiher, das Mekka der örtlichen FKK-Liebhaber. Und so legten schon viele einen Zwischenstopp auf dem Bierkeller ein, um sich Mut anzutrinken, die einen zum Baden, die anderen zum Zuschaun.

BIER

Eigene Brauerei: Keller, Weizen (beides vom Fass).

KÜCHE

Hausmacher Brotzeiten. Täglich kleine Karte mit warmen Gerichten. Spezialitäten: Grobe Bratwürste, Leberkäs, Weißwürste, Adlerhaxen.

PLÄTZE (außen/regensicher)

250/40

ANSCHRIFT

Tanzenhaider Weg 6
91097 Oberreichenbach
Tel.: 09104-2802

ÖFFNUNGSZEITEN

Mo bis Fr ab 17 Uhr
Sa ab 14 Uhr
So und Feiertage ab 11 Uhr
Kein Ruhetag

TIPP: Adlerhaxen, Fisch vom Grill

Berggasthof Igelwirt

WWW.IGELWIRT.DE   GPS: 49°35′13″ N / 11°22′36″ E

BIER

Vasold & Schmitt/Neunkirchen am Brand: Lager, Pils, Dunkles (alles vom Fass). St. Georgen-Bräu/Buttenheim: Keller. Veldensteiner: Weizen (vom Fass), Weizen leicht, alkoholfreies Weizen. Clausthaler: Alkoholfreies. Erdinger: Kristallweizen. Kugelbauer/Abensberg: Alte Liebe (Dunkles Hefe).

KÜCHE

Fränkische Brotzeiten. Täglich mittelgroße Karte mit warmen Gerichten. Spezialitäten: Fränkische Bratengerichte, Fränkische Sauerbraten, gebratene Schälrippchen, Hirschkalbbraten, Schäuferle, Lammnüsschen, Fränkische Hausplatte.

PLÄTZE (außen/regensicher)

100/150

ANSCHRIFT

Igelweg 6
91220 Schnaittach-Osternohe
Tel.: 09153-4060

ÖFFNUNGSZEITEN

Täglich ab 6.30 Uhr
Montag Ruhetag

TRAUMBLICK GARANTIERT

Die Wanderung oder Fahrt auf dem Schlossberg über Osternohe lohnt sich. Nicht nur, dass Sie mit feinen Gerichten und Neunkirchner Bier bewirtet werden, allein der Blick auf das Tal ist atemberaubend. Herr über den Biergarten sind Fritz Maas, der 1989 den damals 100jährigen Traditionsgasthof übernommen hat, und ein uralter Bergahorn, der wohl schon die gesamte Zeit der Gastlichkeit hier überblicken konnte. Wer statt Schatten lieber Sonne möchte, kann das auf der neu angelegten Sonnenterrasse tun.

TIPP: Fränkische Hausplatte mit Zwetschgenwasser

Die Pflugsmühle

WWW.PFLUGSMUEHLE.DE **GPS: 49°12'25" N / 10°54'02" E**

EIN TRAUM IM WALD

Nicht nur, dass es hier den schönsten Biergarten-Sonnenuntergang des Seenlandes zu bewundern gibt, bei Friedrich Braun kommen auch die Freunde guter Kost nicht zu kurz. Schließlich nutzt er seine selbstgemauerten Brotbacköfen nicht nur zur Herstellung der leckeren Laibe, sondern brutzelt darin auch Bräten wie Schäuferla & Co., die dadurch einen ganz besonderen Hochgenuss darstellen. Auch die Freunde der Brotzeit kommen nicht zu kurz, von „Irgendwas" bis zur „Ringel-Brotzeit" stehen jede Menge Varianten auf der Karte. Der Biergarten an sich ist übrigens noch gar nicht alt: erst 1988 entstand das Kleinod aus einer Art Bierlaune heraus und war doch seit dem ersten Öffnungstag der Renner. Gut für Kinder: Um die Ecke gibt es Buggybahn und Minigolfplatz sowie tolle Wanderwege in den Wald.

BIER

Spalter: Hell, Pils, Dunkel, Weizen (vom Fass). Fürst Wallerstein: Keller (vom Fass). Gutmann/Titting: Helles Weizen, dunkles Weizen, leichtes Weizen, alkoholfreies Weizen. Löwenbräu/München: Alkoholfreies.

KÜCHE

Fränkische Brotzeiten. Do bis So kleine Karte mit warmen Gerichten. Spezialitäten: Selbstgebackenes Brot, Bräten aus dem Brotbackofen, verschiedene Nachtische.

PLÄTZE (außen/regensicher)

500/100

ANSCHRIFT

Pflugsmühle 1b
91183 Abenberg
Tel.: 09873-97980

TOP-TIPP für Familien
mehr S. 12

ÖFFNUNGSZEITEN

Mo bis Fr ab 13.30 Uhr
Sa ab 11 Uhr
So und Feiertage ab 10 Uhr
Kein Ruhetag

TIPP: Schäuferle, Fischgerichte (eigene Zucht)

Symbolerklärung s. vordere Klappe

Gasthaus Zur Eisenbahn

WWW.BIER.BY   GPS: 49°07'09" N / 10°51'33" E

BIER

Spalter: Helles, Pils (beides vom Fass), Hefeweizen, Dunkles. Lammsbräu/Neumarkt: Pils (Ökobier), dunkles Hefeweizen, alkoholfreies Hefeweizen hell und dunkel, alkoholfreies Pils. Alkoholfreies. Gutmann/Titting: Hefeweizen.

KÜCHE

Fränkische Brotzeiten. Täglich große Karte mit warmen Gerichten. Spezialitäten: Fränkischer Sauerbraten, Krenfleisch, Eisenbahnsteak, Lokführerpfännchen.

PLÄTZE (außen/regensicher)

50/55

ANSCHRIFT

Bahnhofstraße 3
91738 Pfofeld
Tel.: 09834-1692

ÖFFNUNGSZEITEN

Täglich 11.30 bis 14 Uhr & ab 17 Uhr
So und Feiertage ab 11.30 Uhr
Donnerstag Ruhetag

JEDE STUNDE EIN ZUG

Da kann die Bedienung die Arbeit nach der Uhr ausrichten. Zwischen den Zügen kommen allerdings auch noch die vielen Outdoorfans vom nahegelegenen Campingplatz und füllen die Sonnenterrasse des Familienbetriebs von Inhaberin Gabriele Klejna. Das über 100 Jahre alte Bahnhofsgebäude wurde 1994 komplett umgebaut und restauriert.

TIPP: Lokführerpfännchen

 Langlau

Gasthof Kleemann

WWW.GASTHOF-KLEEMANN.DE **GPS: 49°06'09" N / 10°50'12" E**

GEHEIMTIPP UM DIE ECKE

Hier zum Gasthof Kleemann kommt der normale Seenland-Tourist eher selten, dafür haben die Einheimischen den Laden wie eh und je im Griff. Und das ist gut so. Schließlich gibt es jede Menge echte Leckereien aus der hauseigenen Metzgerei, die man hier im schönen Biergarten genießen kann. Dann wirft Heidi Kleemann auch gerne mal den Grill an, und ein rustikaler Sommerabend kann in der Scheune ausklingen.

BIER

Strauss/Wettelsheim: Pils, Märzen, Helles (alles vom Fass), Wet (Premium Pils). Gutmann/Titting: Weizen, leichtes Weizen, dunkles Weizen, alkoholfreies Weizen. Erdinger: Weizen, alkoholfreies Weizen. Clausthaler: Alkoholfreies.

KÜCHE

Hausmacher Brotzeiten. Täglich mittelgroße Karte mit warmen Gerichten. Spezialitäten: Karpfen (saisonal), Schäuferle, Haxen, Brotzeitteller.

PLÄTZE (außen/regensicher)

30/100

ANSCHRIFT

Ringstraße 17
91738 Pfofeld
Tel.: 09834-239

ÖFFNUNGSZEITEN

Täglich ab 7 Uhr
Montag Ruhetag

TIPP: Schlachtschüssel am Donnerstag

Symbolerklärung s. vordere Klappe

Landgasthof-Hotel Sonnenhof

WWW.LANDHOTEL-SONNENHOF.DE　　　　**GPS: 49°06'43" N / 10°58'17" E**

MINI-WELTMEISTER

Hier in Pleinfeld, nur zehn Minuten vom Großen Brombachsee entfernt, steht die kleinste Öko-Brauerei der Welt. Gelernt hat man vom großen Bruder aus Neumarkt, dessen Bier es auch zu trinken gibt. Eigene Sude werden nur bei Braukursen angesetzt (ca. zehn Personen). Auf das Ergebnis muss man dann allerdings ein paar Monate warten, wobei es sich durchaus lohnt, zur Flaschen- oder Fassabfüllung nochmal persönlich vorbeizukommen - das geht alles noch von Hand, wie zu alten Zeiten!

BIER

Eigene Brauerei (Kleines Brauhaus): Brauhausbier. Lammsbräu/Neumarkt: Weizen, Pils, Helles, Dunkles (alles vom Fass), helles Weizen, dunkles Weizen, Kristallweizen, leichtes Weizen, alkoholfreies Weizen.

KÜCHE

Fränkische Brotzeiten. Täglich große Karte mit warmen Gerichten. Spezialitäten: Fränkisches Zwiebelsteak, Nürnberger mit Sauerkraut und Brot, Käsespätzle mit Röstzwiebeln, hausgemachte Apfelkräpfle, Brotzeitteller.

PLÄTZE (außen/regensicher)

280/255

ANSCHRIFT

Sportpark 9-11
91785 Pleinfeld
Tel.: 09144-9600

ÖFFNUNGSZEITEN

Täglich ab 7 Uhr
Kein Ruhetag

TIPP: Brauhausbier

Gasthof Zur Linde

WWW.GASTHOF-ZUR-LINDE.EU GPS: 48°55'16" N / 10°42'38" E

MIT ECHTEM BIERBRUNNEN

Wir trauten unseren Augen kaum, als wir auf Recherchetour am Hahnekamm nach Polsingen kamen und uns dann ein waschechter Bierbrunnen in seinen Bann zog. Er ist das Herzstück eines liebevoll angelegten und dekorierten Biergartens und steht unter dem Motto: Wer ehrlich schenkt sein Bier sich ein, wird immer gern willkommen sein! Dazu passt dann immer einer der zahlreichen Schnitzelvarianten, das Riesenschaschlik oder natürlich mittwochs oder samstags die Grillspezialitäten aus der Hütte.

TIPP: Bier aus dem Bierbrunnen

BIER

Weltenburger: Dunkles (vom Fass). Wallersteiner: Zwickel, Helles, Landsknecht (alles vom Fass). Gutmann/Titting: Helles Weizen, dunkles Weizen, leichtes Weizen, alkoholfreies Weizen.

KÜCHE

Fränkische Brotzeiten. Täglich große Karte mit warmen Gerichten. Spezialitäten: Wildgerichte aus eigener Jagd, saisonale Gerichte (z. B. Spargel, Pfifferlinge), Fischgerichte, Fränkische Brotzeit mit Schnaps.

PLÄTZE (außen/regensicher)

250/200

ANSCHRIFT

Frankenstraße 24
91805 Polsingen
Tel.: 09093-901540

ÖFFNUNGSZEITEN

Täglich ab 10 Uhr
Montag Ruhetag

Symbolerklärung s. vordere Klappe

Restaurant Kastl-Stub'n

WWW.BIER.BY   GPS: 49°07'09" N / 10°56'17" E

BIER

Fürst Carl/Ellingen: Pils, Helles, Dunkles, Kellerbier (alles vom Fass).
Gutmann/Titting: Helles Hefeweizen, dunkles Hefeweizen, leichtes Hefeweizen, Alkoholfreies Weizen.
Bischofshofer: Alkoholfreies.

KÜCHE

Fränkische Brotzeiten. Täglich große Karte mit warmen Gerichten. Spezialitäten: Schäuferla, Kastl-Schnitzel, Pfefferrahmbraten, selbstgemachtes Cordon-Bleu, selbstgemachte Fleisch-Sülze.

PLÄTZE (außen/regensicher)

70/75

ANSCHRIFT

Untere Dorfstraße 16
91785 Pleinfeld-Ramsberg
Tel.: 09144-927593

ÖFFNUNGSZEITEN

Täglich ab 10 Uhr
Montag Ruhetag
Anfang Juni bis Ende Aug. kein Ruhetag

ASTRITH UND DER KACHELOFEN

Das erste, was uns hier aufgefallen ist, war der zumindest in seiner Schreibweise durchaus seltene Vorname von Inhaberin Astrith Mayer, die aber auch sonst etwas wirklich besonderes ist. Mit sehr viel Liebe und Engagement stieg sie Ende 2006 bei den Kast'l Stuben ein. Das Lokal ist zwar nicht ganz so leicht zu finden, aber eine sehr erfreuliche Abwechslung zur hier sonst oft vorhandenen Einheitsgastronomie für See-Touristen.

TIPP: Kastl-Schnitzel

Bierteufel

100 METER VON DER SCHIFFSANLEGESTELLE

So kurz ist hier der Weg in einen der kreativsten Biergärten am Brombachsee. Von mehreren Terrassen aus bietet sich ein prachtvoller Blick auf das Geschehen in der großen Badewanne. Interessant natürlich die stündlichen An- und Ablegemanöver des Trimarans, aber auch das kulinarische Angebot, das sich klassisch zwischen Schnitzel und Wurstsalat bewegt. Besonders hervorheben möchten wir die Freundlichkeit des Service, die uns nach einem anstrengendem Recherchetag richtig erfrischt und begeistert hat!

BIER

Fürst Carl/Ellingen: Helles, Pils (vom Fass). Sigwart/Weißenburg: Weizen (vom Fass). Gutmann/Titting: Weizen.

KÜCHE

Salate. Täglich mittelgroße Karte mit warmen Gerichten. Spezialitäten: Fränkische Bratwürste, Schnitzel, hausgemachter Kartoffelsalat, Wurstsalat.

PLÄTZE (außen/regensicher)

100/0

ANSCHRIFT

Untere Dorfstraße 13 (neben der Schiffsanlegestelle Ramsberg)
91785 Pleinfeld-Ramsberg
Tel.: 09144-608300

ÖFFNUNGSZEITEN

Täglich ab 10 Uhr
Kein Ruhetag
Bei schönem Wetter geöffnet!

TIPP: Hausgemachter Kartoffelsalat

Symbolerklärung s. vordere Klappe

Baumhaus

WWW.BAUMHAUS-RENNHOFEN.DE · GPS: 49°32'53" N / 10°39'45" E

TOP-TIPP für Familien
mehr S. 12

BIER

Hofmann/Pahres: Lager, Hefeweizen (beides vom Fass), Pils, Alkoholfreies.

KÜCHE

Hausmacher Brotzeiten. Täglich kleine Karte mit warmen Gerichten. Spezialitäten: Grobe Bratwürste, Pizza zum Selbstbelegen, Krustenbrot aus dem Holzbackofen (gelegentlich).

PLÄTZE (außen/regensicher)

600/150

ANSCHRIFT

Rennhofen 23
91448 Emskirchen
Tel.: 09161-61996

ÖFFNUNGSZEITEN

Mai bis Okt.
Täglich ab 10 Uhr
Kein Ruhetag
Nov. bis April geschlossen
(Bei schönem Wetter schon im April unregelmäßig geöffnet)

VON DER SCHULE ZUM BIERGARTEN

So mancher Einheimische hätte sich das nie träumen lassen: Wo er ehemals im Pausenhof spielte, kann er jetzt gemütlich sein Bierchen trinken und den ehemaligen Oberlehrer einen guten Mann sein lassen. 1997 kaufte die Familie Holzwarth das alte Schulhaus und gestaltete nach und nach einen wirklichen Klassiker. Der Boden ist mit Rindenmulch ausgelegt, es reihen sich viele urige Holzgarnituren um eine ovale Schanktheke, überall stehen zwischen den Obstbäumen mehr oder weniger sinnvolle Kleinodien, und am Rande kann man in der Bauernscheune die persönlichen Favoriten mit nach Hause nehmen. Für Kinder ein Erlebnis mit regelmäßigem Lagerfeuer, Ritterburg, Kletterwand, Hüpfkissen und Seilbahn. Für Genießer ein Highlight: Das vor Ort im Holzofen gebackene Brot.

TIPP: Pizza zum Selbstbelegen

Unter den Linden

WWW.UNTER-DEN-LINDEN-ROTHENBURG.DE   GPS: 49°22'54" N / 10°10'18" E

GROSSER NAME

Etwa zehn Minuten Fußmarsch von der Rothenburger Innenstadt entfernt, sitzt man unter den Linden und am Fluss - im wunderschönen Biergarten mit dem leicht irreführenden Namen. Das ist ein echter Geheimtipp, abseits der großen Touristenströme eine wirkliche Oase der Ruhe und Entspannung. Wenn man mag, kann man neben der Seele auch die Füße in der flachen Tauber baumeln und bei einem kühlen Bier die lieben Japaner in der Stadt gute Leute sein lassen.

TOP-TIPP für Familien
mehr S. 12

TIPP: Schafskäse

BIER

Landwehr/Reichelshofen: Helles, Dunkles, Keller Herrenbräu (alles vom Fass), Toppler-Pils. Gutmann/Titting: Dunkles Weizen, helles Weizen.

KÜCHE

Brotzeiten. Täglich kleine Karte mit warmen Gerichten. Spezialitäten: Backsteinkäse, Schafskäse, Schnittlauchbrot.

PLÄTZE (außen/regensicher)

300/80

ANSCHRIFT

Kurze Steige 7c
91541 Rothenburg ob der Tauber
Tel.: 09861-5909

ÖFFNUNGSZEITEN

Frühlingsanfang bis Ende Okt.
Täglich ab 10 Uhr

Symbolerklärung s. vordere Klappe

Hotel goldenes Lamm

WWW.GOLDENESLAMM.COM   GPS: 49°22'38" N / 10°10'44" E

WO DIE SCHÄFER WOHNEN

Bereits anno 1483 diente dieses alterwürdige Haus der Schäferbruderschaft aus Rothenburg und der Umgebung als Herberge und Tanzhaus, schon 1268 ist es als Schäferheimat belegt. Die Schäfer versammelten sich jeweils an Bartholomäi zur Abhaltung ihres „Schäfereytages". Dieses bunte Treiben wird heute noch lebendig, wenn auf dem Marktplatz der berühmte Schäfertanz aufgeführt wird. Wer davon, davor oder danach Hunger bekommt, der ist hier bei Wolfgang Beugler immer richtig aufgehoben. Der sympathische Chef weiß zudem immer einen guten Geheimtipp für die Stadt.

BIER

Tucher/Fürth: Urfränkisch, Hefeweizen Hell, Hefeweizen Dunkel, Pils (alles vom Fass), Radler, Alkoholfreies.

KÜCHE

Fränkische Brotzeiten. Täglich große Karte mit warmen Gerichten. Spezialitäten: Haxe, Fränkische Bratwurst.

PLÄTZE (außen/regensicher)

30/140

ANSCHRIFT

Marktplatz 2
91541 Rothenburg ob der Tauber
Tel.: 09861-6563

ÖFFNUNGSZEITEN

Täglich ab 11 Uhr
Kein Ruhetag

TIPP: Bratwürste

Bus 807 Bensenstr., Rothenburg ob der Tauber

Hotel Restaurant Eisenhut

WWW.EISENHUT.COM

GPS: 49°22'37" N / 10°10'41" E

NOBEL NOBEL

In der Herrngasse wohnten schon immer nur die reichsten und bedeutendsten Bürger von Rothenburg. Von diesen Patrizierhäusern, meist aus dem 16. Jahrhundert, wurden drei zu einem Hotel umfunktioniert, dem Eisenhut. Nach langer Familientradition, begründet 1876 von Winzer Georg Andres Eisenhut, ging das Haus 2006 in den Besitz Nürnberger Hoteliers über und wurde zu einem Arvena Hotel. Die gehobene Küche und der sehr gute Ruf sind aber geblieben.

BIER

König/Duisburg: Pilsener (vom Fass). Hauff/Lichtenau: Landbier (vom Fass). Landwehr/Reichelshofen: Dunkles (vom Fass). Erdinger: Weißbier (vom Fass), dunkles Weizen, Kristallweizen, alkoholfreies Weizen.

KÜCHE

Fränkische Brotzeiten. Täglich mittelgroße Karte mit warmen Gerichten. Spezialitäten: Salatteller „Eisenhut" mit geräucherter Putenbrust, Mini-Leberkäse mit Kartoffel-Gurken-Salat, gebackenes Seelachsfilet mit Kartoffel-Gurkensalat und Kräuterschmand.

PLÄTZE (außen/regensicher)

160/80

ANSCHRIFT

Herrngasse 3-5/7
(Zugang durch die Burggasse)
91541 Rothenburg ob der Tauber
Tel.: 09861-7050

ÖFFNUNGSZEITEN

Täglich ab 11 Uhr
So ab 10 Uhr
Kein Ruhetag

TIPP: Mini-Leberkäse mit Kartoffel-Gurken-Salat

Symbolerklärung s. vordere Klappe

Landsknechtsstübchen

WWW.RAINERS-KUECHE.DE　　　GPS: 49°22'44" N / 10°10'55" E

BEI FREUND RAINER

Für uns war das Landsknechtsstübchen von Rainer Freund das schönste Haus in Rothenburg. Viel Fachwerk und viele bunte Blumen, die wunderschön an die jeweilligen Fensterbretter drapiert wurden. Dazu der sympathische Chef, der einem immer mit Liebe ein frisches, kühles Bierchen zapft. Natürlich steht er auch in der Küche perfekt seinen Mann, sogar bei der Zubereitung der vegetarischen Kartoffeltaschen mit Frischkäse und Gartenkräutern.

BIER

Tucher/Fürth: Pils, Hefeweizen, Dunkles (vom Fass), Tucher Light. Clausthaler: Alkoholfreies.

KÜCHE

Täglich große Karte mit warmen Gerichten. Spezialitäten: Zwiebelrostbraten, Sauerbraten, Kartoffeltaschen mit Frischkäse und Gartenkräutern, Flammkuchen.

PLÄTZE (außen/regensicher)

20/50

ANSCHRIFT

Galgengasse 21
91541 Rothenburg ob der Tauber
Tel.: 09861-3323

ÖFFNUNGSZEITEN

Täglich ab 11 Uhr
Dienstag Ruhetag

TIPP: Zwiebelrostbraten

Zum Rappen

WWW.HOTEL-RAPPEN-ROTHENBURG.DE **GPS: 49°22'47" N / 10°11'06" E**

KOMMUNIKATIONS-ZENTRALE

Im alten Rothenburg von 1703 wurde der damals schon über 100jährige Rappen zum Reichsposthalter ernannt und damit zum Informationsmittelpunkt der Stadt. Später defilierte die Bürgerwehr der Stadt vor dem Haus, um anschließend heftig-deftig zu feiern. Trotz eines Bombenvolltreffers im zweiten Weltkrieg spielt das Haus auch weiterhin eine wichtige Rolle in der Touristenmetropole.

BIER

Tucher/Fürth: Pils, Export, dunkles Hefeweizen (alles vom Fass), helles Hefeweizen, dunkles Hefeweizen, alkoholfreies Hefeweizen. Landwehr/Reichelshofen: Pils (vom Fass).

KÜCHE

Fränkische Brotzeiten. Täglich große Karte mit warmen Gerichten. Spezialitäten: Biergartenvesper, Pfannkuchenkuchel herzhaft bis deftig, Sauerbraten.

PLÄTZE (außen/regensicher)

100/250

ANSCHRIFT

Vorm Würzburger Tor 6/10
91541 Rothenburg ob der Tauber
Tel.: 09861-95710

ÖFFNUNGSZEITEN

Täglich ab 8 Uhr
(Biergarten 10 bis 22 Uhr)

TIPP: Pfannkuchenpizza mit Bergkäse überbacken

Symbolerklärung s. vordere Klappe

ONLINE AUF WWW. Bier.BY

Gasthof Butz

WWW.KREISELMEIER.DE GPS: 49°22'40" N / 10°10'48" E

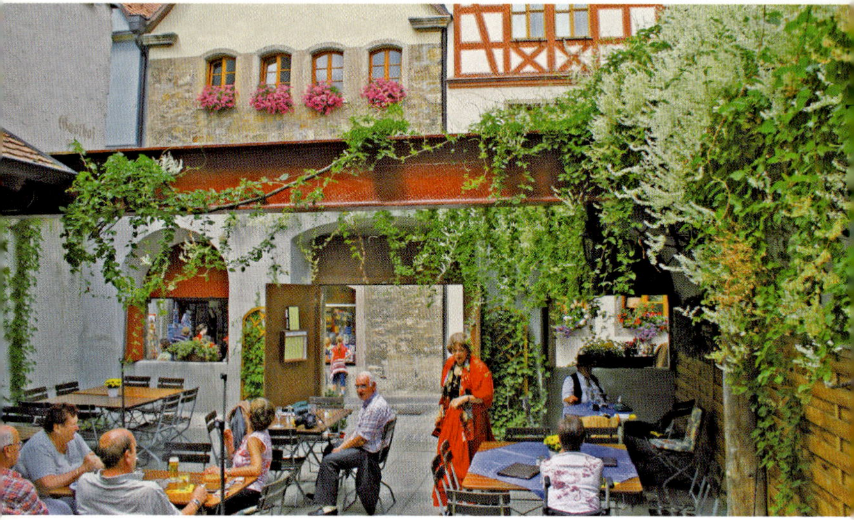

BIER

Tucher/Fürth: Pils (vom Fass), Weizen hell, Weizen dunkel, Alkoholfreies. Landwehr/Reichelshofen: Edel Hell (vom Fass).

KÜCHE

Fränkische Brotzeiten. Täglich mittelgroße Karte mit warmen Gerichten. Spezialitäten: Haxe, Rostbraten.

PLÄTZE (außen/regensicher)

80/80

ANSCHRIFT

Kapellenplatz 4
91541 Rothenburg ob der Tauber
Tel.: 09861-2201

ÖFFNUNGSZEITEN

Täglich ab 10 Uhr
Donnerstag Ruhetag

BIO IN ZWEI BIERGÄRTEN

Dieses Haus hat eine langjährige Tradition in Sachen Gastlichkeit. Noch bis 1920 Brauerei, steht es nun im Zeichen von Bio-Fleisch und der Familie Kreiselmeier, die allerdings auch schon zur Kaiserzeit hier weilte. Kreiselmeiers Küche verwendet bevorzugt Fleisch der fränkischen Weidefleischbauern. Bei ihnen erhalten die Kälber noch ihre echte Muttermilch, und alle Tiere stehen noch auf der Weide und fressen saftiges Gras. Die schönen Biergärten vor und hinter dem Haus sind zudem perfekte Plätze für ein bisschen Entspannung in der viel besuchten Stadt.

TIPP: Weidefleisch aus regionaler Produktion

Bus 807 Bensenstr., Rothenburg ob der Tauber

Symbolerklärung s. vordere Klappe

Hotel Gasthof Rödertor

WWW.ROEDERTOR.COM   GPS: 49°22'35" N / 10°11'07" E

BIER

Tucher/Fürth: Pils, Urfränkisch dunkel, Hefeweizen, Zirndorfer Kellerbier (alles vom Fass), Alkoholfreies, leichtes Hefeweizen. Jever: Jever Fun.

KÜCHE

Belegte Baguettes und Salate. Täglich mittelgroße Karte mit warmen Gerichten. Spezialitäten: Kartoffelpizza, Fränkische Apfelküchle, Schweinshaxe vom Grill.

PLÄTZE (außen/regensicher)

250/100

ANSCHRIFT

Ansbacher Straße 7
91541 Rothenburg ob der Tauber
Tel.: 09861-2022

ÖFFNUNGSZEITEN

Biergarten:
Mai bis Sep.
Täglich ab 17 Uhr
Kein Ruhetag
Bei schlechtem Wetter geschlossen

AM SCHÖNSTEN TOR

Etwas von der Fußgängerzone Rothenburgs entfernt, ist es hier am historischen Rödertor, das als das schönste der Stadt gilt, nicht minder hübsch und dafür mit dem Auto gut erreichbar. Im Biergarten finden locker 200 Gäste Platz, was auch häufig der Fall ist. Die kommen dann vor allem wegen der weitum beliebten Kartoffelpizza und der Rothenburger Bauntzen (auch Baunzgerl, Baunzen oder Bautzen), einer Art Schupfnudel, die man nur sehr selten auf den Teller bekommen kann, allerdings nur im Restaurant, nicht im Biergarten.

TIPP: Kartoffelpizza

Hotel Reichsküchenmeister

WWW.REICHSKUECHENMEISTER.COM — GPS: 49°22′40″ N / 10°10′44″ E

MAGISTER COQUINAE

Als Reichsküchenmeister von Rothenburg lebte es sich auch im Mittelalter nicht schlecht, hatte man doch lediglich den Kaiser als Herren über sich. Dank ihrer Kochkünste stiegen sie bis zu Reichsvogt und Reichsschultheiß auf. Lustig das Wappen mit Nudelholz und Hackschlegel – heute immer noch am Hotel zu bewundern. Ganz so elitär geht es heute natürlich nicht mehr zu, dafür schmeckt es aber immer noch hervorragend!

BIER

Tucher/Fürth: Zirndorfer Kellerbier, Weizen, Pils (vom Fass), alkoholfreies Weizen. Landwehrbräu/Reichelshofen: Altfränkisch Dunkel (vom Fass). Jever: Alkoholfreies.

KÜCHE

Fränkische Brotzeiten. Täglich große Karte mit warmen Gerichten. Spezialitäten: Fränkisches Schäuferle mit Knödel und Krautsalat, Flammkuchen, Sauerbraten, Karpfen aus eigener Ernte (saisonal).

PLÄTZE (außen/regensicher)

120/80

ANSCHRIFT

Kirchplatz 8
91541 Rothenburg ob der Tauber
Tel.: 09861-970-0

ÖFFNUNGSZEITEN

Täglich ab 8 Uhr
Kein Ruhetag

TIPP: Karpfen aus eigenem Weiher

Symbolerklärung s. vordere Klappe

Mittelalterliches Gasthaus Spitaltor

WWW.SPITALTOR.DE   GPS: 49°22'22" N / 10°10'50" E

BIER

Tucher/Fürth: Helles, Dunkles, Weizen, Pils (alles vom Fass), Leichtes, Fun. Berliner Weiße mit Schuß.

KÜCHE

Fränkische Brotzeiten. Täglich mittelgroße Karte mit warmen Gerichten. Spezialitäten: Gepfefferte Henkersmahlzeit, Schweinsbraten, Ritteressen (Sa, nach Voranmeldung).

PLÄTZE (außen/regensicher)

120/130

ANSCHRIFT

Spitalgasse 26
91541 Rothenburg ob der Tauber
Tel.: 09861-6759

ÖFFNUNGSZEITEN

Täglich ab 11 Uhr

VON RITTERN UND FILZHÜTEN

Wenn es eine Steigerung des Wortes „zünftig" gäbe, dann müsste man sie auf das Spitaltor anwenden. Hier wird die Vergangenheit wirklich wieder lebendig. Zum Beispiel beim Ritteressen (auf Voranmeldung) mit Karl, dem Wahren, oder auch beim Filzhut-Essen. Nein, keine Angst, sie müssen die Dinger nicht verspeisen, aber aufsetzen, wenn es mit Hax'n und Musik so richtig zünftig wird. Ach ja: Keine Angst vor der Henkersmahlzeit!

TIPP: Henkersmahlzeit

Bus 807 Bensenstr., Rothenburg ob der Tauber

Hotel Schranne

WWW.HOTEL-SCHRANNE.DE   GPS: 49°22'45" N / 10°10'47" E

GASTHOF MIT SILBERMEDAILLE

Der Name „Schranne" leitet sich vom althochdeutschen „scranna" ab und ist ein im süddeutschen Raum verbreiteter Begriff für den Getreidemarkt. Tatsächlich fand dieser einst auf dem großen Platz vor dem Hotelgebäude statt. Als das Haus im 17. Jahrhundert erbaut wurde, diente es einer adligen Familien als Wohnsitz, bis es von der Familie Meinold zum Gasthof umgebaut wurde. Die Küche erhielt 2007 und 2010 eine Silbermedaille für ihre Kochkunst in Sachen bayerisch.

TIPP: Hausgemachte Schweinsfußsülze

BIER

Landwehr/Reichelshofen: Edel Hell (vom Fass). Tucher/Fürth: Pils, Hefeweizen, Altdunkel. Jever: Kristallweizen, Hefeweizen leicht, Hefeweizen alkoholfrei, Alkoholfreies.

KÜCHE

Hausmacher Brotzeiten. Täglich große Karte mit warmen Gerichten. Spezialitäten: Schlachteplatte, Sauerbraten.

PLÄTZE (außen/regensicher)

120/250

ANSCHRIFT

Schrannenplatz 6
91541 Rothenburg ob der Tauber
Tel.: 09861 9550-0

ÖFFNUNGSZEITEN

Täglich ab 11 Uhr
Kein Ruhetag

Symbolerklärung s. vordere Klappe

Pils- & Weinstube Kellermeister

WWW.KELLERMEISTER-ROTHENBURG.DE GPS: 49°22'43" N / 10°10'49" E

DER GROSSE SCHLUCK

Der Kellermeister ist benannt nach einer der Hauptfiguren der Rothenburger Meistertrunk-Legende. Schließlich reichte damals der Kellermeister Feldherr Tilly den Krug mit einem Dreiviertelliter Wein. Eigentlich sollte das Getränk den Eroberer milde stimmen, doch der bestimmte, dass nur, wenn einer der Ratsherren den Krug in einem Zug leertrinken könnte, Milde zu erwarten sei. Gesagt - geschafft. Der Altbürgermeister hatte einen guten Zug und rettete die Stadt. Bitte nicht nachmachen, auch wenn der Wein hier bestens schmeckt!

BIER

Tucher/Fürth: Pils, Weizen, Urfränkisch dunkel (alles vom Fass), Weizen leicht, Kristallweizen, Zirndorfer Landweizen, Zirndorfer Kellerbier. Jever: Alkoholfreies.

KÜCHE

Fränkische Brotzeiten. Täglich große Karte mit warmen Gerichten. Spezialitäten: Saure Zipfel, Nürnberger Rostbratwurst, Sülze mit Bratkartoffeln.

PLÄTZE (außen/regensicher)

35/50

ANSCHRIFT

Judengasse 37
91541 Rothenburg ob der Tauber
Tel.: 09861-8964

ÖFFNUNGSZEITEN

Anfang Apr. bis Ende Okt.
Täglich ab 12 Uhr
Montag Ruhetag
Anfang Nov. bis Ende März
Täglich ab 17 Uhr
Montag Ruhetag

TIPP: Leberknödel in Ei gebraten

  807 Bensenstr., Rothenburg ob der Tauber

Gasthof zum Ochsen

WWW.GASTHOF-OCHSEN-ROTHENBURG.DE

GPS: 49°22'44" N / 10°10'55" E

MITTENDRIN

Der Ochse liegt mitten im historischen Rothenburg und ist damit einer der Schauplätze des alljährlichen Meistertrunk-Festspiels. 1631 belagerte und unterwarf Tilly, der große katholische General, mit seiner Armee die Stadt Rothenburg und hielt Kriegsgericht. Dieses ist der Kern des Spektakels, das immer um die Pfingsttage herum seinen Lauf nimmt. Dazu gehört auch der Heereszug, der mit vielen Wagen und orginalgetreuen Kostümen und Waffen der damaligen Zeit die gesamte Altstadt bevölkert.

TIPP: Vesperplatte mit Zwetschgenwasser

BIER

Tucher/Fürth: Pils, Export, Hefeweizen (alles vom Fass), alkoholfreies Weizen, leichtes Weizen. Brauhaus Rothenburg: Altfränkisches Dunkel, Pilsner, 1631, Maibock, Festweizen, roter Bock (alle Biere saisonal wechselnd).

KÜCHE

Fränkische Brotzeiten. Täglich mittelgroße Karte mit warmen Gerichten. Spezialitäten: Karpfen, je nach Jahreszeit wechselnde Gerichte, Schäuferle.

PLÄTZE (außen/regensicher)

24/45

ANSCHRIFT

Galgengasse 26
91541 Rothenburg ob der Tauber
Tel.: 09861-6760

ÖFFNUNGSZEITEN

Täglich ab 8 Uhr
Donnerstag Ruhetag

Symbolerklärung s. vordere Klappe

Gaststätte Döllinger

WWW.SCHAFTNACH.DE GPS: 49°19'24" N / 11°04'45" E

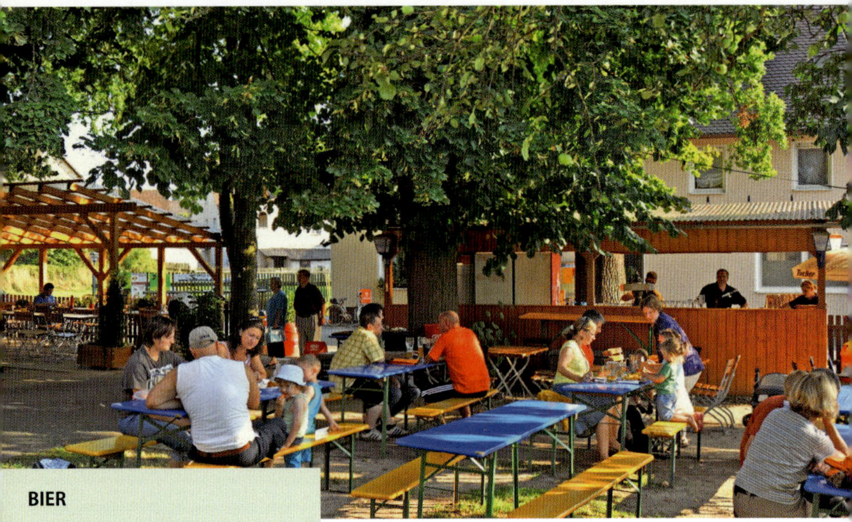

BIER

Gutmann/Titting: Weizen, leichtes Weizen. Tucher/Fürth: Bier, Pils, Weizen , Keller, Dunkles (alles vom Fass), alkoholfreies Weizen, Kristallweizen, Diätpils, Alkoholfreies.

KÜCHE

Hausmacher Brotzeiten. Täglich große Auswahl an warmen Gerichten. Spezialitäten: Schäuferle, eine Fuhre Mist, Sauerbraten, eine Karre Woscht.

PLÄTZE (außen/regensicher)

300/150

ANSCHRIFT

Schaftnacher Straße 20
91126 Schwabach
Tel.: 09122-71037

ÖFFNUNGSZEITEN

Di ab 17 Uhr
Mi bis So ab 11 Uhr
Montag Ruhetag

SÜSSES UNTER DEM KASTANIENBAUM

Im kleinen Schaftnach gibt es einen großen Platzhirsch, das Gasthaus Döllinger. Hier bereitet die Familie schon in der fünften Generation und seit über 135 Jahren feine Speisen für die Gäste, die sich im Sommer besonders gerne im Biergarten gegenüber dem Gasthaus niederlassen. Dort - im Schatten großer Kastanienbäume – schmeckt es am Mittag und am Abend – und ganz besonders nachmittags, denn der gelernte Konditor Uwe Döllinger lässt es sich nicht nehmen, seiner Backstube ausgefallene Torten- und Kuchenkreationen zu entlocken.

TIPP: Eine Fuhre Mist und eine Karre Woscht

Bus 663 Schaftnach, Schwabach

Brauerei Enzensteiner

WWW.ENZENSTEINER.DE **GPS: 49°33'42" N / 11°22'07" E**

EIN TRAUM-BIERGARTEN

Ein Ausflug zum Hof der Familie Kreß lohnt sich nicht nur wegen des Bieres, sondern auch wegen der traumhaften Atmosphäre im Biergarten. Die genießen die Stammgäste vor allem freitags, wenn es frische Makrele vom Grill und Rippchen aus dem Holzbackofen gibt (bitte vorbestellen), und sonntags bei traditionell fränkischen Mittagstisch. Zwischendurch finden auch immer wieder Live-Konzerte oder Ende Juli die Nacht der hundert Feuer statt. Sie sehen: Hier ist immer was los, gutes Wetter vorausgesetzt!

BIER

Eigene Brauerei: Landbier, Weißbier, Vetus Millena (saisonal), Bockbier (saisonal), Märzen (saisonal), Festbier (saisonal), Dunkles (saisonal) (alles vom Fass), Emmer-Starkbier, Imperialgesternbier, Schwarzhaferbier.

KÜCHE

Fränkische Brotzeiten. Kleine Auswahl an warmen Gerichten. So und Feiertage Mittagstisch. Spezialitäten: Flammkuchen und Zwiebelkuchen aus dem Holzbackofen, Makrele vom Grill (Fr, im Sommer), geräucherte Forelle (Fr, im Sommer), Rippchen aus dem Holzbackofen (Fr auf Vorbestellung).

PLÄTZE (außen/regensicher)

300/140

ANSCHRIFT

Enzenreuth 8
91220 Schnaittach
Tel.: 09153-924733

ÖFFNUNGSZEITEN

Fr bis So und Feiertage ab 11 Uhr
Montag bis Donnerstag geschlossen
(für Gruppen ab 10 Personen nach
Anmeldung auch außerhalb dieser
Zeiten geöffnet)

TIPP: Zwiebelflammkuchen aus dem Holzbackofen

Erfahrungsfeld zur Entfaltung der Sinne

WWW.ERFAHRUNGSFELD.NUERNBERG.DE

In den Krügen der Tastgalerie Verborgenes begreifen, auf dem Barfuß-weg Stock und Stein verstehen, Urbrot backen, im Stock- finstern einen Kaffee trinken, schaukeln, balancieren, im Kletterwald aufsteigen, das innere Gleichgewicht finden, Klänge im Körper spüren, am Riechbaum schnuppern, mit dem Kopf im Summstein den eigenen Ton finden...

Zum Schwerpunktthema 2010 „Alle Sinne in Bewegung" werden auf der Wöhrder Wiese vom 1. Mai bis 12. September wieder etliche neue Stationen präsentiert. Für rund 100.000 Besucher, die erfahren wollen, wie das Auge sieht, das Ohr hört, die Nase riecht, die Haut fühlt, die Finger tasten, der Fuß versteht, die Hand begreift, das Gehirn denkt, die Lunge at-met, das Blut pulsiert und der Körper schwingt.

Direkt daneben lockt der kultige Wiesn-Biergarten (siehe Seite 483), auf jeden Fall auch eine Sinnes-Erfahrung!

Kontakt:
Stadt Nürnberg Amt für Kultur und Freizeit, Abteilung kulturelle und politische Bildung
Untere Talgasse 8, 90403 Nürnberg
Tel.: 0911 231-5445, Fax: 231-8290
erfahrungsfeld@stadt.nuernberg.de
www.erfahrungsfeld.nuernberg.de

TOP-TIPP für Familien
mehr S. 12

Das Limbacher Schwabach

WWW.DASLIMBACHER.DE　　　　　**GPS: 49°20'22" N / 11°02'39" E**

KULT MIT MONSTERBAUM

Das Limbacher bildet schon seit 60 Jahren den gesellschaftlichen Mittelpunkt der kleinen Ortschaft, die heute ein Stadtteil von Schwabach ist. Mit seinem wunderschönen Naturbiergarten hat es sich zu einer kleinen Urlaubsoase gemausert, in der an lauen Sommerabenden Salsa und Discofox getanzt wird. Dazwischen finden sich hier vor allem die Einheimischen ein, die spätestens, wenn sie den riesigen Baum vor dem Haus im Blick haben, wissen, dass sie wieder in „ihrem" Biergarten sind.

BIER

Tucher: Zirndorfer Vollbier (vom Fass), Zirndorfer Kellerbier, Tucher Dunkel. Gutmann/Titting: Dunkles Weizen, helles Weizen, leichtes Weizen, alkoholfreies Weizen. Radeberger: Pils.

KÜCHE

Fränkische Brotzeiten, Salate. Täglich kleine Karte mit warmen Gerichten. Spezialitäten: Vesperplatte, Stadtwurst mit Musik (als 1/4 und 1/2 Meter), Schweinebraten, Schnitzel.

PLÄTZE (außen/regensicher)

400/160

ANSCHRIFT

Limbacher Straße 104
91126 Schwabach
Tel.: 09122-8941856

ÖFFNUNGSZEITEN

Mo bis Do ab 17 Uhr
Fr und Sa ab 14 Uhr
So und Feiertage ab 11 Uhr
Kein Ruhetag
(Mitte Sep. bis Ende Apr. Dienstag Ruhetag) (Für Gruppen auch außerhalb dieser Zeiten geöffnet)

TIPP: Stadtwurst mit Musik (1/4 oder 1/2 Meter)

Symbolerklärung s. vordere Klappe

Gartenlaube

WWW.GARTENLAUBE-SCHWABACH.DE   **GPS: 49°19'31" N / 11°01'06" E**

STEAKS IN DER LAUBE

Metzger und Koch Harald Steger und Ehe- und Hotelfachfrau Jeannine führen die Gartenlaube seit 1999. Sie übernahmen damit ein alteingesessenes Gasthaus, dessen Geschichte mindestens bis ins Jahr 1824 zurückreicht. Der dreieckige Biergarten wirkt fast etwas heimelig, ist er doch rundrum von einem hohen Zaun und vielen Pflanzen umgeben. Für den Gaumen gibt es das Leitner-Bier aus Schwabachs einziger Brauerei und die Spezialitäten aus der Hausmetzgerei, insbesondere feine Räucherwaren. Für Kinder gibt es einen kleinen Spielplatz.

BIER

Leitner/Schwabach: Pils, Helles, Weizen (alles vom Fass). Erdinger: Dunkles Weizen, leichtes Weizen, Kristallweizen, alkoholfreies Weizen.

KÜCHE

Hausmacher Brotzeiten. Täglich große Karte mit warmen Gerichten. Spezialitäten: Saisonale Gerichte (Spargel, Pfifferlinge, Karpfen), Wild aus der Region, hausgemachte Stadtwurst, roter Pressack.

PLÄTZE (außen/regensicher)

60/90

ANSCHRIFT

Rittersbacher Straße 1
91126 Schwabach
Tel.: 09122-839454

ÖFFNUNGSZEITEN

Täglich 11.30 bis 14 Uhr & ab 17 Uhr
Montag Ruhetag

TIPP: Wild aus der Region

Bus 607 Nördlinger Str., Schwabach

Gasthof Goldener Stern

WWW.TRUTSCHEL-GOLDSTERN.DE   GPS: 50°07'05" N / 11°03'12" E

GOLD FÜR DIE AUGEN UND DEN GAUMEN

Der schönste Blick auf den Schwabacher Marktplatz bietet sich von der Sonnenterrasse des Goldenen Sterns, in dem Küchenmeister Dieter Trutschel seit 1992 verantwortlich zeichnet. In seiner Karriere konnte er schon viele Goldmedaillen einheimsen und unter anderem Queen Elisabeth bewirten. Vielleicht kam ihm damals die Idee, in seinem Restaurant in der Goldschlägerstadt auch Gerichte mit Gold zuzubereiten. Auch wenn es geschmacklich wohl keine große Rolle spielt, hat es natürlich schon etwas besonderes, eine vergoldete Entenbrust zu genießen - probieren Sie es doch einfach mal aus!

TIPP: Goldschlägermenü

BIER

Spalter: Helles, Pils, Dunkles, Hefeweizen (alles vom Fass), dunkles Weizen, leichtes Weizen, Hopfen leicht, Spalter Nr. 1 Premium Pils. Erdinger: Alkoholfreies Weizen.

KÜCHE

Fränkische Brotzeiten. Täglich mittelgroße Karte mit warmen Gerichten. Spezialität: Schwabacher Goldmenue mit original Schwabacher Blattgold verziert, Wildbret aus heimischer Jagd, Steakspezialitäten.

PLÄTZE (außen/regensicher)

130/190

ANSCHRIFT

Königsplatz 12
91126 Schwabach
Tel.: 09122-2335

ÖFFNUNGSZEITEN

Täglich ab 11 Uhr
Kein Ruhetag

Symbolerklärung s. vordere Klappe

Hans-Gruber-Keller

WWW.HANSGRUBERKELLER.DE GPS: 49°10'25" N / 10°55'14"E

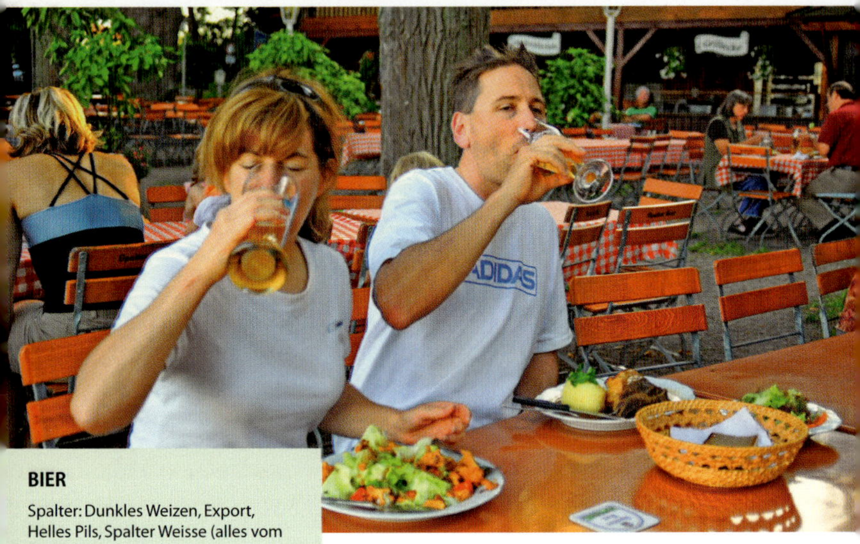

BIER

Spalter: Dunkles Weizen, Export, Helles Pils, Spalter Weisse (alles vom Fass).

KÜCHE

Hausmacher Brotzeiten. Täglich große Karte mit warmen Gerichten. Spezialitäten: Hopfensprossensalat, Schäufele, Haxen, saisonale Gerichte (z. B. Spargel, Pfifferlinge, Karpfen); Haxen, Spießbraten, Steaks und Bauchfleisch vom Grill (jeden Mi ab 18 Uhr).

PLÄTZE (außen/regensicher)

360/160

ANSCHRIFT

Hans-Gruber-Keller 1
91174 Spalt
Tel.: 09175-340

ÖFFNUNGSZEITEN

Täglich ab 9 Uhr
Donnerstag Ruhetag

DER CHEF IM HOPFENLAND

Mit großem Selbstbewusstsein begrüßte uns Otto Billmeyer in dem nach seinen Worten „schönsten Bierkeller Frankens". Nun, zugegeben, da hat er die Rechnung ohne die Bierkellerkenner gemacht, schließlich gibt es den absolut schönsten Bierkeller einfach nicht, jeder bietet etwas Besonderes. Hier jedenfalls hat man einen traumhaften Blick auf die Hopfenstadt, genießt leckeres Essen und echte Bierkelleratmosphäre, die hier in Mittelfranken selten geworden ist. Die alten Felsenkeller können übrigens besichtigt werden.

TIPP: Hopfensprossensalat

Bus 605, 607 Altes Rathaus, Spalt

Gasthof Hoffmanns-Keller

WWW.HOFFMANNS-KELLER.DE **GPS: 49°10′33″ N / 10°55′14″ E**

FACHWERK AUF ZIG ETAGEN

Der Hoffmanns Keller mutet auf den ersten Blick nicht gerade wie ein Bierkeller an, doch unter dem Fachwerkhaus und seinen schönen Terrassen verbergen sich Stollen und Gänge. Hier wird im 57 m langen Bierlagerkeller, der bis zum Damwildgehege reicht, das unweit des Hauses liegt, immer noch das Bier gelagert. Der Gasthof hat schon viele Auszeichnungen erhalten, insbesondere für seine Kinderfreundlichkeit. Kein Wunder, gibt es doch einen Streichelzoo und extrem verbilligte Getränke für die Kleinen. Dazu gibt es auch noch vier Bundeskegelbahnen.

BIER

Spalter: Pils, Helles, Dunkles (alles vom Fass), restliches Flaschenbiersortiment. Gutmann/Titting: Hefeweißbier.

KÜCHE

Fränkische Brotzeiten. Täglich große Karte mit warmen Gerichten. Spezialitäten: Fränkischer Sauerbraten, Spanferkel, Spezialitäten vom Damwild, saisonale Gerichte, z. B. Hopfensprossen.

PLÄTZE (außen/regensicher)

100/200

ANSCHRIFT

Windsbacher Straße 21
91174 Spalt
Tel.: 09175-857

ÖFFNUNGSZEITEN

Apr. bis Sep.
Mo bis Fr 11 bis 14 Uhr & ab 17 Uhr
Okt. bis Ende März
Mo bis Fr ab 17 Uhr
Sa, So & Feiertage ganzj. ab 11 Uhr
Mittwoch Ruhetag

TIPP: Fleischsülze mit Bratkartoffeln

Symbolerklärung s. vordere Klappe

Gasthaus Lauberberg

WWW.GASTHAUS-LAUBERBERG.DE **GPS: 49°40'32"N / 10°45'28"E**

BIER

Brauhaus Höchstadt: Hefeweizen, Keller, Urhell (alles vom Fass), Pils. Jever: Alkoholfreies.

KÜCHE

Hausmacher Brotzeiten. Mittelgroße Karte mit warmen Gerichten. Spezialitäten: Karpfen (saisonal), Wild, Spezialschnitzel, hausgebackene Kuchen.

PLÄTZE (außen/regensicher)

150/120

ANSCHRIFT

Antoniuskapelle 1
91315 Höchstadt-Sterpersdorf
Tel.: 09163-481

ÖFFNUNGSZEITEN

Fr ab 17 Uhr
Sa, So und Feiertage ab 11 Uhr
Montag bis Donnerstag auf Bestellung geöffnet

BIERGARTEN MIT KAPELLE

Das Gasthaus Lauberberg liegt irgendwo in den Feldern bei Höchstadt an der Aisch und wird auch Antoniuskapelle genannt. Die nämlich ist über 700 Jahre alt und steht auf dem Anwesen. Um die Mauer ranken sich Weltuntergangssagen. Der Biergarten hingegen steht im Zeichen des Hochgenusses. Ausnahmsweise wollen wir hier einmal auf das Thema Kuchen verweisen: Die werden hier mit absoluter Hingabe gebacken und schmecken vorzüglich. Die Öffnungszeiten werden bei Voranmeldung übrigens gerne großzügig erweitert.

TIPP: Spezialschnitzel

Frankenhof am Altmühlsee

WWW.FRANKENHOFAMALTMUEHLSEE.DE   **GPS: 49°08'17" N / 10°41'28" E**

MOBILER SOLAR-BIER-GARTEN

Manche Lokalitäten erobern einfach das Herz des Besuchers. Der Frankenhof gehört dazu. Der Biergarten ist zwar nur klein und wird immer wieder woanders aufgestellt - wo eben gerade Platz dafür ist, dafür aber sind die Inhaber derart liebenswürdig und die Gäste so typische Stammgäste, dass man sich einfach sofort pudelwohl fühlt. Das Bier stammt aus Deutschlands einziger Solar-Brauerei, will heißen, dass zur Herstellung großteils erneuerbare Energie verwendet wird.

BIER

Felsenbräu/Thalmannsfeld: Pils, Helles, Dunkles, Hefeweizen (alles vom Fass), dunkles Weißbier, leichtes Weißbier, Radler, alkoholfreies Weißbier, Alkoholfreies.

KÜCHE

Hausmacher Brotzeiten. Täglich große Karte mit warmen Gerichten. Spezialitäten: Fränkischer Sauerbraten, Schäuferle, Knöchle, Steak Frankenhof, fränkischer Brotzeitteller.

PLÄTZE (außen/regensicher)

30/130

ANSCHRIFT

Streudorf 43
91710 Gunzenhausen
(Altmühlsee Südufer)
Tel.: 09831-67710

ÖFFNUNGSZEITEN

Täglich ab 9 Uhr
Dienstag Ruhetag

TIPP: Knöchle

Symbolerklärung s. vordere Klappe

Gasthof Blumenthal

WWW.GASTHOF-BLUMENTHAL.DE   GPS: 49°11'49" N / 10°53'16" E

BIER

Spalter: Dunkles, Helles, Pils, Weizen (alles vom Fass), Hopfenzwerg, Premium Nr. 1. Erdinger: Weizen, alkoholfreies Weizen.

KÜCHE

Fränkische Brotzeiten. Täglich mittelgroße Karte mit warmen Gerichten. Spezialitäten: Schweinefilet, Rehnüsschen, Spanferkelsülze, Saiblinge und Forellen aus eigener Zucht.

PLÄTZE (außen/regensicher)

150/205

ANSCHRIFT

Stiegelmühle 42
91174 Spalt
Tel.: 09873-332

ÖFFNUNGSZEITEN

Täglich ab 10.30 Uhr
Montag und Dienstag Ruhetag

DIE ARCHE KOCHER

Selten haben wir einen Garten gefunden, der so ein wohliges, angenehmes Gefühl verbreitet wie der des Gasthofes Blumenthal. Viele kleine Tische geben Raum für Romantik pur, die freundliche und liebenswürdige Art von Familie Kocher tut ihr übriges. Kein Wunder also, dass hier auch gerne Hochzeiten und Geburtstage begangen werden und die Gäste auch sonst keine Gelegenheit auslassen, um bei „Ihren" Kochers vorbeizuschauen. Forellen und Saiblinge stammen übrigens aus eigener Zucht.

TIPP: Saiblinge aus eigener Zucht

Bus 607, 625 Stiegelmühle, Spalt

Gasthaus Metzgerei Zum Schneck

WWW.GASTHAUS-METZGEREI-ZUM-SCHNECK.DE **GPS: 48°58'51" N / 11°00'31" E**

SOLARBIER
UND REGIONALBUFFET

Traumhaft mitten in der Natur gelegen freut sich mit dem Gasthaus Zum Schneck ein echtes Juwel auf Ihren Besuch. Man kann sich sicher sein, den echten Geschmack des Seenlandes zu erleben. Dazu gehört dann auch ein echtes Solarbier aus Thalmannsfeld. Besonderes Schmankerl: Gruppen ab zehn Personen können den Betrieb auch besichtigen, von der Weide bis zum Stall. Natürlich kann man die Produkte der Metzgerei auch mit nach Hause bzw. in die Unterkunft nehmen und dann noch einmal vom schönen Waldhof träumen.

BIER

Felsenbräu/Thalmannsfeld: Pils, Weizen, Helles (alles vom Fass), Radler, leichtes Weizen, alkoholfreies Weizen, Alkoholfreies.

KÜCHE

Hausmacher Brotzeiten. Täglich mittelgroße Karte mit warmen Gerichten. Spezialitäten: Schäuferla (So), Schlachtschüssel (Fr), Brotzeitteller, Fränkische Bratwürste.

PLÄTZE (außen/regensicher)

110/140

ANSCHRIFT

Waldhof 1
91781 Weißenburg-Suffersheim
Tel.: 09149-1219

ÖFFNUNGSZEITEN

Fr, Sa, So und Feiertage ab 11 Uhr
Mo bis Do Ruhetag (nach Vereinbarung geöffnet) Mai bis Sept.
zusätzlich Do 11 bis 18 Uhr

TIPP: Schlachtschüssel am Freitag

Symbolerklärung s. vordere Klappe

Gaststätte Grüner Baum

WWW.BIER.BY   GPS: 48°57'13" N / 10°54'30" E

SCHÖN
AUCH OHNE GRÜN

Der Biergarten der Uralt-Gaststätte Grüner Baum verfügt heute leider über keinen Baumriesen mehr, selbst der Boden ist gepflastert. Trotzdem kann man einen schönen Nachmittag genießen, denn Inhaberin Hannelore Reichert-Fritsch bietet eine wirklich leckere Küche. Abwechslung gibt es auch in Sachen Bier: Das Andechser dunkel hat den Weg nach Treuchtlingen gefunden.

BIER

Hauff/Lichtenau: Pils, Weizen, Landbier (alles vom Fass), Urhell. Gutmann/Titting: Helles Weizen, dunkles Weizen, leichtes Weizen. Erdinger: Weißbier, alkoholfreies Weizen. Andechser: Andechser Dunkel.

KÜCHE

Fränkische Brotzeiten. Täglich große Karte mit warmen Gerichten. Spezialitäten: Schäuferle, Haxen, Schweinebraten, Brotzeitplatte.

PLÄTZE (außen/regensicher)

70/145

ANSCHRIFT

Friedrichstraße 2
91757 Treuchtlingen
Tel.: 09142-200754

ÖFFNUNGSZEITEN

Täglich ab 11 Uhr
Dienstag Ruhetag

TIPP: Brotzeitplatte

Bierkeller Zum Hopfengarten

WWW.BIER.BY **GPS: 49°43'50"N / 10°33'49"E**

WER SUCHET, DER FINDET

BIER

Zehendner/Mönchsambach: Lager (vom Fass), Weizen. Kritzenthaler: Alkoholfreies.

KÜCHE

Hausmacher Brotzeiten. Freitags ein warmes Gericht, sonntags Mittagstisch. Spezialitäten: Hausmacher Bratwürste (Wochenende), Adlerhaxe, Schweinebraten, Kellerfleisch.

PLÄTZE (außen/regensicher)

800/85

ANSCHRIFT

Unterrimbach 38
96152 Burghaslach-Unterrimbach
Tel.: 09552-1546

Zumindest, wenn er Glück hat. In den Stollen des echten Bierkellers sind immer noch zahlreiche Flaschen und Fässer verschüttet. Ob das Bier darin allerdings noch genießbar ist, darf bezweifelt werden. Da lässt man sich lieber mit bis zu 700 Gleichgesinnten das gute Mönchsambacher Bier schmecken und testet eine der selbstgemachten Speisen in „Frankens gemütlicher Ecke".

ÖFFNUNGSZEITEN

Di bis Fr ab 16 Uhr
Sa ab 14 Uhr
So und Feiertage ab 10.30 Uhr
Montag Ruhetag

TIPP: Hausmacher Bratwürste

144, 196 Unterrimbach, Burghaslach **Bus**

Symbolerklärung s. vordere Klappe

Biergarten Schloss Dennenlohe

WWW.DENNENLOHE.DE GPS: 49°05'46" N / 10°36'37" E

BIER

Schneider/Weissenburg: Helles, Radler, Pils (alles vom Fass), Weizen.

KÜCHE

Fränkische Brotzeiten nur auf Anfrage. Täglich kleine Karte mit warmen Gerichten. Spezialitäten: Fränkischer Sauerbraten, Spargelsuppe, verschiedene Currys.

PLÄTZE (außen/regensicher)

250/200

ANSCHRIFT

Gutshof Schloss Dennenlohe
91743 Dennenlohe-
Unterschwaningen
Tel.: 09836-970491 oder -96888

ÖFFNUNGSZEITEN

Täglich 11 bis 17.30 Uhr
Kein Ruhetag
(Für Gruppen auf Anfrage auch
länger geöffnet)

TOP-TIPP für Familien mehr S. 12

EIN BIERGARTEN ZUM VERLIEBEN

Dieser wunderschöne Biergarten ist ein weiterer Grund dafür, dass Sie für einen Besuch in Dennenlohe mindestens einen ganzen Tag einplanen sollten. Neben dem Schlosspark, dem See und dem Oldtimermuseum haben Sie hier eine weitere Attraktion, die natürlich eher dem kulinarischen Wohl des Gastes dient, aber vor allem durch das traumhafte Schlosshof-Panorama besticht. Die Essensausgabe an sich ist für den Biergartenfreund eher gewöhnungsbedürftig, die Qualität des Essens aber stimmt absolut.

TIPP: Fränkischer Sauerbraten

Kellerberg Voggendorf

WWW.BIER.BY   **GPS: 49°40'07" N / 10°44'05" E**

BEI ELIS AUF DEM KELLER

Der Voggendorfer Felsenkeller ist immer noch in Betrieb - der leicht süßliche, süffige Gerstensaft kommt direkt aus den Höhlen unter dem Berg aus dem Zapfhahn. Elise Prechtel (Spitzname „Elis"), die quirlige Mutter des Inhabers, kreiert in der Küche wahre Meisterwerke der Brotzeitkunst. Sie ist immer auf dem Keller zu finden und stets auf das leibliche Wohl der Gäste bedacht. Die erklimmen die Stufen des Kellerbergs gerne, insbesondere freitags, wenn es Hering und Makrele vom Grill gibt. Ein Geheimtipp!

BIER

Eigene Brauerei: Kellerbier (vom Fass), Weizen. Maisel/Bayreuth: Alkoholfreies.

KÜCHE

Hausmacher Brotzeiten. Täglich warme Kleinigkeiten. Spezialitäten: Kesselfleisch (Do), Blutleberwurst, Obatzter.

PLÄTZE (außen/regensicher)

350/100

ANSCHRIFT

Voggendorf 23
91486 Uehlfeld-Voggendorf
Tel.: 09163-441 oder -228

ÖFFNUNGSZEITEN

Mo bis Do ab 17 Uhr
Fr und Sa ab 15 Uhr
So und Feiertage ab 13 Uhr
Kein Ruhetag
Bei schlechtem Wetter geschlossen

TIPP: Kesselfleisch

Land-Gast-Hof „Walkmühle"

WWW.WALKMUEHLE-FEUCHTWANGEN.DE   GPS: 49°09'18" N / 10°20'18" E

BIER

Hauf/Dentlein am Forst: Naturtrübes Pils (vom Fass). Fischer/Wieseth: Export (vom Fass), Hefeweizen, Dunkles Weizen, Ratsbier.

KÜCHE

Fränkische Brotzeiten. Täglich mittelgroße Karte mit warmen Gerichten. Spezialitäten: Gepökeltes und geräuchertes Schäuferle, panierte und ausgebackene Karpfenfiletstücke, Mühlenplatte.

PLÄTZE (außen/regensicher)

100/80

ANSCHRIFT

Walkmühle 1
91555 Feuchtwangen
Tel.: 09852-679990

ÖFFNUNGSZEITEN

Täglich ab 11 Uhr
Kein Ruhetag

SCHÖN - SCHÖNER - WALKMÜHLE

Schon wenn man hinunter zur Walkmühle fährt, nimmt einen das Ensemble in seinen Bann. Wunderschön gelegen und liebevoll ausgebaut – da ist es uns schwer gefallen, noch weiter zu fahren. Thomas Hüner hat rund um die Mühle einen kleinen Entertainment-Park geschaffen, mit Minigolf, Boule, Stockschießen, Wetterstation, Grill und vielen Wagen- und Mühlenrädern. Regelmäßige Veranstaltungen mit Musik und Kabarett runden das Angebot ab. Am besten hat uns die drehbare Speisekarte im Wagenrad gefallen.

TIPP: Mühlenplatte

Der Landgasthof Wallesau

WWW.BIER.BY   GPS: 49°11′23″ N / 11°06′26″ E

UNTER DENKMALSCHUTZ

Der Landgasthof Wallesau mit seinem wunderschön angelegten Biergarten steht unter Denkmalschutz. Und das zurecht. Sowohl das Sandsteingebäude als auch der urig begrünte Biergarten sind zum Verlieben! Alleine schon das große Holzschild mit den beiden Bierkrügen, darunter die zwei alten Wagenräder und dahinter die Stammtisch-Holzbank – Bierkennerherz, was willst Du mehr?

BIER

Hofmühl/Eichstätt: Helles, Pils (beides vom Fass), Kellerbier, Weizen, leichtes Weizen, dunkles Weizen, alkoholfreies Weizen, Dunkles, Alkoholfreies.

KÜCHE

Fränkische Brotzeiten. Täglich große Karte mit warmen Gerichten. Spezialitäten: Wildgerichte, Lammgerichte, ofenfrische knusprige Schäuferle, Sauerbraten, Haxen.

PLÄTZE (außen/regensicher)

50/78

ANSCHRIFT

Eckersmühlener Straße 1
91154 Roth-Wallesau
Tel.: 09171-9890125

ÖFFNUNGSZEITEN

Anfang Apr. bis Ende Okt.
Täglich ab 11 Uhr
Dienstag Ruhetag
Anfang Nov. bis Ende März
Täglich ab 15 Uhr
Dienstag Ruhetag

TIPP: Pizza- und Nudelgerichte

Weißenbach

Berggasthof zum Glatzenstein

WWW.BERGGASTHOF-GLATZENSTEIN.DE   GPS: 49°32'26" N / 11°22'18" E

Frisch aus eigener Schlachtung: Geräucherter Schinken und Landwurst in Dosen

BIER

Kaiser/Neuhaus: Helles, Weizen (alles vom Fass), Dunkles, leichtes Weizen, alkoholfreies Weizen, Alkoholfreies.

KÜCHE

Hausmacher Brotzeiten. Sa, So und Feiertage große Karte mit warmen Gerichten. Spezialitäten: Ofenfrische Schäuferle, selbstgemachte fränkische Bratwürste.

PLÄTZE (außen/regensicher)

85/125

ANSCHRIFT

Jurastraße 14
91233 Neunkirchen am Sand-
Weißenbach
Tel.: 09153-7906

ÖFFNUNGSZEITEN

Sa ab 11 Uhr
So und Feiertage ab 9 Uhr
Montag bis Freitag geschlossen
(auf Anfrage geöffnet)

SENSATION AUF DEM BERG

Der Berggasthof zum Glatzenstein hat viel zu bieten. Hier kommt nichts auf den Tisch, was fertig gekauft wurde. Eigene Landwirtschaft, Schlachtung und Metzgerei, sogar die Kuchen werden alle mit Liebe von Hand gemacht. Liebhaber nehmen sich die Leckereien auch gerne mit nach Hause. Am Glatzenstein kommt einfach jeder auf seine Kosten, vom Kletterfreak bis zum Kleintierfanatiker - und natürlich alle Freunde der Bierkeller - und Biergartenkultur.

TIPP: Hausmacher Dosen-Verkauf in der Wirtschaft

Bus 342 Kersbach Weißenbacher Str., Neunkirchen a. Sand

Sigwart Bräustüberl

WWW.SIGWARTS-BRAEUSTUEBERL.DE   GPS: 49°01′51″ N / 10°58′27″ E

URIGES BRÄUSTÜBERL

Über 550 Jahre hat die Brauerei Sigwart auf dem Buckel, genauso wie ihr direkt benachbartes Gasthaus, das 1451 erbaut wurde. Vor wenigen Jahren übernahm Marcus Hauff das Ruder in dem Traditionslokal und setzt dabei auf urige Gemütlichkeit und klassische fränkische Küche. Klingt vielleicht etwas langweilig, ist es aber nicht. Insbesondere, weil nicht zuletzt die Räumlichkeiten ein einzigartiges Ambiente bieten, wie etwa der wunderschöne Mittelgang, der wie ein Mini-Biergarten gerade an heißen Sommertagen ein perfekter Zufluchtsort für Durstige geworden ist.

BIER

Eigene Brauerei: Helles, Pils, Kellerbier (alles vom Fass), Weissenburger Weizen, gelbes Weizen, leichtes Weizen, dunkles Weizen. Löwenbräu/München: Alkoholfreies Bier.

KÜCHE

Fränkische Brotzeiten. Täglich große Karte mit warmen Gerichten. Spezialitäten: Saisonale Gerichte (Spargel, Pfiffer, Wild), verschiedenes vom Spanferkel, Schweineschäuferle, Hackbrot.

PLÄTZE (außen/regensicher)

80/165

ANSCHRIFT

Luitpoldstraße 17
91781 Weissenburg
Tel.: 09141-1626

ÖFFNUNGSZEITEN

Täglich ab 10 Uhr
Mai bis Mitte Nov.
Kein Ruhetag
Mitte Nov. bis Ende Apr.
Dienstag Ruhetag

TIPP: Spanferkel aller Art

Symbolerklärung s. vordere Klappe

Waldgaststätte Araunerskeller

WWW.ARAUNERSKELLER.COM   **GPS: 49°00'59" N / 10°59'49" E**

BIER

Schneider/Weissenburg: Kellerbier, Weizen, Helles, Schwarzbier (saisonal) (alles vom Fass), leichtes Weizen, Alkoholfreies.

KÜCHE

Fränkische Brotzeiten. Täglich große Karte mit warmen Gerichten. Spezialitäten: Schäuferle, Haxen, Spareribs, Holzfällersteaks, Ritteressen (auf Bestellung ab 15 Personen)

PLÄTZE (außen/regensicher)

500/200

ANSCHRIFT

An den Sommerkellern 62
91781 Weissenburg
Tel.: 09141-92933 oder 0170-7754569

ÖFFNUNGSZEITEN

1.Mai bis 31.Okt.
Mo und Di ab 17 Uhr
Mi bis So ab 10 Uhr
1. Nov. bis 30. Apr.
Do bis So ab 10.30 Uhr
Mo, Di und Mi Ruhetag
(bei Reservierung ab 10 Personen auch außerhalb dieser Zeiten geöffnet)

ENDLICH! EIN ECHTER BIERKELLER

So entfuhr es uns, als wir bei unseren Touren durchs Seenland südlich von Spalt einfach keine Bierkeller mehr fanden, um dann durch den Tipp eines Einheimischen den Araunerskeller zu finden. Was für eine Freude! Ein richtiger Bierkeller, liebevoll gestaltet, gleichsam urig und trotzdem nicht altbacken. Ein Ort, um den sogar ein Bamberger die Weissenburger beneidet! Sie sollten einen Besuch in dem 1774 angelegten Sommerkeller unbedingt fest einplanen, zu Schnitzel oder Brotzeit empfehlen wir das Kleine Schwarze, eine der Bierspezialitäten aus der Schneider-Bräu.

TIPP: Brotzeit mit Kleinem Schwarzen

Dem Bier auf den Grund gehen

WWW.BIER.BY

Wenn Sie es schon zum Araunerskeller geschafft haben bzw. es schaffen wollen, dann sollten Sie noch einen kleinen weiteren Zwischenstopp einplanen: Im Brauereimuseum der Schneider Bräu in Weißenburg selbst.

Dort nämlich haben die Brauer viele historische Geräte, vor allem natürlich aus der eigenen bzw. der Weißenburger Biergeschichte zusammengetragen. Ein liebenswertes kleines Museum, das genau die richtige Menge Information und Anschaulichkeit bietet, die man bei einem eher kurzen Halt haben möchte.

Das Brauereimuseum kann zu den Öffnungszeiten des Bräustüberl "Zur Kanne" besichtigt werden: Dienstag bis Sonntag von 10.30 bis 14 Uhr und von 17.30 bis 24 Uhr, Montag Ruhetag

Führungen und Besichtigung außerhalb der Öffnungszeiten nur nach telefonischer Vereinbarung:

Bräustüberl „Zur Kanne"
Bachgasse 15
91781 Weißenburg
Telefon: 09141-384

Felsenkeller Utz

WWW.LANDGASTHAUS-UTZ.DE | GPS: 49°42'43" N / 10°57'02" E

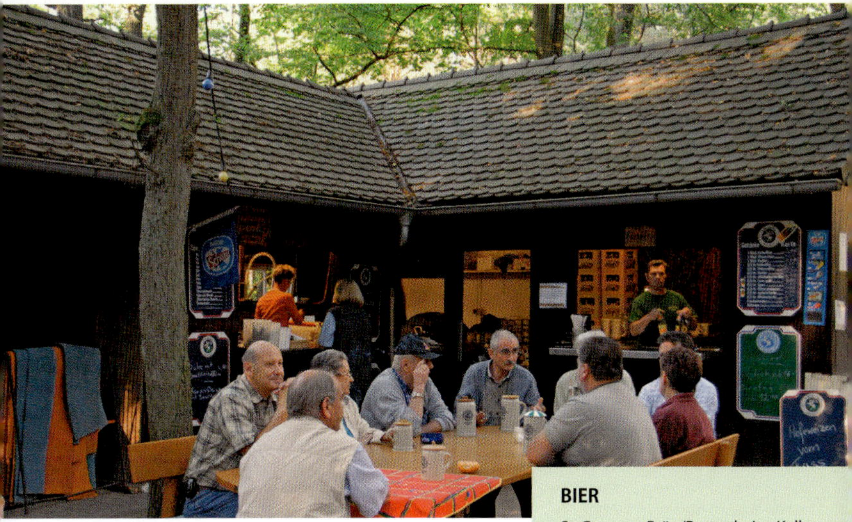

MITTEN IM WALD

Zum Felsenkeller Utz läuft man einen guten Kilometer durch bzw. in den Wald (auf das Auto sollte man möglichst verzichten). Der Marsch lohnt sich – plötzlich sieht man nur noch Bäume... und Biertische um ein kleines L-förmiges Häuschen, aus dem Rauch aufsteigt, zumindest am Freitag, wenn die Chefin Makrelen und Heringe brutzelt. Das Flair ist insgesamt absolut einmalig. Wenn es einen Bier-Nationalpark gäbe, wäre das die Miniaturausgabe. Selbst der Kinderspielplatz verteilt sich zwischen den Bäumen – Schaukel hier, Rutsche da. Samstag und Sonntag sollte man die von Metzger und Chef Josef Utz selbstgemachten Bratwürste probieren.

BIER

St. Georgen Bräu/Buttenheim: Kellerbier, Weizen, Radler (alles vom Fass), Alkoholfreies.

KÜCHE

Hausmacher Brotzeiten. Täglich 1-2 wechselnde warme Gerichte. Spezialitäten: Bratwürste (Sa und So), Hausplatte, Grillfisch (Fr).

PLÄTZE (außen/regensicher)

300/50

ANSCHRIFT

Weppersdorf 13
91325 Adelsdorf
Tel.: 09195-7360 oder 0172-8627766

ÖFFNUNGSZEITEN

Mo bis Fr ab 16 Uhr
Sa ab 15 Uhr
So und Feiertage ab 13 Uhr
Kein Ruhetag
Bei schlechtem Wetter geschlossen

TIPP: Bratwürste (Sa und So)

Symbolerklärung s. vordere Klappe

Gasthof „Zum Goldenen Lamm"

WWW.GASTHOF-ZUM-GOLDENEN-LAMM.DE   GPS: 48°58'54" N / 10°52'57" E

AM PANORAMAWEG

Die Gründerzeitvilla wurde erst nach 1900 in eine Metzgerei und später einen Gastronomiebetrieb verwandelt. So ein bisschen schaut das Haus auch eher nach Wohnhaus als nach Gasthaus aus, was aber der Freude für den Gast keinen Abbruch tut - eher im Gegenteil, es ist hier fast wie zuhause. Wanderer können von hier aus den Panoramaweg ablaufen, der wunderschöne Blicke in die weiten Täler der Gegend bietet.

BIER

Wettelsheimer: Helles, Pils, Märzen (aus dem Steinkrug) (alles vom Fass), Premium Pils. Wurm/Biswang: Dunkles Weizen, leichtes Weizen, helles Weizen. Gutmann/Titting: Dunkles Weizen, leichtes Weizen, helles Weizen.

KÜCHE

Hausmacher Brotzeiten. Täglich große Karte mit warmen Gerichten. Spezialitäten: Fränkische Bratwürste, altfränkisches Schnitzel, ofenfrische Schäuferle (So), Altmühltaler Lammschnitzel mit Speckbohnen und Kartoffelrösti.

PLÄTZE (außen/regensicher)

90/120

ANSCHRIFT

Marktstraße 16
91757 Treuchtlingen-Wettelsheim
Tel.: 09142-96890

ÖFFNUNGSZEITEN

Täglich ab 9 Uhr
Kein Ruhetag

TIPP: Altmühltaler Lammschnitzel

Wettelsheimer Keller

WWW.WETTELSHEIMER-KELLER.DE **GPS: 48°58'37" N / 10°53'55" E**

MARGA
UND DIE RIESENHAXE

Bei Marga Walk und ihren Söhnen Wolfgang und Helmut wird noch echte Kellertradition gelebt. Das Bier kommt aus originalen Holzfässern, die in den Gewölben des Berges gelagert und frisch angezapft werden - so wie zur Gründungszeit des Wettelsheimer Kellers um 1850. Perfekt zum Märzen passt die Riesenhaxe, die mit ihren 500 Gramm eine echte Herausforderung für die Gäste darstellt. Einer der schönsten Plätze, die wir hier im Landkreis Weißenburg-Gunzenhausen gefunden haben!

TIPP: Wer es schafft: Haxe, echtes halbes Kilo!

BIER

Brauerei Strauss: Märzen, Radler (beides vom Fass).

KÜCHE

Fränkische Brotzeiten. Täglich große Karte mit warmen Gerichten. Spezialitäten: Bratwurst, Schäuferla, Haxe (echtes halbes Kilo!).

PLÄTZE (außen/regensicher)

1000/400

ANSCHRIFT

Wettelsheimer Straße 26
91757 Treuchtlingen-Wettelsheim
Tel.: 09142-7740

ÖFFNUNGSZEITEN

Do bis So ab 11.30 Uhr
Juli und Aug. Mo bis Mi ab 16 Uhr
Sep. bis Juni Montag bis Mittwoch
Ruhetag

 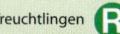

Symbolerklärung s. vordere Klappe

Landgasthof Wörnitz Stuben

WWW.WOERNITZSTUBEN.DE　　　　　　GPS: 49°03'35" N / 10°29'01" E

BIER

Hauf/Dinkelsbühl: Pils, Export, Hefeweizen (alles vom Fass), komplettes
Flaschenbiersortiment, Alkoholfreies.

KÜCHE

Hausmacher Brotzeiten. Täglich große Karte mit warmen Gerichten.
Spezialitäten: Verschiedene hausgemachte Maultaschen, Hesselberger
Lamm, Wild aus fürstlicher Jagd.

PLÄTZE (außen/regensicher)

200/120

ANSCHRIFT

Wörnitzstraße 12
91749 Wittelshofen
Tel.: 09854-206

ÖFFNUNGSZEITEN

Mo bis Fr 11 bis 14 Uhr & ab 17 Uhr
Sa, So und Feiertage ab 11 Uhr
Dienstag Ruhetag

EIN TRAUM

Speisen direkt am Ufer der Wörnitz - man denkt,
das wäre schon immer so gewesen. Doch weit
gefehlt: Erst seit 1996 gibt es den Landgasthof
in dieser Form. Hier macht man es einfach richtig. Ganze Lämmer oder Schweine auf dem großen Grill im Biergarten, selbstgebackenes Brot
und Flammkuchen vom danebenstehenden
Holzbackofen, hausgemachte Maultaschen (z.B.
mit Spinat, roter Beete, Reh- und Hirschfleisch,
etc.) und auch sonst viele Produkte aus eigener
Herstellung und Schlachtung. Ein Klassiker auf
dem Weg zum Klassiker!

TIPP: Maultaschen

Wolfshöher Bräustüber'l

WWW.WOLFSHOEHER.DE   GPS: 49°32'40"N / 11°19'36"E

DER ORT,
DER EINE BRAUEREI IST

Der Name Wolfshöhe rührt von der Familie Wolf, die auf der damaligen Rollhofer Höhe wohnte und 1872 eine Brauerei gründete. Doch bereits 1882 ging der Besitz wegen Konkurs in die Hände des Nürnberger Brauers Jean Weber über, dessen Familie ein innovatives Großunternehmen schuf. Die ersten KEG-Fässer Nordbayerns führte man auf der Wolfshöhe ein, ebenso wie die erste Split-Box (geteilte Bierkiste) Süddeutschlands. Durch die Übernahme des Brauhauses Forchheim sicherte man sich zudem das Annafest-Bier. Das Bräustüber'l mit seinem Biergarten steht seit einigen Jahren unter der Leitung von Irmi Teuschel, der Wirtin des „Goldenen Hirschen" in Grossbellhofen.

BIER

Eigene Brauerei: Urhell, Pils, helles Hefeweizen, Altes Wolfshöher (alles vom Fass), dunkles Hefeweizen, leichtes Hefeweizen, Vollmondbier, Schwarzbier, Alkoholfreies, Leichtes, Kellerbier, Premium.

KÜCHE

Fränkische Brotzeiten. Täglich große Karte mit warmen Gerichten. Spezialitäten: Wolfshöher Schnitzel, Schäuferle, Vesperplatte.

PLÄTZE (außen/regensicher)

50/125

ANSCHRIFT

Wolfshöhe 14
91233 Neunkirchen am Sand
Tel.: 09153-920778

ÖFFNUNGSZEITEN

Täglich ab 10.30 Uhr

TIPP: Gebratene Rippchen mit Kloß und Sauerkraut

Symbolerklärung s. vordere Klappe

Hotel-Gasthof-Metzgerei Drexler

WWW.GASTHOF-DREXLER.DE **GPS: 49°21'48" N/ 11°01'49" E**

BIER

Tucher/Fürth: Übersee Pils, Hefe-weizen, Dunkles (alles vom Fass), restliches Flaschenbier-Sortiment.

KÜCHE

Hausmacher Brotzeiten. Täglich gro-ße Karte mit warmen Gerichten. Spezialitäten: Saisonale Gerichte, Karpfen, Schäuferle, Hausmacher Bratwürste.

PLÄTZE (außen/regensicher)

50/110

ANSCHRIFT

Wolkersdorfer Hauptstraße 42
91126 Schwabach-Wolkersdorf
Tel.: 0911-630099

ÖFFNUNGSZEITEN

Mo bis Do ab 11 Uhr
Fr 11 bis 14 Uhr
Samstag und Sonntag Ruhetag

SECHS METZGER-GENERATIONEN UND EIN BIERGARTEN

Hier wird allerdings nicht nur gut gemetzgert, sondern auch bestens gekocht. Bei den Bratwürsten beispielsweise kommen diese beiden Kompetenzen perfekt zusammen. Der Biergraten befindet sich neben dem Haus. Man sitzt gemütlich unter vielen großen Bäumen auf einer Wiese und kann den lieben Gott einen guten Mann sein lassen. So richtig urig wird es am Abend, wenn der Verkehr auf der Bundesstraße nahezu zum Erliegen kommt und der Sonnenuntergang ein dramatisches Schauspiel liefert. Die Leckereien aus der Metzgerei kann man übrigens auch mit nach Hause nehmen.

TIPP: Hausmacher Bratwürste

Bus 61 Wolkersdorf Mitte, Schwabach

Blauer Angler

WWW.ZUMBLAUENANGLER.DE   **GPS: 49°02'45" N / 10°27'14" E**

„HIER WIRD MAN NOCH VOM WIRT SELBER BELEIDIGT"

So umschreibt Inhaber Ernst Hassel die Dienstleistungen seines Hauses. Und das ist - im Gegensatz zu dieser Aussage - eine echte Sensation. Zum einen die Küche seiner Frau, die Gäste aus dem weitesten Umfeld anlockt, zum anderen der wunderschön gelegene und gestaltete Biergarten und dann noch das gigantische Angebot an Whisk(e)ys. Dieses Getränk zeichnet auch für den Namen des Gasthofes verantwortlich - ein Petrijünger hatte nämlich zuviel davon genossen und wurde spontan der Namenspatron.

BIER

Ankerbräu/Nördlingen: Export, Pils, Hefeweizen (alles vom Fass), nur hier erhältlich : Legionärstrunk (dunkel, naturtrüb, süffig - ausschließlich vom Fass), komplettes Flaschenbiersortiment. Maisel/Bayreuth: Kritzenthaler Alkoholfreies.

KÜCHE

Fränkische Brotzeiten. Täglich große Karte mit warmen Gerichten. Spezialitäten: Römerparkteller, Schweineschnitzel Wiener Art, Hausplatte, Wurstplatte.

PLÄTZE (außen/regensicher)

60/150

ANSCHRIFT

Wörnitzhofen 3
91744 Weiltingen
Tel.: 09853-3663

ÖFFNUNGSZEITEN

Di bis Fr ab 17 Uhr
Sa, So und Feiertage ab 10.30 Uhr
Montag Ruhetag

TIPP: Römerparkteller

Symbolerklärung s. vordere Klappe

Zeckerner Bierkeller

WWW.ZECKERNERBIERKELLER.DE   GPS: 49°41'28" N / 10°55'47" E

BIER

Sauer/Röttenbach: Kellerbier (vom Fass), Weizen.

KÜCHE

Hausmacher Brotzeiten. Warmes Essen nur auf Bestellung. Spezialitäten: Geräucherte Forellen, hausgemachte Göttinger, selbstgebackenes Brot und Kuchen.

PLÄTZE (außen/regensicher)

80/0

ANSCHRIFT

Kellerstraße 14
91334 Hemhofen-Zeckern
Tel.: 09195-4440

ÖFFNUNGSZEITEN

Mo, Do und Fr ab 17 Uhr
So und Feiertage ab 13 Uhr
Dienstag, Mittwoch und Samstag Ruhetag

NICHT WEITERSAGEN!

Ein weiterer Geheimtipp-Keller ist der Zeckerner Keller. Versteckt am Ende der Kellerstraße in Zeckern geht es einige Stufen bergan, bis man das Reich von Edmund und Anita Kaiser betritt. Die beiden werkeln hier schon seit 17 Jahren – der historische Felsenkeller ist noch in Benutzung – zum Leidwesen von Edmund Kaiser – muss er doch die Fässer immer per Hand hineinbugsieren. Mit viel Liebe haben die beiden einen familienfreundlichen Klassiker geschaffen, der allerdings noch weitgehend unentdeckt geblieben ist. Zum Eingewöhnen sollten Sie sich schon mal den letzten Sonntag im Juni freihalten - da ist Blues-Frühschoppen!

TIPP: Hausgemachte Göttinger

Fischer's Keller

WWW.BIER.BY **GPS: 49°45'33"N / 10°54'01"E**

MIT BIERFASSBAUMHAUS

Die Beschreibung zum Fischer's Keller mag für manche etwas unheimlich klingen: „Biegen Sie beim Friedhof erst links und dann dahinter wieder rechts ein…" Doch ist man erstmal angekommen, erinnert nichts an die Nachbarn unter der Erde. Auf zwei Ebenen befindet sich ein kleiner Bierkeller, wie er sein soll: Am Waldrand, mit einigen großen Bäumen besetzt, sehr süffiges, selbstgebrautes Rauchbier und Brotzeiten vom Metzger um die Ecke. Bestens auch für Familien geeignet, weit ab von der Straße und mit einem liebevoll gemachten Spielplatz mit Bierfassbaumhaus.

BIER

Eigene Brauerei: Rauchbier, Weizen, Bockbier (saisonal), Lager (alles vom Fass). Löwenbräu/München: Alkoholfreies.

KÜCHE

Fränkische Brotzeiten. Täglich kleine Karte mit warmen Kleinigkeiten. So und Feiertage Mittagstisch. Spezialitäten: Kellerplatte, Pizza.

PLÄTZE (außen/regensicher)

200/80

ANSCHRIFT

Greuther Straße
91315 Höchstadt-Zentbechhofen
Tel.: 09502-545

ÖFFNUNGSZEITEN

Mi bis Sa ab 16 Uhr
So und Feiertage ab 11 Uhr
Montag und Dienstag Ruhetag

TIPP: Kellerplatte

Symbolerklärung s. vordere Klappe

Gasthof zum Hollerstein

WWW.HOLLERSTEIN.DE GPS: 48°55'33" N / 10°59'10" E

BIER

Strauß/Wettelsheim: Kellermärzen, Helles (beide vom Fass), Pils, Weizen. Wurm/Bieswang: Helles Weizen, dunkles Weizen, leichtes Weizen. Clausthaler: Alkoholfreies.

KÜCHE

Hausmacher Brotzeiten. Täglich mittelgroße Karte mit warmen Gerichten. Spezialitäten: Schäuferle mit Knödel und Salat, Sauerbraten, hausgemachte grobe Bratwürste, Schinkenbrot, Wurstsalat, selbstgemachte Käsespätzle.

PLÄTZE (außen/regensicher)

180/220

ANSCHRIFT

Zimmern 32
91788 Pappenheim
Tel.: 09143-753

ÖFFNUNGSZEITEN

Täglich ab 7 Uhr
Mittwoch Ruhetag

MEGA-GEHEIMTIPP

Mit Fug und Recht behaupten viele Gäste, dass der Hollerstein der mit Abstand schönste Biergarten des Altmühltales ist. Direkt am Flussufer erstreckt sich die grüne Wiese, auf der die Tische mehr oder weniger nach Belieben der Besucher angeordnet werden. Dort befindet sich auch der hauseigene Bootsverleih, so mancher kommt aber auch schon über den Wasserweg hier an. Das Haus an sich verfügt noch über historische Braukeller aus den Zeiten, als der Gerstensaft noch vor Ort hergestellt wurde.

TIPP: Schäuferle mit Knödel und Salat

  Pappenheim

Zirndorfer Bräuschank

WWW.ZIRNDORFER-BRAEUSCHANK.DE GPS: 49°26'34" N / 10°57'18" E

BIERIG DRINNEN UND DRAUSSEN

Umgeben von Brauereigebäuden sitzt es sich im Sommer wunderschön, schließlich gibt der rote Sandstein dem gesamten Areal eine besondere Atmosphäre und auch ein besonderes Licht. Die Zeit hat außerdem dafür gesorgt, dass der Biergarten immer mehr an Flair gewinnt. Auf den Tisch kommen - drinnen wie draußen - sehr feine bierige Gerichte vom Braten mit Dunkelbiersauce über den Fisch im Bierteig bis zum Kellerbiereis. Familie Ascherl trifft dabei den Nerv des Publikums zielgenau und hat sich dadurch ein breites Stammpublikum erobert.

BIER

Tucher/Fürth: Zirndorfer Landbier, Zirndorfer Kellerbier (beides vom Fass), Zirndorfer Weizen, alkoholfreies Weizen, Reifbräu alkoholfreies.

KÜCHE

Fränkische Brotzeiten. Täglich große Auswahl an warmen Gerichten. Spezialitäten: Schäuferle, Wildgerichte, Bräuschank-Teller.

PLÄTZE (außen/regensicher)

430/200

ANSCHRIFT

Rote Straße 8
90513 Zirndorf
Tel.: 0911-6890586

ÖFFNUNGSZEITEN

Mo und Di ab 17 Uhr
Mi bis Fr 11 bis 14 Uhr und ab 17 Uhr
Sa, So und Feiertage ab 11 Uhr
1. Mai bis Ende Okt. Kein Ruhetag
Anfang Nov. bis Ende Apr. Montag
Ruhetag

TIPP: Bierkutschergulasch

Der PLAYMOBIL-Biergarten

TOP-TIPP für Familien
mehr S. 12

WWW.PLAYMOBIL-FUNPARK.DE

Nach dem erfolgreichen Start im letzten Jahr öffnet auch dieses Jahr der PLAYMOBIL-Biergarten wieder von Mai bis Mitte September täglich bei schönem Wetter ab 18 Uhr seine Tore. Das Besondere an diesem Biergarten ist nicht nur seine Lage direkt neben dem PLAYMOBIL-FunPark, sondern auch das außergewöhnliche Speisenangebot mit Spezialitäten vom heißen Stein und der angeschlossene AktivPark.

Der AktivPark ist ein 5.000 m² großer Außenbereich mit Boulebahnen, Sommer-Eisstockschießen, Outdoor-Fitnessgeräten und vielen Spielangeboten, die den Biergartenbesuchern kostenlos zur Verfügung stehen. Nach einer Stärkung mit fränkischen Brotzeiten oder den leckeren Gerichten vom heißen Stein bietet sich eine Partie Boule oder Eisstockschießen an. Das macht Spaß und den Biergartenbesuch zu einem besonderen Erlebnis für Bewegungsbegeisterte jeden Alters. Ein weiteres Highlight ist der angrenzende 18-Bahnen Minigolf-Platz. Die Leihgebühr für ein Minigolf-Set beträgt für Erwachsene 4,50 und für Kinder 3,50 Euro. Der abwechslungsreich im Grünen angelegte Platz ist eine Herausforderung für Jung und Alt.

Tagsüber sind der Zugang zu Biergarten und AktivPark im FunPark-Eintritt enthalten. Ab 18 Uhr erfolgt der Zugang zum Biergarten kostenlos über den Minigolf-Pavillon oder direkt über einen Eingang auf der Ebene 2 des Parkhauses 1. Der PLAYMOBIL-Biergarten hat ca. 900 schön angelegte Sitzplätze, davon 150 überdacht. Der PLAYMOBIL-Biergarten ist ein schönes Ausflugsziel für einen aktiv-geselligen Abend oder man lässt hier einen wunderschönen Familientag im FunPark gemütlich ausklingen.

Noch ein Tipp: der PLAYMOBIL-FunPark feiert 2010 mit einen ganzen Reihe von Angeboten und Aktionen seinen zehnten Geburtstag. Einfach auf www.playmobil-funpark.de nach aktuellen Informationen zum Programm schauen.

Kontakt
PLAYMOBIL-FunPark
Brandstätterstraße 2-10
90513 Zirndorf
Info-Hotline: 0911/9666-1700

Unseren **Familien-Kompass** finden Sie auf den Seiten **12 bis 15**

Playmobil Biergarten

WWW.PLAYMOBIL-FUNPARK.DE　　　　　**GPS: 49°25'51" N / 10°56'36" E**

AUCH FÜR GROSSE (KINDER)

Klar, man denkt ersteinmal an die kleinen Plastikmännchen und den Funpark, wenn man vom Playmobil Biergarten hört, aber weit gefehlt: Jeden Tag ab 18 Uhr verwandelt sich das Kinderparadies in ein echtes Biergartenjuwel: Leckeres Bier vom Fass (unbedingt das Ammerndorfer probieren!), frisch gegrillte saftige Haxe und deftige Brotzeiten laden den Biergartenfan ein, auch mal jenseits der Kindheit vorbeizukommen. Die Bewegung kommt trotzdem nicht zu kurz: Airhockey, Sommer-Eisstockschießen, Boule, Minigolf, Kicker u.v.m. können kostenfrei genutzt werden. Der Spaß ist also garantiert. Kleiner Geheimtipp ist das Essen vom heißen Stein: Spielen Sie Grillmeister und brutzeln Sie Rind, Schwein, Pute, Bratwürste, Garnelen und weitere Meeresfrüchte einfach selbst – ein tolles Erlebnis!

TIPP: Selbst Grillen auf dem heißen Stein

BIER

Tucher/Fürth: Zirndorfer Helles (vom Fass). Erdinger: Hefeweizen (vom Fass). Ammerndorfer: Dunkles (vom Fass). Lederer/Nürnberg: Pils (vom Fass). Spalter: Radler (vom Fass). Jever: Alkoholfreies.

KÜCHE

Fränkische Brotzeiten. Täglich mittelgroße Karte mit warmen Gerichten. Spezialitäten: Schweinshaxe vom Grill, Wirtsgartenpfanne.

PLÄTZE (außen/regensicher)

500/200

ANSCHRIFT

Brandstätterstraße 2-10
90513 Zirndorf
Tel.: 0911-96661700

ÖFFNUNGSZEITEN

Täglich ab 18 Uhr

10 Jahre PLAYMOBIL-FunPark

TOP-TIPP für Familien
mehr S. 12

WWW.PLAYMOBIL-FUNPARK.DE

10 Jahre PLAYMOBIL-FunPark in Zirndorf, das heißt 10 Jahre Spiel-, Bewegungs- und Erlebnisspaß in toller PLAYMOBIL-Kulisse. In der Jubiläumssaison 2010 präsentiert sich die große Ritterburg im PLAYMOBIL-FunPark in neuer cooler Löwenritter-Optik. Vom 13. Mai bis 29. Oktober gibt es täglich spannende Spiele und Aktionen für mutige Ritterinnen und Ritter. Jede Menge Wissenswertes und Kletter-Action bietet die neue Spielwelt DINOS mit Forscher-Parcours, die 2010 eröffnet wurde.

Das Funpark-Aktionsteam hat sich jede Menge Geburtstagsüberraschungen ausgedacht, wie Spiele, Musikaufführungen und eine tolle Verlosung.

Für alle, die nach einem langen kalten und nassen Winter endlich wieder draußen klettern und toben wollen, startet die Freiluftsaison in dem 90.000 m² großen FunPark-Außengelände normalerweise im März/April mit einer lustigen Frühlings-Party. Ritter, Piraten und Cowboys freuen sich auf jede Menge kleiner Abenteurer.

Sollte das Wetter einmal nicht so gut sein, wird im 5.000 m² großen, gläsernen HOB-Center weiter gespielt und geklettert. Die riesige PLAYMOBIL-Spielstadt, der überdachte Klettergarten und das Aktionsangebot auf der FunPark-Bühne machen schlechtes Wetter ganz schnell vergessen.

Die Eintrittspreise bewegen sich je nach Saison zwischen 7,- Euro und 10,- Euro pro Person. Kinder unter 3 Jahren und Geburtstagskinder (bei Vorlage ihres Ausweises) zahlen keinen Eintritt.

playmobil®

FunPark

10 Jahre

XXL-Dinos

Unser Tipp: Nach dem erfolgreichen Start 2009 öffnet von Mai bis September abends wieder der PLAYMOBIL-Biergarten mit AktivPark. Direkt neben dem 18-Bahnen Minigolf-Platz liegen Sommereisstock- und Boulebahnen. Hier macht es Spaß in geselliger Runde zu essen und dann gemeinsam ein paar Runden zu spielen (mehr siehe Seite 544).

Öffnungszeiten:
Während der Freiluftsaison von Ende März bis Anfang November täglich von 9 bis 18 Uhr geöffnet.

Kontakt
Weitere Informationen gibt es unter
www.playmobil-funpark.de

Der Aischgründer-Bier-Express

Mit der neuen VGN-Freizeitlinie, dem „Aischgründer-Bier-Express", können Sie vom 1. Mai bis 1. November an Sonn- und Feiertagen rund um den Gerstensaft mal so richtig ungezwungen ausspannen und Spaß haben. Die gute Laune werden Sie ja bestimmt selbst mitbringen, wir kümmern uns dann um den Rest.

Auch mit dieser Tour haben Sie den Überblick über alle notwendigen Infos rund um unser Bier und zu den Brauereien, kombiniert mit Sehenswertem, Wander- und Radltipps entlang der Strecke. Vielleicht trifft man sich ja mal bei einem Seidla, redet über Gott und die Welt und genießt die pure Lebenslust!

Wir freuen uns auf Sie, Ihre Brauereien am Aischgründer-Bier-Express.

Der Aischgründer-Bier-Express

(Neustadt a. d. Aisch - Gutenstetten - Pahres - Uehlfeld - Höchstadt a. d. Aisch - Erlangen)

Zum Eiffelturm

WWW.BIER.BY GPS: 49°26'31" N / 10°57'39" E

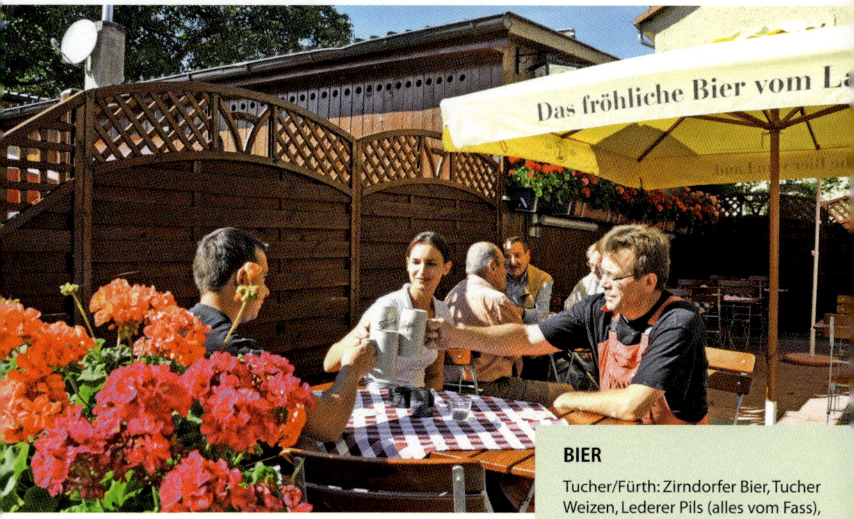
Das fröhliche Bier vom L

DEUTSCH-FRANZÖSISCHE PARTNERSCHAFT

Auch wenn die Gaststätte nicht über 300 Meter hoch und 10.000 Tonnen schwer ist, eine Gemeinsamkeit gibt es doch mit dem Namensgeber aus der Stadt der Liebe: Das Geburtsdatum. Auch wenn es heute keiner mehr genau weiß, dürfte der Gründer vor etwa 120 Jahren wohl so beeindruckt von den Nachrichten aus Paris gewesen sein, dass er sein Lokal nach dem neuen Wahrzeichen benannte. Heute ragt vor allem ein riesiger Baum aus der Mitte des Biergartens und macht daraus einen der lauschigsten Plätze in Zirndorf.

TIPP: Rinderroulade

BIER

Tucher/Fürth: Zirndorfer Bier, Tucher Weizen, Lederer Pils (alles vom Fass), Landweizen, Reiffbräu alkoholfreies, Urfränkisch Dunkel, Zirndorfer Kellerbier, Tucher alkoholfreies Weizen, Tucher Kristallweizen, Tucher leichtes Weizen. Jever: Pils.

KÜCHE

Fränkische Brotzeiten. Täglich große Karte mit warmen Gerichten. Spezialitäten: Schäuferla, Fränkischer Sauerbraten, Rinderroulade, Brotzeitteller.

PLÄTZE (außen/regensicher)

64/120

ANSCHRIFT

Schützenstraße 19
90513 Zirndorf
Tel.: 0911-607508

ÖFFNUNGSZEITEN

Täglich 11 bis 14.30 Uhr & ab 17 Uhr
Montag Ruhetag

DB VGN 70 Kraftstraße, Zirndorf Bus

Willkommen in Unterfranken

Eine ausführliche Rubrikein-
leitung sowie eine Zuordnung
der Biergartenpunkte zum jeweiligen Ort finden Sie auf der
folgenden Doppelseite.

(Komplettes Ortsverzeichnis: Seite 666)

567

Bad

A7

Bad Kiss

Hammelburg

608-
610

Gemünden

594

Aschaffenburg

DB

606

Karlstadt

555-
560

627

572

578

Unterfranken

3469

598

604

589

Würzburg

Main

581

638-
647

A3

Miltenberg

592-
593

VGN

Ochsenf

ⓧ Bierkeller oder Biergarten

Zahl entspricht der Seite im Buch

Ortsverzeichnis zur Karte auf der vorangehenden Doppelseite

Ein komplettes Ortsverzeichnis mit allen Biergartennamen finden Sie ab Seite 666

Wenn aus Bierkellern Heckenwirtschaften werden

Hier in Unterfranken liegt der Meridian der Franken, hier treffen Winzer und Brauer aufeinander und das Nationalgetränk wechselt vom Gersten- zum Traubensaft. Schuld daran sind eigentlich die Bischöfe. Denn im Mittelalter beschlossen sie je nach individuellem Geschmack, ob in ihren Landen eher Wein oder eher Bier hergestellt werden sollte.

So gefiel es dem Würzburger Bischof, die Weinberge zu fördern, wohingegen der Bamberger sich für die Brauereien entschied. Für den Export allerdings wurde auch in Unterfranken fleißig weitergebraut. Dadurch hielten sich lange Zeit wahre Bierhochburgen. Heute jedoch ergibt sich ein klares Bild und spätestens ab dem Örtchen Zeil am Main ist klar: Sie befinden sich in Weinfranken.

Ganz ohne Bier kommt man hier jedoch auch nicht aus, und die Einheimischen haben den Geschmack einer kühlen halben Bier in all den Jahren nicht aus den Augen verloren. So finden sich überall in Unterfranken lauschige Plätze, auch ein paar echte Bierkeller und auch wahre Touristenhochburgen wie beispielsweise der Wittelsbacher Turm, wo die typische Bierkultur noch gelebt wird.

Wir haben für Sie die für uns schönsten Biergärten herausgesucht und auch noch den ein oder anderen Tipp mit eingestreut. Sollten Sie dann übrigens doch auch mal die ein oder andere Heckenwirtschaft besuchen wollen, empfehlen wir Ihnen das Schwesterchen des vorliegenden Bandes, „Frankens schönste Weinstuben und Heckenwirtschaften". Da werden Sie immer fündig!

Altmannsdorf

Gasthaus zum Zabelstein

WWW.BIER.BY GPS: 49°56′10″ N / 10°26′12″ E

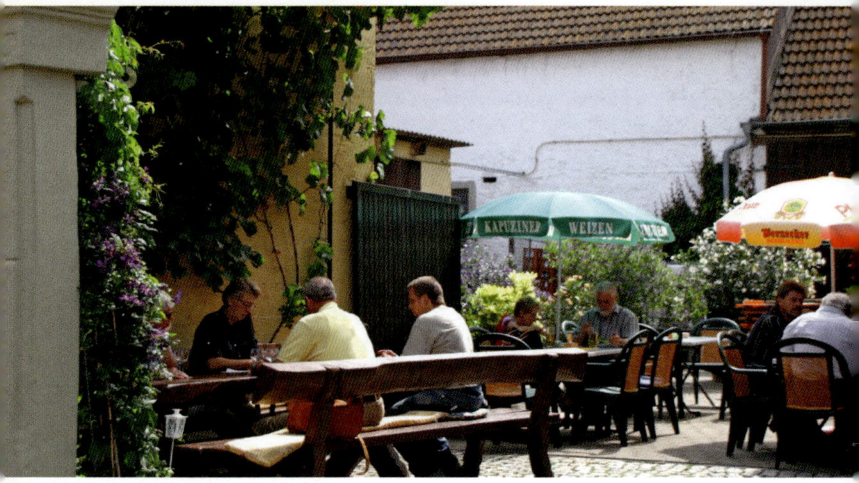

BIER

Kulmbacher: Pils, Kapuziner Weizen, Alkoholfreies.

KÜCHE

Hausmacher Brotzeiten. Täglich kleine Karte mit warmen Gerichten. Spezialitäten: Hausgemachte Bratwürste, Zwiebelsteak, Schnitzel, Haxen , Knöchle.

PLÄTZE (außen/regensicher)

50/70

ANSCHRIFT

Falkenbergstraße 12
97513 Michelau-Altmannsdorf
Tel.: 09528-227

ÖFFNUNGSZEITEN

Mi bis Fr ab 15 Uhr
Sa ab 12 Uhr
So und Feiertage ab 10 Uhr
Montag und Dienstag Ruhetag

BIERGARTEN MIT WEIN- UND KUCHENGÄSTEN

In einer kleinen Seitengasse liegt der Biergarten des Zabelstein, den Isolde Lenhard Anfang 2010 übernommen hat. Die früher eher minimalistische Speisekarte bereichert sie um mehrere warme Gerichte rund um Bratwürste, Steak und Schnitzel. Am beliebtesten aber ist ihr Käsekuchen, von dem sie mittlerweile jeden Tag mindestens ein frisches Blech backen muss. Ungewöhnlich für einen Biergarten: Hier hat der Wein die Nase vorn, entweder liegt's an der Biersorte oder an der Nähe zum Fränkischen Weinland, das ja in Schweinfurt eigentlich schon begonnen hat.

TIPP: Hausmacher Bratwürste und Käsekuchen

Büttners Hofgut Fasanerie

WWW.BUETTNERS-FASANERIE.DE GPS: 49°58'47" N / 09°10'08" E

REMINISZENZ-BIERGARTEN

Hier haben viele der Stammgäste schon als Kinder gespielt. Die ehemalige Fasanerie versorgt heute keine vornehmen Fürsten mehr mit Vögeln, sondern vornehmlich Aschaffenburger mit kulinarischen Leckereien. Wolfgang und Tanja Büttner betreiben das Hofgut seit 2007 und haben sich auch schon in die Herzen ihrer Kunden gekocht. Im Sommer verwöhnen sie auch die Ohren, wenn es Live-Musik im Biergarten gibt.

BIER

Eder & Heylands/Großostheim: Schlappeseppel Export, Schlappeseppel Dunkles (beides vom Fass), Schlappeseppel Weizen, Schlappeseppel alkoholfreies Weizen. Altostheimer: Alkoholfreies Export.

KÜCHE

Fränkische Brotzeiten. Täglich kleine Karte mit warmen Gerichten. Spezialitäten: Krustenbraten mit Klößen, Wiener Schnitzel mit Kartoffelsalat.

PLÄTZE (außen/regensicher)

600/170

ANSCHRIFT

Bismarckallee 1
63739 Aschaffenburg
Tel.: 06021-31730

ÖFFNUNGSZEITEN

Biergarten 1. Mai bis Ende Sep.:
Täglich ab 11.30 Uhr
Montag bei schönem Wetter 15 Uhr
Restaurant ganzjährig:
Täglich ab 17 Uhr
So ab 11.30 Uhr
Montag Ruhetag

TIPP: Südtiroler Schinkenplatte

Aschaffenburg

Ottel's Biergarten

WWW.OTTELS-BIERGARTEN.DE **GPS: 49°57'58" N / 09°10'43" E**

GROSSES BIER-KINO

Hier am Waldrand bei Otto Schön ist alles schön, aber hallo! Großer Spielplatz, Beachvolleyballfeld, Boules-Platz, Torwand, Open-Air-Kino und eine Küche zum Zuschauen. Da bleibt wirklich kein Wunsch unerfüllt. Im Mai ziehen die Aschaffenburger jeden Sonntag wie ein Wallfahrtstrupp zum Ottel, weil Frühschoppen mit Blasmusik angesagt ist. Besonders zu empfehlen sind übrigens die knusprigen Grillhähnchen.

BIER

Binding/Frankfurt: Helles Hefeweizen, Lager (beides vom Fass).
Schöfferhofer: Alkoholfreies Hefeweizen.

KÜCHE

Fränkische Brotzeiten. Täglich mittelgroße Karte mit warmen Gerichten. Spezialitäten: Halbes Hähnchen mit Pommes Frites, gegrillter Schafskäse, Schnitzel.

PLÄTZE (außen/regensicher)

250/50

ANSCHRIFT

Wendelbergstraße 16
63739 Aschaffenburg
Tel.: 06021-93505

ÖFFNUNGSZEITEN

Anfang Apr. bis Ende Sep.
Täglich ab 15 Uhr
So und Feiertage ab 12 Uhr
Kein Ruhetag
Bei Regen geschlossen
Anfang Okt. bis Ende März
Fr ab 15 Uhr
So und Feiertage ab 12 Uhr
Samstag und Montag bis Donnerstag nur nach Vereinbarung geöffnet

TIPP: Grillhähnchen

DB

Schloßgass" 16

WWW.BIER.BY   GPS: 49°58'28" N / 09°08'36" E

BIER

Faust/Miltenberg: Pils, Schwarzviertler (beides vom Fass), Export, helles Hefe, dunkles Hefe, Radler, Kräußen (naturtrübes Kellerbier). Eder & Heylands/Großostheim: Schlappeseppel Kleines Sepplsche. Erdinger: Alkoholfreies Weizen. Bitburger: Alkoholfreies.

BESITZER GEFUNDEN

Die Schloßgass 16 hat sich die Herren Pasch und Bartzack als neue Betreiber vor etwa einem Jahr ausgesucht und dabei voll ins Schwarze getroffen. Das uralte Fachwerkhaus war nämlich mit dem Vorbesitzer nicht wirklich glücklich, zeigt sich jetzt aber von der besten Seite. Allein der wunderschöne Biergarten unter einer Riesen-Platane - ein Traum. Sehr zuverlässig sind die Inhaber übrigens bei der Weinauswahl. Nicht verpassen: Das Weinfest vor der Tür immer Ende August.

KÜCHE

Brotzeiten. Täglich mittelgroße Karte mit warmen Gerichten. Spezialitäten: Roastbeef, ofenfrisches fränkisches Schäuferle, Saisongerichte.

PLÄTZE (außen/regensicher)

54/45

ANSCHRIFT

Schloßgasse 16
63739 Aschaffenburg
Tel.: 06021-12313

ÖFFNUNGSZEITEN

Mo bis Fr 11 bis 14 Uhr & ab 16 Uhr
Sa und So ab 11 Uhr
Kein Ruhetag

TIPP: Roastbeef

Brauereigaststätte Schlappeseppel

WWW.SCHLAPPESEPPEL-AB.DE **GPS: 49°58'30" N / 09°08'34" E**

HOPFEN UND MALZ – GOTT ERHALTS

Dieser Glaubensspruch der Bierjünger thront groß an einem Stahlträger über dem Sudkessel des Schlappeseppels. Und zu dieser Religion bekehrt das älteste Gasthaus Aschaffenburgs schon seit 1631. Gebraut wird zwar leider nicht mehr, aber das Bier wird immer noch nach eigenen Rezepten in Großostheim gebraut. Vom wunderschönen Biergarten aus hat man einen traumhaften Blick auf den Marstallplatz mit Schloss und Steinmetzschule.

BIER

Eder & Heyland´s/Großostheim: Schlappeseppel Naturtrüb, Schlappeseppel Urbräu, Schlappeseppel Export, Schlappeseppel Hefeweizen, Bavaria Hefeweizen, Starkbier (beides vom Fass), Bavaria Kristallweizen, Bavaria Dunkles Hefeweizen, Alt-Ostheimer Alkoholfreies.

KÜCHE

Fränkische Brotzeiten. Täglich große Karte mit warmen Gerichten. Spezialitäten: Brauereipfanne, Schwenksteak, Fenchelsteak, gemischter Bratenteller, Brezenknödelauflauf, Pfefferpeitsche mit Brot und Senf.

PLÄTZE (außen/regensicher)

80/150

ANSCHRIFT

Schloßgasse 28
63739 Aschaffenburg
Tel.: 06021-25531

ÖFFNUNGSZEITEN

Täglich ab 10 Uhr
Kein Ruhetag

TIPP: Brezenknödelauflauf

Zum Fegerer

GPS: 49°58'28" N / 09°08'36" E

VIEL GLÜCK IM HAUS

Angelika Kimmich und ihre gut gelaunten drei Männer haben schon die Herzen vieler Stammgäste gewonnen. Dies mit einem Mix aus Tradition und moderner Küche. Hier besteht das Fleischpflanzerl neben dem Pulpo-Carpaccio. Es ist also für jeden was dabei, in diesem Restaurant in einem der ältesten Häuser Aschaffenburgs. Der Name stammt übrigens vom Hausbesitzer, der von Beruf Schornsteinfeger ist.

BIER

Faust/Miltenberg: Pils, Schwarzviertler (beides vom Fass). Ein drittes Fassbier aus der Region im dreiwöchigen Wechsel. Weihenstephaner: Weizen. Erdinger: Alkoholfreies Weizen.

KÜCHE

Täglich mittelgroße Karte mit warmen Gerichten. Spezialitäten: Wildgerichte aus dem Spessart, fränkische Gerichte der Saison.

PLÄTZE (außen/regensicher)

35/100

ANSCHRIFT

Schloßgasse 14
63739 Aschaffenburg
Tel.: 06021-15646

ÖFFNUNGSZEITEN

Täglich 11.30 bis 14.30 Uhr
und ab 17 Uhr
Kein Ruhetag

TIPP: Salat Fegerer

Symbolerklärung s. vordere Klappe

Biergarten Schönbusch

WWW.SCHOENBUSCH-AB.DE **GPS: 49°57'48"N / 09°06'29"E**

ZÜNFTIGES ITALO-BRÜDERPAAR

Es klingt wie in jeder anständigen Pizzeria: Inhaber Mario und Roberto Rescigno. Mitnichten hier in Aschaffenburg. Die beiden sind in Deutschland aufgewachsen und bestens mit Handkäse, Weißwürsten, Brezeln und Bier vertraut. Und das schmeckt dann auch den Gästen, die unter den riesigen Bäumen im Landschaftspark Schönbusch sitzen und im Schatten der Livemusik lauschen, die relativ häufig im Biergarten anzutreffen ist.

BIER

Eder & Heyland's/Aschaffenburg: Schlappeseppel helles Hefe, Schlappeseppel dunkles Hefe, Schlappeseppel Export (alles vom Fass), komplettes Flaschenbier-Sortiment, Altostheimer alkoholfreies Bier. König Ludwig/Kaltenberg: Alkoholfreies Hefeweizen.

KÜCHE

Bayerische Brotzeiten. Täglich große Karte mit warmen Gerichten. Spezialitäten: Obatzter, Handkäs mit Musik, Schnittlauch- oder Radieschenbrot, Flammkuchen.

PLÄTZE (außen/regensicher)

850/380

ANSCHRIFT

Kleine Schönbuschallee 1
63741 Aschaffenburg
Tel.: 06021-448560

ÖFFNUNGSZEITEN

Täglich ab 11 Uhr
So und Feiertage ab 10 Uhr
Kein Ruhetag

TIPP: Handkäs mit Musik

Wo der Radler wohnt

WWW.DEUTSCHES-FAHRRADMUSEUM.DE oder WWW.CAFEM.EU

Wir haben auf unseren vielen Touren durch Franken allerlei interessante und teils auch skurrile Museen kennen gelernt. Ganz überrascht – und das im wirklich positiven Sinne – waren wir in Bad Brückenau, als das Deutsche Fahrradmuseum unseren Weg kreuzte.

Nicht nur, dass es eine sehenswerte Ausstellung an Zweirädern aller Art und ihrer Geschichte gibt, das Haus hat auch einen Biergarten, der in puncto Angebot und Ambiente unbedingt in das vorliegende Buch gehört. Hier wird sogar live gegrillt...

Doch zurück zum Museum. Es ist in der historischen Jugendstilvilla „Füglein" untergebracht und bietet auf zwei Etagen weit über 200 Ausstellungsstücke zum Thema Velociped. Das älteste Fahrrad ist eine Original-Laufmaschine von 1820. Dazu kommen auch Exoten wie ein Rotary-Dreirad von 1883 oder ein echtes Bambusrad von 1904. Unser Highlight war der historische Fahrradladen aus den 30er Jahren, wo wir uns fühlten wie Commander Data auf dem Holodeck.

Deutsches Fahrradmuseum
Heinrich-von-Bibra-Str. 24
97769 Bad Brückenau
Tel: (09741) 93 82-55
Fax: (09741) 93 82-54
www.deutsches-fahrradmuseum.de
museum@deutsches-fahrradmuseum.de

Öffnungszeiten Museum:

Di-Fr 9 bis 12 Uhr & 14 bis 17 Uhr
Sa,So,Ft 10 bis 17 Uhr

Öffnungszeiten Biergarten und Jugenstilcafé:

Mo bis Sa ab 14 Uhr, So und Ft ab 10 Uhr
Infos unter Tel.: 09741-9304475
Internet: www.cafem.eu

Unseren **Familien-Kompass** finden Sie auf den Seiten **12 bis 15**

Restaurant Hahn im Korb

WWW.BIER.BY   GPS: 50°11'60" N / 10°04'35" E

BIER

Brauhaus Schweinfurt: Pils, Hefe-
weizen (beides vom Fass), dunkles
Hefeweizen, dunkles Kellerbier,
Alkoholfreies.

KÜCHE

Einige kleine kalte Gerichte.
Täglich große Karte mit warmen
Gerichten. Spezialitäten: Hähnchen,
Schweinehaxe, Sauerbraten.

PLÄTZE (außen/regensicher)

70/60

ANSCHRIFT

Marktplatz 16
97688 Bad Kissingen
Tel.: 0971-7851686

ÖFFNUNGSZEITEN

Täglich ab 11 Uhr
Kein Ruhetag

ALLES UM DAS HUHN

Hier dreht sich wirklich fast alles um das Huhn.
Nach Aussagen von Gästen der „Gögerspezia-
list" von Unterfranken. Das Ganze steht dann
auch noch direkt am Bad Kissinger Marktplatz.
Man hat also einen perfekten Blick auf das Treiben in der bald 1200 Jahre alten Stadt. Direkt vor
Augen steht das Alte Rathaus, ein Renaissance-
Bau aus dem Jahr 1577, der zu den Wahrzeichen
der Stadt gehört.

TIPP: Hühner aller Art

Rößner's Werner Bräu

WWW.BIER.BY　　　　**GPS: 50°11'59" N / 10°04'32" E**

MIT SPRINGBRUNNEN

Gebraut wird hier leider nicht mehr, aber dafür sitzt es sich wunderschön im Hinterhof des rundum dicht bewachsenen Hauses. Zwischen den vielen Blättern lugen unzählige bunte Blüten aus der Hauswand hervor, allein dieser Anblick lohnt den Besuch. Bekannt ist das Restaurant vor allem für seine feine Fischkarte, die sogar mit dem „Goldenen Fisch" ausgezeichnet wurde.

BIER

Hofbräu/Würzburg: Pils (vom Fass), Hefeweizen, Kristallweizen, Helles Weizen, Dunkles Weizen, alkoholfreies Hefeweizen, Schwarzbier, Alkoholfreies.

KÜCHE

Fränkische Brotzeiten. Täglich große Karte mit warmen Gerichten. Spezialitäten: Fischgerichte, Tafelspitz, Spanferkelbraten.

PLÄTZE (außen/regensicher)

60/100

ANSCHRIFT

Weingasse 1
97688 Bad Kissingen
Tel.: 0971-2372

ÖFFNUNGSZEITEN

Täglich 11 bis 14 Uhr & ab 17.30 Uhr
So 11 bis 14 Uhr
Montag Ruhetag

TIPP: Fischgerichte

Symbolerklärung s. vordere Klappe

Weigands Gaststätte

WWW.BIER.BY   GPS: 50°11'59" N / 10°04'33" E

SISSI WAR HIER

Das Haus von Weigands Gaststätte steht schon seit 1682 am Marktplatz von Bad Kissingen, den man von der Terrasse bestens im Blick hat. Seit diesen Tagen hat sich die kleine Stadt an der Fränkischen Saale stark gewandelt. Von König Ludwig II. zum Bad erhoben, entwickelte sich das mittlerweile privatwirtschaftlich ausgerichtete Staatsbad zum bekanntesten Kurort Deutschlands. Relikte aus den alten Tagen sind die vielen Schilder an den Wänden der Gaststätte und das Rezept für die legendäre Kartoffelsuppe des Hauses.

BIER

Kulmbacher: Mönchshof Original (beides vom Fass), Schwarzbier, Kapuziner Weizen, Kapuziner dunkles Weizen, Kapuziner Weizen alkoholfrei. Klosterbrauerei/Bischofsheim: Kreuzbergbier (vom Fass).

KÜCHE

Fränkische Brotzeiten. Täglich große Karte mit warmen Gerichten. Spezialitäten: Kartoffelsuppe, Rumpsteak, Bratwürste, Käsespätzle.

PLÄTZE (außen/regensicher)

55/100

ANSCHRIFT

Marktplatz 21
97688 Bad Kissingen
Tel.: 09721-2232

ÖFFNUNGSZEITEN

Täglich ab 10 Uhr bis 14.30 und ab 17 Uhr
Mittwoch Ruhetag

TIPP: Kartoffelsuppe

DB

Erlebnisbrauerei Wittelsbacher Turm

WWW.WITTELSBACHER-TURM.DE   **GPS: 50°09'46" N / 10°04'33" E**

AUSFLUGSZIEL MIT HAUSBRÄU

Das Vollbier mundet! Soviel sei schon mal erwähnt. Und nachdem sich die Inhaber vor der Einrichtung der Gasthausbrauerei unter anderem in der Fränkischen Biermetropole Bamberg umgesehen hatten, nimmt es nicht wunder, dass auch das Ambiente und die Erzeugnisse der Küche stimmen. Hier sollte man also nicht nur auf den kleinen Erfrischungsschluck oder das Eis zwischendurch vorbeischauen, sondern durchaus einen ernstzunehmenden Zwischenstopp mit Bier und Schäuferle oder Brotzeit einplanen. Dazwischen bietet sich natürlich eine Besteigung des Namensgebers an. In 25 Metern Höhe bietet der 1907 eingeweihte Wittelsbacher Turm einen echten Traumblick ins Saaletal.

TIPP: Haxe mit Hausbier

BIER

Eigene Brauerei: Vollbier „Unser Bier", Frühlingsbock (März bis Mai), Maibock (ab Mai), Oktoberfestbier (ab Mitte Sep.), Weihnachtsbock (ab Dez.) (alles vom Fass).

KÜCHE

Fränkische Brotzeiten. Täglich große Karte mit warmen Gerichten. Spezialitäten: Schäuferla, Haxen, verschiedene Bräten, Schnitzel.

PLÄTZE (außen/regensicher)

700/300

ANSCHRIFT

Wittelsbacher Turm 1
97688 Bad Kissingen
Tel.: 0971-7858820

ÖFFNUNGSZEITEN

März bis Okt.
Täglich ab 11 Uhr
So und Feiertage ab 10 Uhr
Nov. bis Feb.
Mo 12 bis 20 Uhr
Di bis Sa ab 11 Uhr
So und Feiertage ab 10 Uhr

Klosterschenke

WWW.KREUZBERGBIER.DE GPS: 50°22′45″ N / 09°58′54″ E

EINE ECHTE KLOSTERSCHÄNKE

Bis auf das Bier geht es hier traditionell sehr rustikal zu. Auf den Teller kommen Bräten und einfache Brotzeiten, was auch bestens ins Gesamtkonzept passt. Bei schönem Wetter darf man rund um die Klostergebäude Platz nehmen und den einzigartigen Ausblick genießen. Für die Freunde von Kaffee, Eis und Kuchen sei noch erwähnt, dass es mit dem Café Zum Elisäus hinter dem Kloster auch dafür einen geeigneten Ort gibt. Doch hier nicht das gute Bier zu verkosten, grenzt an Blasphemie!

BIER

Eigene Brauerei: Dunkel, Pils, Weizen (saisonal), Weihnachtsbock (saisonal) (alles vom Fass).

KÜCHE

Fränkische Brotzeiten. Täglich mittelgroße Karte mit warmen Gerichten. Spezialitäten: Käsebrot, Schweinsbraten, Grillhaxe, Schälrippchen.

PLÄTZE (außen/regensicher)

400/250

ANSCHRIFT

Kreuzberg 2
97653 Bischofsheim an der Rhön
Tel.: 09772-91240

ÖFFNUNGSZEITEN

Täglich 8 bis 20 Uhr
Kein Ruhetag
Ende Okt. bis Mitte Dez. Betriebsruhe

TIPP: Grillhaxe

Gasthof Zur Fröhlichkeit

WWW.BIER.BY   GPS: 49°50'50" N / 10°25'34" E

BIER

Düll/Krautheim: Pils (vom Fass), Hefeweizen, Helles, Dunkles, Keller, Pils.

KÜCHE

Hausmacher Brotzeiten. Täglich klei-
ne Karte mit warmen Gerichten.
So und Feiertage Mittagstisch.
Spezialitäten: Angusrind aus eigener
Zucht, Reh aus dem Steigerwald,
Hausmacher Bratwürste, Schinken
aus eigener Herstellung, selbstge-
backenes Holzofenbrot, Enten und
Gänse aus eigener Zucht (im Winter).

PLÄTZE (außen/regensicher)

50/50

ANSCHRIFT

Breitbach 7
97516 Oberschwarzach-Breitbach
Tel.: 09553-1224

ÖFFNUNGSZEITEN

Täglich ab 10 Uhr
Montag und Samstag Ruhetag

DER NAME IST PROGRAMM

Seit das Redaktionsteam einen Führerschein
besitzt, fuhren wir immer wieder an diesem Gasthaus vorbei, stets mit dem Vorsatz, es endlich
auch einmal zu besuchen. 18 Jahre später war es
nun soweit – und wir haben programmgemäß
gelächelt. Zwar grundsätzlich eher von der rudi-
mentären Sorte, empfängt das Haus mit einem
klassischen fränkischen Biergarten unter einem
großen (Nuss-)Baum und bietet in Person von
Karlheinz Ott auch einen Fachmann für selbstgemachte Wurstwaren, selbstgebackenes Brot und
Rinder, Enten und Gänse aus eigener Zucht. Sogar einen eigenen Weinberg mit Kerner-Trauben
kann der Vertreter der vierten Familiengeneration aufbieten. Nutzen Sie also die Gelegenheit
zu einem Zwischenstopp – man muss ja nicht
immer 18 Jahre warten!

TIPP: Hausmacher Bratwürste

Landgasthaus Zur Krone

WWW.ZUR-KRONE-BRUENNAU.DE   **GPS: 49°51'21" N / 10°21'11" E**

BIERGARTEN UNTER DENKMALSCHUTZ

Im weinfränkischen Brünnau haben wir ein bieriges Kleinod gefunden: Den Biergarten der Gastwirtschaft „Zur Krone". Unter dem Anwesen (dem ehemaligen Zehntkeller) liegt heute noch der historische Felsenkeller, der nach wie vor einen kleinen Brunnen im Hof speist (allerdings mit Wasser, leider nicht mit Bier). In dem reinen Familienbetrieb greifen alle gern zu Zapfhahn und Kochtopf - momentan stehen drei Generationen gleichzeitig hinter dem Herd. Selbst die Brotzeiten sind Familienprodukt.

TIPP: Brünnauer Weinsuppe mit Kracherle

BIER

Düll/Krautheim: Pils, Hefeweizen (beides vom Fass), dunkles Hefe, helles Hefe, Märzen, Urtyp, Leichtes, Alkoholfreies.

KÜCHE

Hausmacher Brotzeiten. Täglich große Karte mit warmen Gerichten. Spezialitäten: Rinderfilet, Brünnauer Weinsuppe mit Kracherle.

PLÄTZE (außen/regensicher)

50/75

ANSCHRIFT

Brünnau 4
97357 Prichsenstadt-Brünnau
Tel.: 09382-1745

ÖFFNUNGSZEITEN

Täglich ab 10 Uhr
Mittwoch Ruhetag

Symbolerklärung s. vordere Klappe

Böllner's Biergarten

WWW.GASTHAUSBOELLNER.DE GPS: 49°54'28" N / 10°40'36" E

SCHWEIN GEHABT

Hier muss das Glück sein Zuhause haben: Zwei amerikanische Mini-Pigs (haben nichts mit der gleichnamigen Band aus den 80ern zu tun) namens „Pink" und „Floyd" sind die Attraktion des Biergartens mit mediterranem Flair. Auf zwei Terrassen gibt es sowohl etwas für die Durstigen und vor allem auch für die Hungrigen: Es gibt zwar definitiv kein Mini-Pig-Fleisch, dafür aber viele Köstlichkeiten aus der hauseigenen Metzgerei. Noch ein Geheimtipp!

BIER

Veldensteiner: Zwickel (vom Fass), Keller, Pils, Weizen. Kaiser/Neuhaus: Alkoholfreies.

KÜCHE

Hausmacher Brotzeiten. Täglich große Karte mit warmen Gerichten. Spezialitäten: Brotzeiten aus eigener Herstellung, verschiedene gegrillte Steaks (Fr), Pizza (Mi).

PLÄTZE (außen/regensicher)

200/190

ANSCHRIFT

Von-Ostheim-Straße 42
97514 Oberaurach-Dankenfeld
Tel.: 09549-453

ÖFFNUNGSZEITEN

Täglich ab 16 Uhr
Montag Ruhetag
Bei schlechtem Wetter geschlossen

TIPP: Steaks (Fr)

Gasthaus Zum Hirschen

WWW.EBERSBRUNN-GASTHAUS.DE | GPS: 49°48'11" N / 10°27'33" E

AUS DEM VOLLEN SCHÖPFEN

Das können Helga und Jürgen Fleischmann, die die aktuelle Familiengeneration darstellen. Die Familie an sich ist seit 1845 am Ruder und hat sich bis heute eine kleine Landwirtschaft erhalten. Deswegen kommt vieles, was auf dem Gäste-Teller landet, aus der eigenen Produktion. Beispielsweise selbstgebackenes Brot, frisches Obst und Gemüse aus dem eigenen Garten oder auch Lamm und Gans aus der Hausschlachtung. Sogar der Schnaps ist hausgebrannt.

TIPP: Zickleinsbraten aus eigener Zucht (Kirchweih)

BIER

Düll/Krautheim: Hell, Pils, Urtyp Dunkel. Kitzmann/Erlangen: Hefeweizen, Pils. Schlenkerla/Bamberg: Rauchbier.

KÜCHE

Hausmacher Brotzeiten. Täglich kleine Karte mit warmen Gerichten. Spezialitäten: Schnitzel Wiener Art, Zickleinsbraten aus eigener Zucht (zur Kirchweih), Enten und Geflügel aus eigener Zucht, Hausmacher Platte, Gerupfter.

PLÄTZE (außen/regensicher)

40/40

ANSCHRIFT

Haus Nr. 25
96160 Geiselwind-Ebersbrunn
Tel.: 09556-200

ÖFFNUNGSZEITEN

Täglich ab 11 Uhr
Mittwoch Ruhetag

Symbolerklärung s. vordere Klappe

Waldhaus Einsiedel im Gramschatzer Wald

WWW.WALDHAUS-EINSIEDEL.DE GPS: 49°54'02" N / 09°57'41" E

DAS WALD-ERLEBNISZENTRUM

Hier macht das Einkehren richtig Spaß, besonders als Wanderer, Radler und Biker. Mitten im Wald finden Sie einen echten Erlebnisspielplatz mit Klettergarten, dazu ein kleines, aber sehr feines kulinarisches Angebot von der Bratwurst über Hähnchen bis zu Makrele und Kesselfleisch, sonntags sogar Spanferkel vom Grill. Kleines Problem: Der Biergarten hat leider keine genaue Adresse, am besten geben Sie unsere GPS-Koordinaten ins Navi ein …

BIER

Max Bender/Arnstein: Herzog von Franken (Pils) (vom Fass), Dunkelbier, Hefeweizen, alkoholfreies Hefeweizen, alkoholfreies Pils.

KÜCHE

Hausmacher Brotzeiten. Täglich mittelgroße Karte mit warmen Gerichten. Spezialitäten: Kesselfleisch (Mi), Spanferkel vom Grill (So), Makrele vom Grill (So), Haxe, wechselnde Bratengerichte, hausgemachte Bratwürste vom Holzkohlengrill.

PLÄTZE (außen/regensicher)

1200/170

ANSCHRIFT

A7 Autobahnausfahrt Gramschatz/Erbshausen, am Walderlebniszentrum (Weg ist beschildert) zwischen Rimpar und Gramschatz
Tel.: 0171-7355568

ÖFFNUNGSZEITEN

Täglich ab 11 Uhr
Kein Ruhetag
Bei schlechtem Wetter geschlossen

TOP-TIPP für Familien mehr S. 12

TIPP: Kesselfleisch

Der Lindenhof

WWW.LINDENHOF-STEIGERWALD.DE **GPS: 49°55'11" N / 10°35'56" E**

BIER

Schloßbrauerei/Reckendorf: Keller (vom Fass), Pils, Keller, Dunkles, Weißbier. Franziskaner: Alkoholfreies Weizen. Clausthaler: Alkoholfreies.

KÜCHE

Fränkische Brotzeiten. Täglich kleine Karte mit warmen Gerichten (nur im Gasthof). Spezialitäten: Entenbraten, vegetarische Lasagne, Schweineme-daillon Saltimbocca, selbstgemach-ter Kochkäse.

PLÄTZE (außen/regensicher)

80/50

ABSCHALTEN IM STEIGERWALD

Über 100 Jahre schon herrscht hier in Fat-schenbrunn Gastlichkeit pur. Und nachdem im Laufe der Jahrzehnte Wellness- und Spaßfaktor immer wichtiger wurden, hat man auch hier nach und nach aufgerüstet. Heute ist der Bier-garten quasi ein großer Spielplatz, einerseits für die Kinder, andererseits aber auch für die Biergartenfreunde. Denn zu den zahlreichen Brotzeitklassikern gibt es auch noch sehr Feines aus der warmen Küche wie beispielsweise den Entenbraten.

ANSCHRIFT

Lindenstraße 7
97514 Oberaurach-Fatschenbrunn
Tel.: 09529-981061

ÖFFNUNGSZEITEN

Gasthaus
Fr ab 17 Uhr
Sa 11.30 bis 14 Uhr und ab 16 Uhr
So und Feiertage ab 11.30 Uhr
Montag bis Donnerstag geschlossen

Biergarten
Fr ab 17 Uhr
Sa, So und Feiertage ab 16 Uhr
Montag bis Donnerstag geschlossen
Wenn Biergarten geöffnet, dann
Gasthof geschlossen!

TIPP: Selbstgemachter Kochkäse

Symbolerklärung s. vordere Klappe

Gasthaus zur Sonne

WWW.GASTHAUS-ZUR-SONNE-FRANKENWINHEIM.DE   **GPS: 49°53'14" N / 10°18'52" E**

BIER

Düll/Krautheim: Pils (Fass), Helles, Hefeweizen hell, Hefeweizen dunkel, Landmärzen, Urtyp dunkel, Kellerbier, Hefeweizen alkoholfrei.

KÜCHE

Hausmacher Brotzeiten. Täglich kleine Karte mit warmen Gerichten. Spezialitäten: Spanferkel (auf Bestellung), saisonale Gerichte (z. B. Spargel), blaue Zipfel, Bratwürste mit Sauerkraut.

PLÄTZE (außen/regensicher)

30/115

ANSCHRIFT

Kirchberg 6
97447 Frankenwinheim
Tel.: 09382-1816

ÖFFNUNGSZEITEN

Täglich ab 11 Uhr
Mittwoch Ruhetag

AUSZEIT AN DER HAUPTSTRASSE

Das Gasthaus zur Sonne liegt etwas zurückversetzt und bietet daher ein bisschen mehr Erholung als man vom gastronomischen Zentrum des Weinortes erwarten würde. Über 100 Jahre schon schenkt hier die Familie Kraus Biere der Brauerei Düll aus Krautheim aus und bietet Gutes aus Hausschlachtung und -metzgerei. Dafür gab es sogar schon eine Bronzemedaille beim Wettbewerb Bayerische Küche für Andreas Kraus, der sich in noch relativ jungem Alter bereits für die Küche verantwortlich zeichnet.

TIPP: Spanferkel (auf Bestellung)

Krone Biergarten

WWW.KRONE-HOTEL.NET   GPS: 49°46'23" N / 10°28'28" E

BRUNNEN, KASTANIEN UND WEIN

Das ist das Ambiente, in dem man hier, gleich am Ortseingang Geiselwinds, gemütlich im Biergarten sitzen und das Treiben an der Hauptstraße in Augenschein nehmen kann. Dementsprechend versammeln sich hier sowohl die Einheimischen als auch die Durchreisenden – oder auch die Eltern, die ihre Kinder gerade im Freizeitland abgeladen haben. Neben den Brotzeiten haben uns vor allem die Grillgerichte begeistert, beim Rippchen-Bestellen haben wir irgendwann nicht mehr mitgezählt...

BIER

Kulmbacher: Mönchshof Kellerbier, Mönchshof Pils (beides vom Fass), Mönchshof Weizen, dunkles Weizen, Kristallweizen, Schwarzbier, Kulmbacher Alkoholfreies. Beck's: Gold, Lemon.

KÜCHE

Fränkische Brotzeiten. Täglich kleine Auswahl an Grillgerichten. Spezialitäten: Grillplatte (ab 2 Personen), Schälrippchen vom Grill, Grillbratwürste, Salatbuffet.

PLÄTZE (außen/regensicher)

80/20

ANSCHRIFT

Schlüsselfelder Straße 25
96160 Geiselwind
Tel.: 09556-923800

ÖFFNUNGSZEITEN

Täglich ab 17 Uhr
So und Feiertage ab 15 Uhr
Montag Ruhetag
Bei schlechtem Wetter geschlossen

TIPP: Schälrippchen vom Grill

Heimat. Tradition. Genuss.

WWW.FRAENKISCHE-BIERKULTUR.DE

Die beiden Familienunternehmen Sagasser aus Coburg und Hilf aus Burgebrach haben sich als Getränkefachhändler nicht nur „Pro Mehrweg" auf die Fahne geschrieben, sondern auch Verbreitung und Erhalt der einzigartigen „Fränkischen Bierkultur".

Mit mehr als 250 aktiven Betrieben gibt es nirgends auf der Welt eine größere Dichte an Brauereien, als in Franken.

Neben mittelständischen Unternehmen gibt es in Nordbayern zahlreiche familiengeführte Brauereien, die mit handwerklicher Braukunst Bierspezialitäten abfüllen, deren Geschmack ein Hochgenuss für jeden Bierfreund ist.

Diese einzigartige Vielzahl an Brauereien hat dazu geführt, dass Bier aus Deutschland, gebraut nach dem Reinheitsgebot aus dem Jahre 1516, zum Weltkulturerbe ernannt wurde.

Direkt im Zentrum der „Fränkischen Bierkultur" befindet sich der Getränkefachhandel Hilf. Es war deshalb naheliegend, den alteingesessenen Familienbetrieb in Burgebrach zum kompetenten Ansprech- und Vertriebspartner der „Fränkischen Bierkultur" zu entwickeln, damit die Einzigartigkeit und die Vielfalt dieser Bier-Genuss-Kultur nicht nur erhalten, sondern auch möglichst vielen Freunden handwerklicher Braukunst zugänglich wird.

Erlebbar und erhältlich wird die „Fränkische Bierkultur" in den Getränkefachmärkten von: Sagasser, Marco, Baumi, Frankenland, Hilf sowie Getränke Fritze. Die aktuelle Liste der Märkte finden Sie unter: www.sagasser.de.

Den Familienunternehmen ist die regionale Verbundenheit und die Aufrechterhaltung umweltschonender Mehrwegsysteme ein besonderes Anliegen. Der Erhalt dieser Mehrwegsysteme unterstützt die lokalen und regionalen Betriebe und sichert damit Arbeitsplätze in den Regionen – das bedeutet: „Gemeinsam Verantwortung übernehmen."

Erleben und Genießen Sie die einzigartige Vielfalt Fränkischer Biere.

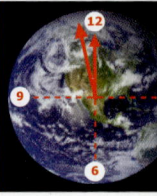

Mehrweg ist Klimaschutz

Biergarten Schloss Gereuth

WWW.SCHLOSS-GEREUTH.DE — GPS: 50°07'29" N / 10°49'11" E

ZU BESUCH HINTERM SCHLOSS

Lange Zeit war das Schloss Gereuth ein Sorgenkind – es verfiel zusehends. Ein Kaufinteressent war nicht in Sicht. Im Jahr 2001 fuhren schließlich Birgit Richter und Rupert Fechner an der Edelbruchbude vorbei, verliebten sich in das Gemäuer und waren fortan Schlossbesitzer. Seitdem geht es nur noch aufwärts. Ein kleiner Zoo, unter anderem mit Emus, und ein liebevoll improvisierter Biergarten mit Schlossblick laden zum Verweilen ein.

TIPP: Schlossplatte

BIER

Schleicher/Kaltenbrunn: Helles, Dunkles (beides vom Fass). Schlossbrauerei/Reckendorf: Kellerbier (vom Fass). Greifenklau/Bamberg: Lager. Gutmann/Titting: Hefeweizen.

KÜCHE

Fränkische Brotzeiten. Täglich warme Kleinigkeiten. Spezialitäten: Geräucherte Forelle, Obatzter, Schlossplatte.

PLÄTZE (außen/regensicher)

200/40

ANSCHRIFT

Gereuth 1
96190 Untermerzbach
Tel.: 09533-98240

ÖFFNUNGSZEITEN

Di bis Do ab 17 Uhr
Fr und Sa ab 15 Uhr
So und Feiertage ab 11 Uhr
Montag Ruhetag

Alte Ziegelei

WWW.ALTE-ZIEGELEI-GROSSOSTHEIM.DE   GPS: 49°54'26"N / 09°05'52"E

RUSS UND ASADO

Willkommen im ersten Gebäude, das sich quasi selbst erbaut hat. Denn die heutige Alte Ziegelei steht auf den Grundmauern und besteht aus den Ziegeln der ehemaligen „Russenfabrik" Großostheims. So nannte man damals die Erzeugnisse der Ziegelei. Heute findet man vor allem ein echtes Idyll mit viel Grün und Pferden – und eine wahre Attraktion: Zwei Meter breit und vier Meter hoch ist der argentinische Asado-Grill, das Schmuckstück des Biergartens. Asado steht für ein echtes Grillhappening, bei dem das unterschiedlichste Fleisch in großen Mengen von einem Haufen Gleichgesinnter verzehrt wird. Die schonende Zubereitung und der soziale Aspekt stehen natürlich auch in der Ziegelei im Vordergrund – Sie werden begeistert sein!

BIER

Schwindbräu/Aschaffenburg: Pils (vom Fass). Eder & Heylands/Großostheim: Bavaria Weißbier, Schlappeseppel Weißbier, Schlappeseppel Radler, Schlappeseppel Export (alles vom Fass), restliches Flaschenbier-Sortiment, Alt-Ostheimer, Alkoholfreies. Faust/Miltenberg: Wiesenbier (vom Fass).

KÜCHE

Fränkische Brotzeiten. Täglich mittelgroße Karte mit warmen Gerichten. Spezialitäten: Verschiedene Köstlichkeiten vom Grill.

PLÄTZE (außen/regensicher)

250/125

ANSCHRIFT

Wallstädter Weg 52
63762 Großostheim
Tel.: 06026-9779373

ÖFFNUNGSZEITEN

Ende Sep. bis Ende Apr.
Täglich ab 12 Uhr
Sa, So und Feiertage ab 11 Uhr
Anfang Mai bis Ende Sep.
Täglich ab 11 Uhr

TIPP: Alles vom Asado-Grill

DB

Gasthaus Zum Hühnernest

WWW.GASTHAUS-HUEHNERNEST.DE   GPS: 50°06'08" N / 10°12'18" E

MIT KRÄUTER-PÄDAGOGINNEN

Der ehemalige Geflügelhof hat eine 180-Grad-Wende hinter sich. Züchtete man früher hier vor allem für den Verkauf, setzen die Seuferts nun auf Tiere zum Anschauen und einen gelungenen Mix aus Reiterhof, Biergarten, Ferienwohnung, Zoo, Wellness (mit Friseur, Kosmetik und Fußpflege) und Kräutergarten. Das alles, weil Gerhard Seufert auf seine sechs Töchter und einen Sohn bauen kann, die alle ihren jeweils eigenen Bereich auf dem Hof haben. Ein guter Grund, vielleicht gleich ein paar Tage mehr hier einzuplanen...

TIPP: Gefüllte Flugente

BIER

Kulmbacher: Pils, Kapuziner Hefeweizen (beides vom Fass). Andechser: Dunkles (vom Fass). Keiler/Lohr: Weizen hell, Weizen dunkel. Beck's: Pils, Beck's Lemon, Alkoholfreies. Martin/Hausen: Hefeweizen, Spezial. Göller/Zeil am Main: Lager. Erdinger: Alkoholfreies Weizen.

KÜCHE

Fränkische Brotzeiten. Täglich mittelgroße Karte mit warmen Gerichten. Spezialitäten: Hausmacher Wurstplatte, frisch geschlachtete Hähnchen vom Gartengrill (Fr ab 17 Uhr), 1/2 gefüllte Flugente, Wildgerichte aus eigener Jagd.

PLÄTZE (außen/regensicher)

60/100

ANSCHRIFT

Heinrichweg 5
97456 Dittelbrunn-Hambach
Tel.: 09725-71710

ÖFFNUNGSZEITEN

Täglich ab 11 Uhr
Montag Ruhetag

Altes Brauhaus Hemmendorf

WWW.ALTESBRAUHAUSHEMMENDORF.DE   GPS: 50°06′02″N / 10°51′22″E

IN DER BIERWOHNUNG

Der Traum für Franken: Mitten im und um das ehemalige Brauhaus können im Alten Brauhaus Hemmendorf die Gäste ihr Bier genießen. Sogar der alte Brunnen im Gastraum steht noch. Mit viel Liebe zum Detail haben Johannes und Birgit Scharf dem historischen Dorf Hemmendorf noch eine Perle hinzugefügt – und einen Tempel für Liebhaber von Steak, Roastbeef, Schnitzel & Co. geschaffen. Zudem legt man großen Wert auf Familienfreundlichkeit.

BIER

Püls/Weismain: Pils, Weizen (vom Fass), Kellertrunk, Alkoholfreies. Erdinger: Alkoholfreies Weizen.

KÜCHE

Fränkische Brotzeiten. Täglich große Karte mit warmen Gerichten. Spezialitäten: Hemmendorfer Brauhaussteak, Bauernschnitzel, Hähnchenbrust auf frischem Pilzragout, Angussteaks.

PLÄTZE (außen/regensicher)

50/93

ANSCHRIFT

Hemmendorf 19
96190 Untermerzbach
Tel.: 09533-479 oder -1797

ÖFFNUNGSZEITEN

Mi bis Sa ab 17 Uhr
So und Feiertage ab 10 Uhr
Montag und Dienstag Ruhetag

TIPP: Roastbeef vom deutschen Angusrind

Symbolerklärung s. vordere Klappe

Homburger Bräuscheuere

WWW.BRAEUSCHEUERE.DE   GPS: 49°47'34" N / 09°37'24" E

ZWECKENTFREMDETE WEINPRINZESSIN

Als ehemalige Weinprinzessin ist es keine leichte Aufgabe für die Frau von Boris Dürr, hier hinter dem Tresen einer Brauschänke ihre Frau zu stehen. Aber immerhin hat sie es mit dem anderen fränkischen Nationalgetränk zu tun und kann zudem die Gäste auch mit ihrer Kochkunst begeistern. Dazu gehören Frankentapas genauso wie Eine Fuhre Mist (serviert in einer Holzkarre). Dazu passt natürlich auch mal ein Glas Frankenwein bzw. danach auch einer der vielen Schnäpse oder der hauseigene Bierlikör.

TIPP: Spessart-Räuberpfännle

BIER
Eigene Brauerei: Helles, Weißbier (beides vom Fass).

KÜCHE
Fränkische Brotzeiten. Täglich mittelgroße Karte mit warmen Gerichten. Spezialitäten: Spessart-Räuberpfännle, eine Fuhre Mist, Rumpsteak.

PLÄTZE (außen/regensicher)
50/95

ANSCHRIFT
Zeller Tor 6
97855 Homburg am Main
Tel.: 09395-876882

ÖFFNUNGSZEITEN
Mi bis Sa ab 17.30 Uhr
So und Feiertage ab 11.30 Uhr
Montag und Dienstag Ruhetag
(nach Vereinbarung auch an den Ruhetagen geöffnet)

 8051 Am Bischbach, Triefenstein-Homburg 581

Symbolerklärung s. vordere Klappe

Jagdhaus Ilmbach

WWW.SCHOENBORN.DE GPS: 49°48'15" N / 10°24'34" E

BIER

Düll/Krautheim: Hefeweizen, Pils (beides vom Fass), dunkles Hefeweizen, Kellerbier, Radler, alkoholfreies Hefeweizen. Clausthaler: Alkoholfreies. Maisel/Bayreuth: Kristallweizen.

KÜCHE

Fränkische Brotzeiten. Täglich große Karte mit warmen Gerichten. Spezialitäten: Verschiedene Wildgerichte (Reh, Hirsch, Wildschwein, Hasenpfeffer), saisonale Gerichte (Spargel, Pfiffer), Winzerbrotzeit.

PLÄTZE (außen/regensicher)

120/80

ANSCHRIFT

Ilmbach 2
97357 Prichsenstadt
Tel.: 09383-903181

ÖFFNUNGSZEITEN

Ostern bis Ende Okt.
Täglich ab 11 Uhr, Mo Ruhetag
Nov. bis Ende Jan.
Täglich ab 11 Uhr Mo u. Di Ruhetag
Jan bis Ostern
Fr, Sa und So ab 11 Uhr, Mo bis Do
Ruhetag
(auf Anfrage geöffnet)

ZU GAST BEIM GRAFEN

Das alte Jagdhaus gehört immer noch zum Besitz des Grafen von Schönborn, ist allerdings als Gastronomie an die 40jährige Kerstin Nuss verpachtet. Sie übernahm das Restaurant im Frühjahr 2009, nachdem es längere Zeit leer gestanden war. Das ist fast unverständlich, weil alleine schon der Blick von der romantischen Waldterrasse ein Grund zum Kommen ist. Mittlerweile sollten Sie an Feiertagen auf jeden Fall reservieren. Denn insbesondere die Wildgerichte erfreuen sich größter Beliebtheit.

TIPP: Wildgerichte aller Art

DB

Gasthaus Goldene Gans

WWW.GASTHAUSGOLDENEGANS.DE   GPS: 49°44'28" N / 10°10'04" E

MEERFISCH-GÄRTLE

Was soll man über einen Biergarten sagen, der schon mehrfach als schönster seiner Zunft ausgezeichnet wurde? Nimmt man noch die Prämierungen für die gute Küche hinzu, könnten wir den Stift beiseite legen. Auf jeden Fall erwähnt werden sollte die gute Fischküche und die Weinprobe, die man hier nach Voranmeldung jederzeit erleben kann. Natürlich gibt es auch – dem Namen des Hauses angemessen – feine Gansgerichte mit Kloß und Blaukraut.

TIPP: Ebshäuser-Teller

BIER

Kesselring/Marktsteft: Pils, Hefeweizen (vom Fass), Landbier, Alkoholfreies, Alkoholfreies Weizen, Dunkles Weizen, Kristallweizen.

KÜCHE

Fränkische Brotzeiten. Täglich große Karte mit warmen Gerichten. Spezialitäten: Gänsebrust, Sauerbraten, Rinderrouladen.

PLÄTZE (außen/regensicher)

120/155

ANSCHRIFT

Balthasar-Neumann-Straße 2
97318 Kitzingen
Tel.: 09321-32322

ÖFFNUNGSZEITEN

Täglich ab 11 Uhr
Kein Ruhetag

Esbach-Hof

IMMER WARM

Mitten in der wunderschönen Kitzinger Altstadt fließt der Esbach – und hier steht auch der Esbach-Hof. Die Gastronomenfamilie Schenk betreibt das vor allem bei den Durchreisenden beliebte Lokal nun schon in der fünften Generation. Allerdings schlägt der Ehemann von Inhaberin Christine etwas aus dem Ruder, sein Satz zum Haus: „Des' is meiner Frau ihrns, ich bin Heizungsmonteur und nur für die Heizung zuständig." So viel Understatement lassen wir natürlich nicht gelten - hier ziehen freilich alle an einem Strang, was man auch schmeckt!

BIER

Kauzen/Ochsenfurt: Pils, Weizen (beides vom Fass), Kristallweizen, dunkles Weizen, Starkbier, alkoholfreies Weizen. Warsteiner: Pils. Arnegger/Karlsruhe: Alkoholfreies.

KÜCHE

Salate, belegte Brote. Täglich große Karte mit warmen Gerichten. Spezialitäten: Halbe Hähnchen (besonders gewürzt), fränkischer Rostbraten, Grillteller Esbach-Hof, Zanderfilet.

PLÄTZE (außen/regensicher)

40/150

ANSCHRIFT

Repperndorfer Straße 3
97318 Kitzingen
Tel.: 09321-220900

ÖFFNUNGSZEITEN

Täglich ab 7 Uhr
Kein Ruhetag

TIPP: Hähnchen

Schloßberg-Gaststätte

WWW.SCHLOSSBERGGASTSTÄTTE.DE GPS: 50°04'52" N / 10°34'34" E

BIER

Kulmbacher: Mönchshof Pils, Kapuziner Weißbier (beides vom Fass), Schwarzbier, Kellerbier, Alkoholfreies.

KÜCHE

Fränkische Brotzeiten. Täglich mittelgroße Karte mit warmen Gerichten. Spezialitäten: Schloßberg-Grillteller, Fitness-Salat, Wiener Schnitzel, Brotzeitplatte, Limburger oder Stadtwurst mit Musik, Königsberger Schnitzel, eine Fuhre Mist.

SAGEN SIE EINFACH JA

Die alte Stauferburg in Königsberg ist – natürlich – besonders beliebt bei allen Heiratswilligen und Mittelalterfans. Schließlich kann man hier neben der Hochzeit an sich auch sonst viele schöne Tage verbringen, zum Beispiel bei der Rosenmesse oder dem Mittelalterfest, das das „Freie Volk von Königsberg" veranstaltet. Betreiber Joachim Stintzing und Vera Saal sind schon sehr viel herumgekommen. Neben diversen Kreuzfahrtschiffsküchen stehen auch ein Steakhaus und Schloss Pommersfelden auf der Referenzenliste. Klar, dass es da schmeckt!

PLÄTZE (außen/regensicher)

250/215

ANSCHRIFT

Schloßberg 14
97486 Königsberg in Bayern
Tel.: 09525-981944

ÖFFNUNGSZEITEN

Täglich ab 11 Uhr
Montag Ruhetag
(an Feiertagen geöffnet)
Nov. bis Apr. Montag und Dienstag
Ruhetag

TIPP: Eine Fuhre Mist

Brauschänke Brauerei Friedrich Düll

WWW.KRAUTHEIMER.COM GPS: 49°53′07″N / 10°17′08″E

STACHEL IN DER REBE

Mitten im Weinland Volkach steht das Brauhaus Krautheim und trotzt Weinkönigin, Öchsle und Prädikat. Stattdessen fließt ein süffiges Bier in zahlreichen Variationen aus den Zapfhähnen von Brauschänke und Biergarten. Inhaber Friedrich Düll lenkt die Geschicke des 350-jährigen Traditionsbetriebes. Die Familie selbst braut hier seit 1881 – vor allem für den regionalen Bedarf. Besonders beliebt: Das Krautheimer Pilsner. Dazu gibt's handfeste Bierkellernahrung vom Feinsten.

BIER

Eigene Brauerei: Helles Lager, Pils, Urtyp-Dunkel, Weißbier, Kellerbier (alles vom Fass), Weißbier dunkel, Weißbier leicht, Weißbier alkoholfrei, Märzen, Alkoholfreies.

KÜCHE

Hausmacher Brotzeiten. Täglich kleine Karte mit warmen Gerichten. Spezialitäten: Kartoffeln mit Quark, Hausmacher Wurst, hausgemachter Kochkäse.

PLÄTZE (außen/regensicher)

345/100

ANSCHRIFT

Landstraße 4
97332 Volkach-Krautheim
Tel.: 09381-507

ÖFFNUNGSZEITEN

Mo und Fr ab 15 Uhr
Sa, So und Feiertage ab 11 Uhr
Dienstag, Mittwoch und Donnerstag
Ruhetag

TIPP: Erst Brotzeit, dann Brauereiführung

DB

Leo Thein - Brauerei mit Biergarten

WWW.BIERECKE-STEIGERWALD.DE   GPS: 49°55'49" N / 10°41'37" E

ROMANTIK IM WALD

Im kleinen Lembach leben etwa 200 Einwohner, und die treffen sich regelmäßig in ihrer Brauereigaststätte hinter dem schmiedeeisernen Tor (der Hof ist im Sommer ein wunderschöner Biergarten). Nicht nur das Bier stammt hier aus eigener Herstellung; aus dem Holzbackofen kommen sowohl das hauseigenen Brot für die feinen Brotzeiten als auch frisch zubereitete Enten und Haxen. Zudem gibt es regelmäßig Schlachtschüssel (die Termine sollten Sie telefonisch erfragen) und jeden Freitag den legendären selbstgemachten Ziebeleskäse mit Pellkartoffeln.

TIPP: Hausmacher Wurst & Brot

BIER

Eigene Brauerei: Naturtrübes (vom Fass), Lager, Pils, Dunkles.

KÜCHE

Hausmacher Brotzeiten. Warme Gerichte nur auf Vorbestellung. Spezialitäten: Schlachtschüssel (Mi, alle 4 Wochen), selbstgebackenes Brot aus dem Holzbackofen, heißer Kümmelbauch (Fr), Hausmacher Schinken, selbstgemachter Gerupfter.

PLÄTZE (außen/regensicher)

65/85

ANSCHRIFT

Steinhauserstraße 28
97483 Eltmann-Lembach
Tel.: 09549-391

ÖFFNUNGSZEITEN

Täglich ab 10 Uhr
Montag und Dienstag Ruhetag

Symbolerklärung s. vordere Klappe

Burggasthof Lichtenstein

WWW.BURGGASTHOF-LICHTENSTEIN.COM   **GPS: 50°08'28" N / 10°46'48" E**

BIER

Kulmbacher: Pils, Hefe, Keller (alles vom Fass), Kristallweizen, Alkoholfreies, schwarzes Hefeweizen.

KÜCHE

Hausmacher Brotzeiten. Täglich große Karte mit warmen Gerichten. Spezialitäten: Hausgebackene Kuchen und Torten, hausmacher Wurst und Schinken.

PLÄTZE (außen/regensicher)

150/100

ANSCHRIFT

Lichtenstein 13
96176 Pfarrweisach
Tel.: 09535-188250

ÖFFNUNGSZEITEN

Di bis Fr ab 15 Uhr
Sa, So und Feiertage ab 10 Uhr
Montag Ruhetag
Im Winter Montag und Dienstag
Ruhetag

ALLES NEU

Seit 2007 schwingt Enrico Mußbach das Zepter im Burggasthof. Hier kocht der Chef selbst, während Chefin Diana Mußbach bedient. Auch die Burg aus dem 12. Jahrhundert kann besichtigt werden. Zudem ranken sich viele mythische Geschichten um den Ort, an dem manch einer Erdstrahlen und Heilkräfte vermutet. Eine vermeintliche Kelten-Botschaft entpuppte sich allerdings bereits als Liebeserklärung eines Dorfbewohners.

TIPP: Gänsebrust

Gasthof-Hotel Mainblick

WWW.HOTEL-MAINBLICK.DE   **GPS: 49°50'41" N / 09°35'56" E**

DAS DOPPELTE BIERGÄRTCHEN

Einmal vor dem Haus und einmal gegenüber auf der anderen Straßenseite liegen die beiden Biergärten des Gasthofs Mainblick. Nachdem es sich aber um keine Durchgangsstraße handelt, sitzt es sich hier wie da recht gemütlich und auch die Bedienung schafft es in guten zeitlichen Abständen auf die jeweils andere Seite. Auf dem Teller landen hier dann die klassischen Gerichte, vor allem Schäuferle und Tafelspitz erfreuen sich großer Beliebtheit. Das Highlight ist natürlich die wunderschöne Lage direkt am Mainkai.

BIER

Martinsbräu/Marktheidenfeld: Pils, Hefeweizen (beides vom Fass), alkoholfreies Weizen, hefe dunkel, alkoholfreies Bier, dunkles Landbier.

KÜCHE

Brotzeiten. Täglich große Karte mit warmen Gerichten. Spezialitäten: Schäuferle, Tafelspitz mit Meerrettich, Fischgerichte, saisonale Gerichte.

PLÄTZE (außen/regensicher)

70/95

ANSCHRIFT

Mainkai 11
97828 Marktheidenfeld
Tel.: 09391-3021

ÖFFNUNGSZEITEN

Mai bis Okt.
Täglich ab 10.30 Uhr
Kein Ruhetag
Nov. bis Apr.
Täglich 10.30 bis 14 Uhr & ab 17 Uhr
Montag Ruhetag

TIPP: Tafelspitz

Von Iphofen nach Kitzingen am Main

WWW.VGN.DE

Zunächst führen die überwiegend befestigten Wege durch die Weinlagen unterhalb des Schwanberges nach Rödelsee und Fröhstockheim. Über freies Feld, mit weitreichendem Blick ins Unterfränkische oder zum Bullenheimer Berg, erreichen Sie über Vororte der Großen Kreisstadt Kitzingen letztlich das Mainufer.

Nach dem Überqueren des Flusses auf der Alten Mainbrücke schließt sich ein Rundgang durch die historische Altstadt an. Sowohl die Fahrt mit dem Regional-Express als auch die Wanderung zurück nach Iphofen sind möglich. Die Tour kann somit in zwei Etappen, ggf. auch zusammenhängend mit dem Tourenrad unternommen werden.

(Iphofen – Rödelsee – Fröhstockheim – Kitzingen – Mainbernheim – Iphofen)

Von Iphofen nach Kitzingen am Main

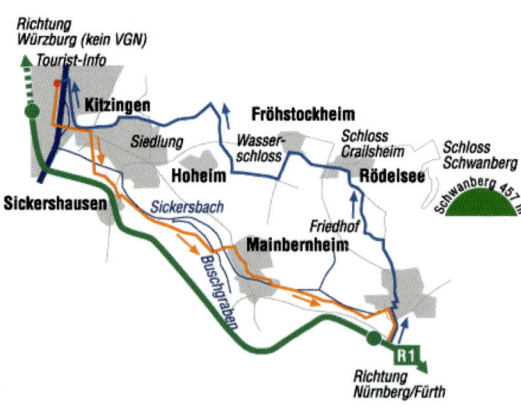

Brauerei-Gaststätte Hartleb

WWW.BIER.BY   GPS: 50°11'48" N / 10°39'41" E

EIGENER SCHNAPS UND EIGENE WURST

Das sind die beiden anderen Klassiker, die neben dem urigen Landbier für die Brauereigaststätte der Hartlebs, auch „Zum grünen Baum" genannt, stehen. Alle drei zusammen garantieren an jedem schönen Sommertag auch einen vollen Biergarten. Die perfekte Erholung nach dem Besuch einer der zahlreichen nahegelegenen Sehenswürdigkeiten wie Burg Altenstein, Schloss Ditterswind, Schloss Hafenpreppach, Schloss Maroldsweisach, Schloss Pfaffendorf, Dorfkirche Pfaffendorf, Schloss Birkenfeld oder des Jüdischen Friedhofs.

BIER

Eigene Brauerei: Unfiltriertes fränkisches Landbier (vom Fass). Raab/Hofheim: Weizen. Göller/Zeil: Alkoholfreies.

KÜCHE

Hausmacher Brotzeiten. Täglich mittelgroße Karte mit warmen Gerichten. Spezialitäten: Brotzeitteller, Spießbraten, Schnitzel, selbstgemachte Pizza, 1/2 Hähnchen.

PLÄTZE (außen/regensicher)

100/120

ANSCHRIFT

Herrenstraße 9
96126 Maroldsweisach
Tel.: 09532-240

ÖFFNUNGSZEITEN

Täglich ab 9 Uhr
Mittwoch Ruhetag

TIPP: Spießbraten

Symbolerklärung s. vordere Klappe

Gasthaus zum Riesen

WWW.RIESEN-MILTENBERG.DE   GPS: 49°42'01" N / 09°15'22" E

WOHLDUFTENDE PFERDEÄPFEL

Diese Spezialität ist bei weitem nicht so gewöhnungsbedürftig, wie es Ihnen in Ihrer Phantasie vielleicht jetzt vorkommen mag. Es handelt sich um Miltenberger Rossäpfel bzw. Leberknödel mit Sauerkraut. Lust bekommen? Wir denken schon. Immerhin befinden Sie sich im wohl ältesten Gasthaus Deutschlands, in dem schon im 12. Jahrhundert vornehmlich adelige Gäste bewirtet wurden und beispielsweise 1711 auch Kaiser Karl VI. zu Besuch war. Eine besondere Tradition hat sich hier erhalten: Stammgäste haben ihren eigenen Stammtischkrug mit graviertem Zinndeckel, den der Wirt verwahrt und zudem ein Ehren-Stammgast-Diplom verleiht. Zu solchen Ehren werden wir wahrscheinlich nie gelangen - aber wenn Sie häufiger nach Miltenberg kommen, können Sie ja mal beim Wirt nachfragen...

BIER

Eigene Brauerei: Pils, Riesen Spezial, Schwarzviertler, helles Hefeweizen, Faust Doppelbock (saisonal), naturtrübes Kräusen, ein wechselndes Bier (alles vom Fass), dunkles Hefeweizen, Faust leichtes, alkoholfreies Hefeweizen. Bitburger: Alkoholfreies.

KÜCHE

Fränkische Brotzeiten. Täglich große Karte mit warmen Gerichten. Spezialitäten: Hausgemachte Bratwürste, Miltenberger Rossäpfel, selbstgemachte Soßen, selbstgemachte Semmelknödel.

PLÄTZE (außen/regensicher)

45/140

ANSCHRIFT

Hauptstraße 99
63897 Miltenberg
Tel.: 09371-989948

ÖFFNUNGSZEITEN

Täglich ab 11 Uhr
Kein Ruhetag

TIPP: Miltenberger Rossäpfel

Bus SEV Miltenberg

DB

Faust Bräustüble, Lounge und Biergarten

WWW.FAUSTBRAUSTUBEN.DE　　　　　**GPS: 49°41'58" N / 09°14'58" E**

EIN WÜST HAUS

So hieß das Vorgängerhaus des heutigen Bräustüble 1661, als es der belgische Brauer Kilian Francois Mathieu Servantaine, was schnell in Kilian Franzmathes eingedeutscht wurde, kaufte, um eine Brauerei zu errichten, was drei Jahre später auch geschah. Seine heutige Gestalt erhielt das Anwesen 1796, und 1875 gehörte der erste „Faust" zu den Gesellschaftern. Und man lese und staune: Der Biergarten startete schon 1888! Heute zeichnet Ulrich Felix für das Bräustüble verantwortlich, der unter anderem viele Jahre auf Kreuzfahrtschiffen hinter der Bar stand. Mit ihm können Sie also immer ein Pläuschchen über den letzten Urlaub halten – und sicher sein: Er war auch schon einmal da...

BIER

Eigene Brauerei: Kräusen, Pils, Schwarzviertler, Export, Hefeweizen hell, Doppelbock (saisonal) (alles vom Fass), Sommerfestbier, Winterfestbier, dunkles Hefeweizen, alkoholfreies Hefeweizen. Bitburger: Alkoholfreies.

KÜCHE

Fränkische Brotzeiten. Täglich mittelgroße Karte mit warmen Gerichten. Spezialität: Kümmelbraten, Flammkuchen, hausgemachter Kochkäse, Apfelstrudel.

PLÄTZE (außen/regensicher)

120/60

ANSCHRIFT

Löwengasse 3
63897 Miltenberg
Tel.: 09371-2709

ÖFFNUNGSZEITEN

Anfang Mai bis Ende Sep.
Täglich ab 11 Uhr
Di ab 16 Uhr
Kein Ruhetag
Anfang Okt. bis Ende Apr.
Täglich ab 15 Uhr
So Ruhetag

TIPP: Miltenberger Rossäpfel

Mömbris

Hotel und Brauwirtshaus Ölmühle

WWW.HOTEL-OELMUEHLE.DE **GPS: 50°04'10" N / 09°09'59" E**

TOP FIVE LANDGASTHOF

Mit dieser Auszeichnung darf sich das urige Wirtshaus schmücken, von dessen Terrasse aus man eine wunderbaren Blick direkt auf die Kahl und die alte Ölmühle hat. Die Bezeichnung Brauwirtshaus wird indirekt durch das naturtrübe Kellerbier gerechtfertigt, das Thomas Sahl in einer fränkischen Landbrauerei für sich abfüllen lässt. Wie es sich für eine Gastronomie am Flüsschen gehört, empfehlen sich besonders die feinen Fischgerichte des Hauses, allen voran die Kahlgründer Forelle.

BIER

Eigenes Bier: Naturtrübes Kellerbier. Landbier, Hefeweizen (alles vom Fass). Erdinger: Alkoholfreies Weizen. Altostheimer: Alkoholfreies.

KÜCHE

Salate. Täglich große Karte mit warmen Gerichten. Spezialitäten: Ofenfrische Schweinshaxe mit Knödel und Krautsalat, Braten vom Spessarthirsch mit Knödel, Preiselbeerbirne und Salat, Schweinsbraten mit Knödel und Salat, fangfrische entgrätete Kahlgründer Forelle Müllerin Art mit Mandelbutter und Petersilienkartoffeln.

PLÄTZE (außen/regensicher)

120/100

ANSCHRIFT

Im Markthof 2
63776 Mömbris
Tel.: 06029-9500

ÖFFNUNGSZEITEN

Täglich 12 bis 14 Uhr & ab 17.30 Uhr
Sa ab 17.30 Uhr
Kein Ruhetag

TIPP: Kahlgründer Forelle Müllerin Art

BIO Gasthaus zum Benediktiner

WWW.GASTHAUSZUMBENEDIKTINER.DE　　　　GPS: 49°48'19" N / 10°13'47" E

BIO-SENSATION BEI ANSELM GRÜN

Als ob die Abtei Münsterschwarzach nicht an sich schon eine Reise wert wäre, lockt auch noch das uralte Gasthaus Zum Benediktiner mit seinem Biergarten. Ein ausführlicher Zwischenstopp sollte auf jeden Fall auf Ihrem Programm stehen, schließlich tun Sie nach der Inspiration für Geist und Seele auch gleich was für Ihren Körper. Denn das Bio-Zertifikat verspricht seit Anfang 2009 gesunde Kost von höchster Qualität. Dafür, dass dieses Versprechen auch eingehalten wird, steht Inhaber Klaus Kieser, der das Traditionshaus vor über 20 Jahren von seinen Eltern übernahm.

BIER

Hofbräu/Würzburg: Weißbier, Pils, Schwarzbier (alles vom Fass), Alkoholfreies. Riedenburger: Plankstettener Dinkel Naturtrüb.

KÜCHE

Fränkische Bio-Brotzeiten. Täglich kleine Karte mit warmen Gerichten. Spezialitäten: Hausgemachte Bio-Bratwürste, hausgemachter Knochenschinken, Schoppenwurst, Kartoffelsuppe.

PLÄTZE (außen/regensicher)

70/90

ANSCHRIFT

Schweinfurter Straße 31
97359 Münsterschwarzach
Tel.: 09324-99798

ÖFFNUNGSZEITEN

Mo bis Fr 10 bis 14 Uhr & ab 18 Uhr
Sa, So und Feiertage ab 10 Uhr
Mittwoch Ruhetag

TIPP: Auf Bestellung Grillabend auf Holzofengrill

Landhotel Neuses

WWW.LANDHOTEL-NEUSES-SAND.DE GPS: 49°50'40" N / 10°21'14" E

GUT VERSTECKT

Der schöne Biergarten des wuchtigen Anwesens fällt bei der ersten (und zweiten) Vorbeifahrt kaum auf. Doch wenn man dann einmal bei der früheren Poststation an der Strecke zwischen Bamberg und Würzburg gelandet ist, genießt man ein schönes Ambiente innerhalb der alten Mauern, wenn man zwischen den Weinreben sein kühles Krautheimer Bierchen schlürft. So richtig spannend wird's dann auf dem Teller, wenn man eine der Spezialitäten des Hauses bestellt hat. Wir wünschen guten Appetit!

BIER

Düll/Krautheim: Helles, Pils, Hefeweizen (alles vom Fass), alkoholfreies Weizen, leichtes Weizen, Alkoholfreies.

KÜCHE

Fränkische Brotzeiten. Täglich große Karte mit warmen Gerichten. Spezialitäten: Geschmorte Ochsenbäckle, Bratwürste von Reh und Wildschwein (saisonal), frische Steinpilze (saisonal).

PLÄTZE (außen/regensicher)

60/80

ANSCHRIFT

Neuses am Sand 19
97357 Prichsenstadt
Tel.: 09383-7155

ÖFFNUNGSZEITEN

Täglich 11 bis 14 Uhr und ab 17 Uhr
Dienstag Ruhetag

TIPP: Geschmorte Ochsenbäckle

Büffels Biergarten

WWW.BIERGARTENBUEFFEL.DE

GPS: 50°12'58" N / 10°22'44" E

KLEINOD FÜR VERLIEBTE

In den individuellen Innenhof-Biergarten vom „Büffel" – so der Spitzname von Roland Hellmuth – verirren sich nicht nur Liebespärchen, sondern auch vor allem viele Motorradfahrer, die deswegen Oberlauringen als festen Zwischenstopp in ihre Route einplanen. Schließlich ist auch Büffel selber gerne auf seiner Harley unterwegs und macht dabei automatisch Werbung für den Biergarten. Passend dazu stehen auch die entsprechenden Klassiker auf der Speisekarte: Hamburger, Schaschlik, Currywurst und Schnitzel. Am Wochenende stehen Makrelen vom Grill auf dem Programm.

TIPP: Pizza Büffel (scharf!)

BIER

Roth/Schweinfurt: Pils, Schwarzbier, dunkles Weißbier, Weißbier.

KÜCHE

Fränkische Brotzeiten. Täglich mittelgroße Karte mit warmen Gerichten. Spezialitäten: Gegrillte Makrele (am Wochenende), Spanferkel (auf Bestellung).

PLÄTZE (außen/regensicher)

50/30

ANSCHRIFT

Am Plan 2
97488 Oberlauringen
Tel.: 09724-2613

ÖFFNUNGSZEITEN

Mo bis Do ab 17 Uhr
Fr ab 16 Uhr
Sa ab 14 Uhr
So und Feiertage ab 9.30 Uhr
Kein Ruhetag

Die Müllerei Event- und Erlebnisgastronomie

WWW.MUELLEREI-OBERNBURG.DE   GPS: 49°49'52" N / 09°07'43" E

BIER

Faust/Miltenberg: Pils, Export, Schwarzviertler, Helles Hefeweizen (alles vom Fass), Dunkles Hefeweizen, alkoholfreies Weizen.

KÜCHE

Fränkische Brotzeiten. Täglich mittel-große Karte mit warmen Gerichten. Spezialitäten: Tegernseer Grillfleisch, verschiedene Steaks, Bachsaibling aus den Spessartgewässern auf in Rahm geschwenkten Tagliolini mit Kräutern und karamelisierten Kirschtomaten, verschiedene Bräten (So), hausgebackene Kuchen, selbst-gebackene Waffeln (So).

PLÄTZE (außen/regensicher)

120/140

ANSCHRIFT

An der Wehrinsel 3
63785 Obernburg
Tel.: 06022-264108-0

ÖFFNUNGSZEITEN

Mitte Apr. bis Mitte Sep.
Mo bis Fr ab 16 Uhr
Sa, So und Feiertage ab 11.30
Kein Ruhetag
(Winteröffnungszeiten siehe Internet)

BEI K UND K

Hier ist die alte Zeit lebendig geblieben – zumindest in der Küche der Geschwister Harald Heigel und Barbara Alexander, die die Gastronomie schon mit der Muttermilch eingesogen haben. Erfahrungen bei Schubeck, witzigmann und in New York sorgen zusätzlich dafür, dass es hier jede Menge Hochgenüsse gibt. Im Biergarten, der als der schönste am Untermain gilt, zwitschern die Vögel – und die Gäste lächeln, denn etwas anderes kann einem hier einfach nicht in den Sinn kommen.

TIPP: Tolle jahreszeitliche Deko

Brauerei-Gasthof Zenglein

WWW.BIER.BY

GPS: 49°56′58″N / 10°35′39″E

TRADITION SEIT MEHR ALS 150 JAHREN

Hier würde sich der Urururgroßvater im Grabe nicht herumdrehen: Noch immer braut man das Bier nach den Rezepten aus den Gründerjahren der Brauerei (1846). Der heutige Familienchef Friedrich Zenglein zeigt auch stolz jedem Besucher die diversen Bierdevotionalien des Hauses. Die beiden Stammbiere, Pils und Zwickel, haben einen eigenen, kernigen Geschmack und hinterließen die Redaktion absolut überzeugt.

TIPP: Zunge

BIER

Eigene Brauerei: Pils (vom Fass), Zwickel, dunkler Bock (saisonal).

KÜCHE

Fränkische Brotzeiten. Täglich große Karte mit warmen Gerichten. Spezialitäten: Wildgerichte, Zunge, Schäuferle, Karpfen (saisonal).

PLÄTZE (außen/regensicher)

50/150

ANSCHRIFT

Pfarrer-Baumann-Straße 23
97514 Oberschleichach
Tel.: 09529-92240

ÖFFNUNGSZEITEN

Täglich ab 8 Uhr
Dienstag und Mittwoch Ruhetag

8178, 8180 Oberschleichach, Oberaurach

Symbolerklärung s. vordere Klappe

ONLINE AUF WWW. Bier.BY

Gutsgasthof Andres

WWW.GUTSGASTHOF-ANDRES.DE GPS: 50°03'03" N / 10°41'47" E

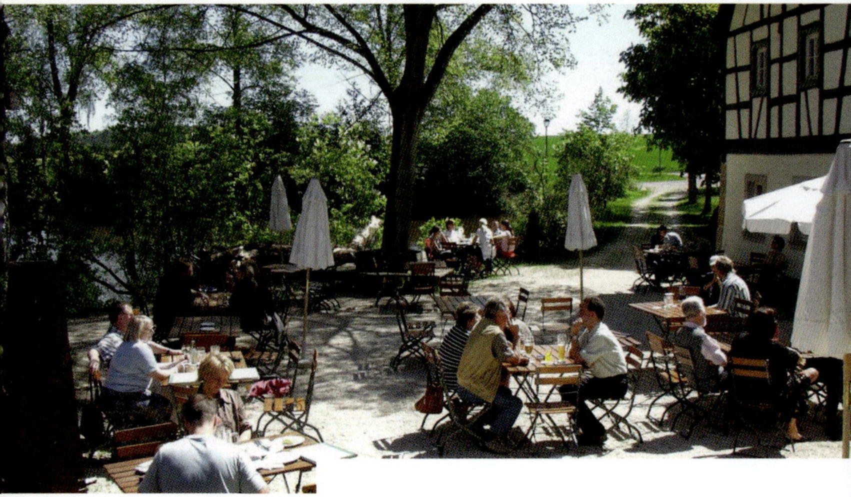

BIER

Schroll/Reckendorf: Dunkles (vom Fass). Kaiser/Veldenstein: Pils (vom Fass). Simon/Lauf: Weizen. Spezial/Bamberg: Rauchbier.

KÜCHE

Hausmacher Brotzeiten. Täglich mittelgroße Karte mit warmen Gerichten. Spezialitäten: Fischgerichte, Sülze, Bratwürste.

PLÄTZE (außen/regensicher)

120/100

ANSCHRIFT

Pettstadt Nr. 1
96166 Kirchlauter
Tel.: 09536-221

ÖFFNUNGSZEITEN

Täglich ab 12 Uhr
Dienstag und Mittwoch Ruhetag

BILDERBUCH BIERGARTEN

Der Biergarten des Gutshofs liegt im Innenhof und am hauseigenen Weiher - drumrum Fachwerkgebälk, alter Baumbestand und der Geruch der Geschichte. Besonders schön ist die Lage unmittelbar am Wasser und die Möglichkeit, direkt um die Baumstämme zu sitzen. Mitte des 18. Jahrhunderts erbaut, erhielt Familie Andres nur etwa 100 Jahre später auch die Schankerlaubnis. Die Zukunft als Mittelpunkt der näheren Umgebung war begründet. In der Küche finden sich ausschließlich Produkte aus der Region oder aus eigener Landwirtschaft.

TIPP: Hausmacher Bauchfleischplatte

Bus 8177 Pettstadt, Kirchlauter

DB

Gasthaus Goldener Stern

WWW.BIER.BY   GPS: 49°52'23"N / 10°37'36"E

SOSSE Á LA MIRACULIX

Von der Straße gesehen sieht der Unwissende nicht, was für ein schöner Biergarten sich auf der Rückseite des Gasthauses Goldener Stern befindet. Ein Traumblick auf die Rauhe Ebrach und den dahinterliegenden Wald, ein kleiner gepflegter Spielplatz und eine phantastische Küche erwarten den Gast. Besonderes Lob verdienen die Soßen, die hier noch nach Uraltrezepten selbst hergestellt werden und einen individuellen und kräftigen Eigengeschmack haben. Mit Zweitnamen heißt das Anwesen auch Gasthaus Staub, nach den (Schwieger-)Eltern der heutigen Besitzer Robert und Angelika Brühl, die einen weit bekannten guten Ruf aufgebaut haben. Zur Kerwa unbedingt probieren: Bocksbraten!

BIER

Püls/Weismain: Landbier, Pils (beides vom Fass), Weizen. Schneider/Kelheim: Weißbier.

KÜCHE

Hausmacher Brotzeiten. Täglich mittelgroße Karte mit warmen Gerichten. Spezialitäten: Wechselndes Sonntagsmenü, Cordon Bleu, Schnitzel, Gartenplatte.

PLÄTZE (außen/regensicher)

120/135

ANSCHRIFT

Marktstraße 28
96181 Prölsdorf
Tel.: 09554-387

ÖFFNUNGSZEITEN

Täglich ab 10.30 Uhr
Mittwoch und Donnerstag Ruhetag

TIPP: Gerichte mit Soßen aller Art

989 Prölsdorf Ortsmitte, Rauhenebrach

Biergarten im Wässernachtal

BIER

Göller/Zeil am Main: Hefeweizen, Pils (vom Fass), Dunkles, Lager. Keiler/ Lohr: Dunkles Hefeweizen. Martins-bräu/Hausen: Spezial.

KÜCHE

Fränkische Brotzeiten. Keine warmen Gerichte. Spezialitäten: Hausmacher Brotzeiten (Wurstwaren vom Direkt-erzeuger), selbstgebackene Kuchen.

PLÄTZE (außen/regensicher)

200/80

ANSCHRIFT

Rednershof 5
97453 Schonungen
Tel.: 09727-908225

ÖFFNUNGSZEITEN

Mitte Apr. bis Anfang Okt.
Fr ab 16 Uhr
Sa, So und Feiertage ab 10 Uhr
Montag bis Donnerstag Ruhetag
(auf Anfrage für Gruppen auch
außerhalb dieser Zeiten geöffnet)

GOLD FÜR DEN BACH

Das kleine über 700 Jahre alte Rednershof kann immerhin mit einer Goldmedaille auf-warten: Der Bachlauf der sich durch den Ort schlängelnden Wässernach war der Staatsre-gierung diese Ehre für den besterhaltensten und naturbelassensten Bachlauf in Bayern wert. An dieser Attraktion liegt auch ein schöner Bier-garten, den Wolfgang Schuler 1998 eröffnete. Am lohnenswertesten ist der Besuch am Ende der einsamen Straße nach Rednershof Mitte September, wenn man hier parallel zum Großen Bierbruder in München das Oktoberfest begeht, natürlich mit Haxen, Hähnchen und Livemusik.

TIPP: Oktoberfest á la München

Gasthof Hirschkopf

WWW.GASTHOF-HIRSCHKOPF.DE   GPS: 50°07'19" N / 10°23'06" E

ZWISCHEN HIRSCHKOPF UND ELLERTSHÄUSER SEE

Das sind die beiden Attraktionen rund um den Gasthof, der auch nach der höchsten Erhebung, dem Hirschkopf benannt ist. Kurios ist die Geschichte des Ellertshäuser Sees, der eigentlich als Beregnungsreservoir gebaut und zum größten Stausee Unterfrankens wurde. Allerdings hatte man die Unterhaltskosten der Beregnungsanlagen falsch berechnet, und so wurde er nie seiner eigentlichen Bestimmung zugeführt. Dafür gibt es nun in der Schweinfurter Rhön ein echtes Naherholungsgebiet, wo man Baden, Tauchen, Segeln und Angeln kann. Danach lohnt dann der Zwischenstopp im Gasthof der Familie Teuber, die viele Leckereien für hungrige Mägen zu bieten hat.

BIER

Püls/Weismain: Krone Pils, Keller, Hefeweizen (alles vom Fass). Schlenkerla/Bamberg: Rauchbier. Erdinger: Alkoholfreies Weizen. Löwenbrau/München: Alkoholfreies.

KÜCHE

Fränkische Brotzeiten. Täglich große Auswahl mit warmen Gerichten. Spezialitäten: Verschiedene Steaks, Lendchen, Knusperente (Ente ohne Knochen), fränkischer Sauerbraten.

PLÄTZE (außen/regensicher)

60/150

ANSCHRIFT

Herrenseestraße 10
97453 Reichmannshausen
Tel.: 09526-327

ÖFFNUNGSZEITEN

Mo bis Mi 11 bis 14 Uhr & ab 17 Uhr
Fr und Sa ab 17 Uhr
So und Feiertage ab 11 Uhr
Donnerstag Ruhetag

TIPP: Knusperente

Bayer Bräustüble

WWW.BIER.BY GPS: 49°53'28" N / 09°35'33" E

BIER IN BAYERNS KLEINSTER STADT

Ursprünglich gab es in Rothenfels zwei Brauereien, Amrhein und Keller, heute halten die Bayers alleine die Bierfahne hoch. Allerdings macht nicht nur die Bierverkostung hier viel Spaß, das Team von Andreas Bayer versteht es auch, Ihren Gaumen zu verwöhnen, beispielsweise mit seinen bierigen Gerichten wie der Biersuppe oder dem Lendchen in Braunbierteig. Dafür gab es auch bereits einige Auszeichnungen, unter anderem den Landkreissieg im Wettbewerb Bayerische Küche.

BIER

Eigene Brauerei: Bayer Pilsener, Raubritter Märzen, Spessarträuber Hefeweizen Hell, Bayerator Doppelbock (saisonal), schwarzes Röslein, Kellerbier (im Sommer) (alles vom Fass), Spessarträuber Hefeweizen Dunkel. Faust/Miltenberg: Alkoholfreies. Clausthaler: Alkoholfreies.

KÜCHE

Fränkische Brotzeiten. Täglich große Karte mit warmen Gerichten. Spezialitäten: Rindersteaks, Rehschäufelchen, Schweineschäufelchen, Hausmacher Schinkenplatte.

PLÄTZE (außen/regensicher)

60/60

ANSCHRIFT

Hauptstraße 77
97851 Rothenfels
Tel.: 09393-408

ÖFFNUNGSZEITEN

Täglich ab 16 Uhr
So und Feiertage ab 11.30 Uhr
Dienstag Ruhetag

TIPP: Rindersteaks (teilweise von eigenen Rindern)

Sailauf

Kurfürstliche Weyberbräu

WWW.WEYBERBRAEU.DE　　　**GPS: 50°00'17" N / 09°14'27" E**

MIT SELBST KREIERTEN BIERGLÄSERN...

...Überrascht Inhaber Peter Lenhardt die Besucher seiner Brauereigaststätte, die ganz bewusst den typisch fränkischen Wirtshausstil trägt, ebenso wie der Biergarten. Aus der Küche, die demnächst noch erweitert werden soll, kommen fränkische und bayerische Schmankerl, natürlich auch mit bierigem Touch. Das selbstgemachte Treberbrot und die Grillhütte im Biergarten runden das Angebot perfekt ab. Hier sollte man unbedingt (mindestens) einmal gewesen sein!

BIER

Eigene Brauerei: Helles naturtrüb, Qpfer naturtrüb, Weizen, Maibier (saisonal), Weihnachtsbier (saisonal), Weybrator (saisonal) (alles vom Fass). Erdinger: Alkoholfreies Weizen. Clausthaler: Alkoholfreies.

KÜCHE

Fränkische Brotzeiten. Täglich große Karte mit warmen Gerichten. Spezialitäten: Flammkuchen, Rumpsteak, Schweinebraten mit dunkler Biersoße und Spätzle, selbstgemachter Kochkäse.

PLÄTZE (außen/regensicher)

100/120

ANSCHRIFT

Kurfürst-Eppstein-Ring 6
63877 Sailauf
Tel.: 06093-996310

ÖFFNUNGSZEITEN

Täglich ab 11.30 Uhr
Kein Ruhetag

TIPP: Selbstgemachter Kochkäse

Storchenkeller am Altmain

WWW.BIER.BY   GPS: 49°59'21" N / 10°35'27" E

EINZELKÄMPFER
MIT TRUMPF

Der Altmain ist ein noch relativ naturbelassenes Stückchen vom großen Main. Auf dem Storchenkeller kann man ihn genießen wie nirgendwo sonst. Besonders empfehlenswert sind hier die leckeren frischen Hausmacher Brotzeiten aus eigener Schlachtung und der selbstgemachte Kochkäse! Dazu darf hier neben Tucher-Bier vielleicht ausnahmsweise auch einmal ein leckerer Sander Wein getrunken werden. Auf jeden Fall ein absoluter Geheimtipp im sonst durch Heckenwirtschaften geprägten Sand am Main. Unbedingt einmal vorbeischauen!

TIPP: Gebratener Bratwurstteig

BIER

Tucher/Fürth: Pils, Urfranken, Hefeweizen (vom Fass), Alkoholfreies, Radler.

KÜCHE

Hausmacher Brotzeiten. Täglich mittelgroße Karte mit warmen Gerichten. Spezialitäten: Rippchen, gebratener Bratwurstteig, hausgemachter Leberkäs, Bratwurst.

PLÄTZE (außen/regensicher)

200/90

ANSCHRIFT

Sandgasse 2a
97522 Sand am Main
Tel.: 09524-6824

ÖFFNUNGSZEITEN

Täglich ab 16 Uhr
So und Feiertage ab 14 Uhr
Kein Ruhetag

Symbolerklärung s. vordere Klappe

Das Brauhaus Barbarossa - Gasthausbrauerei

WWW.BRAUHAUS-BARBAROSSA.DE   GPS: 50°05'02" N / 09°14'45" E

BIER

Eigene Brauerei: Barbarossa Hell, Märzen (saisonal), Weizen (saisonal), Rotbier (saisonal), Leichtbier (saisonal), Fastenbier (ab Aschermittwoch), Weihnachtsbock (Weihnachtszeit) (alles vom Fass). Distelhäuser: Weizen, alkoholfreies Weizen.

KÜCHE

Fränkische Brotzeiten. Täglich große Karte mit warmen Gerichten. Spezialitäten: Brauereivesper, Handkäse, das Brauers heisser Laib, Haxe.

PLÄTZE (außen/regensicher)

230/150

ANSCHRIFT

Aschaffenburger Straße 18
63825 Schöllkrippen
Tel.: 06024-5454

ÖFFNUNGSZEITEN

Di bis Fr ab 17.30 Uhr
Sa und So ab 11 Uhr
Montag Ruhetag
(für Gruppen nach Anmeldung auch
außerhalb dieser Zeiten geöffnet)

WO DER FASCHINGS-PRINZ DAS GANZE JAHR REGIERT

Bianka und Frank Ziemen stehen immer ihre Frau und ihren Mann, insbesondere, wenn es ums Feiern geht. Das beweisen sie nicht nur jeden Dienstag, sondern auch im Fasching, wenn sie das Prinzenpaar geben. Biankas Mutter Regina Pabst zeichnet dabei für die deftigen fränkischen Gerichte verantwortlich, die aus der Küche kommen. Bier, Bräten und Brotzeiten machen süchtig. Das ist das einhellige Urteil der Gäste des Biergartens im Barbarossa-Hof, dem wir uns nur anschließen können.

TIPP: Brauerpfanne

DB

Villa Hof Langenborn

WWW.VILLA-HOF-LANGENBORN.DE

GPS: 50°04'37" N / 09°14'18" E

DIE VILLA AM SPESSART

Das Jugendstilhaus von 1918 bietet einen reizvollen Blick auf das obere Kahltal, am Rande des sagenumwobenen Spessarts. Gastronomisch bewirtschaftet wird das Anwesen erst seit 2005, als umfangreiche Renovierungsmaßnahmen abgeschlossen worden waren. Das Konzept von Klaus und Burgi Kilgenstein setzt vor allem auf hochwertige Bio-Nahrungsmittel und natürlich das traumhafte Ambiente, gerade auch im Biergarten vor dem Haus. Auch dort bieten sich die Klassiker aus der hauseigenen Hofmetzgerei an, beispielsweise die legendären Knobigriller.

BIER

Lammsbräu/Neumarkt: Dunkles Export (vom Fass), Pils, Hefeweizen. Martinsbräu/Marktheidenfeld: Hefe, Pils, helles Export (alles vom Fass), dunkles Hefeweizen, alkoholfreies Hefeweizen, alkoholfreies Pils.

KÜCHE

Hausmacher Brotzeiten und Salate (aus Bio-Anbau). Täglich kleine Karte mit warmen Gerichten. Spezialitäten: Frischer Bio-Salat mit Bio-Ziegenfeta, Pizza Villa, Hofschnitzel, Rumpsteak vom Boeuf de Hohenlohe.

PLÄTZE (außen/regensicher)

120/110

ANSCHRIFT

Im Langenborn 17
63825 Schöllkrippen
Tel.: 06024-67543-0

ÖFFNUNGSZEITEN

Mo bis Do auf Anfrage geöffnet
Bei schönem Wetter Biergarten Mo bis Do ab 10 Uhr geöffnet
Fr, Sa, So und Feiertage ab 10 Uhr

TIPP: Rumpsteak vom Boeuf de Hohenlohe

Symbolerklärung s. vordere Klappe

Hof Schabernack

WWW.HOF-SCHABERNACK.DE — GPS: 50°04'49" N / 09°16'13" E

BIER

Specht/Kreuzwertheim: Edel Export, Schwarzer Specht, helles Hefeweizen (alles vom Fass), alkoholfreies Pils. Erdinger: Alkoholfreies Hefeweizen.

KÜCHE

Hausmacher Brotzeiten. Täglich große Karte mit warmen Gerichten. Spezialitäten: Hausgemachter Flammkuchen Elsässer Art, halbes gefülltes Backofen-Hähnchen, Schabernack-Vesper.

PLÄTZE (außen/regensicher)

300/180

ANSCHRIFT

Hof Schabernack 5
63825 Schöllkrippen
Tel.: 06024-631190

ÖFFNUNGSZEITEN

Do und Fr ab 15 Uhr
Sa, So und Feiertage ab 10 Uhr
Montag, Dienstag und Mittwoch
Ruhetag

AUSSIEDLERHOF MIT GESCHICHTE

Als echter Familienbetrieb bietet der Hof Schabernack eine breite Palette an Freizeitangebot, die er den drei Gerber-Schwestern und ihren Eltern verdankt. Dazu gehören neben der Gastronomie auch ein Westernreitstall und eine Hundepension. Die gab es bei der ersten Erwähnung im Jahr 1542 sicher noch nicht, dafür aber mehrere Legenden, die sich um den Namen ranken. Eine davon bezieht sich auf eine hier wohl bestehende Richtstätte; denn durch die Prozedur des Erhängens wurden die Nacken geschabt. Doch Schluss mit derlei Dingen, heute lohnt sich der Besuch allemal, und Sie werden sicher hängen – bleiben, das können wir garantieren...

TIPP: Selbstgebackenes Sauerteigbrot

Gaststätte Zum Zapf und Eiscafé Werner Eiskalt

WWW.BIER.BY GPS: 50°02′59″ N / 10°18′17″ E

VON DER EISENBAHN ZUM EISCAFÉ

Am ersten Februar 1980 öffnete Werner Hornung zum ersten Mal als Besitzer die Pforten der damaligen Gaststätte „Zur Eisenbahn" und acht Jahre später neben an seine Eisdiele namens „Eiskalt". Zwanzig Jahre nach der Renovierung gab er dann dem Volksmund nach, das immer nur davon sprach, „Zum Zapf" zu gehen, weil das der alte Hausname des Anwesens ist. Im Biergarten, der sowohl zur Gaststätte wie auch zur Eisdiele gehört, sitzt man übrigens unter der schönsten Haus- und Hofkastanie Unterfrankens, die mindestens 120 Jahre alt ist.

BIER

Roth/Schweinfurt: Pils, Hefeweizen (vom Fass), Schwarzbier, dunkles Weißbier, Alkoholfreies. Tucher: Alkoholfreies Weizen.

KÜCHE

Kalte Kleinigkeiten und Salate. Täglich mittelgroße Karte mit warmen Gerichten. Spezialitäten: Rinderroulade mit Klößen und Blaukraut, saisonale Gerichte (z. B. Spargel, Pilze).

PLÄTZE (außen/regensicher)

60/40

ANSCHRIFT

Hauptstraße 47
97453 Schonungen
Tel.: 09721-75162

ÖFFNUNGSZEITEN

Mo 9.30 bis 12.30 Uhr
Täglich 9.30 bis 12.30 Uhr & ab 18 Uhr
So und Feiertage 11 bis 14 Uhr & ab 17.30 Uhr
Kein Ruhetag

TIPP: Rinderroulade

Naturfreundehaus Schweinfurt

WWW.NATURFREUNDEHAUS-SCHWEINFURT.DE | GPS: 50°02'51" N / 10°13'26" E

DAUMEN RAUF

Bei den Naturfreundehäusern erlebt man ja durchaus unterschiedliche Gastronomie. Die allerbesten Tage hat das Gemäuer hier zwar hinter sich, aber das ist ja gerade bei so einem Ausflugslokal besonders interessant. Von Benno Kauth und seinem Team waren wir jedenfalls begeistert: Ein richtig schöner Biergarten mit Kastanien und Ausschank, leckere Küche, angereichert mit Wild und Fisch. Dazu ein großer Spielplatz, was will man mehr?

BIER

Brauhaus Schweinfurt: Pils, Hefeweizen, Lager, Kellerbier (alles vom Fass), helles Weizen, dunkles Weizen, Alkoholfreies.

KÜCHE

Fränkische Küche. Täglich große Karte mit warmen Gerichten. Spezialitäten: Diverse Fischgerichte und Wildgerichte.

PLÄTZE (außen/regensicher)

300/0

ANSCHRIFT

Friedrich-Ebert-Straße 1
97421 Schweinfurt
Tel.: 09721-23298

ÖFFNUNGSZEITEN

Täglich ab 11 Uhr
Kein Ruhetag

TIPP: Steakvariationen

Symbolerklärung s. vordere Klappe

Albert's Brückenbräu

WWW.BRUECKENBRAEU.DE **GPS: 50°03'01"N / 10°14'60"E**

BIER

Roth/Schweinfurt: Pils, Hefeweizen, Schwarzbier (alles vom Fass), Märzen, Alkoholfreies, helles Hefeweizen, dunkles Hefeweizen. Tucher/Fürth: Kristallweizen, alkoholfreies Hefeweizen.

KÜCHE

Fränkische Brotzeiten. Täglich mittel-große Karte mit warmen Gerichten. Spezialitäten: Zander auf Lauchnu-deln, Brezenschnitzel, Gochsheimer Geflügelspieß.

PLÄTZE (außen/regensicher)

200/250

ANSCHRIFT

Mainberger Straße 48
97422 Schweinfurt
Tel.: 09721-4758700

ÖFFNUNGSZEITEN

Di bis Fr 11 bis 14 Uhr und ab 17 Uhr
Sa und So ab 11 Uhr
Montag Ruhetag

PETRA, JOSEF UND DER JUGENDSTIL

Im Januar 2005 stand der Wechsel im Traditi-onshaus Brückenbräu an. Petra und Josef Albert übernahmen das wunderschöne Jugendstil-gebäude, renovierten es vom Biergarten bis zum Dach und machten daraus eine Oase der Glückseligkeit. Chefs und Mitarbeiter sind aus-nahmslos mit einer wohltuenden fröhlichen Freundlichkeit zu gange, so dass man sich ab der ersten Minute wohl fühlt wie in Großmut-ters Schoß. Das merkt man auch am Geschmack der Speisen, der 2007 und 2010 sogar zu einer silbernen Urkunde beim Wettbewerb Bayeri-sche Küche geführt hat.

TIPP: Gefüllter Schwarzbierbraten, Brezenschnitzel

Brauhaus am Markt

WWW.BRAUHAUSAMMARKT.DE

GPS: 50°02'43" N / 10°14'04" E

BRAUHAUS MIT DISCO

Wallenstein und Zar Alexander waren schon hier, doch nach erheblichen Kriegsschäden musste das alte Gemäuer aus dem 16. Jahrhundert abgerissen und komplett ersetzt werden. Deswegen findet man heute einen Neubau mit allen technischen Finessen, unter anderem auch den Discokeller „Carribean Sun". Doch das stört den gemeinen Biergarten-Freund nicht, schließlich träumt der schon vom nächsten Seidla, wenn der Tanzclub seine Pforten öffnet.

TIPP: Mastochsenbrust

BIER

Brauhaus Schweinfurt: Zwickel, Kellerbier, Hefeweizen, Pils (alles vom Fass), Dunkles Hefeweizen, Live Alkoholfreies, Maintaler, Böggle.

KÜCHE

Fränkische Brotzeiten. Täglich große Karte mit warmen Gerichten. Spezialitäten: Mastochsenbrust, Leberknödelsuppe, Schäuferle.

PLÄTZE (außen/regensicher)

90/150

ANSCHRIFT

Markt 30
97421 Schweinfurt
Tel.: 09721-16316

ÖFFNUNGSZEITEN

Täglich ab 11 Uhr
Kein Ruhetag

Symbolerklärung s. vordere Klappe

ONLINE AUF WWW. **Bier.BY**

Waldgaststätte Schießhaus

WWW.SCHIESSHAUS-SCHWEINFURT.DE   GPS: 50°04'58" N / 10°13'56" E

SCHLÜPFERSTÜRMER UND RÄUBERHÖHLE

Ein echter Hammer mitten im Haardtwald! Drei Generartionen der Familie Heinz begeistern seit fünf Jahren mit der Energie und dem Elan, mit dem sie das zuvor arg heruntergekommene Haus wieder zu einer Blütezeit gebracht haben. Man hat sich das Beste aus der Bierkultur in den Wald geholt: Schlachtschüssel, Starkbierfest und Riesenschnitzel. Die aktuellsten Infos zum Programm gibts alle drei Monate im Schießhaus-Extrablatt (im Internet oder vor Ort). Für Kinder gibts einen tollen Spielplatz jenseits aller Straßen!

BIER

Brauhaus Schweinfurt: Haardter Bergweizen (nach eigenem Rezept gebraut), Lager, Weizen, Dunkles, Starkbier (alles vom Fass).

KÜCHE

Fränkische Brotzeiten. Täglich große Karte mit warmen Gerichten. Spezialitäten: Krustenbraten, Schnitzel, Pizza aus dem Steinbackofen.

PLÄTZE (außen/regensicher)

800/350

ANSCHRIFT

An der oberen Haardt
97422 Schweinfurt
Tel.: 09721-386868

ÖFFNUNGSZEITEN

Täglich ab 9 Uhr
Kein Ruhetag

TOP-TIPP für Familien mehr S. 12

TIPP: Schnitzel

Bus 41 Tilm.-Riemenschn.-Str., Schweinfurt   **DB**

NEU!

ROTH BIER

Jetzt im
Buchhandel!!!

Symbolerklärung s. vordere Klappe

Gaststätte Sonneneck

WWW.SONNENECK-SCHWEINFURT.DE　　　**GPS: 50°02′59″ N / 10°12′59″ E**

BIER

Roth/Scheinfurt: Pils (vom Fass), Hefeweizen, dunkles Hefeweizen, Schwarzbier, Märzen, Alkoholfreies. Tucher: Hefeweizen akolholfrei, Kristallweizen.

KÜCHE

Fränkische Brotzeiten. Täglich große Karte mit warmen Gerichten. Spezialitäten: Verschiedene Fisch- und Meeresfrüchte-Gerichte, fränkische Küche.

PLÄTZE (außen/regensicher)

50/50

ANSCHRIFT

Schelmsrasen 66
97421 Schweinfurt
Tel.: 09721-82448

ÖFFNUNGSZEITEN

Täglich ab 10 Uhr
Mittwoch Ruhetag
(auf Anmeldung ab 10 Personen
auch außerhalb dieser Zeiten
geöffnet)

VON SYLT NACH SCHWEINFURT

Zuerst hatte Oliver Friedrich den umgekehrten Weg eingeschlagen, aber dann nach drei Jahren Arbeit auf der Ferieninsel das Bündel geschnürt und wieder die Heimreise angetreten. Diese Erfahrung allerdings schlägt sich in der Speisekarte des jungen Kochs und Küchenchefs nieder, der auch jede Menge Fisch und Meeresfrüchte auf selbige gesetzt hat. Für den Frankengaumen gibt es aber natürlich auch Gewohntes, sprich Brotzeiten und heimische Küche. Im Biergarten sitzt man mitten in der Stadt unter großen Kastanienbäumen und innerhalb einer Mauer, also fast schon wie in einer kleinen Insel...

TIPP: Gerichte mit Meeresfisch und Meeresfrüchten

Weißes Röß'l

WWW.WEISSES-ROESSL-ONLINE.DE   GPS: 50°02'41" N / 10°13'46" E

ZWISCHEN ROSSMARKT UND THEATER

Da steht das über 100 Jahre alte Gasthaus, in dem Inhaber Uwe Speil hinter dem Herd steht. Der Koch, Küchenmeister, Diätkoch und Restaurantfachmann hat nicht nur auf dem Teller einiges zu bieten, sondern kümmert sich auch sonst viel um seine Zunft. So ist er Ausbilder und Prüfer bei der IHK - und Küchenchef der Mensa-Kantine. Wenn es dort genauso gut schmeckt wie im weißen Rössl, dann bedauern wir, nicht in Schweinfurt studiert zu haben! Im Garten des Hauses ranken Efeu und wilder Hopfen um die Wette und sorgen gemeinsam mit den Sandsteinen für ein echtes Wohlfühl-Ambiente.

BIER

Brauhaus/Schweinfurt: Pils, Hefeweizen, Kellerbier, Aktionsbier (wechselnd) (alles vom Fass), Hefeweizen leicht, Hefeweizen alkoholfrei, Schwarzweisse, Maintaler Alkoholfreies, Live.

KÜCHE

Fränkische Brotzeiten. Täglich große Karte mit warmen Gerichten. Spezialitäten: Fränkische bis gehobene Küche, saisonale Gerichte.

PLÄTZE (außen/regensicher)

60/80

ANSCHRIFT

Wolfsgasse 19
97421 Schweinfurt
Tel.: 09721-9453170

ÖFFNUNGSZEITEN

Täglich ab 10 Uhr
So 10 bis 15 Uhr
Montag Ruhetag
(Sonntag Abend nach Vereinbarung geöffnet)

TIPP: Brauersteak vom Schweinerücken

Symbolerklärung s. vordere Klappe

Gasthaus zum goldenen Anker

WWW.GOLDENEN-ANKER-SEGNITZ.DE GPS: 49°40'15" N / 10°08'37" E

BIER

Oechsner/Ochsenfurt: Pils (vom Fass), Hefeweizen, Schwarzbier, alkoholfreies Hefeweizen, Alkoholfreies.

KÜCHE

Täglich mittelgroße Karte mit warmen Gerichten. Spezialitäten: Herrensteak, Truthahn-Medaillons, Carpaccio (saisonbedingt vom Zebra, Krokodil oder Känguru).

PLÄTZE (außen/regensicher)

45/80

ANSCHRIFT

Mainstraße 8
97340 Segnitz
Tel.: 09332-3079

ÖFFNUNGSZEITEN

Täglich 11.30 bis 14 & 17.30 bis 21 Uhr
Freitag ab 17 Uhr
Apr. bis Sep. Donnerstag Ruhetag
Okt. bis Apr. Mittwoch und Donnerstag Ruhetag

EINMAL UM DIE GANZE WELT

Ferdinand Bogner ist weit herumgekommen, letzte Station vor Segnitz war das Old House Restaurant auf Vancouver Island, eines der Top-Restaurants in Kanada. So nimmt es auch nicht Wunder, dass der pfiffige Koch das Fränkische zwar nicht außen vor lässt, aber dafür viele Aspekte aus aller Welt mit einbringt. Neben Meefischli und anderen Klassikern stehen dann eben auch Känguru, Zebra und Krokodil auf der Karte. Freuen Sie sich also auf das Traditionshaus mit der ganz besonderen Note.

TIPP: Treidel Gasthaus-Platte

Restaurant Seeblick

WWW.BIER.BY | GPS: 50°09'03" N / 10°22'52" E

DER PERFEKTE SONNTAGS-BRUNCH

Unser zweiter Tipp am Ellertshäuser See liegt direkt am Ufer und bietet die Pole-Position für die vielen Aktivitäten, denen man hier am See nachgehen kann. Egal ob Taucher, Segler, Angler oder einfach nur Badegast. Hier kommen Sie immer auf ihre Kosten und können mal so richtig entspannen. Sehr beliebt ist der Seeblick am Sonntag, wenn Elke Zirkelbach und Eugen Hillenbrand zum Brunch laden. Hier sollten Sie unbedingt vorher reservieren.

BIER

Paulaner/München: Weizen, Pils (Fass), dunkles Hefeweizen alkoholfrei, Original Münchner Hell alkoholfrei.

KÜCHE

Fränkische Brotzeiten. Täglich große Karte mit warmen Gerichten. Spezialitäten: Verschiedene Schnitzel, hausgemachte Pizza, leichte, junge Küche.

PLÄTZE (außen/regensicher)

200/120

ANSCHRIFT

Uferstraße 3
97488 Stadtlauringen
Tel.: 09724-906565

ÖFFNUNGSZEITEN

Täglich ab 11 Uhr
Mai bis Sep.
Kein Ruhetag
Okt. bis Apr.
Montag bis Mittwoch Ruhetag

TIPP: Sonntags-Brunch

Von Krieg und Frieden

WWW.MUSEUM-STAMMHEIM.DE

In Deutschlands größtem Museum für Militär- und Zeitgeschichte ist XXXL angesagt. 17.000 Quadratmeter Ausstellungsfläche, über 20.000 Exponate und viele aufgebaute Szenen von der Küche des 19. Jahrhunderts bis zum Wehrmachtsbiwak machen jeden Besuch zu einem spannenden Erlebnis.

Ausgestellt sind unter anderem auch ein Brückenpanzer oder die legendäre Antonov AN-2, der größte Doppeldecker der Welt, mit einem Propellerdurchmesser von 3,60 m. Dazu gehören auch ein großer Kinderspielplatz und ein Wein- und Biergarten, in dem man gemeinsam mit Gleichgesinnten die Eindrücke verarbeiten kann.

Öffnungszeiten
Das Museum ist vom 1. Februar bis 30. November geöffnet. Gruppenführung nach Vereinbarung Dienstag bis Sonntag 10 bis 18 Uhr Montag Ruhetag, außer an örtlichen/bundesweiten Feiertagen, dann ist auch das Musem geöffnet.

Anschrift Museum
Maintalstraße
97509 Stammheim/Gde. Kolitzheim
Fon: 09381-9255
Fax: 09381-9850
Email: info@museum-stammheim.de

Symbolerklärung s. vordere Klappe

Gaststätte „Zur Schmiede"

WWW.MUSEUM-STAMMHEIM.DE   **GPS: 49°54'46" N / 10°11'29" E**

MIT DEM MUSEUM VERBUNDEN

Das ist die Gaststätte von Ute Nawroth nicht nur wegen der direkten Nachbarschaft, sondern auch weil sie nach einem der Ausstellungsstücke des Museum benannt ist. Es kommen aber auch viele Wanderer in den schönen Biergarten, schließlich steht in den Weinbergen Stammheims der größte Bocksbeutel der Welt. Aus der Küche kommen deftige fränkische Gerichte. Vor allem die sehr guten groben Bratwürste sollten Sie unbedingt probieren!

BIER

Leikeim/Altenkunstadt: Pils, Schwarzbier (beides vom Fass), alkoholfreies Pils. Erdinger: Urweisse , alkoholfreies Weizen.

KÜCHE

Fränkische Brotzeiten. Täglich große Karte mit warmen Gerichten. Spezialitäten: Fränkische Bräten (So), grobe Hausmacher Bauernbratwürste, Schmiedeschnitzel mit Bratkartoffeln, hausgemachte Kuchen.

PLÄTZE (außen/regensicher)

80/100

ANSCHRIFT

Maintalstraße
(direkt neben dem Museum)
97509 Stammheim
Tel.: 09381-802408

ÖFFNUNGSZEITEN

Apr. bis Okt.
Täglich ab 10 Uhr
Montag Ruhetag
Okt. bis März
Täglich ab 11 Uhr
Montag und Dienstag Ruhetag

TIPP: Grobe Hausmacher Bauernbratwürste

Gasthof Strätz

WWW.GASTHOF-STRAETZ.DE

GPS: 49°58'18" N / 10°43'29" E

DREI DAMEN BLIEBEN DA

Es war eine illustre Entscheidung des ehemaligen Inhabers des Gasthauses Strätz, als er mit seiner Frau 2005 in die ferne Alpenrepublik Österreich zog und seine drei Angestellten alleine ließ. Die nahmen sich kurzer Hand ein Herz und führen nun das Haus in Eigenregie. Die GmbH von Dagmar Weschenfelder, Margit Kröner und Anja Hey funktioniert großartig. Sie verwöhnen die Gäste, auch mit kreativen Ideen und einer großen Karte – die „giltet selbstverständlich auch im Biergarten!"

BIER

Hummel/Merkendorf: Weizen, Räucherla, Kellerbier, Pils (alles vom Fass). Erdinger: Alkoholfreies Weizen.

KÜCHE

Fränkische Brotzeiten. Täglich große Karte mit warmen Gerichten. Spezialitäten: Schäuferla mit Kloß und hausgemachtem Wirsing (So), Steaktasche von der Pute, Steak Hawaii, fränkische Bauernbrotzeit.

PLÄTZE (außen/regensicher)

180/160

ANSCHRIFT

Hauptstraße 49
96188 Stettfeld
Tel.: 09522-6084

ÖFFNUNGSZEITEN

Di bis Sa ab 17 Uhr
So und Feiertage ab 11 Uhr
Montag Ruhetag

TIPP: Steaktasche von der Pute

Bus 952 Hauptstraße 41, Stettfeld

DB

Adler-Bräu

WWW.BIER.BY GPS: 49°58'14" N / 10°43'17" E

IN DER ALTEN BRAUEREI

Bis vor kurzen wehte hier noch der Sudkessel-dampf um die Nasen der Besucher, heute sitzen unter der rustikalen Balkendecke die Gäste der Brauereigaststätte. Über den Hausmetzger gibt es Spezialitäten aus eigener Schlachtung, die im Sommer besonders im kleinen Brauereihof bestens schmecken. Auf den Außenplätzen hat man zudem dem Kirchturm immer schön im Blick, der dafür verantwortlich ist, dass einmal im Jahr zur Kirchweih richtig was los ist. Dann werden hier im Bräustübla mit Bocksbraten, Ente und Gans echte Schmankerln serviert.

BIER

Eigene Brauerei: Pils, Lager (vom Fass), Weizen, Bärentrunk (saisonal).

KÜCHE

Hausmacher Brotzeiten. Täglich kleine Karte mit warmen Gerichten. Spezialitäten: Biergartenplatte, Tatar vom Schwein, Pfannenschnitzel.

PLÄTZE (außen/regensicher)

80/120

ANSCHRIFT

Hauptstraße 19
96188 Stettfeld
Tel.: 09522-369

ÖFFNUNGSZEITEN

Täglich ab 10 Uhr
Dienstag Ruhetag

TIPP: Tatar vom Schwein

Symbolerklärung s. vordere Klappe

Brauerei-Gasthof „Zum Grünen Baum“

WWW.BAYER-THEINHEIM.DE GPS: 49°53'05"N / 10°35'14"E

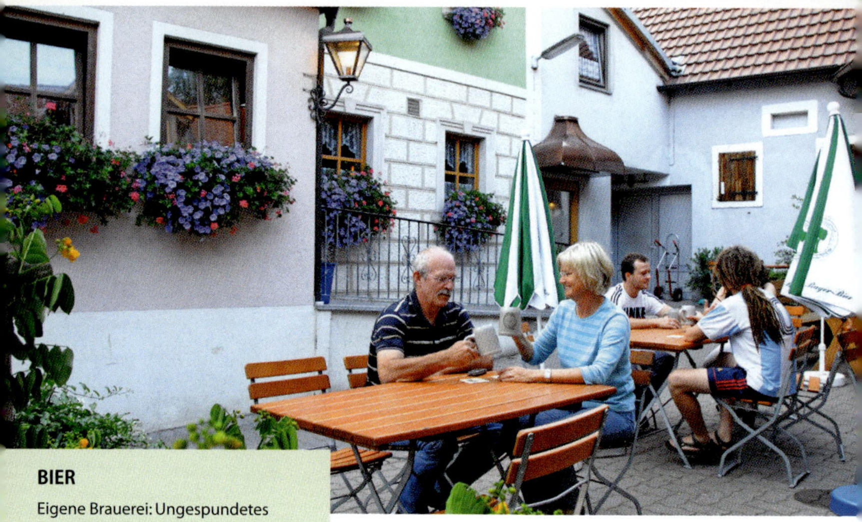

BIER

Eigene Brauerei: Ungespundetes Lager (vom Fass), Bockbier (saisonal). Krautheimer: Weizen, Pils, Alkoholfreies.

KÜCHE

Hausmacher Brotzeiten. Täglich große Karte mit warmen Gerichten. Spezialitäten: Hausgemachter Wildschweinschinken, Lamm frisch von der Weide.

PLÄTZE (außen/regensicher)

60/95

ANSCHRIFT

Schulterbachstraße 15
96181 Rauhenebrach-Theinheim
Tel.: 09554-293

ÖFFNUNGSZEITEN

Täglich ab 9 Uhr
Montag Ruhetag
(wenn Montag Feiertag, dann Dienstag Ruhetag)

DIE LETZTE STATION...

..Vor dem Beginn Weinfrankens ist eine ganz besondere. In einer der kleinsten Brauereien Frankens werkelt Michael Bayer überaus erfolgreich und braut einen sensationell süffigen Gerstensaft. Im kleinen Innenhof sitzt man im Angesicht des Braukessels und möchte eigentlich nie wieder aufstehen - solange der Nachschub rollt. Mit dem Bier werden auch die Spezialitäten des Hauses verfeinert - von der Bierhaxe bis zum Bierschnitzel. Die Wurst stammt aus eigener Herstellung, die Lammgerichte stammen quasi von der Weide nebenan. Ein absoluter Geheimtipp!

TIPP: Hausgemachter Wildschweinschinken

Bus 8180, 989 Theinheim, Rauhenebrach

Schloßstuben

WIRTSCHAFT MIT TRADITION

Das heutige Thüngener Schloss, in dem sich auch die Schloßstuben befinden, stammt aus dem 16. Jahrhundert. Der Ort an sich allerdings datiert bis ins Jahr 788. Der Name kommt vom germanischen Thing, das die Versammlung der jeweiligen Stämme bezeichnete. Zum eigenen Adelsgeschlecht gelangte Thüngen, als die Grafen von Henneberg im 16. Jahrhundert ausstarben und die neue Familie sich nach dem Ort, der mittlerweile das Stadtrecht innehatte, benannte. Diese Vergangenheit kann vor Ort gut nachvollzogen werden, natürlich garniert mit einem der bierigen Gerichte der Familie Keller.

BIER

Eigene Brauerei: Herzog von Franken, Pils, Dunkles, Hefeweizen (alles vom Fass), Weißbier dunkel, alkoholfreies Weizen.

KÜCHE

Hausmacher Brotzeiten. Täglich mittelgroße Karte mit warmen Gerichten. Spezialitäten: Wildgerichte (aus der Region), Mälzerschnitzel, Hausmannskost, hausgebackene Kuchen und Torten.

PLÄTZE (außen/regensicher)

80/50

ANSCHRIFT

Hauptstraße 3
97289 Thüngen
Tel.: 09360-994872

ÖFFNUNGSZEITEN

Täglich ab 11 Uhr
Dienstag und Mittwoch Ruhetag

TIPP: Schloss-Schnitzel

Roppelt-Keller

WWW.BRAUEREIROPPELT.DE GPS: 49°55'33" N / 10°39'56" E

VIELE ETAGEN

Der Roppelt-Keller erstreckt sich über fünf Ebenen, teils überdacht, an einem Berghang in Trossenfurt. Mit großen Bäumen gut beschattet und einem Fußballplatz für die Kinder bietet er für Familen ein perfektes Ambiente. Das dunkle Bier ist megasüffig, schmeckt malzig, fast ein bisschen schokoladig. Das Lagerbier ist leichter, auch malzig rinnt nicht minder geschmeidig die Kehle hinunter. Brauereichef Michael Roppelt ist ein sehr umgänglicher Zeitgenosse, der immer mal gerne ein Wort mit den Gästen wechselt.

BIER

Eigene Brauerei: Dunkles, Lagerbier (beides vom Fass). Wechselnde Brauerei: Weizen, Alkoholfreies.

KÜCHE

Hausmacher Brotzeiten. Täglich kleine Karte mit warmen Gerichten. Spezialitäten: Kellerschnitzel, selbstgemachter Kochkäse.

PLÄTZE (außen/regensicher)

280/80

ANSCHRIFT

An der Steige 2
97514 Oberaurach-Trossenfurt
Tel.: 09522-1230 oder -1840

ÖFFNUNGSZEITEN

Täglich ab 16 Uhr
Dienstag Ruhetag

TIPP: Kellersschnitzel, Kochkäse

Bus 8180, 989 Aurachbrücke, Oberaurach-Trossenfurt

DB

Hummelhof

WWW.DER-HUMMELHOF.DE

GPS: 49°55'18"N / 10°39'22"E

Der Hummelhof liegt etwas abseits der Straße von Trossenfurt nach Hummelmarter auf der linken Seite. Das Haus mutet an, als wäre es nicht gebaut worden, sondern nach und nach aus der Erde gewachsen. Die Dächer sind mit Gras bewachsen, der kleine Innenhof und Biergarten wird von Wein um- und überrrankt. Der Familienbetrieb setzt auf Selbstversorgung - alle Rohstoffe kommen aus der Region, sogar der Strom wird selbst erzeugt. Für Entertainment sorgen optional Ballonfahrten und Hundeschlitten. Neu hinzugekommen: Eine Rennbahn, genannt „Formel 5". Die Küche ist absolut köstlich, die Redaktion bedauerte, dass alle Töchter bereits vergeben waren ...

NATUR PUR

TIPP: Die Karte von A bis Z

BIER

Hummel/Merkendorf: Kellerbier (Fass), Pils, Räucherla.

KÜCHE

Fränkische Brotzeiten. Täglich große Karte mit warmen Gerichten. Spezialitäten: Zarte Steaks, Schweinelende, Pfiffer (saisonal).

PLÄTZE (außen/regensicher)

70/95

ANSCHRIFT

Hummelhof 1
97514 Trossenfurt
Tel.: 09522-5553

ÖFFNUNGSZEITEN

Mi bis Fr ab 17 Uhr
Sa, So und Feiertage ab 11 Uhr
Montag und Dienstag Ruhetag

Symbolerklärung s. vordere Klappe

ONLINE AUF WWW. Bier.BY

Gasthaus Zum Schwarzen Adler

WWW.BIER.BY **GPS: 50°05'38" N / 10°34'05" E**

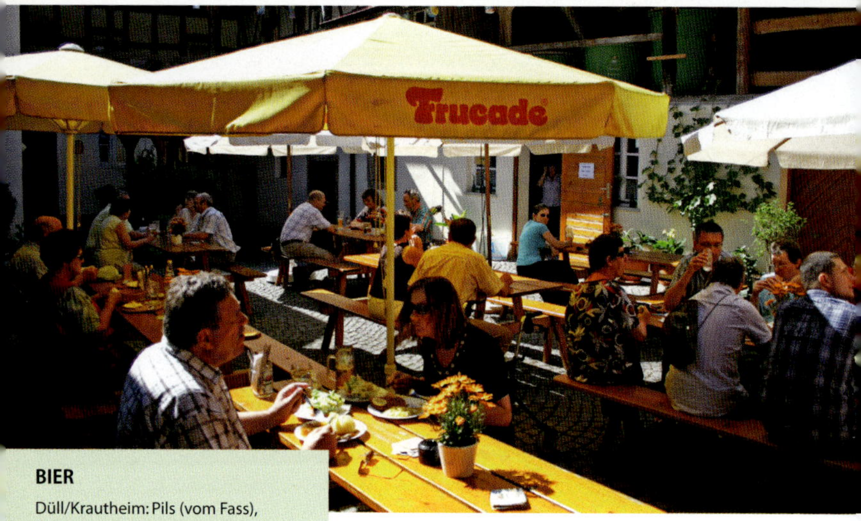

BIER

Düll/Krautheim: Pils (vom Fass), Kellerbier, Dunkles, Hefeweizen, alkoholfreies Hefeweizen, Alkoholfreies. Erdinger: Hefeweizen.

KÜCHE

Hausmacher Brotzeiten. Täglich mittelgroße Karte mit warmen Gerichten. Spezialitäten: Sauerbraten (So), blaue Zipfel, grobe Bratwürste, Rippchen mit Sauerkraut, Spanferkel (auf Vorbestellung).

PLÄTZE (außen/regensicher)

70/120

ANSCHRIFT

Zehntstraße 2
97486 Königsberg in Bayern-Unfinden
Tel.: 09525-303

ÖFFNUNGSZEITEN

Täglich ab 11.30 Uhr
Donnerstag Ruhetag

ANNO 1242

Soweit kann man die Geschichte des Hauses zurückverfolgen, zumindest, wenn man sich bis in die Katakomben des Kellers begibt Hinter Tresen und Herd steht Doris Kirchner mit ihrem Team, und das schon in der vierten Generation. Ursprünglich gab es auch eine eigene Metzgerei im Haus, heute werden die Brotzeiten nach den alten Rezepten vom Hausmetzger hergestellt. Der Biergarten besteht aus dem alten Innenhof, wo es übrigens neben den Düll-Bieren auch Weine aus dem eigenen Anbau zu verkosten gilt.

TIPP: Rippchen mit Sauerkraut

Bus 8168 Unfinden Abzw., Königsberg i. Bay.

DB

Bräustüble

UFI AUS DEM FASS

Ufi ist der Spitzname des unfiltrierten Kellerbieres, dass es nur hier im Bräustüble zu trinken gibt. Hier sollten Sie unbedingt zugreifen. Im Anschluss sollten Sie dann eines der weiteren Fassbiere probieren oder am besten gleich die Brauereiführung buchen, an die sich eine Bierprobe in der Gaststätte anschließt. Wenn Sie das zeitlich gut planen, können Sie im Anschluss noch eine Kleinkunst-Veranstaltung im historischen Tanzsaal aus dem 19. Jahrhundert erleben - Termine stehen auf der Website. Im Sommer empfiehlt sich auch ein Besuch des romantischen Lauben-Biergartens hinter dem Haus.

BIER

Eigene Brauerei: Pils, Kupferbier, Lager (Ufi), Bock (saisonal), Festbier (saisonal), Wiesenfestbier (saisonal) (alles vom Fass), Weissbier. Erdinger: Alkoholfreies Weizen. Clausthaler: Alkoholfreies.

KÜCHE

Fränkische Brotzeiten. Täglich große Auswahl an warmen Gerichten. So und Feiertage Mittagstisch. Spezialitäten: Fränkische Wurstplatte, Fränkisches Hochzeitsessen, Schaschlik.

PLÄTZE (außen/regensicher)

140/70

ANSCHRIFT

Martin-Luther-Straße 7
97633 Waltershausen
Tel.: 09762-930941

ÖFFNUNGSZEITEN

Mi bis Fr ab 17 Uhr
Sa ab 14 Uhr
So und Feiertage ab 10 Uhr
Montag und Dienstag Ruhetag

TIPP: Schaschlik

Symbolerklärung s. vordere Klappe

Brauerei Bräutigam

WWW.BIER.BY   **GPS: 49°56'23" N / 10°40'39" E**

BIER

Eigene Brauerei: Pils (ohne Kohlen-säureanstich) (vom Fass), Dunkles (Mai bis Sep.). Kaiser/Neuhaus: Weizen.

KÜCHE

Hausmacher Brotzeiten. Keine warmen Gerichte, aber täglich Hausmacher Bratwürste. So und Feiertage Mittagstisch. Spezialitäten: Hausmacher Bratwürste, Hausmacher Wurst, Hausmacher Kalbsweißwürste (auf Anfrage), Schlachtschüssel (einmal im Monat, Do), selbstgebackener Käsekuchen.

PLÄTZE (außen/regensicher)

120/190

ANSCHRIFT

Dorfstraße 12
97483 Eltmann-Weisbrunn
Tel.: 09522-1628

ÖFFNUNGSZEITEN

Täglich ab 9 Uhr
Dienstag und Mittwoch Ruhetag

BROT, KUCHEN UND LIKÖRE ...

...dazu natürlich das leckere Bier und die Spezialitäten aus Hausschlachtung (einmal im Monat Schlachtschüssel, Termin telefonisch erfragen). Damit begeistern die Bräutigams schon viele Jahrzehnte ihr Publikum, das fast ausschließlich aus Stammgästen besteht. Die Segnungen aus Angelika Bräutigams Küche locken auch viele (Rad)Wanderer, sowie die Besucher der nahegelegenen Wallfahrtskirche Maria Limbach. Die stiftete übrigens der Würzburger Fürstbischof Friedrich Carl von Schönborn, nachdem er auf Fürsprache der Muttergottes zu Limbach von einem Hüftleiden geheilt wurde.

TIPP: Bocksbraten zur Kirchweih

DB

Brauereigasthof Werneck

WWW.BRAUEREIGASTHOF-WERNECK.DE   **GPS: 49°58'56" N / 10°06'00" E**

DAS BIER IM FASS TRINKEN

Das kann man hier im urgigen baumumsäumten Biergarten. Dieser Genuss hat einen amerikanischen Soldaten einmal so begeistert, dass er sich kurzum eine ganze Palette Wernecker Weißbier via Militärflugplatz Mannheim nach Okinawa liefern ließ. Gerne hätte er wohl auch einige der bierigen Spezialitäten aus der Küche von Michael Schmitt importiert, aber die wären wohl auf der langen Reise kalt geworden. Vor Ort gibt es auch den Hopfenfluch, eine Art Bierkonzentrat, in der kultigen Dreiviertelliterflasche.

TIPP: Spanferkelessen auf Vorbestellung

BIER

Eigene Brauerei: Laurentius (unfiltriertes Kellerbier), Wernecker Pils (aus dem Steinkrug) (beides vom Fass), Balthasar-Neumann-Hefeweizen hell, Schwarze Weisse Hefeweizen dunkel, Bayerisch Landbier hell, Bayerisch Landbier dunkel, dunkler Bock (saisonal).

KÜCHE

Fränkische Brotzeiten. Täglich große Karte mit warmen Gerichten. Spezialitäten: Bierbrauerbrotzeit, Tafelspitz, Schweinebraten, Bierkutschertöpfle.

PLÄTZE (außen/regensicher)

110/130

ANSCHRIFT

Schönbornstraße 2
97440 Werneck
Tel.: 09722-91080

ÖFFNUNGSZEITEN

Täglich ab 11 Uhr
Kein Ruhetag

Gasthaus Brehm

WWW.GASTHAUS-BREHM.DE.VU　　　　**GPS: 49°52'46" N / 10°23'18" E**

BIER

Düll/Krautheim: Pils, Helles, Dunkles, Kellerbier, helles Hefeweizen, dunkles Hefeweizen, alkoholfreies Hefeweizen, Alkoholfreies. Schlenkerla/Bamberg: Rauchbier.

KÜCHE

Hausmacher Brotzeiten. Täglich kleine Karte mit warmen Gerichten. So und Feiertage Mittagstisch. Spezialitäten: Pfeffersteak, Schnitzelbrot, Bratwürste, Hausmacher Wurst mit Röstkartoffeln.

PLÄTZE (außen/regensicher)

150/130

ANSCHRIFT

Dorfstraße 12
97516 Wiebelsberg
Tel.: 09382-8546

ÖFFNUNGSZEITEN

Di ab 17 Uhr
Mi, Fr und Sa ab 11 Uhr
So und Feiertage ab 9 Uhr
Montag und Donnerstag Ruhetag

FÜR FANS DER RÖSTKARTOFFEL

Seit 1900 zeichnet Familie Brehm hier verantwortlich, insbesondere Brigitte Brehm, die 1965 fast im Alleingang für eine Renaissance gesorgt hat. Insbesondere ihr Können am Kochtopf und der schön gelegene Biergarten sorgen dafür, dass die Gäste aus weiter Entfernung anreisen. Zu den Empfehlungen der Stammgäste gehören die Hausmacher Wurst mit Röstkartoffeln und der fränkische Sauerbraten, den wir beim Test selbst verkostet haben – und wir können dieser Empfehlung nur zustimmen! Ab 2011 steigt dann die nächste Brehm-Generation in die Bütt, allerdings sicher nicht ohne tatkräftige Unterstützung von Mama Brigitte.

TIPP: Sauerbraten

Landgasthof zur Brücke

WWW.LANDGASTHOF-ZUR-BRUECKE.DE   GPS: 49°47'37" N / 10°20'31" E

GOURMET-TEMPEL

Hier herrscht die etwas andere Küche von Küchenchef Bernd Fischer. So gibt es zum Beispiel Blutwurst auf Linsen oder Terrine vom Steigerwaldreh. Klar, dass man sich hier nicht unbedingt als klassischer Biergartenbesucher herverirrt, andererseits gibt es ja auch Kleinigkeiten und - neben Düll-Bier - auch Wein vom eigenen Weingut. Der macht besonders in der zweiten Juliwoche Spaß, wenn das alljährliche kleine Weinfest ansteht. Der Biergarten liegt wunderschön und mit Liebe dekoriert hinter und neben dem ebenfalls sehenswerten Steinhaus.

BIER

Düll/Krautheim: Pils, Weizen (vom Fass), diverse Weizenbiere, Alkoholfreies.

KÜCHE

Täglich mittelgroße Karte mit warmen Gerichten. Spezialitäten: Saisonale und mediterrane Gerichte, Steigerwaldreh, Maisgockelbrust.

PLÄTZE (außen/regensicher)

60/70

ANSCHRIFT

Marienplatz 2
97353 Wiesentheid
Tel.: 09383-99949

ÖFFNUNGSZEITEN

Täglich 11 bis 14 Uhr und ab 17 Uhr
Mittwoch Ruhetag

TIPP: Maisgockelbrust

Edi's Gaststube

WWW.EDIS-GASTSTUBE.DE **GPS: 49°47'33" N / 10°20'56" E**

BEI EDI

Eduard „Edi" Bätz ist ein echtes Original. Seit mehr als 15 Jahren führt er die ehemalige Pilsstube, die er auch sein Eigen nennt. Und so ist es eben auch ein bisschen wie zuhause - man fühlt sich wohl, und Edi kümmert sich um Speis und Trank. Sogar beim Kochen kann man ihm zuschauen und so seinen verbalen Senf dazu geben. Seit Anfang 2008 geht ihm Jungköchin Sanne in der Küche zu Hilfe, sie hat sich gleich perfekt ins Team aus Chef und Gästen eingefügt. Übrigens: Wenn man mal ein bisschen warten muss, lohnt ein Blick auf die Sammlung aus Emailschildern an den Wänden.

BIER

Düll/Krautheim: Hefeweizen, Urtyp Dunkel, Kellerbier, Pils (alles vom Fass), dunkles Hefeweizen, alkoholfreies Weizen, Alkoholfreies.

KÜCHE

Hausmacher Brotzeiten. Täglich große Karte mit warmen Gerichten. Spezialitäten: Schäuferle, Zwiebelsteak in Paprikarahm, verschiedene Nudelgerichte (z. B. Sommernudeln mit Pfifferlingen).

PLÄTZE (außen/regensicher)

90/210

ANSCHRIFT

Jahnstraße 2
97353 Wiesentheid
Tel.: 09383-2316

ÖFFNUNGSZEITEN

Täglich ab 17 Uhr
So 11.30 bis 14.30 Uhr und ab 17 Uhr
Montag Ruhetag

TIPP: Zwiebelsteak

BergBiergarten Wülflingen

WWW.BERGBIERGARTEN-WUELFLINGEN.DE　　**GPS: 50°01'56"N / 10°28'40"E**

BROT- UND GURKEN-FLATRATE

Der ehemalige Postmitarbeiter Dirk Bauer hatte genug davon, immer nur Postkarten aus der Toskana zu sehen. Zusammen mit Ehefrau und Fotografin Melanie baute er sich sein Stückchen Italien nach Wülflingen. Der BergBiergarten – erst 2008 eröffnet – war bis vor kurzem noch ein verwilderter Hügel, nun ist er einfach nur Urlaub. Die Leckereien stammen soweit möglich alle aus der Region, und auch der Spagat zwischen Wein und Bier gelingt wunderbar – jeder jeweilige Liebhaber kommt auf seine Kosten.

BIER

Kulmbacher: Mönchshof Kellerbier, Mönchshof Original Pils, Kapuziner Weißbier, alkoholfreies Kapuziner Weißbier, alkoholfreies Kulmbacher Pils.

KÜCHE

Fränkische Brotzeiten. Täglich kleine Karte mit warmen Gerichten. Spezialitäten: Paniertes Schweineschnitzel mit Pommes Frites, Currywurst mit Pommes Frites, Dreierlei (Gerupfter, Kochkäse, Bratwurstteig), Salate.

PLÄTZE (außen/regensicher)

35/38

ANSCHRIFT

Hofleite 5
97437 Wülflingen
Tel.: 09521-9577597

ÖFFNUNGSZEITEN

April bis Sep.:
Täglich ab 16 Uhr
So ab 11 Uhr
Montag Ruhetag
Okt. bis März:
Do bis Sa ab 17 Uhr
So ab 15 Uhr
Montag bis Mittwoch Ruhetag

TIPP: Dreierlei

Symbolerklärung s. vordere Klappe

ONLINE AUF WWW. Bier.BY

Postkutscherl

WWW.POSTKUTSCHERL.DE GPS: 49°46'27" N / 09°55'37" E

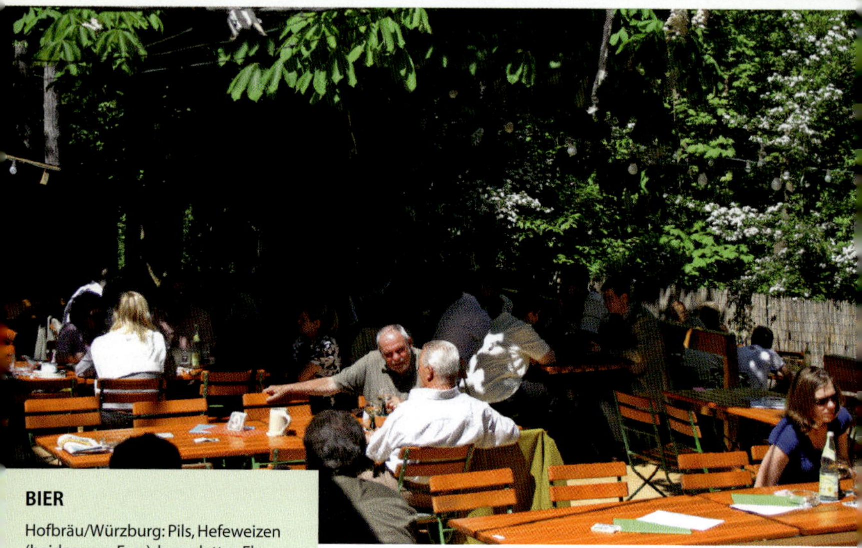

BIER

Hofbräu/Würzburg: Pils, Hefeweizen (beides vom Fass), komplettes Flaschenbier-Sortiment, Alkoholfreies. Erdinger: Alkohlfreies Weizen. Lohrer: Keiler Weißbier hell und dunkel. Jever: Alkoholfreies.

KÜCHE

Fränkische Brotzeiten. Täglich große Karte mit warmen Gerichten. Spezialitäten: Schnitzel in verschiedenen Variationen, verschiedene Pizzas.

PLÄTZE (außen/regensicher)

120/105

ANSCHRIFT

Waldkugelweg 5
97082 Würzburg
Tel.: 0931-781100

ÖFFNUNGSZEITEN

Täglich ab 11 Uhr
Kein Ruhetag

DIE POST GEHT AB

1997 wechselte Birgit Seuffert von Würzburgs ältestem Wirtshaus, der Blauen Grotte, zum Postkutscherl. Die umfangreichen Renovierungsarbeiten sind fertig, und so kann hier das ganze Jahr die Post abgehen, auch im Biergarten. Hier steht nämlich an kalten Tagen ein Zelt mit Ofen, so dass man hier nicht nur feiern kann, wenn die Sonne brennt. Der ganzjährig nutzbare, weil überdachte Spielplatz mit Klettergerüst, Schaukel und Rutsche gefällt den kleinen Gästen am besten.

TIPP: Saure Nieren

S Steinbachtal, Würzburg

DB

Schützenhof (Gutsschänke)

WWW.SCHUETZENHOF-WUERZBURG.DE

GPS: 49°46'58" N / 09°54'06" E

RITTERSCHLAG UND BEERENWEIN

Leider macht man im Haus von Gudrun Berndt den Beerenwein nicht mehr selbst, aber der gerade daran hängende Ruf des Schützenhofes besteht dank ihrer guten Auswahl an Ersatz unbeschadet fort. Im Garten sitzt es sich unter den alten Kastanien mit Ausblick über Würzburg und die Weinberge wunderschön. Ein Zimmer des Hauses ist nach den Roßpergern benannt, einer Stammtischgesellschaft mit Tradition, auch als die Ritter vom Schenken bezeichnet. Berühmte Mitglieder schmückten diesen Raum, weswegen man ihn unbedingt einmal gesehen haben sollte.

BIER

Wernecker: Pils (vom Fass), hauseigenes Laurenzius (ungefiltertes Märzen), Balthasar Neumann (dunkles Weizenbier). Erdinger: Weizen (vom Fass), alkoholfreies Weizen. Paulaner/München: Alkoholfreies Pils.

KÜCHE

Hausmacher Brotzeiten. Täglich mittelgroße Karte mit warmen Gerichten. Spezialitäten: Geschmortes Ochsenschwanzragout mit Spätzle, ofenfrisches Schäuferle mit ungebundener Bratensoße und Kloß, Silvanernudeln, Bauernbrotzeit mit Hausmacher Wurst, Rettichsalat, angemachtem Camembert und frischem Bauernbrot.

PLÄTZE (außen/regensicher)

350/150

ANSCHRIFT

Zufahrt über Frankenwarte
97082 Würzburg
Tel.: 0931-72422

ÖFFNUNGSZEITEN

Täglich ab 9 Uhr
Kein Ruhetag

TIPP: Ochsenschwanzragout

Würzburger Hofbräukeller

WWW.WUERZBURGER-HOFBRAEUKELLER.DE **GPS: 49°47'34" N / 09°54'50" E**

FÜR JEDES WETTER

Besondere Attraktion des neu gestalteten Hofbräukellers ist der große Wintergarten, der weit mehr als 200 Personen fasst, ein halbes Brauereimuseum enthält und im Sommer fast komplett geöffnet werden kann. Bleiben wir bei den heißen Tagen. Dann nämlich tummeln sich bis zu 1.000 Würzburger unter den alten Kastanien und lassen sich die großen Portionen erst schmecken und dann einpacken - Alufolie nicht vergessen!

BIER

Eigene Brauerei: Pils, Zwickel, Keiler Hefeweißbier hell, Radler (alles vom Fass), Export, Landbier, Schwarzbier, dunkles Hefe, 1643-Bier, alkoholfreies Hefe, alkoholfreies Pils, Mönchshof Bockbier.

KÜCHE

Fränkische Brotzeiten. Täglich große Karte mit warmen Gerichten. Spezialitäten: Schweinehaxe, Sudhausbraten, Hofbräuschnitzel, Hofbräu-Kellerbrettle.

PLÄTZE (außen/regensicher)

1000/650

ANSCHRIFT

Jägerstraße 17
97082 Würzburg
Tel.: 0931-42970

ÖFFNUNGSZEITEN

Täglich ab 10 Uhr
Kein Ruhetag

TIPP: Sudhausbraten

Sternbäck

WWW.STERNBAECK.DE　　　　　　　　**GPS: 49°47'35" N / 09°55'47" E**

OFENKARTOFFELN FÜR STUDENTEN & CO.

Das Traditionshaus in der Sterngasse verkauft sich mittlerweile vor allem als Studentenkneipe Nr.1. Die früher legendären Butter-Variationen sind leider nicht mehr im Programm (hiermit regen wir eine Wiederaufnahme an!), dafür aber viele leckere Soßen, zu denen dann meist die beliebte Ofenkartoffel serviert wird. Entgegen dem Namen ist der Sternbäck übrigens seit vielen Jahrzehnten schon nicht mehr Bäckerei, sondern vor allem eine Bier- und Weinwirtschaft, in die man früher sogar noch sein Essen mitgebracht hat.

TIPP: Sternbäck-Hähnchen

BIER

Distelhäuser: Pils, Hefeweizen, Radler, Saisonbier (alles vom Fass), alkoholfreies Pils, alkoholfreies Hefeweizen, Kristallweizen, dunkles Hefeweizen, Dinkelbier, Landbier, Malzbier.

KÜCHE

Fränkische Brotzeiten und Salat. Täglich große Karte mit warmen Gerichten. Spezialitäten: Ofenkartoffeln mit verschiedenen Soßen, Sternbäckschnitzel XXL, Sternbäcksalat, Sternbäck-Hähnchen.

PLÄTZE (außen/regensicher)

120/45

ANSCHRIFT

Sterngasse 2
97070 Würzburg
Tel.: 0931-54056

ÖFFNUNGSZEITEN

Täglich ab 9 Uhr
Kein Ruhetag

Symbolerklärung s. vordere Klappe

Wirtshaus Lämmle

WWW.WIRTSHAUS-LAEMMLE.DE GPS: 49°47′42″ N / 09°55′46″ E

FRÜHER MIT PFERD

Die Geschichte des Weißen Lammes datiert bis ins 16. Jahrhundert, als man noch als Einstellwirtschaft fungierte. Dies bedeutete, dass man mit Pferd oder Fuhrwerk durch das große Hoftor einfuhr und dann in Ruhe einkehrte, während das Gefährt vor dem Haus umhegt wurde. Heute ist das Lämmle der einzige Biergarten in der Fußgängerzone, in dem es sich bei jedem Wetter immer gut aushalten lässt.

BIER

Distelhäuser: Premium Pils, Landbier, Radler, Hefeweißbier, Saisonbier (alles vom Fass), dunkles Hefe, alkoholfreies Kristallweizen, alkoholfreies Hefeweizen.

KÜCHE

Fränkische Brotzeiten. Täglich große Karte mit warmen Gerichten. Spezialitäten: Lämmle-Schnitzel, saure Nieren, Hochzeitsessen mit gebackenen Nudeln, Meerrettichsoße und Preiselbeeren.

PLÄTZE (außen/regensicher)

250/120

ANSCHRIFT

Marienplatz 5
97070 Würzburg
Tel.: 0931-54748

ÖFFNUNGSZEITEN

Täglich ab 10 Uhr
So 11 bis 16 Uhr
Feiertage ab 11 Uhr

TIPP: Lämmle-Schnitzel

DB

Capitol Sommerlager

WWW.CAPITOL-MP.DE   GPS: 49°48'07" N / 09°54'39" E

PICKNICKPLATZ AM MAIN

Gerade erst wiedererweckt hat das Sommerlager als Dependance der Mainfrankenpark-Disco die Herzen der Würzburger bereits voll im Griff, zumindest die der jüngeren Einwohner. Denn es geht eher unkonventionell mit chilligen Korbmöbeln und allerlei Grillgut zur Sache. Jedes Wochenende steht dann Open-Air-Disco auf dem Programm, was diesen Ort natürlich einzigartig im vorliegenden Buch macht. Profi-DJs sorgen dafür, dass das Partyvolk auch draußen seinen Spaß haben kann, insbesondere natürlich wenn das Thermometer ganz auf Sommer eingestellt ist.

BIER

Distelhäuser: Pils, Hefeweißbier (beides vom Fass), alkoholfreies Pils, alkoholfreies Hefeweißbier.

KÜCHE

Fränkische Brotzeiten. Täglich mittelgroße Karte mit warmen Gerichten. Spezialitäten: Sommerlager-Brotzeit, Steckerlfisch (ab und zu, So), Haxen (ab und zu, So), Barbecue (ab und zu, Sa).

PLÄTZE (außen/regensicher)

250/80

ANSCHRIFT

Mainaustraße 34
97082 Würzburg
Tel.: 0931-40472870

ÖFFNUNGSZEITEN

Mo bis Fr ab 15 Uhr
Sa, So und Feiertage ab 12 Uhr
Kein Ruhetag

TIPP: Bier und Wurscht

Symbolerklärung s. vordere Klappe

Biergarten am Zollhaus

WWW.ZOLLHAUS-WUERZBURG.DE   GPS: 49°46'33"N / 09°55'41"E

BERLINER WEISSE IN WÜ

Auf über 1.000 Quadratmetern empfängt Thuy Ngyn Tegel ihre Gäste - klingt nach Asien, schmeckt aber nicht so! Die Küche der sympathischen Biergarten-Matrone bewegt sich vor allem zwischen Schnitzelvariationen und Currywurst, wichtig vor allem der Freitag, wenn es Steckerlfisch gibt. Mitten im Grünen kümmert man sich auch bestens um die Kleinen. Neben einem großen Spielplatz stehen regelmäßig Kasperltheater und Kindergeburtstage auf dem Programm.

BIER

Hofbräu/Würzburg: Pilsner, Julius Echter Hefeweißbier (beides vom Fass), Export, Leicht, Alkoholfrei.

KÜCHE

Salate. Täglich mittelgroße Karte mit warmen Gerichten. Spezialitäten: Steckerlfisch (Fr), Zollhausschnitzel, hausgemachte Pizza.

PLÄTZE (außen/regensicher)

400/220

ANSCHRIFT

Mergentheimer Straße 19
97082 Würzburg
Tel.: 0931-781223

ÖFFNUNGSZEITEN

Täglich ab 11 Uhr
Kein Ruhetag

TIPP: Steckerlfisch

 Steinbachtal, Würzburg

DB

Nikolaushof

BELLA VISTA

BIER

Hofbräu/Würzburg: Pils (vom Fass), helles Hefeweizen, dunkles Hefeweizen, alkoholfreies Pils, alkoholfreies Weizen. Außerdem: Internationale Biere, zum Beispiel Desperados, Sausalitos, Estrella, Heineken, … .

KÜCHE

Täglich mittelgroße Karte mit warmen Gerichten. Spezialitäten: Würzburger Scheiterhaufen, Forelle in der Salzkruste, Crème brulee.

PLÄTZE (außen/regensicher)

300/420

ANSCHRIFT

Spittelbergweg
97082 Würzburg
Tel.: 0931-797500

Was für ein herrlicher Ausblick über Würzburg – das ist der Gedanke, der einem hier als erstes kommt. Insbesondere am Abend sitzt man einfach traumhaft. Dazu kommt noch der Teich mitten im Biergarten – Höhe und Wasser hat man nun ja wirklich selten. Dafür muss man den Nachteil eines jeden Berges in Kauf nehmen: Man muss da rauf … Lecker und experimentell übrigens die gehobene Küche des Hauses. Wo kriegt man sonst ein Semmelknödel-Carpaccio oder ein Mille Feuille von der hausgeräucherten Garnele?

ÖFFNUNGSZEITEN

Anfang Mai bis Ende Sep.
Täglich ab 12 Uhr
Montag Ruhetag
Anfang Okt. bis Ende Apr.
Di bis Fr ab 15 Uhr
Sa und So ab 12 Uhr
Montag Ruhetag
Anfang bis Ende Jan. Betriebsferien

TIPP: Forelle in der Salzkruste

St. Kilian, der heil'ge Mann, stellt die ersten Schnitter an

www.wuerzburg.de

Mit dieser alten Wetterregel ist eigentlich alles gesagt. Um den Namenstag des Heiligen Kilian, der den Unterfranken um 685 das Christentum brachte, am 8. Juli, begeht man in Würzburg die Feier des Schutzpatrones der Stadt mit einem traditionellen Jahrmarkt und vor allem dem Volksfest.

Beide Feierlichkeiten datieren weit in die Vergangenheit zurück. Die erste Aufzeichnung stammt aus dem Jahr 1030, bei den meisten Unterfranken steht Kiliani auch als allgemeines Synonym für einen Jahrmarkt.

Während der 17 Tage im Juli verwandelt sich der Marktplatz im Herzen der Stadt wieder in einen Handelsplatz, auf dem die Gäste unter anderem Besucher Kräuter, Gewürze, Haushalts- und Geschenkartikel, Bekleidung und Keramik erstehen können. Auf der Talavera steigt parallel das schon erwähnte Volksfest, das jährlich über eine Million Besucher in die Frankenmetropole lockt.

Talavera Schlößle

WWW.BIER.BY   GPS: 49°47'58" N / 09°55'09" E

OASE AM PARKPLATZ

Steht der Name Talavera für die meisten Würzburg-Besucher nur für einen großen Parkplatz, versteckt sich für die Einheimischen am Rande ein schönes Biergarten-Kleinod, in dem man den großen Trubel nebenan fast vergessen kann. Das kleine Lustschloss von 1719, geplant von Balthasar-Neumann, steht ebenso wie die alten Kastanien und Fichten auf dem Gelände unter Denkmalschutz, es grenzt an ein Wunder, dass das Anwesen, in dem seit 1927 Gäste bewirtet werden, den Zweiten Weltkrieg so gut überstanden hat. Besonders schön ist es hier am Samstag Nachmittag, wenn Ute Müller und ihr Team zum Barbecue einladen.

BIER

Würzburger Hofbräu: Pils, Hefeweizen, Landbier (vom Fass), komplettes Flaschenbier-Sortiment.

KÜCHE

Fränkische Brotzeiten. Täglich große Karte mit warmen Gerichten. Spezialitäten: Knusprige Schweinshaxe, 1/2 Hähnchen, Schnitzel, Barbecue (bei schönem Wetter jeden Sa ab 16 Uhr).

PLÄTZE (außen/regensicher)

500/100

ANSCHRIFT

Talaveraplatz
97082 Würzburg
Tel.: 0931-4529343

ÖFFNUNGSZEITEN

Apr. bis Ende Sep.
Täglich ab 15 Uhr
Sa, So und Feiertage ab 11 Uhr
Kein Ruhetag
Bei schlechten Wetter geschlossen
Okt. bis Apr.
Do bis Sa ab 15 Uhr
So und Feiertage ab 11 Uhr
Montag bis Mittwoch Ruhetag
(Auf Anmeldung auch außerhalb dieser Zeiten geöffnet)

TIPP: Barbecue (im Sommer Sa ab 16 Uhr)

Symbolerklärung s. vordere Klappe

Brauereigaststätte Göller

WWW.BRAUEREI-GOELLER.DE   **GPS: 50°00'41"N / 10°35'49"E**

HILFE VOR ORT

Mit dem Göller Hilfsfonds geht die mehrfach prämierte Traditionsbrauerei aus Zeil am Main neue Wege. Jeder verkaufte Kasten und diverse Events & Co. tragen dazu bei, dass Hilfsbedürftige aus der Region Unterstützung erhalten. Vorbildlich sind auch der Wirt selbst – geduldig erträgt Hubert Rausch die allgegenwärtigen Anspielungen auf seinen Namen und das Bier – und die Website, auf der man sogar die Rezepte zum Nachkochen finden kann.

BIER

Eigene Brauerei: Pils, Dunkles, Weizen, Rauchbier, Kellerbier (alles vom Fass), Alkoholfreies.

KÜCHE

Hausmacher Brotzeiten. Täglich große Karte mit warmen Gerichten. Spezialitäten: Schäuferle, Grillhaxe, Dosenfleisch.

PLÄTZE (außen/regensicher)

400/230

ANSCHRIFT

Speiersgasse 21
97475 Zeil am Main
Tel.: 09524-9554

ÖFFNUNGSZEITEN

Täglich ab 9.30 Uhr
Dienstag Ruhetag
Anfang Juni bis Ende August kein Ruhetag

TIPP: Schäuferla und fränkisches Bierbrot

Berghospiz „Zeiler Käppele"

WWW.BIER.BY   GPS: 50°00'36" N / 10°36'09" E

DA WO DIE WALLFAHRT WOHNT

Erst Ende des 19. Jahrhunderts entstand das Zeiler Käppele, baulich an Lourdes angelehnt, als Wallfahrtszentrum im Marienland Franken. Zusammen mit dem nahegelegenen Maria Limbach bildet das kleine Zeiler Kapellchen den Ostzipfel des fränkischen Marienweges. Kein Wunder also, dass mit dem Berghospiz auch für Unterkunft und Verpflegung für die Wander-Katholiken gesorgt werden musste. Mittlerweile kommen auch profane Wallfahrer, die einfach nur den schönen Blick auf das Maintal genießen wollen, oder Heiratswillige, für die das Käppele zur Traumlocation avanciert ist.

BIER

Göller/Zeil am Main: Pils (vom Fass), Lager, Dunkles, Weizen, Alkoholfreies.

KÜCHE

Fränkische Brotzeiten. Täglich kleine Karte mit warmen Gerichten. Spezialitäten: Rindfleisch mit Kren, selbstgemachter Gerupfter, Wandererplatte, Schäuferle, selbstgebackene Kuchen.

PLÄTZE (außen/regensicher)

200/100

ANSCHRIFT

Kapellenberg 2
97475 Zeil am Main
Tel.: 09524-1009

ÖFFNUNGSZEITEN

Di bis Fr ab 14 Uhr
Sa ab 12 Uhr
So und Feiertage ab 10 Uhr
Montag Ruhetag
(Für Busse nach Vereinbarung auch außerhalb dieser Zeiten geöffnet)

TIPP: Wandererplatte

Bauer Robert's Brotzeitkeller

WWW.BAUER-ROBERTS-BROTZEITKELLER.DE   GPS: 50°00'46"N / 10°34'51"E

HAUSGEMACHTE QUALITÄT

Bei Hetterichs wird's selbst gemacht, zumindest, wenn es mit Tieren zu tun hat. Vom Ei (aus Bodenhaltung) bis zur Hausmacher Bauernwurst kommen die Leckereien unschlagbar frisch auf den Tisch. Wer möchte, kann sie im Hofladen sogar für zuhause erwerben, der mit Honig, Nudeln und Schnapsspezialitäten auch noch weitere Feinereien zu bieten hat. Ansonsten ist der Aussiedlerhof vor allem ein Paradies für Kinder. Weit ab von der Straße bietet sich eine breite Palette vom Sandberg über Schaufel und Bobbycar bis zum Bogenschießplatz. Abwechslung ist also in jeder Hinsicht garantiert.

BIER

Göller/Zeil am Main: Hefeweizen, Pils (beides vom Fass), Rauchbier, Dunkles, Kellerbier, Steinhauerweisse, Lager, Alkoholfreies.

KÜCHE

Hausmacher Brotzeiten. Täglich kleine Karte mit warmen Gerichten. Spezialitäten: Kellerplatte, Hausmacher Platte, Koteletts, Currywurst AdH (= nach Art des Hauses).

PLÄTZE (außen/regensicher)

320/294

ANSCHRIFT

Augsfelder Weg 11
97475 Zeil am Main
Tel.: 09524-7228

ÖFFNUNGSZEITEN

Fr und Sa ab 17 Uhr
So und Feiertage ab 15 Uhr
Montag bis Donnerstag Ruhetag

TOP-TIPP für Familien mehr S. 12

TIPP: Kellerplatte

DB

Gasthaus Zellertal

WWW.GASTHAUS-ZELLERTAL.DE   **GPS: 50°05'44" N / 10°14'60" E**

MIT MUSIK UND GUTER LAUNE

Manchmal wird aus dem Zellertal ein kleines Zillertal – wenn Edgar Beck, Vater des Wirtes Edmund, Schifferklavier und Mundharmonika zur Hand nimmt und spontan den Gästen eine ganz besondere Unterhaltung bietet. Bei vollem Biergarten entwickelt sich dann schnell eine Eigendynamik, und so mancher Gast ist wesentlich länger geblieben als er eigentlich geplant hatte. Insgesamt herrscht hier gute Stimmung im Familienbetrieb, der sich auch beruflich gut ergänzt. Edmund als Koch, seine Frau Susanne als Restaurantfachfrau und der eben schon erwähnte Papa Edgar als Metzger geben ein prima Team.

TIPP: Tatar

BIER

König/Duisburg: König Pilsener (vom Fass), Keiler/Lohr: Landpils (vom Fass), Weißbier hell, Weißbier dunkel. Hofbräu/Würzburg: Schwarzbier, alkoholfreies Weißbier, Kristallweizen.

KÜCHE

Hausmacher Brotzeiten. Täglich mittelgroße Karte mit warmen Gerichten. Spezialität: Paniertes Schweinekotelett, Tatar, eingemachtes Gläserfleisch.

PLÄTZE (außen/regensicher)

50/120

ANSCHRIFT

Talstraße 33
97532 Üchtelhausen-Zell
Tel.: 09720-1023

ÖFFNUNGSZEITEN

Do bis Sa und Mo 9 bis 14 & ab 16 Uhr
So und Feiertage ab 9 Uhr
Dienstag und Mittwoch Ruhetag

Biergartenspaß im Nordgau

So hieß die Oberpfalz im Mittelalter, die noch zur Römerzeit zweigeteilt war: In das Legionslager im heutigen Regensburg mit der III. Italischen Legion und damit rund 6.000 Soldaten und den fast unbesiedelten Norden, der erst unter Kaiser Heinrich II., der die Reichshauptstadt nach Bamberg verlegte, systematisch kolonisiert wurde. Vielleicht rührt die Bier-Rivalität, die die Städte Amberg und Bamberg lange Zeit verband, noch aus dieser Zeit. Denn im Ringen um die Frage nach den meisten Brauereien in der Stadt mussten die Franken in den 1970er Jahren schon die Versuchsbrauerei der Mälzerei dazu zählen, um mit 11:10 die Nase vorn zu behalten. Doch im neuen Jahrtausend wendete sich das Blatt, heute sind mit den Brauereien Bruckmüller, Kummert, Sterk und Winkler noch vier große Häuser geblieben, ergänzt um einige kleinere wie die Sudhang-Brauerei oder die Gastronomiebrauerei Schloderer.

Neben der Bierstadt Amberg gehören auch der sie umgebende Landkreis Amberg-Sulzbach, die Landkreise Neumarkt, Tirschenreuth und Neustadt an der Waldnaab sowie die Stadt Weiden zur Metropolregion Nürnberg, wodurch ein Teil der sympathischen Oberpfälzer auch ein bisschen zu Franken geworden ist. Wir wollen Ihnen hier schon mal einen kleinen Vorgeschmack auf diese auch biergartentechnisch sehr spannende Region bieten, die wir in einem unserer nächsten Bücher ausführlich darstellen werden. Eine gute Gelegenheit, hier richtig hineinzuschmecken, sind die Feste, denn die Oberpfälzer feiern gerne:

Altstadtfest Neumarkt
www.altstadtfest-neumarkt.de
Neumarkt Mitte Juni

Bürgerfest Weiden
Ende Juni

Amberger Maria-Hilf-Bergfest
www.bergfest-amberg.com
Ende Juni

Altstadtfest Sulzbach-Rosenberg
www.sulzbach-rosenberger-altstadtfest.de
Ende Juni

Bürgerfest Neustadt an der Waldnaab
dritter Samstag im Juli

Annafest Sulzbach-Rosenberg
Ende Juli

Oberpfälzer Biererbe

Größtes bieriges Vermächtnis der Oberpfälzer ist der Zoigl. Dieses unfiltrierte, untergärig gebraute Bier gibt es hell und dunkel in unterschiedlichsten Variationen. Der historischen Tradition folgend nutzen Privatpersonen in unterschiedlichem Turnus die Kommunbrauhäuser der jeweiligen Gemeinde und zeigen nach der Reifungsphase mit einem Reisigbesen oder Fichtenzweig am Haus – dem Zoigl (Zeiger) – an, dass das frische Bier nun in den jeweiligen Räumlichkeiten verkostet werden kann. Hier können Sie echtes Kommunbrau-Zoigl probieren: Eslarn, Falkenberg (Oberpfalz), Mitterteich, Neuhaus, Windischeschenbach. Mittlerweile haben sich auch einige Brauereien dieser Tradition angeschlossen und brauen ein mehr oder weniger an den ursprünglichen Prozess angelehntes Zoigl-Bier.

Wir wünschen viel Spaß beim Erkunden des Zoigl und der Oberpfalz und sind auf jeden Fall weiter auf Recherchetour, um Ihnen bald ein vollständigeres Bild geben zu können. Natürlich freuen wir uns auch über Ihre Unterstützung mit Tipps und Anregungen unter info@guidemedia.de.

Casino Wirtshaus

WWW.BIER.BY **GPS: 49°26'44" N / 11°51'14" E**

KIRCHE EINMAL ANDERS

Nicht nur in Amberg einzigartig: Hier speist man vor bzw. in der Kirche. Es handelt sich um die Franziskanerkirche, die vor über 150 Jahren von einem Bürger-Casino-Verein übernommen wurde. Heute steht Johann Graf hinter Herd und Tresen. Der ehemalige Nürnberger Rechtsanwalt konnte sich hier vor gut fünf Jahren einen lange gehegten Traum erfüllen, nämlich den Kochlöffel an einer historischen Stelle zu schwingen und dabei eine regionale und saisonale Küche zu bieten. Ganz vorbildlich sind sogar die Lieferanten in der Speisekarte verzeichnet, auf der auch ÖKO und BIO zu finden sind.

BIER

Kummert/Amberg: Helles, Zoigl (beides vom Fass), verschiedene Weizenbiere, Dunkles. Zusätzlich ein wechselndes Aktionsbier aus einer kleinen fränkischen oder oberpfälzer Brauerei (vom Fass).

KÜCHE

Brotzeiten. Täglich mittelgroße Karte mit warmen Gerichten. Spezialitäten: Selbstgemachte Oberpfälzer Erdäpfelknödel (So), verschiedene Bräten (So), saisonale Gerichte.

PLÄTZE (außen/regensicher)

120/90

ANSCHRIFT

Schrannenplatz 8
92224 Amberg
Tel.: 09621-22664

ÖFFNUNGSZEITEN

Täglich ab 10 Uhr
Montag Ruhetag

TIPP: Oberpfälzer Erdäpfelknödel

Gaststätte Rußwurmhaus

BIER

Bruckmüller/Amberg: Helles, Pils, (beides vom Fass), Kellerbier, dunkles Hefeweizen, Knappentrunk (Dunkles), Kristallweizen, Hefeweißbier, leichtes Weizen, alkoholfreies Weizen, Alkoholfreies.

KÜCHE

Bayerische Brotzeiten. Täglich mittelgroße Karte mit warmen Gerichten. Spezialitäten: Krustenbraten mit Knödel und Salat, verschiedene Steaks, Kartoffelsteak, weißer Pressack süß-sauer.

BIERCHEN AN DER VILS

Die Vils kommt auf ihrem etwa 80 Kilometer langen Weg auch mitten durch die Amberger Altstadt. Und wiederum in deren Zentrum findet sich das urige Rußwurmhaus, das direkt am Flussufer liegt. Im Biergarten (allerdings hauptsächlich vor dem Haus gelegen) hört man also das Rauschen des Wassers und kann bei einem gemütlichen Amberger Bierchen entspannen. Dazu gibt es eine variantenreiche Küche, auf der auch mediterrane Gerichte zu finden sind.

PLÄTZE (außen/regensicher)

150/95

ANSCHRIFT

Eichenforstgäßchen 14
92224 Amberg
Tel.: 09621-21316

ÖFFNUNGSZEITEN

Täglich ab 11 Uhr
Montag Ruhetag

TIPP: Krustenbraten

Symbolerklärung s. vordere Klappe

Schießl Wirtshaus

WWW.SCHIESSL-WIRTSHAUS.DE **GPS: 49°26'43" N / 11°51'37" E**

SCHIESSL ZOIGL IM LAUSCHIGEN INNENHOF

So hieß unser Lieblingsprogramm in Amberg. Dass das überhaupt möglich ist, verdanken wir Annette und Michael Schießl, die nach einem Großbrand im März 2004 die Mammutaufgabe auf sich nahmen, das Traditionshaus wiederaufzubauen. Über drei Jahre dauerte es, bis die Pforten wieder geöffnet werden konnten, dafür gab es aber für die Sanierung den Wolfgang-Dientzenhofer-Preis der Stadt Amberg. Und das völlig zurecht. Man merkt heute nichts mehr von der Zerstörung und fühlt sich sofort pudelwohl – drinnen wie draußen. Das Bier gibt's auf Wunsch auch in kultigen Steinkrügen. Die sind alle fein säuberlich an der Decke rund um den Tresen aufgereiht. Gebraut wurde hier schon 1617 (heute gibt es allerdings das Winkler-Bier), die Grundmauern des Hauses datieren ins 14. Jahrhundert. In Sachen Essen können Sie sich voll auf Annette Schießl verlassen – uns hat es bestens geschmeckt!

BIER

Winkler/Amberg: Schießl Pils, Schießl Hell, Schießl Zoigl (alles vom Fass), leichtes Weizen, Hefeweizen. Kummert/Amberg: Kristallweizen. Falk/Amberg: Dunkles Weizen. Märkl/Freudenberg: Dunkles. Löwenbräu/München: Alkoholfreies.

KÜCHE

Brotzeiten. Täglich mittelgroße Karte mit warmen Gerichten. Spezialitäten: Oberpfälzer Küche, Sauerbraten, Schweinebraten, Tafelspitz.

PLÄTZE (außen/regensicher)

70/70

ANSCHRIFT

Untere Nabburger Straße 8
92224 Amberg
Tel.: 09621-12612

ÖFFNUNGSZEITEN

Mo bis Fr ab 10 Uhr
Sa 9 bis 14 Uhr
Sonntag Ruhetag

TIPP: Tafelspitz

Bus 401,408 Regensburger Straße, Amberg

Winkler BräuWirt

WWW.WINKLER-BRAEUWIRT.DE　　　　　**GPS: 49°26′41″ N / 11°51′42″ E**

KARTENSPIELEN AUSDRÜCKLICH ERLAUBT

Hier mitten in der Amberger Altstadt möchte man die typische Wirtshaustradition der Bierstadt am Leben erhalten. Dazu gehört eben auch das Kartenspiel, genauso wie die „Schwemm", in der man das Bierchen im Stehen trinkt. Der Biergarten gehört zu den idyllischsten der Stadt und lockt mit vielen typisch oberpfälzer Schmankerln. Die lange Tradition der Brauerei kann man schon am „1617" erkennen. Dieses Lagerbier benannten die Winklers nach dem Gründungsjahr der Brauerei, als Kurfürst Friedrich V. der damaligen Weißbräugesellschaft das Braurecht zusprach.

TIPP: Oberpfälzer Bierbratl

BIER

Eigene Brauerei: Zoigl, Helles, Pils (alles vom Fass), Hefeweizen, leichtes Hefeweizen.

KÜCHE

Brotzeiten. Täglich große Karte mit warmen Gerichten. Spezialitäten: Oberpfälzer Bierbratl, saisonale Gerichte (Spargel, Pfifferlinge).

PLÄTZE (außen/regensicher)

280/100

ANSCHRIFT

Untere Nabburger Straße 34
92224 Amberg
Tel.: 09621-913455

ÖFFNUNGSZEITEN

Täglich ab 10 Uhr
Dienstag Ruhetag

Heimat für Kreative

WWW.METROPOLREGION-NUERNBERG.DE

Das ist der Leitspruch der Metropolregion Nürnberg, die mittlerweile fast ganz Franken und Teile der Oberpfalz umfasst. Auf dem Papier versteht man darunter eine stark verdichtete Großstadtregion von hoher internationaler Bedeutung, die zudem in jeder Hinsicht eine umfangreiche Infrastruktur bieten kann. In Zahlen bedeutet das über 20.000 Quadratkilometer Fläche mit 3,5 Millionen Einwohnern, 19 Hochschulen, 24 Forschungseinrichtungen und 200.000 Unternehmen und Selbstständigen. Fast die Hälfte aller produzierten Waren und Dienstleistungen wird exportiert. Den Schwerpunkt setzen die Verantwortlichen – alles gewählte Volksvertreter – auf die drei Themen Internationalität, Kreativität und Lebensqualität.

Für letztere stehen nicht nur die vielen in diesem Buch vorgestellten Gastronomien, sondern beispielsweise auch die zehn Naturparks, die für ein einzigartiges Erholungsklima sorgen. Oder auch die 14 Tourismusregionen, unter anderem die Fränkische Schweiz und das Fränkische Seenland, die eine ein gutes Beispiel für die große Fremdenverkehrstradition der Metropolregion, die andere ein gelungener Neustart, der aus drei Stauseen ein einzigartiges Naherholungsgebiet geschaffen hat.

Aber nicht nur die Gäste feiern gerne in der Metropolregion, auch die Einheimischen selber wissen besser als alle anderen Bundesbürger, wie man bei Bratwurst und Bier urige Gemütlichkeit leben kann. Dafür stehen traditionelle Feste wie Bergkirchweih, Annafest und Sandkirchweih, aber auch die neuen Feste vom Nürnberger Bierfest über Bamberg Zaubert bis zu den Bayreuther Biertagen. Wer auf Livemusik steht, kann sich bei Rock im Park, dem Blues- & Jazzfestival oder dem Bardentreffen amüsieren.

Und auch im Sport hat die Metropolregion viel zu bieten: Der „Club" als deutscher Vizerekordmeister steht genauso wie die Kleeblätter von Greuther Fürth für den Lieblingssport der Deutschen. Dazu kommen die Brose Baskets Bamberg, die mit drei Meistertiteln und einem Pokalsieg der erfolgreichste Basketballvereins Süddeutschlands in den letzten 50 Jahren sind. Eine andere beliebte Sportart – allerdings eher zum Mitmachen – ist das Klettern, das vor allem in der Fränkischen Schweiz angeboten wird.

Besonders stolz ist man auch auf die vielen Kulturschätze, darunter mit dem Limes, der Bamberger Altstadt und der Würzburger Residenz drei UNESCO Welterbestätten. Auch die Hinterlassenschaft des Komponisten Richard Wagner bereichert die Metropolregion um eine Attraktion von Weltrang. Der ganze Globus erlebt jährlich einen Run auf die Konzertkarten für die Richard-Wagner-Festspiele – selbst zu den Generalproben kommt man gestylt und in Abendgarderobe.

Sie sehen – an der Metropolregion Nürnberg kommt in Deutschland und Europa niemand vorbei – das sehen Sie alleine schon an den 672 Seiten des vorliegenden Buches, das eine perfekte Anleitung zum kulinarischen Erleben dieser einzigartigen Kulturregion darstellt.

Zum Kummert Bräu

WWW.ZUMKUMMERTBRAEU.DE   GPS: 49°26'40" N / 11°52'23" E

UNTER ALTEN KASTANIEN

So sitzt man im Biergarten des Brauereiwirtshauses, das heute auch in den alten Brauereiräumen untergebracht ist. Vom Zapfhahn kommen die Bierspezialitäten des Hauses, unter anderem der 27er Urtyp, ein unfiltrierter Klassiker, der den Bieren aus der Zeit des Gründungsjahres der Brauerei – 1927 – nachempfunden ist. Wer, beispielsweise zur gemütlichen Schafkopfrunde, eher ein helles oder klassisches Weizen genießen möchte, ist hier ebenfalls goldrichtig. Nicht vergessen wollen wir die gute Bratenküche des Hauses und die hausgebrannten Schnäpse!

BIER

Eigene Brauerei: 27er Urtyp, Pils, Helles, Hausbier, Hefeweizen, Bockbier (saisonal), Festbier (saisonal) (alles vom Fass), Kristallweizen, dunkles Weizen, leichtes Weizen, König-Friedrich-Weisse, Weihnachtsbier.

KÜCHE

Brotzeiten. Täglich große Karte mit warmen Gerichten. Spezialitäten: Bräu-Salat, Schweinebraten, Zwiebelrostbraten.

PLÄTZE (außen/regensicher)

200/300

ANSCHRIFT

Raigeringerstraße 11
92224 Amberg
Tel.: 09621-15259

ÖFFNUNGSZEITEN

Täglich ab 10 Uhr
Kein Ruhetag

TIPP: Hausgebrannte Schnäpse

  408,454,459 Raigeringer Straße, Amberg

Klostermühle Gnadenberg

WWW.KLOSTERMUEHLE-GNADENBERG.DE   **GPS: 49°21'55" N / 11°24'57" E**

EHRENAMT MACHT'S MÖGLICH

Noch vor wenigen Jahren stand an der heutigen Stelle nur noch eine verfallene Ruine, die einst als Versorgungszentrum des Brigittinen-Klosters Gnadenberg diente. Nach zweimaliger Zerstörung durch den Dreißigjährigen Krieg und ein Hochwasser 1961 war nur noch wenig übriggeblieben. Der Inititative des Kulturhistorischen Vereins Gnadenberg verdanken wir heute ein wunderschönes Mühlenmuseum mit nicht minder traumhaftem Biergarten und vielen Freizeitmöglichkeiten drumherum. 12.000 ehrenamtliche Arbeitsstunden bedeuteten die Bayerische Verdienstmedaille – und natürlich auch das Lob der zahlreichen Besucher, die das Fachwerkhaus regelrecht ins Herz geschlossen haben.

TIPP: Bauernplatte

BIER

Lammsbräu/Neumarkt: Dunkles Weizen, helles Weizen, Helles, Dinkelbier, restliches Flaschenbier-Sortiment.

KÜCHE

Brotzeiten. Ein warmes Gericht. Spezialitäten: Bratwürste, Bauernplatte.

PLÄTZE (außen/regensicher)

60/60

ANSCHRIFT

Klostermühle 1
92348 Berg bei Neumarkt i. d. Oberpf.
Tel.: 09189-9457 oder 0160-97754366

ÖFFNUNGSZEITEN

Sa 14 bis 20 Uhr
So und Feiertage 10 bis 20 Uhr
Montag bis Freitag geschlossen
(nach Vereinbarung auch außerhalb dieser Zeiten geöffnet)

Symbolerklärung s. vordere Klappe

Gasthaus zur Linde

WWW.BIER.BY GPS: 49°33'41" N / 11°53'14" E

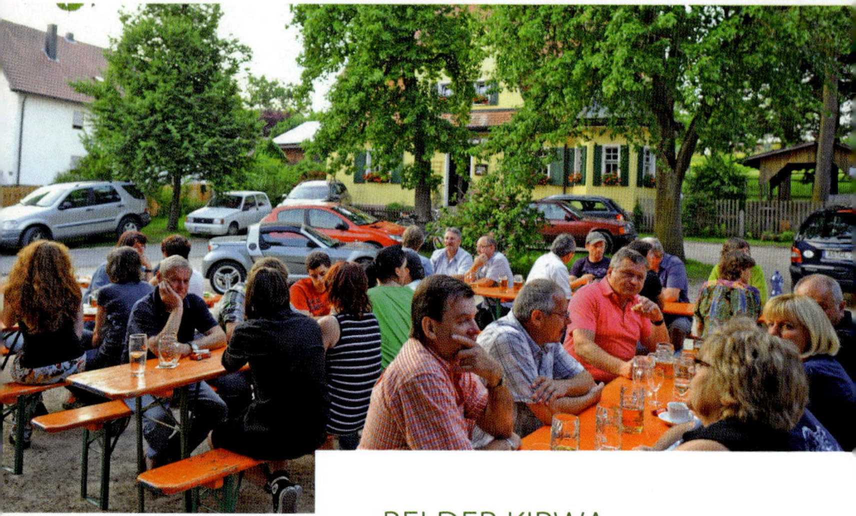

BEI DER KIRWA-KORYPHÄE

Sieglinde Wittmann zeichnet seit bald 30 Jahren für die Krickelsdorfer Kirwa (Mitte Mai) verantwortlich, die untrennbar mit ihrem Namen und ihrem nicht minder kultigen Wirtshaus verbunden ist. Selbst dieses heißt nicht, wie man vielleicht meinen mag, nach einem Baum vor dem Haus, sondern schlicht und einfach nach der Wirtin, die von jedem nur „Linde" genannt wird. Sie ist die Urenkelin von Martin Dotzler, der vor 100 Jahren das Haus erbauen ließ. Es versteht sich von selbst, dass bei so viel Kult auch die Speisenpalette vollends überzeugt, Sieglinde ist eben auch die Chefin hinter dem Herd – in jeder Hinsicht!

TIPP: Geräucherte Platte

BIER

Dorfner/Hirschau: Bier (vom Fass), Hefeweizen, Dunkles, dunkles, Weizen, Kristallweizen, alkoholfreies Weizen.

KÜCHE

Brotzeiten. Warmes Essen nur auf Bestellung. Spezialitäten: Geräucherte Platte, Brotzeitplatte, Wurstsalat.

PLÄTZE (außen/regensicher)

30/25

ANSCHRIFT

Krickelsdorf 5
92242 Hirschau
Tel.: 09622-2130

ÖFFNUNGSZEITEN

Täglich ab 12 Uhr
Mittwoch Ruhetag

Bus 449 Krickelsdorf

Waldschänke Straßmühle

WWW.BIER.BY   GPS: 49°17′35″ N / 11°12′57″ E

Eigentlich liegt die Straßmühle in Pyrbaum und damit in der Oberpfalz. Wir konnten es uns trotzdem nicht verkneifen, diesen wunderschönen Ort in unser Buch mit aufzunehmen. Schließlich ist es ja nur ein Katzensprung nach Allersberg und ein solches Kleinod hat einfach verdient, hier empfohlen zu werden. Das schöne Sandsteinhaus der alten Mühle schmiegt sich an Straße und Waldrand an, im Garten sitzt es sich traumhaft und auch die Kinder kommen dank Fußballfeld und kleinem Spielplatz auf ihre Kosten. Neben Wildschweinschinken und Vesperteller empfehlen wir auch die fränkischen Bratwürste mit hausgemachtem Sauerkraut und Brot.

EXOT AM FRANKENRAND

BIER

Veldensteiner: Dunkles, Helles, Weizen, Pils (alles vom Fass), leichtes Weizen, alkoholfreies Weizen, dunkles Weizen, Zwickl, Räucherl, Alkoholfreies.

KÜCHE

Fränkische Brotzeiten. Täglich mittelgroße Karte mit warmen Gerichten. Spezialitäten: Fränkische Bratwürste, hausgemachte Fleischsülze, Wildschinken.

PLÄTZE (außen/regensicher)

120/48

ANSCHRIFT

Straßmühle 21
90602 Pyrbaum
Tel.: 09180-939601

ÖFFNUNGSZEITEN

Mo bis Sa ab 11 Uhr
So und Feiertage ab 10 Uhr
Anfang Apr. bis Ende Sep.
Kein Ruhetag

TIPP: Wildschweinschinkenplatte

Symbolerklärung s. vordere Klappe

Brauereigaststätte Sterk

WWW.BRAUEREI-STERK.DE GPS: 49°27'29" N / 11°53'46" E

VOLLER MAGEN UND PANDURENBLUT

BIER

Eigene Brauerei: Helles, Pils, Pandurenblut (Hausbier naturtrüb), Hefeweizen (alles vom Fass), leichtes Weizen, dunkles Weizen, Zoigl.

KÜCHE

Brotzeiten. Täglich mittelgroße Karte mit warmen Gerichten. Spezialität: XXL- Wurstsalat, Bigfood-Burger, XXL-Obatzter.

PLÄTZE (außen/regensicher)

200/190

ANSCHRIFT

Hofmark 2
92224 Amberg
Tel.: 09621-914323

ÖFFNUNGSZEITEN

Mi bis Sa ab 16 Uhr
So ab 10.30 Uhr
Montag und Dienstag Ruhetag

So heißt die neueste Kreation von Braumeister Martin Sterk, zugleich seit 2007 auch das neue Hausbier für die Gäste. Hier im ältesten noch bestehenden Handwerksbetrieb Raigerings entstehen aber natürlich auch noch weitere Bierspezialitäten wie das Raigeringer Zoigl oder das EXX – ein kleines Pils für den schnellen Genuss. Ansonsten hat sich Sterk aber eher den großen Dimensionen verschrieben, bei ihm ist Bigfood Programm. Das bedeutet Burger, unter denen man den Teller nicht mehr sieht, Schnitzel mit mehr als einer Armlänge und Currywürste, die man um den Teller wickeln muss. Freuen Sie sich also auf ein Kilo Schnitzel oder ein halbes Kilo Rindfleisch – sogar die Brotzeiten wie Wurstsalat, Pressack und Obatzten gibt's in der XXL-Variante.

TIPP: Rumpsteak „Natur" XXL (500 Gramm)

 459 Dorfplatz, Raigering

Kreuzerwirt Spitalgarten

WWW.BIER.BY   **GPS: 49°30'19" N / 11°44'06" E**

ZWISCHEN SCHLOSS UND SCHLOSS

Seit 1934 sind Sulzbach und Rosenberg ein Team, die Geschichte des Spitalgartens am Fuße des Sulzbacher Schlossberges datiert aber viele hundert Jahre früher. So sitzt man hier bei Familie Jungbauer auf historischem Boden, der schon vor mehr als einem Jahrtausend besiedelt war. Zudem bietet er einen wundervollen Blick auf die untere und obere Schlossanlage. Kulinarisch sind Sie hier bestens umsorgt, besonders die Bratwürste aus dem Grillhäuschen haben uns absolut überzeugt. Die Kleinen kommen auf dem großen, gut ausgestatteten Spielplatz auf ihre Kosten, die Großen sollten sich die letzte Juli-Woche markieren, wenn in Sulzbach-Rosenberg das Annabergfest lockt, einer der großen Klassiker in der Region.

BIER

Veldensteiner: Landbier, Pils, Helles (alles vom Fass), Lager, Laufer Leicht, alkoholfreies Weizen, Alkoholfreies. Fuchsbeck/Sulzbach: Weizen.

KÜCHE

Täglich kalt-warmes Büffet, Bratwürste vom Rost. Spezialitäten: Verschiedene Antipasti, Tellersülze, verschiedene Käse, verschiedene Bräten.

PLÄTZE (außen/regensicher)

700/30

ANSCHRIFT

Nürnberger Straße 5
92237 Sulzbach-Rosenberg
Tel.: 09661-2687

ÖFFNUNGSZEITEN

Anfang März bis Ende Sep.
Täglich ab 11 Uhr
Kein Ruhetag

TIPP: Kalt-warmes Büffet

Ortsverzeichnis

Frankens Bierkeller und Biergärten alphabetisch nach Orten

Ortsverzeichnis

Ortsverzeichnis

Ritterturnier Burg Pappenheim

Geschafft...

...Sie kennen sicher das Gefühl, das sich einstellt, wenn man eine wirklich große Aufgabe gemeistert hat. Für uns stellt sich das jedes Mal am Ende eines solchen Buchprojektes ein. Schließlich ist auch eine Neuauflage ein komplett neues Buch, genauso wie die anderen Titel, die wir mit jeweils neuen Themen erarbeiten. 561 Bierkeller und Biergärten, auf 672 Seiten, dazu noch viele Tipps und Themen, das bedeutet ca. 15 Monate Recherche und Fotografieren, verteilt auf vier Jahre, über 50.000 zurückgelegte Autokilometer (Das ist mehr als einmal um die Erde!), über 1.000 Brotzeiten und mehrere Hektoliter Bier, jährlich über 200 Telefonstunden zum Datenabgleich, acht Wochen Texte schreiben, vier Wochen Layout, zwei Wochen Druck,...

Sie sehen, es steckt ein bisschen mehr hinter so einem Buch, als es auf den ersten Blick vielleicht scheinen mag, und aus dem vermeintlichen Traumjob ist eine echte (Lebens-)Aufgabe geworden, die genauso professionell und konsequent erledigt werden muss wie jeder andere Job. Natürlich macht uns dieser Beruf auch viel Spaß und wir sind stolz auf das, was wir mit unserem Team auf die Beine gestellt haben. Wir freuen uns auf Ihre Kritik und Anregungen; weitere Tipps und Ergänzungen, denn gerade Sie, die Leser, haben dazu beigetragen, dass aus den 204 Seiten der Erstausgabe nun ein wahres Freizeitkompendium für Franken geworden ist. Wenn Ihnen unser – für die Gastronomen übrigens nach wie vor völlig kosten- und werbefreies – Konzept gefällt, dann schauen Sie sich doch in Ihrer Buchhandlung auch einmal unsere anderen Bücher an, vom Weinstuben- bis zum Brauerei- oder Freizeitführer, es ist sicher noch mindestens ein weiteres Highlight für Sie und Ihre Freunde dabei!

Auf Wiedersehen im nächsten Buch!

Weitere Werke im Buchhandel erhältlich:

Erlebniswegweiser
Fränkische Schweiz
ISBN: 978-3936897692

Erlebniswegweiser
Fränkisches Seenland
ISBN: 978-3936897814

Frankens schönste Weinstuben
und Heckenwirtschaften
ISBN: 978-3936897708

Frankens Brauereien und
Brauereigaststätten
ISBN: 978-3936897647

Folgende Werke sind in Arbeit:

Herbst 2010:
Frankens schönste Weinstuben
und Heckenwirtschaften 2. Auflage
erweitert und aktualisiert

2011: Genusswegweiser Hassberge, Erlebniswegweiser Metropolregion Nürnberg, Erlebniswegweiser Altmühltal, Genusswegweiser Nürnberg

2012: Frankens Weingüter

2016: Bayerns Brauereien